Strafjustiz im Dritten Reich und in der SBZ/DDR

Rechtshistorische Reihe

Band 360

Peter Lang
Frankfurt am Main · Berlin · Bern · Bruxelles · New York · Oxford · Wien

Frank Rohrer

Strafjustiz im Dritten Reich und in der SBZ/DDR

Die personelle und organisatorische Neuordnung des Justizapparates in den totalitären Diktaturen (1933–1955) mit ihren Auswirkungen auf die Rechtsprechung zum politischen Strafrecht

Peter Lang
Internationaler Verlag der Wissenschaften

Bibliografische Information der Deutschen Nationalbibliothek
Die Deutsche Nationalbibliothek verzeichnet diese Publikation in der Deutschen Nationalbibliografie; detaillierte bibliografische Daten sind im Internet über <http://www.d-nb.de> abrufbar.

Zugl.: Tübingen, Univ., Diss., 2007

Diese Arbeit wurde von
Herrn Prof. Dr. Jan Schröder
zur Aufnahme in diese Reihe empfohlen.

Umschlagabbildung:
Justitia – Sinnbild der Gerechtigkeit.
Dieser Bildausschnitt wurde einem Buch aus dem
17. Jahrhundert entnommen.

D 21
ISSN 0344-290X
ISBN 978-3-631-57060-9

Vorwort

Die vorliegende Arbeit lag der Juristischen Fakultät der Universität Tübingen im Sommersemester 2007 als Dissertation vor. Die mündliche Prüfung erfolgte am 23. Mai 2007.

Besonderer Dank gilt meinem Doktorvater Herrn Prof. Dr. Joachim Vogel, der mich bei meiner Bewerbung um ein Promotionsstipendium der Hanns-Seidel-Stiftung unterstützt und das Entstehen dieser Untersuchung interessiert begleitet und gefördert hat. Bei einem von ihm und Herrn Prof. Dr. Ulrich Weber im Sommersemester 2003 gemeinsam veranstalteten Seminar zum Strafrecht im Nationalsozialismus wurde mein besonderes Interesse für diese Thematik geweckt. Dank sagen möchte ich auch Herrn Prof. Dr. Dr. h.c. Jan Schröder für die rasche Erstellung des Zweitgutachtens und die Empfehlung meiner Arbeit für die „Rechtshistorische Reihe“. Frau Heidi Alexi möchte ich für ihre stetige Hilfsbereitschaft danken.

Ich danke der Hanns-Seidel-Stiftung für die finanzielle und ideelle Förderung durch ein Stipendium aus Mitteln des Bundesministeriums für Bildung und Forschung. Bei verschiedenen Seminaren konnte ich wertvolle Gespräche mit Historikern und Politologen führen. Dabei erhielt ich fruchtbare Anregungen für diese Arbeit.

Meinen Eltern, die mich während meiner gesamten Studienzeit unterstützt haben, sei mein größter Dank ausgesprochen. Bei Ihnen und meiner Freundin Kerstin bedanke ich mich außerdem sehr für die Mühe des abschließenden Korrekturlesens.

Tübingen, im Juli 2007 — Frank Rohrer

Inhaltsverzeichnis

Verzeichnis spezieller Abkürzungen

ABV	Abschnittsbevollmächtigte(r)
AG	Amtsgericht(e)
AV	Allgemeine Verfügung
AZ	Aktenzeichen
BayObLG	Bayerisches Oberstes Landesgericht
BBG	Berufsbeamtengesetz
BG	Bezirksgericht(e)
BGB	Bürgerliches Gesetzbuch
BNSDJ	Bund Nationalsozialistischer Deutscher Juristen
DASR	Deutsche Akademie für Staats- und Rechtswissenschaft „Walter Ulbricht“
DBG	Deutsches Beamtengesetz
DDR	Deutsche Demokratische Republik
DJ	Deutsche Justiz, (Zeitschrift)
DJV	Deutsche Zentralverwaltung für Justiz
DJZ	Deutsche Juristenzeitung (Zeitschrift)
DR	Deutsches Recht (ggf. Ausgabe A) (Zeitschrift)
DRiG	Deutsches Richtergesetz
DRiZ	Deutsche Richterzeitung (Zeitschrift)
DStR	Deutsches Strafrecht (Zeitschrift)

DStZ	Deutsche Strafrechtszeitung (Zeitschrift)
DVdI	Deutsche Verwaltung des Innern
DVO	Durchführungsverordnung
FDGB	Freier Deutscher Gewerkschaftsbund
FDJ	Freie Deutsche Jugend
FS	Festschrift
GA	Goltdammers Archiv für Strafrecht (Zeitschrift)
GeStapo	Geheime Staatspolizei
GPU	„Staatliche politische Kontrolle" (sowjetische Geheimpolizei)
GVG	Gerichtsverfassungsgesetz
Heimtücke-VO	Verordnung zur Abwehr heimtückischer Angriffe gegen die Regierung der nationalen Erhebung
HJ	Hitlerjugend
HO	(staatliche) Handelsorganisation
HSchG	Gesetz zum Schutze des innerdeutschen Handels
HVDVP	Hauptverwaltung Deutsche Volkspolizei
IVDJ	Internationale Vereinigung Demokratischer Juristen
JAO	Justizausbildungsordnung
JJZG	Jahrbuch der Juristischen Zeitgeschichte
JR	Juristische Rundschau (Zeitschrift)
JuS	Juristische Schulung (Zeitschrift)

JW	Juristische Wochenschrift (Zeitschrift)
KG	Kammergericht
KJ	Kritische Justiz (Zeitschrift)
KPD	Kommunistische Partei Deutschlands
KPdSU (B)	Kommunistische Partei der Sowjetunion (Bolschewiki)
KRD	Kontrollratsdirektive
Kripo	Kriminalpolizei
KSSVO	Verordnung über das Strafrecht im Kriege und bei besonderem Einsatz (Kriegssonderstrafrechtsverordnung)
KStVO	Kriegsstrafverfahrensordnung
KVP	Kasernierte Volkspolizei
KZ	Konzentrationslager
LG	Landgericht(e)
LPG	Landwirtschaftliche Produktionsgenossenschaft
MdI	Ministerium des Innern (der DDR)
MdJ	Ministerium der Justiz (der DDR)
MDR	Monatsschrift für Deutsches Recht (Zeitschrift)
MfS	Ministerium für Staatssicherheit (der DDR)
MGB	(Sowjetisches) Ministerium für Staatssicherheit
MiStra	Mitteilungen in Strafsachen
MStGB	Militärstrafgesetzbuch
MStGO	Militärstrafgerichtsordnung

MWD	(Sowjetisches) Ministerium des Innern
NJ	Neue Justiz (Zeitschrift)
NJW	Neue Juristische Wochenschrift (Zeitschrift)
NKGB	(sowjetisches) Volkskommissariat für Staatssicherheit
NKWD	(sowjetisches) Volkskommissariat des Innern
NSDAP	Nationalsozialistische Deutsche Arbeiterpartei
NSDStB	Nationalsozialistischer Deutscher Studentenbund
NSRB	Nationalsozialistischer Rechtswahrerbund
NVA	Nationale Volksarmee
OG	Oberstes Gericht (der DDR)
OGSt	Entscheidungen des Obersten Gerichts der DDR in Strafsachen
OKW	Oberkommando der Wehrmacht
OLG	Oberlandesgericht(e)
Orpo	Ordnungspolizei
RAD	Reichsarbeitsdienst
RDB	Reichsbund der Deutschen Beamten
RFSS	Reichsführer SS
RFSSuChdDtPol.	Reichsführer SS und Chef der Deutschen Polizei
RGSt	Entscheidungen des Reichsgerichts in Strafsachen
RMdI	Reichsministerium/ -minister des Innern
RDStO	Reichsdienststrafordnung

RG	Reichsgericht
RGBl.	Reichsgesetzblatt
RJM	Reichjustizministerium
RJP	Reichsjustizprüfungsamt
RKG	Reichskriegsgericht
RRAO	Reichsrechtsanwaltsordnung
RSFSR	Russische Föderative Sozialistische Sowjetrepublik
RSHA	Reichssicherheitshauptamt
RStGB	Reichsstrafgesetzbuch
RundfunkVO	Verordnung über außerordentliche Rundfunkmaßnahmen
RV	Rundverfügung
SA	Sturmabteilung der NSDAP
SBZ	Sowjetische Besatzungszone
SD	Sicherheitsdienst des Reichsführers-SS
SED	Sozialistische Einheitspartei Deutschlands
SG	Sondergericht(e)
Sipo	Sicherheitspolizei
SMAD	Sowjetische Militär-Administration in Deutschland
SMT	Sowjetische Militärtribunale
SPD	Sozialdemokratische Partei Deutschlands
SS	Schutzstaffeln der NSDAP

SSD	Staatssicherheitsdienst
StA	Staatsanwaltschaft(en)
StAG	Staatsanwaltschaftgesetz
StdF	Stellvertreter des Führers
StGB	Strafgesetzbuch
StPO	Strafprozeßordnung
StuR	Staat und Recht
UfJ	Untersuchungsausschuß Freiheitlicher Juristen
U-Organ(e)	Untersuchungsorgan(e)
VB	Völkischer Beobachter
VdJ	Vereinigung demokratischer Juristen
VEB	Volkseigener Betrieb
VESchG	Gesetz zum Schutze des Volkseigentums und anderen gesellschaftlichen Eigentums
VGH	Volksgerichtshof
VO	Verordnung
VolksschädlingsVO	Verordnung gegen Volksschädlinge
VoStO	Volkssturm-Strafgerichtsordnung
VP	Volkspolizei
WStVO	Verordnung über die Bestrafung von Verstößen gegen die Wirtschaftsordnung
ZAkDR	Zeitschrift der Akademie für Deutsches Recht

ZK	Zentralkomitee
ZKK	Zentrale Kommission für Staatliche Kontrolle
ZNR	Zeitschrift für Neuere Rechtsgeschichte
ZPKK	Zentrale Parteikontrollkommission
ZRG Germ. Abt.	Zeitschrift für Rechtsgeschichte, Germanistische Abteilung
ZS	Zentralsekretariat
ZStW	Zeitschrift für die gesamte Strafrechtswissenschaft
ZulO	Provisorische Zulassungsordnung von 1946
ZVOBl.	Zentrales Verordnungsblatt

A. Einführung

I. Gegenstand und Gang der Untersuchung

Die vorliegende Untersuchung vergleicht die Strafrechtspflege im Dritten Reich und in der sowjetischen Besatzungszone[1] (SBZ) bzw. Deutschen Demokratischen Republik (DDR) bis Mitte der fünfziger Jahre. Dabei wird aufgezeigt, wie sich die allgemeinen Merkmale totalitärer Machtausübung in der Strafjustiz widerspiegeln. Außerdem soll hiermit ein neuer Beitrag zur Totalitarismusdiskussion geleistet werden, indem die Methoden der beiden deutschen Diktaturen des 20. Jahrhunderts aus einer juristischen Perspektive betrachtet werden. *F.-C. Schroeder* stellt zu Recht fest, dass das Strafrecht „mehr als alle anderen Rechtsgebiete, ja Lebensbereiche" die „Visitenkarte eines politischen Systems" sei.[2]

Der Untersuchungsgegenstand „Strafjustiz" wird unter drei Aspekten analysiert: (1.) das in der gesamten Rechtspflege tätige Personal, (2.) die Organe der Strafjustiz im weiteren Sinne sowie (3.) ausgewählte Bereiche der Rechtsprechung in Strafsachen. Da das Wirken des Justizapparates in zwei totalitären[3] Staaten untersucht wird, ist hier der Teilbereich des politischen Strafrechts[4] - d.h. die politische Justiz[5] - unzweifelhaft von besonderem Interesse. Analysiert werden jeweils zunächst die Verhältnisse im NS-Staat und anschließend diejenigen in der SBZ/DDR. Daran schließen sich vergleichende Kapitel an, in denen Gemeinsamkeiten und Unterschiede herausgearbeitet werden.

---

[1] Die sowjetische Besatzungszone umfasste zwar das Gebiet der ehemaligen Deutschen Demokratischen Republik, Teile des heutigen Polen und das ehemalige Ostpreußen. Bei dieser Untersuchung soll jedoch nur auf die Entwicklung innerhalb des Territoriums der 1949 gegründeten DDR eingegangen werden.

[2] *F.C. Schroeder*, Das Strafrecht des realen Sozialismus, S. 9.; treffend auch bei *Poliakov/Wulf* S. 177.

[3] Siehe zum Begriff des Totalitarismus die unten folgenden Erläuterungen.

[4] Siehe zur Definition des politischen Strafrechts unten Kapitel D I 1.

[5] Zum Titel seines Werkes „Politische Justiz (*Otto Kirchheimer*, Politische Justiz. Verwendung juristischer Verfahrensmöglichkeiten zu politischen Zwecken, Berlin und Neuwied 1965. Amerikanische Ausgabe: *Otto Kirchheimer*, Political Justice. The Use Of Legal Procedure For Political Ends, Princeton 1961) bemerkte *Kirchheimer* 1965 treffend: „Im Gegensatz zum englischen oder französischen *justice* hat das deutsche Wort „Justiz" die ursprüngliche Bedeutung des lateinischen *iustitia* weitgehend eingebüsst; es bezeichnet nicht in einem höheren Sinne Gerechtigkeit, sondern faktisch nur noch das, was das organisierte Gebilde Staat auf dem Gebiet der Gerechtigkeit und des Rechtes (oder der Rechte) tut, eine ganz konkrete „Rechtspflege", deren Inhalt durch das bestimmt wird, was das jeweilige Staatsgebilde darstellt. [...] Daß der Begriff „politische Justiz" auf den dubiosesten Abschnitt der „Rechtspflege" angewandt wird, in dem die Vorkehrungen und Einrichtungen des staatlich betreuten Rechts dazu benutzt werden, bestehende Machtpositionen zu festigen oder neue zu schaffen, entspricht dem traditionellen Sprachgebrauch und hat nichts Zynisches an sich." (*Kirchheimer*, S. 11).

Bewusst unterbelichtet bleiben in der Dissertation Sonderkomplexe wie die Nacht-und-Nebel-Verfahren, die Strafprozesse um die Ereignisse des 20. Juli 1944, die Waldheimer Verfahren oder bestimmte spektakuläre Strafverhandlungen vor dem OG. Diese Bereiche fließen zwar in die vergleichenden Betrachtungen mit ein. Eine vollständige Darstellung bedürfte jedoch umfangreicher Ausführungen, für die mit Blick auf den Schwerpunkt dieser Untersuchung kein Raum ist. Betrachtet werden deshalb weniger die spektakulären, propagandistisch missbrauchten Strafprozesse als die alltägliche Routine innerhalb der Rechtspflege.

Von Bedeutung für die vorliegende Arbeit sind insbesondere jene Merkmale, welche sich von denjenigen des liberalen Rechtsstaats unterscheiden – insbesondere von der vorangegangenen Situation in der Weimarer Republik oder Verhältnissen in der Bundesrepublik Deutschland. Wenn im Dritten Reich eingeführte Neuerungen in der SBZ/DDR existierten, muss dies allerdings noch nicht zwangsläufig die Übernahme eines diktaturtypischen Merkmals bedeuten. Einige Institutionen – wie zum Beispiel die Arbeitsgemeinschaft für Rechtsreferendare – wurden auch in der Bundesrepublik aus der Zeit der NS-Herrschaft übernommen. Da die DDR jedoch aus ihrem Selbstverständnis heraus mit Allem aus der Zeit der *Hitler*-Diktatur brechen wollte, deutet eine Kontinuität von nationalsozialistischen Neuerungen in der Ostzone darauf hin, dass ein aus der *Hitler*-Diktatur bewährtes Mittel bewusst weiter eingesetzt wurde. Eines der auffälligsten Beispiele dafür ist das Gesetz über die Kassation rechtskräftiger Urteile in Strafsachen, welches der Nichtigkeitsbeschwerde im Dritten Reich in seinem Anwendungsbereich gleichkam.

II. Der Vergleich

1. Einwände gegen einen derartigen Vergleich

Wer Vergleiche der NS-Diktatur und des SED-Regimes anzustellen wagt, muss auch 17 Jahre nach der Vereinigung der beiden deutschen Staaten noch mit Ablehnung oder gar Anfeindungen rechnen.[6] Kritik an einem derartigen Systemvergleich ist von Kreisen zu erwarten, die mit dem untergegangenen ostdeutschen Staat immer noch (freiwillig) geistig oder (unabänderbar) biographisch verbunden sind. Zu Beanstandungen kommt es auch, weil sich die DDR doch

---

[6] *Rüthers* (Die Wende-Experten, S. 132 f.) schreibt zur Tabuisierung dieses Vergleichs: „Jeder Vergleich des NS-Staats mit dem SED-Staat stößt auf empörte Emotionen und Aggressionen. Dahinter wird von seinen Gegnern in West und Ost irrig die Gleichsetzung von Nationalsozialisten und Kommunisten gewittert. In der Regel geht es nur um das törichte „Vergleichsverbot" für beide Systeme. Töricht ist es, weil es verhindert, daß sowohl die ideologischen und prozeduralen Unterschiede als auch die strukturellen Ähnlichkeiten zweier totalitärer, diktatorischer Unterdrückungssysteme aufgedeckt werden."

selbst den „Antifaschismus“ auf die Fahnen geschrieben hatte und zudem viele Kommunisten Opfer des Terrors der Nationalsozialisten geworden waren.

Trotz offensichtlicher Gegensätze zwischen den beiden Ideologien ist dem folgenden Zitat von *Wassermann* zuzustimmen:

> „Gewiss bestehen wichtige Unterschiede zwischen der NS-Diktatur und der SED-Diktatur, die nicht übersehen werden dürfen. Die Parallelen sind jedoch bestürzend, weil beide Systeme das Recht als Instrument zur Unterdrückung der Bevölkerung und zur Eliminierung echter oder vermeintlicher Gegner einsetzten.“[7]

Um die Unterschiede der beiden Diktaturen aufzuzeigen, wären lange Abhandlungen erforderlich, die den Rahmen dieser auf die Strafjustiz beschränkten Untersuchung sprengen würden. Auf zwei Dinge soll jedoch hingewiesen werden:

(1.) Sicher ist, dass die begangenen Gräueltaten des NS-Regimes, insbesondere der millionenfache Mord am eigenen und an fremden Völkern, die Verbrechen des SED-Staates bei weitem übertrafen. Das Dritte Reich machte sich selten die Mühe, seine Gegner umzuerziehen – es vernichtete sie erbarmungslos. Von einer Gleichsetzung muss Abstand genommen werden. Andererseits dürfen auch die Tausenden von Todesopfern in den Speziallagern der SBZ, die aus politischen Gründen zum Tode Verurteilten und die nach Sibirien Verschleppten nicht in Vergessenheit geraten. Die Barbarei der NS-Zeit darf den Schrecken der stalinistischen Ostzone nicht relativieren.[8]

(2.) Die beiden Weltanschauungen weisen zwar Unterschiede und Gemeinsamkeiten auf. Bei der vorliegenden Arbeit soll dennoch keine weitergehende Auseinandersetzung mit den jeweiligen Ideologien stattfinden. Es handelt sich vielmehr um einen formalen Vergleich der Strukturen, welche in der Justiz dieser Herrschaftsordnungen bestanden.

Ein Problem des direkten Vergleichs ist die Tatsache, dass sowohl der Nationalsozialismus als auch die SBZ/DDR im Laufe der Zeit hinsichtlich ihrer Unterdrückungsmethoden Veränderungen vornahmen. Während die Praktiken im Dritten Reich, besonders ab Kriegsbeginn, zunehmend radikaler wurden, kam es

---

[7] *Wassermann* in FS *Spendel*, S. 631.

[8] Über die Einzigartigkeit der nationalsozialistischen Verbrechen bzw. über die Frage, ob ein Vergleich mit dem stalinistischen Terror erlaubt ist, war 1986 der sogenannte Historikerstreit entbrannt (vollständig dokumentiert in dem bei Piper erschienenen Sammelband: „Historikerstreit“, München, Zürich, 1987). Die Kontroverse entfernte sich, nicht zuletzt wegen der unterschiedlichen Weltanschauungen einiger Beteiligter, sehr rasch vom Leitbild einer sachlichen wissenschaftlichen Diskussion.

in der DDR, erstmals nach *Stalins* Tod, zu einer Verringerung der Repressionen. Wegen der Entwicklungen in der DDR bot es sich an, die Untersuchung des SED-Staats auf die Zeit bis Mitte der fünfziger Jahre zu beschränken. Bei der Analyse der Strafjustiz im Nationalsozialismus muss außerdem bei Ereignissen ab September 1939 immer geprüft werden, ob ihre Ursachen ganz oder teilweise kriegsbedingt und damit nicht unbedingt typisch für das NS-System sind.

2. Legitimität und Zweck dieses Vergleichs

Bis heute ist das Gebiet der Strafjustiz des Dritten Reichs und der SBZ/DDR in der stalinistischen Ära noch keiner umfangreichen, vergleichenden Betrachtung unterzogen worden.[9] Um die bisher bestehende Lücke in der Literatur zu schließen[10], wird vorliegend erstmals die Strafjustiz der einzelnen Systeme anhand der dazu bereits veröffentlichten Literatur sowie der zugänglichen Quellen illustriert und verglichen.

Die Gegenüberstellung der Strafrechtspflege gerade dieser beiden Systeme verspricht aus mehreren Gründen interessante Ergebnisse:

(1.) folgten auf dem identischen Territorium die sowjetische Besatzung und der SED-Staat unmittelbar dem Dritten Reich,

(2.) mussten beide Systeme einen vorhandenen Apparat umbauen bzw. mit dem vorhandenen Personal weiterarbeiten oder dieses ersetzen,

(3.) blieben trotz aller Veränderungen in beiden Staaten die Organe der Strafjustiz, wie sie in Deutschland schon zuvor bestanden hatten und auch heu-

---

[9] Es existiert eine Reihe vergleichender Untersuchungen. Diese umfassen jedoch jeweils nur Teilbereiche. So z.B. die vom Bundesministerium für Gesamtdeutsche Fragen herausgegebene Dokumentensammlung: Partei-Justiz. Eine vergleichende Dokumentation über den nationalsozialistischen und kommunistischen Rechtsmißbrauch in Deutschland 1933-1963. *Rottleuthner* stellt Thesen „Zur Steuerung der Justiz im Nationalsozialismus und in der DDR" auf (in: „Von Gewohnheitsverbrechern, Volksschädlingen und Asozialen...", Hamburger Justizurteile im Nationalsozialismus, Hamburg 1995, S. 471–478). *W. Schuller* erörtert den Umgang mit Justizunrecht im NS- und SED-Regime (*Schuller* in *Weber/Piazolo* (Hrsg.): Justiz im Zwielicht, München 1998, S. 311-319). *H. Wentker* stellt diktaturvergleichende Überlegungen (die den Schwerpunkt auf die jeweiligen zentralen Institutionen der Justiz setzen) in seinem Werk „Justiz in der SBZ/DDR 1945-1953" (München 2001, S. 584-605) an. Diese Abhandlung wurde 2003 nochmals gesondert veröffentlicht (*Hermann Wentker*, Justiz in der SBZ/DDR und im „Dritten Reich". Ein Vergleich aus der Perspektive ihrer zentralen Institutionen, in: *Günther Heydemann/Heinrich Oberreuter* (Hrsg.), Diktaturen in Deutschland - Vergleichsaspekte. Strukturen, Institutionen, Verhaltensweisen, Bonn 2003, S.188-218).

[10] *Eckert* stellt in ZNR 2000, S. 218 (238) zum Stand der Forschung fest, dass „in thematischer Hinsicht [...] vor allem die bislang noch tabuisierte Frage nach der Vergleichbarkeit des SED-Staats- und Rechtssystems mit jenen des NS-Staats zu beantworten" bleibe.

te noch bestehen, an sich erhalten und wurden jeweils um eine Geheimpolizei „ergänzt".

Ein weiteres Argument für einen Vergleich ist, dass beide Staaten von der Politikwissenschaft als „totalitär" klassifiziert werden. Auf die DDR soll dieses Attribut insbesondere auf die Zeit vor Abschluss der Entstalinisierung zutreffen.

In der vorliegenden Arbeit wird das totalitäre Wesen des Dritten Reichs und der SBZ/DDR bis 1955 nicht eigens hergeleitet. Der folgende Vergleich wird vielmehr vor dem Hintergrund der bestehenden Totalitarismustheorien durchgeführt, welche im Folgenden kurz vorgestellt werden. Die Heranziehung dieser Hypothesen ermöglicht trotz aller zwischen Kommunismus und Nationalsozialismus bestehenden Unterschiede in Ideologie, Wirtschaftssystem und Ausmaß der Verbrechen eine abstrakte Betrachtungsweise. Die Untersuchung konzentriert sich in erster Linie auf Maßnahmen innerhalb der Strafjustiz, die Kontrolle, Eingriffe und allgemein die Herrschaftssicherung durch die Partei- und Staatsführung gewährleisten sollten.

III. Der Totalitarismusbegriff
Die Entstehung des Begriffs

Der Begriff „Totalitarismus" wurde von der politischen Theorie des 20. Jahrhunderts für eine Regierungsform entwickelt, in der Gleichschaltung und völlige Kontrolle mit der Entrechtung der Individuen einhergehen.[11] Sie hebt sich vom Typ des demokratischen Verfassungsstaates, von einer gewöhnlichen autoritären Diktatur und von allen früheren Formen der Autokratie ab. Eine von der Wissenschaft allgemein anerkannte Definition des Totalitarismus gibt es jedoch bis heute nicht.

Die Bezeichnung „totalitär" wurde schon für das faschistische Italien von *Mussolinis* Gegnern gebraucht. Schließlich verwendete der „Duce" den Begriff auch selbst.[12] In einer im Jahr 1927 gehaltenen Rede sagte er beispielsweise:

> „In einem totalitären Regime wie dem faschistischen ist die Opposition töricht und überflüssig."[13]

---

[11] Eine gute Darstellung der Totalitarismus-Konzeption findet sich bei *Walter Schlangen*, Die Totalitarismus-Theorie, Stuttgart 1976. Ebenso in dem von *Werner Seidel* und *Siegfried Jenkner* herausgegebenen Sammelband: Wege der Totalitarismusforschung, Darmstadt 1968.

[12] Ausführlich zur Entstehung des Totalitarismusbegriffs in Italien: *Petersen* in: *Jesse* (Hrsg.), Totalitarismus im 20. Jahrhundert, S. 95–117.

[13] Zitiert nach *Petersen* in: *Jesse*, S. 98.

Die Untersuchungen von Arendt

Nach dem zweiten Weltkrieg war es zunächst die umfangreiche Arbeit von *Arendt*, die Maßstäbe im Vergleich der nationalsozialistischen und stalinistischen Herrschaft setzte.[14] *Arendt* macht die Einzigartigkeit der totalitären Systeme an deren Verbrechen fest. Sie stellt die systematische, fabrikmäßige Vernichtung von ganzen Bevölkerungsteilen im Namen der Ideologie heraus: Auf der einen Seite die „lebensuntauglichen und minderwertigen Rassen und Individuen", auf der anderen Seite die „sterbenden Klassen".[15] Bestimmte Gruppen werden durch die Politik des Regimes wegen ihrer bloßen Existenz – ohne dass sie staatsfeindlicher Aktionen auch nur verdächtig sind – zu „objektiven Gegnern" der Rassegesellschaft bzw. der klassenlosen Gesellschaft erklärt.[16] Der hauptsächlich vorgebrachte Kritikpunkt an *Arendts* Theorie ist, dass sie nur auf die Hochphasen des Nationalsozialismus und Stalinismus zutreffe.

Die Theorie von Friedrich und Brzezinski

Das für viele Jahre einflussreichste Interpretationsmodell des Totalitarismus war die ebenfalls in den fünfziger Jahren entstandene Studie von *Friedrich* und *Brzezinski.*[17] Die Autoren halten die Auffassung für falsch, dass kommunistische und faschistische Diktaturen vollkommen gleich seien.[18] Sie seien aber auch „nicht als in wesentlichen Zügen voneinander verschieden anzusehen", sondern seien im wesentlichen gleich („basically alike").[19] Als solche Wesensmerkmale werden herausgearbeitet[20]:

(1.) Eine offizielle Ideologie, die sich auf alle wichtigen Gebiete des menschlichen Lebens erstreckt und der gegenüber jedes Mitglied der Gesellschaft loyal zu sein hat.

(2.) Eine Massenpartei, die im Alleinbesitz der Herrschaft ist und typischerweise von einem Mann, dem Diktator, geführt wird. Diese Partei ist hierarchisch und oligarchisch aufgebaut. Sie ist der staatlichen Bürokratie übergeordnet oder mit ihr verflochten. Ihr gehören bis zu zehn Prozent der Bevölkerung an, die der Ideologie leidenschaftlich und ohne Vorbehalte anhängen.

---

[14] *Hanna Arendt,* Elemente und Ursprünge totalitärer Herrschaft, Frankfurt a.M. 1955.
[15] *Arendt*, S. 725.
[16] *Arendt*, S. 669.
[17] *Carl Joachim Friedrich,* Totalitäre Diktatur (deutsche Übersetzung), Stuttgart 1957.
[18] *Friedrich*, S. 17 f.
[19] *Friedrich*, S. 18.
[20] *Friedrich*, S. 19 f.

(3.) Die „terroristische“ Geheimpolizei, welche die Partei unterstützt und gleichzeitig auch für den Diktator überwacht. Sie bekämpft typischerweise auch eigenmächtig potentielle Feinde des Regimes.

(4.) Das nahezu vollständige Monopol aller modernen Massenmedien in der Hand der Partei.

(5.) Das fast vollkommene Monopol der Waffen, das jede Möglichkeit zum Widerstand verhindert.

(6.) Eine zentral gelenkte und beherrschte Wirtschaft und die Gleichschaltung aller wirtschaftlichen Vereinigungen.

Die Thesen Arons

Im Wesentlichen auf diesen Thesen aufbauend fügt *R. Aron* in seinem Mitte der sechziger Jahre verfassten Werk[21] noch hinzu[22]:

(1.) Die meisten beruflichen oder wirtschaftlichen Tätigkeiten werden vom Staat kontrolliert und sind in gewisser Weise Teil des Staates selbst. Da der Staat und seine Ideologie untrennbar verbunden sind, tragen die meisten dieser Tätigkeiten die Couleur der offiziellen Wahrheit.

(2.) Wenn jede Tätigkeit Staatstätigkeit ist und jede Tätigkeit von der Staatsideologie bestimmt ist, wird eine Verfehlung im wirtschaftlichen oder beruflichen Bereich gleichzeitig zu einer ideologischen Verfehlung. Die Folge ist eine Politisierung und Ideologisierung aller individuellen Fehler und im Ergebnis ein sowohl polizeilicher wie ideologischer Terror.

Die weitere Entwicklung

Die Konzeption des Totalitarismus wurde ab den sechziger Jahren in zweierlei Hinsicht kritisiert. Ihre Gegner brachten vor, dass sie nach dem Ende der stalinistischen Ära nicht mehr auf den Kommunismus zutreffe und als bloßes Kampfmittel im kalten Krieg diene. Zudem wurde die Gleichsetzung des Kommunismus mit dem Nationalsozialismus beanstandet, weil sie eine Verharmlosung des Dritten Reiches darstelle.

Bracher erkennt in einem 1987 verfassten Werk[23] „bei allen Unterschieden zwischen Kommunismus, Faschismus und Nationalsozialismus [...] in jedem Fall drei große charakteristische Tendenzen[24]:

---

[21] *Raymond Aron*, Demokratie und Totalitarismus, Hamburg 1970.
[22] *Aron*, S. 205 f.

(1.) Die möglichst totale Herrschaftsverfügung einer einzigen, umfassend organisierten Partei und ihrer Führung, die mit den Attributen der Unfehlbarkeit und dem Anspruch auf pseudoreligiöse Massenverehrung ausgestattet ist. [...]

(2.) Der totale Einparteienstaat stützt sich dabei auf eine militante Ideologie, die gleichsam als „Ersatzreligion“ als Heilslehre mit politischem Ausschließlichkeitsanspruch die Unterdrückung jeder Opposition und die totale „Ausrichtung“ des Staatsbürgers sowohl historisch wie zukunftsutopisch zu begründen und zu rechtfertigen sucht. [...]

(3.) Ein wesentlicher Bestandteil der totalitären Herrschaftsideologie ist der Mythos von der höheren Effektivität eines solchen totalen Kommandostaates gegenüber dem komplizierten, durch mannigfache Kontrollen und Sicherungen eingeschränkten demokratischen Rechtsstaat. [...]“

Eine philosophische Betrachtung der Rechtslehre und Gesetzgebung des Totalitarismus stellte im Jahr 1998 *A. Cattaneo* an. Sie liegt seit kurzem in deutscher Übersetzung vor.[25] Er arbeitet im Bereich des Strafrechts vor allem die Merkmale der Härte und Grausamkeit der Strafen und das Fehlen jeglicher Rechtssicherheit heraus.[26]

Die These Kielmanseggs

Eine für die vorliegende Untersuchung relevante These wurde im Jahr 1974 von *Kielmansegg* aufgestellt[27]: Politische Systeme können ihm zufolge aufgefasst werden als „Institutionalisierung der Fähigkeit, für eine Gesamtheit von Menschen verbindlich zu entscheiden und die getroffenen Entscheidungen durchzusetzen“.[28] Daraus ergäben sich drei Leitfragen: „Die Frage nach der Verteilung der Chancen der Einflussnahme auf die Entscheidungsprozesse, die Frage nach der Reichweite der Entscheidungen und die Frage nach dem Sanktionsinstrumentarium, mit dessen Hilfe die Geltung der Entscheidungen gesichert wird“.[29]

Bei einer totalitären Herrschaft geschieht dies nach *Kielmansegg* in der folgenden Kombination: „Monopolistische Konzentration der Chancen der Ein-

---

[23] *Karl-Dietrich Bracher*, Die totalitäre Erfahrung, München 1987.
[24] *Bracher*, S. 23 ff.
[25] *Mario A. Cattaneo*, Strafrechtstotalitarismus, Baden-Baden 2001.
[26] *Cattaneo*, S. 280.
[27] *Peter Graf Kielmansegg*, Krise der Totalitarismustheorie, Zeitschrift für Politik 1974, S. 311–328.
[28] *Kielmansegg* in Zeitschrift für neue Politik 1974, S. 311 (324).
[29] *Kielmansegg* in Zeitschrift für neue Politik 1974, S. 311 (324).

flussnahme in einem Führungszentrum; prinzipiell unbegrenzte Reichweite der Entscheidungen des politischen Systems und prinzipiell unbeschränkte Intensität der Sanktionen" (bzw. unbeschränkte Freiheit, Sanktionen zu verhängen).[30] Das Führungszentrum der totalitären Herrschaft sei damit in der Lage – da eine Entscheidung in jeder einzelnen gesellschaftlich relevanten Frage rein praktisch unmöglich sei – „„prinzipiell jede Entscheidung an sich zu ziehen" und „prinzipiell jede Entscheidung, die außerhalb des Führungszentrums fällt, zu revidieren". Außerdem sei es unabhängig „von jeder Form institutionalisierter Kontrolle".[31]

Ob diese Thesen auch für den Bereich der Strafjustiz in den zu vergleichenden Systemen gelten, wird die folgende Untersuchung zeigen. Denn gerade auf diesem Gebiet liefen Entscheidungsprozesse in einem Zusammenspiel verschiedener Organe und unter Mitwirkung einer Vielzahl von Personen ab. Eine der zu klärenden Fragen wird deshalb sein, wie die Einflussnahme auf Entscheidungsträger[32] und Organe der Strafjustiz geschehen konnte – die sogenannte Lenkung oder Steuerung der Rechtsprechung – und inwiefern sich die angewandten Methoden in den zu vergleichenden Systemen ähnelten.

---

[30] *Kielmansegg* in Zeitschrift für neue Politik 1974, S. 311 (324).

[31] *Kielmansegg* in Zeitschrift für neue Politik 1974, S. 311 (324).

[32] Siehe zu diesem Thema *Bernd Rüthers*, Die Wende-Experten. Zur Ideologieanfälligkeit geistiger Berufe am Beispiel der Juristen, (2., völlig neubearbeitete und erweiterte Auflage des Buches „Ideologie und Recht im Systemwechsel), München 1995.

B. Die Justizjuristen
I. Die Justizjuristen im Dritten Reich
1. Die personelle Gleichschaltung der Justiz
a. Säuberungsaktionen
Erste Maßnahmen

Sofort nach der Ernennung *Hitlers* zum Reichskanzler waren die neuen Machthaber bestrebt, politisch oder „rassisch“ unliebsame Personen aus Schlüsselfunktionen des Staates zu verdrängen und diese durch Anhänger der NSDAP zu ersetzen. Im Bereich der Justiz fanden schon 1933 in erheblichem Umfang entsprechende Umbesetzungen der Spitzenpositionen in den OLG-Bezirken statt.[33] Die „Säuberung“ des gesamten Justizapparates wurde nach und nach vorangetrieben. *Rottleuthner* vertritt heute zu dieser Entfernung unerwünschter Juristen die Meinung, es habe genügt „ca. 10-15% des Personals zu entlassen, um mit dem willigen Rest ungestört weiterarbeiten zu können“.[34]

Eine der ersten offiziellen Maßnahmen gegen jüdische Justizangehörige[35] wurde am 31. März 1933 vom damals noch kommissarischen preußischen Justizminister und Nationalsozialisten *Kerrl* eingeleitet. In einem Funkspruch an alle OLG-Präsidenten, Generalstaatsanwälte sowie Präsidenten der Strafvollzugsämter Preußens ordnete *Kerrl* an, dass umgehend allen jüdischen Richtern nahezulegen sei, sofort ein Urlaubsgesuch einzureichen, dass jüdische Geschworene und Schöffen nicht mehr einzuberufen seien und dass jüdische Staatsanwälte und Strafvollzugsbeamte sofort zu beurlauben seien.[36] Ähnliche antijüdische Anordnungen gab es auch in Bayern und weiteren deutschen Ländern.

Das Berufsbeamtengesetz

Eine Woche später – am 7. April 1933 – wurde das Berufsbeamtengesetz (BBG) verabschiedet.[37] Auch Richter waren Beamte im Sinne des BBG.[38] Nach § 3 Abs. 1 BBG waren „Beamte, die nicht arischer Abstammung sind“, in den Ruhestand zu versetzen. Ausnahmen gab es, nachdem eine persönliche Intervention

---

[33] *Majer* in DRiZ 1978, S. 47.

[34] *Rottleuthner* in *Grabitz/Sarodnick/Schmitz*, S. 472.

[35] Weiterführend siehe die kürzlich erschienene Dokumentation von *Hans Bergemann* und *Simone Ladwig-Winters:* Richter und Staatsanwälte jüdischer Herkunft in Preußen im Nationalsozialismus, Köln 2004.

[36] *Gruchmann,* S. 127 f. In einer Rundfunkrede vom 29. März 1933 hatte *Kerrl* unter anderem gesagt: „Die Juden sind Ungeziefer, Wanzen, die man ausräuchern, zerknacken und vertilgen muß.“ (zitiert nach *Landau* in *Vormbaum* JJZG 5, S. 331.

[37] Gesetz zur Wiederherstellung des Berufsbeamtentums vom 7. April 1933, RGBl. 1933 I, S. 175–177.

[38] Nr. 2 zu § 1 der Dritten DVO vom 6. Mai 1933, RGBl. 1933 I, S. 245–252.

des Reichspräsidenten *Hindenburg* vorangegangen war[39], für Veteranen des Weltkrieges sowie für diejenigen Beamten, deren Vater oder Sohn im Krieg gefallen war.

Ziel des Gesetzes war jedoch nicht allein die Entfernung von Juden aus Justiz und Verwaltung. In § 4 S. 1 BBG fand sich darüber hinaus die Vorschrift, dass „Beamte, die nach ihrer bisherigen politischen Betätigung nicht die Gewähr dafür bieten, dass sie jederzeit rückhaltlos für den nationalen Staat eintreten", aus dem Dienst entlassen werden können. Diese Voraussetzungen waren nach der dritten DVO zum BBG[40] insbesondere dann erfüllt, „wenn ein Beamter in Wort, Schrift oder durch sein sonstiges Verhalten gehässig gegen die nationale Bewegung aufgetreten ist, ihre Führer beschimpft oder seine dienstliche Stellung dazu mißbraucht hat, um national gesinnte Beamte zu verfolgen, zurückzusetzen oder sonst zu schädigen".

Maßregelungen für politisch missliebige Richter gab es aus den verschiedensten Gründen. Im OLG-Bezirk Celle gab es folgende Beispiele, die zu Entlassungen, Beförderungssperren, Strafversetzungen usw. führten[41]: Frühere Zugehörigkeit zu einer Partei der Weimarer Republik, Anzeige durch eine Parteistelle, weil der Richter SA-Leute vor Gericht schlecht behandelt habe, Duzfreund eines jüdischen Anwalts sei, nicht mit dem „Deutschen Gruß"[42] grüße, nicht an die NSDAP spende, dereinst SS-Leute verurteilt habe oder weil er wegen eines früheren missliebigen Urteils in der NS-Presse kritisiert und darauf von der SA verschleppt und misshandelt worden war.

Das Gesetz über die Zulassung zur Rechtsanwaltschaft

Nach vorausgegangenen, oft von massiver Gewalt begleiteten Boykottaktionen gegen jüdische Anwälte[43] wurde gleichzeitig mit dem DBG am 07. April 1933 das Gesetz über die Zulassung zur Rechtsanwaltschaft verkündet.[44] Nach § 1

---

[39] Näheres zu *Hindenburgs* Rolle bei *Gruchmann*, S. 134 f.

[40] Nr. 2 zu § 4, RGBl. 1933 I, S. 245–252.

[41] *Weinkauff*, S. 102.

[42] Erheben des rechten Armes und deutliches Aussprechen der Worte „Heil Hitler". Der Gebrauch des „Deutschen Grußes" war für Beamte (also auch Richter) inner- und außerhalb des Dienstes Pflicht. Denunziationen und Anzeigen bei Nichtbefolgen dieser Vorschrift waren an der Tagesordnung. Siehe dazu den Runderlass des Reichsjustizministers von 1935 abgedruckt bei *Weinkauff*, S. 121.

[43] Zur Verfolgung und Vertreibung jüdischer Rechtsanwälte siehe die Veröffentlichung des Bonner-Anwaltverein: Jüdische Rechtsanwälte im Dritten Reich, Dokumentation der Veranstaltungen des Bonner-Anwaltvereins vom 23. Oktober 1992 zum Gedenken an das Schicksal der jüdischen Rechtsanwälte, Bonn 1994. Siehe auch die kürzlich im von *Vormbaum* herausgegebenen JJZG 5 (2003/2004) erschienenen Beiträge zur „Verfolgung jüdischer Anwälte in der NS-Zeit", S. 294-340.

[44] RGBl. 1933 I, S. 188–189.

Abs. 1 konnte Anwälten „nicht arischer Abstammung“ im Sinne des BBG die Zulassung bis zum 30. September 1933 entzogen werden. Eine Zurücknahme der Zulassung war gemäß § 3 für „Personen, die sich im kommunistischen Sinne betätigt haben“ zwingend vorgeschrieben. Kommunisten durfte eine Zulassung nicht erteilt werden (§ 3 Abs. 2), „nicht arischen“ Personen konnte sie versagt werden (§ 2).

Das Reichsbürgergesetz

Mit Verabschiedung des Reichsbürgergesetzes[45] im September 1935 und der ersten VO[46] dazu mussten schließlich auch diejenigen jüdischen Justizbeamten in den Ruhestand versetzt werden, die noch unter die Ausnahmeregelungen des BBG gefallen waren. § 2 Abs. 1 des Gesetzes legte fest, dass Reichsbürger nur ein Staatsangehöriger „deutschen oder artverwandten Blutes“ sein kann, „der durch sein Verhalten beweist, daß er gewillt und geeignet ist, in Treue dem deutschen Volk und Reich zu dienen“. § 4 Abs. 1 der VO bestimmte, dass ein Jude nicht Reichsbürger sein und kein öffentliches Amt bekleiden kann. Abs. 2 ordnete für alle jüdischen Beamten die Versetzung in den Ruhestand mit Ablauf des 31. Dezember 1935 an. Die fünfte VO zum Reichsbürgergesetz[47] bestimmte, dass Juden der Beruf des Rechtsanwalts verschlossen ist und dass alle jüdischen Rechtsanwälte aus der Rechtsanwaltschaft auszuscheiden haben (§ 1 der VO).

In einem Aufsatz aus dem Jahr 1939 ist zu lesen, dass am 1. Januar 1936 der „Entjudungsprozeß“ in der Justiz im wesentlichen abgeschlossen war.[48] Der damals als Staatssekretär im RJM tätige - spätere Volksgerichtshofspräsident - *Freisler* kann im November 1935 erklären:

> „Die deutsche Rechtspflege kann stolz darauf sein, daß sie die erste Hoheitssparte des Dritten Reiches ist, die in der Personalpolitik den Grundsatz der Einheit von Bewegung, Volk und Staat im ganzen Reich und für alle Beamtengruppen restlos durchgeführt hat“.[49]

Das Deutsche Beamtengesetz

Das im Januar 1937 verkündete Deutsche Beamtengesetz (DBG)[50] vollendete die Gleichschaltung der deutschen Beamtenschaft. Der Beamte – und damit

---

[45] Reichsbürgergesetz vom 15. September 1935, RGBl. 1935 I, S. 1146.
[46] Erste Verordnung zum Reichsbürgergesetz vom 14. November 1935, RGBl. 1935 I, S. 1333–1334.
[47] Fünfte VO zum Reichsbürgergesetz vom 27. September 1938, RGBl. I, S. 370.
[48] *Lorenzen* in DJ 1939, S. 964.
[49] *Freisler* in DJ 1935, S. 1686.
[50] Deutsches Beamtengesetz vom 27. Januar 1937, RGBl. 1937 I, S. 41–70.

auch der Richter – war nach § 1 Abs. 2 nun „Vollstrecker des Willens“ des von der NSDAP getragenen Staates. Er schuldete gemäß Abs. 3 „unbedingten Gehorsam und äußerste Pflichterfüllung“. § 3 Abs. 1 DBG verlangte dem Beamten Treue gegenüber dem „Führer“ bis zum Tod ab, Abs. 2 verpflichtete ihn, „jederzeit rückhaltlos für den nationalsozialistischen Staat einzutreten“. Die bis dahin bestehenden „rassischen“ Vorraussetzungen wurden zudem dadurch verschärft, dass nicht nur der Beamte selbst, sondern auch sein Ehegatte „deutschen oder artverwandten Blutes“ zu sein hatte (§§ 25 und 59 DBG). Wer diese Anforderungen nicht erfüllte, war zwingend zu entlassen (§ 59 Abs. 1 DBG). § 71 Abs. 1 DBG ermöglichte die Versetzung des Beamten in den Ruhestand, wenn er „nicht mehr die Gewähr dafür bietet, daß er jederzeit für den nationalsozialistischen Staat eintreten wird“.

Für richterliche Beamte galt jedoch gemäß § 171 Abs. 1 DBG insoweit eine Ausnahme, als ihre Versetzung in den Ruhestand „nicht auf den sachlichen Inhalt einer in Ausübung der richterlichen Tätigkeit getroffenen Entscheidung gestützt werden“ konnte. So wurde ein Teil der richterlichen Unabhängigkeit zumindest dem Anschein nach bewahrt. In einem geheimen Rundschreiben informierte die Reichskanzlei jedoch alle Reichsminister, in deren Zuständigkeitsbereichen es Gerichte gab, von *Hitlers* Auffassung, dass eine Entlassung nach § 71 DBG auch auf eine richterliche Entscheidung gestützt werden könne.[51] In den insgesamt zehn gegen höhere Justizbeamte durchgeführten Verfahren während der Amtszeit *Gürtners*[52] wurde jedoch keinem der sechs betroffenen Richter seine Rechtsprechung zur Last gelegt.[53] Das RJM nahm seine Beamten, solange an ihrer „nationalen“ Gesinnung nichts auszusetzen war, zumeist gegen Angriffe von der Partei in Schutz.[54]

Dennoch musste jeder Beamte – und auch Richter – in Anbetracht dieser unbestimmten und dehnbaren Vorschriften in ständiger Ungewissheit über seine berufliche Zukunft leben. Wer nicht in Ungnade fallen und deshalb seine Stellung verlieren wollte, war gut beraten, sich systemkonform zu verhalten und jede Art von Kritik zu vermeiden.[55] Schließlich musste ja auch jederzeit mit einer weiteren Verschärfung der Gesetze gerechnet werden.[56]

---

[51] *Gruchmann*, S. 200 ff. und S. 1119.
[52] *Gürtner* stand bis zu seinem Tod am 29. Januar 1941 an der Spitze des RJM.
[53] *Gruchmann*, S. 202.
[54] *Gruchmann*, S. 1119.
[55] Ähnlich sieht das auch *Löffler*, S. 68.
[56] So auch *Weinkauff*, S. 101.

Der Reichstagsbeschluss vom April 1942

Nach *Hitlers* Reichstagsrede am 26. April 1942, in der er die Justiz beschimpft und ihr offen gedroht hatte[57], wurden schließlich die richterliche Unabhängigkeit und alle bis dahin noch bestehenden beamtenrechtlichen Sicherungen aufgehoben.[58] Der am selben Tag verkündete Beschluss des Reichstags[59] bestätigte *Hitler* die Rechte, die er in seiner zuvor gehaltenen Rede für sich in Anspruch genommen hatte. In dieser hatte er unter anderem ausgeführt:

> „[...] Front und Heimat, Transportwesen, Verwaltung und Justiz haben nur einem einzigen Gedanken zu gehorchen, nämlich dem der Erringung des Sieges. Es kann dieser Zeit keiner auf seine wohlerworbenen Rechte pochen, sondern jeder muss wissen, daß es heute nur Pflichten gibt. Ich bitte deshalb den Deutschen Reichstag um die ausdrückliche Bestätigung, daß ich das gesetzliche Recht besitze, jeden zur Erfüllung seiner Pflichten anzuhalten, beziehungsweise denjenigen, der seine Pflichten nach meiner gewissenhaften Einsicht nicht erfüllt, entweder zur gemeinen Kassation zu verurteilen oder ihn aus Amt und Stellung zu entfernen, ohne Rücksicht, wer er auch sei oder welche erworbenen Rechte er besitze [...] Ebenso erwarte ich, daß die deutsche Justiz versteht, daß nicht die Nation ihretwegen, sondern daß sie der Nation wegen da ist, das heißt, daß nicht die Welt zugrunde gehen darf, in der auch Deutschland eingeschlossen ist, damit ein formales Recht lebt, sondern daß Deutschland leben muß, ganz gleich, wie auch immer formale Auffassungen der Justiz dem widersprechen mögen [...] Ich werde von jetzt ab in diesen Fällen [d.h. bei missliebigen Gerichtsurteilen] eingreifen und Richter, die ersichtlich das Gebot der Stunde nicht erkennen, ihres Amtes entheben."[60]

In einem seiner von *Picker* dokumentierten „Tischgespräche" äußert sich *Hitler* wenige Monate später über diese Maßnahme[61]:

> „Vor kurzer Zeit habe er sich deshalb die Möglichkeit geschaffen, Juristen, die Schädlinge seien, am Schlafittchen zu kriegen. Bisher hätten sich solche Gesellen ja nur vor ihren Disziplinargerichten zu verantworten brauchen, bei denen der alte Grundsatz gegolten habe, eine Krähe hacke der anderen kein Auge aus. Nun sei das vorbei [...]."

---

[57] Siehe zum Hintergrund dieser Rede *Gribbohm* in DRiZ 1969, S. 393 f.

[58] *Eberhard Schmidt* nennt es in MDR 1948, S. 374 (378, Fn. 18) „die Reichstagssitzung [...], in der *Hitler* die Maske abwarf und das Ende des Rechtsstaates geradezu offiziell verkündete".

[59] Beschluss des Großdeutschen Reichstags vom 26. April 1942, RGBl. 1942 I, S. 247.

[60] Zitiert nach *Weinkauff*, S. 52.

[61] Am Abend des 22. Juli 1943 (zitiert nach *Picker*, S. 259).

In einem 2003 erschienenen Aufsatz[62] stellt *Gruchmann* fest, „daß der Reichstagsbeschluß vom 26. April 1942 für die Entfernung von Richtern aus ihrem Amt keine reale Bedeutung hatte". Seine Relevanz hätte jedoch darin gelegen, dass die Richter durch die Androhung solcher am Gesetz vorbeigehenden Maßnahmen unter Druck gesetzt wurden, der Führung genehme Entscheidungen zu treffen.

b. Gleichschaltung der Standesorganisationen Unabhängige Standesorganisationen

Die personelle Gleichschaltung der Justiz beruhte nicht allein auf Entlassungen missliebigen Personals und der Entziehung von Rechtsanwaltszulassungen. Alle vormals bestehenden unabhängigen Standesorganisationen wie z.B. der Deutsche Richterbund wurden 1933 – sofern sie nicht aufgelöst worden waren - in den vor der Machtergreifung zahlenmäßig sehr kleinen und unbedeutenden „Bund Nationalsozialistischer Deutscher Juristen" (BNSDJ) überführt. Die völlige Gleichschaltung war damit aber noch nicht erreicht, weil die Verbände zunächst im BNSDJ als einer Art Dachorganisation weiterbestanden.[63] Noch im Jahr 1933 wurden sie schließlich liquidiert. Der Deutsche Anwaltverein beispielsweise löste sich durch Mitgliederbeschluss unter Eingliederung in die Fachgruppe „Rechtsanwälte" des BNSDJ am 27. Dezember 1933 auf.[64] Somit war die bedeutendste Juristenvereinigung mit 15000 Mitgliedern zerschlagen worden.[65] Die Parteiorganisation BNSDJ blieb damit als einziger juristischer Fachverband bestehen.

Die Rechtsanwaltskammern

Lediglich die Rechtsanwaltskammern, in denen jeder zugelassene Anwalt automatisch Mitglied war, wurden zunächst nicht aufgelöst. Ihre Vorstände wurden aber schon im April 1933 in erzwungenen Neuwahlen mit linientreuen Anwälten besetzt.[66] Mit der Reichs-Rechtsanwaltsordnung (RRAO) vom Februar 1936[67] wurde praktisch jede Selbständigkeit beseitigt und die örtlichen Kammern ganz abgeschafft. Nach § 112 RRAO gingen alle vermögensrechtlichen Pflichten und Rechte auf die Reichs-Rechtsanwaltskammer[68] über, in der nun alle im Deut-

---

[62] *Gruchmann* in Vierteljahreshefte für Zeitgeschichte 2003, S. 509 (520).
[63] *Johe*, S. 71.
[64] *Piepenbrink*, S. 20.
[65] *Ostler*, S. 235.
[66] *Douma*, S. 26 ff.
[67] RGBl. 1936 I, S. 107–118.
[68] Zum Verhältnis der Reichrechtsanwaltskammer zum NSRB (früherer BNSDJ) aus damaliger Sicht: *Piepenbrink*, S. 20 ff.: Es bestehe „kein Dualismus, sondern eine organische Harmonie" (S. 24).

schen Reich zugelassenen Rechtsanwälte zusammengeschlossen waren (§ 46 Abs. 1 RRAO).

Die Präsidenten der in den OLG-Bezirken gebildeten Kammern waren an Weisungen des Präsidenten der Reichs-Rechtsanwaltskammer gebunden (§ 54 Abs. 2 RRAO) und wurden auf seinen Vorschlag hin vom Reichsjustizminister im Einvernehmen mit dem Reichsführer des BNSDJ berufen (§ 55 Abs. 1 RRAO). Eine wirkliche Selbstverwaltung der Kammern war somit nicht mehr gegeben. Sie funktionierten nun nach dem Führerprinzip.[69]

Aufgaben und Wesen des BNSDJ

Die Aufgaben des BNSDJ beschreibt sein Reichsgeschäftsführer auf dem Deutschen Juristentag 1933 wie folgt:

> „Als Teil der großen nationalsozialistischen Bewegung ist der BNSDJ der Träger der deutschen Rechtsfront sowohl in organisatorischer wie in geistiger Hinsicht, um die Verwirklichung des nationalsozialistischen Programmes auf dem Gebiet des gesamten Rechtslebens durchzuführen.“ [70]

Zum Selbstverständnis der Organisation führt er aus:

> „Im Gegensatz zu den bestehenden Verbänden, die selbst Spiegelbild der inneren Zerrissenheit des deutschen Volkes waren, erblickt es der BNSDJ als seine selbstverständliche Pflicht, die Führung und den Willen der Staatsgewalt anzuerkennen. Nicht Wahrung gewerkschaftlicher Interessen, nicht kleinlicher Kampf um Standesvorteile ist Aufgabe der deutschen Rechtsfront[71] [...].“[72]

Die Rede lässt unverblümt erkennen, dass diese Standesorganisation weniger der Interessenvertretung als der Gleichschaltung der Juristen dienen sollte.

Die Mitgliedschaft im Juristenbund war nicht obligatorisch. Sie brachte automatisch die Zugehörigkeit zum NS-Beamtenbund mit sich. In einer gemeinsamen Bekanntmachung des RMdI und des StdF heißt es unter anderem:

> „[...] 3. Der BNSDJ und der RDB beruhen beide auf freiwilliger Mitgliedschaft. Ein Zwang darf nicht ausgeübt werden.

---

[69] So auch *Morisse*, S. 63.
[70] *Heuber* in DRiZ 1933, S. 272.
[71] Die am 30. Mai 1933 gegründete „Deutsche Rechtsfront“ wurde zu einer quasiständischen Universalorganisation für alle mit Recht und Wirtschaft in Verbindung stehenden Berufsgruppen. Ihr war auch der BNSDJ angeschlossen.
[72] *Heuber* in DRiZ 1933, S. 273.

4. Grundsätzlich ist der RDB die Einheitsorganisation für alle Beamten. Die Beamten mit abgeschlossener rechts- oder staatswissenschaftlicher Vorbildung sowie die sonstigen mit richterlichen Geschäften betrauten Justizbeamten (Rechtspfleger) und die Anwälte gehören sowohl in den Nationalsozialistischen Deutschen Juristenbund als auch in den RDB. Die Mitgliedschaft im BNSDJ bringt bei diesen Beamten ohne weiteres die Mitgliedschaft beim RDB mit sich, ohne daß eine besondere Beitragspflicht zu letzterem gegeben ist. [...]"[73]

Für die Tatsache, dass trotz Freiwilligkeit die meisten Juristen – vor allem die beamteten – dem BNSDJ beitraten, waren mehrere Gründe verantwortlich. Zum einen stellte die Organisation immerhin eine Art Ersatz für die aufgelösten Vereinigungen dar. Zum anderen dachten viele, durch ihren Eintritt in den BNSDJ um eine Mitgliedschaft in der NSDAP herumzukommen.[74]

Letzteres wäre im Hinblick auf die berufliche Karriere eher von Vorteil gewesen, denn die Zugehörigkeit zum Juristenbund allein genügte dem NS-System nicht als Beleg für eine stramm nationalsozialistische Einstellung. Bereits Ende April 1933 wurde den auf einer Versammlung im Kölner LG anwesenden Juristen mit teilweise offen ausgesprochenen Drohungen nahegelegt, nicht nur dem BNSDJ, sondern auch der NSDAP beizutreten.[75] Ein Beamter oder Richter, der nicht einmal einem angeschlossenen Verband der Partei (wie dies auch der BNSDJ war) beigetreten war, wurde als Feind des Nationalsozialismus angesehen.[76] Ab März 1939 war schließlich für neue Bewerber der Beamtenlaufbahn die Mitgliedschaft in der Staatspartei oder einer ihrer Gliederungen obligatorisch.[77]

Mitgliederentwicklung der Organisation

Der BNSDJ entwickelte sich innerhalb kurzer Zeit zu einer Massenorganisation. Dem Bund, der zum Jahresende 1932 nur 1374 Mitglieder hatte, gehörten Ende 1934 bereits 79951 Personen an. Im Jahr 1939 zählte die mittlerweile in „Nationalsozialistischer Rechtswahrerbund" (NSRB) umbenannte Organisation bereits etwa 104000 Mitglieder.[78]

[73] Abgedruckt bei *Mühl-Benninghaus*, S. 117.
[74] *Weinkauff*, S. 107.
[75] *Schorn*, S. 36.
[76] *Weinkauff*, S. 107; *Gruchmann*, S. 221.
[77] § 2 der VO vom 28. Februar 1939, RGBl. 1939 I, S. 371-376.
[78] Zahlenangaben in *Gruchmann*, S. 221 und *Sunnus*, S. 25.

c. Mitsprache der NSDAP bei Stellenbesetzungen Auswahlkriterien

Nach damaliger Auffassung sollte nur der derjenige das Amt des „Rechtswahrers"[79] ausüben, der „von vorbildlichem deutschen Charakter" war und sich „zum Nationalsozialismus durch sein Leben" bekannte.[80] Gefordert wurde also politisch zuverlässiges Personal. Bereits am 28. Juli 1933 erging für das Gebiet Preußens eine Rundverfügung des dortigen Justizministers „betreffend die Berücksichtigung charakterlicher Eigenschaften der Bewerber bei Stellenbesetzungen". Darin wurden die Behördenchefs angehalten, im Rahmen der politischen Beurteilung bei den Obleuten des BNSDJ um Auskunft über die Einstellung von Justizbeamten nachzufragen. Außerdem hätten „die Gauleiter der NSDAP und die Standartenführer der SS und SA häufig wertvolle Fingerzeige" geben können.[81]

Berufung der Laienrichter

Ab 1934 wirkten die Kreisleiter (der NSDAP) nach dem Gesetz zur Änderung des GVG[82] bei der Berufung der Schöffen und Geschworenen mit. Somit war zumindest einmal die Kontrolle über die Auswahl der Laienrichter gewährleistet.

Mitwirkung des StdF

Da *Hitler* sich als „Führer und Reichskanzler" die Ernennung von höheren Reichsbeamten der Besoldungsgruppen A 2 c und aufwärts vorbehalten hatte und alle Berufsrichter seit dem 24. Januar 1935 unmittelbare Reichsbeamte waren[83], wurden von ihm ab diesem Zeitpunkt alle Richter vom Landgerichtsrat, Amtsgerichtsrat und Oberamtsrichter an persönlich ernannt. Wegen der Vereinigung des Amtes des Reichskanzlers und des „Führers" der NSDAP in der Person *Hitlers* war die Partei insofern schon an der Besetzung der Gerichte beteiligt.[84] An diesem Ernennungsverfahren war durch Erlass der StdF beteiligt.[85] In dieser Funktion gelang es *Heß* und seinem Stabsleiter *Bormann* häufig, ihre Vorschläge gegen das RJM durchzusetzen. Von den zwischen 1935 und 1939

[79] Der Begriff „Rechtswahrer" wurde eingeführt, um den Unterschied zu den „vom Liberalismus geprägten" Juristen, die volksfremde Formalisten gewesen seien zu verdeutlichen (siehe dazu *Sunnus*, S. 40 ff.).
[80] *Freisler* in DJ 1936, S. 53.
[81] *Kregel*, S. 69.
[82] Gesetz vom 13. Dezember 1934, RGBl. 1934 I, S. 1233–1234.
[83] § 1 des Gesetzes vom 24. Januar 1935, RGBl. 1935 I, S. 68.
[84] So folgert das *Schulz* im Jahr 1937 (S. 4).
[85] Erlass vom 24. September 1935, RGBl. 1935 I, S. 1203.

ernannten Ministerialräten, Chefpräsidenten und Oberstaatsanwälten waren deshalb ca. 86% Parteigenossen – wenn sie auch zum Leidwesen der NSDAP zum größten Teil zu den sogenannten „Märzgefallenen"[86] zählten.[87]

Die genannten Beteiligungsrechte der Staatspartei über den StdF wurden durch eine AV des Reichsjustizministers ergänzt, nach deren Nr. 1 Ziffer 1 vor der Ernennung eines Beamten des höheren Dienstes bei dem für ihn zuständigen Gauleiter der NSDAP eine Äußerung zu seiner politischen Zuverlässigkeit einzuholen war.[88] Im eigens für dieses Verfahren entworfenen Vordruck heißt es:

> „[...] Ich bitte um eine Äußerung darüber, ob gegen seine politische Zuverlässigkeit Bedenken bestehen und auf welche Tatsachen diese sich gründen. Falls binnen drei Wochen keine gegenteilige Antwort eingeht, nehme ich an, daß gegen die politische Zuverlässigkeit des Bewerbers Bedenken nicht zu erheben sind."[89]

Weitergehende Einflussnahmen durch Parteifunktionäre

Die Parteifunktionäre gaben sich aber mit dieser Art von Vetorecht noch nicht zufrieden. In der Praxis war es nämlich so, dass ohne ein positives Votum der NSDAP keine Ernennung oder Beförderung durchzusetzen war.[90] Insbesondere die Gauleiter wurden aktiv tätig, indem sie den OLG-Präsidenten und Generalstaatsanwälten ihres Gaus bestimmte Bewerber zur Ernennung oder Beförderung vorschlugen.[91] Über sämtliche Beamten[92] wurden die für die Erstellung der politischen Gutachten notwendigen Materialien ständig von den unteren Parteidienststellen gesammelt, auch wenn eine Ernennung oder Beförderung noch nicht in Aussicht stand.[93] Dieses Verfahren – basierend auf Spitzeltätigkeiten, Gerüchten und Denunziationen - sorgte dafür, dass sämtliche Juristen, die auf eine Beförderung oder Anstellung in der Justiz hofften, zumindest dem äußeren Anschein nach ein der Partei gefälliges Leben zu führen hatten.[94]

---

[86] So wurden im Jargon der NSDAP diejenigen genannt, deren Beitrittsgesuche im März und April 1933 - vor der angedrohten Aufnahmesperre - eingereicht worden waren. Ihre politische Zuverlässigkeit wurde dementsprechend geringer eingeschätzt als die der sogenannten „alten Kämpfer".

[87] *Angermund,* S. 79.

[88] Abgedruckt in DJ 1935, S. 1656-1657. Zusätzlich waren vom RJM auch die OLG-Präsidenten und Generalstaatsanwälte zur Abgabe eines Urteils über die politische Haltung des Bewerbers verpflichtet worden (*Gruchmann,* S. 209 Fn. 33).

[89] Muster für den Vordruck in DJ 1935, S. 1657.

[90] So auch *Majer,* S. 60 f.

[91] *Löffler,* S. 61; *Gruchmann,* S. 212.

[92] Dazu gehörten auch die Richter.

[93] *Diehl-Thiele,* S. 234; *Majer* in DRiZ 1978, S. 48.

[94] So auch *Weinkauff* S. 120. Zur Überwachung der Richter (mit einem eindrucksvollen Beispiel) beispielsweise *Löffler,* S. 69–71.

Die Situation 1936 aus Sicht der Nationalsozialisten

Im Jahr 1936 stellte Staatssekretär *Freisler* fest[95], dass die Justiz „organisatorisch die Einheit des Wirkens von Bewegung und Staat auf dem Gebiet ihrer Personalpolitik im wesentlichen Umfange sicherstellen konnte". Die Mitwirkung der Partei sei zu diesem Zeitpunkt in vier Punkten verstärkt worden:

(1.) Beträfe dies das Zusammenwirken mit dem Reichsrechtsamt der NSDAP bei der Auswahl der Leiter der Referendarsgemeinschaften,

(2.) seien nicht juristische, „zum allergrößten Teil aus Kämpfern der Bewegung bestehende", Prüfer in das Prüfungswesen eingebaut worden,

(3.) könne die Justiz ab Dezember 1935 bei jeder Anstellung oder Beförderung von Juristen oder sonstigen Justizbeamten eine Beurteilung ihrer politischen Zuverlässigkeit von den zuständigen NSDAP-Stellen erhalten und mache eine positive politische Beurteilung zur Voraussetzung für Einstellung oder Beförderung,

(4.) schließlich seien der NSDAP Mitwirkungsrechte bei der Bestellung der Präsidenten der Anwaltskammern, der Aufnahme von Anwaltsanwärtern und der Zulassung der Rechtsanwälte zugestanden worden.

Beendigung der Eigenmächtigkeiten von Funktionären

Die Praxis der Partei, von sich aus Bewerber für neu zu besetzende Stellen zu präsentieren, wurde nach einem Vorfall in den Jahren 1938/1939 von *Hitler* für unzulässig erklärt. Darauf erließ der StdF im März 1939 die Anordnung, dass die Gauleiter nicht eigenmächtig mit Ernennungs- und Beförderungsvorschlägen an die Justiz herantreten dürften.[96] So wurde im ständigen Kampf zwischen der Partei und der immer noch nicht völlig gleichgeschalteten Justizverwaltung ein Machtwort gesprochen.

2. Die soziale und parteipolitische Zugehörigkeit der Juristen
Anteil der NSDAP-Mitglieder

Vor der Machtübernahme war der Anteil der NSDAP-Mitglieder unter den deutschen Richtern und Staatsanwälten verschwindend gering. So sollen am 30. Januar 1933 nur 30 von 7000 preußischen Richtern aktiv der NSDAP angehört

---

[95] *Freisler*, in DJ 1936 S. 53.

[96] *Gruchmann*, S. 213.

haben.[97] Diese Zahlen berücksichtigen aber noch nicht diejenigen, die der Partei heimlich oder unter dem Namen der Ehefrau angehört hatten.[98]

Eine sehr große Zahl an Justizjuristen trat der Partei bis Ende April 1933 bei – vor der am 01. Mai einsetzenden Mitgliedersperre.[99] Die meisten der sogenannten Märzgefallenen[100] waren durch Drohungen und heftige Propaganda zu diesem Schritt gedrängt worden. Neben solch massiver Agitation sorgte die angekündigte Aufnahmesperre dafür, die Juristen zu einem schnellen Beitritt zu bewegen. Es erschien vielen nicht unwahrscheinlich, dass die eigene berufliche Zukunft durch ein Zögern zu diesem entscheidenden Zeitpunkt gefährdet sein könnte.[101]

Eine weitere Eintrittswelle ist für das Jahr 1937 nach Erlass des DBG zu verzeichnen.[102] Da Beamte und Richter von da an die Gewähr bieten mussten, jederzeit rückhaltlos für den NS-Staat einzutreten[103], wählten einige nach einer Lockerung der Mitgliedersperre die Möglichkeit des Parteibeitritts, um keinen Verdacht gegen sich aufkommen zu lassen oder gar eine Entlassung zu riskieren. Laut Staatssekretär *Freisler* gehörten im Jahr 1938 54,28% aller Richter „der NSDAP oder ihren Gliederungen" an.[104] Am Ende des Dritten Reiches dürften schätzungsweise etwa 80% der Richter NSDAP-Mitglieder gewesen sein.[105] Von den Rechtsanwälten soll jeder Dritte der Partei angehört haben.[106] Bemerkenswert ist, dass der Prozentsatz der nationalsozialistischen Juristen regional unterschiedlich war.[107]

Soziale Herkunft

Um das Verhältnis der Richter zum neuen totalitären Regime zu verstehen, ist es auch aufschlussreich, sich Gedanken über ihre soziale Herkunft zu machen. Es lässt sich allgemein sagen, dass die Eltern so gut wie nie der Arbeiterschicht angehörten. Auch Abkömmlinge von Familien aus der Oberschicht schlugen seltenst die Justizlaufbahn mit ihren damals relativ beschränkten Verdienstmöglichkeiten ein. Der Großteil der Justizjuristen stammte aus dem im Kaiserreich

---

[97] Dies beklagte der preußische Justizminister *Kerrl* in DJ 1934, S. 237 (238).
[98] *Gruchmann*, S. 218; *Löffler*, S. 63;
[99] *Schorn*, S. 35; *Weinkauff*, S. 108.
[100] Siehe Kapitel B I 1 a.
[101] So auch *Bracher/Sauer/Schulz*, S. 172.
[102] *Weinkauff*, S. 122.
[103] Siehe Kapitel B I 1 a.
[104] Zitiert bei *Gruchmann*, S. 220.
[105] Diese Zahlenangabe findet sich ohne Quellennachweis bei *Benjamin* in NJ 1955, S. 259.
[106] *Douma*, S. 49.
[107] OLG Celle: 87% im Jahr 1945 (*Löffler*, S. 64); für den OLG-Bezirk Hamm Tabellen bei *Niermann*, S. 68 ff; weitere Angeben bei *Gruchmann*, S. 220.

herangewachsenen sogenannten Kleinbürgertum.[108] Im Jahr 1927 gehörten über 78% der preußischen Referendare mittleren und höheren Beamten- oder Selbständigen-Familien an.[109] Die Richter waren zum überwiegenden Teil konservativ bis deutschnational eingestellt und teilweise durch Schulzeit und Studium antisemitisch geprägt.[110] Sie hatten also nicht immer Überzeugungen, wie man sie von treuen Dienern der Weimarer Republik erwarten müsste.

Anteil jüdischer Juristen

Im April 1933 waren von 45181 „planmäßigen preußischen Justizbeamten" 1704 Juden gewesen. Im März 1934 waren nur noch 331 von ihnen im Dienst.[111] Im Bereich der Rechtsanwaltschaft gab es noch 1933 einen sehr hohen Anteil jüdischer Kollegen. 1934 waren nach offiziellen Statistiken im gesamten Reichsgebiet 4394 von 19500 Anwälten jüdischer Abstammung.[112] Ab dem 13. August 1938 durfte keiner von Ihnen mehr praktizieren.[113] In Berlin waren 1933 60% der Rechtsanwälte jüdischer Abstammung, in Wien waren es 1938 sogar 80%.[114]

Juristinnen

Seit dem Jahr 1922, als Frauen erstmals zu juristischen Berufen und Ämtern zugelassen worden waren, wurden in Preußen bis zur Machtübernahme 176 Gerichtsassessorinnen eingestellt.[115] Im Dritten Reich wurden ab 1935 weibliche Richter und Staatsanwälte nicht mehr ernannt. Aufgrund eines Führerbefehls mussten die OLG-Präsidenten den noch nicht im Beamtenverhältnis stehenden Gerichtsassessorinnen mitteilen, dass ihre Übernahme in die richterliche oder staatsanwaltschaftliche Laufbahn nicht mehr beabsichtigt sei.[116] Die wenigen praktizierenden Richterinnen wurden von der streitigen in die freiwillige Gerichtsbarkeit umgesetzt. Ab 1936 war Frauen auch die Ausübung des Rechtsanwaltsberufs nicht mehr gestattet.[117] Eine gesetzliche Grundlage für dieses Be-

---

[108] *Niermann*, S. 64.

[109] *Steiner* in: Recht und Ideologie. FS für *Klenner*, S. 448.

[110] *Johe*, S. 198; *Wassermann*: Auch die Justiz kann aus ihrer Geschichte nicht aussteigen, S. 168.

[111] Zahlenangaben gestützt auf damalige Akten der Justizverwaltung. Zitiert nach *Gruchmann*, S. 166.

[112] *Reifner* in KJ 1984, S. 389.

[113] 5. VO zum Reichsbürgergesetz vom 27. September 1938, RGBl. 1938 I, S. 1403–1406.

[114] *Reifner* in KJ 1984, S. 389.

[115] *Gruchmann*, S. 318.

[116] *Gruchmann*, S. 319.

[117] Die entscheidende Mitteilung des RJM an die obersten Justizbehörden lautete: Der Führer und Reichskanzler habe entschieden „daß in Zukunft Frauen zum Richteramt und zum An-

rufsverbot wurde nicht geschaffen – es basierte allein auf dem geäußerten Willen des „Führers".[118]

3. Das Disziplinarrecht für Richter

Gleichzeitig mit dem DBG trat 1937 die Reichsdienststrafordnung[119] (RDStO) in Kraft. Sie galt gemäß ihrem § 1 für die Beamten und Ruhestandsbeamten, die dem DBG unterlagen.[120] Die RDStO änderte damit die für Richter geltenden Besonderheiten des bisherigen Disziplinarrechts und hob die Regelungen in den Richtergesetzen der Länder auf. Insbesondere betraf das die Einleitung des förmlichen Dienststrafverfahrens und die Verhängung der nicht dem förmlichen Verfahren vorbehaltenen Dienststrafen.[121] Die bis dahin geltenden Vorschriften seien laut dem von Ministerialrat im RJM *Wittland* verfassten Kommentar zur RDStO fallen gelassen worden, weil sie durch die Unabhängigkeit der Richter nicht gerechtfertigt gewesen seien.[122]

Die Einleitung des förmlichen Dienststrafverfahrens war nun durch Verwaltungsakt der vom RJM ermächtigten Behörde möglich. Außerdem konnte der jeweilige Dienstvorgesetzte Warnungen oder Verweise aussprechen. Vorher war stets ein förmliches Verfahren mit mündlicher Verhandlung vor dem Disziplinargericht erforderlich gewesen.[123]

Die Dienststrafkammer entschied nach § 108 Nr. 1 RDStO über die Anordnung der vorläufigen Dienstenthebung und über die Einbehaltung von Dienstbezügen (§§ 78, 79 RDStO). Deren Vorsitzender war der jeweilige OLG-Präsident (§ 109 Abs. 1 Nr. 1b) und damit dieselbe Person, die zuvor schon als Dienstvorgesetzter den Sachverhalt aufgeklärt hatte.[124]

Während bisher ein Mitglied des RG gemäß §§ 126 bzw. 127 GVG nur durch Beschluss des RG-Plenums zwangsentlassen oder vorläufig seines Amtes enthoben werden konnte, ordnete § 110 Abs. 1 RDStO jetzt die Bildung eines besonderen Senates beim RG für förmliche Dienststrafverfahren gegen Mitglieder der

---

waltsberuf nicht mehr Zugang finden sollen". Zitiert nach *Dölemeyer* in FS Nörr, S. 161. Zu Rechtsanwältinnen in der NS-Diktatur siehe auch *Douma*, S. 124 ff.

118 *Dölemeyer* in FS Nörr, S. 161.

119 RGBl. 1937 I, S. 71–90.

120 Zur Anwendbarkeit der RDStO auf richterliche Beamte siehe *Wittland*, § 1 Rn. 160 ff. Dienststrafen waren gemäß § 4 Abs. 1: Warnung, Verweis, Geldbuße, Gehaltskürzung, Entfernung aus dem Dienst, Kürzung des Ruhegehalts und Aberkennung des Ruhegehalts.

121 *Wittland*, § 108.

122 *Wittland*, § 108.

123 *A. Wagner*, S. 240.

124 *A. Wagner*, S. 241.

obersten Gerichte[125] an. Die Beisitzer dieses Senates waren vom „Führer und Reichskanzler" zu bestellen (§ 110 Abs. 4 RDStO).

Insgesamt gesehen waren diese Vorschriften ein weiterer Schlag gegen die richterliche Unabhängigkeit[126], da die vorgesetzten Behörden nun ohne richterlichen Beschluss Dienststrafverfahren einleiten konnten und zudem die Disziplinargewalt des Dienstvorgesetzten erweitert wurde.

4. Die Juristenausbildung Der neue „Richtertyp"

Die Nationalsozialisten waren seit dem Zeitpunkt ihrer Machtergreifung bestrebt, einen neuen Richtertyp zu erschaffen.[127] Da man von den vor dieser Zeit bereits tätigen Richtern eine grundlegende Änderung „des geistigen Standpunktes und der geistigen Blickrichtung" nicht erwartete, sollte dafür Sorge getragen werden, dass die heranwachsende Juristengeneration „in das nationalsozialistische Gedankengut gewissermaßen natürlich hineinwächst".[128] Das „Schwergewicht der weltanschaulichen Schulung des Rechtswahrers" war „deshalb auf die Erziehung des juristischen Nachwuchses zu legen".[129] Man war der Auffassung, „wie die juristische Jugend auf der Hochschule und im weiteren Verlauf ihrer Ausbildung erzogen wird, so wird der zukünftige Rechtswahrer aussehen".[130] Politisch missliebige und jüdische Professoren wurden radikal entlassen. Laut *Rüthers* sollen die juristischen Fakultäten in Deutschland 40% ihrer Dozenten verloren haben.[131]

Später, im Jahr 1942, äußert *Hitler* bei einem seiner Tischgespräche - bezugnehmend auf seine berüchtigte Reichstagrede[132] - zur Auswahl der Richter nochmals:

> „Die Ausbildung der Rechtswahrer, die Richter werden wollen, müsse völlig umgestellt werden. Da ein Richter über besonders gründliche Kenntnisse des praktischen Lebens verfügen müsse, kämen für den Richterberuf künftig nur noch Leute in Frage,

---

[125] Dies betraf die Mitglieder von RG, Reichsverwaltungsgericht, Reichsfinanzhof, Reichserbhofgericht und die hauptamtlichen Mitglieder des VGH (§ 110 Abs. 1 RDStO).

[126] Es ist jedoch auch ein Fall belegt, in dem *Hitler* mit Verweis auf die jüngst erlassene RDStO davon abgehalten werden konnte, einen Richter ohne das gesetzlich geregelte Verfahren zur Rechenschaft zu ziehen (*Gruchmann,* S. 192 ff.: Ein LG-Direktor hatte die gewagte Formulierung „daß der Führer nicht befugt ist, den Gerichten [...] Weisungen zu erteilen" gebraucht.)

[127] *Johe*, S. 201; *Löffler*, S. 137; *Schorn*, S. 88.

[128] *Kerrl* in DJ 1934, S. 237 (238).

[129] Verlautbarung des Reichsrechtsamts der NSDAP in DR 1935, S. 284 (285).

[130] Verlautbarung des Reichsrechtsamts der NSDAP in DR 1935, S. 284 (285).

[131] *Rüthers*, Die Wende-Experten, S. 89.

[132] Siehe Kapitel B I 1 a

> die sich bereits selbst irgendwie im Leben beruflich bewährt und sich im Parteidienst mit seinen Anschauungen und mit den Problemen der Menschenführung eingehend befasst hätten."[133]

Die Justizausbildungsordnung von 1934

Mit der Justizausbildungsordnung (JAO) vom 28. Juli 1934[134] wurde die bisher landesrechtlich geregelte Ausbildung für das Reich vereinheitlicht. Sie orientierte sich im wesentlichen an dem bisherigen preußischen Gesetz.[135] Die einleitenden Worte der neuen JAO lauten:

> „Ziel der Ausbildung des Juristen ist die Heranziehung eines in seinem Fach gründlich vorgebildeten, charakterlich untadelhaften Dieners des Rechts, der im Volk und mit ihm lebt und ihm bei der rechtlichen Gestaltung seines Lebens ein unbestechlicher und zielsicherer Helfer und Führer sein will und kann. Um dies zu erreichen, muß die Ausbildung den ganzen Menschen ergreifen, Körper und Geist zu einem guten Zweiklang bringen, den Charakter festigen und den Willen stärken, die Volksgemeinschaft im jungen Menschen zu unverlierbarem Ergebnis gestalten, ihm eine umfassende Bildung vermitteln und auf dieser Grundlage ein gediegenes fachliches Können aufbauen."

Studium und erste Staatsprüfung

Die Forderung nach bestimmten charakterlichen Eigenschaften des Justiznachwuchses war kein bloßer Programmsatz. Die „Charaktererziehung" sollte durch die Ausbildungsreform als neuer Wert neben die „geistig-wissensmäßige Ausbildung" treten.[136] So sollte ein Rechtskandidat nach § 11 JAO nur dann zur Prüfung zugelassen werden, wenn seine Persönlichkeit keinen Grund zur Zurückweisung gab. § 14 Abs. 2 JAO verlangte am Tag vor dem mündlichen Teil des Examens ein Gespräch des Prüfungsausschussvorsitzenden mit dem Prüfling, um ein Bild von dessen Persönlichkeit zu gewinnen. Das Reichsjustizprüfungsamt (RJP)[137] unter der Leitung von *Otto Palandt* hoffte, ein „neues Geschlecht von Kämpfern fürs Recht"[138] heranbilden zu können. Dazu gehörte auch der Einsatz von linientreuen Prüfern, die von den Examenskandidaten den Spitznamen „Völkische Beobachter" bekamen.[139] Nach § 14 bzw. §§ 14, 45 Abs. 3 JAO

---

[133] *Picker*, S. 246.
[134] RGBl. 1934 I, S. 727–736.
[135] *Löffler*, S. 139.
[136] *Jeschek*, S. 128.
[137] Das RJP war durch Erlass vom 21. September 1934 zur Oberaufsicht über die erste juristische Staatsprüfung und zur Abnahme des zweiten Staatsexamens für das ganze Reich errichtet worden (*Gruchmann*, S. 106).
[138] Zitat bei *Kuhn*, S. 24.
[139] *Kuhn*, S. 24.

sollte nämlich das fünfte Mitglied des Prüfungsausschusses für die Staatsprüfungen den übrigen Mitgliedern des Prüfungsamtes entnommen werden. Neben den zwei genannten Praktikern und zwei Professoren kamen so nach § 8 Abs. 3d JAO auch „andere hervorragende Vertreter der Wirtschaft, der Wissenschaft und des öffentlichen Lebens“ in Frage.[140]

Von dem einzelnen Jurastudenten wurde verlangt, dass er sich nicht nur Fachwissen aneigne, sondern sich darüber hinaus einen Überblick über „das gesamte Geistesleben der Nation“ verschaffe. Zum ordnungsgemäßen Studium gehörten nunmehr „die ernsthafte Beschäftigung mit dem Nationalsozialismus und seinen weltanschaulichen Grundlagen, mit dem Gedanken der Verbindung von Blut und Boden, von Rasse und Volkstum, mit dem deutschen Gemeinschaftsleben und mit den großen Männern des deutschen Volkes“ (§ 4 Abs. 2 JAO).

Die JAO brachte keine Änderungen bezüglich der Aufteilung in Universitätsstudium, erster Staatsprüfung, Referendardienst und großer Staatsprüfung, verlangte aber nun zwingend für die Zulassung zum ersten Staatsexamen den Nachweis über die abgeleistete Arbeitsdienstzeit[141] (§ 2 JAO) und eine Erklärung des Kandidaten über seine „arische Abstammung“ und die seiner Ehefrau. Damit war es Juden nun unmöglich, in den Referendardienst aufgenommen zu werden. Ab 1936 bestimmte darüber hinaus eine RV, dass der Bewerber zu erklären habe, nicht bei einem jüdischen Repetitor gehört zu haben.[142]

Referendariat

§ 27 Abs. 2 JAO verlangte, dass der Vorbereitungsdienst die charakterliche Festigung des Referendars zu fördern habe. Ziel der Referendarsausbildung war zusammengefasst nach § 26 JAO die Vermittlung der Fähigkeit „vermöge gründlicher Kenntnis des Rechts treffend und volksverständlich Recht zu sprechen, Volksschädlinge zu bekämpfen, die rechtsuchende Bevölkerung zu beraten und durch jede solche Tätigkeit dem Arbeitsfrieden zu dienen“.

Weitere Neuerungen für den juristischen Vorbereitungsdienst waren die Einführung einer Verwaltungsstation (Ausbildung in der Verwaltung, § 32 JAO), die Einrichtung von Arbeitsgemeinschaften (§ 34 JAO) und der Aufenthalt im Gemeinschaftslager (§ 42 Abs. 3 JAO).

Bei der Ausbildung in der Verwaltung spiegelte sich wieder einmal die enge Verbindung zwischen Monopolpartei und Staat wider: Mit VO vom 13. April

---

[140] Dazu *Jonas* in DJ 1934, S. 995 (997).

[141] Die Ableistung des Arbeitsdienstes war zu dieser Zeit noch freiwillig – also eine zusätzliche Belastung für die Rechtsstudenten. Die allgemeine Dienstpflicht für den RAD wurde erst 1935 eingeführt.

[142] Nachweis bei *Gruchmann*, S. 300

1935[143] war unter gewissen Voraussetzungen die Ableistung bei anderen als in der JAO vorgesehenen „geeigneten Verwaltungsstellen“ möglich, beispielsweise bei der Reichsleitung oder einer Gau- oder Kreisleitung der NSDAP (§ 2 der VO). Dem Erlass dieser die JAO ergänzenden Norm ging die Forderung der GeStapo-Führung an den Reichsjustizminister voraus, auch eine Referendarausbildung beim Geheimen Staatspolizeiamt in Berlin zu ermöglichen.[144]

Die neueingeführte Arbeitsgemeinschaft hatte nicht nur die fachliche Ausbildung zum Ziel, sondern sollte gemäß § 34 Abs. 2 JAO die Gerichtsreferendare im Sinne der nationalsozialistischen Staatsauffassung erziehen. Ein Teil dieser „Erziehungsarbeit“ wurde durch die Veranstaltung von sogenannten Gemeinschaftsfahrten geleistet[145], die beispielsweise nach Ostpreußen führten oder auf denen Betriebe besichtigt wurden. Als wichtigster Erfolg dieser Unternehmungen wurde regelmäßig die Festigung der Kameradschaft unter den Referendaren hervorgehoben. „Kameradschaft und Gemeinschaftssinn“ galten als „wertvolle Mittel für die Pflege der Liebe zur Volksgemeinschaft“.[146] Der Leiter der Arbeitsgemeinschaften – nach § 34 Abs. 3 JAO ein besonders geeigneter Richter oder Staatsanwalt – hatte nach einer RV des Reichsjustizministers in erster Linie ein überzeugter Nationalsozialist zu sein.[147] Ab 1934 wirkte das Reichsrechtsamt der NSDAP bei der Auswahl dieser Gemeinschaftsleiter mit.[148]

Das „Gemeinschaftslager“

Die Einrichtung eines Gemeinschaftslagers erfolgte - zunächst noch nicht reichseinheitlich – für die preußischen Referendare bereits im Sommer 1933. Die angehenden Juristen wurden verpflichtet, zwischen dem schriftlichen und mündlichen Teil des zweiten Examens sechs Wochen lang in einem ehemals von der Reichswehr genutzten Lager Dienst zu tun. Kommandant der militärähnlich organisierten Einrichtung war ein Oberstaatsanwalt und SA-Sturmbannführer, das Stammpersonal setzte sich aus SA- und SS-Männern zusammen, welche die Funktionen von Gruppen- und Zugführern übernahmen. Die „Ausbildung“ war vor allem auf körperliche Ertüchtigung ausgerichtet, eine Beschäftigung mit der Examensvorbereitung war ausdrücklich untersagt. Am Ende des Aufenthalts erteilte der Kommandant jedem Referendar ein – für die spätere Karriere nicht unwichtiges - Zeugnis. Der damalige preußische Justizminister *Kerrl* äußerte sich zum Zweck des Lagers:

---

[143] RGBl. 1935 I, S. 545.
[144] *Löffler*, S. 141.
[145] Berichte über diese Fahrten sind abgedruckt in DJ 1935, S. 1882–1885.
[146] Verlautbarung des Reichsrechtsamts der NSDAP in DR 1935, S. 284 (285).
[147] Quellennachweise bei: *Gruchmann*, S. 301 Fn. 11; *Johe* S. 215 Fn. 46.
[148] *Freisler* in DJ 1936, S. 50 (53).

> „Die Form des Gemeinschaftslagers habe ich von vorneherein deshalb ins Auge gefasst, weil man den einzelnen nicht für s i c h [im Originaltext hervorgehoben] charakterlich erkennen kann, sondern nur durch die Art, wie er sich im Zusammenleben mit anderen kameradschaftlich bewegt, einen bestimmenden Eindruck von seinem wirklichen Wesen erhalten kann. [...] Der Zweck, den ich verfolgte, konnte nicht durch Eingliederung der Referendare in ein Arbeitsdienstlager oder durch pflichtgemäße Ableistung einer gewissen Zeit in der SA erreicht werden, weil mir daran liegen mußte, ein sicheres Urteil von mir unterstellten Beamten über die charakterliche Eignung meiner jungen Richter zu erhalten. [...] Ich habe aber als Justizminister mir die Gewissheit zu verschaffen, daß meine jungen Staatsanwälte, Richter und Rechtsanwälte zu ihrem Berufe außer dem positiven Wissen auch die charakterliche Eignung besitzen, und zu diesem Zwecke schaffe ich mir selbst die erforderliche Einrichtung."[149]

Der Aufenthalt sollte demnach nicht nur der Erziehung dienen, sondern auch darüber Aufschluss geben, wer als NS-Jurist geeignet war und wer nicht.

Nachdem ähnliche Lager auch in anderen Ländern eingerichtet worden waren, wurde das preußische Gemeinschaftslager – „auf Wunsch der Referendare" nach seinem Erschaffer *Hanns Kerrl* benannt – mit der Verreichlichung der Justiz zur einzigen, zentralen und reichsweiten Lagergemeinschaft.[150]

Das Lager wurde mit Beginn des Krieges endgültig geschlossen, nachdem *Freisler* den OLG-Präsidenten mitgeteilt hatte, dass das Lager für die Wehrmacht benötigt würde und alle bereits getätigten Einberufungen zu widerrufen seien.[151] Möglicherweise war dies jedoch nur ein willkommener Vorwand, um diese von Anfang an in heftiger Kritik stehende Institution abzuschaffen.[152] Ihr Erfolg bei der politischen Schulung war schon immer fragwürdig gewesen, das Lager trug teilweise eher zur Desillusionierung von dem Nationalsozialismus zunächst aufgeschlossen gegenüberstehenden Referendaren bei, die sich sinnlosen Schikanen ihrer Ausbilder ausgesetzt sahen und das vermeintlich willkürliche Zustandekommen der Lagerzeugnisse beklagten.[153]

Die Justizausbildungsordnung von 1939

Die neugefasste JAO von 1939[154] brachte wiederum einige Änderungen. So wurde beispielsweise die Ableistung des nunmehr zur Pflicht gewordenen Arbeitsdienstes und Wehrdienstes Vorraussetzung zur Zulassung für die erste

---

[149] *Kerrl* in DJ 1934, S. 237 (239).
[150] Dokumente über das Hanns-Kerrl-Lager bei *Staff*, S. 140 ff.
[151] RV des Reichsjustizministers vom 01. September 1939. Nachweis bei *Gruchmann*, S. 312 Fn. 57.
[152] So sieht das *Löffler*, S. 145.
[153] *Gruchmann* S. 305 ff.; *Johe*, S. 223; *Löffler* S. 145 - 152.
[154] RGBl. 1939 I, S. 5–20.

Staatsprüfung (§ 3 Abs. 1 JAO). Darüber hinaus wurde die Verwaltungsstation nun wieder fakultativ. Eigentlicher Grund für den Neuerlass war jedoch laut Staatssekretär *Freisler* die Eingliederung Österreichs und des Sudetenlandes in das Deutsche Reich und die damit erforderlich gewordenen Regelungen.[155]

5. Die politische Schulung
Zuständigkeit für die Schulung

Neben der Ausbildung der jungen Juristen setzten die Nationalsozialisten auch die Schulung des bereits vorhandenen Personals zum Zweck der politischen Beeinflussung ein. Von besonderem Interesse waren dabei unter anderem auch „rassepolitische" und „rassebiologische" Fragen, d.h. den Richtern mussten die Zusammenhänge von „Rasse" und Recht in dem Maße beigebracht werden, dass sie im Sinne der Nürnberger Gesetze entscheiden konnten.[156]

Für die Fortbildung waren auf staatlicher Seite das RJM und die höheren Reichsjustizbehörden[157], auf Seiten der Partei der BNSDJ bzw. NSRB zuständig. Auch die ab 1942 regelmäßig durch das RJM verschickten Richterbriefe[158] waren eine Ergänzung zu der ständig zu leistenden Schulungsarbeit.

Aufgaben des Juristen-/Rechtswahrerbundes

Während den staatlichen Stellen die fachliche Weiterbildung oblag, übernahm der Juristenbund die ideologische Schulung.[159] Sie erfolgte auf Mitgliederversammlungen, Lagergemeinschaften[160] und Wochenendveranstaltungen. Themen der Zusammenkünfte waren beispielsweise die deutsche Rechtsgeschichte, Rassegesetzgebung, Geschichte der „Bewegung" und Leben des „Führers", das Recht der NSDAP oder politische Tagesfragen.[161]

Die Bestimmung des Bundes war insbesondere „die Erziehung der deutschen Juristen zu Rechtswahrern im Sinne der nationalsozialistischen Staatsauffassung".[162] Laut Mitteilungsblatt des NSRB vom Oktober 1943 wurden als die drei Aufgaben der Schulung genannt[163]:

---

[155] *Freisler* in DJ 1939, S. 116.
[156] *Steinlechner*, S. 74.
[157] Höhere Reichsjustizbehörden waren die OLG und die Generalstaatsanwaltschaften.
[158] Siehe Kapitel C I 1 d.
[159] *Johe*, S. 200 f.
[160] Zeitgenössischer Bericht über ein Schulungslager bei *Staff*, S. 136 ff.
[161] *Sunnus*, S. 75 f.
[162] *Freisler* in DJ 1936, S. 129 (132). Siehe auch Diss. von *Gert Hoffmann*, Aufgabe und Form der politischen Erziehung im Dritten Reich, Jena 1938, S. 41 f.
[163] Mitteilungsblatt des NSRB 3/43, Oktober 1943 (zitiert nach *Sunnus*, S. 141 f.).

(1.) Die Heranführung der Bundesmitglieder an die „Bewegung".

(2.) Die Heranführung des Rechtswahres an das Leben, um der Volks- und Lebensfremdheit der Juristen entgegenzuwirken.

(3.) Die „Zusammenführung der Rechtswahrer aus den verschiedenen Berufszweigen auf der einheitlichen Grundlage nationalsozialistischer Rechtsausübung" und „die Überwindung des Ressortdenkens durch kameradschaftliche Aussprache und Zusammenarbeit".

In einem internen Bericht eines Gauschulungsbeauftragten an einen Generalstaatsanwalt aus dem Jahr 1944 wurde als Ziel der Schulung angegeben, „die an leitender Stelle gehegten Gedanken und erklärten Notwendigkeiten in kameradschaftlicher Form nahezubringen, sie in gemeinschaftlicher Aussprache zu klären, die Kameraden für diese Gedanken innerlich zu gewinnen".[164]

6. Die Tätigkeit von Laienrichtern Einsatz an den Gerichten

Binnen kurzer Zeit nach der Machtübernahme wurden vom nationalsozialistischen Gesetzgeber verstärkt rechtsunkundige Laien an den Gerichten eingesetzt. Diese sogenannten „Volksrichter" kamen im Bereich der Strafjustiz nun nicht mehr ausschließlich in den beiden unteren, sondern sogar bei den höchsten Instanzen zum Einsatz: Zwei von den fünf Mitgliedern des neugeschaffenen Besonderen Senats des RG brauchten nicht die Befähigung zum Richteramt zu besitzen. Bei dem 1934 errichteten VGH[165] setzten sich die Senate jeweils aus zwei Berufsrichtern und drei handverlesenen Nichtjuristen zusammen, die zumeist ranghohe Funktionsträger der Partei oder einer ihrer Gliederungen waren. Die Laienrichter am VGH, die nicht - wie bei Schöffenwahlen üblich - per Losverfahren bestimmt wurden, konnten die hauptamtlichen Richter damit sogar überstimmen.

An den eigens für politische Straftaten geschaffenen SG kamen keine Laien zum Einsatz. Möglicherweise war der Grund dafür, dass diese Gerichte besonders schnell und effizient[166] entscheiden sollten. Für die oft als Schauprozesse ausgestalteten Verfahren vor dem VGH stand dagegen mehr Zeit zur Verfügung.

---

[164] Zitiert nach *Rüping*, Staatsanwaltschaft und Provinzialjustizverwaltung im Dritten Reich, S. 55.

[165] Gesetz zur Änderung von Vorschriften des Strafrechts und des Strafverfahrens RGBl. 1934 I, S. 341-348. Näheres zum VGH siehe unten.

[166] So *Kross*, S. 267.

Die Auswahl linientreuer Laienrichter

Die 1933 beginnenden Säuberungswellen hatten auch vor den bis dahin schon tätigen Schöffen und Geschworenen nicht halt gemacht. Nachdem zunächst jüdische und andere missliebige Personen ausgeschaltet worden waren, wurden die Neuwahlen von mit NSDAP-Leuten durchsetzten Wahlausschüssen durchgeführt.[167] Auf die Auswahl der Schöffen und Geschworenen übten die Kreisleiter einen bestimmenden Einfluss aus. So konnten potentiell politisch unzuverlässige Berufsrichter nicht nur durch ihre vom Nationalsozialismus überzeugten Kollegen, sondern auch durch handverlesene Laienrichter überwacht werden.[168]

Das Ende der Tätigkeit von Schöffen und Geschworenen

Gleich am ersten Tag des Zweiten Weltkrieges wurde zur Kräfteersparnis eine VereinfachungsVO[169] erlassen, die in ihrem § 13 die Zuständigkeit des Schöffengerichts auf den Amtsrichter und die Zuständigkeit des Schwurgerichts auf die Strafkammer[170] übertrug. An Stelle der kleinen und großen Strafkammer des LG trat nun die mit drei Berufsrichtern besetzte Strafkammer (§ 14 VO). Damit sollte das Institut der Schöffen und Geschworenen vorläufig völlig abgeschafft werden. Lediglich die Laienrichter am VGH blieben erhalten.

Haltung der Führung zur Frage der Laienrichter

Während Staatssekretär im RJM *Freisler* die übrigen Maßnahmen dieser VO sämtlich als in der Entwicklungslinie der nationalsozialistischen Strafverfahrenspolitik liegend begrüßte, bedauerte er doch zugleich den Verzicht auf Schöffen und Geschworene. Er nannte diese für die Kriegsdauer getroffenen Maßnahmen einen „schweren Verzicht der Strafrechtspflege".[171] In einer 1937 von ihm herausgegebenen Beitragssammlung hatte er schließlich schon einen breiteren Einsatz der Volksrichter propagiert und die Art und den Umfang der Teilnahme „des nichtrechtsgelehrten Volksgenossen an der Rechtspflege" als „eine Lebensfrage des Strafrechts" bezeichnet.[172] *Freisler*, der auch in seinen Urteilen als späterer VGH-Präsident stets Wert auf sogenannte Volkstümlichkeit legte, war es ein Anliegen, die Handlungen der Strafjustiz als solche des Volkes selbst erscheinen zu lassen. Auch Staatssekretär im RJM *Rothenberger* bejahte noch im Jahr 1942 die Beteiligung von Laien, weil seiner Meinung nach die wichtigs-

---

[167] *Gruchmann*, S. 945 f.; *A. Wagner*, S. 228.
[168] Darauf wies bereits *Steinlechner* (S. 70 f.) hin.
[169] VO über Maßnahmen auf dem Gebiete der Gerichtsverfassung und der Rechtspflege, RGBl. 1939 I, S. 1658–1662. Dazu ausführlich *Freisler* in DJ 1939, S. 1537 ff.
[170] Die Strafkammer war nach § 14 der VO mit 3 Berufsrichtern besetzt.
[171] *Freisler* in DJ 1939, S. 1537 (1539).
[172] *Freisler*, Der Volksrichter in der neuen deutschen Strafrechtspflege, S. 11.

te Erkenntnisquelle des Rechts das gesunde Volksempfinden sei und dieses am besten bei einer ständigen Verbundenheit der Rechtspflege mit dem Volk wirke.[173]

Hitler dagegen äußerte zu diesem Thema - ebenfalls im Jahr 1942 - in kleiner Runde, „der ganze Schwindel von Schöffen werde beseitigt werden. Er wolle ein für allemal einen Riegel vorschieben, daß ein Richter sich von der Verantwortung für seine Entscheidung mit der Ausrede herumdrücke, daß die Schöffen ihn überstimmt hätten. Er wolle nur Richter von Format haben, die dann aber natürlich auch gut bezahlt werden müssten.“ [174]

---

[173] *Rothenberger*, Der deutsche Richter, S. 42. Weiterführend siehe die Diss. von *Ulrike Kross*, Der Laienrichter als Reformprojekt im Nationalsozialismus, Würzburg 1991.
[174] Zitiert nach *Picker*, S. 211.

II. Die Justizjuristen in der SBZ/DDR
1. Die personelle Gleichschaltung der Justiz
a. Säuberungsaktionen
Unterschiedliche Vorgehensweisen in den verschiedenen Zonen

Ziel der alliierten Siegermächte war es, alle durch die Zeit der nationalsozialistischen Diktatur belasteten Justizangehörigen aus dem Dienst zu entfernen. Während die Entnazifizierung in den Westzonen recht widersprüchlich durchgeführt wurde und die Mehrzahl der ehemaligen NSDAP-Mitglieder wieder in ihre alten Stellungen zurückkehren konnte, wurde dieser Prozess in der SBZ entschlossener und konsequenter durchgesetzt.

Bewertung der Vorgänge in der Ostzone

Auch wenn man die Säuberung des Staates und der Gesellschaft von verbrecherischen Elementen gutheißen mag, darf man keinesfalls übersehen, dass bei den Maßnahmen der Sowjets und ihrer ostdeutschen Verbündeten gegen sogenannte Naziverbrecher auch viele unschuldig inhaftiert wurden und zu Tausenden aufgrund der Entbehrungen sowie psychischer und physischer Folter in der Haft ums Leben kamen. So wurden beispielsweise auch sämtliche in Leipzig verhafteten Reichsgerichtsräte im ehemaligem KZ Buchenwald ermordet. Die Entfernung von Personen aus wichtigen Bereichen des Staates diente außerdem nicht nur der Beseitigung des Nationalsozialismus, sondern sollte zugleich den kommunistischen Herrschaftsanspruch sichern.[175]

Erste Maßnahmen

Der Umgang mit NS-belasteten Juristen war in den zur SBZ gehörigen Ländern und Provinzen zunächst unterschiedlich. Teilweise war man bestrebt, sämtliche NSDAP-Parteigänger zu entfernen, andernorts wurde zwischen aktiven und nominellen Parteimitgliedern unterschieden oder gar eine individuelle Fallprüfung angeordnet. Bis zum Juli 1945 waren spontan gebildete Bürgervereinigungen als antifaschistische Komitees tätig, die unter Zusammenarbeit mit sowjetischen Militärdienststellen ehemalige NS-Funktionäre aus ihren Stellungen in Justiz und Verwaltung entfernten.[176]

---

[175] *Vollnhals*, Entnazifizierung, S. 43; *Wentker* in *Engelmann/Vollnhals*, S. 96.
[176] *Amos*, Justizverwaltung in der SBZ/DDR, S. 139; *Backhaus*, S. 24.

Der Befehl Nr. 49

Die uneinheitliche Handhabung wurde mit dem SMAD-Befehl Nr. 49[177] vom 04. September 1945 beendet. Dieser ordnete an:

> „Im Laufe der Durchführung der Neugestaltung der deutschen Gerichte sollen aus sämtlichen Gerichten und Staatsanwaltschaften ehemalige Mitglieder der NSDAP, sowie die Personen, welche während des Hitlerregimes die Strafvollstreckungspolitik ausgeübt haben, entfernt werden."

Nach der Auslegung durch die Rechtsabteilung der SMAD sollten von diesem Befehl neben den Mitgliedern der NSDAP auch die Angehörigen ihrer Unterorganisationen erfasst werden.[178] Die rigorose Entnazifizierung nach Befehl Nr. 49 bereitete der Justizverwaltung große Probleme, da im Jahr 1939 etwa 80% aller Richter und Staatsanwälte in dem Gebiet der späteren DDR der NSDAP angehört hatten.[179] Die bis zum Ende 1945 durchgeführten Entlassungen dieser Personen aus dem Justizdienst führte deswegen zu einem dramatischen Personalnotstand bei den Gerichten. Die dadurch entstandenen Lücken wurden durch sogenannte Volksrichter[180] aufgefüllt, auf deren Ausbildung und Einsatz im folgenden noch näher eingegangen werden wird. Bis zum September 1948 wurden ca. 900 Richter, 130 Staatsanwälte und über 7000 andere Justizbedienstete entlassen. Dadurch konnte der Anteil von ehemaligen Mitgliedern der NSDAP und ihrer Gliederungen auf unter 3% gesenkt werden.[181]

Einzelne Lockerungen

In der auf den Befehl Nr. 49 folgenden Zeit wurden die Entnazifizierung regelnde Gesetze des alliierten Kontrollrats von den Ländern unterschiedlich gehandhabt. Beispielsweise wurde von der Mecklenburgischen Landesregierung die verordnete Amnestie betreffend die Einstellung nach dem 1. Januar 1919 geborener Personen auch auf die Bewerber für den Justizdienst angewandt. In anderen Ländern wurde nominellen Parteigenossen, also Personen die zwar Mitglied der NSDAP aber nicht aktiv tätig gewesen waren, der Zutritt zum Justizdienst wieder gewährt.[182]

---

[177] Vom 04. September 1945. Abgedruckt bei *Rössler*, Justizpolitik in der SBZ/DDR, S. 195 und bei *Schöneburg*, Dokumente 1945-1949, S. 223.
[178] *Benjamin* in NJ 1947, S. 13 (14); *Wentker*, S. 106.
[179] *Melzer*, S. 49; *Wentker*, S. 107.
[180] Nicht zu verwechseln mit dem im Dritten Reich gebrauchten Begriff „Volksrichter", der für Laienrichter benutzt wurde.
[181] *Eckert* in ZNR 2000, S. 218 (222).
[182] *Amos*, Justizverwaltung in der SBZ/DDR, S. 143.

Der Befehl Nr. 204

Die Reaktion der Besatzungsmacht darauf blieb nicht aus: Während die strengeren Vorschriften für den übrigen öffentlichen Dienst gelockert worden waren, stellte die SMAD für den Bereich der Justiz mit Befehl Nr. 204[183] nochmals klar:

> „In Erfüllung der übereingestimmten Beschlüsse des Rates der Außenminister vom 23. April 1946 befehle ich: 1. den Chef der Deutschen Justizverwaltung und die Justizminister der Länder zu verpflichten, keine ehemaligen Mitglieder der Nazipartei[184] und der ihr angeschlossenen Gliederungen zur Tätigkeit als Richter oder Staatsanwälte zuzulassen, desgleichen auch Personen, die eine unmittelbare Strafpraxis beim Hitlerregime ausgeübt haben [...]"

Damit war auch jungen Juristen, die vormals Angehörige der HJ oder des NSDStB gewesen waren, der Zugang zur Justiz versperrt.

Reaktion der SED auf Befehl Nr. 204

Dieser jüngste Befehl der SMAD kam der SED entgegen, um die von ihr angestrebte Personalpolitik voranzutreiben. *Walter Ulbricht*[185] forderte bei einer Partei-Vorstandstagung zu Beginn des Jahres 1948, die „reaktionären Kräfte" müssten isoliert und mit Hilfe des SMAD-Befehls Nr. 204 ausgeschaltet werden.[186] Der justizpolitische Sprecher der SED *Max Fechner*[187] stellte zum Abschluss der selben Tagung das politische Ziel dar:

---

[183] Vom 23. August 1947. Abgedruckt bei *Amos*, Justizverwaltung in der SBZ/DDR, S. 143.

[184] Es fällt auf, dass bis zum Untergang der DDR im offiziellen Sprachgebrauch so gut wie niemals der Begriff „nationalsozialistisch" und damit verwandte Worte gebraucht wurden. Man behalf sich mit dem umgangssprachlichen, abwertenden Zusatz „Nazi-" oder sprach von „faschistisch" (obwohl der Faschismus ein italienische Spielart dieses Typs der autoritären Diktatur darstellte). Dass das „S" in *Hitlers* NSDAP für „sozialistisch" stand, muss so unerträglich gewesen sein, dass man Ausdrücke wie „Nazismus", „nazistischer Staat" oder „Nazipartei" in Kauf nahm.

[185] *Walter Ulbricht*, späterer Generalsekretär der SED und ab 1960 Staatsratsvorsitzender, war zu dieser Zeit stellvertretender Vorsitzender der SED und Mitglied des ZS der SED.

[186] Zitiert bei *Amos*, in: Recht im Sozialismus Band 2, S. 127.

[187] *Max Fechner* war seit 1946 zweiter Vorsitzender der SED, wurde 1948–1949 Präsident der Zentralverwaltung für Justiz und darauf Justizminister. Er wurde nach dem Volksaufstand vom 17. Juni 1953 verhaftet und 1956 amnestiert.

„Genosse Melsheimer[188] hat zum Schluss ein wunderschönes Wort gesagt: Polizei und Justiz sind die wichtigsten Stützen des Staates. Die Polizei haben wir schon in der Hand, und die Justiz müssen wir noch in die Hand bekommen.“[189]

Die Zeit nach Abschluss der Entnazifizierung

Nachdem die umfangreiche Phase der Entnazifizierung 1948 abgeschlossen war, wurden die neu einzustellenden Bewerber um so intensiver beäugt. Der Personalfragebogen der DJV von 1949[190] wurde im Gegensatz zu den Vorgängermodellen wesentlich erweitert und enthielt nun auch Fragen zur NS-Vergangenheit von Angehörigen, zu Einkommens- und Vermögensverhältnissen, Wohnungen, Beschäftigungen und Militärdienst von 1933 an.

Ab 1950 war es das Ziel der Personalpolitik, die Justiz von Kräften zu säubern, die zwar nicht als nationalsozialistisch, aber als „reaktionär“ angesehen wurden.[191] Dabei wurden von den Leitern der Personalabteilungen der Landesjustizministerien zusammen mit dem MdJ Personenlisten erstellt. Bei Juristen „bürgerlicher“ Herkunft sollte geradezu nach Entlassungsgründen gesucht werden, da sie als potenziell illoyal galten.[192] Nach der Auflösung der Länder und damit verbunden auch der Justizausschüsse der Landtage, konnte das MdJ ohne deren Zustimmung Richter entlassen. Zum 01. September 1952 wurden folglich 104 Richter aus ihrem Amt entfernt.[193]

b. Gleichschaltung der Standesorganisationen Ausgangslage und Gründung der VDJD

In der DDR gab es keine unabhängigen juristischen Standesorganisationen wie Rechtsanwaltsvereine oder Richtervereine. Mit dem Inkrafttreten der Provisori-

---

[188] *Ernst Melsheimer*, Dr. iur., SED-Mitglied, war nach 1945 zunächst Oberstaatsanwalt in Berlin, anschließend Vizepräsident der DJV. Ab 1949 war er Generalstaatsanwalt der DDR. Mehr zu *Melsheimer* bei *Wentker*, S. 52 ff.

[189] Zitiert bei *Amos*, in: Recht im Sozialismus Band 2, S. 127. *Melsheimers* Worte waren: „Man soll beherzigen, daß es ein alter revolutionärer und demokratischer Grundsatz ist, daß man einen Staat dann umwandelt, wenn man zwei Dinge in der Hand hat: Die Polizei und die Justiz. Die Polizei hat man in der Hand, die Justiz noch nicht. Daß wir sie in die Hand bekommen, sollte unser Ziel sein.“ (Zitat bei *Strempel* in: *Timmermann* (Hrsg.), Die DDR – Recht und Justiz als politisches Instrument).

[190] Abgedruckt bei *Amos*, Justizverwaltung in der SBZ/DDR, S. 253 ff.

[191] Auch *Kirchheimer* (S. 393 f.) geht davon aus, dass bei den formell nicht belasteten alten Richter vermutet wurde, „daß ihre kühlen Beziehungen zum nationalsozialistischen Regime nur mit ihrer Abneigung gegen dessen plebejischen Charakter zusammenhingen“.

[192] *Wentker*, S. 363 ff.

[193] *Lorenz* in: Steuerung der Justiz in der DDR. Einflussnahme der Politik auf Richter, Staatsanwälte und Rechtsanwälte, hrsg. vom Bundesministerium der Justiz, S. 381.

schen Zulassungsordnung für Rechtsanwälte[194] wurden auch die Anwaltskammern – außer zunächst in Thüringen und Sachsen-Anhalt[195] - formell aufgelöst und in Mecklenburg sowie Sachsen durch die Landesausschüsse der Rechtsanwälte und Notare ersetzt.[196] Diese beim OLG ansässigen Ausschüsse, denen Bezirksausschüsse bei jedem LG unterstanden, hatten jedoch keine Aufsichts- oder Disziplinarbefugnisse.[197]

Am 16. Juli 1949 kam es zur Gründung der „Vereinigung Demokratischer Juristen Deutschlands" (VDJD).[198] Der Konstituierung ging ein Treffen der „Initiativgruppe Deutscher Demokratischer Juristen" am 30. Dezember 1948 im Ostsektor Berlins voraus. Die unter dem Eindruck der Berlin-Blockade[199] stattfindende Versammlung wollte einen Verband schaffen, der keine „formaljuristischen Fragen behandelt, wie es exklusive Juristenvereine früherer Prägung zu tun pflegten"[200]. Es sollte auch ausdrücklich keine Standesorganisation[201] gegründet werden, sondern eine „gesellschaftliche Organisation" mit den politischen Zielen des Aufbaus des Sozialismus und der „Propagierung des sozialistischen Rechts".[202] Vordringlichste Aufgabe war nach offizieller Verlautbarung, „durch gegenseitige Verständigung der progressiven[203] Juristen aller Zonen die Voraussetzungen für eine einheitliche demokratische Justiz zu schaffen".[204]

Vorbild für die VDJD waren die in der „Internationalen Vereinigung Demokratischer Juristen" (IVDJ) zusammengefassten sozialistischen Juristenorganisa-

---

[194] Siehe Kapitel C V 2 a.

[195] *Otterbeck*, S. 35.

[196] *Bruhn*, S. 25. Siehe auch *Brand*, S. 26 f. *Benjamin* äußerte in NJ 1951, S. 51, „daß ihre Leiter es nicht verstanden haben, die von den Landesjustizverwaltungen geschaffenen Keimformen nach vorwärts, zu neuen Formen zu entwickeln, sondern daß ihr Ziel die R ü c k e n t w i c k l u n g [hervorgehoben] zur Anwaltskammer alten Stils war".

[197] *Bruhn*, S. 25.

[198] Zur Gründung der VDJD siehe *Brand*, S. 88; *Heinze/Kern* in VdJ: Recht im Dienst des Volkes, S. 147; *Schramm*, S. 21 ff. Der Verband wurde 1970 in „Vereinigung der Juristen der DDR" (VdJ) umbenannt.

[199] Die Berlin-Blockade wurde vom 26. Juni 1948 bis zum 12. Mai 1949 aufrechterhalten und weckte in der SBZ die Besorgnis, dass der andere Teil Deutschlands stärker an den Westen angebunden werden und somit die endgültige Teilung manifestiert sein könnte.

[200] Zitiert nach *Schramm*, S. 19.

[201] *Brand*, S. 89; *Heinze/Kern* in VdJ: Recht im Dienst des Volkes, S. 147; *Schramm*, S. 19.

[202] *Brand*, S. 89; vgl. auch *Heinze/Kern* in VdJ: Recht im Dienst des Volkes, S. 147 und *Schramm*, S. 19.

[203] Mit „progressiv" bzw. „fortschrittlich", „demokratisch" oder „antifaschistisch" waren nach ostzonalem Sprachgebrauch grundsätzlich Sozialisten/Kommunisten gemeint. Alles, was im Zusammenhang mit den westlichen Demokratien stand, wurde dagegen beispielsweise als „imperialistisch" bezeichnet.

[204] *Baur/Toeplitz* in NJ 1969, S. 621. Trotz der Betonung des gesamtdeutschen Charakters der Organisation war der Anteil der Juristen aus den Westzonen in Wirklichkeit verschwindend gering.

tionen anderer Länder.[205] Die Aufnahme der VDJD in den internationalen Verband als deutsche Sektion erfolgte noch im Gründungsjahr 1949.[206]

Verflechtung der VDJD mit dem Staat

Das Führungspersonal der Organisation setzte sich aus Funktionären des von der SED dominierten Staatsapparates zusammen.[207] So war beispielsweise Justizminister *Fechner* gleichzeitig Präsident der VDJD.[208] Seine Nachfolgerin im MdJ *Benjamin* ließ sich immer die Protokolle der 14-tägig stattfindenden Sitzungen des Sekretariats zuschicken und nahm bei wichtigen Tagesordnungspunkten auch selbst an ihnen teil.[209]

Bewertung der VDJD

Zusammenfassend kann man sagen, dass die VDJD eine von Staatspartei und Justizministerium abhängige Vereinigung mit dem Hauptzweck Rechtspropaganda war und mit einer Standesorganisation wenig gemein hatte. Insofern kann man bei der Betrachtung der SBZ/DDR nicht von einer „Gleichschaltung der Standesorganisationen" sprechen – es existierten schlicht keine solchen Vereinigungen mehr.

c. Mitsprache der SED bei Stellenbesetzungen
Die Kaderpolitik der KPD/SED

Nach 1945 war die Personalentwicklung in Verwaltung, Justiz, Polizei und Schulen der SBZ von einem umfassenden Austausch der Eliten geprägt. Bei der Auswahl des gesamten Justizpersonals wurden zudem parteipolitische Gesichtspunkte immer wichtiger. Die KPD bzw. später die SED waren bestrebt, den Justizapparat mit treuen Gefolgsleuten zu durchsetzen und ihn dadurch politisch-ideologisch beeinflussbar zu machen.

Die Kaderpolitik war ein brauchbares Mittel zur Lenkung der Justiz. Unter dem Begriff „Kaderpolitik" verstand man Auswahl, Ausbildung und Einsatz von sogenannten Kadern.[210] Das aus der Militärsprache stammende Wort „Kader" wiederum ist in diesem Sinn gleichbedeutend mit Elite, die in den Massenorga-

---

[205] *Schramm*, S. 20. Die IVDJ wurde 1946 in Paris von Juristen der vier Siegermächte gegründet, die an den Nürnberger Prozessen beteiligt gewesen waren. Nicht zuletzt durch den starken Einfluss der Sowjetunion tendierte die IVDJ von Anfang an stark zu den sozialistischen Staaten.

[206] *Heinze/Kern* in VdJ: Recht im Dienst des Volkes, S. 147.

[207] *Schramm*, S. 26.

[208] *Schramm*, S. 23.

[209] *Schramm*, S. 26.

[210] Bundesministerium für gesamtdeutsche Fragen: SBZ von A bis Z, S. 232.

nisationen und vor allem der SED wichtige Positionen inne hatte. Diese Personen - die Funktionäre - wurden durch spezielle Schulungen herangebildet.

Das Problem des Personalmangels

Die Verwirklichung des kommunistischen Führungsanspruchs stieß anfangs aufgrund des Fehlens von geeignetem Personal auf Probleme. Um die Funktionsfähigkeit der Justiz zu gewährleisten, war es zunächst einmal notwendig, politisch unbelastete und zugleich möglichst qualifizierte Personen einzustellen. Dies führte zur Reaktivierung von einigen im Dritten Reich entlassenen oder frühzeitig pensionierten Justizjuristen.[211]

Auswahl der Volksrichterkandidaten

Bei der Auswahl der Teilnehmer für die ab 1946 abgehaltenen Volksrichterkurse spielte die Parteizugehörigkeit bereits eine wesentliche Rolle. Die Bewerber mussten „politisch und moralisch einwandfrei" sein und die Gewähr dafür bieten, dass sie sich für die „Demokratisierung" der Rechtspflege einsetzen.[212] Bewerbungen waren durch Vermittlung einer politischen Partei, des FDGB oder des Frauen-Ausschusses einzureichen. Bemerkenswerterweise waren 80% der Absolventen aus den bis 1950 stattfindenden Volksrichterkursen im Land Sachsen SED-Mitglieder.[213] Um sicherzustellen, dass genügend SED-Volksrichter ausgebildet wurden, wies die Justizabteilung des ZS der SED die Landesleitungen im Sommer 1946 an, von Seiten der Partei doppelt so viele Kandidatenvorschläge zu machen, wie insgesamt für die Volksrichterkurse benötigt wurden.[214] In einer Stellungnahme des rechtspolitischen Beirats des ZS vom Januar 1948 heißt es:

> „Die Personalpolitik der Partei gegenüber der Rechtspflege bedarf der Verbesserung: Entsprechend der politischen Bedeutung der Richtertätigkeit müssen als Kandidaten für Richterschulen bestqualifizierte Genossen gewonnen werden, auch wenn dadurch Funktionen in Partei und Verwaltung umbesetzt werden müssen. – Die politische Betreuung der Richterschulen erfordert verstärkte Aufmerksamkeit. Es wird den Landesleitungen zur Pflicht gemacht, einen ideologisch geschulten Genossen mit der Betreuung dieser Schulen zu beauftragen. Darüber hinaus wird die neugeschaffene Verwaltungsakademie die Möglichkeit geben, besonders qualifizierte Genossen für leitende Stellen im Justizdienst auszubilden. Der Auswahl des geeigneten Nachwuchses für Vorstudien-Anstalten und juristische Fakultäten muß die Partei ihre besondere

---

211 *Wentker*, S. 119.
212 *Hartwig* in NJ 1947, S. 157.
213 *Amos*, Justizverwaltung in der SBZ/DDR, S. 161.
214 Rundschreiben vom 30. Juni 1946, zitiert bei *Amos*, S. 162.

> Aufmerksamkeit schenken und auch für diese Genossen ihre laufende ideologische Betreuung durchführen."[215]

Insgesamt gelang es bis Ende 1950 durch den Einsatz der frischausgebildeten Volksrichter, den Anteil der SED-Mitglieder unter Richtern und Staatsanwälten auf 54% bzw. 87% zu steigern.[216] Die Ausbildung der Volksrichter und die damit einhergehende Ersetzung von alten Justizjuristen war für die SED somit ein großer Erfolg und stellte die erste bedeutende Maßnahme der Justizsteuerung durch Kaderpolitik dar.

Überprüfung der Examenskandidaten

Auch bei der Übernahme von frischausgebildeten Juristen mit herkömmlichem Hochschulstudium in die Justiz spielte deren politischer Hintergrund eine wesentliche Rolle. Sowohl in der SBZ als auch in Berlin mussten die Kandidaten bestimmte Voraussetzungen erfüllen, um zum Referendarexamen zugelassen zu werden. Die Berliner Prüfungsordnung von 1946 forderte eine „demokratische bzw. antifaschistische Haltung" der Kandidaten sowie eine mangelnde politische Vorbelastung. Nationalsozialisten oder „militaristisch Belastete" durften in der SBZ nicht die Referendarprüfung ablegen.[217]

Im Jahr 1949 verlangte das Kleine Sekretariat der SED eine „Klarstellung über die Verwendung der Absolventen der juristischen Fakultäten". Es sollte festgestellt werden, ob die Examenskandidaten den Ansprüchen der von der SED beherrschten Führung genügten und ob eventuell Änderungen an der juristischen Ausbildung notwendig seien.[218] Im Juli desselben Jahres wurden daraufhin 96 Kandidaten an den Universitäten Halle, Jena, Leipzig und Rostock von einer Kommission überprüft. Dabei kamen keinerlei ausbildungsrelevante Fragen zur Sprache, sondern Lebenslauf und Berufsvorstellungen der Studenten sowie deren Ansichten zu „weltanschaulichen oder allgemein politischen Tagesfragen".[219] Im Bericht über die Ergebnisse der Überprüfungen werden lediglich 32 Personen als so linientreu bezeichnet, dass sie für Justiz und Verwaltung geeignet wären. Bei 14 Kandidaten wurde der Besuch einer SED-Parteischule für nötig gehalten, die übrigen Studenten sollten nur für untergeordnete Tätigkeiten in Verwaltung und Wirtschaft bzw. gar nicht geeignet sein.[220]

---

215 Abgedruckt bei *Amos*, Justizverwaltung in der SBZ/DDR, S. 231 ff.
216 *Backhaus*, S. 70.
217 *Abendroth* in NJ 1947, S. 140.
218 *Wentker*, S. 338 f.
219 *Wentker*, S. 339.
220 Ergebnis der Überprüfung in *Wentker*, S. 339.

Einheitliche Zulassungskriterien durch die Kaderabteilung

Im Jahr 1953 entstand im Ministerium der Justiz (MdJ) durch die Zusammenlegung der Abteilungen „Schulung“ und „Personal“ die neue Abteilung „Kader“. Sie regelte die komplette juristische Ausbildung und war für den Einsatz der Absolventen verantwortlich.[221] Mit Hilfe der aufgestellten Zulassungskriterien für die Hochschulen regelten SED und MdJ schon im Vorfeld die Auswahl der späteren Justizjuristen.[222] Vertrauliche kaderpolitische Richtlinien des MdJ aus dem Jahr 1954 enthielten eine Negativliste mit elf Punkten. Personen, bei denen drei Punkte der Liste zutrafen, wurden zur Ausbildung als Richter oder Staatsanwalt nicht zugelassen.

Als negative Punkte waren beispielsweise aufgeführt[223]: soziale Herkunft aus dem „Kleinbürgertum“; Tätigkeit als Angestellter; ehemaliger Berufssoldat ab dem Dienstgrad Feldwebel; westliche Kriegsgefangenschaft; Mitgliedschaft in einer bürgerlichen Partei; Verwandte ersten und zweiten Grades in Westdeutschland, Westberlin oder im „kapitalistischen“ Ausland; Parteistrafen oder schwebende Parteiverfahren; Übertritt von SED zu CDU oder NDPD; Nichtlesen der Tagespresse; schlechter Lebenswandel: z.B. ungeordnete Familienverhältnisse, Tendenzen amerikanischer Lebensweise.

Förderung von Arbeitern und Frauen

Grundsätzlich war die SED auch bestrebt, den Anteil von Arbeitern und Kindern aus Arbeiterfamilien am Justizpersonal zu erhöhen. Die Partei wollte den Zugang zu juristischen Berufen von Anfang an für die „Arbeiterklasse“ öffnen und die bisherige Privilegierung der alten bürgerlichen Justiz beenden.[224] „Sozialistische Kaderpolitik in der Rechtspflege hieß, die Positionen der Arbeiterklasse in der Justiz zielstrebig weiter auszubauen, die führende Rolle der SED ständig zu stärken [...]“.[225] Deshalb mussten seit 1949 Absolventen der Arbeiter-und-Bauern-Fakultäten (ABF)[226] und Arbeiterkinder mit Hochschulreife vorrangig zum Jurastudium zugelassen werden.[227] Schließlich gab es neben politischen Gesichtspunkten, fehlenden Westkontakten und sozialer Herkunft noch einen

---

[221] *Backhaus*, S. 70.

[222] *Gräf* in: Materialien der Enquete-Kommission „Aufarbeitung von Geschichte und Folgen der SED-Diktatur in Deutschland“, hrsg. vom Deutschen Bundestag, Band IV, S. 403.

[223] *Wentker*, S. 328 f.

[224] *Anders/Benjamin/Görner*, S. 91.

[225] *Benjamin/Görner/Kamin/Sokolow*, S. 83.

[226] An den ab 1949 eingerichteten ABF konnten „Arbeiter- und Bauernkinder“ sowie Kinder der „werktätigen Intelligenz“ in einem ein- bis dreijährigen Studium die Hochschulreife erlangen.

[227] *Gräf* in: Materialien der Enquete-Kommission „Aufarbeitung von Geschichte und Folgen der SED-Diktatur in Deutschland“, hrsg. vom Deutschen Bundestag, Band IV, S. 403.

weiteren Gesichtspunkt bei der Personalauswahl: Die deutliche Erhöhung des Frauenanteils in der Rechtspflege.[228]

2. Die soziale und parteipolitische Zugehörigkeit der Juristen Die Situation in der DDR

Die Justizjuristen der frühen DDR waren nun beinahe zu 100% Neulinge in der Rechtspflege, denn „von den früheren Angehörigen des Justizapparates waren nur einige der SED ergebene Überlebende von Weimar, einige unter dem Nationalsozialismus Verfolgte und ein Häuflein hartnäckig anpassungswilliger Karrieremacher übriggeblieben".[229]

Da die SED ein starkes Interesse an der Personalpolitik der Justiz hatte, wussten die Personalabteilungen stets über Parteizugehörigkeit, soziale Herkunft und persönliche Verhältnisse der juristischen Kader Bescheid.[230] Die vielen veröffentlichten Statistiken sind Belege für das starke Interesse der Staats- und Parteiführung an der Personalzusammensetzung im Bereich der Rechtspflege.

Parteimitgliedschaft

Die Beeinflussung der Personalpolitik durch die Staatspartei kann als voller Erfolg gewertet werden. Aufgrund der vorgenannten verschiedenartigen Maßnahmen gelang es, dass am 01. Januar 1953 von den Richtern 85% und von den Staatsanwälten 98% der SED angehörten.[231] Zudem waren im Jahr 1953 bereits sämtliche Bezirksgerichts-Direktoren, Leiter der Bezirksstaatsanwaltschaften und Juristen der Obersten Staatsanwaltschaft SED-Mitglieder.[232] Die Zahl der durch Mitgliedschaft in der NSDAP oder ihren Gliederungen politisch belasteten Richter und Staatsanwälte war dagegen schon im Jahr 1950 mit unter 3% sehr gering.[233] Die Rechtsanwaltschaft war 1950 noch zu 38% belastet und nur zu 15% in der SED organisiert.[234] Der Anteil der SED-Genossen unter den Anwälten wurde im Jahr 1953 unwesentlich auf 18,9% gesteigert.[235]

---

[228] *Benjamin/Görner/Kamin/Sokolow*, S. 84 und 92 f.
[229] *Kirchheimer*, S. 394.
[230] *Amos*, Justizverwaltung in der SBZ/DDR, S. 173.
[231] Zahlenangaben aus *Blomeyer/Lange/Rosenthal*, S. 30.
[232] *Blomeyer/Lange/Rosenthal*, S. 30.
[233] *Amos*, Justizverwaltung in der SBZ/DDR, S. 175.
[234] *Amos*, Justizverwaltung in der SBZ/DDR, S. 175.
[235] *Rössler*, S. 146: Von 840 Anwälten sollen 1953 lediglich 159 in der SED organisiert gewesen sein.

Erhöhung des Arbeiter- und Frauenanteils

Ebenso wurde das Ziel erreicht, den Anteil der Absolventen von Volksrichterlehrgängen gegenüber dem der klassisch ausgebildeten Juristen zu erhöhen. Während am 01. Januar 1950 von den 1022 Richtern und 260 Staatsanwälten der Ostzone 47,1% Volksrichter bzw. 62,3% Volksstaatsanwälte waren, kamen am 01. Oktober 1953 von den ca. 1050 Richtern und ca. 350 Staatsanwälten der DDR 92% bzw. 98,5% aus Volksrichterkursen.[236]
Mit der Stärkung der Volksrichterlehrgänge, die weitaus geringere Anforderungen an die Schulbildung der Teilnehmer stellten als ein Universitätsstudium, ging die erwünschte Erhöhung des Prozentsatzes von Angehörigen der „Arbeiterklasse[237]" in der Justiz einher. Von 1950 bis 1951 erhöhte sich der Anteil von Richtern und Staatsanwälten aus Arbeiterfamilien von 31% auf 43%.[238]

Die Zahl der Richterinnen stieg in den fünfziger Jahren ebenfalls kontinuierlich an. Während 1950 15,3% der 1002 Richter in der DDR-Justiz weiblich waren, lag der Frauenanteil 1958 bei 29,7% von 1061 Richtern.[239]

3. Das Disziplinarrecht für Richter
Die Situation in der SBZ

In der SBZ spielte zunächst das Disziplinarrecht für Richter kaum eine Rolle. Wegen des großen Personalmangels wurde meistens nur über die Frage entschieden, ob eine Amtsenthebung zu erfolgen habe oder nicht.[240]

Die Regelungen des GVG von 1952

Das GVG von 1952[241] verlangte in seinem § 11, dass ein Richter nach seiner Persönlichkeit und Tätigkeit die Gewähr dafür bot, „dass er sein Amt gemäß den Grundsätzen der Verfassung ausübt und sich vorbehaltlos für die Ziele der Deutschen Demokratischen Republik einsetzt". Richter konnten nach den §§ 16, 17 GVG abberufen werden, wenn sie gegen die Verfassung oder andere Gesetze verstoßen oder sonst ihrer Pflichten als Richter gröblich verletzt hatten, rechts-

---

[236] Zahlenangaben aus *Blomeyer/Lange/Rosenthal,* S. 30.
[237] Offizielle Statistiken müssen je nach Erstellungszeitpunkt mit Vorsicht betrachtet werden. Personen wie Offiziere oder politische Funktionäre wurden in der weiteren Geschichte der DDR auch zur „Arbeiterklasse" gezählt. (*Lochen* in: Bundesministerium der Justiz, „Im Namen des Volkes?", Band 3, S. 126).
[238] Zahlenangaben aus *Amos*, Justizverwaltung in der SBZ/DDR, S. 178 und *Anders/Benjamin/Görner,* S. 110.
[239] Zahlenangaben aus *Benjamin/Görner/Kamin/Sokolow*, S. 159.
[240] *Lorenz* in: Steuerung der Justiz in der DDR. Einflussnahme der Politik auf Richter, Staatsanwälte und Rechtsanwälte, hrsg. vom Bundesministerium der Justiz, S. 380.
[241] GBl. der DDR 1952, S. 983–988.

kräftig verurteilt oder körperlich bzw. geistig dienstunfähig waren. Zuständig war für die Richter des OG der Justizausschuss der Volkskammer, für die übrigen Richter der Justizminister nach Anhörung des Kollegiums des MdJ.

Gründe für Abberufungen

Für Abberufungen von Richtern gab es die verschiedensten Gründe. Es musste nicht unbedingt eine politische oder ideologische Verfehlung - wie beispielsweise das Fernbleiben von den Feierlichkeiten zum 01. Mai - sein, das zu derartigen Konsequenzen führte. Auch „unmoralisches“ Verhalten durch starken Alkoholkonsum und außereheliche Liebesbeziehungen konnten die Gründe sein. Daneben gibt es dokumentierte Fälle von Abberufungen wegen Flucht in den Westen oder aufgedeckter NS-Vergangenheit.[242]

Die Regelungen der Disziplinarordnung

Nach § 20 GVG war ein Richter „in erhöhtem Maße verpflichtet, sich dienstlich und außerdienstlich untadelig zu verhalten“. Wegen Handlungen, „die seines Amtes unwürdig“ waren, aber eine Abberufung nicht rechtfertigten, konnte er vor einem Disziplinarausschuss zur Verantwortung gezogen werden. Die Einzelheiten des Disziplinarverfahrens waren auf Grundlage des § 24 GVG durch eine gesonderte Disziplinarordnung für Richter[243] geregelt. Deren § 1 bestimmte:

> „Ein Richter, der
> 1. die Arbeitsdisziplin verletzt,
> 2. sich bei der Ausübung der richterlichen Tätigkeit eines nachlässigen Vergehens schuldig macht,
> 3. sich innerhalb oder außerhalb des Dienstes eines Richters unwürdig verhält, hat sich nach den Vorschriften dieser Verordnung vor einem Disziplinarausschuß zu verantworten.“

Diese Ausschüsse konnten nach § 2 Abs. 2 der Disziplinarordnung auf Verweis, Rüge oder Strenge Rüge erkennen. Nach § 7 Abs. 2 der Disziplinarordnung konnte der Disziplinarausschuss auf die Einleitung eines Abberufungsverfahrens hinwirken, wenn er zu der Auffassung gelangt war, „daß das Vergehen des Richters durch eine Disziplinarstrafe nicht gesühnt werden kann“. *Benjamin* beschreibt in einer 1953 gehaltenen Rede, dass hier je nach Linientreue des Rich-

[242] Alle Beispiele mit Quellenangaben in: *Backhaus*, S. 107.
[243] GBl. der DDR 1953, S. 467-469.

ters mit zweierlei Maß gemessen werden solle.[244] Sie benennt folgendes Beispiel:

> „Die betreffenden Richter hatten sich wegen Verstoßes gegen die Parteidisziplin zu verantworten. Der Disziplinarausschuß des Obersten Gerichts hat ein Beispiel gegeben für die Disziplinarverfahren der Zukunft und ist nach einer gründlichen Untersuchung der Handlungen und der Person der betreffenden Richter zu seiner Entscheidung gekommen. So hat er z.B. in zwei äußerlich gleichgelagerten Fällen verschieden entschieden, weil es sich zeigte, daß der eine Richter sich ehrlich bemühte, die richtige Einstellung zur Politik der Regierung zu finden, während das in dem anderen Fall durchaus nicht zu erkennen war. Deshalb wurde auch hier das Disziplinarverfahren ausgesetzt und wird in ein Abberufungsverfahren umgewandelt werden."

Es bestand nach § 20 der Disziplinarordnung die Möglichkeit der Beschwerde[245] gegen die Entscheidung des Disziplinarausschusses. Die Entscheidung in nächst höherer Instanz war dann unanfechtbar.

Ein Disziplinarverfahren konnte auch wegen der Weigerung eines Richters, in politischen Verfahren harte Urteile auszusprechen, auf die „Verletzung der Arbeitsdisziplin" gestützt werden. In dem Beschluss eines Disziplinarausschusses vom 10. September 1953[246], wurde einem Richter ein Verweis erteilt, der sich weigerte an Strafverfahren gegen Aufständische des 17. Juni teilzunehmen. Die relativ geringe Disziplinarstrafe in diesem Fall wurde damit begründet, dass der Richter im übrigen pflichtbewusst seinen Aufgaben nachgekommen sei.

Eine Analyse von 60 Disziplinarverfahren in den Jahren 1953 bis 1961, die in den Bezirken Halle, Karl-Marx-Stadt, Leipzig und Dresden durchgeführt wurden, hat ergeben, dass der überwiegende Teil (87%) „moralisches Fehlverhalten" wie außerehelichen Beischlaf, Alkoholmissbrauch oder dienstliche Nachlässigkeit zum Gegenstand hatte. Nur 13% der Verfahren hatten einen politischen Hintergrund.[247] Wenn man diese Zahlen als repräsentativ ansieht, hatte die Disziplinarordnung tatsächlich eher die Funktion, die Integrität der Richter gegenüber der Bevölkerung mit ihren moralischen Ansichten zu gewährleisten.

---

[244] Rede *Benjamins* vom 29. August 1953 (Beilage zu NJ 1953 Heft 19). Zitiert nach *Blomeyer/Lange/Rosenthal* S. 32. Abgedruckt auch in: *Untersuchungsausschuß Freiheitlicher Juristen*, Unrecht als System Teil II, S. 76.

[245] *Immisch* (S. 180) geht irrtümlich davon aus, dass es gegen diese Maßnahmen keinen Rechtsschutz gab. Die theoretische Möglichkeit bestand nach der Disziplinarordnung jedoch durchaus. Solche Beschwerden dürften aber aufgrund der linientreuen Besetzung der höheren Instanzen selten Erfolg gehabt haben.

[246] Abgedruckt in: *Untersuchungsausschuß Freiheitlicher Juristen*, Unrecht als System Teil II, S. 81 f.

[247] *Lorenz* in: Steuerung der Justiz in der DDR. Einflussnahme der Politik auf Richter, Staatsanwälte und Rechtsanwälte, hrsg. vom Bundesministerium der Justiz, S. 383.

Um die Richterschaft in politischer Hinsicht gefügig zu machen, stand die mögliche Abberufung als schärfere Waffe zur Verfügung.[248]

4. Die Juristenausbildung

In der SBZ wurde die althergebrachte Ausbildung des juristischen Nachwuchses im Gegensatz zu den Westzonen stark verändert. Die Zeit bis zur Etablierung eines marxistisch-leninistisch geprägten Hochschulstudiums und bis zum Heranwachsen einer politisch unbelasteten, studierfähigen Generation wurde durch den Einsatz von - in speziellen Schulen ausgebildeten - Volksrichtern überbrückt. Zwischen dieser verschulten und der akademischen Ausbildungsform ist im Folgenden zu unterscheiden.

a. Die Volksrichterausbildung

Motive für die Schaffung und Vorgeschichte der Volksrichterausbildung

Nach der auf SMAD-Befehl Nr. 49 folgenden Entnazifizierung[249] fehlten in der SBZ über 40% an Richtern und Staatsanwälten um nur den Mindestbedarf zu decken.[250] Da nicht schnell genug die erforderliche Zahl an Absolventen von den Universitäten gewonnen werden konnte, forderte das Programm der SED die „systematische Ausbildung befähigter Werktätiger als [...] Volksrichter [...] unter besonderer Förderung der Frauen“.[251]

Die Ausbildung und der Einsatz von Volksrichtern nach dem Vorbild der Sowjetunion sollte nach dem Willen der SED keine „Notlösung bedeuten, um die Arbeit der Gerichte zu sichern, sondern die entscheidende Maßnahme zur Zerschlagung der reaktionären deutschen Richterkaste [...], die viele Jahrzehnte hindurch eine Säule des Kapitalismus und Imperialismus gewesen war“.[252] Den neuen Machthabern schien es erforderlich, den unteren Schichten den Zugang zur Justiz zu ermöglichen und das durch die bisher geltenden Ausbildungsvorschriften „gesetzlich fixierte Vorrecht der bis dahin herrschenden Klasse auf die Besetzung aller Stellen im Justizapparat zu brechen und die gegen das Proletariat gerichtete bürgerliche Klassenjustiz durch eine Justiz zu ersetzen, die dem Volke dient“.[253] Vielleicht das wichtigste Ziel der Volksrichterausbildung war es jedoch, das Justizpersonal möglichst schnell auszutauschen und sich durch die

---

[248] So im Ergebnis auch *Lorenz* in: Steuerung der Justiz in der DDR. Einflussnahme der Politik auf Richter, Staatsanwälte und Rechtsanwälte, hrsg. vom Bundesministerium der Justiz, S. 391.

[249] Siehe auch Kapitel B II 1 a.

[250] *Amos*, Justizverwaltung in der SBZ/DDR, S. 151; *Schröder* in: Recht im Sozialismus, Band 2, S. 442.

[251] Zitiert nach *Anders/Benjamin/Görner*, S. 92.

[252] *Anders/Benjamin/Görner*, S. 92 f.

[253] *Helm* in VdJ: Recht im Dienst des Volkes, S. 29.

Besetzung der Stellen mit treuen Gefolgsleuten einen ideologisch beeinflussbaren Apparat zu schaffen.

Die erforderlichen Maßnahmen wurden durch die DJV schon Ende 1945 in die Wege geleitet. In den zur SBZ gehörenden drei Ländern und zwei Provinzen wurde jeweils eine Volksrichterschule geschaffen.[254] Da es schwierig war, genügend qualifizierte Dozenten zu bekommen, die zudem politisch nicht vorbelastet sein durften, setzte man bei den ersten Kursen Angehörige aller juristischen Berufe ein, von denen die meisten konservativ oder liberal eingestellt waren.[255]

Rekrutierung der Bewerber

Die Auswahl der Bewerber richtete sich zunächst nach einer Anordnung des Chefs der SMAD vom 17. Dezember 1945. Danach waren als Kursteilnehmer „aktive Antifaschisten, Männer und Frauen mit Volksschulbildung[256], im Mindestalter von 25 Jahren zu gewinnen".[257] In einem Rundschreiben vom April 1946[258] wies die DJV darauf hin, dass der Begriff „aktive Antifaschisten" ehemalige Wehrmachtsoffiziere ebenso wie HJ-Mitglieder ausschloss. Auswahlkriterien sollten des weiteren „politische Zuverlässigkeit, geistige Eignung, Charakterfestigkeit und persönliche Reife" sein.

Die zum großen Teil der SED angehörenden Kandidaten mussten wie bereits erwähnt von einer Partei oder ab dem zweiten Lehrgang auch alternativ von einer Massenorganisation vorgeschlagen worden sein.[259] Diejenigen Bewerber, welche die schriftliche und mündliche Vorprüfung bestanden hatten, wurden zu den Lehrgängen zugelassen.

Bei dieser Vorauswahl ging es jedoch nicht um juristisches Wissen, sondern eher um die allgemeine Auffassungsgabe der Prüflinge.[260] „Das Augenmerk" wurde laut dem damaligen Direktor der DJV *Hartwig* „besonders darauf gerichtet, ob der Betreffende sich schriftlich oder mündlich sachgemäß ausdrücken kann, ob er eine richtige Einstellung zu seinem künftigen Beruf als Richter oder Staatsanwalt zeigt, ob er die erforderliche Auffassungsgabe besitzt und eine kla-

---

[254] *Gräf* in: Materialien der Enquete-Kommission „Aufarbeitung von Geschichte und Folgen der SED-Diktatur in Deutschland", hrsg. vom Deutschen Bundestag, Band IV, S. 416.

[255] *Backhaus*, S. 42.

[256] Das entspricht in etwa dem heutigen Hauptschulabschluß.

[257] *Anders/Benjamin/Görner*, S. 97; *Benjamin* in NJ 1947, S. 13 (14); *Wentker*, S. 142. Siehe zur Rekrutierung der Kandidaten auch *Hattenhauer*, S. 9 ff.

[258] Zitiert bei *Wentker*, S. 150.

[259] Siehe Kapitel B II 1 c.

[260] *Gräf* in: Materialien der Enquete-Kommission „Aufarbeitung von Geschichte und Folgen der SED-Diktatur in Deutschland", hrsg. vom Deutschen Bundestag, Band IV, S. 417; *Schröder* in: Recht im Sozialismus, Band 2, S. 445.

re Vorstellung von den dringenden Aufgaben der Gegenwart hat".[261] In einer neueren Untersuchung wird die Auffassung vertreten, dass „Allgemeinbildung, spezielle Befähigungen und Intelligenzgrad [...] eher sekundär" gewesen seien, entscheidend dagegen die „richtige" politische Einstellung.[262]

Die Lehrpläne

Nach den von der DJV einheitlich gestalteten Lehrplänen wurde Zivil- und Strafrecht einschließlich des jeweiligen Prozessrechts sowie die Grundzüge des Jugendrechts, der Kriminologie, der Kriminalistik, des Strafvollzugs, der strafrechtlichen Nebengesetze, der freiwilligen Gerichtsbarkeit sowie Staats- und Staatsverwaltungsrecht unterrichtet, ferner „eine grundlegende historisch-soziologische Vorlesung" gehalten.[263] Das wöchentliche Lernprogramm war umfangreich: An fünf Tagen vier Stunden Vorlesung vormittags, drei Stunden praktische Übung nachmittags und dazu Förderkurse am Abend, am sechsten Tag Besuch von Gerichtsverhandlungen und besondere Veranstaltungen.[264] Diese - tatsächlich intensive - Ausbildung war nach Ansicht der DJV „der hochschulmäßigen mindestens ebenbürtig" und bereitete „für die Praxis sogar besser als diese" vor.[265] Ab 1949 wurde „allgemein bei der Ausbildung in den Lehrgängen in immer stärkerem Maße darauf Wert gelegt, daß die Schüler mit den neuen Aufgaben vertraut gemacht werden, die der Justiz durch die schnell fortschreitende politische, wirtschaftliche und rechtliche Entwicklung gestellt wer-

---

[261] *Hartwig* in NJ 1947, S. 157 (158).
[262] *Liwinska*, S. 12.
[263] *Benjamin* in NJ 1947, S. 13 (14). Zu den Lehrmethoden siehe *Gerats* in NJ 1950, S. 111-113.
[264] *Hartwig* in NJ 1947, S. 157 (158).
[265] *Hartwig* in NJ 1949, S. 13. Scharf kritisiert wurde die Volksrichterausbildung von *Eberhard Schmidt* in MDR 1948, S. 374–382: „Der Volksrichter erhält keine wissenschaftliche, sondern eine fachschulmäßige Ausbildung. In einem Lehrgang von einem Jahr kann er äußerstenfalls mit dem primitiven Handwerkszeug ausgerüstet werden, das ein Zurechtfinden in den wichtigsten Gesetzgebungsmaterien gestattet" (S. 376). Heute wird die Qualität dieser Ausbildungsform unterschiedlich beurteilt: *Wesel* beispielsweise meint, die Jahreskurse hätten einem Jurastudium von sieben Semestern entsprochen. Deshalb und wegen der schweren Prüfungen sowie der hohen Durchfallquote sei „diese kompakte Ausbildung gut" gewesen (*Wesel:* Recht, Unrecht und Gerechtigkeit. Von der Weimarer Republik bis heute, S. 97). *Liwinska* ist der Meinung, die Volksrichter hätten ihre Aufgaben in fachlicher Hinsicht „ansatzweise gut" erfüllt. Sie beurteilt „dieses einmalige Experiment in der Justizgeschichte unter diesen Bedingungen" als vollen Erfolg (*Liwinska*, S. 60). *Backhaus* dagegen ist in seiner Beurteilung zurückhaltender. Er weist auf die hohe Zahl der Entlassungen von späteren Volksrichtern aufgrund fachlicher Mängel, Straftaten, moralischer Gründe oder disziplinarischer Verfehlungen hin (*Backhaus*, S. 166). Seiner Meinung nach kann bei den Volksrichtern der SBZ/DDR „von Vertretern einer neuen juristischen Intelligenz oder gar einer neuen juristischen Elite [...] nicht die Rede sein" (*Backhaus*, S. 167).

den [besonders] bei der Durchführung der Bodenreform, bei der Eintragung und dem Schutz der volkseigenen Betriebe und bei der Anwendung der Wirtschaftsstrafverordnung“.[266]

Die Lehrgänge dauerten sechs Monate, wurden später auf acht bzw. zwölf Monate und schließlich auf zwei Jahre ausgeweitet. Am Ende des Kurses stand die Abschlussprüfung, die sich aus je einer von der DJV gestellten, fünfstündigen Klausur aus dem Zivil- und Strafrecht zusammensetzte sowie einem mündlichen Examen.[267]

Einsatz der Absolventen

Die Absolventen wurden unmittelbar nach bestandener Prüfung in der Justiz eingesetzt. In der Regel wurden sie Beisitzer an LG oder großen AG.[268] Bereits im Jahr 1949 waren die ersten Volksrichter schon zu Ministerialdirektoren, LG-Präsidenten und Oberstaatsanwälten befördert worden.[269]

Der Unterricht in der „Gesellschaftswissenschaft“

Mit Schaffung der Zentralen Richterschule der DDR und dem Beginn des ersten Zweijahreslehrgangs im Juni 1950 wurde der Anteil der Gesellschaftswissenschaft an der Ausbildung auf 1123 von 4600 Unterrichtsstunden erhöht[270] - eine Entwicklung die parallel zu der des Universitätsstudiums verlief, wo zeitgleich die dreisemestrige „gesellschaftliche Grundausbildung“ eingeführt wurde. Immer wieder wurde betont, dass „die Aneignung der Gesellschaftswissenschaft, der Lehren von Marx, Engels, Lenin und Stalin, des dialektischen und historischen Materialismus, der politischen Ökonomie, der Geschichte der Arbeiterbewegung, besonders der KPdSU (B), der Lehre vom Staat und von der Revolution die Voraussetzung für die Erkenntnis, Erfassung und Verarbeitung aller Gebiete des Rechtes in Theorie und Praxis bildet“.[271] Die Bedeutung des gesellschaftswissenschaftlichen Studiums für die juristische Ausbildung konnte man nach Auffassung des Hauptreferenten im MdJ *Schmidt* in „der genialen Arbeit Stalins „Über den Marxismus in der Sprachwissenschaft“ erkennen.[272] Der Leiter der Zentralen Richterschule *Helm* schwärmte sogar, der Artikel des sowjetischen Diktators habe „außerordentlich befruchtend auf die Aneignung und Ver-

---

[266] *Hartwig* in NJ 1949, S. 13.
[267] *Hartwig* in NJ 1947, S. 157 (158) mit zwei original Prüfungsaufgaben als Beispiel (S. 159). Vier Fragen aus der mündlichen Prüfung bei *Hartwig* in NJ 1949 S. 13 (15).
[268] *Amos*, Justizverwaltung in der SBZ/DDR, S. 171.
[269] *Benjamin* in NJ 1949, S. 129; *Sparschuh* in NJ 1950, S. 19f.
[270] *Helm* in NJ 1951, S.308 (309); *Scheele* in NJ 1950, S. 183 (184).
[271] *Helm* in NJ 1951, S.308 (309).
[272] *K. Schmidt* in NJ 1951, S. 310.

tiefung der Rechts- und Staatswissenschaft gewirkt".[273] *Schmidt* geht mit seiner Bewertung des Studiums der kommunistischen Ideologie sogar noch weiter:

> „Aus der Stalinschen Begriffserklärung über das Verhältnis von Basis und Überbau ergibt sich [...], daß die Rechtswissenschaft als ein Zweig der Gesellschaftswissenschaft anzusehen ist."[274]

Seiner Ansicht nach war die Gesellschaftswissenschaft also kein Nebenfach im Rahmen der Juristenausbildung, sondern die Rechtswissenschaft ein Teilbereich des alles durchdringenden Marxismus-Leninismus. Zur rechtsphilosophischen Bedeutung der marxistisch-leninistischen Lehre führt er aus:

> „[...] daß es auf dem Gebiete der Rechtswissenschaft keine besonderen Philosophien gibt und geben kann, sondern einzig und allein der dialektische und historische Materialismus Anwendung findet."[275]

Geradezu paradox mutet das neue Verständnis der Wissenschaftlichkeit des Rechtsstudiums an:

> „Den Absolventen der Richterschulen muß verständlich gemacht werden, daß es keine unparteiische Wissenschaft gibt, daß die fortschrittliche Wissenschaft Partei ergreift im Kampf gegen die reaktionären Ideologien, im Kampf um die Erhaltung des Friedens, beim Aufbau der neuen Gesellschaft."[276]

Zusammengefasst kann das nur so verstanden werden: Den zukünftigen Volksrichtern sollte beigebracht werden, wie man im Ergebnis zu den vom System gewünschten rechtlichen Entscheidungen kommt. Um zu erkennen, welche Entscheidungen erwünscht waren, waren genaue Kenntnisse der Ideologie natürlich unbedingt erforderlich.

Weitere Entwicklung der Lehrgänge

Mit VO vom 02. Mai 1952[277] wurden die bisherigen Aufgaben der Zentralen Richterschule der neu zu errichtenden Deutschen Hochschule der Justiz übertragen (§ 1 Abs. 1 der VO). An ihr sollten nur „klassenbewusste Hörer mit hohem

[273] *Helm* in NJ 1951, S.308 (309).
[274] *K. Schmidt* in NJ 1951, S. 310 (311).
[275] *K. Schmidt* in NJ 1951, S. 310 (311).
[276] *K. Schmidt* in NJ 1951, S. 310 (311).
[277] VO über die Errichtung der Deutschen Hochschule der Justiz, GBl. der DDR 1952, S. 361.

ideologischen Niveau [...], die begeistert von ihrer Aufgabe waren"[278], studieren. Die Hochschule, an der sich das Studium „durchweg an sowjetischen Grundsatzlehrbüchern" orientierte, sollte als Vorbild für die juristischen Fakultäten dienen.[279] Durch Ministerratsbeschluss vom 11. Dezember 1952 wurde sie mit der Deutschen Verwaltungsakademie (DVA) zur Deutschen Akademie für Staats- und Rechtswissenschaft „Walter Ulbricht" (DASR) vereinigt.[280] Die DASR führte die Lehrgänge nun an ihrer juristischen Fakultät fort. Die Volksrichterkurse wurden zunehmend akademisiert und dem Universitätsstudium immer ähnlicher – ab 1955 dauerte der Studiengang an der DASR vier Jahre und endete wie das Jurastudium mit einem Staatsexamen.[281]

Fortbildung der Volksrichter

Die bereits ausgebildeten Volksrichter waren stets gehalten, an – auch „gesellschaftlichen" - Weiterbildungsmaßnahmen teilzunehmen. So kritisiert *Benjamin* beispielsweise im Jahr 1950:

> „Urteile, die im Ergebnis richtig sind, lassen nicht selten in den Rechtsausführungen, mit denen das Ergebnis begründet wird, das vermissen, worauf es heute entscheidend ankommt, nämlich die richtige Handhabung, der anzuwendenden Rechtssätze im Sinne unserer antifaschistisch-demokratischen Ordnung, die mehr voraussetzt als die bloße Kenntnis der Gesetze."[282]

Drei Jahre später weist eine Abteilungsleiterin im MdJ darauf hin:

> „War es schon nicht leicht, die Strafprozeßordnung in ihren Prinzipien ohne Kenntnis der marxistisch-leninistischen Strafrechtswissenschaft richtig anzuwenden, so ist die Anwendung des kommenden Strafgesetzbuchs ohne ihre Beherrschung geradezu unmöglich. Unsere Richter müssen große Anstrengungen machen, um den Vorsprung, den der juristische Nachwuchs heute schon hat, aufzuholen."[283]

---

[278] Vermerk der MdJ-Kaderabteilung, zitiert nach *Gräf* in: Materialien der Enquete-Kommission „Aufarbeitung von Geschichte und Folgen der SED-Diktatur in Deutschland", hrsg. vom Deutschen Bundestag, Band IV, S. 441.

[279] *Liwinska*, S. 28.

[280] *Blomeyer/Lange/Rosenthal* S. 29; *Dreier/Eckert/Mollnau/Rottleuthner*, S. 29. Zur DASR vgl. *Bernhardt*: Die Deutsche Akademie für Staats- und Rechtswissenschaft „Walter Ulbricht" 1948–1971.

[281] *Backhaus*, S. 51 f.

[282] *Benjamin* in NJ 1950, S. 388.

[283] *Grube* in NJ 1953, S. 65 (68).

In den LG-Bezirken fanden monatlich Fortbildungsveranstaltungen für Richter und Staatsanwälte statt.[284] Alle Absolventen von Volksrichterkursen sollten schließlich bis zum Jahr 1960 in einem drei- oder fünfjährigen Fernstudium (je nach Kenntnissen des Einzelnen) an der DASR das juristische Staatsexamen nachgeholt haben.[285] Dieses Ziel wurde im wesentlichen auch erreicht.[286]

Als vorläufiges Ergebnis kann festgehalten werden, dass sich in beiden Zweigen der Juristenausbildung der SBZ/DDR die Ideologisierung im Laufe der Zeit auf Kosten der fachlichen Schulung verstärkt hat.

b. Die akademische Juristenausbildung
Anzahl der Jurastudenten in der SBZ

Die Anzahl der Jurastudenten war im Osten Deutschlands stark zurückgegangen: Während fünf juristischen Fakultäten auf dem Gebiet der SBZ[287] im Wintersemester 1935/36 noch 2353 Studenten angehört hatten, konnten im Sommersemester 1946 nur noch 883 registriert werden.[288] Demgegenüber hatte sich die Zahl der Jurastudenten an den Universitäten der Westzonen von 4490 im Wintersemester 1935/36 auf 8838 im Sommersemester 1946 erhöht.[289] Der Grund für den Rückgang in der Ostzone lag unter anderem an der schlechten Personallage bei den Dozenten[290], Abwanderungen an westliche Universitäten, später auch an den oben bereits geschilderten strengen Zulassungsbeschränkungen bei politischer Belastung der Studierwilligen. Mit der Einführung von Sonderreifeprüfungen – insbesondere für Arbeiter- und Bauernkinder – konnte die Zahl der Studenten schließlich erhöht werden.[291]

---

[284] *Benjamin* in NJ 1950, S. 388. Quellen zur fachlichen Schulung für Richter und Staatsanwälte: *Hölzer/Sieber* und *Krutzsch* in NJ 1955, S. 305 f.

[285] *Tölg* in NJ 1954, S. 395; *Wentker*, S. 355. Weitere Quellen zum Fernstudium: *Grass* und *Röhner* in NJ 1955, S. 108 ff.; *Streit* in NJ 1955, S. 303 f.; *Heilborn*, *Mühlberger* und *Grube* in NJ 1955, S. 748 ff.

[286] *Gängel* in: Bundesministerium der Justiz, „Im Namen des Volkes?“, Band 3, S. 54.

[287] Der Universitäten in Berlin, Halle, Jena, Leipzig und Rostock. Greifswald ist dabei nicht enthalten. In Greifswald und Rostock wurde der Lehrbetrieb aufgrund des dezimierten Lehrkörpers schließlich eingestellt.

[288] *Wentker*, S. 130.

[289] *Wentker*, S. 130.

[290] *Gräf* in: Materialien der Enquete-Kommission „Aufarbeitung von Geschichte und Folgen der SED-Diktatur in Deutschland“, hrsg. vom Deutschen Bundestag, Band IV, S. 402; *Wentker*, S. 131.

[291] *Liwinska* (S. 64) schreibt hier völlig unkritisch (*Anders/Benjamin/Görner* folgend): „Es wurden Sonderreifeprüfungen eingeführt, um das bürgerliche Bildungsprivileg zu brechen und Arbeiter und Bauern zum Studieren zu veranlassen. Die demokratische [sic!] Schulreform wurde wirksam“.

Veränderungen am Lehrplan

Die einzelnen Fächer blieben zunächst dieselben, die in Deutschland schon seit langer Zeit unterrichtet wurden. Der Studienplan der Universität Jena von 1946 beispielsweise sah eine Ausbildung in den herkömmlichen Teilgebieten des Zivilrechts, Strafrechts, und des Öffentlichen Rechts, im Kirchenrecht, in Rechtsgeschichte und –philosophie vor.[292] Von DJV und SMAD wurde diese „bürgerlich-formalistische“ Ausbildung abgelehnt und deshalb – aufgrund fehlenden Lehrmaterials und geringer Bereitschaft der Dozenten jedoch nur schleppend - im Laufe der folgenden Semester verändert.[293]

Die Führung im MdJ war im Jahr 1949 der Auffassung, „daß die Rechtswissenschaft aus ihrer bisherigen Isolierung gelöst und in den Gesamtkomplex der Gesellschaftswissenschaft eingebaut werden muß und daß es deshalb notwendig ist, die Studierenden in den gesellschaftswissenschaftlichen Grundlehren auszubilden“, was „eine völlige Neugestaltung des juristischen Studiums“ bedinge.[294] *Ulbricht* hatte für die Hochschulen gefordert:

> „Es liegt auch keine Notwendigkeit vor, reaktionäre Ideologien aus der Vergangenheit zu studieren, denn wir haben genug mit den reaktionären Auffassungen zu tun, die infolge der anglo-amerikanischen Propaganda von außen, infolge der Existenz kapitalistischer Kräfte, die die Träger reaktionärer Ideologien im Innern sind, und infolge des Fortbestehens reaktionärer Auffassungen aus der Zeit des Hitlerfaschismus gegenwärtig noch wirksam sind.“[295]

Während der „gesellschaftskundliche Unterricht“ bei der Volksrichterausbildung schon sehr bald eingeführt worden war, hätten die Universitäten bis zu diesem Zeitpunkt weiterhin nur „abstraktes Fachwissen“ vermittelt, das „schon an und für sich nur schwer verständlich“ gewesen sei.[296] Nach Meinung der zitierten Hauptreferentin im MdJ konnte „die vielfach kritiklose, von jeder soziologischen Betrachtungsweise losgelöste Darstellung von Rechtssätzen, die aus einer hinter uns liegenden Gesellschaftsepoche stammen, wie z.B. das Bürgerliche Gesetzbuch und das Strafgesetzbuch, dem Studenten die für die Bewältigung seiner in der Praxis harrenden Aufgaben notwendige wissenschaftliche Grundlage nicht geben“.[297] In der DDR war man der Ansicht, dass die in den Volksrich-

---

[292] Studienplan wiedergegeben bei *Schröder* in: Recht im Sozialismus, Band 2, S. 474 ff.
[293] *Gräf* in: Materialien der Enquete-Kommission „Aufarbeitung von Geschichte und Folgen der SED-Diktatur in Deutschland“, hrsg. vom Deutschen Bundestag, Band IV, S. 410 f.; *Schröder* in: Recht im Sozialismus, Band 2, S. 453 f.
[294] *Schindowski* in NJ 1949, S. 280.
[295] Rede *Ulbrichts* auf der ersten Funktionärskonferenz der FDJ, zitiert bei *Kurt Schmidt* in NJ 1951, S. 310.
[296] *Schindowski* in NJ 1949, S. 280.
[297] *Schindowski* in NJ 1949, S. 280.

terschulen entwickelte Lehrmethode der „überalterten Unterrichtsmethode der Universität“ weit überlegen sei.[298]

Der neue Studienplan

Das Studium unterteilte sich deshalb von nun an in zwei Abschnitte, die sich durch eine nach dem dritten Semester abzulegende Zwischenprüfung ergaben: Den überwiegend gesellschaftswissenschaftlichen Teil, „in dem der Student mit den soziologischen, wirtschaftlichen, staatspolitischen und geschichtlichen Zusammenhängen sowie mit den allgemeinen Grundbegriffen des bürgerlichen und des Strafrechts vertraut gemacht wird, und einen überwiegend fachlichen Teil, in dem die eigentliche Spezialausbildung in den einzelnen Disziplinen der Rechtswissenschaft erfolgt“.[299]

Die Studenten sollten so vom ersten Tag ihres Studiums an „das Recht als eine Waffe im Klassenkampf erkennen“ lernen.[300] Laut einer späteren Darstellung aus der DDR ging die Forderung, den Marxismus-Leninismus zur Grundlage der Ausbildung zu machen, „von Studenten aus der Arbeiterklasse aus und wurde von den Parteiorganisationen der SED an den Hochschulen nachdrücklich vertreten“.[301] Nach dem neuen (vorläufigen) Studienplan sollten ab dem Wintersemester 1949/50[302] die Erstsemester an Stelle der bisherigen Vorlesungen (BGB, Allgemeiner Teil; Strafrecht, Allgemeiner Teil; römisches Recht usw.) folgende Gebiete hören:

(1.) politische und soziale Probleme der Gegenwart,
(2.) die Entwicklung der Gesellschaft und ihre Gesetze,
(3.) Geschichte der Philosophie unter besonderer Berücksichtigung der Rechtsphilosophie,
(4.) Einführung in die Volkswirtschaft.[303]

Während dieser ersten Ausbildungsphase sollte „im Interesse der Studierenden um jeden Preis verhindert werden, daß Vorlesungen, vor allem fachlicher Art,

---

298 *Anders/Benjamin/Görner*, S. 125.
299 *Schindowski* in NJ 1949, S. 280. Siehe zum „Vorlesungsprogramm für das gesellschaftswissenschaftliche Grundstudium *Scheele* in NJ 1951, S. 408-413. „Über einige Fragen des gesellschaftswissenschaftlichen Studiums“ und dessen Bedeutung für die Richterausbildung schreibt z.B. *K. Schmidt* in NJ 1951, S. 310–312.
300 *Heuer* in StuR 1953, S. 509.
301 *Benjamin/Görner/Kamin/Sokolow*, S. 88.
302 Die Studienpläne von 1950 bzw. 1951 brachten keine wesentlichen Veränderungen mehr (*Kaiser* in NJ 1950, S. 391; *Wentker*, S. 344). Der Studienplan von 1950 ist wiedergegeben bei *Amos*, Justizverwaltung in der SBZ/DDR, S. 272-275.
303 *Schindowski* in NJ 1949, S. 280.

belegt werden, die für ein späteres Semester vorgesehen sind".[304] Dies sollte „eine der dringendsten Aufgaben der Fakultät sein".[305] Die strenge Beachtung des Verbots wurde von den durch die FDJ durchgeführten Studienkontrollen gewährleistet, Zuwiderhandlungen konnten zur Exmatrikulation führen.[306]

Nach einer Anweisung vom 01. September 1951 fand die erste Zwischenprüfung nun nach dem zweiten Semester statt und erstreckte sich auf die Fächer[307]:

(1.) Grundlagen des Marxismus-Leninismus,
(2.) Politische Ökonomie,
(3.) Theorie und Geschichte des Staates und des Rechts,
(4.) Geschichte des Staates und des Rechts in Deutschland.

In diesen Fächern wurden unter anderem auch Themen der folgenden Art zur Bearbeitung gestellt[308]:

> „Grundlagen des Marxismus-Leninismus" (mündlicher Teil): „Wodurch ist das politische Gesicht des Imperialismus gekennzeichnet?"; „Worin besteht die Bedeutung des Werkes Stalins „Der Marxismus und die nationale und koloniale Frage für den nationalen Befreiungskampf des deutschen Volkes?"; „Warum bedeutet die Gründung der Deutschen Demokratischen Republik einen Wendepunkt in der Geschichte Europas?"
>
> „Politische Ökonomie" (schriftlicher Teil): „Welche Bedeutung hat die Verschleierung der Ausbeutung durch die Form des Lohnes im Kapitalismus und welche Rolle spielt die Form des Lohnes für die Entlohnung in der sozialistischen und in der volkseigenen Wirtschaft?"
>
> „Theorie und Geschichte des Staates und des Rechts" (mündlicher Teil): „Welche staatstheoretischen Schlussfolgerungen ergeben sich aus Lenins Theorie des Imperialismus?"

Beurteilung des neugestalteten Jurastudiums aus westdeutscher Sicht

Aus westdeutscher Sicht (im Jahr 1954) bestand dieser gesellschaftswissenschaftliche Studienabschnitt „in einer systematischen Fernhaltung des Studierenden von den modernen philosophischen Forschungsergebnissen der freien

[304] *Schindowski* in NJ 1949, S. 281.
[305] *Schindowski* in NJ 1949, S. 281.
[306] *Blomeyer/Lange/Rosenthal,* S. 23.
[307] Zitiert nach *Blomeyer/Lange/Rosenthal,* S. 23.
[308] *Nowack* und *Rudolph* in NJ 1952, S. 359 (362).

Welt und in einer gründlichen geistigen Bolschewisierung".[309] Auch die dem Grundstudium folgenden juristischen Fachvorlesungen wurden dahingehend kritisiert, dass sie sich auf das Notwendigste beschränkt und dass der Inhalt der Vorlesung sich meistens in einer marxistisch-leninistischen Interpretation des bisherigen Rechts erschöpft hätte, ohne dass dem Studenten das für ein ordnungsgemäßes Studium notwendige Grundwissen beigebracht worden sei.[310] Die Studenten seien oft nicht imstande gewesen, einfachste rechtliche Zusammenhänge zu beurteilen und hätten kurzerhand alles ihnen Unverständliche „als nicht mehr zeitgemäße kapitalistische Norm" bezeichnet.[311]

Dass diese kritischen Stellungnahmen westdeutscher Juristen einen wahren Kern haben, belegen zahlreiche Aufsätze, die von Verantwortlichen des Ausbildungswesens veröffentlicht worden sind. So schreibt beispielsweise ein Hauptreferent im Staatssekretariat für Hochschulwesen im Jahr 1951[312]:

> „Im Strafrecht wird es darauf ankommen, besonders klar die Klassenfunktion des Strafrechts darzustellen und die Apologetik der bürgerlichen Strafrechtswissenschaft zu entlarven. Es muß Schluß gemacht werden mit der völlig unbegründeten, dem Interesse des kapitalistischen Staates entsprechenden Systematisierung des besonderen Teils des Strafgesetzbuches."

Immerhin gab selbst die offizielle Literatur der DDR zu, dass diese Ideologisierung und Politisierung des Studiums zu einem Wechsel vieler Jurastudenten an Fakultäten der Westzonen führte.[313]

Die FDJ-Studiengruppen

Vom Sommersemester 1950 an war es für die Studenten Pflicht, an den von der FDJ veranstalteten „Studiengruppenbesprechungen" teilzunehmen, bei denen Referate über marxistisch-leninistische Themen abgehalten werden mussten und deren Besuch streng kontrolliert wurde.[314] Aufgabe der FDJ-Studiengruppen[315] war es, „den Kampf für ausgezeichnete Lernergebnisse zu führen, den Schwachen zu helfen, die Kontrolle des regelmäßigen Besuchs der Vorlesungen und der Seminare zu organisieren und entscheidenden Einfluß darauf zu nehmen, daß die Dozenten die Lehrpläne erfüllen und die Studenten die Examina frist-

---

[309] *Blomeyer/Lange/Rosenthal*, S. 30.
[310] *Blomeyer/Lange/Rosenthal*, S. 24.
[311] *Blomeyer/Lange/Rosenthal*, S. 24.
[312] *Graefrath* in NJ 1951, S. 291 (292).
[313] *Anders/Benjamin/Görner*, S. 127.
[314] *Blomeyer/Lange/Rosenthal*, S. 23. Dazu auch *Kaiser* in NJ 1950, S. 391 (392).
[315] Zur Arbeit der Studiengruppen an der Universität Leipzig: NJ 1951, S. 312-316.

gemäß ablegen".[316] Es sollte erreicht werden, „daß die FDJ-Studiengruppen sich auch an den juristischen Fakultäten stärker entwickeln und als ein fester und unentbehrlicher Bestandteil in das neue System des juristischen Studiums eingebaut werden".[317] Nach kurzer Zeit waren 90% der Studenten eines Semesters in den Studiengruppen organisiert.[318]

Das neugeregelte Staatsexamen

Das erste Staatsexamen sollte nach § 1 der 1950 neugefassten Prüfungsordnung[319], „feststellen, welche Kenntnisse der Prüfling auf politischem, wirtschaftlichem und rechtlichem Gebiet besitzt und ob er Verständnis für die politische, soziale und wirtschaftliche Bedeutung des Rechts gewonnen hat". Im schriftlichen Teil waren nur drei Klausuren anzufertigen: Jeweils eine aus der Gesellschaftswissenschaft, dem Zivilrecht sowie dem Strafrecht (§ 12 Abs. 1). Dazu kamen zwei Hausarbeiten, von denen ebenfalls eine der Gesellschaftswissenschaft zu entnehmen war (§ 13 Abs. 1).

Vor Beginn der mündlichen Prüfung hatte nach § 17 Abs. 2 eine Vorberatung des Ausschusses stattzufinden, in der neben sämtlichen Prüfungsunterlagen auch die Beurteilungen der FDJ-Studiengruppe vorzulegen waren. Gemäß § 3 setzte sich der Prüfungsausschuss ab sofort hauptsächlich aus juristischen Praktikern zusammen. Hochschullehrer konnten nicht mehr Vorsitzende sein (§ 3 Abs. 1). Nach § 14 Abs. 1 mussten aber mindestens ein Universitätsprofessor und ein Vertreter der Gesellschaftswissenschaft Ausschussmitglieder sein.

Über § 3 Abs. 4 konnten „andere geeignete Personen" zu Mitgliedern des Prüfungsamtes berufen werden – eine Regelung die unweigerlich an die JAO der NS-Zeit erinnert und die Beteiligung von Funktionären aus Staat und Partei an den Prüfungen ermöglichte. § 13 Abs. 5 erlaubte es Vertretern der Ministerien für Justiz und Volksbildung der DDR und des Landes sowie einem Vertreter der FDJ der Prüfung beizuwohnen – die Überwachung des mündlichen Examens durch die Politik war damit mehrfach gesichert. Im Westen Deutschlands wurden die durch die VO gebrachten Neuregelungen zu Recht als Politisierung sowohl der Prüfungsvoraussetzungen als auch der Prüfung selbst angesehen.[320]

---

[316] *Scheele* in NJ 1951, S. 61.
[317] *Scheele* in NJ 1951, S. 61.
[318] *Gräf* in: Materialien der Enquete-Kommission „Aufarbeitung von Geschichte und Folgen der SED-Diktatur in Deutschland", hrsg. vom Deutschen Bundestag, Band IV, S. 411.
[319] VO zur Neuordnung der Referendarprüfung vom 28. Dezember, GBl. der DDR 1950, S. 1229–1232.
[320] *Neidhard* in JZ 1951, S. 300.

Entwicklung des Referendariats

Die Institution des Referendariats wurde vorläufig noch belassen – unter Beibehaltung der im Dritten Reich eingeführten wöchentlichen Arbeitsgemeinschaft.[321] Die Zweite Staatsprüfung bestand – wie auch die Erste Staatsprüfung - aus einem gesellschaftswissenschaftlichen Teil, der für das Bestehen des Examens zwingend zu beherrschen war.[322]

Das reformierte Jurastudium

Mit dem ab dem Wintersemester 1951/52 eingeführten vierjährigen Jurastudium wurde die Zweiteilung in Universitätsstudium und Referendariat beseitigt. Die seit langem bewährte Art der Ausbildung bezeichnete man nun als „Ausdruck einer unwissenschaftlichen Methode, deren sich der Ausbeuterstaat bediente, um seinen Klassencharakter und den des Ausbeuterrechts zu verschleiern".[323]

Stattdessen hatten die Studenten von nun an nach der ersten Zwischenprüfung ein sechswöchiges Praktikum bei der Verwaltung und im zweiten Studienjahr einen sechswöchigen Einsatz bei einem Gericht zu absolvieren. Das dritte Studienjahr bestand aus nur 16 Wochen Vorlesung und einem halbjährigen Gerichtspraktikum mit verschiedenen Stationen, an dessen Ende wiederum eine Zwischenprüfung stand.[324] Insgesamt erwarb man so nach vier Jahren Studium, in denen neun Monate Praktikum enthalten waren, mit nur einer Abschlussprüfung die volle Qualifikation zum Richteramt.[325]

5. Die politische Schulung

Wie im Kapitel über die Juristenausbildung gezeigt wurde, ließ sich in der SBZ/DDR die fachliche von der politischen Schulung kaum trennen. Das betrifft auch die regelmäßigen Fortbildungsveranstaltungen für Richter und Staatsanwälte. Ab 1951 war jeder Samstag für Schulungen reserviert, an der alle Justizjuristen – nicht nur die Absolventen der Volksrichterkurse – teilzunehmen hatten[326]: Eine dreistündige gesellschaftswissenschaftliche Vorlesung am Vormit-

---

[321] *Gräf* in: Materialien der Enquete-Kommission „Aufarbeitung von Geschichte und Folgen der SED-Diktatur in Deutschland", hrsg. vom Deutschen Bundestag, Band IV, S. 414. Siehe Kapitel B I 4.
[322] *Gräf* in: Materialien der Enquete-Kommission „Aufarbeitung von Geschichte und Folgen der SED-Diktatur in Deutschland", hrsg. vom Deutschen Bundestag, Band IV, S. 415; *Schröder* in: Recht im Sozialismus, Band 2, S. 456.
[323] *Graefrath* in NJ 1951, S. 291.
[324] *Graefrath* in NJ 1951, S. 291.
[325] *Blomeyer/Lange/Rosenthal* S. 22; *Graefrath* in NJ 1951, S. 292.
[326] *Wentker*, S. 352 ff.

tag sowie fachliche Weiterbildung nachmittags. Auf die Notwendigkeit der ideologischen Schulung weist *Ulbricht* in einem Aufsatz aus dem Jahr 1957 hin:

> „Besonders in Deutschland ist in der Frage des Staates und des Rechts das Gewicht der alten bürgerlichen Vorstellungen und Begriffe sehr stark. Darum bedarf es auf diesem Gebiet einer ganz besonderen, intensiven ideologischen Arbeit, um diese Anschauungen zu bekämpfen, um in den Staats- und Rechtsfragen gegenüber dem alten dogmatischen, formal-juristischen Denken ein wahrhaft revolutionäres, ein dialektisches Denken durchzusetzen, die marxistische Staatslehre zu verbreiten und die sozialistische Gesetzlichkeit zu entwickeln."[327]

Die Forderung, den Juristen das „politische Denken" einzutrichtern hatte *Fechner* – damals Vizepräsident der DJV – schon 1948 erhoben:

> „Je stärker [...] der Volksrichter gebildet ist, je überzeugter er von dem politischen Auftrag ist, zu dem ihn seine Überzeugung verpflichtet, je selbstbewusster er an die Aufgabe herangeht, Bahnbrecher für ein neues demokratisches Recht zu sein, um so weniger unterliegt er der großen Gefahr, von dem alten Justizapparat verschluckt zu werden und in der bürgerlichen Rechtsideologie stecken zu bleiben."[328]

Auch namhafte Vertreter der Hochschulen hielten die in der Justiz tätigen Praktiker zum Studium und zur Beachtung der von der SED vorgegebenen Grundsätze an:

> „Das werktätige Volk stellt durch die Gesetze klare Forderungen an die Straforgane. Die Gesetze fordern, daß unsere Straforgane, geleitet von ihrem sozialistischen Rechtsbewusstsein und ihrer politischen Verantwortung vor dem deutschen Volk, die aktive und schöpferische Rolle der demokratischen Gesetzlichkeit gegenüber allen verbrecherischen Anschlägen auf unsere Staats- und Gesellschaftsordnung verwirklichen, jeglicher Verletzung der sozialistischen Gesetzlichkeit konsequent entgegentreten und zur strengsten Einhaltung der Gesetze erziehen. Unsere Richter und Staatsanwälte müssen deshalb die ökonomischen und politischen Aufgaben und Ziele der Partei der Arbeiterklasse und des demokratischen Staates sorgfältig studieren und ihrer gesamten Tätigkeit zugrundelegen. Sie müssen den engen Zusammenhang zwischen jedem einzelnen Verbrechen und der bestehenden Situation des Klassenkampfes aufdecken."[329]

---

[327] *Ulbricht* in *Ulbricht* u.a.: Staat und Recht im Lichte des großen Oktober, S. 8.
[328] *Fechner* zitiert nach *Gängel* in: Recht und Ideologie Band 1, S. 292.
[329] *Gerats/Renneberg* in NJ 1953, S. 278 (279). Siehe auch *Benjamin* in NJ 1954, S. 679.

Die fachliche Weiterbildung der Volksrichter war untrennbar mit der politischen Schulung verbunden. Da die meisten Juristen noch unzulänglich ausgebildet waren, waren sie darauf angewiesen, an den Veranstaltungen teilzunehmen.[330]

6. Die Tätigkeit von Laienrichtern
Geschichtliche Entwicklung

Schon Art. 130 der Verfassung der DDR vom 07. Oktober 1949[331] beinhaltete die Forderung, Laienrichter im weitesten Umfang an der Rechtsprechung zu beteiligen. Auf der II. Parteikonferenz der SED[332] hatte *Ulbricht* verlangt, dass Schöffen an den Gerichten verstärkt tätig werden, damit eine engere, vertrauensvolle Verbindung der Werktätigen mit der Justiz geschaffen werde. Um diese Verbindung zu schaffen, sollten die Schöffen „vor der Bevölkerung über die Rechtsfragen berichten und Anregungen und Beschwerden der Bevölkerung entgegennehmen“.[333]
Die Stellung der Schöffen in der Gerichtsverfassung der DDR sollte von dem Gedanken Lenins bestimmt sein, „das Sowjetgericht durch die umfassende Heranziehung der Werktätigen als ehrenamtliche Richter zu einem Organ der Teilnahme der Volksmassen an der Ausübung der Staatsmacht sowie der Erziehung zur gesellschaftlichen Disziplin und zur Gesetzlichkeit zu machen“.[334]
Nach dem neuen GVG vom Oktober 1952[335] wirkten Schöffen bei allen Strafgerichten außer dem OG an der Hauptverhandlung mit (§§ 43, 51 GVG). An den Kreis- und Bezirksgerichten waren die Kammern bzw. Senate mit einem Berufsrichter und zwei Schöffen besetzt, die gem. § 26 Abs. 1 GVG das Richteramt in den Verhandlungen in vollem Umfang und mit gleichem Stimmrecht ausübten. Die gleichberechtigte Teilnahme der Schöffen an der Rechtsprechung wurde als „der entscheidende und krönende Bestandteil der Justizreform“ gefeiert.[336] Sie sollten an zwölf möglichst aufeinander folgenden Tagen Recht sprechen (§ 26 Abs. 2 GVG).

---

[330] *Pohl*, S. 123.
[331] GBl. der DDR 1949, S. 5–16.
[332] Diese fand vom 09. bis 12. Juli 1952 statt.
[333] Zitiert nach *Paul* in NJ 1952, S. 363.
[334] *Benjamin/Görner/Kamin/Sokolow*, S. 125.
[335] GBl. der DDR 1952, S. 983–988.
[336] *Görner* in NJ 1954, S. 255.

Aufgaben der Schöffen

Zu den Obliegenheiten der Schöffen bestimmte § 27 GVG:

> „Der Schöffe hat die besondere Aufgabe, die vertrauensvolle Verbindung zwischen den Werktätigen und den demokratischen Gerichten zu festigen. Entsprechend dieser Aufgabe hat sich ein Schöffe beruflich und außerberuflich vorbildlich zu verhalten und zur Sicherung der gesellschaftlichen und staatlichen Ordnung beizutragen."

Diesen Beitrag sollten die Schöffen „über ihren Einsatz am Gericht hinaus durch rechtserzieherisches und rechtspropagandistisches Wirken im Betrieb und Wohngebiet" leisten.[337] Sie sollten helfen, „durch ihre aufklärende und rechtsprechende Tätigkeit das ständig wachsende Vertrauen der Bürger [...] zu ihren Gerichten zu festigen".[338] Im Arbeitsplan der ständigen Kommission für Volkspolizei und Justiz beim Bezirkstag in Leipzig hieß es:

> „Es ist notwendig, mit darauf zu achten, ob die Schöffen auch an ihren Arbeitsstellen ständig für die Sicherung der gesellschaftlichen und staatlichen Ordnung eintreten, um das Vertrauen der Werktätigen zu den demokratischen Gerichten weiter zu festigen. Dabei ist zu überprüfen, ob und welche Unterstützung die Schöffen bei der Ausübung ihrer Tätigkeit von Seiten des Betriebes erhalten."[339]

Görner schreibt in der Zeitschrift Staat und Recht im Jahr 1955 über die Doppelfunktion der Schöffen:

> „Durch ihre Kritik, durch ihre Kenntnisse und Erfahrungen in der Produktion, helfen die Schöffen den Berufsrichtern, ihre Arbeit besser und parteilicher zu gestalten. Andererseits erwerben die Schöffen in ihrer gerichtlichen Tätigkeit neue Erkenntnisse, stärken ihr sozialistisches Rechtsbewusstsein und können dies in die Massen der Werktätigen hineintragen. Die Erfahrungen lehren, daß dieser zweiten Seite der Schöffentätigkeit eine sehr große Bedeutung, insbesondere auch in unserem Kampf um die Einheit Deutschlands, zukommt. Gerade über die Tätigkeit der Gerichte gibt es bei einer Reihe von Bürgern unserer Republik noch Anschauungen, die der bürgerlichen Ideologie entstammen."[340]

---

[337] *Benjamin/Görner/Kamin/Sokolow*, S. 125.

[338] Rundfunkansprache des Ministers der Justiz *Fechner* zum „Tag der Schöffen" am 21. März 1953, in NJ 1953, S. 191. Siehe auch die Ansprече *Böhmes* zur „feierlichen Schöffenverpflichtung" am 20. Mai 1955, in NJ 1955, S. 326 (328).

[339] Zitiert bei *Benjamin* in NJ 1955, S. 33 (34).

[340] *Görner* in StuR 1955, S. 287 (293).

Unfähigkeit zum Schöffenamt

Wann ein Bürger zum Schöffenamt unfähig war, regelte § 29 GVG. Das betraf unter anderem Personen, die wegen eines Verbrechens verurteilt waren, dessen Begehung sie zur Ausübung des Schöffenamts ungeeignet erscheinen ließ. Bemerkenswert ist, dass nicht geregelt war, welche Art und Höhe der früheren Verurteilung zur Schöffenunfähigkeit führte. Es bestand also die Möglichkeit, je nach politischer Einstellung der Person mit zweierlei Maß zu messen.

Die Wahl der Schöffen

Zu den Grundsätzen der Schöffenwahl bestimmte Art. 130 Abs. 2 der Verfassung von 1949:

> „Die Laienrichter werden auf Vorschlag der demokratischen Parteien und Organisationen durch die zuständigen Volksvertretungen gewählt".

Bereits 1949 wurde, wie in den anderen Ländern, auch in Sachsen ein neues Schöffenwahlgesetz verabschiedet. Die Wahl sollte nun nicht mehr durch einen Ausschuss erfolgen, der die Laienrichter aus einer „Urliste" aller wählbaren Personen einer Gemeinde bestimmte. Stattdessen sollten die Kandidaten nun von den „demokratischen Parteien und Organisationen vorgeschlagen werden".[341] Gewählt wurden sie dann durch die Kreistage bzw. durch die Stadtverordnetenversammlungen der kreisfreien Städte. Durch dieses Verfahren war – wie der damalige sächsische Justizminister stolz verkündete - „den Parteien und Organisationen weitestreichende Einflussnahme auf die Justiz gesichert worden."[342]

Mit dem GVG von 1952 wurde die Schöffenwahl für die gesamte DDR vereinheitlicht. § 35 GVG bestimmte, dass die Schöffen der Kreisgerichte von den wahlberechtigten Bürgern des Kreises und die Schöffen der Bezirksgerichte von den Bezirkstagen für drei Jahre gewählt wurden. Über die Durchführung der Schöffenwahlen von 1955 wurde auf Grund von § 36 Abs. 2 GVG durch die Justizministerin eine Anordnung erlassen.[343] § 6 dieser Anordnung bestimmte, dass bei den Wahlausschüssen nur Kandidatenvorschläge von den Parteien und Massenorganisationen eingereicht werden durften. Theoretisch konnten die Bürger nach Auslegung der Kandidatenlisten gegen einzelne Kandidaten Einwendungen erheben (§ 15 Abs. 1 der Anordnung) – „dies geschah jedoch nur in einzelnen Fällen".[344] Jeder Schöffe wurde in seinem Betrieb, seiner LPG oder sei-

---

[341] *Dieckmann* in NJ 1949, 183.
[342] *Dieckmann* in NJ 1949, 183.
[343] GBl. der DDR 1955, S. 9–11. Auch abgedruckt in NJ 1955, S. 155 f.
[344] *Benjamin/Görner/Kamin/Sokolow*, S. 186.

ner Gemeinde gewählt[345], nachdem er sich zuvor in einer Wahlversammlung vorgestellt und Auskunft über seine bisherige „gesellschaftliche" Tätigkeit gegeben hatte.[346] Die direkte Wahl in den Betrieben sollte nach offizieller Begründung dazu beitragen, „die Entsendung eines Arbeitskollegen zur Mitwirkung an der Rechtsprechung zur Ehrensache der ganzen Belegschaft zu machen".[347]

Auswahl der Schöffen für einen Prozess

Die Berufung von Schöffen an die Kammern der Kreisgerichte sowie an die Senate der Bezirksgerichte war in § 43 bzw. §§ 51, 43 GVG geregelt. Danach waren die Schöffen nach der Reihenfolge der Listen (§ 37 GVG) zu bestimmen. Aus besonderen Gründen war jedoch ein Abweichen von der Reihenfolge zulässig. In der amtlichen Begründung zu dieser Vorschrift hieß es:

> „Die Gerichtsorganisation wird sich durch eine größere Beweglichkeit auszeichnen: Die Schöffen werden nicht mehr starr nach einer Reihenfolge einer Schöffenliste hinzugezogen werden. Es kann vielmehr aus besonderen Gründen, z.B. bei Spezialkenntnissen eines Schöffen für eine besondere Sache, davon abgewichen werden."[348]

Aus damals westdeutscher Sicht bedeutete diese Bestimmung, „daß die Schöffen vom Vorsitzenden für den zur Verhandlung stehenden Einzelfall ausgesucht werden können. Jeder Richter wird insbesondere in Strafsachen, die ihm von politischer Bedeutung zu sein scheinen, SED-hörige Schöffen aussuchen, von denen er weiß, daß sie geneigt sein werden, den Strafanträgen der Staatsanwaltschaft zu folgen".[349]

---

[345] Die Kandidaten wurden „meist einstimmig von allen Wahlberechtigten" als Schöffen gewählt. Grund für die Einstimmigkeit war wohl, dass die Wahlen (laut *Benjamin/Görner/Kamin/Sokolow*, S. 186) in offener Abstimmung erfolgten und niemand es wagte, gegen die Mehrheit zu stimmen. In einzelnen Fällen sollen Kandidaten (wiederum einstimmig, nämlich mit keiner einzigen Stimme) nicht gewählt worden sein. In einem dieser Fälle hatte sich in der Versammlung herausgestellt, dass die Kandidatin die „Arbeitsdisziplin" nicht eingehalten hatte (So *Dillhöfer/Görner* in NJ 1955, S. 197). An anderer Stelle (NJ 1955, S. 357 (358)) heißt es, dass 3% der Bewerber in den Wahlversammlungen abgelehnt worden seien. Hier werden als Gründe ebenfalls mangelnde Arbeitsdisziplin, schlechtes Verhalten zur Familie, Passivität in der „gesellschaftlichen" Arbeit, schlechte Beteiligung an der bisherigen Schöffenschulung, mangelnde Bereitschaft zur Verteidigung der DDR, politische Vergangenheit und „erhebliche Vorstrafen" genannt.

[346] *G. Schulze* in NJ 1955, S. 195 (196).

[347] *Benjamin* in NJ 1955, S. 33.

[348] *Blomeyer/Lange/Rosenthal,* S. 10.

[349] *Blomeyer/Lange/Rosenthal,* S. 10.

Umfang der Tätigkeit und Schulung der Schöffen

Da man eine stärkere Einbindung in den Prozess erreichen wollte, wurde immer wieder darauf hingewiesen, den Schöffen das Studium der Akten vor der Hauptverhandlung zu ermöglichen. Dies sollte jedoch nicht allein, sondern unter Anleitung des Berufsrichters geschehen, der auch auf rechtliche Fragen und die politische Bedeutung des jeweiligen Falles hinweisen sollte.[350] Richter, die diesen Verpflichtungen nicht nachkamen, wurden in der „Neuen Justiz" namentlich genannt und kritisiert.[351] In der Bundesrepublik wurde die Praxis des Aktenstudiums und der Vorbesprechung mit den Schöffen scharf kritisiert. Sie habe nämlich dazu gedient, die Meinung der Schöffen schon vor der Hauptverhandlung festzulegen, damit die Hauptverhandlung selbst dann ohne Schwierigkeiten und im Sinne der SED durchgeführt werden konnte.[352]

Im Laufe der Zeit gab es immer wieder den Ruf nach einer stärkeren Schulung der Laienrichter.[353] Ab 1954 fand in der Regel einmal pro Monat eine solche Veranstaltung statt, in der auch Fragen der Rechtsprechung behandelt wurden.[354] Darüber hinaus wurde die Zeitschrift „Der Schöffe" monatlich in einem Umfang von 32 Seiten herausgegeben. Die Schöffen sollten nicht nur im tatsächlichen, sondern auch im rechtlichen Bereich der Urteilsfindung stärker mitwirken. In einem Artikel aus dem Jahr 1950 hieß es beispielsweise hinsichtlich der Mitwirkung der Schöffen:

> „Auch die Frage der Notwehr, ist weniger eine juristische als die der Lebenserfahrung."[355]

Ein Staatssekretär im MdJ schreibt 1953:

> „Natürlich können neue Schöffen nicht die Prozessgesetze oder das materielle Recht kennen. Diese Kenntnisse müssen sie sich erst erwerben."[356]

Die DDR-Literatur meint zur Schulung der Laienrichter rückblickend:

> „Den Schöffen mussten Grundkenntnisse des sozialistischen Rechts und das Wissen um die politische Bedeutung ihrer Tätigkeit vermittelt werden. Dabei sollten sie, wie

---

350 *Hölzer* in NJ 1955, S. 147 (148); *Toeplitz* in NJ 1953, S. 192 (193).
351 Z.B. von *Streit* in NJ 1955, S. 143 ff.
352 *Blomeyer/Lange/Rosenthal*, S. 11.
353 Siehe zu Schöffenschulung auch *Görner* in NJ 1950, S. 761 f. sowie *Toeplitz* in NJ 1953, S. 542 f.
354 *Benjamin/Görner/Kamin/Sokolow*, S. 183.
355 *Unikower* in NJ 1950, S. 88 (89).
356 *Toeplitz* in NJ 1953, S. 192 (193).

> Ministerpräsident Otto Grotewohl sagte, immer als Arbeiter und Werktätige an die Aufgaben des Richteramtes herangehen."[357]

Die Laienrichter wirkten auch an der Absetzung der Urteile mit und hatten diese gemäß § 225 Abs. 1 StPO mit zu unterschreiben. Sie sollten damit auch dazu beitragen, dass „die Urteile in einer Sprache geschrieben werden, die jedem Werktätigen verständlich ist".[358]

Auch an allen übrigen Abläufen bei Gericht sollten die Schöffen beteiligt werden: Dienstbesprechungen, politische Schulung und Erteilung von Rechtsauskünften an die Bevölkerung.

Kontrolle und Kontrollfunktion der Schöffen

Die Schöffen unterlagen während ihrer gesamten Tätigkeit einer Kontrolle, die sich sowohl auf ihre gerichtliche als auch ihre außergerichtliche Tätigkeit erstreckte.[359] Wenn sich eine Person nachträglich als für ihr Amt ungeeignet erwies, konnte sie auf Antrag des Leiters seines Gerichts von der zuständigen Volksvertretung abberufen werden (§ 32 Abs. 3 GVG). Gleichzeitig sollten die Schöffen wiederum die Arbeit der Gerichte kritisieren[360] und das Personal kontrollieren, beispielsweise, ob dieses während der Arbeitszeiten private Besorgungen erledigen würde.[361]

---

[357] *Benjamin/Görner/Kamin/Sokolow*, S. 183.
[358] *Görner* in StuR 1955, S. 287 (300); *Grass* in NJ 1955, S. 142 (143f.).
[359] *Görner* in StuR 1955, S. 287 (295).
[360] *Gottert* in NJ 1955, S. 154.
[361] *Benjamin* in NJ 1955, S. 131 (132).

III. Vergleichende Bewertung
1. Die personelle Gleichschaltung der Justiz
a. Säuberungsaktionen
Betroffene der Säuberungswellen

In den Anfangsphasen beider Diktaturen begann man sehr schnell mit der Entfernung von politisch missliebigen Personen aus Justiz und Verwaltung. Warum diese „Säuberungen" notwendig waren, leuchtet ein, wenn man der Hypothese von *Rüthers* zustimmt.[362] Er bezeichnet „gesetzesgebunden tätige Juristen" in jedem System als „Systemfunktionäre", die im Dienste der jeweiligen Herrschaftsordnung stehen. Selbst Richter seien „nur bedingt unabhängig", denn sie seien „dem Gesetz, dem politischen System und dem Zeitgeist unterworfen". Dieser Aussage ist zuzustimmen. Sie erklärt einerseits, warum ein totalitärer Staat nicht nur *weisungsgebundene* Beamte, sondern auch *formell unabhängige* Richter einsetzen konnte. Andererseits wird bei dieser Betrachtungsweise auch klar, dass an solche „Systemfunktionäre" gewisse politische Anforderungen zu stellen waren.

Die Nationalsozialisten entließen über die politischen Motive hinaus auch aus „rassischen" Gründen eine große Zahl von Personen. Bei dieser Gruppe ging es allein um objektive, nicht beeinflussbare Kriterien, die mit der Person des Einzelnen nichts zu tun hatten und in der Ideologie gründeten. In der SBZ war dagegen nur der politische Hintergrund und der bisherige Lebensweg der überprüften Individuen entscheidend. Wer die falsche Vergangenheit hatte oder als regimekritisch galt, hatte bei Entdeckung in beiden Systemen keine Chance, seiner Entlassung zu entgehen. In der SBZ musste man sich aufgrund ihrer Vorbelastung von fast allen Juristen trennen, im Dritten Reich war es nur ein Bruchteil, der im übrigen leicht durch die vielen arbeitslosen Assessoren aus der Weimarer Zeit zu ersetzen war.

Ausnutzung der Säuberung zur Unterbringung von Parteigängern

Ein auffälliger Unterschied ist, dass das NS-Regime seine Säuberungen weniger zur Platzierung eigener, linientreuer Personen nutzte als die Machthaber in der Sowjetzone. Im Dritten Reich wurden zwar umfassend Führungspositionen in der Justiz umbesetzt[363], die Masse der Beschäftigten blieb jedoch in ihren Funktionen. Der NS-Staat war sich seiner Sache so sicher, dass er auch mit dem aus der Weimarer Republik übernommenen Personalapparat seine Politik durchsetzten konnte.

In der Ostzone dagegen musste ein beinahe kompletter Neuanfang gemacht werden. Nach der militärischen Niederlage, der Besetzung durch fremde Trup-

---

[362] *Rüthers* in NJ 2003, S. 337 (343).
[363] Siehe dazu auch *Wentker*, S. 587 f.

pen, der Flucht vieler Justizangehöriger in die Westzonen und der weitgehenden Entnazifizierung bestand zunächst ein immenser Bedarf an qualifiziertem Personal. Die strengen politischen Einstellungskriterien wurden dennoch weitgehend eingehalten, da so die Möglichkeit bestand, von Anfang an ausschließlich über zuverlässige Kräfte zu verfügen. Es bestand nun die einmalige Gelegenheit, mit der Besatzungsmacht im Rücken nicht nur ehemaligen Nationalsozialisten, sondern auch demokratisch gesonnenen Systemgegnern den Zugang zur Justiz zu versperren.

Gesetzliche Legitimation

Die Maßnahmen stützten sich jeweils weitgehend auf eigens erlassene Gesetze. Während die Nationalsozialisten die Säuberungen unverhohlen mit der Rassenfrage und dem Schutz der „Bewegung" begründeten, konnte man in der Sowjetzone die Entfernung von „Kriegs- und Naziverbrechern" moralisch untermauern und gleichzeitig auf die Lage in den Westzonen verweisen, wo tatsächlich viele berüchtigte Strafrichter aus der NS-Zeit inzwischen wieder Urteile fällen konnten.

Zeitlicher Rahmen

In beiden Systemen waren die Säuberungen im wesentlichen nach drei bis vier Jahren abgeschlossen. Schließlich dienten sie nur dazu, sich von Personen zu trennen, die aus der Zeit vor dem Systemwechsel belastet waren. In der DDR gab es bis 1952 noch eine weitere Entlassungswelle, welche Juristen betraf, die zwar nicht NS-belastet waren, aber noch eine althergebrachte Ausbildung genossen hatten.

Nachdem alle diese Personen einmal entfernt waren, musste man sich in beiden Diktaturen auf die Schulung und Überwachung des vorhandenen Personals konzentrieren und dafür sorgen, dass der juristische Nachwuchs entsprechend ausgewählt und vorbereitet wurde.

b. Gleichschaltung der Standesorganisationen
Geschichtliche Entwicklung

Während es in der SBZ/DDR keine juristischen Standesorganisationen im eigentlichen Sinne mehr gab, wurden die im Dritten Reich anfangs noch bestehenden gleichgeschaltet und schließlich miteinander verschmolzen. Der Unterschied lässt sich dadurch erklären, dass der Nationalsozialismus die bestehenden Strukturen zunächst transformieren musste. Am Ende bestand schließlich in beiden Diktaturen eine einzige freiwillige Vereinigung für alle juristischen Berufsgruppen. Die Anwaltskammern bestanden im Dritten Reich zwar im Gegensatz zum ostdeutschen Staat weiter. Sie waren aber eng in den NS-Justizapparat eingebunden und ihrer Selbständigkeit beraubt.

Mitgliedschaft und Aufgaben

Sowohl die Mitgliedschaft im BNSDJ/NSRB als auch in der VDJD blieb bis zum Ende beider Systeme freiwillig. Insofern verhielt es sich gleich wie mit der zwar erwünschten aber nicht obligatorischen Mitgliedschaft in der jeweiligen Staatspartei. Der auf den einzelnen Juristen ausgeübte Druck zum Beitritt war im Dritten Reich sicherlich größer, was wohl auch an dem Auftrag zur politischen Schulung des BNSDJ/NSRB gelegen haben dürfte. Die VDJD wirkte dagegen eher nach außen hin und diente als Sprachrohr, um etwa die Politik der Westmächte anzuprangern oder für das sozialistische Recht der DDR einzutreten.[364]

Typisch totalitär an beiden Juristenorganisationen war zum einen die enge personelle Verklammerung mit dem Staats- und Parteiapparat und zum anderen ihre Aufgabe, die Ideologie in das Gebiet der Justiz hineinzutragen.

Charakteristisch war auch, dass die Vereinigungen keine Interessenvertretungen des Juristenstandes sein sollten. Was im Interesse einer einzelnen Berufsgruppe sein sollte, bestimmte schließlich die Partei.

c. Mitsprache der Staatspartei bei Stellenbesetzungen

Sowohl die NSDAP als auch die SED waren bemüht, zumindest die Führungspositionen in Gerichten, StA und Justizverwaltung weitgehend mit Parteigängern zu besetzen. Dieser erste Schritt vollzog sich jeweils sehr schnell.

Vergleicht man die Personalpolitik der Staatsparteien auch auf den unteren Ebenen, so ist unübersehbar, dass der Einfluss der SED weitaus größer war. Im Dritten Reich hatte die Staatspartei zwar ein Vetorecht. Die immer noch größtenteils mit Beamten aus Republik und Kaiserreich besetzte Justizverwaltung widersprach jedoch häufig den Vorschlägen von Seiten der Partei und kam damit auch oftmals ans Ziel. Die Organisation der Kaderpolitik in der SBZ/DDR war dagegen ein über Jahre entwickeltes, perfektioniertes System, das - ähnlich der Auswahl von Spitzensportlern - schon während der Schulzeit die richtigen Kandidaten ausmachte und dementsprechend förderte. In der NS-Zeit waren es indessen meistens einzelne Parteifunktionäre, die unkoordiniert und eigenmächtig, teilweise mit Drohungen versuchten, ihre Günstlinge in Stellungen zu hieven. Wegen der unklaren, sich überschneidenden Kompetenzen – ein typisches Phänomen des NS-Staates - gelang es nicht, den zwar wachsenden Einfluss der NSDAP zu einer wirklichen Vormachtsstellung in Personalangelegenheiten der Justiz auszubauen.

---

[364] So auch *Schramm*, S. 17.

Dessen ungeachtet sind einige Ähnlichkeiten zu verzeichnen. Beide Systeme griffen bei der Beurteilung ihrer Justizangehörigen auf Informationen der Partei und der ihr angeschlossenen Gliederungen bzw. Massenorganisationen zurück. Sowohl in der braunen als auch in der roten Diktatur ging man gegen unbotmäßige Richter und Staatsanwälte mit Parteiverfahren vor, die bei einem ungünstigen Ausgang das Ende der beruflichen Karriere bedeuteten.

Als Fazit zur Personalpolitik lässt sich sagen, dass NSDAP und SED die gleichen Ziele mit ähnlichen Mitteln verfolgten. Im Osten des geteilten Deutschlands war man dabei erfolgreicher, weil erstens mehr Zeit zur Verfügung stand, zweitens eine komplette Umstrukturierung des Staatsapparates vorgenommen worden war und drittens die Kompetenzen klar verteilt waren.

2. Die soziale und parteipolitische Zugehörigkeit der Juristen

Parteizugehörigkeit

Im Dritten Reich und in der SBZ/DDR wurde der Prozentsatz von Parteiangehörigen unter den Richtern und Staatsanwälten im Laufe der Jahre immer größer.[365] Viele Justizjuristen der NS-Zeit traten dabei unter Druck und mit Sorge um ihre Karriere der NSDAP bei. Echte Ideologen vom Schlage *Freislers* waren in der Minderheit.

In Ostdeutschland war der Organisationsgrad in der Staatspartei sogar noch höher. Das wurde zunächst durch die eingesetzten Volksrichter und Volksstaatsanwälte erreicht, die schon vor oder während ihrer Ausbildung Parteimitglieder waren. Später, als man nur noch ausgewählte Kader zum Studium zuließ, war es ein leichtes, dieses Niveau zu halten.

Die Rechtsanwaltschaft bestand im NS-Staat und der SBZ/DDR bis in die fünfziger Jahre immer noch zum größeren Teil aus Nichtmitgliedern. Trotz stärkerer Einschränkungen für diese Berufsgruppe hatte sie sich immerhin eine gewisse Unabhängigkeit bewahrt. Die Anwälte waren zumindest aus Karrieregründen vorläufig nicht zum Eintritt gezwungen.

Soziale Herkunft

Die Förderung und der vergleichsweise hohe Anteil von Juristen aus der Arbeiterschicht in der SBZ/DDR hatte zum einen ideologische Ursachen. Zum anderen glaubte die SED wahrscheinlich, sich auf Angehörige der sogenannten Arbeiterklasse besser verlassen zu können als auf klassisch ausgebildete Akademiker, denen der „Arbeiter- und Bauernstaat" kaum Vorteile gebracht hatte.

Auch im Dritten Reich gab es immer wieder die Forderung nach „Rechtswahrern" aus dem Volk. Die aus der Weimarer Republik und dem Kaiserreich übernommenen Juristen von höherer sozialer Herkunft bildeten jedoch auf unab-

---

[365] Siehe dazu auch *Wentker*, S. 590.

sehbare Zeit die große Mehrheit. Dasselbe traf auch auf den juristischen Nachwuchs zu. Eine weitere Erklärung für den Unterschied in beiden Diktaturen ist, dass die NSDAP nicht wie die SED gezielt die soziale Mobilität der unteren Schichten förderte, sondern lediglich propagandistisch den Stellenwert der körperlichen Arbeit in der Gesellschaft erhöhte.[366] Im Gegensatz zu den Kommunisten konnten die Nationalsozialisten ihren traditionell bürgerlichen, oft deutschnational gesinnten Juristen ausreichend vertrauen.

3. Das Disziplinarrecht für Richter
Exkurs: Die Treuepflichten der Richter

In der Bundesrepublik Deutschland darf in das Richterverhältnis gemäß § 9 Nr. 2 DRiG nur berufen werden, wer die Gewähr dafür bietet, dass er jederzeit für die freiheitliche demokratische Grundordnung im Sinne des Grundgesetzes eintritt. Diese Norm ist für unseren Rechtsstaat unerlässlich. Sie verpflichtet den Richter nicht dazu, mit der Politik der jeweils amtierenden Regierung übereinzustimmen, aber wohl dazu, sich zu den unwandelbaren Grundsätzen des Staates und seiner Verfassung zu bekennen.[367]

Das Dritte Reich verlangte dagegen von dem einzelnen Beamten, also auch von dem einzelnen Richter, „jederzeit rückhaltlos für den nationalsozialistischen Staat einzutreten und sich in seinem gesamten Verhalten von der Tatsache leiten zu lassen, dass die Nationalsozialistische Deutsche Arbeiterpartei in unlöslicher Verbundenheit mit dem Volke die Trägerin des deutschen Staatsgedankens ist" (§ 3 Abs. 2 S.1 DBG).

§ 1 Abs. 1 des GVG der DDR von 1952 forderte von jedem Richter, „daß er sein Amt gemäß den Grundsätzen der Verfassung ausübt und sich vorbehaltlos für die Ziele der Deutschen Demokratischen Republik einsetzt".

Die Treuepflichten der Richter im Dritten Reich und in der DDR waren sehr wohl Wandlungen unterworfen und durchweg politisch. Das Eintreten für den „nationalsozialistischen Staat" bedeutete im Ergebnis, die Entscheidungen und Vorgaben der Staats- und Parteiführung anzuerkennen und zu unterstützen. Der Einsatz für die „Ziele der DDR" entsprach – in anderer Formulierung – dem ziemlich genau, denn diese Ziele konnten sich jederzeit ändern. Was Sekretariat und Politbüro des ZK beschlossen hatten, musste jeder Richter vorbehaltlos umsetzen.

Nach *Brachers* Theorie zeichnen sich die totalitären Regime durch eine möglichst totale Herrschaftsverfügung einer einzigen, umfassend organisierten Partei und ihrer Führung aus, deren Entscheidungen als unfehlbar gelten. Dieser Gel-

---

[366] So auch *Broszat*: Der Staat Hitlers, S. 206.

[367] Siehe zur Verfassungstreue auch *Schmidt-Räntsch*, Deutsches Richtergesetz. Richterwahlgesetz. Kommentar. 5., neubearbeitete Auflage, München 1995, § 9 Rn. 10 ff. mit Entscheidungsnachweisen.

tungsanspruch kommt sowohl im DBG von 1937 als auch im GVG der DDR von 1952 zum Ausdruck.

Die Handhabung des Disziplinarrechts

Verstößen gegen die eben aufgeführten Treuepflichten wurde in beiden totalitären Staaten nicht mit Disziplinarmassnahmen, sondern mit der Abberufung des jeweiligen Richters begegnet. Das Disziplinarrecht war jeweils für leichtere Fälle von Pflichtverletzungen vorgesehen. Es wurde im Dritten Reich wesentlich verschärft, indem insbesondere die Stellung der Dienstvorgesetzten erweitert wurde. In der DDR sollte es wesentlich dazu beitragen, die Richter zu moralischem Verhalten zu veranlassen, um ihre Autorität gegenüber der Bevölkerung zu gewährleisten.

Darüber hinaus muss man sich vor Augen halten, dass viele Richter der NSDAP bzw. SED angehörten und durch Parteiverfahren gemaßregelt werden konnten. Ein Parteiausschluss beispielsweise bedeutete in beiden Systemen das Ende der Karriere. So war das Disziplinarrecht nur eines von mehreren Mitteln, welche die Richterschaft zum Gehorsam zwingen sollten. Im Gegensatz zur Situation im Dritten Reich schreckte das SED-Regime nicht einmal davor zurück, seine Justiz-Funktionäre wegen dienstlichen Entscheidungen zu Haftstrafen verurteilen zu lassen.[368] Eine Berufung der Richter auf Lebenszeit gab es in der DDR nicht[369] – im NS-Staat war sie durch den Reichstagsbeschluss von 1942 beseitigt worden.

4. Die Juristenausbildung

Juristen hatten sowohl im NS-Staat als auch in der SED-Diktatur eine staatstragende Aufgabe. Die Gebiete in denen sie hauptsächlich arbeiteten – Rechtspflege und Verwaltung – waren sensible Bereiche der autoritären Herrschaftsordnungen und mussten daher reibungslos funktionieren.

Um die neuen Systeme zu festigen, waren bei der Ausbildung der Juristen deshalb stärkere Veränderungen erforderlich als bei der Ausbildung anderer Berufsgruppen. Zwei Ziele scheinen dabei entscheidend gewesen zu sein: Erstens, eine umfassende politische Erziehung der Auszubildenden zu gewährleisten, die mit einer systematischen Gehirnwäsche arbeiten musste und jeden Zweifel an der jeweiligen Weltanschauung oder der Vormachtsstellung der Staatspartei be-

---

[368] Siehe *Werkentin* in *Rottleuthner*: Steuerung der Justiz in der DDR, S. 111 ff.

[369] Gemäß § 14 Abs. 1 des GVG von 1952 wurden die Richter des OG von der Volkskammer auf fünf Jahre gewählt. Die übrigen Richter wurden vom Justizminister auf drei Jahre ernannt (§ 14 Abs. 2 GVG). Die dreijährige Ernennungszeit wurde in der Literatur sogar als besonderer Ausdruck der Unabhängigkeit des Richters hervorgehoben (*Genärsch* in NJ 1952, S. 439 (440)).

seitigen sollte. Zweitens, die zukünftigen Juristen über die Staatsideologie und die Vorgaben der Politik zu unterrichten, um eine der Partei genehme Rechtsanwendung zu gewährleisten. Das war im einen Fall die Bekämpfung der „Volksfeinde" mit Mitteln der Justiz, im anderen Fall galt es, das Recht als „Waffe im Klassenkampf" einzusetzen.

Im Dritten Reich wurden der Ablauf und die Inhalte zumindest der fachlichen Ausbildung nicht umfassend verändert. Sowohl Lehre als auch Prüfungen waren stark von weltanschaulichen Einflüssen geprägt.[370]

Die SBZ/DDR schaffte dagegen schnell die zunächst einmal übernommenen Methoden ab und beschritt mit der Volksrichterausbildung und dem umgestalteten Universitätsstudium ohne anschließendes Referendariat neue Wege. Die ideologische Schulung wurde zu Lasten der fachlichen Unterrichtung sehr weit ausgebaut. Besonders in den Abschlussprüfungen erreichte die sogenannte „Gesellschaftswissenschaft" einen Stellenwert, den die im Dritten Reich obligatorischen weltanschaulichen oder geschichtlichen Arbeiten nicht hatten. Die sich dadurch ergebenden Defizite an Wissenschaftlichkeit und Methodik der Juristen in der SBZ/DDR waren zwangsläufig sehr groß.

Eine Schwächung der Universitäten, wie sie in der SBZ/DDR zeitweise durch die Volksrichterlehrgänge erfolgt war, hätte auch im Dritten Reich geschehen können. Reichsjustizminister *Thierack* hatte den juristischen Fakultäten im Jahr 1943 angedroht „seine eigenen Wege" zu gehen, „das juristische Studium aus der Universität [zu] lösen und einer Rechtsfachschule" zu übertragen, wenn eine stärkere Praxiseinbindung in das Jurastudium nicht erfolgen sollte.[371] Volksrichterschulen und angedrohte Rechtsfachschulen können sicher auch als Reaktion der totalitären Diktaturen darauf angesehen werden, dass in den Universitäten noch zuviel freiheitlicher Geist geherrscht hatte.

Auch eine den FDJ-Studiengruppen entsprechende Einrichtung kannte das Jurastudium zur NS-Zeit nicht. Von den angehenden Juristen wurde zwar erwartet, sich eingehend mit dem Nationalsozialismus beschäftigt zu haben – eine über einzelne Vorlesungen hinausgehende Beeinflussung fand jedoch nicht statt. Eine mit den Studiengruppen vergleichbare Institution waren die vom NS-Gesetzgeber eingeführten Arbeitsgemeinschaften für Rechtsreferendare, welche ebenfalls sowohl zur fachlichen als auch zur weltanschaulichen Entwicklung beitragen sollten.

Eine interessante Gemeinsamkeit beider Diktaturen ist, dass sowohl im NS-Staat als auch in der DDR per Gesetz Funktionäre – juristische Laien – Mitglieder der Prüfungsausschüsse sein konnten. Damit wurde in Ostdeutschland eine brauchbare Einrichtung aus dem Dritten Reich übernommen, die es erlaubte, vor

---

370 *Wentker* bezeichnet die juristische Ausbildung im Dritten Reich als „teilweise ideologisiert" (S. 590).

371 Telephonprotokoll, zitiert nach *Frassek* in ZRG Germ. Abt. 2000, S. 294 (296).

der Zuerkennung des Examenszeugnisses die Linientreue eines Kandidaten abzufragen.

Sowohl der NSDAP als auch der SED missfiel die Stellung der Richterschaft wie sie bis zur Weimarer Republik in Deutschland bestanden hatte. Der bürgerliche, akademisch gebildete Richter der Vergangenheit hatte auch wegen seiner gehobenen sozialen Stellung eine größere Unabhängigkeit und Selbstsicherheit als das einem autoritären System lieb sein könnte.

Im Dritten Reich sollten der Abbau des Standesbewusstseins und der sozialen Homogenität die Grundlage für eine geistig-ideologische Ausrichtung schaffen.[372] Deshalb forderte die JAO von 1934 den Diener am Recht, „der im Volk und mit ihm lebt“. Studenten sollten vor dem ersten Staatsexamen „mit Volksgenossen aller Stände und Berufe in enger Gemeinschaft gelebt, die körperliche Arbeit kennen und achten gelernt, Selbstzucht und Einordnung geübt und sich körperlich bewährt haben“ (§ 3 Abs. 1 JAO). Die Referendare hatten unmittelbar vor dem Abschluss der zweiten Staatsprüfung noch das Gemeinschaftslager zu absolvieren und sich von sozial unter ihnen stehenden SA-Unterführern kommandieren zu lassen – ein letzter Fingerzeig vor Abschluss der Ausbildung, wer in dem neuen Staat das Sagen hatte.

In der SBZ/DDR sollten die bürgerlichen Juristen sogar fast ganz ausgeschaltet werden. Die Förderung von Bewerbern aus der „Arbeiterklasse“ und die Verdrängung der traditionell ausgebildeten und übernommenen Justizjuristen schaffte dem SED-Regime eine über ihren sozialen Aufstieg dankbare und deshalb leichter zu beeinflussende Richterschaft.

Die Auswahl der zukünftigen Juristen wurde im NS-Staat nicht eigens gesteuert. Um die erste Staatsprüfung ablegen zu können musste man zwar „arischer Abstammung“ sein, eine Vorauslese von Studienbewerbern aufgrund ihrer politischen Haltung fand jedoch nicht statt. Dagegen bestand in der DDR ein ausgeklügeltes System, das bereits die Zulassung zum Studium bzw. zur Volksrichterausbildung von der politischen Einstellung der Aspiranten abhängig machte.

Letztlich kann man sagen, dass die Juristenausbildung unter beiden Diktaturen trotz vieler Unterschiede auch gewichtige Gemeinsamkeiten aufweist. Während die politisch-ideologische Ausbildung in der SBZ/DDR wesentlicher Bestandteil und sogar Grundlage der Ausbildung war, wurde im Dritten Reich eher nur die politisch erwünschte Rechtsanwendung vermittelt und weniger die Ideologie selbst. Die Nationalsozialisten kamen mit einigen ihrer Veränderungswünsche über bloße Programmsätze nicht hinaus. Das hing sicherlich auch damit zusammen, das vom Zeitpunkt der Machtergreifung bis zum Kriegsbeginn nur 6 1/2 Jahre Zeit zur Verfügung standen. Die DDR-Führung schaffte es dagegen,

---

[372] So *Johe*, S. 202.

ein perfekt organisiertes Verfahren zur Schaffung eines neuen Juristentyps zu schaffen.

5. Die politische Schulung

Auch die politische Schulung, die in beiden Systemen hauptsächlich auf Fortbildungsveranstaltungen durchgeführt wurde, hatte wie die Neuerungen in der Juristenausbildung mindestens eine Doppellfunktion: Zum einen sollte weltanschauliche Überzeugungsarbeit geleistet werden. Zum anderen die Einheitlichkeit der Rechtsprechung gesichert werden.

In der SBZ/DDR war die Schulung intensiver und besser organisiert. Sie war zudem weniger von der fachlichen Fortbildung getrennt als das im Dritten Reich der Fall war. Dabei konnte es der SED-Staat sich zunutze machen, dass die von ihm oft unzureichend ausgebildeten Volksrichter stärker von Weiterbildungsveranstaltungen abhängig waren, als das bei den gut ausgebildeten Juristen in der NS-Zeit der Fall war.

6. Die Tätigkeit von Laienrichtern

In der Gerichtsverfassung der beiden Diktaturen wurde die Mitwirkung der Laienrichter an der Rechtsprechung ausgebaut. Im Dritten Reich geschah dies besonders am höchsten Sondergericht für politische Strafsachen, dem neugeschaffenen VGH, wo die Nichtjuristen die Stimmenmehrheit hatten. In der DDR wurde dieses Prinzip sogar in den unteren Instanzen eingeführt. Gleichläufig ist auch die Entwicklung in den jeweiligen Systemen, dass die Wahlen unter dem maßgeblichen Einfluss der Staatsparteien abgehalten wurden. Übereinstimmend war auch die Möglichkeit, die Laien für einen bestimmten Prozess auszuwählen, an Stelle des objektiven Bestimmungsverfahrens nach einer Liste.

Wie schon oben bei dem Vergleich der Juristenausbildung nachgewiesen, ist auch hier wieder ein Mittel zum Abbau des Standesbewusstseins und der gehobenen Stellung der Juristen erkennbar. Die Richter an den Kreis- und Bezirksgerichten der DDR sowie am nationalsozialistischen VGH konnten die Urteilsfindung nicht mehr unter sich ausmachen, sondern mussten die – meist besonders linientreuen – Laien von ihrer Ansicht überzeugen. Diese Überwachung durch wechselnde Schöffen ging in der DDR sogar über die Kontrolle der Rechtsprechung hinaus und erstreckte sich auch auf das sonstige dienstliche Verhalten der Berufsrichter.

Eine Besonderheit in Ostdeutschland war die Rolle der Schöffen als „Rechtspropagandisten" in ihrem privaten und beruflichen Umfeld. Die erzieherische und berichtende Tätigkeit der Laienrichter sollte für Akzeptanz der Justiz durch die Bevölkerung sorgen und zur Einhaltung der „sozialistischen Gesetzlichkeit" ermahnen.

Im Dritten Reich sollte der Einsatz von zuverlässigen Laienrichtern im wesentlichen dafür sorgen, zu dem System dienlichen Prozessergebnissen zu kommen. In der DDR erreichte man darüber hinaus auf trickreiche Art, dass die Bevölkerung in die Rechtspflege eingebunden wurde. Dem Zustandekommen der Urteile wurde gewissermaßen ein demokratischer Anstrich verliehen. Ob diese Entwicklung auch in der NS-Diktatur eingetreten wäre, ist fraglich. Es gab zwar, besonders von *Freisler*, Forderungen nach einer weiteren Stärkung der „Volksrichter" (im nationalsozialistischen Sinne), um die Tätigkeit der Strafjustiz als Sache des ganzen Volkes erscheinen zulassen. Andererseits weiß man jedoch auch um die ablehnende Haltung *Hitlers* zu dieser Frage.

C. Die Organe der Strafjustiz im weiteren Sinne
I. Die Justizverwaltung und die Justizministerien
1. Das Justizministerium und die Justizverwaltung im Dritten Reich
a. Die Verreichlichung der Justiz

Noch aus dem Kaiserreich her rührte die in der Weimarer Republik bestehende Aufteilung der Justizhoheit zwischen Reich und Ländern. Die schon in den zwanziger Jahren existierenden Bestrebungen nach einer „Verreichlichung" hatten keinen Erfolg. Mit der Machtergreifung der NSDAP war dieses Projekt aber plötzlich wieder in greifbarer Nähe. „Die nationalsozialistische Forderung nach einer starken Zentralgewalt des Reichs schuf die politische Voraussetzung für die Verreichlichung der Justiz"[373] – so heißt es in einer 1939 erschienen Schrift eines Ministerialrats im RJM.

Die Durchführung dieses Unternehmens, das Teil der Beseitigung des Föderalismus und der Schaffung eines Zentralstaates war, erforderte Vieles an Vorbereitung. Schon 1933 war der Führer des BNSDJ *Hans Frank*[374] von *Hitler* zum „Reichskommissar für die Gleichschaltung der Justiz in den Ländern und für die Erneuerung der Rechtsordnung" ernannt worden.[375] „Seine Aufgabe war es, die Länderjustiz gleichzuschalten und die Voraussetzungen für ihre Überführung auf das Reich zu schaffen, eine Aufgabe, die nur von einem Nationalsozialisten durchgeführt werden konnte".[376] Die Ernennung *Franks* ist ein typisches Beispiel für *Hitlers* öfters praktiziertes Vorgehen, neben schon bestehende Instanzen des Staates „Bevollmächtigte mit unklar umrissenen Vollmachten einzusetzen, deren konkrete Ausgestaltung von den Neigungen, dem politischen Einfluss und der Fähigkeit des Betreffenden abhing, sich gegenüber dem bestehenden Apparat und rivalisierenden Instanzen durchzusetzen".[377] Da sich Reichsjustizminister *Gürtner* in dem folgenden Machtkampf mit dem Reichskommissar behaupten konnte, überließ *Frank* die Verreichlichung schließlich ganz der Führung der Reichsjustiz.[378]

Im Rahmen der Gleichschaltung der Länder wurde zwischen Februar 1934 und Januar 1935 die Hoheit über die gesamte Rechtspflege von den Ländern auf das Reich übertragen.[379] Nach Art. 5 des Gesetzes vom 16. Februar 1934 wurde der Reichsjustizminister ermächtigt, alle Bestimmungen zu treffen, die durch den Übergang der Justizhoheit auf das Reich erforderlich werden. Das Begnadi-

---

[373] *Sauer*, S. 11.
[374] Siehe auch *Weinkauff*, S. 98.
[375] *Sauer*, S. 11. Zum Ablauf der Ernennung: *Gruchmann*, S. 89 f und *Reitter*, S. 134.
[376] „Reichsjustiz" in JW 1935, S. 1207.
[377] *Gruchmann*, S. 90.
[378] *Reitter*, S. 140 ff.
[379] Gesetze zur Überleitung der Rechtspflege auf das Reich: Erstes Gesetz vom 16. Februar 1934, RGBl. I, S. 91; Zweites Gesetz vom 5. Dezember 1934, RGBl. I, S. 1214-1215; Drittes Gesetz vom 24 Januar 1935, RGBl. I, S. 68-69.

gungsrecht des Reichspräsidenten und sein Recht, anhängige Strafsachen niederzuschlagen, wurde festgestellt. Von diesem Zeitpunkt an wurde außerdem „im Namen des Deutschen Volkes" Recht gesprochen. § 1 des Gesetzes vom 05. Dezember 1934 bestimmte, dass ab dem 01. Januar 1935 die Zuständigkeiten der obersten Landesjustizbehörden auf den Reichsjustizminister übergehen sollten. Das Gesetz vom 24. Januar 1935 regelte, dass ab dem 01. April 1935 die Justizbehörden der Länder zu Reichsbehörden und die Justizbeamten der Länder zu unmittelbaren Reichsbeamten werden sollten (§ 1).

Die Auflösung der Landesjustizministerien hatte zur Folge, dass deren ehemalige Zuständigkeiten teilweise auf das RJM übergingen. „Alle Aufgaben, die nicht in der Zentralinstanz bearbeitet werden mußten" gingen „auf die dem Ministerium unmittelbar nachgeordneten Behörden" (die höheren Reichsjustizbehörden[380]) über.[381]

Durch die Schaffung einer „einheitliche[n], von einer Reichszentrale aus autoritär geleiteten Justizverwaltung" sollte „ein weiteres Fundament für den Ausbau eines einheitlichen deutschen materiellen Rechts" geschaffen und damit gewährleistet werden, „daß der totale Reichsrechtsgedanke des Nationalsozialismus seinem Endziel zugeführt wird: Der Einheit von Reich und Recht".[382]

Ihren Abschluss fand die Verreichlichung in „einem feierlichen Staatsakt in Berlin, an dem die Vertreter der Reichs- und Landesregierungen, der Bewegung, der Behörden, der Wehrmacht und der Wirtschaft teilnahmen. Über die Linden zogen 700 deutsche Richter, darunter alle Präsidenten und leitenden Staatsanwälte aus dem ganzen Reich sowie die Standesvertretungen der Anwaltschaft und des Notariats, an ihrer Spitze der Präsident des Reichsgerichts [...]".[383]

b. Das Reichsjustizministerium
Das RJM im Jahr 1933

Zum Zeitpunkt der Machtergreifung durch die NSDAP war das RJM das kleinste Reichsministerium der Republik.[384] Vor 1933 unterstand ihm lediglich das RG als einziges ordentliches Gericht. Hauptaufgabe des Ministeriums war die Gesetzgebungsarbeit, insbesondere auch auf dem Gebiet der Rechtspflege.[385]

---

380 Höhere Reichsjustizbehörden waren: Der Präsident des RG, der Oberreichsanwalt beim RG, der Präsident des VGH, der Oberreichsanwalt beim VGH, der Präsident des Reichspatentamts, die OLG-Präsidenten, die Generalstaatsanwälte bei den OLG, der Präsident des Landeserbhofgerichts in Celle.

381 Zitiert aus *Sauer*, S. 18. Auch das BayObLG wurde mit VO vom 19. März 1935 aufgelöst (RGBl. 1935 I, S. 383). Seine Zuständigkeiten gingen teilweise auf das RG, teilweise auf das OLG München über.

382 „Reichseinheit - Justizeinheit". Ohne Angabe eines Verfassers in JW 1935, S. 2 (3).

383 *Sauer*, S. 16.

384 *Gruchmann*, S. 84.

385 *Gruchmann*, S. 86.

Die Behörde gliederte sich in drei Abteilungen[386] sowie mehrere Referate[387], die dem einzigen Staatssekretär – seit 1931 *Franz Schlegelberger*[388] – unterstellt waren.

Personal des RJM

Das Personal des RJM setzte sich zum größten Teil aus Beamten zusammen, die aus der Zeit der Weimarer Republik übernommen worden waren. Die NSDAP verfügte nicht über genügend qualifiziertes Personal, um mehr als die politischen Schlüsselstellungen nach und nach mit ihren Leuten zu besetzen.[389] Justizminister *Franz Gürtner*[390] blieb, nachdem er zuvor den Kabinetten *von Papen* und *Schleicher* angehört hatte, auch unter dem neuen Reichskanzler *Hitler* im Amt.

Gliederung des RJM

Am 22. Oktober 1934 untergliederte sich der Geschäftsbereich des nunmehr verschmolzenen Reichs- und Preußischen Justizministeriums in zwei Zentralabteilungen, von denen die eine Staatssekretär *Schlegelberger* und die andere Staatssekretär *Freisler*[391] unterstand.[392] Die Zentralabteilungen wiederum waren für dreieinhalb bzw. viereinhalb Abteilungen zuständig. Unter anderem fielen das RJP, die Strafgesetzgebung und die Strafrechtspflege in *Freislers* Ressort.

---

[386] Abt. I: Bürgerliches Recht, bürgerliche Rechtspflege; Abt. II: Strafrecht, Strafrechtspflege und Strafvollzug; Abt. III: Handelsrecht, Wirtschafts- und Verkehrsrecht, öffentliches Recht (*Gruchmann*, S. 86).

[387] Referate für die Personal-, Haushalts- und sonstigen Verwaltungsangelegenheiten des RJM, des RG und des Reichspatentamtes (*Gruchmann*, S. 86).

[388] Zur Person *Schlegelbergers* jeweils ausführlich *Wulff*: Staatssekretär Prof. Dr. Dr. h.c. Franz Schlegelberger 1876–1970, Frankfurt u.a. 1991, zugleich Diss. (Kiel) 1991 sowie *Förster*: Jurist im Dienst des Unrechts, Leben und Werk des ehemaligen Staatssekretärs im Reichsjustizministerium, Franz Schlegelberger (1876-1970), Baden-Baden 1995, zugleich Diss. (FU Berlin) 1993. Siehe außerdem *Nathans*: Franz Schlegelberger (Der Unrechts-Staat Band III), Baden-Baden 1990. Eine Kurzbiographie findet sich bei *Kuhn*, S. 85.

[389] *Weinkauff*, S. 90.

[390] Zur Person *Gürtners* siehe vor allem die Biographie von *E. Reitter*: Franz Gürtner, politische Biographie eines deutschen Juristen, 1881-1941, Berlin 1976, zugleich Diss. (München). Siehe außerdem die Kurzbiographie bei *Kuhn*, S. 83.

[391] Zur Person *Freislers* siehe die Biographie von *G. Bucheit*: Richter in roter Robe. Freisler. Präsident des Volksgerichtshofes, München 1968.

[392] *Gruchmann*, S. 1149 ff. (Anlage 1).

Das RJM und die Verreichlichung

Der Aufbau einer reichseinheitlichen Justiz war eine Aufgabe, die von der Führung des Ministeriums bereitwillig übernommen wurde.[393] Die Überführung der gesamten Justiz auf das Reich war schließlich schon in der Weimarer Republik diskutiert worden, aber unter anderem am Widerstand einzelner großer Länder gescheitert.[394] Nach der Auflösung der Länder waren diese Hindernisse endgültig beseitigt. Mit dem Abschluss der „Verreichlichung" der Justiz war das RJM schließlich das einzige deutsche Justizministerium.

Der rein äußerliche Machtzuwachs war enorm. Mit der Eingliederung zahlreicher Gebiete in das Deutsche Reich war das RJM letztlich für 2500 Gerichte mit über 14000 Richtern zuständig.[395] Schon ab April 1935 unterstanden ihm neben dem RG, dem VGH und dem Reichspatentamt 2576 Gerichte und StA sowie 177 Vollzugsanstalten.[396] Die Gesamtstärke des Personals betrug 90000 Beamte, Angestellte und Arbeiter, 15000 Beamte im Vorbereitungs- und Probedienst, 43000 Versorgungsberechtigte und 19000 Rechtsanwälte und Notare.[397]

Die neuen Aufgaben des RJM

Über die genannten Aufgaben hinaus sollte das RJM ein Zentrum der Rechtserneuerung werden. Dabei waren für die nationalsozialistischen Machthaber Veränderungen des Beamten- und des Strafrechts vorrangig.[398] Außerdem hatte das Ministerium für die „geistige Ausrichtung" der Juristen zu sorgen.[399] Diese Ausrichtung sollte zum einen – organisiert vom RJP - über die Ausbildung erfolgen, zum anderen über die Lenkung der Rechtspflege. Dabei bediente man sich der „Deutschen Justiz" (DJ), in der vor allem *Freisler* in unzähligen, fanatischen Artikeln die Richter zu beeinflussen versuchte.[400] Das Ministerium wirkte unter anderem durch Runderlasse und Verfügungen auf die Richter ein. Zudem konnte es als Aufsichtsbehörde direkten Einfluss auf die StA in einzelnen Verfahren nehmen.

---

[393] *Gruchmann,* S. 1115.
[394] *Hattenhauer* in: *Kuhn*, S. 20.
[395] *A. Wagner*, S. 223 f. Dem RJM unterstanden im Jahr 1942 neben dem Kammergericht allein 35 OLG (Handbuch der Justizverwaltung, bearbeitet im Büro des Reichsjustizministeriums, Berlin 1942).
[396] *Gruchmann*, S. 119.
[397] *Gruchmann*, S. 119.
[398] *Hattenhauer* in: *Kuhn*, S. 25.
[399] *Hattenhauer* in: *Kuhn*, S. 23 f.
[400] *Weinkauff*, S. 65. Die Veröffentlichungen *Freislers* sind verzeichnet bei *Buchheit*, S. 286 ff.

c. Mitteilungspflichten gegenüber dem Reichsjustizministerium Berichtspflichten der Staatsanwaltschaft

Zur Gewährleistung der Einheit der Rechsprechung war es erforderlich, die nunmehr dem RJM unterstellten Justizverwaltungen der einzelnen OLG-Bezirke zentral zu überwachen und zu steuern. Um über alle Geschehnisse auf dem Laufenden zu sein, wurde deshalb am 18. Dezember 1934 vom Reichsjustizminister eine geheime RV erlassen, die Mitteilungs- und Berichterstattungspflichten für das Reich regelte.[401] Die Staatsanwälte hatten danach ab dem 01. Januar 1935 dem RJM unter anderem in allen Hochverrats-, Landesverrats- und Sondergerichtssachen eine Abschrift der Anklageschrift und des Urteils oder der sonstigen abschließenden Entscheidung zu übermitteln.[402] „Sobald besondere Gründe des Staatswohles in Zusammenhang mit einem Strafverfahren" erkennbar wurden, war das RJM in jedem Fall zu informieren.[403]

Daneben wurden in einer am selben Tag veröffentlichten AV[404] weitere Informationspflichten festgelegt. Nach § 10 Abs. 1 der AV hatten die Generalstaatsanwälte und Oberstaatsanwälte „solchen Strafsachen, die wegen der Persönlichkeit oder der Stellung eines Beteiligten, wegen der Art oder des Umfangs der Beschuldigung oder aus sonstigen Gründen weitere (insbesondere politische) Kreise beschäftigen oder für die Staatsführung von Wichtigkeit sind, ihre besondere Aufmerksamkeit zuzuwenden und Vorsorge dafür zu treffen, daß wesentliche Vorgänge in diesen Sachen nicht ohne ihre Weisung oder Genehmigung geschehen".

§ 11 der AV bestimmte, dass in eben diesen Strafsachen die Generalstaatsanwälte und Oberstaatsanwälte von sich aus den Reichsjustizminister „über die Sachlage möglichst frühzeitig, jedenfalls vor entgültigen Entschließungen, zu unterrichten" haben. Diese Berichterstattung hatte sich „in der Regel auf alle wichtigen Maßnahmen zu erstrecken, die die Einleitung, den Gang oder den endgültigen oder einstweiligen Abschluss des Verfahrens betreffen oder dem Reichsminister der Justiz zur Erteilung von Weisungen Anlass bieten können". „Im Allgemeinen" genügte es, die Erklärung mit der Mitteilung zu versehen, dass die Entschließung gefasst werde, wenn binnen einer Woche keine Antwort eingehe. „In Sachen, die nach Art der Tat, Stellung des Täters oder Verletzten oder sonstiger Beteiligter von überragender Bedeutung sind", war die Weisung des Justizministers abzuwarten.

---

[401] *Gruchmann*, S. 1091 (Fn. 2).
[402] *Gruchmann*, S. 1091.
[403] *Gruchmann*, S. 1091.
[404] Dritte AV des Reichsjustizministers zur Durchführung des Zweiten Gesetzes zur Überleitung der Rechtspflege auf das Reich: Vereinheitlichung der Staatsanwaltschaft, vom 18. Dezember 1934 in DJ 1934, S. 1608-1612.

§ 12 verlangte von den Generalstaatsanwälten, den Reichsjustizminister „über Vorkommnisse auf dem Gebiet des Strafrechts oder Strafverfahrensrechts, die zu allgemeinen Maßnahmen im Wege der Gesetzgebung oder der Verwaltungsordnung Anlass geben können", zu unterrichten.
Nachdem die Justizbehörden begonnen hatten, diesen Informationspflichten nachzukommen, hatte die Führung im RJM die Möglichkeit, beispielsweise Verfahren gegen Anhänger oder gar führende Persönlichkeiten der Partei rechtzeitig zu stoppen. Es bestand von da an weniger die Gefahr, dass die Justiz bei der Staatsführung durch politisch missliebige Urteile in Ungnade fallen könnte.

Die AV „Mitteilungen in Strafsachen"

Am 01. Juli 1935 trat schließlich die AV des Reichsjustizministers „Mitteilungen in Strafsachen" (MiStra) in Kraft.[405] Sie fasste die bisher erlassenen Vorschriften zu den Informationspflichten zusammen und ergänzte sie darüber hinaus. Die oben genannte geheime RV vom 18. Dezember wurde in den MiStra nicht veröffentlicht. § 8 Nr. a) bis c) MiStra regelten jedoch ausdrücklich die Weitergeltung von in der RV genannten Regelungen. § 9a MiStra verpflichtete dazu, dem Reichsjustizminister Urteile mit Begründung zuzusenden, bei denen § 2 RStGB n. F. (Analogieerlaubnis) angewendet oder entgegen dem Antrag der StA nicht angewendet wurde oder bei denen eine Wahlfeststellung getroffen worden war. Der überwiegende Teil der in den MiStra aufgeführten Pflichten betraf jedoch nicht die Informationsweitergabe an das Ministerium.

Die vertraulichen Lageberichte der OLG-Präsidenten und Generalstaatsanwälte

Ab dem 1. Dezember 1935 waren die Generalstaatsanwälte verpflichtet, alle zwei Monate Lageberichte an den Justizminister persönlich zu senden, deren vertrauliche Behandlung zugesagt wurde. Diese „politischen Wetterberichte" sollten „einen allgemeinen Gesamtüberblick" ermöglichen und „alles Wesentliche auf wenigen Seiten nur aufgrund eigener Beobachtungen der Generalstaatsanwälte bringen".[406] Ab dem 5. Januar 1936 mussten auch die OLG-Präsidenten im Zweimonatsrhythmus Bericht erstatten, wofür „günstige ebenso wie ungünstige Beobachtungen rückhaltlos zu verwerten" waren.[407]

Da es schwierig war, die geforderten Berichte nur aufgrund eigener Beobachtungen zu erstellen, wendeten zumindest der OLG-Präsident und der Generalstaatsanwalt des Bezirks Hamm eine ähnliche Methode an: Sie wiesen ihre neun

---

[405] Amtliche Sonderveröffentlichung der DJ Nr. 8, 2. Auflage, Berlin 1936.
[406] *Gruchmann*, S. 1094; *Michelberger*, S. 11. Zitiert bei *Michelberger* nach der Niederschrift der Besprechung vom 23. September 1935 (Bundesarchiv R 22/1187).
[407] *Gruchmann*, S. 1094; *Michelberger*, S. 11.

LG-Präsidenten und neun Oberstaatsanwälte bei den LG an, ihnen alle zwei Monate Bericht zu erstatten.[408]

Von nun an konnte sich der Reichsjustizminister jeden Monat einen Überblick über die Geschehnisse in den einzelnen OLG-Bezirken verschaffen. Inhalt der Schreiben waren Fragen des Personals und des Geschäftsanfalls, das Verhältnis der Justiz zur NSDAP und zur Polizei, und weitere besondere Vorkommnisse.[409] Die Berichte bekamen nur der Minister selbst sowie darüber hinaus die Staatssekretäre und teilweise die Abteilungsleiter.[410] Oft wurden jedoch auf Anweisung des Ministers Teilabschriften gefertigt und an die betreffenden Abteilungen geleitet.[411] Die Lageberichte boten der Leitung der Justizverwaltung besonders in den Kriegsjahren neben den Berichten des Sicherheitsdienstes der SS (SD) [412] eine wichtige Möglichkeit, sich über Vorkommnisse in der Bevölkerung und deren Stimmung gegenüber der Justiz zu informieren.[413]

Die „Meldungen aus dem Reich“ durch den SD

Die geheimen Lageberichte von *Himmlers* SD gingen laut den erhalten gebliebenen Akten neben der SS-Führung zumindest noch an die Parteikanzlei unter *Bormann*, an *Lammers* als Chef der Reichskanzlei, an das RJM, das Reichsfinanzministerium und den Reichsschatzmeister der NSDAP.[414] Es ist außerdem davon auszugehen, dass alle Reichsminister und Reichsleiter der Partei zu den Empfängern gehört haben.[415] Für das Justizministerium stellte diese auf Spitzelberichten basierende Berichterstattung eine wertvolle Informationsquelle dar, denn „zu den Informanten der rund 70 regionalen Dienststellen [des SD], deren Meldungen im SD-Hauptamt zusammenliefen, gehörten nicht zuletzt junge nationalsozialistische Juristen, die so die Möglichkeit bekamen, anonym und unter Umgehung der Justizverwaltung Urteile bis in das Ministerium zu lancieren, die ihren Vorstellungen vom „gesunden Volksempfinden“ nicht entsprachen“.[416]

„Führerinformationen“ des RJM

Nach *Hitlers* Reichstagsrede vom 26. April 1942 begann das RJM, diesem, durch Übermittlung des Leiters der Parteikanzlei *Bormann,* sogenannte Führerinformationen zuzuleiten.[417] Der nach *Gürtners* Tod mit der Führung der Ge-

[408] *Niermann*, S. 196.
[409] *Rüping*, Staatsanwaltschaft und Provinzialjustizverwaltung, S. 44.
[410] *Gruchmann*, S. 1095.
[411] *Michelberger*, S. 15.
[412] Siehe dazu *Boberach* (Hrsg.), Meldungen aus dem Reich, Neuwied und Berlin 1965.
[413] *Gruchmann*, S. 1094 f.
[414] *Boberach*, Meldungen aus dem Reich, S. XVII.
[415] *Boberach*, Meldungen aus dem Reich, S. XVII.
[416] *Boberach*, Richterbriefe, S. XV.
[417] *Gribbohm* in DRiZ 1971, S. 152.

schäfte beauftragte Staatssekretär *Schlegelberger* schrieb im Mai 1942 an Reichsleiter *Bormann* unter anderem:

> „Die Aufmerksamkeit, die der Führer den Angelegenheiten der Justiz entgegenbringt, und die wachsende Bedeutung seiner zielbewußt gesteuerten Rechtspflege für die innere Geschlossenheit des Volkes läßt es mir geboten erscheinen, den Führer über wichtige Vorkommnisse, Maßnahmen und Pläne auf dem Rechtsgebiet fortlaufend amtlich zu unterrichten. [...]“[418]

Nach einer Aussage des damaligen Adjutanten *Schlegelbergers* versprach sich das RJM von diesem Schritt, „die Einwirkung dritter Stellen auf Hitler in bedeutsamen Angelegenheiten auszuschließen und ihm in anderen Fällen Kenntnis von aktuellen Fragen zu geben [...]“.[419] *Gribbohm* deutet die „Führerinformationen“ als einen Versuch, weitere öffentliche Attacken *Hitlers* gegen die Justiz zu verhindern und, wenn möglich, das ramponierte Ansehen der Rechtspflege bei der Führung von Staat und Partei wiederherzustellen.[420] Insgesamt wurden bis zum 15. Februar 1945, also auch noch unter Minister *Thierack*, 191 Meldungen vom RJM herausgegeben.[421]

d. Lenkung der Gerichte durch das Reichsjustizministerium Allgemein- und Rundverfügungen

Neben den bereits genannten Vorschriften der Justizverwaltung wurde den Staatsanwälten in unzähligen (öffentlichen) Allgemeinverfügungen und (teilweise geheimen) Rundverfügungen Weisungen erteilt bzw. den Richtern „Empfehlungen“ gegeben, wie das prozessuale und materielle Recht anzuwenden sei und welche Strafen regelmäßig zu verhängen seien.[422]

Abgesehen von den oben erwähnten MiStra sind von den Allgemeinverfügungen insbesondere die im April 1935 erlassenen „Richtlinien für das Strafverfahren“[423] zu nennen. In der Einführung zur amtlichen Sonderveröffentlichung heißt es zur Bedeutung der Richtlinien:

> „Die nachfolgenden Richtlinien, die auf den Erfahrungen der deutschen Justizverwaltungen beruhen, sind vornehmlich für die Strafverfolgungsbehörden bestimmt;

---

[418] Zitiert nach *Gribbohm* in DRiZ 1971, S. 152.
[419] Zitiert nach *Gribbohm* in DRiZ 1971, S. 152.
[420] *Gribbohm* in DRiZ 1971, S. 152.
[421] *Gribbohm* in DRiZ 1971, S. 152.
[422] *Gruchmann*, S. 1095. Eine Übersicht zu zwischen 1933 und 1944 erlassenen Rundverfügungen findet sich bei: *Rüping*, Staatsanwaltschaft und Provinzialjustizverwaltung, S. 211 ff.
[423] Amtliche Sonderveröffentlichung der DJ Nr. 7, 1. Auflage, Berlin 1935; 2. Auflage, Berlin 1936.

daneben enthalten sie zahlreiche Hinweise und Empfehlungen für den Strafrichter. Namentlich dem jungen Staatsanwalt und Richter sollen sie Fingerzeige geben und ihn auf mancherlei Gesichtspunkte, die dem erfahrenen Praktiker bereits geläufig sind, hinweisen."[424]

Weisungen an die Staatsanwaltschaft

Nach der Verreichlichung unterstanden dem RJM die beiden Oberreichsanwälte[425] sowie sämtliche Generalstaatsanwälte und der Reichsjustizminister war oberster Vorgesetzter aller Staatsanwälte im Reich. Die StA wurde nicht allein durch Rundverfügungen zu einer einheitlichen Handhabung der Gesetze angehalten. Den einzelnen Anklagebehörden wurden vom RJM auch Weisungen für konkrete Fälle erteilt, um dem zuständigen Gericht den Standpunkt des Ministeriums deutlich zu machen. Zwar waren die Staatsanwälte schon vor der Machtergreifung weisungsgebunden gewesen. Die tatsächliche Erteilung von Weisungen hatte jedoch Ausnahmecharakter, während sie nun häufig erfolgte und in Strafsachen von politischer Bedeutung sogar zur Regel wurde.[426] Näheres zur Steuerung der Strafgerichte über die Anklagebehörde wird im unten folgenden Kapitel über die StA erläutert.

Richterbriefe und Rechtsanwaltsbriefe

Nach dem Amtsantritt *Thieracks* als Reichsjustizminister[427] versandte das RJM regelmäßig an alle deutschen Richter und Staatsanwälte sogenannte „Richterbriefe". Die Idee zur Einführung dieser Lenkungsmaßnahme stammte nicht von *Thierack* selbst, sondern seinen Angaben nach von „einer Dritten Seite". Es spricht einiges dafür, dass es sich dabei um *Himmlers* SD gehandelt hatte.[428]

In diesen Schriften wurden Urteile, die nach Ansicht der Nationalsozialisten vorbildlich waren, gelobt und sogenannte „Fehlurteile" gerügt. Das RJM nahm zu den veröffentlichten Entscheidungen über gleichartige Straftaten Stellung und gab Richtlinien für die Rechtsprechung in besonders sensiblen Bereichen.[429] Die Mitteilungen sollten laut dem Einführungserlass *Thieracks*[430] „eine Anschauung davon geben, wie sich die Justizführung nationalsozialistische Rechtsanwendung denkt, und auf diese Weise dem Richter die innere Sicherheit und Freiheit geben, die richtige Entscheidung zu finden".

---

[424] Amtliche Sonderveröffentlichung der DJ Nr. 7 von 1935, S. 7.
[425] Jeweils beim RG und beim VGH.
[426] *A. Wagner*, S. 282.
[427] Am 20. August 1942 wurde *Thierack* zum Reichsjustizminister ernannt.
[428] *Boberach*, Richterbriefe, S. XIX.
[429] *Boberach*, Meldungen aus dem Reich, S. 404 Fn. 7; *Weinkauff*, S. 164.
[430] Abgedruckt bei: *Boberach*, Richterbriefe, S. 2. und *Staff*, S. 69 f.

Für die Richterbriefe verwertbarer Stoff sollte vorläufig in erster Linie aus Entscheidungen entnommen werden, die den Abteilungen des RJM aufgrund der weitgehenden Berichtspflichten der Gerichte und der StA laufend zugingen.[431] Ausgewählt wurden wiederholt Urteile, die von *Bormanns* Parteikanzlei oder *Himmlers* SD gemeldet worden waren.[432]

Das Hauptaugenmerk der Richterbriefe war auf den Bereich des Strafrechts gerichtet. Es erfolgten aber auch Anleitungen auf dem damals ebenfalls als politisch bedeutsam angesehenen Gebiet des Familienrechts.[433] Erreicht werden sollte mit diesen Maßnahmen zum einen die Einheitlichkeit, zum anderen aber auch eine besondere Härte der Rechtsprechung bei bestimmten Arten von Straftaten.

Die Erfindung der Richterbriefe als Instrument der Lenkung brachte einige Vorteile mit sich, denn auch für die dem Nationalsozialismus ergebenen Richter waren direkte Eingriffe in ihre Urteilspraxis durch Weisungen einer vorgesetzten Behörde sicher unerwünscht. Da sich die Richterbriefe jedoch an eine große Personenzahl wandten, wurde mit ihnen nicht in einzelne Verfahren eingegriffen. Dem jeweiligen Richter wurde letztlich die Einzelfallentscheidung überlassen. In dem SD-Bericht Nr. 386 vom 28. Mai 1943 wurde vermerkt[434]:

> „Die Lenkung der Rechtsprechung durch die Richterbriefe wird allgemein als sehr wirkungsvoll bezeichnet und günstig aufgenommen. Die allgemeine Auffassung geht dahin, daß es sich bei den Richterbriefen um die wirkungsvollste Lenkungsmaßnahme handle, die gleichzeitig die Weisungsfreiheit des Richters am wenigsten antaste. Vielfach wird der Wunsch ausgesprochen, daß nach Festigung des nationalsozialistischen Richterkorps die Richterbriefe das einzige Mittel der Lenkung werden möchten, während die Lenkung im Einzelfall zurücktreten solle.“

Gegen die uneingeschränkte Glaubhaftigkeit von Berichten wie diesem lässt sich einwenden, dass die SD-Spitzel innerhalb der Justiz möglicherweise ein schöngefärbtes Bild abliefern wollten.[435] Andererseits handelt es sich bei den „Meldungen aus dem Reich“ zumindest nicht um propagandistisch aufbereitete Schriften, da sie den Zweck hatten, die eigene Führung möglichst genau zu informieren.

Die Richterbriefe waren nicht für jedermanns Augen bestimmt. Sie waren mit dem Vermerk „Vertraulich“ versehen und unter Verschluss aufzubewah-

---

[431] *Boberach*, Richterbriefe, S. XXI.
[432] *Boberach*, Richterbriefe, S. XXII.
[433] *Johe*, S. 192.
[434] *Boberach*, Meldungen aus dem Reich, S. 404.
[435] So sieht das *Weinkauff*: S. 166.

ren.[436] Bezüglich des Inhalts unterlagen die Empfänger der Amtsverschwiegenheit.[437]

Der erste und einzige veröffentlichte Rechtsanwaltsbrief stammte vom Oktober 1944. Er behandelte das Verhalten von Anwälten in Strafsachen.[438] In dem Schreiben werden hauptsächlich Schlussvorträge aber auch Anwaltsschriftsätze kritisiert. Im Nürnberger Juristenurteil von 1947 hieß es über die Rechtsanwaltsbriefe:

> „Eine Untersuchung dieser Briefe führte den Gerichtshof zu der Überzeugung, daß der tatsächliche, wenn auch nicht wirklich ausgesprochene Zweck dieser Briefe war, den Verteidigern nahe zu legen, sich jeder Kritik an der nationalsozialistischen Justiz zu enthalten und nicht zu großen Eifer bei der Verteidigung von Personen zu zeigen, die politischer Verbrechen bezichtigt waren."[439]

Offenbar wollte man im RJM verhindern, dass Richter durch missliebige Plädoyers oder Schriftsätze der Anwälte beeinflusst werden könnten.

Richterbesprechungen und Berichtssystem

Keine direkte Lenkungsmaßnahme des RJM stellten die sogenannten „Richterbesprechungen" dar. Vielmehr wurden die OLG-Präsidenten und Generalstaatsanwälte regelmäßig zu „Chefbesprechungen" in das Ministerium gerufen. Dabei erhielten die OLG-Präsidenten Richtlinien, welche sie an die Senatsvorsitzenden und LG-Präsidenten weitergaben. Die LG-Präsidenten luden dann die Kammervorsitzenden oder die einzelnen Richter zu sich.[440]

In dem umstrittenen Werk[441] von *Schorn* heißt es über die Richterbesprechungen:

> „Wie die „Richterbriefe", so verfehlten auch die „Richterbesprechungen" ihren Zweck. Denn zur Ehre vieler Präsidenten darf gesagt werden, daß die Richterbesprechungen sich meist in einem ganz anderen Rahmen vollzogen, als wie er einst von der nationalsozialistischen Regierung gedacht war [...]; denn man benutzte sie meist, um strittige Rechtsfragen in kollegialem, offenem und ehrlichem Meinungsstreit zu erörtern. Dies war die Regel des Ablaufs solcher „Richterbesprechungen", die allerdings dort anders ausfielen, wo von der Partei geförderte Präsidenten dadurch abzutragen

---

[436] *Rüping*, Staatsanwaltschaft und Provinzialjustizverwaltung, S. 40; *Schorn*, S. 58.
[437] *Schorn*, S. 58.
[438] *Boberach*, Richterbriefe, S. XXIV.
[439] Zitiert nach *Kempner* in: *Boberach*, Richterbriefe, S. 481.
[440] *A. Wagner*, S. 210. Siehe dazu auch: *Boberach*, Meldungen aus dem Reich, S. 404.
[441] *Schorns* Darstellung wird vorgeworfen, das Verhalten der Richterschaft zu rechtfertigen bzw. zu verharmlosen.

> sich verpflichtet hielten, daß sie drohend und polternd den Richtern für die Urteilsfindung Weisungen erteilten, die aber auf taube Ohren, ja auf offene Ablehnung stießen. Solche Vorgesetzte waren es auch, die der politischen Führung nicht genehme Urteile kritisierten oder sogar in die Rechtsprechung eingriffen, ohne allerdings auch hier große Erfolge zu erzielen."[442]

Auch in den „Meldungen aus dem Reich" ist nachzulesen, dass die Erteilung von Weisungen im allgemeinen vermieden worden sei. Die Besprechungen seien ihrer Lenkungsfunktion weitgehend „durch die gemeinschaftliche Erörterung der politisch, wirtschaftlich und rechtlich bedeutsamen Fragen" gerecht geworden.[443]

In dem selben Bericht ist nachzulesen, dass in anderen Bezirken an Stelle der Richterbesprechungen ein Berichtssystem im Vordergrund gestanden hätte. Dieses verpflichtete jeden Richter und Staatsanwalt, „die Sachen, die er irgendwie für bedeutsam hält und die seiner Auffassung nach für einen Bericht und eine Lenkung in betracht kommen, auf dem Dienstwege dem Oberlandesgerichtspräsidenten oder dem Generalstaatsanwalt vorzulegen, der gegebenenfalls an das Reichsjustizministerium berichtet. Der Richter verfasst einen „Lagebericht", in dem er die wesentlichsten Momente der Tat und der Täterpersönlichkeit niederlegt. [...] Auf Grund der Lageberichte findet dann wöchentlich eine Konferenz zwischen den Oberlandesgerichtspräsidenten und den Generalstaatsanwälten sowie einigen anderen Teilnehmern statt, in der die lenkungsbedürftigen Sachen besprochen und das Ergebnis den Richtern und Staatsanwälten mitgeteilt wird."[444]

Allgemeines zur Lenkung durch das RJM

Neben diesen genannten Instrumentarien der Lenkung des RJM gab es eine Reihe weiterer direkter oder indirekter Steuerungsmaßnahmen. Unter anderem zählen dazu die bereits erwähnten Artikel in den Fachzeitschriften und die von Ministerialbeamten herausgegebenen Gesetzeskommentare. Nach *Hitlers* Hassrede gegen die Justiz, die er am 26. April 1942 im Reichstag gehalten hatte[445], wurde die Lenkung stark intensiviert.[446]

Die Justizspitze um *Thierack* war bemüht den Anschein zu erwecken, dass Anweisungen in Einzelfällen nicht gewollt seien und dem Richter ein Rest von

---

[442] *Schorn*, S. 61 f.
[443] Bericht Nr. 386 vom 28. Mai 1943, abgedruckt bei *Boberach*, Meldungen aus dem Reich, S. 405.
[444] Bericht Nr. 386 vom 28. Mai 1943, abgedruckt bei *Boberach*, Meldungen aus dem Reich, S. 405.
[445] Siehe Kapitel B I 1 a.
[446] *Michelberger*, S. 273.

eigener Verantwortung belassen werden sollte.[447] In Wirklichkeit sind jedoch Fälle belegt, in denen das RJM Richtern konkrete Weisungen für die Entscheidung im Einzelfall erteilt hat.[448]

Dennoch war damals die herrschende Auffassung bei der Justiz, dass *Hitler* dem einzelnen Richter jederzeit Weisungen geben konnte[449] und er „in seiner Eigenschaft als oberster Gerichtsherr und mithin als höchster Richter selbst" die Macht hatte, „eine richterliche Entscheidung aufzuheben oder abzuändern oder die Entscheidung einer Rechtssache an sich zu ziehen".[450] Da er sich jedoch nicht persönlich an die betroffenen Richter wandte, sondern seine Wünsche über die Reichskanzlei oder über die Parteikanzlei dem RJM übermittelte, konnte der endgültige Empfänger nur schwer erkennen, ob es sich um eine allgemeine Anweisung des Ministeriums oder um eine Einzelanweisung *Hitlers* handelte.[451] *Wagner* folgert daraus, dass der Grundsatz der Weisungsbefugnis des Führers in der Praxis zu einer Weisungsbefugnis des RJM führte und dass sich dabei die Unterschiede zwischen der als zulässig angesehenen allgemeinen Anweisung und einer als unzulässig empfundenen Einzelanweisung verwischt hätten.[452]

In den Lageberichten der Generalstaatsanwälte und OLG-Präsidenten wurden die Lenkungsbemühungen in den einzelnen Bezirken geschildert.[453] Überwiegend ist zu lesen, dass die Richter die Maßnahmen begrüßt hätten.[454] Man muss jedoch am Wahrheitsgehalt dieser Feststellungen zweifeln, da sich die Chefs der Justizverwaltungen dem RJM gegenüber sicher nicht gerne die Blöße gaben, Schwierigkeiten in ihrem Bezirk zuzugeben.

Es ist bemerkenswert, dass der SD in seinem Bericht Nr. 386 vom Mai 1943 feststellen konnte, dass „in der Bevölkerung [...] die Tatsache der Lenkung und ihrer Durchführung im Einzelfall fast völlig unbekannt [ist]".[455]

---

[447] *A. Wagner*, S. 212.
[448] *A. Wagner*, S. 213.
[449] *A. Wagner*, S. 214.
[450] So der Münchener OLG-Präsident im Januar 1944. Zitiert nach *A. Wagner*, S. 214.
[451] *A. Wagner*, S. 215.
[452] *A. Wagner*, S. 215.
[453] *Michelberger*, S. 273 ff.
[454] *Michelberger*, S. 274. Beispielsweise berichtet der Präsident in Rostock unter anderem zu den Richterbesprechungen, die Richter fühlten sich „nicht gegängelt" , sie seien „dankbar, wenn sie in kameradschaftlicher Form Unterrichtung" erhielten (zitiert nach *Michelberger*, S. 276).
[455] Abgedruckt bei *Boberach*, Meldungen aus dem Reich, S. 408.

2. Das Justizministerium und die Justizverwaltung in der SBZ/DDR
a. Die Deutsche Zentralverwaltung für Justiz
Die Schaffung einer neuen Justizverwaltung

Der am 27. Juli 1945 ergangene Befehl Nr. 17[456] der SMAD ordnete die Bildung von insgesamt elf deutschen Zentralverwaltungen in der SBZ an. Die Zentralverwaltungen hatten „den Charakter von beratenden Organen der SMAD", arbeiteten nach deren Direktiven und waren dieser verantwortlich.[457] Ihr Aufgabe war es, die Tätigkeit der Landes- und Provinzialjustizverwaltungen zu koordinieren.[458]

Die Zentralverwaltung für Justiz, im allgemeinen Sprachgebrauch „Deutsche Justizverwaltung" (DJV) genannt, sollte für die Leitung sämtlicher StA, Gerichte und Justizorgane zuständig sein. In einer Bekanntmachung des SMAD-Stabes vom 15. September 1945[459] hieß es, die Reorganisation der Gerichte sei dem Direktor der DJV *Schiffer*[460] übertragen. *Ulbricht* hatte den 85jährigen Fachmann *Eugen Schiffer*, der während der Weimarer Republik zweimal Justizminister gewesen war, die Übernahme eines solchen Amtes bereits am 09. Mai angetragen.[461] Das Erstaunliche daran war, dass man für dieses Amt keinen Kommunisten, sondern den ehemals nationalliberalen Politiker *Schiffer* auswählte, der dann am 05. Juli auch die Liberaldemokratische Partei Deutschlands (LDPD) mitbegründete. Für die sowjetische Besatzungsmacht war der Bereich der Justiz aber anscheinend gegenüber dem Innenressort von eher untergeordneter Bedeutung, da sie sich ohnehin den Bereich des politischen Strafrechts zunächst selbst vorbehielt.[462] Die Verpflichtung eines „bürgerlichen" Juristen passte zudem gut in das von der KPD damals verfolgte Konzept der Blockpolitik. Als Vizepräsidenten wurden *Paul Bertz* (KPD) und *Karl Kleikamp* (SPD) eingesetzt.[463]

---

456 Abgedruckt bei *Schöneburg*, Dokumente 1945-1949, S. 69-70

457 *Anders/Benjamin/Görner*, S. 58.

458 *Anders/Benjamin/Görner*, S. 58.

459 Abgedruckt bei *Schöneburg*, Dokumente 1945-1949, S. 224.

460 Zur Person *Eugen Schiffer* siehe: *Joachim Ramm*, Eugen Schiffer und die Reform der deutschen Justiz, Neuwied und Darmstadt 1987. Eine Kurzbiographie findet sich bei *Kuhn*, S. 57. Siehe auch *Wentker*, S. 45 ff. Die spätere DDR-Literatur (*Anders/Benjamin/Görner*, S. 58) schrieb über *Schiffer*: „Er hatte eine an Erfolgen reiche, wenn auch nicht widerspruchsfreie Laufbahn als bürgerlich-liberaler Politiker hinter sich. [...] Er war bereit, auf der Grundlage bürgerlich-demokratischer Positionen mit der Arbeiterbewegung zusammenzuarbeiten, um mitzuhelfen, den Faschismus vollständig zu überwinden und Deutschland auf demokratischer Grundlage aufzubauen. Er gehörte zu den fortschrittlichen Kräften in den bürgerlichen Blockparteien, welche entschieden jene Juristen verurteilten, die dem Faschismus gedient hatten."

461 *Amos*, Justizverwaltung in der SBZ/DDR, S. 7.

462 *Wentker*, S. 22.

463 Zu *Kleikamp* und *Bertz* siehe *Wentker*, S. 50 ff.

Das vorläufige Statut der DJV

Im November 1945 bestätigte die SMAD das vorläufige Statut der Deutschen Zentralverwaltung für Justiz.[464] Seine Rechtsverbindlichkeit blieb in den Folgejahren zweifelhaft, denn ob durch die SMAD das vorläufige Statut jemals als „endgültig" bestätigt wurde, ist nicht bekannt.[465] Es enthielt unter anderem die folgenden Grundbestimmungen:

> „1. Die Justizverwaltung leitet und kontrolliert die Tätigkeit der Gerichte, Staatsanwaltschaften, Notare und Rechtsanwälte entsprechend den Aufgaben, die vom Kontrollrat und von der SMAD zur Wiederherstellung und Entwicklung eines wahrhaft demokratischen Gerichtswesens, einer gerechten Rechtsprechung und der gesetzlichen Ordnung gestellt sind und durchgeführt werden.
>
> 2. Die Justizverwaltung führt systematisch die Entfernung faschistischer Elemente aus der Justiz durch und zieht gleichzeitig neue Kräfte aus den demokratischen Volksschichten zum Justizdienst heran."

Außerdem hatte die DJV gemäß Ziff. 3 der Grundbestimmungen den Präsidenten der Provinzen und Länder „Ratschläge und Empfehlungen" zu erteilen und auf Einladung der Präsidenten an der Ausarbeitung von Gesetzesentwürfen teilzunehmen. Ein von *Schiffer* gefordertes Verordnungs- und Weisungsrecht gegenüber den Landes- und Provinzialverwaltungen gestand die SMAD nicht zu.[466] Die DJV hatte darüber hinaus Einspruch beim obersten Chef der SMAD „gegen Gesetze und Verordnungen der Selbstverwaltungen der Provinzen (Länder)" zu erheben, „wenn sie mit den Grundsätzen der Demokratie oder den Maßnahmen, die vom Kontrollrat und der SMAD durchgeführt werden, nicht in Einklang stehen".

Das vorläufige Statut traf auch Regelungen über die Leitung und Beaufsichtigung der Justizorgane.[467] Die Zuständigkeit der DJV erstreckte sich danach unter anderem auf die Lenkung und Kontrolle der Justizabteilungen der Selbstverwaltungsorgane der Provinzen und Länder, den Vollzug der Kontrolle über die Tätigkeit der Gerichte, der StA, Rechtsanwälte und Notare, den Vollzug der Dienstaufsicht über das Justizpersonal sowie den Vollzug der Zulassung für Notare und Rechtsanwälte. Ein weiterer zentraler Bereich war schließlich die Zuständigkeit für die Aus- und Weiterbildung der Juristen. Ausgehend von diesem

---

[464] Auszugsweise abgedruckt bei *Schöneburg*, Dokumente 1945-1949, S. 226-227

[465] *Amos*, Justizverwaltung in der SBZ/DDR, S. 37; *Welsh* in: SBZ-Handbuch, hrsg. von *Broszat/Weber*, S. 222.

[466] *Anders/Benjamin/Görner*, S. 62 f.; *Ramm*, S. 177.

[467] Abgedruckt bei *Schöneburg*, Dokumente 1945-1949, S. 227.

weiten Aufgabenbereich war es auch konsequent, dass die DJV ab 1947 die erste juristische Zeitschrift der Ostzone - die „Neue Justiz“ (NJ) - herausgab.

Gliederung der DJV

Organisatorisch gliederte sich die DJV in das Zentralbüro und die folgenden sieben Abteilungen[468]: Abteilung I – Organisation, Abteilung II – Personalsachen, Abteilung III – Gerichte, Abteilung IV – Staatsanwaltschaften, Abteilung V – Gesetzgebung, Abteilung VI – Ausbildungswesen, Abteilung VII – allgemeine Aufgaben. Von der Abteilung II wurden unter anderem im Rahmen der Entnazifizierung und personalen Neubesetzung alle Personalakten vom gehobenen Dienst an aufwärts sowie der Rechtsanwaltschaft überprüft.[469] Die Abteilung IV sollte laut dem Arbeitsplan von 1946 über die Staatanwaltschaften „einen weitgehenden Einfluss auf die Rechtsprechung der Strafgerichte vor allem bei politischen Delikten“ sichern.[470] In der Abteilung V wurden im Zusammenwirken mit der SMAD-Rechtsabteilung Gesetzes- und Verordnungsentwürfe ausgearbeitet sowie alle wichtigen bestehenden Gesetze auf ihren nationalsozialistischen Inhalt hin überprüft. Als weitere Aufgabe dieser Abteilung trat später die Wahrung der Einheitlichkeit der Gesetzgebung in den Ländern hinzu.[471]

Die Anleitung der DJV

Die DJV war in ihren Handlungsmöglichkeiten selbstverständlich nicht frei, sondern der Lenkung durch die SMAD-Zentrale in Berlin-Karlshorst unterworfen. Selbst in den Bereichen, in welchen die DJV nicht lediglich ein Ausführungsorgan der SMAD darstellte, bedurften ihre eigenen Ausarbeitungen noch der Bestätigung durch die Besatzungsmacht.[472] Zuständig waren die SMAD-Abteilung für innere Angelegenheiten sowie die SMAD-Justizabteilung.[473] Auch die sowjetische Geheimpolizei kontrollierte Justiz und Polizei der Ostzone. So arbeitete auch im Gebäude der DJV ein Geheimpolizist als „Verbindungsoffizier im Hause“, welcher „im Herbst 1947 nicht nur über Personalentscheidungen,

---

[468] *Amos,* Justizverwaltung in der SBZ/DDR, S. 31 f. *Lorenz* in *Rottleuthner*: Steuerung der Justiz in der DDR, S. 136-138 und S. 164.

[469] *Lorenz* in *Rottleuthner*: Steuerung der Justiz in der DDR, S. 136.

[470] Zitiert nach *Lorenz* in *Rottleuthner*: Steuerung der Justiz in der DDR, S. 136.

[471] *Lorenz* in *Rottleuthner*: Steuerung der Justiz in der DDR, S. 137.

[472] *Lorenz* in *Rottleuthner*: Steuerung der Justiz in der DDR, S. 144.

[473] *Wentker*, S. 26. Laut *Nikitin* (in: *Vormbaum,* JJZG 1, S. 124) hatte die Rechtsabteilung „das Recht, alle Unterlagen deutscher Justizorgane einzusehen, diesen Einrichtungen Anordnungen bezüglich ihrer Struktur, ihrer Funktionen und ihrer Personalpolitik sowie bezüglich der gerichtlichen Praxis zu erteilen, verschiedene Tagungen der Justizorgane einzuberufen, die Arbeit der deutschen Justizverwaltung, der Länderministerien, der Gerichte und Staatsanwaltschaften aller Ebenen sowie der Gefängnisse zu überprüfen“.

sondern auch über Erlasse der DJV im Zusammenhang mit SMAD-Befehl 201[474] sowie über Zahl und Stand der nach diesem Befehl durchgeführten Gerichtsverfahren informiert werden wollte".[475] Einen ebenfalls nicht zu vernachlässigenden Einfluss übte auch die SED aus, die durch eine eigene Justizabteilung bei ihrem Zentralsekretariat mit der DJV und der SMAD-Rechtsabteilung kommunizierte.[476]

Personal der DJV

Bei der Besetzung der Stellen des höheren Dienstes in der DJV war der Einfluss der Kommunisten zunächst nicht dominierend. Der Grund dafür lag darin, dass die bürgerlichen Parteien über eine größere Anzahl qualifizierten Personals verfügten und zudem untereinander recht gut persönliche Verbindungen nutzen konnten.[477] Die Mehrzahl der Angestellten in der DJV war bei deren Errichtung SPD-Mitglieder.[478] Nahezu alle Beamten des höheren Dienstes waren Volljuristen.[479] Die meisten von ihnen waren über 55 Jahre alt, da die jüngeren Fachleute zumeist ehemalige NSDAP-Mitglieder waren und deshalb als potentielle Mitarbeiter ausschieden.[480]

Personalbewegungen ohne die Zustimmung der SMAD waren nicht möglich. Ihre Rechtsabteilung verlangte im Juni 1946 von der DJV eine Liste mit Zahl, dienstlicher Qualifikation, politischer Einstellung und sozialer Zugehörigkeit der Personals der DJV, der Länderjustizabteilungen, der Gerichte, der StA, der Notariate, der juristischen Fakultäten und der Volksrichterkurse.[481]

Noch in der Aufbauphase der DJV wurden mehrere Mitarbeiter aus politischen Gründen aus dem Dienst entlassen. Dazu gehörten nach der späteren Darstellung in der DDR[482] „eine Gruppe rechter Sozialdemokraten um den Vizepräsidenten Kleikamp, die vom Gift des Antikommunismus infiziert waren und eine Vereinigung der beiden Arbeiterparteien ablehnten". Ihre Tätigkeit in der DJV sei vom Bemühen bestimmt gewesen, „Recht und Justiz nur in den Grenzen einer bürgerlichen Staats- und Rechtsordnung zu reformieren. Diese opportunistischen Kräfte" hätten „jede konsequente Demokratisierung der Justiz und

[474] Mit diesem Befehl begann die letzte Phase der Entnazifizierung, in der bereits Rehabilitierungsmöglichkeiten für bloße Mitläufer vorgesehen waren. Abgedruckt bei *Schöneburg*, Dokumente 1945-1949, S. 144. Zur Entstehungsgeschichte siehe *Meyer-Seitz*, S. 162 ff.
[475] *Wentker*, S. 29 mit Nachweisen. Siehe auch: *Lorenz* in *Rottleuthner*: Steuerung der Justiz in der DDR, S. 144.
[476] *Wentker*, S. 30-40.
[477] *Wentker*, S. 65.
[478] *Rössler*, S. 44.
[479] *Amos*, Justizverwaltung in der SBZ/DDR, S. 19 f.
[480] *Amos*, Justizverwaltung in der SBZ/DDR, S. 20.
[481] *Amos*, Justizverwaltung in der SBZ/DDR, S. 87.
[482] *Anders/Benjamin/Görner*, S. 61.

insbesondere die Volksrichter“ abgelehnt. Sie hätten „die Herausbildung einer den gesellschaftlichen Anforderungen entsprechenden Leitung durch die DJV“ gehemmt und hätten „daher entfernt werden“ müssen. In dem Zeitraum vom Sommer 1948 bis zum Frühjahr 1949 verließen etwa 40 Prozent der Mitarbeiter die DJV – teils freiwillig, teils unfreiwillig. Die freigewordenen Posten wurden mit SED-treuen Absolventen der Volksrichterschulen besetzt.[483]

Präsident *Schiffer* war der SMAD-Rechtsabteilung schon 1946 nicht geheuer gewesen, da er als Anhänger der „bürgerlichen Schule des Naturrechts“ galt und sich schwer damit tat „demokratische“ (d.h. kommunistische) Ideen anzunehmen. Er habe außerdem die Behauptung verbreitet, „daß eine Einmischung in die Gerichtsorgane unmöglich sei“.[484] Obwohl *Schiffers* liberale Reformbemühungen von Anfang an nicht mit den Plänen der SED-Führung vereinbar waren, ließ diese den Präsidenten mit Rücksicht auf die nach außen hin demonstrierte Blockpolitik zunächst noch gewähren.[485] Im Jahr 1948 nutzte man eine urlaubsbedingte Abwesenheit *Schiffers* dazu, einen Teil seiner Vertrauten in der DJV aus ihren Funktionen zu entfernen. Der 88jährige Präsident war damit nicht mehr in der Lage weiterzuarbeiten und stellte sein Amt zur Verfügung.[486] Am 03. Oktober trat darauf der ehemalige Sozialdemokrat *Max Fechner* an die Spitze der Justizverwaltung. Zweiter Stellvertreter neben *Ernst Melsheimer*[487] wurde *Helmut Brandt*, welcher – der Blockpolitik entsprechend – der CDU angehörte.

Die Justizverwaltungen der Länder und Provinzen

Auch in den einzelnen Ländern und Provinzen wurden im Juli 1945 fünf Justizverwaltungen geschaffen. Mit ihrer Errichtung wurde deutlich, dass die Verreichlichung der Justiz rückgängig gemacht und die Landeszuständigkeit wiederhergestellt werden sollte.[488] Sie unterschieden sich in ihrer Größe, ihrer Organisation und in ihrem Aufgabenbereich. Die Kompetenzverteilung zwischen der DJV und den Justizverwaltungen – später den Justizministerien - der Länder und Provinzen war unklar geregelt und gab immer wieder Anlass zu Streitigkeiten.

Auf der siebten Länderkonferenz im April 1947 erklärte dann jedoch der Vertreter der Rechtsabteilung der SMAD:

> „Die DJV ist leitendes und kontrollierendes Organ bezüglich aller gerichtlichen und staatsanwaltschaftlichen Organe der Länder und Provinzen der sowjetischen Besat-

---

[483] *Amos* in: Recht im Sozialismus Band 2, S. 132.
[484] Zitiert nach *Wentker*, S. 49.
[485] *Lorenz* in *Rottleuthner*: Steuerung der Justiz in der DDR, S. 138.
[486] *Rössler*, S. 54 und S. 58 f.
[487] Zur Person *Melsheimer* siehe oben Kapitel B II 1 a.
[488] *Welsh* in: SBZ-Handbuch, hrsg. von *Broszat/Weber*, S. 220.

> zungszone. Sie stellt gleichzeitig die Verbindung zwischen der SMAD und den Justizministerien der Länder her. Die Anweisungen der DJV sind von allen Justizministerien der Länder und Provinzen zu erfüllen.“ [489]

Die Landesjustizministerien wurden ab 1948 zunächst vereinheitlicht und gleichgeschaltet. Ab Oktober 1950 wurden sie – mit Ausnahme von Thüringen – in Hauptabteilungen für Justiz beim jeweiligen Ministerpräsidenten umgewandelt.[490] Diese Hauptabteilungen, denen auch das einzig noch bestehende Thüringische Ministerium in seinem Aufbau glich, bestanden aus einer Abteilung für Personal, einer Abteilung für Kontrolle, Revision und Statistik, einem Referat für Schulung und einem Referat für Strafvollzug.[491] Mit der Auflösung der Länder und der Einteilung der DDR in vierzehn Bezirke wurden parallel zum Aufbau der Justizverwaltungsstellen in den Bezirken die Hauptabteilungen aufgelöst.

b. Das Ministerium der Justiz
Entstehung des MdJ

Nach dem am Tag der Staatsgründung, dem 07. Oktober 1949, ausgefertigten und verkündeten „Gesetz über die provisorische Regierung der Deutschen Demokratischen Republik“ bestand das Kabinett aus dem Ministerpräsidenten und seinen drei Stellvertretern sowie vierzehn Fachministern[492], von denen einer das Ministerium der Justiz (MdJ) zu leiten hatte.[493] Wenige Tage nach Gründung der DDR wurde von der provisorischen Volkskammer das Gesetz zur Überleitung der Verwaltung beschlossen.[494] Es bestimmte mit seinem § 1 Abs. 2 die Eingliederung der Deutschen Verwaltung des Innern, der Deutschen Verwaltung für Volksbildung und der Deutschen Justizverwaltung mit ihren Aufgaben in die entsprechenden Ministerien der DDR.

Die Führung des MdJ

Erster Justizminister der DDR wurde der bisherige Präsident der DJV *Max Fechner*.[495] Sein bisheriger Stellvertreter *Helmut Brandt* wurde Staatssekretär.

---

[489] Zitiert nach *Anders/Benjamin/Görner*, S. 186.
[490] *Wentker*, S. 306.
[491] *Benjamin/Görner/Kamin/Sokolow*, S. 71.
[492] Zur personalen Zusammensetzung der provisorischen Regierung siehe: *Melzer*, S. 82.
[493] Gesetz vom 07. Oktober 1949, GBl. der DDR 1949, S. 2.
[494] Gesetz vom 12. Oktober 1949, GBl. der DDR 1949, S. 17.
[495] Siehe dazu NJ 1950, S. 476.

Der CDU-Politiker *Brandt* verschwand schon weniger als ein Jahr später wegen seiner kritischen Haltung für vierzehn Jahre in Haftanstalten.[496]

Der ehemalige Sozialdemokrat *Fechner* wurde am 16. Juli 1953 verhaftet[497] – zwei Wochen, nachdem ein Interview und kurz darauf eine „Berichtigung" dazu im Neuen Deutschland veröffentlicht worden waren, in denen *Fechner* den Streikenden des Volksaufstandes Straflosigkeit zugesichert hatte.[498] Die ausdrückliche Berufung *Fechners* auf das in der Verfassung verbriefte Streikrecht musste der Staats- und Parteiführung äußerst gefährlich erscheinen.[499] In einer Verlautbarung der Regierung vom 17. Juni 1953 hatte es nämlich noch geheißen:

> „Die Schuldigen an den Unruhen werden zur Verantwortung gezogen und streng bestraft. Die Arbeiter und alle ehrlichen Bürger werden aufgefordert, die Provokateure zu ergreifen und den Staatsorganen zu übergeben."[500]

Fechner wurde bereits einen Tag vor seiner Verhaftung seines Amtes enthoben und aus dem ZK sowie der SED ausgeschlossen. Im Protokoll der Sitzung des Politbüros vom 14. Juli 1953 ist zu lesen:

> „Max Fechner wird wegen partei- und staatsfeindlichen Verhaltens aus der Partei ausgeschlossen. Fechner wird seiner Funktion als Justizminister enthoben und in Untersuchungsarrest genommen [...] Zum Justizminister wird Genossin Benjamin ernannt."[501]

Auf der 15. Tagung des ZK Ende Juli 1953 wurde beschlossen:

> „Fechner hat seine Position ausgenutzt, um die faschistischen Provokateure vor ihrer verdienten Strafe zu schützen. Zur gleichen Zeit trug er als Minister der Justiz die Verantwortung für zahlreiche Ungesetzlichkeiten und für ungerechtfertigt hohe Stra-

---

[496] Sechs Tage nachdem *Brandt* bei einer Sitzung des Ministerrats am 31. August 1950 für die Ungültigerklärung der Waldheimer Urteile gestimmt hatte wurde er verhaftet und fast vier Jahre später vom OG verurteilt. Er wurde 1964 in die Bundesrepublik entlassen. (*Amos* in: Recht im Sozialismus Band 2, S. 134). Zur Verfolgung *Brandts* siehe außerdem *Beckert*, S. 150 ff.

[497] Zum Strafverfahren gegen *Fechner* sehr ausführlich: *Beckert*, S. 153 ff.

[498] Interview und „Berichtigung" waren im Neuen Deutschland vom 30. Juni bzw. 02. Juli 1953 erschienen; *Amos* in: Recht im Sozialismus Band 2, S. 135; *Blomeyer/Lange/Rosenthal*, S. 7; *Feth*, S. 127. Siehe auch *Wentker*, S. 289.

[499] *Feth*, S. 128.

[500] Neues Deutschland vom 18. Juni 1953, zitiert bei: *Feth*, S. 126 f.

[501] Zitiert nach *Feth*, S. 128.

> fen. Das ZK beschließt, Fechner als Feind der Partei und des Staates aus dem ZK der SED und aus der SED auszuschließen."[502]

Fechners Nachfolgerin - die auch im Westen Deutschlands damals berühmt-berüchtigte Juristin *Hilde Benjamin*[503] - übernahm am 17. Juli 1953 das MdJ. Laut der Zeitschrift NJ[504] war dies in einem „Augenblick, da die große Aufgabe der Wahrung und Festigung der demokratischen Rechtssicherheit eines der dringlichsten Anliegen unseres Staates ist". *Benjamin* sagte Ende August 1953 vor Justizfunktionären über *Fechner*:

> „Aus dem Sumpf des Sozialdemokratismus wuchs Fechners berüchtigtes Interview, das den Provokateuren einen Freibrief geben sollte. Solche staatsfeindlichen Elemente, wie Fechner, konnten ihre Tätigkeit in der Justiz entfalten, weil hier noch opportunistische, versöhnlerische Tendenzen bestanden."[505]

In einem am 05. August 1953 in der NJ abgedruckten Referat, das *Benjamin* nach ihrer Amtseinführung vor Mitarbeitern des MdJ gehalten hatte, führte sie – bezogen auf den Fall *Fechner* - unter anderem aus:

> „Es hat sich gezeigt, daß wir eine große Zahl Richter und Staatsanwälte haben, die unserem Staat ergeben und der Arbeiterklasse verbunden sind und die, ohne ihre Kräfte zu schonen, ihre Aufgabe mit großer politischer Bewusstheit und Energie erfüllt haben. Was ihnen bisher fehlte war die qualifizierte politische und juristische Anleitung. Sie haben in den vergangenen Wochen ihre Aufgabe erfüllt, obwohl falsche, irreführende Verlautbarungen ergingen, die die gefundenen neuen Formen der Anleitung durchkreuzten, Anleitungen, die Verwirrung nicht nur unter den Richtern, sondern auch in weiteren Kreisen der Werktätigen stiften sollten. [...] Es gab gefährliche Tendenzen innerhalb der Justizverwaltung, diesem Streben der Feinde nachzugeben, die Provokateure zu schonen, sie der gerechten Strafe zu entziehen und ihnen somit die

---

[502] Arbeitsprotokoll der Nr. 15 der Tagung des ZK vom 24. bis 26. Juli 1953. Zitiert nach *Feth*, S. 128.

[503] *Hilde Benjamin*, Dr. iur. h.c., war in den zwanziger Jahren eine der ersten Frauen im juristischen Studium und Referendariat. Sie gehörte zunächst der SPD und ab 1927 der KPD an. Ihr Mann starb während der NS-Diktatur im KZ Mauthausen. In der SBZ war *Benjamin* zunächst Staatsanwältin in Berlin, ab Oktober 1945 Vortragender Rat in der DJV. Sie leitete von 1947-1949 die Kaderabteilung der DJV und wurde darauf Vizepräsidentin des OG, wo sie unter anderem in mehreren Schauprozessen den Vorsitz hatte. Siehe auch *Andrea Feth:* Hilde Benjamin – eine Biographie, Berlin 1997. Siehe darüber hinaus den Artikel zu *Benjamins* 50. Geburtstag in NJ 1952, S. 56. Sowie die Bekanntgabe ihrer Ernennung zur Justizministerin in NJ 1953, S. 445.

[504] NJ 1953, S. 445.

[505] Zitiert nach *Amos* in: Recht im Sozialismus Band 2, S. 136. Siehe auch: *Blomeyer/Lange/Rosenthal,* S. 07.

> Möglichkeit zu geben, ihr verbrecherisches Werk weiterzutreiben. In dem bekannten Interview Fechners fanden diese Tendenzen ihren eklatanten Ausdruck. Dieses Interview hat mit Recht unter unserer Bevölkerung Unruhe und Protest hervorgerufen, weil es den grundsätzlichen Fehler beging, einen versuchten Staatsstreich und faschistischen Putsch als einen Streik zu rechtfertigen. Dadurch wurden die Unruhen zu neuem Aufflackern gebracht, so daß unserem Staat großer politischer und materieller Schaden entstand.“ [506]

Die überzeugte Kommunistin *Benjamin* sparte nach *Fechners* Entmachtung weiterhin nicht mit öffentlicher Kritik an ihrem Amtsvorgänger.[507] Mit ihr an der Spitze des Ministeriums änderten sich auch dessen vordringliche politische Aufgaben: Es sollten nun der Kaderabteilung und den Instrukteuren vom Justizministerium besondere Aufmerksamkeit gewidmet werden.[508] Die „ideologische Erziehung in der Justiz“ sollte im Vordergrund stehen.[509]

Aufgaben und Aufbau des MdJ

Benjamin schrieb Anfang 1953 über die Funktion des MdJ:

> „Die Justizverwaltung (das Justizministerium und seine Organe in den Bezirken) hat die Aufgabe, die materiellen Voraussetzungen für die Tätigkeit der Gerichte zu schaffen (Kader, Fortbildung, Einrichtung der Gerichte) und die Aufgabe der operativen Kontrolle der gesamten richterlichen Tätigkeit.“[510]

Der Strukturplan des MdJ unterschied sich nur geringfügig von dem der DJV vom 01. Januar 1949.[511] Er wies neben den drei Abteilungen Ausbildung, Personal und Verwaltungsangelegenheiten die drei Hauptabteilungen Gesetzgebung (Hauptabteilung I), Rechtsprechung, Revision und Statistik (Hauptabteilung II) sowie Strafvollzug (Hauptabteilung III) auf.[512] Diese Gliederung der Behörde blieb so im Wesentlichen bis Anfang 1953 bestehen.[513]

---

[506] *Benjamin* in NJ 1953, S, 477 (479).
[507] Z.B. in: NJ 1953, S. 509; NJ 1954, S. 223. Vergleiche dagegen die erst ein Jahr früher anlässlich seines 60. Geburtstags in NJ 1952 (S. 344 f.) erschiene Würdigung von *Fechners* Verdiensten.
[508] *Benjamin* in NJ 1953, S. 509 (510). Außerdem in NJ 1954, S. 285.
[509] *Benjamin* in NJ 1954, S. 223.
[510] *Benjamin* in StuR 1953, S. 25 (26).
[511] Die DJV gliederte sich ab dem 01. Januar 1949 in die Abteilungen Personalpolitik, Schulung, Kontrolle und Statistik, Strafvollzug sowie Gesetzgebung (*Künzel* in *Rottleuthner*: Steuerung der Justiz in der DDR, S. 169).
[512] *Wentker*, S. 268.
[513] *Wentker*, S. 270.

Der Hauptabteilung I oblag auch die Herausgabe der Zeitschrift „Neue Justiz“ und als „besonderen Tätigkeitsbereich [...] die Ausarbeitung zahlreicher Rundverfügungen, in denen vor allem Rechtsfragen zur Anleitung der Gerichte geklärt wurden“.[514] Damit leistete sie einen nicht zu vernachlässigenden Beitrag zur Justizsteuerung.

Für die Lenkung der Justiz war aber insbesondere die Hauptabteilung II von großer Bedeutung. Laut der späteren DDR-Literatur war „schon die Leitung der Deutschen Justizverwaltung [...] von den Juristen der SMAD ständig darauf hingewiesen worden, der Anleitung und Kontrolle der Gerichte und Staatsanwaltschaften die größte Aufmerksamkeit zu widmen“.[515] Im Wesentlichen oblagen der Hauptabteilung II[516] die Anleitung der Justizverwaltungsstellen, die Anleitung, Revision sowie die Überwachung der Rechtsprechung der Bezirks- und Kreisgerichte, die Erstellung von Statistiken der Rechtsprechung, die Organisation von Schöffenwahlen, von öffentlichen Rechenschaftslegungen der Richter und Schöffen sowie von Justizausspracheabenden. Schließlich war diese Hauptabteilung auch für Gnadensachen und Beschwerden über die gerichtliche Tätigkeit zuständig.[517]

Die Hauptabteilung III wurde schon kurze Zeit später überflüssig, nachdem mit der Verordnung vom 16. November 1950 die Zuständigkeit für den Strafvollzug auf das Ministerium des Innern (MdI) übertragen worden war.[518]

Im Februar 1953 wurden die Abteilungen Personal und Schulung zu einer „Abteilung Kader“ zusammengelegt. Dies führte nicht nur zu Kräfteeinsparungen, sondern auch zu einer wirkungsvolleren Steuerung im Bereich der Personalpolitik.[519] Einen Monat später wurde eine „Abteilung Notariat und Rechtsanwaltschaft“ geschaffen.[520]

Als beratendes Organ des Justizministers war nach der VO des Ministerrates vom 17. Juli 1952[521] ein Kollegium gebildet worden.[522] Dessen Angehörige waren laut späterer Darstellung: Die Leiter der Hauptabteilungen und wichtigsten Abteilungen, Leiter von Justizverwaltungsstellen und Bezirksgerichtsdirektoren sowie darüber hinaus einige „Rechtswissenschaftler“.[523] Außerdem „stets gela-

---

[514] *Benjamin/Görner/Kamin/Sokolow*, S. 69.
[515] *Benjamin/Görner/Kamin/Sokolow*, S. 70.
[516] *Künzel* in *Rottleuthner*: Steuerung der Justiz in der DDR, S. 184.
[517] *Künzel* in *Rottleuthner*: Steuerung der Justiz in der DDR, S. 184.
[518] VO zur Übertragung der Geschäfte des Strafvollzugs auf das Ministerium des Innern der Deutschen Demokratischen Republik, GBl. der DDR 1950, S. 1165 f.
[519] *Künzel* in *Rottleuthner*: Steuerung der Justiz in der DDR, S. 184.
[520] *Wentker*, S. 270.
[521] Ministerialblatt der DDR 1952, S. 109.
[522] *Benjamin/Görner/Kamin/Sokolow*, S. 152.
[523] *Benjamin/Görner/Kamin/Sokolow*, S. 152. Die am 23. August 1952 bestätigten Kollegiumsmitglieder sind aufgelistet bei: *Künzel* in *Rottleuthner*: Steuerung der Justiz in der DDR,

dene Gäste waren Vertreter des Obersten Gerichts und der Generalstaatsanwaltschaft sowie Spezialisten für die jeweils behandelten Fragen".[524]

Die DDR-Literatur beschrieb die Arbeit des Kollegiums wie folgt:

> „Konzentration auf wenige Schwerpunkte in der Arbeitsplanung, Diskussion der Probleme der Rechtsprechung und der Leitung auf der Grundlage von Analysen, kollektive Vorbereitung der Entscheidungen des Ministers. [...] Regelmäßig beriet es über die Schlussfolgerungen aus grundlegenden Beschlüssen der SED für die Justiz, über die Planung der Arbeit des Ministeriums sowie die Schwerpunkte der Anleitung und Kontrolle der Rechtsprechung. Analysen der Rechtsprechung wurden ebenso behandelt wie die Ergebnisse von Revisionen und die hieraus zu ziehenden Schlussfolgerungen für die Leitungstätigkeit [...]."[525]

Durch die Schaffung des Kollegiums wurde eine „für das Leitungssystem der DDR charakteristische gegenseitige Beaufsichtigung der einzelnen Strukturelemente des staatlichen Leitungsapparates und darüber hinaus die typische Selbstzensur"[526] sichergestellt.

c. Die Steuerung der Strafjustiz durch das MdJ Offizielle Steuerungsmaßnahmen

In ihrer Abhandlung „Zur Geschichte der Rechtspflege" aus dem Jahr 1980 beschreiben die unter der Leitung von *Benjamin* stehenden Autoren rückblickend die verschiedenen Ausprägungen der Anleitung durch das MdJ Anfang der fünfziger Jahre:

> „Das Ministerium der Justiz löste seine Aufgabe, die Gerichte anzuleiten, in verschiedenen Formen, die man wohl für die Anleitung und Kontrolle sozialistischer Gerichte durch Organe der Justizverwaltung als allgemein üblich ansehen kann, wenn auch die Wahl des einen oder anderen Weges bisweilen wechselt. Es sind dies
>
> - Instruktionen (Anleitung zur Erfüllung der Aufgaben) und Revisionen (Kontrolle der Erfüllung der Aufgaben) aller dem Ministerium nachgeordneten Gerichte und Justizverwaltungsorgane durch Mitarbeiter des Ministeriums oder Beauftragte des Ministers;

S. 187. *Künzel* weist damit nach, dass zumindest in der Aufbauphase des Kollegiums nur hohe Funktionsträger aus dem MdJ Mitglied waren.

[524] *Benjamin/Görner/Kamin/Sokolow*, S. 152. Tabelle mit den Gästen aus verschiedenen Institutionen im Jahr 1955 bei *Künzel* in *Rottleuthner*: Steuerung der Justiz in der DDR, S. 188.

[525] *Benjamin/Görner/Kamin/Sokolow*, S. 153 f. Übersicht über die Tagesordnungspunkte des Kollegiums im 2. Quartal 1953 bei *Künzel* in *Rottleuthner*: Steuerung der Justiz in der DDR, S. 189.

[526] *Künzel* in *Rottleuthner*: Steuerung der Justiz in der DDR, S. 189.

- Tagungen (Konferenzen) anleitenden Charakters, in denen die Auswertung von Parteitagen der SED, Tagungen des Zentralkomitees der SED sowie der Volkskammer vorgenommen wurde, ferner Tagungen zu bestimmten Einzelfragen (Arbeitstagungen);
- schriftliche Anleitung der Justizpraxis, häufig in Form von „Rundverfügungen";
- Anregung der Kassation von Urteilen beim Obersten Gericht." [527]

Einzelfallbezogene und inoffizielle Steuerungsmechanismen

In den Jahren 1950 und 1951 geschah die Steuerung der Justiz durch das MdJ im Wesentlichen durch Rundverfügungen.[528] Da diese bis Ende 1951 wegen dem Umweg über die Landesjustizverwaltungen häufig nicht schnell genug ihre Empfänger erreichten, wurden die Instruktionen ab dem 02. Januar 1952 über das „Amtliche Nachrichtenblatt des Ministeriums der Justiz" direkt bekannt gemacht.[529] Vertrauliche Anweisungen wurden nun in kopierter Form den Gerichten und Justizverwaltungen übermittelt.[530]

Das MdJ nutzte vor 1952 seine Stellung auch zu zahlreichen Eingriffen im Einzelfall aus[531]: Um bereits ergangene Urteile nachträglich zu korrigieren, regte das Ministerium das Kassationsverfahren an. Einen Amtsrichter, in dessen Urteil gravierende „Mängel" festgestellt worden waren, ließ man „für die nächste Zeit durch einen Kollegen betreuen". Das „in Tatbestand und Gründen völlig unzureichend[e]" Urteil eines anderen Richters musste vom Gericht in einer Dienstbesprechung kritisch behandelt werden. Auch Eingriffe in die Geschäftsordnung, Umbesetzungen von Strafkammern und Amtsenthebungen wurden vom MdJ als Konsequenz für missliebige Urteile veranlasst. Die härtest mögliche Sanktion gegen – im Sinne des MdJ – nicht „fortschrittlich" urteilende Richter war die Anklage und Verurteilung wegen Rechtsbeugung. Beispielsweise wurde in einem überlieferten Fall im Jahr 1953 ein Kreisgerichtsdirektor wegen Nichtanwendung des ausgesprochen harten Gesetzes zum Schutze des Volkseigentums (VESchG) in einem Bagatellfall und weiterer zu milder Verurteilungen zu einer Zuchthausstrafe von dreieinhalb Jahren verurteilt.[532]

---

527 *Benjamin/Görner/Kamin/Sokolow*, S. 93 f.

528 *Wentker*, S. 490. Siehe auch: *Benjamin/Görner/Kamin/Sokolow*, S. 96.

529 *Wentker*, S. 490 f.

530 Sogenannte „RVV" („Rundverfügung vertraulich"), *Wentker*, S. 491.

531 *Wentker*, S. 496 f.

532 Aussage eines ehemaligen Volksrichters abgedruckt bei: *Untersuchungsausschuß Freiheitlicher Juristen*, Unrecht als System Teil II, S. 76 f.

Der Einsatz von Instrukteuren

Nachdem schon zuvor durch das OG unter der Leitung *Benjamins* Instrukteure ausgesendet worden waren, stellte die neue Justizministerin auch die Hauptabteilung Rechtsprechung des MdJ auf die Methoden ihres ehemaligen Operativstabes beim OG um. Nach *Benjamins* Auffassung war der Instrukteur „Helfer und politischer Berater, [...] ein unmittelbarer Gehilfe der Leitung, d.h. des Ministers, der selbst die Verantwortung für die Anleitung seines Apparats trägt“.[533] Von einem Instrukteur wurde – zumindest in dem Maße wie von einem Richter – erwartet, dass er „politisch und moralisch“ einwandfrei war.[534] Nur so konnte er „unbestechlich all dem, was ihm an menschlicher Schwäche, die oft zu politischen und fachlichen Fehlern führt, bei der Anwesenheit in einem Kreisgericht begegnet, gegenübertreten“.[535] Die Instrukteure mussten „ausgerüstet sein mit den jeweils neuesten, fortschrittlichsten Erfahrungen der Parteiarbeit und für deren Anwendung auf allen Gebieten Sorge tragen“.[536]

Der in den Westen geflüchtete ehemalige Abteilungsleiter im MdJ *Reinartz* berichtete dazu im Jahr 1953:

> „Die Instrukteure reisen ständig durch ihre Bezirke, unterrichten sich bei den Gerichten über wesentliche Strafverfahren und erteilen Weisungen, die sie auf telefonischem Wege bei Fritz Böhme im Justizministerium anfordern. Dieser entscheidet in seltenen Fällen selbst, meist holt er die Entscheidung von Frau Benjamin ein. Frau Benjamin wiederum wendet sich in besonderen Zweifelsfragen an das ZK der SED bzw. unmittelbar nach Karlshorst. Mitunter wird die telefonische Entscheidung auch bis zur Dienstbesprechung, die am Sonnabend jeder Woche stattfindet, zurückgestellt. Auf diese Weise wird jeder für wichtig befundene Prozeß in der Zone gesteuert.“[537]

Ein in den Westen geflüchteter ehemaliger Oberrichter am Bezirksgericht Suhl berichtete davon, wie er von einem Instrukteur der Justizverwaltung unter Druck gesetzt worden war.[538] Anlass dafür war, dass er einen von der StA im Rahmen der Beschwerde begehrten Haftbefehl nicht erlassen hatte. Der betreffende Rich-

---

[533] *Benjamin* in NJ 1954 S. 285 (289). Referat anlässlich der Arbeitstagung im MdJ am 27. April 1954.

[534] *Benjamin* in NJ 1954 S. 285 (289). Referat anlässlich der Arbeitstagung im MdJ am 27. April 1954.

[535] *Benjamin* in NJ 1954 S. 285 (289 f.). Referat anlässlich der Arbeitstagung im MdJ am 27. April 1954.

[536] *Benjamin* in NJ 1954 S. 285 (286). Referat anlässlich der Arbeitstagung im MdJ am 27. April 1954.

[537] Aussage von *Reinartz* in: *Untersuchungsausschuß Freiheitlicher Juristen*, Unrecht als System Teil II, S. 78.

[538] Aussage von *Heinrich Reuter* in: *Untersuchungsausschuß Freiheitlicher Juristen*, Unrecht als System Teil II, S. 80.

ter musste dem MdJ für seinen ablehnenden Beschluss eine schriftliche Begründung zukommen lassen. Er wurde später in einem ähnlichen Fall von einem Angehörigen der Bezirksstaatsanwaltschaft belehrt, „daß die Staatsanwaltschaft sich diesen weiteren Beschluß [...] nicht gefallen lassen würde und die Sache erneut nach oben berichten würde. [Der betroffene Richter] hätte ja schon seinerzeit einmal gegen die Staatsanwaltschaft entschieden und die Auswirkungen einer solchen Entscheidung verspürt."

Für den Einsatz der Instrukteure wurden im Jahr 1954 von Justizministerin *Benjamin* unter anderem die folgenden acht Grundsätze genannt[539]:

(1.) Jeder Instrukteur hatte bestimmte Kreise zu betreuen.
(2.) Der Besuch dieser Kreise sollte in regelmäßigen, vorher festzulegenden Abständen zwischen vier und acht Wochen erfolgen.
(3.) Die Instrukteure sollten für mindestens ein Jahr dem gleichen Kreis zugeordnet sein.
(4.) Die Dauer einer Instruktion sollte in der Regel zwei Tage pro Gericht betragen; die Instruktion sollte nach einem vorher festgelegten Plan erfolgen, der von den Kenntnissen über den Kreis, neu erlassenen Vorschriften, der Entwicklung der Rechtsprechung im Bezirk und den Feststellungen vorangegangener Instruktionen ausgehen sollte.
(5.) Die Kontrolle sollte sich insbesondere richten auf die Durchführung der beim letzten Mal gegebenen Anleitung, die Schwerpunkte der Rechtsprechung, Beschwerden aus der Bevölkerung und die Durchführung der Beschlüsse, welche die massenpolitische Arbeit betreffen.
(6.) Zweifelsfragen hatte der Instrukteur zu klären oder zumindest deren Klärung zu veranlassen; erkannte Fehler und Mängel hatte er zu beseitigen.
(7.) Die Ergebnisse waren in kurzen Berichten „ohne Schönfärberei" festzuhalten und innerhalb der Justizverwaltungsstelle in enger Zusammenarbeit mit der Abteilung Kader auszuwerten.
(8.) Alle Feststellungen waren in sorgfältiger Beobachtung der Kader – einschließlich „ihres ideologischen und fachlichen Niveaus" – zu treffen. Bei den laufenden Besuchen war ihre Entwicklung zu beobachten.

Um die Überwachung des Justizpersonals zu gewährleisten, sollte veranlasst werden, „daß die Berichte zumindest in all den Fragen, die die Persönlichkeit der einzelnen Richter berühren, durch die Kaderabteilung mit ausgewertet werden, daß der Kaderleiter an den Besprechungen der Instrukteure teilnimmt."[540]

---

[539] *Benjamin* in NJ 1954 S. 285 (288 f.). Referat anlässlich der Arbeitstagung im MdJ am 27. April 1954.
[540] *Benjamin* in NJ 1954 S. 285 (289). Referat anlässlich der Arbeitstagung im MdJ am 27. April 1954.

Informationspflichten gegenüber dem MdJ

Eine Berichtspflicht gegenüber der DJV in allen Strafsachen bestand schon im Jahr 1946.[541] Um einen besseren Überblick über die Fülle an Material zu erhalten wurde das Berichtssystem Ende 1948 neuorganisiert. Von da an galten Kriterien, anhand derer nur noch Strafverfahren von besonderer Bedeutung berichtet werden mussten.[542] Ab dem 23. Oktober 1950 wurden durch eine RV wiederum neue Regeln aufgestellt und alte Einzelregelungen zusammengefasst.[543]

d. Die Justizverwaltungsstellen in den Bezirken
Die Errichtung der Justizverwaltungsstellen

Nachdem die Gerichte bis Ende 1952 unter anderem durch die von ihnen zu erledigende Verwaltungsarbeit stark überlastet gewesen waren, wurde in jedem der neu errichteten Bezirke sowie in Ost-Berlin nach sowjetischem Vorbild – zunächst ohne gesetzliche Grundlage – eine sogenannte Justizverwaltungsstelle errichtet. Der Aufsatz eines Hauptabteilungsleiters im MdJ aus dem Jahr 1954 belegt, dass man in einer möglichen Kontrolle der Rechtsprechung durch den Verwaltungsapparat keine Probleme sah:

> „Die Verbindung zwischen Justizverwaltung und Rechtsprechung ist um so enger, als der Verwaltungscharakter der Justizverwaltung seit der Überwindung der bürgerlichen Theorie der Gewaltenteilung nur noch funktionelle Bedeutung hat. Denn in der Deutschen Demokratischen Republik besteht keine prinzipielle Abgrenzung zwischen der Verwaltung und der Justiz im Sinne eines dem Wesensgehalt ihrer Aufgaben nach bestehenden Unterschiedes, sondern sowohl verwaltende wie rechtsprechende Tätigkeit sind Tätigkeitsformen der einheitlichen Staatsgewalt. Es handelt sich also immer nur um die funktionelle Abgrenzung der Zuständigkeit verschiedener staatlicher Organe. Deshalb kann in unserem demokratischen Staat keine Rede mehr davon sein, daß in dem Ausdruck „Justizverwaltung" zwei scharf getrennte Gebiete der staatlichen Betätigung miteinander verbunden wären."[544]

---

[541] *Wentker*, S. 487.
[542] *Wentker*, S. 487.
[543] Rundverfügung Nr. 137/50 vom 23. Oktober 1950. (ausgewertet bei *Wentker*, S. 488). Berichte waren beispielsweise zu erstatten bei: Strafverfahren, in denen ein Todesurteil ergangen und noch nicht vollstreckt war, Strafverfahren wegen Art. 6 der Verfassung, Strafverfahren wegen Sabotage- und Agententätigkeit, Strafverfahren wegen bestimmter wirtschaftsschädigender Delikte usw.
[544] *Ostmann* in NJ 1954, S. 37 (39).

Der Aufbau und die Aufgaben der Justizverwaltungsstellen

Die Justizverwaltungsstellen hatten ihren Sitz am Ort der jeweiligen Bezirksverwaltung und unterstanden als Außenstelle direkt dem MdJ.[545] Als Bezirksorgane des MdJ hatten sie in dessen Auftrag die Anleitung und Kontrolle der Kreisgerichte – insbesondere dabei deren Rechtsprechung – auszuüben.[546] Die Bezirksgerichte dagegen, die mit den Justizverwaltungsstellen auf „derselben Ebene" standen, wurden von den „Revisionsgruppen" des MdJ kontrolliert.[547] Die Justizverwaltungsstellen gliederten sich in die Abteilungen Recht, Kader, sowie Haushalt und Verwaltung.[548] Ihr Leiter hatte ein qualifizierter Funktionär zu sein.[549]

Laut Ministerin *Benjamin*[550] sollten die Justizverwaltungsstellen in den Bezirken „das Auge und der Arm" des MdJ sein und „die Gerichte von aller Verwaltungsarbeit befreien, die diese an der Erfüllung ihrer Hauptaufgabe, der Rechtsprechung, weitgehend gehindert hat". Da ein wesentliches Merkmal ihrer Verwaltungseigenschaft die Weisungsgebundenheit war, konnte der Justizminister „jede Frage der Justizverwaltung zur eigenen Entscheidung an sich ziehen und alle Entscheidungen der nachgeordneten Organe abändern und aufheben".[551]

Die Kontrolle der Kreisgerichte wurde laut Hauptabteilungsleiter im MdJ *Ostmann* durch regelmäßige Revisionen, Instruktionen und Konsultationen gewährleistet.[552] Die Konsultation war „die mündliche Beantwortung von einzelnen Rechtsfragen, die von den Richtern und Notaren gestellt werden". Die Instruktion war „die Anleitung der Arbeitsorganisation im allgemeinen und im einzelnen und die Erteilung grundsätzlicher Hinweise für die einheitliche Anwendung und Auslegung der Gesetze". Die Revision war „die umfassende Kontrolle der Arbeitsorganisation und der Rechtsprechung der Gerichte und der staatlichen Notariate während eines bestimmten vergangenen Zeitraums".[553] Die

---

545 *Künzel* in *Rottleuthner*: Steuerung der Justiz in der DDR, S. 206.

546 *Benjamin/Görner/Kamin/Sokolow*, S. 137 und 162; *Benjamin* in NJ 1953, S. 514. Siehe zur Anleitung und Kontrolle der Kreisgerichte auch: *Schuster* in NJ 1954, S. 113 ff.

547 *Ostmann* in NJ 1954, S. 37 (39).

548 Anordnung über die Organisation und Tätigkeit der dem MdJ unterstellten Organe der Justizverwaltung vom 15. Februar 1954, abgedruckt in: Gerichtsverfassungsgesetz vom 2. Oktober 1952 mit Staatsanwaltschaftsgesetz und den dazugehörigen gesetzlichen Bestimmungen, Textausgabe mit Stichwortverzeichnis, hrsg. vom MdJ der Regierung der DDR, Ost-Berlin 1955.

549 Durchführung der Beschlüsse des IV. Parteitages der SED in der Justiz, Arbeitsprogramm des Kollegiums des Ministeriums der Justiz, NJ 1954, S. 321 (322).

550 *Benjamin* in NJ 1953, S. 514.

551 *Ostmann* in NJ 1954, S. 37 (38).

552 *Ostmann* in NJ 1954, S. 37 (41).

553 Siehe dazu auch: *Böhme*: Welche Mindestanforderungen müssen wir an die Revision eines Kreisgerichts stellen? in NJ 1954, S. 291 f.

Revision hatte zum Ziel, „durch allseitige gründliche Überprüfung der Tätigkeit eines Gerichts festzustellen, wie weit dieses seine Aufgaben im Kampf gegen die Kriminalität und bei der Stärkung der Gesetzlichkeit verwirklicht und wie es seine erzieherischen Aufgaben erfüllt“. Bei den Revisionen war „das Hauptaugenmerk auf die strenge Einhaltung der Gesetze bei der Verhandlung von Straf- und Zivilsachen, auf die weitere Stärkung der Autorität des Gerichts und die Sicherung eines hohen politischen und kulturell-erzieherischen Niveaus seiner Arbeit zu richten“.[554]

Ostmann zeigt jedoch auch die Grenzen der Befugnisse der Justizverwaltung auf:

> „Diese Kontrolltätigkeit [...] unterscheidet sich deutlich von der Aufsicht über die Rechtsprechung im Einzelfall, die eine spezifische Aufgabe der Rechtsmittelgerichte ist. Sie geht einerseits erheblich weiter im Umfang der Kontrolle, ist andererseits entsprechend ihrem Verwaltungscharakter inhaltlich begrenzt. Wenn die Organe der Justizverwaltung bei einer Revision eine unrichtige Entscheidung in einer Straf- oder Zivilsache feststellen, so müssen sie die Einlegung eines Rechtsmittels oder die Stellung eines Kassationsantrages bei der zuständigen Stelle vorschlagen, denn sie haben nicht das Recht, selbst gerichtliche Entscheidungen aufzuheben oder Kassationsanträge beim Obersten Gericht einzureichen. Da die Justizverwaltungsstelle den Gerichten für die Rechtsprechung keine Weisungen erteilen kann, tragen die Bezirksgerichte für die Rechtsprechung in ihren Bezirken und das Oberste Gericht für die Rechtsprechung in der Deutschen Demokratischen Republik die unmittelbare Verantwortung.“[555]

Richterbesprechungen

In der Bezirksverwaltungsstelle Leipzig wurden unter anderem auch regelmäßige Richterbesprechungen organisiert, bei denen die Richter einiger Kreisgerichte regelmäßig zusammenkamen, um in Anwesenheit eines Mitarbeiters der Justizverwaltungsstelle die Probleme der Praxis zu besprechen.[556] Außerdem hatte jeweils ein Gericht des Bezirkes für einen Monat sämtliche Entscheidungen einzureichen, um sie vom Bezirksgericht auswerten zu lassen. Das Bezirksgericht ließ die ausgewerteten Entscheidungen wiederum an die Justizverwaltungsstelle zurückgeben, welche sie dann in den Direktoren- bzw. Richterbesprechungen analysieren ließ.[557] Die Kontrolle der einzelnen Richter ging, wie man der folgenden Ausführung des Leiters der Justizverwaltungsstelle Leipzig entnehmen kann, sogar noch weiter:

---

[554] *Ostmann* in NJ 1954, S. 37 (41).
[555] *Ostmann* in NJ 1954, S. 37 (41).
[556] *Eildermann* in NJ 1953, S. 515 (516).
[557] *Eildermann* in NJ 1953, S. 515 (516).

„Wir haben deshalb jeden Richter verpflichtet, ab 17. August 1953 ein von ihm in der folgenden Woche gefälltes Urteil an einen anderen Richter auszuhändigen, der dieses in der gleichen Woche zu überprüfen hat. Die mit Urteilskarte versehenen Urteile werden nach der Auswertung dem Leiter der Richterdienstbesprechung übergeben, der aus den gesamten ihm vorliegenden Urteilen ein Zivilurteil und ein Strafurteil auszuwählen hat, das in der Richterdienstbesprechung zu behandeln ist, eventuell unter Beiziehung von Entscheidungen des Bezirksgerichts oder des Obersten Gerichts unserer Republik.“[558]

Die Arbeitsordnung der Justizverwaltung

Die Organisation und Tätigkeit der Organe der Justizverwaltung wurde erst nachträglich - am 15. Februar 1954 - durch eine Anordnung der Justizministerin geregelt.[559] Als Aufgaben der Justizverwaltung wurden darin genannt, die gesamten Voraussetzungen für die Tätigkeit von Gerichten, Staatlichen Notariaten und Gerichtsvollziehern zu schaffen, die Tätigkeit dieser Justizorgane anzuleiten und zu kontrollieren sowie die Gerichte von Verwaltungsangelegenheiten zu entlasten.[560] In den folgenden Jahren sei der Informationsfluss zwischen Ministerium und Gerichten in beiden Richtungen dichter und zugleich „auf die politisch-ideologischen Schwerpunkte abgestimmt“ worden.[561]

3. Vergleichende Bewertung

a. Umstrukturierung der Ministerien und der Justizverwaltung

Zentralisierung

Die im Dritten Reich erfolgte Schaffung einer reichseinheitlichen Justiz mit nur einem Ministerium an der Spitze war eine Maßnahme, die teilweise schon in der Weimarer Republik gefordert worden war und mit der Transformation des Deutschen Reichs in einen Zentralstaat einherging. In der SBZ verlief der Prozess der Zentralisierung weniger geradlinig. Nachdem die sowjetische Besatzungsmacht durch die Errichtung von Justizverwaltungen in den Ländern und Provinzen die „Verreichlichung“ zunächst rückgängig gemacht hatte und der DJV nicht einmal das von ihr geforderte Weisungsrecht gegenüber den Länderbehörden zugebilligt hatte, änderte sie bereits im April 1947 ihre Meinung und gab der DJV in

[558] *Eildermann* in NJ 1953, S. 515 (516).

[559] Anordnung über die Organisation und Tätigkeit der dem Ministerium der Justiz unterstellten Organe der Justizverwaltung vom 15. Februar 1954, abgedruckt in: Gerichtsverfassungsgesetz vom 2. Oktober 1952 mit Staatsanwaltschaftsgesetz und den dazugehörigen gesetzlichen Bestimmungen, Textausgabe mit Stichwortverzeichnis, hrsg. vom MdJ der Regierung der DDR, Ost-Berlin 1955. Siehe dazu: *Benjamin/Görner/Kamin/Sokolow*, S. 163; *Künzel* in *Rottleuthner*: Steuerung der Justiz in der DDR, S. 206.

[560] § 1 Abs. 1 und 2 der Anordnung vom 15. Februar 1954.

[561] *Benjamin/Görner/Kamin/Sokolow*, S. 164.

Ost-Berlin klare Führungskompetenzen gegenüber den Ministerien der Länder und Provinzen. Die Gründe für diesen Kurswechsel dürften am schlechter werdenden Verhältnis der Sowjets zu den westlichen Besatzungsmächten bzw. an der zuvor noch ungeklärten Frage der deutschen Einheit gelegen haben. Als sich abzeichnete, dass die Spaltung Deutschlands unabwendbar werden würde, stand der Zentralisierung der Ostzone nichts mehr im Wege. Nach der Gründung der DDR und des MdJ wurden die Landesministerien gleichgeschaltet und in ihren Handlungsmöglichkeiten weiter eingeengt, bis schließlich das Ost-Berliner Ministerium nach der Einteilung der DDR in Bezirke die Justiz zentral durch seine Justizverwaltungsstellen betreute.

Sieht man von der Situation ab, wie sie in der SBZ während der ersten Jahre bestanden hatte, erfolgte die Unterstellung der Justiz unter eine einzige oberste Behörde in beiden Diktaturen parallel zur Schaffung eines Zentralstaates. Der Prozess verlief im Dritten Reich begleitet vom - für dieses System typischen - Kompetenzgerangel zwischen Staats- und Parteiapparat. In der DDR, wo Staat und Partei viel mehr eine organische Einheit bildeten, konnte ein solcher Konflikt nicht auftreten.

Ein wesentlicher Unterschied ist zudem, dass im NS-Staat alle Aufgaben, die nicht zentral vom RJM wahrgenommen werden mussten, nach Auflösung der Länderministerien auf die höheren Reichsjustizbehörden (die OLG-Präsidenten und die Generalstaatsanwälte) übergingen. Die Bezirksverwaltungsstellen der DDR waren demgegenüber bloße Ausführungsorgane des MdJ.[562] Bevor man aus dieser Verschiedenheit aber voreilig Schlüsse zieht, sollte man bedenken, dass das Territorium der DDR wesentlich kleiner war und weniger Einwohner hatte als das Deutsche Reich. Das RJM hätte der Fülle an Verwaltungsaufgaben ohne in weiten Bereichen selbständig handelnde höhere Reichsjustizbehörden wohl nicht Herr werden können.

Kompetenzen der Ministerien

Die schon vor der Machtergreifung bestehende Struktur des RJM wurde weitgehend von den Nationalsozialisten übernommen und ausgebaut[563], während die Struktur des MdJ bzw. die seiner Vorgängerin, der DJV, völlig neu geschaffen werden musste. Sowohl RJM als auch MdJ hatten schließlich ihrer nach außen erscheinenden Machtfülle nach – insbesondere was die Zahl des ihnen unterstehenden Personals betrifft – eine stärkere Position inne als sie etwa das Justizministerium der Weimarer Republik hatte. Die Stellung der Ministerien war jedoch in beiden Systemen, für einen totalitären Staat typisch, durch Beeinflussungen und Eingriffe der Staatspartei beschränkt. In der DDR war der Einfluss der SED

---

[562] So schon *Wentker* in: *Heydemann/Oberreuter*, S. 197 f.; *Wentker*, S. 592 f.

[563] *Wentker* spricht davon, dass der Nationalsozialismus bestehende Strukturen „parasitär vernutzte" (*Wentker*, S. 593 sowie in: *Heydemann/Oberreuter*, S. 198).

auf das neugeschaffene MdJ weitaus höher als derjenige der NSDAP auf das altehrwürdige RJM.

Im Dritten Reich konnte – zumindest noch während der Amtszeit *Gürtners* – das RJM seine Interessen immer wieder gegen die der Staats- und Parteiführung durchsetzen. Dies betraf sowohl die Personalpolitik als auch die Stellung der Justiz gegenüber *Himmlers* SS- und Polizeiapparat. Die Leitung der DJV bzw. des MdJ hatte gegenüber der sowjetischen Besatzungsmacht einerseits und der SED-Führung andererseits nicht diese relativ starke Stellung.

Während dem RJM sämtliche ordentlichen Strafgerichte unterstellt waren, hatte das MdJ mit dem OG und der Obersten Staatsanwaltschaft zwei höchste Justizorgane neben sich[564] – ein typisches Beispiel für die in der DDR übliche gegenseitige Überwachung auf allen Ebenen.

Gleichlaufend war, dass beide Ministerien die Kompetenz für das Ausbildungs- und Prüfungswesen im gesamten Staat inne hatten. Neben dieser Beaufsichtigung des juristischen Nachwuchses war jeweils die geistige Ausrichtung des vorhandenen Personals eine zentrale Aufgabe der obersten Justizbehörden.

b. Führungspersonal und Mitarbeiter

Sowohl die Nationalsozialisten als auch das von den Sowjets etablierte Regime in der SBZ verzichteten in der Anfangsphase darauf, ein Mitglied der NSDAP bzw. KPD an die Spitze der Justiz zu setzen. Reichsjustizminister *Gürtner* erwies sich dem NS-Staat gegenüber als ausreichend kooperativ, um mit ihm die geplanten Änderungen des Justizwesens durchzuführen. Erst nach seinem Tod wurde der *Hitler* hörige Nationalsozialist *Thierack* zum Minister ernannt. Der liberale Präsident der DJV *Schiffer* wurde von den Kommunisten wegen seiner Fachkompetenz zunächst dringend benötigt. Mit fortschreitendem Ausbau des neuen Staates wurde er jedoch schnell gegen *Fechner*, einen ehemaligen Sozialdemokraten und späteren SED-Politiker, ausgetauscht bis schließlich die langjährige Kommunistin *Benjamin* den Ministerposten bekam.

Die Besetzung von Schlüsselpositionen im Ministerium mit Parteimitgliedern dauerte im Dritten Reich, wo ein kompletter, funktionierender Apparat übernommen worden war, länger als in der SBZ/DDR. Zwar waren die KPD/SED-Mitglieder in der DJV zunächst nicht in der Mehrheit. Nach der Gründung des MdJ erhöhte sich aber ihre Quote sehr schnell.

In der frühen DDR scheute man nicht davor zurück, Staatssekretäre bzw. selbst den Minister wegen regimekritischer Äußerungen zu verhaften und zu verurteilen. Der Druck, der auf die Führung des MdJ ausgeübt wurde, dürfte damit erheblich höher gewesen sein als der im Dritten Reich auf das RJM ausgeübte. Das Misstrauen – selbst gegen die Führung des Ministeriums – spiegelte

---

[564] Zur Zusammenarbeit der „drei zentralen Justizorgane" bei der Aufsicht über die Rechtsprechung siehe unten sowie *Benjamin* in NJ 1954, S. 716 f.

sich in der DDR auch darin wider, dass man dem Minister ein Kollegium zur Seite stellte, in dessen Sitzungen nicht nur seine Mitarbeiter, sondern auch Vertreter anderer Institutionen saßen.

c. Informationspflichten gegenüber den Ministerien

In beiden Diktaturen war sichergestellt worden, dass das Justizministerium über Strafprozesse von einer gewissen Bedeutung unterrichtet wurde. Dies traf jeweils insbesondere bei Verfahren mit politischem Hintergrund zu. Über die Informationen zu konkreten Strafprozessen hinaus wollten die obersten Justizbehörden im Dritten Reich und in der DDR von den ihnen unterstehenden Organen durch Berichte zur allgemeinen Lage in den Bezirken auf dem Laufenden gehalten werden. Dem RJM dienten die Lageberichte auch zu einem gewissen Selbstschutz, um Angriffen von Seiten der Partei- oder des SS- und Polizeiapparats rechtzeitig begegnen zu können.

Die Regelung der Berichtspflichten war im Dritten Reich umfangreicher und differenzierter. Im Gegensatz zur SBZ/DDR waren turnusmäßige Lageberichte der Provinzialjustizverwaltungen an das RJM zu senden. In der Ostzone war ein solches Verfahren weniger erforderlich, da die Gerichte regelmäßig „revisioniert" und von Instrukteuren besucht wurden. Auf diese Weise beschaffte sich das MdJ die Informationen selbst. Wie die Berichte der Generalstaatsanwälte und OLG-Präsidenten im Dritten Reich, sollten auch diejenigen der Instrukteure in der DDR nicht beschönigen, sondern die allgemeine Stimmung der Bevölkerung gegenüber der Justiz erkennen lassen.

d. Steuerung der Rechtsprechung durch die Ministerien

RJM und MdJ nutzten beide die Möglichkeit, Strafverfahren über die weisungsgebundene StA zu beeinflussen. Das Recht, den einzelnen Richtern konkrete Weisungen für die Entscheidung im Einzelfall zu erteilen, gab den jeweiligen Ministerien jedoch weder der Gesetzgeber des Dritten Reiches noch derjenige der SBZ/DDR. Allein *Hitler* nahm sich dieses Recht offen heraus. Inoffiziell wurden darüber hinaus in beiden Systemen auch Einzelanweisungen von den Ministerien herausgegeben.

Ebenfalls zur Steuerung der Rechtsprechung durch die Ministerien ist die sorgfältige Auswahl und Kontrolle des Justizpersonals zu zählen. Wenn es bereits zu einer „Fehlentscheidung" gekommen war, sorgte man im NS-Staat wie in der DDR beispielsweise für die Umsetzung des unzuverlässigen Richters in einen weniger sensiblen Bereich der Justiz. Insgesamt war das Justizministerium der DDR über seine „Kader" wohl weitaus besser informiert als dies beim RJM der Fall war, wo solch eine systematische Beobachtung – schon allein wegen des größeren Personalbestandes – nicht möglich war.

Eine von beiden Ministerien veranlasste Art der gegenseitigen Kontrolle stellten die im Dritten Reich und in der DDR eingeführten Richterbesprechungen dar. Mit diesen hoffte man unter anderem auch, die Richter auf aktuell bedeutsame Probleme aufmerksam machen zu können und Schwerpunkte entsprechend zu setzen.

Eine indirekte Steuerung der Rechtsprechung fand in beiden Systemen über Rundverfügungen statt - im Dritten Reich zusätzlich noch über die sogenannten Richterbriefe. Steuerungsinstrumente von Bedeutung waren auch die vom Ministerium herausgegebenen Zeitschriften „Deutsche Justiz" bzw. „Neue Justiz". Dasselbe galt für die jeweils von Ministerialbeamten verfassten Kommentare zum Straf- und Strafprozessrecht, die eine der Staatsführung genehme Gesetzesanwendung sicherstellen sollten.

II. Die Strafgerichte

1. Die Strafgerichte im Dritten Reich

a. Änderung der Geschäftsverteilungsregelung

Bereits im Jahr 1935 wurde durch den Reichsjustizminister per VO[565] das Präsidialsystem für die AG beseitigt. Die Verteilung der Geschäfte hatte von da an durch den LG-Präsidenten zu geschehen oder - falls das AG mit einem Präsidenten besetzt war - durch den AG-Präsidenten. Schließlich wurde mit dem Gesetz über die Geschäftsverteilung bei den Gerichten vom November 1937[566] auch die bisherige Selbstverwaltung der übrigen Gerichte komplett aufgehoben. Für die Geschäftsverteilung war nun nicht mehr das Präsidium als unabhängiges richterliches Gremium zuständig. Sie war jetzt nach § 3 des Gesetzes eine „Angelegenheit der Justizverwaltung" und erfolgte durch die Gerichtspräsidenten. Die Geschäfte innerhalb der Kammern bzw. Senate wurden durch die jeweiligen Vorsitzenden verteilt. In § 6 Abs. 2 war bestimmt, dass die Bestimmungen des GVG über das Präsidium außer Kraft treten und die ihm bisher übertragenen sonstigen Aufgaben als Justizverwaltungsangelegenheiten auf die Präsidenten übergehen. § 2 erlaubte die Änderung der Geschäftsverteilung im Laufe des Jahres „wegen Überlastung, Wechsels oder dauerhafter Verhinderung eines Richters" aber auch wenn es „sonst im Interesse der Rechtspflege dringend erforderlich" wurde.

In der den Justizbehörden bekannt gegebenen amtlichen Begründung heißt es:

---

[565] RGBl. 1935 I, S. 403–406.

[566] RGBl. 1937 I, S. 1286.

> „Die Geschäftsverteilung durch das Präsidium [...] vermag heutiger Rechtsauffassung nicht mehr ganz zu entsprechen, da diese Art der Geschäftsverteilung nicht immer eine volle Gewähr für einheitliche Führung bietet."[567]

Deshalb sei sie - wie schon zuvor bei den AG und dem VGH geschehen – nun einheitlich für alle Gerichte dem jeweils die Dienstaufsicht führenden Präsidenten übertragen worden.

Schon zu einem Zeitpunkt vor der gesetzlichen Abschaffung der Präsidialverfassung – am 04. Oktober 1937 – hatte sich das RJM das Recht herausgenommen, den OLG-Präsidenten mitzuteilen, dass Richter mit jüdischen Ehefrauen ausschließlich in Grundbuch-, Register- oder Verwaltungssachen (jedoch keinesfalls in Personalangelegenheiten) beschäftigt werden dürften und dass die erforderliche Änderung der Geschäftsverteilung zu besorgen sei.[568] Durch die erfolgte Gesetzesänderung war die Justizverwaltung nun jederzeit in der Lage, die Gerichtsbesetzung nach ihren Wünschen zu ändern. Es war nun auch möglich, sich unliebsamer oder politisch unzuverlässiger Richter zu entledigen, indem man sie beispielsweise beim Grundbuchamt einsetzte.[569]

b. Aufbau der Strafgerichtsbarkeit
Umgestaltung der Strafgerichtsbarkeit

Die Nationalsozialisten schufen auf dem Gebiet der Strafrechtspflege neue Gerichte mit besonderen Zuständigkeiten. Zunächst erfolgte zur Ahndung politischer und sonstiger Straftaten 1933 die Errichtung der Sondergerichte (SG) und darauf 1934 des Volksgerichtshofs (VGH). Für Soldaten und Beamte der Wehrmacht wurde schon 1933 eine eigene Strafgerichtsbarkeit eingeführt, welcher im Krieg schließlich mehrere Millionen Menschen unterstanden. Der Kriegsgerichtsbarkeit entsprachen die SS- und Polizeigerichte, welche 1939 speziell für die Angehörigen dieser Verbände geschaffen wurden. Kurz vor dem Ende des Krieges wurden schließlich auch für den Volkssturm noch besondere Gerichte gebildet. In den besetzten Gebieten gab es darüber hinaus polizeiliche Standgerichte. Für NSDAP-Mitglieder waren zusätzlich Parteigerichte zuständig, die sogar die Befugnis hatten, Haft und Arrest zu verhängen.

---

[567] Abgedruckt in DJ 1937, S. 1944.

[568] RV des Reichsjustizministers betr. jüdisch versippte Richter an die OLG-Präsidenten vom 04. Oktober 1937. Wiedergegeben nach *Gruchmann*, S. 972.

[569] Vgl. *Gruchmann*, S. 974 und *A. Wagner*, S. 208.

c. Die Sondergerichte
Errichtung der SG

Schon in der Weimarer Republik wurden – besonders bei größeren Unruhen – immer wieder außerordentliche Gerichte eingesetzt. Aufgrund einer VO des Reichspräsidenten vom Oktober 1931[570] wurde die Reichsregierung erstmals ermächtigt, als „Sondergerichte" bezeichnete Tribunale zu errichten. Diese bestanden jedoch nur während vier Monaten im Jahr 1932 und waren als vorübergehende Maßnahme gegen politische Ausschreitungen gedacht.[571]

Dennoch konnten die neuen Machthaber, die in den neuen SG eine Dauereinrichtung sahen, an diese VO im Jahr 1933 ohne Aufsehen zu erregen anknüpfen. So war denn die Errichtung von SG auch eine der ersten gesetzgeberischen Maßnahmen der Nationalsozialisten auf dem Gebiet der Gerichtsverfassung.[572] Die neue Reichsregierung berief sich dabei auf die Ermächtigung, in der eben erwähnten VO *Hindenburgs* von 1931, die es erlaubte, „zur Aburteilung bestimmter strafbarer Handlungen in Bezirken, in denen ein Bedürfnis dafür hervortritt, Sondergerichte zu bilden".[573] Die Ermächtigung umfasste auch den Erlass weiterer Vorschriften über das Verfahren und die Zuständigkeit der SG.

Die neue VO über die Bildung von Sondergerichten[574] erging schon am 21. März 1933. § 1 Abs. 1 bestimmte, dass für den Bezirk eines jeden OLG ein SG zu bilden sei. Im Februar 1940 wurde dies dahingehend umgeändert, dass SG in einem OLG-Bezirk sogar bei einem oder mehreren LG gebildet werden konnten.[575] Von da an wuchs sowohl die Anzahl als auch die Größe der einzelnen SG stetig an.[576] Im Jahr 1943 stellt *Gleispach* klar, dass die SG „in bestimmten, durch allgemeine Merkmale bezeichneten Fällen an die Stelle der ordentlichen Gerichte" treten, dass sie jedoch keine Ausnahmegerichte seien, sondern den ordentlichen Gerichten gleich stünden.[577] Zu einzelnen SG erschienen erst in jüngerer Zeit einige Publikationen.[578]

---

570 Dritte VO des Reichspräsidenten zur Sicherung von Wirtschaft und Finanzen und zur Bekämpfung politischer Ausschreitungen vom 06. Oktober, RGBl. 1931 I, S. 537–568.

571 *A. Wagner*, S. 244.

572 *Weckbecker*, S. 36.

573 Sechster Teil Kapitel II Abs. 1 der VO (RGBl. 1931 I, S. 565).

574 VO vom 21. März 1933, RGBl. 1933 I, S. 136-138.

575 § 10 Abs. 1 der VO über die Zuständigkeit der Strafgerichte, die Sondergerichte und sonstige strafverfahrensrechtliche Vorschriften vom 21. Februar 1940, RGBl. I S. 406.

576 *A. Wagner*, S. 245.

577 *Gleispach*, S. 44.

578 Beispielsweise: *Wolfgang Ball* in: *Paulsen* (FS pfälzisches OLG), Neustadt a.d.W. 1990, S. 227-257 (SG im OLG-Bezirk Zweibrücken); *Harald Hirsch* in: Recht ohne Grenzen, Frankfurt a.M. u.a. 1998 (Sitzungstag des SG Darmstadt); *Karl-Heinz Keldungs*, Das Duisburger Sondergericht 1942-1945, Baden-Baden 1998; *Christiane Oehler*, Die Rechtsprechung des Sondergerichts Mannheim 1933-1945, Berlin 1997; *Frank Roeser*, Das Sondergericht

Die Richter der SG

Die Mitglieder eines SG - ein Vorsitzender und zwei Beisitzer - mussten Berufsrichter aus dem jeweiligen OLG-Bezirk sein.[579] Da gegen die Urteile keine Rechtsmittel zulässig waren, sollten nach den Bestimmungen der Landesjustizverwaltungen - als möglichst erfahrene Richter - Landgerichtsdirektoren zu Vorsitzenden der SG berufen werden.[580] Zwar wurden weder in den Reichs- noch in den Landesvorschriften besondere Anforderungen an die politische Zuverlässigkeit gestellt, dennoch konnte die bisherige Rechtsprechung eines Richters sowie seine Einstellung zum NS-Staat bei seiner Auswahl selbstverständlich eine Rolle spielen.[581] Beispielsweise wurde der zurückhaltende Vorsitzende des SG Stuttgart *Flaxland*, nachdem er „von sich aus" um seine Versetzung gebeten hatte, im Jahr 1937 durch den Nationalsozialisten *Cuhorst* ersetzt, der von Zeitgenossen als „brutal" oder gar „sadistisch" bezeichnet wurde.[582]

Zuständigkeiten der SG

Bei ihrer Errichtung waren die SG zunächst sachlich zuständig für Verbrechen und Vergehen, die in der VO des Reichspräsidenten zum Schutz von Volk und Staat (Reichstagsbrand-VO)[583] und der sich gegen „Greuel-Lügner" richtenden sogenannten Heimtücke-VO[584] bezeichnet waren.[585] Lediglich die Zuständigkeiten des RG und der OLG – später die des VGH - blieben davon unberührt.[586]

Bis zum Jahr 1936 wurde die Zuständigkeit der SG mehrfach auf weitere politische Straftaten ausgedehnt.[587] Dieser – bis dahin immer noch klar definierte –

Essen 1942-1945, Baden-Baden 2000; *Bernd Schimmler*, Recht ohne Gerechtigkeit, Berlin 1984 (Berliner SG); *Friedrich Christian Schroeder* in: *Düwell/Vormbaum* (Hrsg.), Themen juristischer Zeitgeschichte Band 1, Baden-Baden 1998 (SG in Sachsen); *Alfons Schwarz*, Rechtsprechung durch Sondergerichte, Diss. (Augsburg) 1991 (SG Berlin); *Wolfgang Hans Stein* in: Themen juristischer Zeitgeschichte Band 1, Baden-Baden 1998 (SG Koblenz u.a.); *Gerd Weckbecker*, Zwischen Freispruch und Todesstrafe, Baden-Baden 1998 (SG Frankfurt/Main und SG Bromberg); *Hans Wrobel*, Strafjustiz im totalen Krieg, Bremen 1991 (SG Bremen).

[579] § 4 der VO vom 21. März, RGBl. 1933 I, S. 136.

[580] *Gruchmann*, S. 947.

[581] *Gruchmann*, S. 948. Die Auswertung von Akten des RJM aus dem Jahr 1941 soll ergeben haben, dass bei einigen SG fast ausschließlich Parteigenossen als Richter tätig gewesen seien.

[582] *Weinmann* in *Stilz*, FS OLG Stuttgart, S. 49 f.

[583] VO vom 28. Februar, RGBl. 1933 I, S. 83.

[584] VO zur Abwehr heimtückischer Angriffe gegen die Regierung der nationalen Erhebung vom 21. März 1933, RGBl. I, S. 135.

[585] § 2 der VO vom 21 März, RGBl. 1933 I, S 136.

[586] § 3 Abs. 3 der VO vom 21. März, RGBl. 1933 I, S 136.

[587] Übersicht bei *Lämmle,* DR 1936 S. 448 (449). Schon am 04. April wurde durch das Gesetz zur Abwehr politischer Gewalttaten (RGBl. 1933 I, S. 162) die Zuständigkeit der SG für die

Aufgabenschwerpunkt der SG wurde 1938 in erheblichem Umfang ergänzt. Nach Art. I der VO vom 20. November[588] konnte die StA bei Verbrechen, für die eigentlich das Schwurgericht oder ein niedrigeres Gericht zuständig war, Anklage vor dem SG erheben, wenn sie der Auffassung war, „daß mit Rücksicht auf die Schwere oder die Verwerflichkeit der Tat oder die in der Öffentlichkeit hervorgerufene Erregung die sofortige Aburteilung durch das Sondergericht geboten ist".

Nach § 19 der am Tag des Kriegsbeginns erlassenen VereinfachungsVO konnte die Anklagebehörde auch Straftaten vor die SG bringen, wenn sie der Auffassung war, dass „durch die Tat die öffentliche Ordnung und Sicherheit besonders schwer gefährdet wurde".[589] Damit konnte die Staatsanwalt nun bei allen Delikten – soweit keine Zuständigkeit des VGH oder der OLG bestand – wahlweise vor den SG anklagen. Im Jahr 1940 wurden die Zuständigkeiten der SG zusammengefasst und teilweise ergänzt. Sie waren nun ausschließlich zuständig für[590]: Verbrechen nach dem Gesetz gegen heimtückische Angriffe auf Staat und Partei und zum Schutz der Parteiuniformen[591], Verbrechen nach § 239a RStGB und nach dem Gesetz gegen Straßenraub mittels Autofallen[592], Verbrechen nach der VO über außerordentliche Rundfunkmaßnahmen[593], Verbrechen und Vergehen nach § 1 der KriegswirtschaftsVO[594], Verbrechen nach § 1 der VO gegen Volksschädlinge[595] und schließlich Verbrechen nach den

---

darin bezeichneten Verbrechen sowie für Verbrechen nach dem Sprengstoffgesetz begründet, ab dem 12. Juni kam die Zuständigkeit nach § 9 Abs. 1 des Gesetzes zum Schutz der Deutschen Volkswirtschaft (RGBl. 1933 I, S. 360-363) hinzu, ab dem 10. Oktober die nach dem Gesetz zur Gewährleistung des Rechtsfriedens, RGBl. 1933 I, S. 722 f. Darauf folgte die Zuständigkeit für bestimmte Verbrechen und Vergehen nach dem Gesetz gegen heimtückische Angriffe auf Staat und Partei und zum Schutz der Parteiuniform vom 20. Dezember 1934 (Heimtücke-Gesetz), RGBl. 1934 I, S. 1269-1271, geregelt durch VO in RGBl. 1935 I, S. 4 bzw. S. 1179, erweitert auf §§ 134a und 134b RStGB in VO vom 05. Februar 1936, RGBl. I, S. 96. Mit Art. 8 Nr. 4 des Gesetzes zur Änderung des RStGB vom 28. Juni 1935 (RGBl. I, S. 839-850) wurden die SG für Verbrechen nach § 315 Abs. 1 S. 2 RStGB (Gefährdung des Eisenbahnverkehrs, der Schiffahrt oder der Luftfahrt) zuständig.

588 RGBl. 1938 I, S. 1632.

589 VO über Maßnahmen auf dem Gebiete der Gerichtsverfassung und der Rechtspflege vom 01. September 1939, RGBl. I, S. 1658–1662.

590 § 13 der VO über die Zuständigkeit der Strafgerichte, die Sondergerichte und sonstige strafverfahrensrechtliche Vorschriften (RGBl. 1940 I, S. 405-411.

591 Gesetz vom 20. Dezember 1934, RGBl. I, S. 1269.

592 Gesetz vom 22. Juni 1938, RGBl. I, S. 651. Der einzige Paragraph lautete: „Wer in räuberischer Absicht eine Autofalle stellt, wird mit dem Tode bestraft."

593 VO vom 01. September 1939, RGBl. I, S. 1683.

594 VO vom 04. September 1939, RGBl. I, S. 1609-1613. § 1 stellte das Vernichten, Beiseiteschaffen oder Zurückhalten von Rohstoffen oder für die Bevölkerung lebenswichtigen Erzeugnissen bzw. das zurückhalten von Geldzeichen unter Strafe.

595 VO vom 05. September 1939, RGBl. I, S. 1679. § 1 stellte die Plünderung im freigemachten Gebiet unter Strafe.

§§ 1 und 2 der VO gegen Gewaltverbrecher[596]. Das SG hatte in der Sache auch dann zu entscheiden, wenn sich in Hauptverhandlung herausstellte, dass es für die dem Angeklagten zur Last gelegte Tat nicht zuständig war.[597]

Die örtliche Zuständigkeit der SG war insofern gegenüber der anderer Strafgerichte erweitert, als ein Gerichtsstand auch bei demjenigen SG begründet war, in dessen Bezirk der Beschuldigte ergriffen wurde oder sich in Haft befand.[598] Diese Regelung existierte schon bei den SG der Weimarer Republik. Sie ermöglichte es unter anderem, den Beschuldigten im Bezirk eines SG zu verwahren, das für seine besondere Härte bekannt war.[599]

Besonderheiten des Verfahrens vor den SG

Ministerialdirektor *Crohne* vom RJM gibt im Jahr 1933 in der Zeitschrift DJ kund, die SG seien „dazu berufen, in Zeiten politischer Hochspannung durch schnelle und nachdrückliche Ausübung der Strafgewalt darauf hinzuwirken, daß unruhige Geister gewarnt oder beseitigt werden und daß der reibungslose Gang der Staatsmaschine nicht gestört wird". Er führt weiter aus:

> „Um diesen Erfolg zu gewährleisten, gibt der Gesetzgeber gewöhnlich den Sondergerichten neue, schneidende Waffen zur Hand. Das Verfahren wird vereinfacht und beschleunigt, auf daß wirklich der Tat die Strafe auf dem Fuße folgt. Die Strafen werden verschärft und sofort und rücksichtslos vollstreckt, um Gesinnungsgenossen abzuschrecken. Aus dieser besonderen Aufgabe der Sondergerichte ergibt sich zwingend, daß sie die ihrem Urteil unterliegenden Straftaten in dem Geiste erfassen müssen, der den Staat zur Einrichtung der Notgerichte gezwungen hatte. Der Gesetzgeber will durch strenge und abschreckende Strafen die Verbrechen, die seine Existenz zur Zeit besonders bedrohen, schnell und gründlich ausrotten."[600]

Diese offizielle Stellungnahme aus dem RJM liefert nicht nur eine politische Begründung für die Schaffung der SG. Sie zeigt auch, dass sich die Justizverwaltung bereits 1933 anmaßte, den Richtern die zu verhängenden Strafen vorzugeben.[601]

---

[596] VO vom 05. Dezember 1939, RGBl. I, S. 2378. § 1 bedrohte die Verwendung von Waffen bei schweren Gewalttaten mit dem Tode.

[597] § 14 der VO vom 21. März 1933, RGBl. I, S. 137. Anders allerdings, wenn die Zuständigkeit des RG (später des VGH) oder der OLG gegeben war.

[598] § 7 der VO über die Bildung von Sondergerichten vom 21. März 1933, RGBl. 1933 I, S.136.

[599] *Weckbecker*, S. 55.

[600] *Crohne* in DJ 1933, S. 384.

[601] Ähnlich schon *Rüping*, Sondergerichte im Dritten Reich in: FS *Lieberwirth*, S. 115 (121).

Die neugeschaffenen Gerichte brachten alle Voraussetzungen mit, um mit politischen Gegnern „kurzen Prozeß" zu machen.[602] Zwar fanden grundsätzlich die Vorschriften von StPO und GVG Anwendung[603], jedoch wurde zur Beschleunigung des Verfahrens vor den SG zu Ungunsten des Angeklagten auf eine Vielzahl rechtsstaatlicher Errungenschaften verzichtet:

Über die Ablehnung eines Richters entschied nicht ein anderes Gericht, sondern das SG, dem der Abgelehnte angehörte.[604] Haftbefehl konnte abgesehen von dem zuständigen Amtsrichter auch vom Vorsitzenden des SG erlassen werden.[605] Eine mündliche Verhandlung über den Haftbefehl fand nicht statt.[606] Die damals im Strafverfahren noch vorgesehene gerichtliche Voruntersuchung gab es ebenfalls nicht.[607] Ein Eröffnungsbeschluss war nicht erforderlich – er wurde durch den Antrag der StA auf Anordnung der Hauptverhandlung ersetzt.[608] Die Ladungsfrist (§ 217 StPO) betrug nur drei Tage und konnte auf 24 Stunden verkürzt werden.[609] Ab November 1938 betrug sie generell nur noch 24 Stunden.[610] In Strafverfahren vor den SG wegen Delikten der VolksschädlingsVO vom September 1939 hatte die „Aburteilung sofort ohne Einhaltung von Fristen zu erfolgen, wenn der Täter auf frischer Tat betroffen" war oder sonst „seine Schuld offen zu Tage" lag.[611] Diese Regelung galt bereits ab Februar 1940 für alle Verfahren vor den SG.[612] Ein Antrag auf Beweiserhebung konnte abgelehnt werden, wenn das Gericht „die Überzeugung gewonnen hat, daß die Beweiserhebung für die Aufklärung der Sache nicht erforderlich ist".[613]

Besonders gravierend für die Angeklagten war, dass Urteile mit ihrer Verkündung sofort rechtskräftig wurden, weil gegen Entscheidungen der SG die Rechtsmittel der Berufung oder der Revision nicht möglich waren.[614] Dies war laut *Gleispach* „ein großer kriminalpolitischer Vorteil", da „die verhängte Strafe

---

[602] Wortspiel bei *Rüping*, Sondergerichte im Dritten Reich in: FS *Lieberwirth*, S. 115 (120).
[603] § 6 der VO über die Bildung von Sondergerichten vom 21. März, RGBl. 1933 I, S. 136.
[604] § 8 der VO über die Bildung von Sondergerichten vom 21. März, RGBl. 1933 I, S. 136.
[605] § 9 Abs. 2 der VO über die Bildung von Sondergerichten vom 21. März, RGBl. 1933 I, S. 136.
[606] § 9 Abs. 1 der VO über die Bildung von Sondergerichten vom 21. März, RGBl. 1933 I, S. 136.
[607] § 11 der VO über die Bildung von Sondergerichten vom 21. März, RGBl. 1933 I, S. 136.
[608] § 12 Abs. 2 der VO über die Bildung von Sondergerichten vom 21. März, RGBl. 1933 I, S. 137.
[609] § 12 Abs. 4 der VO über die Bildung von Sondergerichten vom 21. März, RGBl. 1933 I, S. 137.
[610] Art. III der VO vom 20. November 1938, RGBl. I, S. 1632.
[611] § 5 VolksschädlingsVO vom 05. September 1939, RGBl. I, S. 1679.
[612] § 23 Abs. 1 der VO vom 21. Februar 1940, RGBl. I, S. 408.
[613] § 13 der VO über die Bildung von Sondergerichten vom 21. März, RGBl. 1933 I, S. 137.
[614] § 16 Abs. 1 der VO über die Bildung von Sondergerichten vom 21. März, RGBl. 1933 I, S. 137.

der Tat auf dem Fuße folgen" konnte.[615] Stattdessen war theoretisch die Wiederaufnahme des Verfahrens statthaft, wenn Umstände vorlagen, die es notwendig erscheinen ließen, die Sache im ordentlichen Verfahren nachzuprüfen. Wenn der Antrag begründet war, war die Hauptverhandlung vor dem zuständigen ordentlichen Gericht anzuordnen.[616] Da Wiederaufnahmeverfahren generell nur selten zugelassen wurden, stellte diese Regelung aber keinesfalls einen Ersatz für den Wegfall der Rechtsmittel dar.[617]

d. Der Volksgerichtshof
Motive für die Errichtung

Das wohl wichtigste Motiv der nationalsozialistischen Regierung zur Schaffung des VGH war der Ausgang des auf die Zerstörung des Reichstagsgebäudes in der Nacht des 27. Februar 1933 folgendenden sogenannten Reichstagsbrandprozeßes.[618] Der IV. Strafsenat des RG verurteilte am 23. Dezember 1933 den niederländischen Staatsangehörigen *Van der Lubbe* wegen Hochverrats und Brandstiftung zum Tode. Die vier Mitangeklagten, die Kommunisten *Torgler*, *Dimitroff*, *Popoff* und *Taneff*[619], wurden jedoch, dem Beweisergebnis entsprechend[620], freigesprochen.

In einer von der NSDAP abgegebenen parteiamtlichen Stellungnahme, die auch in vielen Tageszeitungen veröffentlicht wurde, heißt es:

> „Das Urteil im Reichstagsprozess, demzufolge *Torgler* und die drei bulgarischen Kommunisten aus formal-juristischen Gründen freigesprochen wurden, ist nach dem Rechtsempfinden des Volkes ein glattes Fehlurteil." [621]

Das „Leipziger Fehlurteil" führe dem Volk die Notwendigkeit einer grundlegenden Reform des immer noch von „volksfremden liberalistischen Denkens" geprägten Rechtslebens vor Augen. Das Prozessergebnis erregte das Missfallen der Politik, weil die vier Freisprüche für das NS-Regime sowohl enttäuschend als auch peinlich waren.[622] Die zuvor betriebene Propaganda hatte nämlich die

---

[615] *Gleispach*, S. 56 f.
[616] § 16 Abs. 2 der VO über die Bildung von Sondergerichten vom 21. März, RGBl. 1933 I, S. 137.
[617] So auch *A. Wagner*, S. 258.
[618] So auch *Schlüter*, S. 33.
[619] *Ernst Torgler* war Reichstagsabgeordneter der KPD; die bulgarischen Emigranten *Georgi Dimitroff*, *Blagoi Popoff*, und *Wassil Taneff* wurden 1934 in die Sowjetunion abgeschoben.
[620] *W. Wagner*, S. 15.
[621] Abgedruckt auch in JW 1934, S. 24.
[622] Vgl. *Koch*, S. 85; *W. Wagner*, S. 17.

Brandstiftung als das Werk der Kommunisten dargestellt[623], die damit angeblich einen allgemeinen Aufstand einzuleiten versucht hatten.[624]

Der Ausgang vieler politischer Prozesse – nicht nur des Reichstagsbrandprozesses – wurde von den neuen Machthabern als unbefriedigend empfunden. So führt etwa *Dietze* 1934 in der JW[625] aus, das Recht auf freie Meinungsäußerung „im liberalistischen und individualistischen Denken" habe zu einer Rechtsanwendung geführt, die das Verbrechen des Hochverrats „bestenfalls als Verstoß gegen die bürgerliche Wohlanständigkeit bewertet" und sich darauf beschränkt habe, die Erscheinungsformen zu bekämpfen, die unmittelbar Leben und Eigentum des Bürgers bedroht hätten.[626] Im selben Zusammenhang nennt er die politische und kriminalistische Instinktlosigkeit der deutschen Justizbehörden, die hochverräterische Umtriebe unter dem Schutz des Staates und seiner Organe möglich gemacht habe. Auch der VB kritisiert in einem Artikel vom 19. November 1935 die Rechtsprechung des RG zu politischen Straftaten vor der Machtergreifung und weist deshalb auf die Notwendigkeit der Schaffung eines besonderen Gerichtshofs hin.[627]

Einige Nachkriegs-Autoren vertreten die Auffassung, die Errichtung des VGH stehe im Zusammenhang mit den von *Hitler* bereits 1925 in dem Buch „Mein Kampf" aufgestellten Forderungen.[628] *Hitler* verlangte, „daß einst ein deutscher Nationalgerichtshof etliche Zehntausende der organisierenden und damit verantwortlichen Verbrecher des Novemberverrats und alles dessen, was dazugehört, abzuurteilen und hinzurichten hat".[629] Diese These ist aber fraglich, da ein solcher „Nationalgerichtshof" für eine Bestrafung der für die Revolution von 1918 Verantwortlichen hätte zuständig sein sollen, während der VGH das neuerrichtete politische System zu schützen hatte. Der VGH war außerdem niemals mit der Verfolgung der angeblichen „Novemberverbrecher" befasst.[630]

Errichtung des VGH

Im Anschluss an eine Kabinettssitzung vom 23. März 1934 wurde beschlossen, dem RG die erst- und letztinstanzliche Zuständigkeit für Hoch- und Landesverratssachen zu entziehen und diese einem besonderen Volksgerichtshof zu übertragen.[631] Die Errichtung des VGH beruhte auf dem Gesetz zur Änderung von

---

[623] *Hillermeier*, S. 32.
[624] *Müller*, S. 38.
[625] Damals Organ der Rechtsanwälte des BNSDJ.
[626] *Dietze* in JW 1934, S. 1761.
[627] VB vom 19.11.1935, zitiert in *Jahntz/Kähne*, S. 3.
[628] *Hillermeier*, S. 30; *Wieland* NJ 1983, S. 395.
[629] *Hitler*, Mein Kampf, München 1941, S. 410 zitiert in *Wieland* S. 17.
[630] *Marxen*, Das Volk und sein Gerichtshof, S. 79.
[631] Niederschrift der Ministerbesprechung vom 23.03.1934 (BA Koblenz R 23/1115) zitiert in *Koch*, S. 85; *W. Wagner*, S. 17.

Vorschriften des Strafrechts und des Strafverfahrens vom 24. April 1934.[632] Während dessen Art. I die Vorschriften des RStGB über den Hochverrat (2. Teil 1. Abschnitt des RStGB) und den Landesverrat (2. Teil 1a. Abschnitt des RStGB) änderte bzw. ergänzte, regelte Art. III die Bildung und Zuständigkeit des VGH zur Aburteilung von eben diesen Hochverrats- und Landesverratssachen (Art. III § 1 Abs. 1 dieses Gesetzes). Der VGH wurde „seinem Wesen nach als reichsrechtlich bestelltes Sondergericht errichtet".[633] Die Regierung versuchte jedoch den Eindruck zu vermeiden, dass hier ein Revolutionstribunal oder nationalsozialistisches Sondergericht eingeweiht würde.[634] Die ausländische Presse, welche von der Schaffung eines Standgerichts sprach, wurde vom VB dementiert.

Der Reichsjustizminister bestimmte aufgrund seiner gesetzlichen Ermächtigung in Art. X des Gründungsgesetzes Berlin als Sitz des VGH. Auffallend daran ist[635], dass das neue Gericht am gleichen Ort wie die obersten Organe von Exekutive und Legislative ansässig gemacht wurde, während sich das RG weiterhin in Leipzig befand. Der VGH trat, nachdem der ursprünglich angesetzte Termin um zwei Wochen verschoben worden war[636], am 14. Juli 1934 erstmalig zusammen. Die ersten Urteile ergingen bereits am 01. August.[637] Mit Art. I § 1 des Gesetzes über den VGH vom 18. April 1936 wurde dieser schließlich wie gefordert[638] zum ordentlichen Gericht im Sinne des GVG erklärt.[639]

Die Senate des VGH

Der VGH bestand ursprünglich aus drei Senaten. Bedingt durch die wachsende Anzahl von Verfahren wurde im November 1935 ein vierter, im November 1941 der V. und im Dezember 1942 der VI. Senat eingerichtet. Nachdem 1939 die Möglichkeit des außerordentlichen Einspruchs durch den Oberreichsanwalt beim VGH geschaffen worden war[640], wurde neben diesen erstinstanzlich zuständigen Senaten noch der Besondere Senat eingerichtet. Dieser war für die erneute Verhandlung der Verfahren vorgesehen, in denen rechtskräftige Urteile aufgehoben worden waren.

---

632 RGBl. 1934 I, S. 341-348.
633 *Pfundtner-Neubert,* II a 12 S. 1.
634 *Müller,* S. 146.
635 So auch *W. Wagner,* S. 19.
636 *Wieland,* S. 12; Grund für die Verschiebung war die von den Nationalsozialisten als „Röhm-Putsch" bezeichnete dreitägige Mordaktion ab dem 30. Juni 1934.
637 VB vom 02.08.1934, zitiert in *Schlüter,* S.34.
638 Z.B. *Freisler* in ZAkDR 1935, S. 91.
639 RGBl. 1936 I, S. 369.
640 Gesetz zur Änderung von Vorschriften des allgemeinen Strafverfahrens, des Wehrmachtsstrafverfahrens und des Strafgesetzbuches vom 16.09.1939 (RGBl. 1939 I, S. 1841) i.V.m. § 1 Abs. 2 der DVO vom 17.09.1939 (RGBl. 1939 I, S. 1847).

Die Senate entschieden in der Hauptverhandlung mit Besetzung von fünf Richtern, außerhalb der Hauptverhandlung mit Besetzung von drei Mitgliedern jeweils einschließlich des Vorsitzenden. Nur der Vorsitzende und ein weiteres Mitglied mussten die Befähigung zum Richteramt haben.[641] Die Laienrichter wurden aus Wehrmacht und Polizei sowie vor allem aus der NSDAP und ihren Gliederungen ausgewählt. Ihnen wurde als „politisch geschulte Nichtjuristen" eine besondere Sachkunde und Schlagkraft zugeschrieben.[642] Die gezielte Auswahl der ehrenamtlichen Richter stand bewusst im Gegensatz zum üblichen Losverfahren zur Bestimmung von Schöffen.[643] Zudem ist zu bemerken, dass die Laienrichter als „Volksrichter"[644] mit dem aus der Sicht der Nationalsozialisten passenden ideologischen Hintergrund in der Hauptverhandlung die Mehrheit hatten. So wurde der VGH zum Gericht mit der engsten personellen Verbindung zur NSDAP.[645]

Jedem Senat waren mehr Berufs- und ehrenamtliche Richter zugeteilt, als zur vollständigen Besetzung für eine Hauptverhandlung notwendig waren, und der Senatsvorsitzende konnte die jeweilige Besetzung frei wählen. Somit war auch die Auswechslung von für einen bestimmten Fall „politisch ungeeigneten" Beisitzern oder Laienrichtern möglich.[646]

Die Richter des VGH

Die Mitglieder des VGH und ihre Stellvertreter waren nach Art. III § 2 des Gründungsgesetzes[647] vom Reichskanzler auf Vorschlag des Reichsministers der Justiz auf die Dauer von fünf Jahren zu ernennen. Die vom Reichsjustizminister erlassene AV vom 12. Juni 1934[648] gab diesem selbst die Zuständigkeit für die Bestimmung der Senatsvorsitzenden und des VGH-Präsidenten. Der Präsident wiederum entschied über die Zuteilung der haupt- und ehrenamtlichen Richter auf die einzelnen Senate.[649]

Was die NS-Führung von den Richtern erwartete, ist in einem Aufsatz des VGH-Vizepräsidenten von 1939 nachzulesen.[650] Danach sollten die Mitglieder des Gerichts „politisch" denken. Insbesondere sollten sie Erfahrungen über den

---

[641] Art. III § 1 Abs. 2 des Gründungsgesetzes (RGBl. 1934 I, S. 345).
[642] *Dietze* in JW 1934, S. 1762.
[643] *Freisler* in DJ 1936, S. 656; *Lämmle* in DR 1936, S. 451.
[644] *Freisler* in DJ 1936, S. 656.
[645] *Weiß* in DJ 1935, S. 1709.
[646] *Jahntz/Kähne,* S. 5.
[647] RGBl. 1934 I, S. 345.
[648] RGBl. 1934 I, S. 492.
[649] Geregelt zuerst durch die Geschäftsordnung des VGH, dann durch VO v. 18. April 1936 (RGBl. 1936 I, S. 398). Zur Besetzung des VGH siehe Handbuch der Justizverwaltung, bearbeitet im Büro des Reichsjustizministeriums, Berlin 1942, S. 27.
[650] *Engert* in DR 1939, S. 485.

„gemeinsamen Kampf von Bolschewismus, dem Judentum und der Freimaurerei“ gegen Deutschland sammeln. Insofern seien die Richter und Staatsanwälte am VGH als „politische Beamte“ anzusehen.

Da der Reichshaushalt bei der Errichtung des VGH für diesen noch keine Planstellen aufwies, waren seine zwölf Berufsrichter lediglich in einem Abordnungsverhältnis tätig. Dieses Provisorium wurde erst durch das Gesetz vom 18. April 1936 beendet.[651] Der Präsident, die Senatspräsidenten und die Räte wurden von da an außerdem auf Lebenszeit ernannt (Art. I § 3 S. 1). Die Berufung der Laienrichter blieb jedoch gemäß Art. I § 4 dieses Gesetzes weiterhin auf fünf Jahre beschränkt. Nach § 10 der VO vom 18. April 1936[652] waren Richter der AG, LG und OLG verpflichtet, richterliche Geschäfte am VGH wahrzunehmen.

Im Juni 1936 wurde den Richtern des VGH die rote Robe der Mitglieder des RG verliehen.[653] Dies sollte wohl mit dazu beitragen, dem Tribunal eine Anerkennung zu verschaffen, die das wegen des Reichstagsbrandprozesses bei den Nationalsozialisten in Ungnade gefallene RG allgemein immer noch genoss.[654]

Die Präsidenten des VGH

Aufgrund ihrer weitreichenden Befugnisse haben die jeweiligen Präsidenten in ihrer Amtszeit die Praxis des VGH stark beeinflusst und sollen deshalb genannt sein: Da die Stelle des Präsidenten bis zur Etatisierung des VGH zunächst unbesetzt geblieben war, wurden die Präsidialgeschäfte solange vom dienstältesten Senatspräsidenten geführt.[655] Die beiden ersten vorläufigen Präsidenten[656] waren *Rehn* und nach dessen Tod im September 1934 *Bruner*. Am 01. April 1936 schließlich wurde der bisherige Vizepräsident des RG *Thierack* zum Präsidenten des VGH ernannt. Als *Thierack* nach dem Tod *Gürtner*s zum Reichsjustizminister aufstieg, wechselte *Freisler* – zuvor Staatssekretär im RJM – am 20. August 1942 an die Spitze des VGH. Nach seinem Tod bei einem Luftangriff am 03. Februar 1945 übernahm der bisherige Generalstaatsanwalt beim OLG in Kattowitz, *Haffner*, das Amt für die wenigen verbleibenden Wochen.

Sachliche Zuständigkeit des VGH

Nach Art. III § 1 Abs. 1 des Gründungsgesetzes[657] wurde der VGH zur Aburteilung von Hochverrats- und Landesverratssachen gebildet. Die genauere sachli-

---

[651] RGBl. 1936 I, S. 369.
[652] RGBl. 1936 I, S. 398.
[653] RGBl. 1936 I, S. 503 (Erlaß des Führers und Reichskanzlers über die Amtstracht in der Reichsjustizverwaltung v. 19. Juni 1936).
[654] *Gribbohm* in JuS 1969, S. 55 (56).
[655] *W. Wagner*, S. 24.
[656] Diese Bezeichnung wird in DJ 1936, S. 907 (908) gebraucht.
[657] RGBl. 1934 I, S. 345.

che Zuständigkeit war in Art. III § 3 Abs. 1 geregelt. Sie bestand für die Untersuchung und Entscheidung in erster und letzter Instanz in den Fällen des Hochverrats (§§ 80 bis 84 RStGB), des Landesverrats (§§ 89 bis 92 RStGB), des Angriffs gegen den Reichspräsidenten (§ 94 Abs. 1 RStGB) sowie für die Verbrechen nach § 5 Abs. 2 Nr. 1 der VO des Reichspräsidenten zum Schutze von Volk und Staat vom 28. Februar 1933.[658] Art. III § 3 Abs. 2 und 3 bestimmten, dass der VGH auch für Delikte zuständig sein sollte, die mit den zuvor genannten Straftaten im Zusammenhang stehen.

Für die in den §§ 82 und 83 RStGB bezeichneten Fälle der Vorbereitung zum Hochverrat und die in den §§ 90b bis 90e RStGB genannten landesverräterischen Vergehen war gemäß Art. III § 4 des Gründungsgesetzes auf Antrag des Oberreichsanwalts die Verweisung an das zuständige OLG möglich. Der Oberreichsanwalt konnte die Strafverfolgung auch an die StA beim OLG abgeben. Grund dafür war, dass der VGH „nicht überlastet und mit Sachen geringerer Bedeutung befasst werden" sollte.[659]

In den darauffolgenden Jahren wurde die sachliche Zuständigkeit auf gemeingefährliche und sonstige schwere Fälle der Wehrmittelbeschädigung[660], auf Fälle der Unterlassung einer Anzeige des Vorhabens des Hochverrats, Landesverrats oder der Wehrmittelbeschädigung[661] und Delikte der Vermögensverschiebung in das Ausland (schwere Wirtschaftssabotage)[662] erweitert.

Eine weitere Ausdehnung des sachlichen Zuständigkeitsbereiches erfolgte während des Krieges: Im Dezember 1941[663] auf Fälle der Spionage nach § 2 KSSVO, im März 1942[664] auf Fälle von Falschangaben über rüstungswirtschaftliche Daten und im Januar 1943[665] auf Fälle der Wehrkraftzersetzung und Wehrdienstentziehung nach § 5 Abs. 1 Nr. 1 und 3 KSSVO.

Die für das ganze Reich ausschließliche sachliche Zuständigkeit des VGH für Hochverrats- und Landesverratssachen bestand nicht mehr, als das RKG seine Arbeit aufnahm. Dieses Gericht, geschaffen aufgrund des Gesetzes über die Wiedereinrichtung eines Obersten Gerichtshofes der Wehrmacht vom 26. Juni 1936[666], war wie früher das RG sowohl Revisionsgericht als auch erstinstanzlich zuständig.[667] Es hatte bei allen Tätern, die der Militärgerichtsbarkeit unterworfen waren, die sonst dem VGH zukommenden Aufgaben wahrzunehmen.

---

[658] RGBl. 1933 I, S.83.
[659] *Gleispach*, S. 58.
[660] RGBl. 1935 I, S. 849.
[661] RGBl. 1936 I, S. 533.
[662] RGBl. 1936 I, S. 999.
[663] RGBl. 1941 I, S. 776.
[664] RGBl. 1942 I, S. 165.
[665] RGBl. 1943 I, S. 76.
[666] RGBl. 1936 I, S. 517.
[667] RGBl. 1936 I, S. 739-763.

Der Militärgerichtsbarkeit waren nach § 1 der Militärstrafgerichtsordnung[668] vor allem Soldaten (§ 1 Nr. 1 Alt. 1) und Kriegsgefangene (§ 1 Nr. 4c) unterstellt.[669] Auch für die Angehörigen von SS und Polizei gab es Sonderzuständigkeiten, auf die noch eingegangen wird. Am 20. September 1944 befahl *Hitler* jedoch per Erlass:

> „Politische Straftaten aller Deutschen einschließlich der Wehrmachtsangehörigen sowie der SS- und Polizeigerichtsbarkeit unterstehenden Personen, die sich gegen das Vertrauen in die politische oder militärische Führung richten, werden von dem Volksgerichtshof und den Sondergerichten abgeurteilt."[670]

Damit war die Sonderzuständigkeit für politische Strafverfahren gegen Angehörige dieser Verbände beendet.

Räumliche Zuständigkeit des VGH

Mit der Einbeziehung Österreichs, Böhmens, Mährens, Elsaß-Lothringens und anderer Gebiete in das Deutsche Reich, wurde die Zuständigkeit des VGH auf diese Territorien ausgeweitet. Aber auch in besetzten Ländern wie den Niederlanden und dem Generalgouvernement konnte der VGH in Einzelfällen zuständig sein, da nach der Neufassung des § 4 RStGB[671] auch der von einem Ausländer im Ausland begangene Hoch- und Landesverrat nach deutschem Recht bestraft werden konnte.

Personelle Zuständigkeit des VGH

Durch diese VO über den Geltungsbereich des Strafrechts vom 06. Mai 1940 wurde jedoch nicht nur die Anwendbarkeit der deutschen Normen auf Ausländer erweitert. Sie bestimmte nach ihrem Art. III auch entgegen dem Grundsatz *nulla poena sine lege* die rückwirkende Strafbarkeit von Taten, die vor ihrem Inkrafttreten begangen worden waren.[672] Damit konnten nun auch alle Einwohner der besetzten oder dem Reich eingegliederten Gebiete sowie dort lebende deutsche Emigranten, deren man habhaft geworden war, nachträglich wegen Hoch- oder Landesverrat vor dem VGH angeklagt werden. Als weitere Besonderheit ist zu

---

[668] Abgedruckt bei *Pfundtner-Neubert,* II c 5 S. 9.

[669] Deshalb mussten die an dem Attentat auf *Hitler* am 20. Juli 1944 beteiligten Offiziere aus der Wehrmacht durch den sogenannten „Ehrenhof des Heeres" ausgestoßen werden, bevor sie - wie von *Hitler* verlangt - vor dem VGH abgeurteilt werden konnten.

[670] Erlass des Führers über die Verfolgung politischer Straftaten von Angehörigen der Wehrmacht, Waffen-SS und Polizei. Abgedruckt bei *Moll*, S. 458-460.

[671] VO über den Geltungsbereich des Strafrechts vom 06. Mai 1940, RGBl. I, S. 754.

[672] VO über den Geltungsbereich des Strafrechts vom 06. Mai 1940, RGBl. I, S. 754.

bemerken, dass der VGH nach Art. IV § 6 seines Gründungsgesetzes auch für Jugendliche zuständig war.

Besonderheiten des Verfahrens vor dem VGH

Die Rechte des Beschuldigten im Strafverfahren wurden nach der Machtergreifung ohnehin schon erheblich eingeschränkt. Für den VGH gab es aber über diese neuen Vorschriften hinaus noch weitere die Verteidigung einschränkende prozessuale Sonderregelungen.

Nach Art. IV § 5 Abs.1 des Gründungsgesetzes[673] bedurfte es vor diesem Gericht keines Eröffnungsbeschlusses mehr. Nach Abs. 4 S. 1 traten die Wirkungen des Eröffnungsbeschlusses mit Einreichung der Anklageschrift ein. Art. IV § 3 dieses Gesetzes schaffte die freie Wahl des Verteidigers für Verfahren vor dem VGH praktisch ab, da eine Genehmigung der Verteidigerauswahl durch den Vorsitzenden erfolgen musste, die - auch noch während der Hauptverhandlung – zurückgezogen werden konnte. Von dieser Regelung wurde auch Gebrauch gemacht, denn sie ermöglichte es, dass neben den ohnehin schon parteiischen Richtern auch Verteidiger am Verfahren mitwirkten, die sich im Sinne des Nationalsozialismus an der „Rechtsfindung" beteiligten.[674]

Die neue Vorschrift führte jedoch nicht nur dazu, dass als „unzuverlässig" geltende Verteidiger ferngehalten wurden. Ein Anwalt, der durch sein Auftreten missfiel oder durch die Art, wie er die Interessen seines Mandanten wahrnahm, musste mit dem Widerruf der Genehmigung des Vorsitzenden und mit seiner Nichtzulassung in der Zukunft rechnen. In der Praxis des VGH gab es einige weitere Besonderheiten, die eine ordentliche Verteidigung unmöglich machten. Beispielsweise erfuhren Angeklagter und Verteidiger des öfteren erst am Abend vor der Hauptverhandlung von den einzelnen Punkten der Anklage und der Anwalt durfte teilweise erst unmittelbar vor Verhandlungsbeginn zum ersten Mal mit seinem Mandanten sprechen.[675]

Eine weitere Besonderheit des Verfahrens vor dem VGH war, dass nach Art. III § 5 Abs. 2 des Errichtungsgesetzes – wie auch bei den Verfahren vor den SG – keine Rechtsmittel gegen die Entscheidungen zulässig waren. Ab 1939 konnten die sofort rechtskräftigen Urteile des VGH jedoch mit dem Außerordentlichen Einspruch angefochten werden. Dieses Recht stand allerdings nicht dem Angeklagten, sondern dem Oberreichsanwalt zu, „wenn er wegen schwerwiegender Bedenken gegen die Richtigkeit des Urteils eine neue Verhandlung und Entscheidung in der Sache für notwendig" hielt.[676] Diese Regelung galt auch für

---

[673] RGBl. 1934 I, S. 341-348.

[674] Vgl. *Gribbohm* in JuS 1969, S. 59; *Jahntz/Kähne*, S. 98 f.

[675] *Eder*, S. 179.

[676] § 3 des Gesetzes zur Änderung von Vorschriften des allgemeinen Strafverfahrens, des Wehrmachtstrafverfahrens und des Strafgesetzbuchs, RGBl. 1939 I, S. 1842.

Verfahren, die vom Oberreichsanwalt an die StA beim OLG abgegeben worden waren und für Verfahren, die der VGH zur Verhandlung und Entscheidung an ein OLG überwiesen hatte. Der Außerordentliche Einspruch konnte auch gegen Strafurteile anderer ziviler Gerichte erhoben werden, wofür dann der Besondere Strafsenat des RG zuständig war. Auf diesen außerordentlichen Rechtsbehelf wird noch eingegangen.

Geschäftsentwicklung am VGH

Vom VGH wurden in den Jahren 1934 bis 1945 in ca. 7000 Verfahren über 16000 Personen abgeurteilt.[677] Die Gesamtsumme lässt sich nicht genau ermitteln, da für das Jahr 1945 keine amtlichen Statistiken mehr vorliegen.[678] Deshalb sind die Zahlen als Mindestwerte zu verstehen.[679] Bei der Betrachtung der einzelnen Geschäftsjahre fällt die starke Erhöhung der Verfahrenszahl von 216 im Jahr 1935 auf 2003 im Jahr 1944 auf.[680]

Bei den zur Anklage gebrachten Tatbeständen handelt es sich nach den amtlichen Statistiken nahezu ausschließlich um Hochverrats- und Landesverratssachen. Dabei halten sich die Zahlen für diese beiden Delikte etwa die Waage. Viele Anklagen waren sowohl auf Hochverrats- als auch auf Landesverratstatbestände gestützt. Deshalb und weil oft andere Tatbestände wie zum Beispiel Wehrkraftzersetzung unter diesen Bezeichnungen aufgeführt werden, lässt sich der wahre Gegenstand der Verfahren anhand dieser Zahlen nicht ermitteln.[681] Die angeklagten und abgeurteilten sonstigen Delikte – wie etwa Verstöße gegen die VO vom 28. Februar 1933 – machen nur einen verschwindend geringen Teil aus.[682]

e. Das Reichsgericht 1933 – 1945
Zuständigkeiten des RG

Aufgrund der vielen - im Dritten Reich neugeschaffenen - besonderen Gerichte büßten die ordentlichen Gerichte einen erheblichen Teil ihrer Bedeutung ein. Durch die Schaffung des VGH und der SG musste auch das RG einen Kompetenzverlust hinnehmen - insbesondere im Bereich des politischen Strafrechts. Zum einen geschah dies durch die bereits oben geschilderte Übertragung von

---

677 *Schlüter*, S. 37: 7022 Verfahren, 15519 Abgeurteilte; *Marxen*, Das Volk und sein Gerichtshof, S. 86: 7075 Verfahren, 16700 Abgeurteilte.

678 Die übrigen Zahlen werden von *Schlüter* und *Marxen* dem BA Koblenz (R22/20915) und Berlin/Potsdam (ZC 15827) entnommen.

679 *Schlüter*, S. 38 (Fußnote 56).

680 Die Geschäftsjahre 1934 und 1945 waren jeweils keine vollen Kalenderjahre.

681 Vgl. *W. Wagner*, S. 49.

682 Tabellen bei *W. Wagner*, S. 873–881.

Zuständigkeiten auf den VGH und das RKG.[683] Zum anderen konnte das RG bei den nun von den SG abzuurteilenden Straftaten nicht mehr als Revisionsgericht tätig sein, da bei diesen Verfahren keine Rechtsmittel zulässig waren. Im Dezember 1944 wurde der Aufgabenbereich des RG dagegen erweitert: Für die wenigen verbleibenden Monate gingen die Zuständigkeiten der OLG bis auf wenige Ausnahmen auf das RG über.[684]

Die örtliche Kompetenz des RG erfuhr wegen der Gebietszugewinne des Reichs eine Ausdehnung. Augrund einer VO vom 28. Februar 1939 übernahm es die bisherigen Zuständigkeiten des österreichischen Obersten Gerichtshofs.[685] Einige Wochen später übte das RG seine Gerichtsbarkeit auch im Protektorat Böhmen und Mähren aus.[686]

Die Zuständigkeit für den Außerordentlichen Einspruch

Für den oben bereits genannten, im September 1939 geschaffenen Rechtsbehelf des Außerordentlichen Einspruchs wurde beim RG ein Besonderer Senat gebildet, dessen Vorsitz der RG-Präsident führte. Ihm gehörten vier weitere Mitglieder an, von denen jedoch nur zwei Senatspräsidenten oder Räte des RG sein mussten.[687] Für die übrigen zwei Mitglieder war die Befähigung zum Richteramt nicht vorgeschrieben.[688] Diese Besetzung weist eine starke Ähnlichkeit mit derjenigen der VGH-Senate auf, die mit besonders zuverlässigen Richtern und Laien besetzt waren. Die Mitglieder des Besonderen Senats wurden auf Vorschlag des Reichsjustizministers von *Hitler* persönlich für die Dauer von zwei Geschäftsjahren bestellt.

Um den Außerordentlichen Einspruch zu erheben, musste der Oberreichsanwalt lediglich „wegen schwerwiegender Bedenken gegen die Richtigkeit des Urteils eine neue Verhandlung und Entscheidung in der Sache für notwendig" halten.[689] Der Rechtsbehelf war an keinerlei tatsächliche oder rechtliche Voraussetzungen gebunden.[690] Jedes Strafurteil konnte damit angefochten werden. Die Sache wurde in rechtlicher und tatsächlicher Hinsicht völlig von neuem verhan-

---

[683] Siehe oben Kapitel C II 1 d.

[684] § 3 der VO zur weiteren Anpassung der Strafrechtspflege an die Erfordernisse des totalen Krieges vom 13. Dezember 1944, RGBl. I, S. 338.

[685] § 2 der VO zur weiteren Überleitung der Rechtspflege im Lande Österreich und in den sudetendeutschen Gebieten, RGBl. 1939 I, S. 359.

[686] Art. I § 1 Abs. 2 der VO über die deutsche Gerichtsbarkeit im Protektorat Böhmen und Mähren vom 14. April 1939, RGBl. I, S. 752.

[687] § 4 des Gesetzes zur Änderung von Vorschriften des allgemeinen Strafverfahrens, Wehrmachtstrafverfahrens und des Strafgesetzbuches vom 16. September 1939, RGBl. I, S. 1842.

[688] *A. Wagner*, S. 270.

[689] § 3 Abs. 1 des Gesetzes vom 16. September 1939, RGBl. I, S. 1842.

[690] *A. Wagner*, S. 269.

delt.[691] Dabei galten die Vorschriften über das Hauptverfahren des ersten Rechtszuges entsprechend, der Besondere Senat konnte jedoch von den Vorschriften abweichen, wenn er es für notwendig hielt.[692] Das RG war für alle Strafsachen zuständig, die nicht in den Bereich des VGH oder des Sondersenats des RKG fielen. Die Vorschriften galten ebenso für den Besonderen Senat des VGH.

Die praktische Bedeutung des Außerordentlichen Einspruchs war relativ gering. Aus den beinahe vollständig erhaltenen Akten des Besonderen Senates ergibt sich, dass insgesamt nur 19 Verfahren durchgeführt worden sind.[693] Nur ein Verfahren davon war eine direkte Anklagerhebung[694], die ebenfalls möglich war, wenn es der Oberreichsanwalt wegen der Bedeutung der Sache für angezeigt hielt und weder die Zuständigkeit des VGH noch der OLG gegeben war.[695] In den 12 der 16 durch ein Urteil abgeschlossenen Verfahren wurde 14 mal die Todesstrafe verhängt.[696] Der Außerordentliche Einspruch wurde nur einmal zugunsten des Angeklagten eingelegt.[697]

Die Zuständigkeit für die Nichtigkeitsbeschwerde

Nur fünf Monate nach der Schaffung des Außerordentlichen Einspruchs bekam der Oberreichsanwalt die gesetzliche Möglichkeit, gegen Urteile des Amtsrichters, der Strafkammer und des SG bis ein Jahr nach Eintritt der Rechtskraft die Nichtigkeitsbeschwerde zu erheben, „wenn das Urteil wegen eines Fehlers bei der Anwendung des Rechts auf die festgestellten Tatsachen ungerecht ist".[698]

Diesem Rechtsbehelf kam in der Praxis eine weit größere Bedeutung zu als dem Außerordentlichen Einspruch. Zuständig waren zunächst die allgemeinen Senate des RG – nicht der Besondere Senat – und ab 1942 auch die Senate der OLG.[699] Wenn das RG das angefochtene Urteil aufhob, konnte es entweder in der Sache selbst entscheiden oder zu neuer Verhandlung und Entscheidung an das ursprüngliche oder sogar ein anderes Gericht verweisen.[700] Mit der Schaffung der Nichtigkeitsbeschwerde wurde gewissermaßen ein Ausgleich für die

---

691 § 3Abs. 2 des Gesetzes vom 16. September 1939, RGBl. I, S. 1842.
692 § 6 Abs. 1 des Gesetzes vom 16. September 1939, RGBl. I, S. 1842.
693 *Kaul*, S. 181.
694 *Kaul*, S. 181.
695 § 9 Abs. 1 der VO über die Zuständigkeit der Strafgerichte, die Sondergerichte und sonstige strafverfahrensrechtliche Vorschriften vom 21. Februar 1940, RGBl. I, S. 406.
696 *Kaul*, S. 181.
697 Ein Polizist war wegen Körperverletzung im Amt zu verurteilt worden (*Kaul*, S. 194 ff.).
698 § 34 der VO über die Zuständigkeit der Strafgerichte, die Sondergerichte und sonstige verfahrensrechtliche Vorschriften vom 21. Februar 1940, RGBl. I, S. 410.
699 *A. Wagner*, S. 271.
700 § 35 Abs. 4 der VO über die Zuständigkeit des Strafgerichte, die Sondergerichte und sonstige verfahrensrechtliche Vorschriften vom 21. Februar 1940, RGBl. I, S. 410.

Ausweitung der Zuständigkeiten der SG geschaffen, gegen deren Urteil keine Rechtsmittel möglich waren. Die Nichtigkeitsbeschwerde hatte somit zunächst – da keine erneute Überprüfung der festgestellten Tatsachen vorgesehen war – „revisionsähnliche Funktionen".[701]

Mit der Vereinfachungsverordnung vom August 1942[702] erfolgte eine Umgestaltung der Nichtigkeitsbeschwerde, die den bisherigen Revisionscharakter des Rechtsbehelfs wesentlich erweiterte. Sie konnte nunmehr erhoben werden, „wenn die Entscheidung wegen eines Fehlers bei der Anwendung des Rechts ungerecht ist oder wenn erhebliche Bedenken gegen die Richtigkeit der in der Entscheidung festgestellten Tatsachen oder gegen den Strafausspruch bestehen".[703] Hierzu hatte das RG erforderlichenfalls Beweis zu erheben.

Erhöhung der Flexibilität in der Rechtsprechung

In einem Aufsatz eines am RG tätigen Richters aus dem Jahr 1939 heißt es:

> „Das Dritte Reich stellte das RG. vor neue große Aufgaben. Einmal galt es, die Anwendung der neuen Gesetze im nationalsozialistischen Geist zu sichern. [...] Andererseits gilt es, auf den Rechtsgebieten, auf denen die Gesetzgebung noch nicht dem neuen Rechtsdenken hat angepasst werden können, alte Vorschriften im neuen Geist anzuwenden. Die ebenso schöne wie schwere Aufgabe des RG. ist es, neue, manchmal vielleicht kühn erscheinende, nie aber unbedachte Wege für die Fortentwicklung des Rechts zu weisen. Diese Aufgabe ist ihm dadurch erleichtert worden, daß es von der Bindung an seine vor dem 1. September 1935 ergangenen Entscheidungen befreit worden ist."[704]

Ursprünglich hatte ein Strafsenat, der von der Entscheidung eines anderen Strafsenates abweichen wollte, die Vereinigten Strafsenate anzurufen. Wenn ein Strafsenat von der Entscheidung eines Zivilsenats abzuweichen beabsichtigte oder umgekehrt, musste sogar eine Entscheidung des RG-Plenums herbeigeführt werden. Dieses Verfahren sollte einer gewissen Kontinuität der Rechtsprechung dienen, denn es schreckte wegen des recht großen Aufwands von einer Rechtsprechungsänderung ab.[705]

---

[701] So *Pauli*, S. 18.

[702] VO zu weiteren Vereinfachung der Strafrechtspflege vom 13. August 1942, RGBl. I, S. 508 ff.

[703] Art. 7 § 2 Abs. 1 der VereinfachungsVO, RGBl. 1942 I, S. 509.

[704] *Reusch* in DJ 1939, S. 909 (912).

[705] *Pauli*, S. 20.

Das Gesetz vom 28. Juni 1935[706] löste die Bindung an vorangegangene Urteile in zweifacher Hinsicht auf. Zum einen bestimmte sein Art. 2:

> „Das Reichsgericht als höchster deutscher Gerichtshof ist berufen, darauf hinzuwirken, daß bei der Auslegung des Gesetzes dem durch die Staatserneuerung eingetretenen Wandel der Lebens- und Rechtsanschauung Rechnung getragen wird. Damit es diese Aufgabe ungehindert durch die Rücksichtnahme auf die aus einer anderen Lebens- und Rechtsanschauung erwachsenen Rechtsprechung der Vergangenheit erfüllen kann, wird folgendes bestimmt:
> Bei der Entscheidung über eine Rechtsfrage kann das Reichsgericht von einer Entscheidung abweichen, die vor dem Inkrafttreten dieses Gesetzes ergangen ist."[707]

Zum anderen galt in Zukunft für derartige Verfahren der neugefasste § 136 GVG[708], der an die Stelle der Vereinigten Senate nunmehr die Großen Senate setzte. Die Mitglieder der beiden Großen Senate für Strafsachen bzw. für Zivilsachen wurden gemäß dem neuen § 131a GVG[709] für die Dauer von zwei Geschäftsjahren vom Reichsjustizminister bestellt. Die Großen Senate brachten nicht nur einen Vorteil für die politische Führung, weil sie aus handverlesenen Richtern bestanden, sie konnten auch aufgrund ihrer kleineren Besetzung mit geringerem Aufwand zusammentreten.

Die Richter des RG

Der Präsident, die Senatspräsidenten und Räte des RG wurden, nachdem der Reichsrat aufgehoben worden war, nicht mehr auf dessen Vorschlag vom Reichspräsidenten, sondern gemäß § 125 GVG vom „Führer und Reichskanzler" ernannt.[710] Das Personal des RG blieb abgesehen von den entlassenen jüdischen Juristen nach 1933 relativ konstant.[711] Aufgrund des BBG mussten ein Reichsanwalt, ein Senatspräsident und sechs Reichsgerichtsräte, aufgrund des Reichsbürgergesetzes ein Reichsanwalt wegen jüdischer Herkunft aus dem Dienst ausscheiden.[712] Zu Entlassungen wegen politischer Unzuverlässigkeit kam es nicht – das einzige ehemalige SPD-Mitglied unter den Reichsgerichtsräten hatte am

---

[706] Gesetz zur Änderung von Vorschriften des Strafverfahrens und des Gerichtsverfassungsgesetzes vom 28. Juni 1935, RGBl. I, S. 844 ff.
[707] RGBl. 1935 I, S. 845.
[708] RGBl. 1935 I, S. 845.
[709] RGBl. 1935 I, S. 845.
[710] Zur Besetzung der einzelnen Strafsenate in den Jahren 1933-1945 siehe *Weidenthaler*, S. 52-62. Zur Besetzung des RG und der Reichsanwaltschaft beim RG im Jahr 1942 siehe Handbuch der Justizverwaltung, bearbeitet im Büro des Reichsjustizministeriums, Berlin 1942, S. 26 f.
[711] *Pauli*, S. 15.
[712] Tabellen bei *Lorenzen* in DJ 1939 S. 956 (965).

06. April 1933, einen Tag vor Inkrafttreten des BBG, um seine Versetzung in den Ruhestand gebeten.[713]

f. Die Kriegsgerichte
Errichtung der Kriegsgerichte

Schon im Mai 1933 wurde per Gesetz die Wiedereinführung der 1920 aufgehobenen Militärgerichtsbarkeit verfügt.[714] Dieser Neubeginn nach dem ersten Weltkrieg geschah schließlich zum 01. Januar 1934 mit dem Einführungsgesetz zur Militärstrafgerichtsordnung (MStGO).[715] Nach § 20 der MStGO[716] waren erkennende Gerichte die Kriegsgerichte, die Oberkriegsgerichte und das RG.[717]

Die Zuständigkeit des RG für Militärstrafsachen währte nicht lange, denn im Jahr 1936 wurde ein Oberster Gerichtshof der Wehrmacht wiedereingerichtet[718], der die Bezeichnung „Reichskriegsgericht" trug[719] und seinen Sitz in Berlin hatte.[720] Somit existierten nun mit RG, VGH und RKG drei höchste Gerichtshöfe, die in Strafsachen zu entscheiden hatten. Ein Ministerialrat im RJM bezeichnet es 1936 als „unerträglich [...], daß diese drei Gerichte verbindungslos nebeneinander stehen" und forderte die Schaffung eines gemeinsamen Großen Senats, um die Einheitlichkeit der Rechtsprechung zu sichern.[721] Die Ansicht eines Reichskriegsgerichtsrats zu dieser Frage war, dass zumindest bei Fragen zu Auslegung und Anwendung des MStGB die Ansicht des RKG Vorrang haben sollte und dagegen bei der Auslegung von Hoch- und Landesverratstatbeständen dem VGH zu folgen sei.[722]

Parallel zu den Strukturen der Anklagebehörden beim RG und beim VGH wurde beim RKG eine Reichskriegsanwaltschaft gebildet, der ein Oberreichskriegsanwalt und mehrere Reichskriegsanwälte angehörten.[723]

---

[713] *Kaul*, S. 55.
[714] Gesetz über die Wiedereinführung der Militärgerichtsbarkeit vom 12. Mai 1933, RGBl. I, S. 264.
[715] § 1 des Einführungsgesetzes zur MStGO vom 13. November 1933, RGBl. I, S. 921.
[716] RGBL. 1933 I, S. 924-968.
[717] Zum „Reichsgericht als oberstes Gericht in Militärstrafsachen" siehe *Gribbohm* in *Vormbaum*, JJZG 5, S. 216-230.
[718] Gesetz über die Wiedereinrichtung eines Obersten Gerichtshofs der Wehrmacht vom 26. Juni 1936, RGBl. I, S. 517.
[719] Art. 1 Nr. 1 der VO zur Änderung der MStGO und des Einführungsgesetzes zu ihr vom 5. September 1936, RGBl. I, S. 718.
[720] § 35 MStGO 1936, RGBl. 1936 I, S. 720.
[721] *Lehmann* in: Wehrstrafrecht und allgemeines Strafrecht, hrsg. von *Roland Freisler*, S. 78 (107).
[722] *Stock* in: Wehrstrafrecht und allgemeines Strafrecht, hrsg. von *Roland Freisler*, S. 108 (139).
[723] § 35o MStGO 1936, RGBl. 1936 I, S. 721.

Die Kriegsgerichte und die Oberkriegsgerichte traten „nur auf Berufung des Gerichtsherrn[724] und nur für den Einzelfall zusammen".[725] Das RKG dagegen war ein ständiges Gericht. Ab Geltung der KStVO (mit der deutschen Mobilmachung am 26. August 1939) wurde die Kriegsgerichtsbarkeit außer vom RKG nur von Feldkriegsgerichten bzw. bei den schwimmenden Verbänden der Kriegsmarine von Bordkriegsgerichten ausgeübt.[726]

Zuständigkeit der Kriegsgerichte

Die Militärgerichtsbarkeit war nach § 1 MStGO 1933[727] im Frieden zuständig für strafbare Handlungen der Soldaten und Wehrmachtsbeamten, der Schiffsangestellten bzw. der dienstlich eingeschifften Personen (jeweils auf Kriegsschiffen, § 166 Abs. 1, 2 MStGB). In Kriegszeiten waren ihr außerdem wegen aller Straftaten die Angehörigen des Heeresgefolges (§§ 155, 157 Abs. 2 MStGB), die zu dem kriegführenden Heer zugelassenen ausländischen Offiziere (§ 157 Abs. 1 MStGB) sowie die Kriegsgefangenen (§ 158 MStGB) unterstellt.

Dem Kriegsverfahren nach der KStVO (ab dem 26. August 1939) waren mit ihrem Inkrafttreten unterworfen: Die Soldaten und Wehrmachtsbeamten wegen aller Straftaten, auch soweit sie diese vor Eintritt des die Kriegsgerichtsbarkeit begründenden Dienstverhältnisses begangen hatten; die nicht einberufenen Wehrpflichtigen wegen bestimmter Straftaten; Personen, die sich bei der Wehrmacht im Operationsgebiet befanden; alle anderen Personen wegen Delikten nach den §§ 2-5 KSSVO sowie Fällen von Hoch- und Landesverrat und damit zusammenhängender Straftatbestände des RStGB. Für die im RStGB genannten Delikte bestand die Zuständigkeit jedoch nur, wenn der Präsident des RKG erklärte, dass besondere militärische Belange die Aburteilung durch das RKG erfordern. Über die im Verlauf des Krieges auf den VGH und die SG übergegangenen Zuständigkeiten wurde bereits oben berichtet.

Die Richter der Kriegsgerichte

Im Haushaltsplan des Reichskriegsministeriums wurden 1936 für das RKG die folgenden richterlichen Planstellen geschaffen[728]: ein Präsident des RKG (General oder Admiral mit dem Rang und in der Dienststellung eines kommandierenden Generals); als Offizierrichter: ein Generalmajor (Konteradmiral), zwei O-

[724] Gerichtsherrn waren die vom Reichskriegsminister bestimmten Befehlshaber und Kommandeure (§ 9 MStGO 1933, RGBl. I, S. 925).
[725] § 20 Abs. 3 MStGO 1933, RGBl. I, S. 927.
[726] § 4 Abs. 1 KStVO, RGBl. 1939 I, S. 1458.
[727] RGBl. I, S. 924.
[728] Gesetz über den Haushalts- (Stellen-) Plan des Reichskriegsgerichts und über die 27. Änderung des Reichsbesoldungsgesetzes vom 30. September 1936, RGBl. I, S. 861 f.

bersten (Kapitäne zur See), zwei Oberstleutnante (Fregattenkapitäne), zwei Majore (Korvettenkapitäne); zwei Senatspräsidenten; zwei Reichskriegsgerichtsräte. Die Senatspräsidenten und die Reichskriegsgerichtsräte waren richterliche Militärjustizbeamte.[729] Mit Geltung der KStVO blieb die beamtenrechtliche Stellung der auf Lebenszeit ernannten Militärjustizbeamten zwar unberührt, sie konnten nun jedoch auch gegen ihren Willen in eine andere militärrichterliche Stelle versetzt werden.[730]

Die Anzahl der Senate wurde gemäß § 35c MStGO 1936 vom Reichskriegsminister bestimmt. Zunächst existierten zwei Senate, ab November 1939 drei und seit November 1941 vier.[731] Parallel zum Aufbau von RG und VGH wurde auch beim RKG ein Großer Senat gebildet, der zu entscheiden hatte, wenn ein Senat von der Entscheidung eines anderen Senates abweichen wollte.[732] Mit Geltung der KStVO bestand der Große Senat – wohl aus Gründen der Verfahrensbeschleunigung – nicht mehr. Für den Fall der Überweisung eines Verfahrens des Außerordentlichen Einspruchs und das neugeschaffene Verfahren der Außerordentlichen Wiederaufnahme war außerdem ein Sondersenat des RKG vorgesehen, der parallel zu den Besonderen Senaten von RG und VGH über durch rechtskräftiges Urteil abgeschlossene Strafsachen erneut zu entscheiden hatte.[733]

Die Kriegsgerichte und die Oberkriegsgerichte waren mit Kriegsgerichtsräten bzw. Oberkriegsgerichtsräten besetzt, die zum Richteramt befähigt sein mussten.[734] Die Kriegsgerichte waren in der Regel mit einem Kriegsgerichtsrat und zwei Beisitzern, die Oberkriegsgerichte mit zwei Oberkriegsgerichtsräten und drei Beisitzern besetzt.[735] Von den Beisitzern hatte beim Kriegsgericht einer, beim Oberkriegsgericht hatten zwei von der Rangklasse bzw. dem Dienstgrad des Angeklagten zu sein. Ein Beisitzer musste Stabsoffizier bzw. von einem höheren Dienstgrad als der Angeklagte sein.[736] Bei schweren Verbrechen musste mit fünf bzw. sieben Richtern entschieden werden.[737]

Die Besetzung der ab dem 26. August 1939 allein unter dem RKG stehenden Feldkriegsgerichte entsprach nach § 9 KStVO in etwa derjenigen der Kriegsgerichte: Ein richterlicher Militärjustizbeamter und zwei Beisitzer, von denen einer

---

729 § 35d MStGO 1936, RGBl. I, S. 720.

730 § 7 Abs. 1 KStVO, RGBl. 1939 I, S. 1459. Siehe auch *Gribbohm*, Das Reichskriegsgericht, S. 61.

731 *Gribbohm*, Das Reichskriegsgericht, S. 79.

732 §§ 35h, 35i MStGO 1936, RGBl. I, S. 721.

733 Das Gesetz zur Änderung von Vorschriften des allgemeinen Strafverfahrens, des Wehrmachtstrafverfahrens und des Strafgesetzbuchs vom 16. September 1939 (RGBl. I, S. 1841-1843) fügte die §§ 410a-410b in die MStGO ein.

734 § 13 Abs. 1, 2 MStGO 1933, RGBl. I, S. 926.

735 §§ 21 Abs. 1, 23 Abs. 1 MStGO 1933, RGBl. I, S. 927.

736 §§ 21 Abs. 2, 23 Abs. 2 MStGO 1933, RGBl. I, S. 927.

737 §§ 22 Abs. 1, 24 Abs. 1 MStGO 1933, RGBl. I, S, 927 f.

Offizier - „möglichst im Range eines Stabsoffiziers" – und der andere „möglichst aus der Rangklasse und Laufbahn des Angeklagten" sein musste (Abs. 3).

Das Institut des Gerichtsherrn

Eine weitere Besonderheit des Militärgerichtsverfahrens war die Einrichtung des „Gerichtsherrn", die in der deutschen Militärjustiz schon lange vor der Zeit des Dritten Reiches Tradition hatte.[738] Nach den §§ 8 MStGO[739] bzw. später 4 Abs. 1 KStVO[740] wurde die Militärgerichtsbarkeit von den Gerichtsherren mit den ihnen zugewiesenen richterlichen Militärjustizbeamten und den erkennenden Gerichten ausgeübt.

Gerichtsherren waren gemäß § 9 MStGO[741] „die Befehlshaber und Kommandeure, die der Reichswehrminister dazu bestimmt", d.h. die Divisions- und Korpskommandeure und die ihnen entsprechenden sonstigen Befehlshaber der Wehrmacht.[742] Mit Geltung der KStVO trat nach ihrem § 5[743] als Oberster Gerichtsherr der Wehrmacht der „Führer und Reichskanzler" hinzu. Auch der Präsident des RKG war Gerichtsherr, da er ein Offizier in Rang und Stellung eines kommandierenden Generals war.[744]

Die VO vom 01. November 1939 erlaubte die Bildung von Standgerichten[745], d.h. die Ausübung der Befugnisse des Gerichtherrn durch den nächsterreichbaren Kommandeur eines Regiments, wenn erstens die Aburteilung aus zwingenden militärischen Gründen keinen Aufschub duldete, zweitens ein Gerichtsherr nicht auf der Stelle erreicht werden konnte und drittens die Zeugen oder andere Beweismittel sofort zur Verfügung standen.

Die Rechte der Gerichtsherren erster und zweiter Instanz waren – abgesehen vom Fall des RKG-Präsidenten – Teil ihrer militärischen Kommandogewalt. Ein hoher Befehlshaber sollte auf Strafsachen von Angehörigen ihm unterstellter

---

[738] Zur Geschichte der Militärjustiz von der Antike bis zum Dritten Reich siehe: *Hans Schneider*, Gerichtsherr und Spruchgericht, Berlin 1937.

[739] RGBl. 1933 I, S. 925.

[740] RGBl. 1939 I, S. 1458.

[741] RGBl. 1933 I, S. 925, ergänzt durch die Änderungsverordnung vom 5. September 1936, RGBl. I, S. 719.

[742] *Stock* in: Wehrstrafrecht und allgemeines Strafrecht, hrsg. von *Roland Freisler*, S. 108 (124).

[743] RGBl. 1939 I, S. 1459.

[744] Vgl. *Gribbohm*, das Reichskriegsgericht, S. 53. Gesetzlich festgestellt wurde dies ab dem 26. August 1939 durch § 5 Abs. 2 KStVO, RGBl. I, S. 1459.

[745] § 13a der vierten VO zur Durchführung und Ergänzung der KStVO, RGBl. 1939 I, S. 2133.

militärischer Verbände Einfluss haben.[746] In einer Abhandlung aus dem Jahr 1935 heißt es dazu:

> „Der Grund für die dem Gerichtsherrn eingeräumte Machtstellung ist es gewesen, daß jede Straftat einer Militärperson zugleich eine Verletzung der Disziplin enthält und folglich derjenige, welcher für die Disziplin verantwortlich ist, auch in der Lage sein muß, selbständig alles zur Strafverfolgung erforderliche anzuordnen und alle die Verhältnisse klarstellen und erforschen zu lassen, welche vom militärischen Standpunkt aus zur Aufrechterhaltung der Disziplin in Betracht kommen."[747]

Die Befugnisse des Gerichtsherrn erstreckten sich unter anderem auf das Ermittlungsverfahren, das Bestätigungs- und teilweise das Aufhebungsrecht von Urteilen und die Strafvollstreckung.[748]

Zuständigkeit für das Ermittlungsverfahren

Abgesehen vom RKG kannte die Militärgerichtsbarkeit keine der StA entsprechende Strafverfolgungsbehörde. Gemäß § 17 KStVO hatte der Gerichtsherr, sobald er vom Verdacht einer militärgerichtlich zu verfolgenden strafbaren Handlung Kenntnis erhalten hatte, einen richterlichen Militärjustizbeamten als Untersuchungsführer mit der Erforschung des Sachverhalts zu beauftragen, soweit dies erforderlich war. Dies entsprach in etwa der schon vor dem 26. August 1939 geltenden Regelung des § 79 MStGO[749], wonach der Gerichtsherr den Sachverhalt durch ein von ihm anzuordnendes Ermittlungsverfahren von einem Kriegsgerichtsrat erforschen zu lassen hatte. Sowohl nach § 88 MStGO[750] als auch später nach § 34 KStVO[751] konnte der Gerichtsherr jederzeit vom Stand des Verfahrens Kenntnis nehmen und die ihm zur Aufklärung der Sache geeignet erscheinenden Verfügungen treffen. Er durfte jedoch nicht an Untersuchungshandlungen teilnehmen.

Aufgrund der Ergebnisse des Ermittlungsverfahrens hatte der Gerichtsherr bei hinreichendem Tatverdacht die Anklage und den Zusammentritt des Gerichts zu verfügen (§§ 173, 183 MStGO bzw. ab 26. August 1939 §§ 46 Abs. 2, 49 Abs. 1 KStVO). Die Militärjustizbeamten konnten als ermittelnde bzw. untersuchungsführende Beamte, als Vertreter der Anklage oder als erkennende Richter

---

[746] *Stock* in: Wehrstrafrecht und allgemeines Strafrecht, hrsg. von *Roland Freisler*, S. 108 (124).

[747] *Eichler, S. 9.*

[748] Zu den Befugnissen im Jahr 1936: *Stock* in: Wehrstrafrecht und allgemeines Strafrecht, hrsg. von *Roland Freisler*, S. 108 (125). Aufhebungs- und Bestätigungsrecht ab 26. August 1939 geregelt in den §§ 77, 79 KStVO, RGBl. 1939 I, S. 1469.

[749] RGBl. 1933 I, S. 934.

[750] RGBl. 1933 I, S. 935.

[751] RGBl. 1939 I, S. 1463.

eingesetzt werden.[752] Von der Ausübung des Richteramtes war jedoch ausgeschlossen, wer in der Sache als Untersuchungsführer oder Anklagevertreter tätig gewesen war oder als Vorgesetzter den Tatbericht eingereicht hat (§ 44 Nr. 4 MStGO[753] bzw. später § 54 Nr. 4 KStVO[754]).

Weitere Besonderheiten des Verfahrens vor den Kriegsgerichten

Das Verfahren vor den Kriegsgerichten war bis zum Kriegsbeginn in der MStGO geregelt und entsprach weitgehend dem vor den ordentlichen Strafgerichten. Gleichzeitig mit der VO über das Sonderstrafrecht im Kriege und bei besonderem Einsatz (KSSVO)[755] trat mit der Mobilmachung der Wehrmacht am 26. August 1939 die – wie die KSSVO vom 17. August 1938 datierende – VO über das militärische Strafverfahren im Kriege und bei besonderem Einsatz (KStVO)[756] in Kraft. Sie brachte ein vereinfachtes Verfahren zur Sicherung der Wehrmacht und des Kriegszwecks.[757] Dadurch ruhte die Geltung der MStGO für die Kriegszeit.[758]

Mit Geltung der KStVO waren Urteile des Kriegsverfahrens mit Rechtsmitteln nicht mehr anfechtbar.[759] Die Urteile unterlagen nur noch einer Nachprüfung, die zu Bestätigung oder Aufhebung führte. Mit Bestätigung waren sie rechtskräftig und vollstreckbar.[760] Da das Bestätigungsrecht bis auf wenige Ausnahmen dem Gerichtsherrn selbst zustand, brachte es diesem die Möglichkeit einer erheblichen Einflussnahme auf die ansonsten theoretisch unabhängigen und nur dem Gesetz unterworfenen Gerichte.[761]

Eine Stärkung des Gerichtsherrn ab Kriegsbeginn bedeutete die Regelung des § 1 Abs. 3 KStVO[762], wonach Gerichtsherr und Gericht das Verfahren nach pflichtgemäßem Ermessen zu gestalten hatten, wo das Gesetz keine Vorschriften traf.

Verfahren des bereits mehrfach behandelten Außerordentlichen Einspruchs konnten –wenn ein Zusammenhang mit einer Strafsache, die zur Zuständigkeit der Militärgerichtsbarkeit gehörte, bestand – durch Vereinbarung des Reichsjus-

---

[752] Siehe dazu im Ganzen: *Wolfgang Eichler*, Die Rechtsstellung des Kriegsgerichtsrats im Militärstrafgerichtsverfahren, Berlin 1935.
[753] RGBl. 1933 I, S. 930.
[754] RGBl. 1939 I, S. 1466.
[755] RGBl. 1939 I, S. 1455-1457.
[756] RGBl. 1939 I, S. 1457-1476.
[757] § 1 Abs. 1 KStVO, RGBl. 1939 I, S. 1457.
[758] *Gribbohm*, Das Reichskriegsgericht, S. 8.
[759] § 76 KStVO, RGBl. 1939 I, S. 1469.
[760] § 77 KStVO, RGBl. 1939 I, S. 1469.
[761] So schon 1943 *Heuer*, Die Wehrmachtstrafgerichtsbarkeit und ihre Grenzen, S. 10.
[762] RGBl. 1939 I, S. 1457.

tizministers und des Chefs des OKW an das RKG überwiesen werden. Aufgrund des Einspruch entschied dann der oben erwähnte Sondersenat.[763]

Das mit demselben Gesetz eingeführte Verfahren der Außerordentlichen Wiederaufnahme wurde überraschenderweise nicht in die bereits gültige KStVO aufgenommen, sondern in die MStGO als §§ 410a-410c eingefügt.[764] § 410a MStGO erlaubte es dem „Führer und Obersten Befehlshaber der Wehrmacht", „in einem durch rechtskräftiges Urteil geschlossenen Verfahren die Erneuerung der Hauptverhandlung" anzuordnen. Für das Verfahren vor dem Sondersenat galten nach § 410c MStGO die Vorschriften über das Verfahren in erster und letzter Instanz vor dem RKG entsprechend, der Sondersenat konnte aber „davon abweichen, wenn er es für angemessen" hielt. Durch „Führer-Erlass" vom 6. Januar 1942[765] bestimmte *Hitler*, dass das Recht, in ihrem Befehlsbereich ergangene rechtskräftige Urteile aufzuheben und eine neue Hauptverhandlung anzuordnen, auch den Oberbefehlshabern der Wehrmachtteile und dem Chef des OKW zustehen soll, „wenn sie eine neue Entscheidung wegen schwerwiegender Bedenken gegen die Richtigkeit des Urteils für notwendig halten".

Der Verzicht auf Rechtsmittel für das militärische Strafverfahren wurde als „eine durch die außergewöhnlichen Verhältnisse des Krieges gebotene Notmaßnahme" bezeichnet. „Um den Gefahren, die daraus der Rechtsanwendung erwachsen", sei deshalb diese Regelung getroffen worden.[766]

Geschäftsentwicklung / Zahl der Todesurteile

Die Höhe der verhängten Strafen und damit die Härte der Rechtsprechung war bei den Wehrmachtgerichten keineswegs homogen. Insofern sind pauschale Aussagen über die Strafzumessungspraxis schwieriger zu treffen als etwa beim VGH.

In dem umstrittenen Werk von *Schweling* und *Schwinge*[767] wird die Anzahl der über Angehörige der Wehrmacht von Wehrmachtgerichten verhängten Todesurteile auf 10.000 bis 12.000 bei 700.000 Verfahren[768] angesetzt, wobei die Autoren die Vermutung aussprechen, dass die Quote der Vollstreckungen bei

---

[763] § 3 Abs. 4 des Gesetzes zur Änderung von Vorschriften des allgemeinen Strafverfahrens, des Wehrmachtstrafverfahrens und des Strafgesetzbuchs vom 16. September 1939, RGBl. I, S. 1842.

[764] *Gribbohm* (Das Reichskriegsgericht, S. 47) hält es deshalb für denkbar, dass die Vorschrift erst nach dem Ende des Krieges gelten sollte. Ein solcher freiwilliger Machtverzicht *Hitlers* erscheint aber sehr unwahrscheinlich.

[765] Der Text ist im Ganzen abgedruckt bei *Moll*, S. 218.

[766] Einleitung / Begründung des „Führer-Erlasses", abgedruckt bei *Moll*, S. 218.

[767] „Die deutsche Militärjustiz in der Zeit des Nationalsozialismus", Marburg 1977.

[768] *Stolleis* (in: Recht im Unrecht: Studien zur Rechtsgeschichte im Nationalsozialismus, S. 230) zitiert *Schweling/Schwinge* (vermutlich versehentlich) falsch, indem er ihnen unterstellt, von nur 70.000 Verfahren auszugehen.

höchsten 60% liege.[769] *Fieberg* schrieb 1984 in einer Beilage zum Bundesanzeiger, die Militärjustiz habe in ungefähr 16.000 Fällen Todesstrafen ausgesprochen. *I. Müller* ging im Jahr 1987 von 33.000 Todesurteilen der NS-Kriegsgerichtsbarkeit aus.[770] *Messerschmidt* und *Wüllner* nennen die Zahl von 50.000 Todesurteilen und rechnen die Gesamtzahl der Strafverfahren gegen Wehrmachtangehörige auf 2.400.000 hoch, zu denen weitere 400.000 Verfahren gegen Zivilisten und Kriegsgefangene gezählt werden müssten.[771]

Die Volkssturmgerichte

Für den als letztes Aufgebot gebildeten „Deutschen Volkssturm"[772] wurden noch im Februar 1945 eigene Gerichte geschaffen.[773] Die Angehörigen dieser – von den NSDAP-Gauleitern aufgestellten und geführten – Miliz unterstanden der Gerichtsbarkeit des Deutschen Volkssturms wegen aller Straftaten, die sie im Kampf- oder Ausbildungseinsatz begingen.[774] Auf das Verfahren der an die Stelle der Feldkriegsgerichte tretenden „Gerichte des Deutschen Volkssturms" fand die KStVO sinngemäß Anwendung.[775]

---

[769] *Schweling/Schwinge*, S. 280 und S. 374. Die Abhandlung des ehemaligen Wehrmachtrichters *Otto Peter Schweling* „Die deutsche Militärjustiz in der Zeit des Nationalsozialismus" (Marburg 1977) wurde von dem schon seit der Zeit vor dem Dritten Reich als Strafrechtslehrer und Militärstrafrechtskommentator tätigen Prof. *Erich Schwinge* bearbeitet, eingeleitet und herausgegeben. Die Monographie wurde nach langem Zögern nicht wie vorgesehen als Teilband in eine Dokumentationsreihe des Instituts für Zeitgeschichte aufgenommen. *Schweling/Schwinge* wird eine einseitige und unwissenschaftliche Darstellungsweise vorgeworfen, welche die Reinwaschung der Wehrmachtjustiz bezwecke. Auf das zehn Jahre später von *Messerschmidt/Wüllner* verfasste Gegen-Buch „Die Wehrmachtjustiz im Dienste des Nationalsozialismus. Zerstörung einer Legende" (Baden-Baden 1987) folgte 1988 wiederum eine Gegendarstellung von *Erich Schwinge* mit dem Titel „Verfälschung und Wahrheit. Das Bild der Wehrmachtgerichtsbarkeit". Im Jahr 1991 veröffentlichte *Wüllner* – mit dem klaren Ziel *Schweling/Schwinge* zu widerlegen - „Die NS-Militärjustiz und das Elend der Geschichtsschreibung". Unter der Überschrift „Cum ira et studio" bezeichnet *Hans Wrobel* (in Rechtshistorisches Journal 1991 S. 99-101) *Wüllners* Buch als regelrechten „Anti-Schwinge". Zum Ablauf dieses Streits siehe: *Michael Stolleis*, Recht im Unrecht, S. 221–232.

[770] *I. Müller*, S. 189.

[771] *Messerschmidt/Wüllner*, S. 15 und S. 50. Siehe auch *Wüllner*, Die NS-Militärjustiz und das Elend der Geschichtsschreibung, S. 22. Die Zahl von 50.000 zum Tode Verurteilten (einschließlich der standrechtlich Erschossenen) wird auch bei *Gritschneder*, Furchtbare Richter. Verbrecherische Todesurteile deutscher Kriegsgerichte, S. 9 genannt. Dagegen *Schwinge*, Verfälschung und Wahrheit, S. 74 ff.

[772] Durch Erlass vom 25. September 1944, RGBl. I, S. 253 f.

[773] VO über eine Sondergerichtsbarkeit in Strafsachen für Angehörige des Deutschen Volkssturms (Volkssturm-Strafgerichtsordnung – VoStO) vom 24. Februar 1945, RGBl. I, S. 34 f.

[774] § 1 Abs. 1 VoStO, RGBl. 1945 I, S. 34.

[775] §§ 3 bzw. 2 VoStO, RGBl. 1945 I, S. 34.

An die Stelle der Wehrmachtrichter traten jedoch eigene Volkssturmrichter, die zum Richteramt befähigt sein mussten[776] Sie wurden auf Vorschlag der Gauleiter vom Leiter der Parteikanzlei und dem RFSS gemeinsam ernannt und entlassen.[777] Gerichtsherrn waren grundsätzlich die Gauleiter, im Kampfeinsatz - bei Unterstellung unter Verbände von Heer oder Waffen-SS - jedoch deren Gerichtsherrn. Übergeordneter Gerichtsherr war der RFSS, Oberster Gerichtsherr der „Führer".[778] Dem RFSS stand auch das Recht zu, ein rechtskräftiges Urteil aufzuheben und eine neue Hauptverhandlung anzuordnen, „wenn er eine neue Entscheidung wegen schwerwiegender Bedenken gegen die Richtigkeit des Urteils für notwendig" hielt.[779] Die Organisation dieser Gerichtsbarkeit und die Auswahl und Ernennung ihrer Richter wurden vom Leiter der Parteikanzlei „im Einvernehmen" mit dem RFSS geregelt. Ihnen oblag auch der Erlass weiterer Durchführungs- und Änderungsbestimmungen.[780]

g. Die SS- und Polizei-Gerichte

Durch eine VO vom 17. Oktober 1939[781] wurde für Angehörige der (bewaffneten) SS[782] sowie der „Polizeiverbände bei besonderem Einsatz" (d.h. zunächst nur im Kriegseinsatz) eine eigene Sondergerichtsbarkeit eingerichtet. Teilweise wird dies darauf zurückgeführt, dass *Himmler* die ihm unterstehenden kämpfenden Verbände ab Beginn des Polenfeldzugs nicht mehr der Wehrmachtgerichtsbarkeit unterstellt wissen wollte, da „Unterschiede in den Ansichten über Kampfesweise und anzuwendende Methoden auf feindlichem Gebiet zwischen der Wehrmacht und der SS zutage getreten waren".[783] Die Schaffung einer eigenen SS-Gerichtsbarkeit war jedoch auch schon vor Kriegsbeginn diskutiert worden.[784] Es erscheint jedenfalls einleuchtend, dass *Himmler*, der stets auf die Erweiterung seines persönlichen Machtbereichs hingearbeitet hatte, „seine" Waffen-SS und kämpfenden Polizeiverbände nicht der Justiz des Reichskriegsminis-

---

[776] § 4 Abs. 1 VoStO, RGBl. 1945 I, S. 35.
[777] § 5 Abs. 1 der Ausführungsbestimmungen zur VoStO vom 24. Februar 1945, RGBl. I, S. 36.
[778] § 5 VoStO, RGBl. 1945 I, S. 35.
[779] § 6 VoStO, RGBl. 1945 I, S. 35.
[780] § 9 VoStO, RGBl. 1945 I, S. 35.
[781] VO über eine Sondergerichtsbarkeit in Strafsachen für Angehörige der SS und für die Angehörigen der Polizeiverbände bei besonderem Einsatz, RGBl. 1939 I, S. 2107-2108 (Im Folgenden: ErrichtungsVO).
[782] Laut § 1 ErrichtungsVO für: Die hauptberuflichen Angehörigen der Reichsführung SS und der Stäbe von höheren SS- und Polizei-Führern mit Befehlsgewalt, Angehörige der SS-Verfügungstruppe und der Totenkopfverbände sowie schließlich Angehörige der SS-Junkerschulen.
[783] *Moritz*, S. 36.
[784] *Vieregge*. S. 14 mit weiteren Nachweisen.

teriums überlassen wollte. Dass sich die SS- und Polizeiführung durch die Schaffung einer ihnen unterstehenden - selbständigen - Militärjustiz einen anderen Umgang mit von ihren Truppen begangenen Gräueltaten erwarten konnte, dürfte ebenfalls ein entscheidender Grund für *Himmlers* Drängen gewesen sein.

Die personelle Zuständigkeit der SS- und Polizeigerichte wurde nach und nach ausgedehnt: Sie erstreckte sich ab dem 09. April 1940 auf die gesamte Sicherheitspolizei (Kripo und GeStapo) sowie hauptamtliche Mitarbeiter des SD, ab dem 01. September 1942 auf die gesamte Ordnungspolizei[785] und später sogar unter anderem auf die Angehörigen der Feuerwehren.[786] In Anbetracht des weiten Personenkreises, der im Jahr 1944 der SS- und Polizeigerichtsbarkeit unterworfen war, konnte man mit fortschreitender Kriegsdauer nicht mehr von einer reinen Militärgerichtsbarkeit sprechen.[787]

Die Zuständigkeit dieser neugeschaffenen Sondergerichtsbarkeit erstreckte sich bei den ihr unterstellten Personen auf alle Straftaten, für welche die Wehrmachtgerichtsbarkeit zuständig war.[788] Grundsätzlich fanden die Vorschriften des MStGB und der MStGO sinngemäße Anwendung.[789] Dasselbe galt für die Normen der KSSVO und der KStVO.[790] Es wurden zwar einige spezielle Regelungen – beispielsweise über die Verhängung von Ehrenstrafen – für SS und Polizei geschaffen, im Wesentlichen kann jedoch auf das bereits über die Verfahren vor den Kriegsgerichten Gesagte verwiesen werden.

An die Stelle der richterlichen Militärjustizbeamten traten SS-Justizführer, die ebenfalls die Befähigung zum Richteramt haben mussten. Der wesentliche Unterschied ihrer Stellung zu derjenigen der Wehrmachtrichter war, dass sie in disziplinarischer Hinsicht unmittelbar dem RFSS unterstanden.[791] Die Beisitzer wurden je nach Dienstzugehörigkeit des Angeklagten aus der SS oder der Polizei berufen.[792] Die Besetzung der SS-Gerichte sowie der SS-Obergerichte und die Auswahl der Laienbeisitzer nach der Rangklasse des Angeklagten entsprach in etwa derjenigen der Kriegs- und Oberkriegsgerichte.[793] Mit der zweiten DurchführungsVO vom April 1940 wurde für die Aufgaben des RKG nach § 14 KStVO ein eigenes oberstes Gericht beim „Hauptamt SS-Gericht" gebildet, welches für die der Sondergerichtsbarkeit unterstehenden Personen zuständig sein sollte.[794] An die Stelle des RKG-Präsidenten trat der Reichsführer SS und Chef

[785] *Scheffler* in: FS für *Fraenkel*, S. 226. *Vieregge*, S. 21.
[786] *Vieregge*, S. 23.
[787] So auch *Vieregge*, S. 28.
[788] § 2 Abs. 1 ErrichtungsVO, RGBl. 1939 I, S. 2107.
[789] § 3 Abs. 1 ErrichtungsVO, RGBl. 1939 I, S. 2107
[790] § 20 der 1. DurchführungsVO, RGBl. 1939 I, S. 2296.
[791] § 5 Abs. 1 ErrichtungsVO, RGBl. 1939 I, S. 2108.
[792] § 5 Abs. 2 ErrichtungsVO, RGBl. 1939 I, S. 2108.
[793] §§ 13, 14 der 1. DurchführungsVO vom 01. November 1939, RGBl. I, S. 2294 f.
[794] § 1 der 2. DurchführungsVO vom 17. April 1940, RGBl. I, S. 659.

der Deutschen Polizei (RFSSuChdDtPol) und als sein ständiger Vertreter der Chef des Hauptamtes SS-Gericht.[795]

Zu Gerichtherrn bestimmte *Himmler* die Divisionskommandeure bzw. ihnen im Rang entsprechende SS-Führer. In bestimmten Fällen, wie beispielsweise in Verfahren gegen SS-Führer oder Polizeioffiziere, behielt er sich die Urteilsbestätigung jedoch selbst vor.[796]

Letztlich kam es zur Schaffung dieser Sondergerichtsbarkeit durch die herausragende Stellung der SS und des RFSS im nationalsozialistischen Staat. Abgesehen von einigen – hier zum Teil erörterten – Besonderheiten sind weitgehende Ähnlichkeiten zur Justiz der Wehrmacht festzustellen.

h. Die Standgerichte

In den besetzten Ost-Gebieten wurden polizeiliche Standgerichte gebildet, die gegen Nichtdeutsche nur auf Todesstrafe, Freispruch oder Überweisung an die GeStapo bzw. die Sondergerichtsbarkeit erkennen konnten.[797] Auch in den übrigen besetzten Gebieten waren Standgerichte tätig.

Mit VO vom 15. Februar 1945, die mit ihrer Verkündung im Rundfunk in Kraft trat, wurden auch in den feindbedrohten Reichsverteidigungsbezirken Deutschlands Standgerichte gebildet.[798] Diese Standgerichte bestanden „aus einem Strafrichter als Vorsitzer, sowie einem Politischen Leiter oder Gliederungsführer der NSDAP und einem Offizier der Wehrmacht, der Waffen-SS oder der Polizei als Beisitzern".[799] Die Mitglieder des Gerichts wurden vom Reichsverteidigungskommissar - d.h. vom jeweiligen Gauleiter der NSDAP - ernannt, welcher auch einen Staatsanwalt als Anklagevertreter bestimmte.[800]

Die Standgerichte waren „für alle Straftaten zuständig, durch die die deutsche Kampfkraft oder Kampfentschlossenheit gefährdet wird".[801] Auf das Verfahren fand die StPO sinngemäße Anwendung.[802] Die Urteile lauteten „auf Todesstrafe, Freisprechung oder Überweisung an die ordentliche Gerichtsbar-

---

[795] § 2 Abs. 2 der 2. DurchführungsVO vom 17. April 1940, RGBl. I, S. 660. Zu den Personen der beiden Stellvertreter (die beide SS-Obergruppenführer und Generale der Waffen-SS, aber Nichtjuristen waren): *Seidler*, S. 202 f. und *Vieregge*, S. 39 ff.
[796] *Seidler*, S. 206.
[797] *A. Wagner*, S. 248. Die Regelungen unterschieden sich in den einzelnen besetzten Gebieten. Siehe dazu im Einzelnen: *Günther Moritz*, Gerichtsbarkeit in den von Deutschland besetzte Gebieten 1939-1945, Tübingen 1955. Siehe auch die Lageberichte der Generalstaatsanwälte und OLG-Präsidenten zu diesem Thema, wiedergegeben bei *Michelberger*, S. 377-382.
[798] VO über die Errichtung von Standgerichten, RGBl. 1945 I, S. 30.
[799] Ziff. II Abs. 1 der VO vom 15. Februar 1945, RGBl. I, S. 30.
[800] Ziff. II Abs. 2 der VO vom 15. Februar 1945, RGBl. I, S. 30.
[801] Ziff. III Abs. 1 der VO vom 15. Februar 1945, RGBl. I, S. 30.
[802] Ziff. III Abs. 2 der VO vom 15. Februar 1945, RGBl. I, S. 30.

keit".[803] Sie bedurften der Bestätigung durch den Reichsverteidigungskommissar (also einen Parteifunktionär), „der Ort, Zeit und Art der Vollstreckung" bestimmte.[804] War dieser „nicht erreichbar und sofortige Vollstreckung unumgänglich, so übt[e] der Anklagevertreter diese Befugnisse aus".[805]

i. Die Parteigerichte
Errichtung und Zuständigkeit

Schon vor dem Jahr 1926 gab es innerhalb der NSDAP einen Untersuchungsausschuss, dem die Entfernung unliebsamer Mitglieder aus der Partei oblag, und einen Schlichtungsausschuss, der bei innerparteilichen Streitigkeiten vermitteln sollte. Ab dem 22. Mai 1926 war satzungsgemäß ein „Untersuchungs- und Schlichtungsausschuss" auf Reichsebene vorgesehen, dem im Laufe der Zeit ebensolche Institutionen in den Ortsgruppen, Kreisen und Gauen folgten.[806]

§ 3 des Gesetzes zur Sicherung der Einheit von Partei und Staat vom 01. Dezember 1933[807] legte den Mitgliedern von NSDAP und SA „erhöhte Pflichten gegenüber Führer, Volk und Staat" auf (Abs. 1). Die Mitglieder unterstanden wegen Verletzung dieser Pflichten einer besonderen Partei- und SA-Gerichtsbarkeit (Abs. 2). Die Untersuchungs- und Schlichtungsausschüsse wurden darauf am 09. Dezember 1933 offiziell in „Parteigerichte" umbenannt.[808]

§ 4 definierte als Pflichtverletzung „jede Handlung oder Unterlassung, die den Bestand, die Organisation, die Tätigkeit oder das Ansehen der Nationalsozialistischen Deutschen Arbeiterpartei angreift oder gefährdet, bei Mitgliedern der SA (einschließlich der ihr unterstellten Gliederungen) insbesondere jeder Verstoß gegen Zucht und Ordnung". Das Fatale an der Situation - insbesondere der Beamten unter den Parteimitgliedern - sei es gewesen, dass dieser „besondere Pflichtenkreis [...] nirgendwo beschrieben, nirgendwo festgelegt und geregelt [war]. Prinzipiell war er das Forum und Medium des Führerwillens und zugleich dessen Vollzugsorgan. Die Pflicht lag zum gleichen Teil im Erkennen und im bewussten, selbstgewollten Vollzug".[809]

Besonderheiten des Verfahrens

Gemäß § 5 konnten sogar Haft und Arrest verhängt werden. Die öffentlichen Behörden waren im Rahmen ihrer Zuständigkeit dazu verpflichtet, „den mit der

[803] Ziff. IV Abs. 1 der VO vom 15. Februar 1945, RGBl. I, S. 30.
[804] Ziff. IV Abs. 1 der VO vom 15. Februar 1945, RGBl. I, S. 30.
[805] Ziff. IV Abs. 2 der VO vom 15. Februar 1945, RGBl. I, S. 30.
[806] *Block*, S. 7-19; *Löffler*, S. 84. Siehe auch *Buch* in: Der Parteirichter 1934, S. 15 ff.
[807] RGBl. 1933 I, S. 1016.
[808] *Block*, S. 118. Die Parteigerichte trugen die Bezeichnung: „Oberstes Parteigericht", „Gaugerichte", „Kreisgerichte" und „Ortsgerichte".
[809] *Diehl-Thiele*, S. 60.

Ausübung der Partei- und SA-Gerichtsbarkeit betrauten Dienststellen der Partei und der SA Amts- und Rechtshilfe zu leisten" (§ 6). Das Verfahren vor den Parteigerichten[810] war in Richtlinien geregelt, deren ursprüngliche Fassung auf dem 02. Februar 1934 zurückgeht.[811] Sie wurden im Herbst 1942 aufgrund einer Verfügung des „Führers" neugefasst.[812] Parteirichter mit der Befähigung zum Richteramt konnten aufgrund eines Gesetzes aus dem Jahr 1936 Zeugen und Sachverständige vereidigen.[813]

Die Richter der Parteigerichte

Bevor es Richtlinien für das Verfahren vor den Parteigerichten gab, waren hauptsächlich Offiziere und andere Staatsbedienstete als Parteirichter tätig. Ab dem 30. September 1936 war die Befähigung zum Richteramt erforderlich.[814]

Nach Ziff. 4b) der Richtlinien von 1942[815] ernannte der „Führer" den Leiter des Obersten Parteigerichts und auf dessen Vorschlag die Richter beim Obersten Parteigericht und die Leiter und Kammervorsitzenden der Gaugerichte. Zum Vorschlag eines Leiters oder Kammervorsitzenden des Gaugerichts war die Zustimmung des Gauleiters notwendig. Die übrigen Parteirichter ernannte der Leiter des Obersten Parteigerichts „im Einvernehmen mit dem zuständigen Hoheitsträger". Als Richter fungierten neben den Berufjuristen auch Laienbeisitzer. In den Richtlinien von 1942 war eine juristische Vorbildung der Richter nicht mehr erforderlich. Es sollten vielmehr „bewährte, weltanschaulich gefestigte Nationalsozialisten bestellt werden, die vorher in der praktischen Parteiarbeit aktiv tätig waren".[816]

Das Verhältnis zur staatlichen Justiz

Eine Verknüpfung mit den staatlichen Gerichten bestand in vielfältiger Weise. Die ordentliche Justiz stellte den Parteigerichten für ihre Verhandlungen auch Sitzungssäle zur Verfügung.[817] Am 01. Januar 1944 waren in den Parteigerich-

---

[810] Siehe zum Verfahren vor den Parteigerichten *Schneider* in: Der Parteirichter 1934, S. 20-27.

[811] Der Text der Richtlinien für die Parteigerichte auf dem Stand vom 01. April 1934 befindet sich in der Vorschriftensammlung „Das Recht der NSDAP", herausgegeben von *C. Haidn* und *L. Fischer,* München 1937, S. 697 ff.

[812] Verfügung des „Führers" V22/42 vom 21. November 1942, abgedruckt in: Der Parteirichter 1942, S. 10; Richtlinien abgedruckt in: Der Parteirichter 1942, S. 10-16.

[813] Gesetz über die Vereidigung durch die Parteigerichte vom 30. September 1936, RGBl. I, S. 853. Siehe dazu *Buch* in: Der Parteirichter 1936, S. 10 ff.

[814] *Block*, S. 195.

[815] Abgedruckt in: Der Parteirichter 1942, S. 10.

[816] Ziff. 4a) der Richtlinien, abgedruckt in: Der Parteirichter 1942, S. 10.

[817] *A. Wagner*, S. 255.

ten 422 Richter der ordentlichen Gerichte im Nebenamt tätig. In den Gerichten der angeschlossenen Verbände waren es 160, in denen der Gliederungen 111.[818] Ein nicht bekanntes AG entschied im Hinblick auf die Bindung an parteigerichtliche Urteile:

> „Die ordentlichen Gerichte seien nicht befugt, die Grundlage des Beschlusses des Parteigerichts nachzuprüfen. [...] Rechtskräftige Feststellungen der Parteigerichte seien aber für die ordentlichen Gerichte in der Weise maßgebend und bindend, daß eine Nachprüfung im ordentlichen Rechtsstreit nicht mehr stattfinden könne."[819]

Bedeutung der Parteigerichtsbarkeit für das Strafsystem des Dritten Reiches

Die nach der Machtergreifung auf Orts-, Kreis-, Gau- und Reichsebene errichteten SA- und Parteigerichte waren zwar nicht Teil der staatlichen Strafjustiz. Da sie aber weitreichende Befugnisse gegenüber den ihnen unterstellten Personen hatten – insbesondere die Möglichkeit, den mit weiteren Folgen verbundenen Parteiausschluss zu bewirken – gehörten auch sie gewissermaßen zum Strafsystem des NS-Staates. Noch drastischer als der Parteiausschluss, der meistens den Verlust der Existenzgrundlage mit sich brachte, war die Ausstoßung aus der Partei, die ebenfalls von den Parteigerichten verhängt werden konnte. „Wer nach einem entsprechenden Beschluss eines Parteigerichts aus der NSDAP ausgestoßen worden war, dem war von der Partei attestiert worden, gesinnungs- und charakterlos zu sein".[820] Die Ausgestoßenen wurden in der Folge häufig als Partei- und Staatsfeinde von der GeStapo verhaftet.[821]

2. Die Strafgerichte in der SBZ/DDR

a. Die Stunde Null

Nach der bedingungslosen Kapitulation der deutschen Streitkräfte und dem Zusammenbruch des Deutschen Reiches am 08. Mai 1945 kam die Tätigkeit der Justiz weitgehend zum Erliegen. Ab dem Tag der Berliner Deklaration, dem 05. Juni 1945, wurde die oberste Regierungsgewalt – im westlich von Oder und Neiße liegenden Teil Deutschlands – von den Oberbefehlshabern der vier Besatzungsarmeen durch den alliierten Kontrollrat ausgeübt. Die Proklamation Nr. 3

---

[818] *A. Wagner*, S. 255.
[819] Der Parteirichter 1939, S. 51.
[820] *Block*, S. 131.
[821] *Block*, S. 131.

des Kontrollrates bestimmte am 20. Oktober 1945 „Grundsätze für die Umgestaltung der Rechtspflege".[822] Deren Präambel lautete:

> „Mit der Ausschaltung der Gewaltherrschaft Hitlers durch die Alliierten Mächte ist das terroristische System der Nazigerichte abgeschafft worden. An seiner [sic!] Stelle muß eine Rechtspflege treten, die sich auf die Errungenschaften der Demokratie, Zivilisation und Gerechtigkeit gründet. Der Kontrollrat verkündet die folgenden Grundsätze für die Wiederherstellung der Rechtspflege. Sie haben für ganz Deutschland Geltung."

Die „Abschaffung der Hitlerschen Ausnahme- und Sondergerichte" – hierunter fielen jedoch nicht die Kriegsgerichte bzw. die SS- und Polizeigerichte – wurde durch Ziff. III dieser Proklamation verfügt, welche lautete:

> „Der Volksgerichtshof, die Gerichte der Nationalsozialistischen Deutschen Arbeiterpartei und die Sondergerichte sind aufgehoben. Ihre Wiederherstellung ist verboten."

Die Schlussbestimmung der Proklamation Nr. 3 ordnete für die Zukunft an, dass „ordentliche deutsche Gerichte nach Maßgabe ihrer Rangordnung [...] im Einklang mit dieser Proklamation in Deutschland die Rechtpflege ausüben" werden.

Das Gesetz Nr. 4 des Kontrollrats[823] vom 30. Oktober 1945 bestimmte in seinem Art. I, dass die Umgestaltung der deutschen Gerichte grundsätzlich in Übereinstimmung mit dem GVG in der Fassung vom 22. März 1924 erfolgen sollte und dass die Gliederung der ordentlichen Gerichtsbarkeit in AG, LG und OLG wiederhergestellt wurde. Die deutsche Strafgerichtsbarkeit war nach Art. III dieses Gesetztes jedoch nicht zuständig für (1.) „strafbare Handlungen, die sich gegen die alliierten Besatzungsstreitkräfte" richteten, (2.) „strafbare Handlungen, die von Nazis oder von anderen Personen begangen wurden, und die sich gegen Staatsangehörige Alliierter Nationen oder deren Eigentum [richteten], sowie Versuche zur Wiederherstellung des Naziregimes oder zur Wiederaufnahme der Tätigkeit des Naziorganisationen", (3.) „strafbare Handlungen, in die Militärpersonen der Alliierten Streitkräfte oder Alliierte Staatsangehörige verwickelt" waren und (4.) sonstige Strafsachen, die der Zuständigkeit der deut-

---

[822] Abgedruckt im Amtsblatt des Kontrollrats in Deutschland Nr. 1 vom 29. Oktober 1945, S. 6-7. Abgedruckt auch in: Sammlung der vom Alliierten Kontrollrat und der Amerikanischen Militärregierung erlassenen Proklamationen, Gesetze, Verordnungen, Befehle und Direktiven, zusammengestellt von *R. Hemken*, Stuttgart 1946, ohne Seitenzahl.

[823] Abgedruckt im Amtsblatt des Kontrollrats in Deutschland Nr. 2 vom 30. November 1945, S. 8-9. Abgedruckt auch in: Sammlung der vom Alliierten Kontrollrat und der Amerikanischen Militärregierung erlassenen Proklamationen, Gesetze, Verordnungen, Befehle und Direktiven, zusammengestellt von *R. Hemken*, Stuttgart 1946, ohne Seitenzahl.

schen Gerichte nach den Anordnungen des Alliierten Militärbefehlshabers entzogen wurden.

Noch bevor der alliierte Kontrollrat die beiden genannten Normen für das gesamte besetzte Deutschland festlegte[824], hatte die am 09. Juni 1945 geschaffene Sowjetische Militäradministration in Deutschland (SMAD) gehandelt. Marschall *Schukow* erließ am 04. September den „Befehl Nr. 49 der SMAD über die Reorganisation der deutschen Gerichte in den von Sowjet-Truppen besetzten Provinzen Deutschlands".[825] Die Ziff. 1 des Befehls lautete:

> „Das System der deutschen Gerichte in allen Provinzen ist in Übereinstimmung mit der Gesetzgebung, wie sie zum 1. Januar 1933 existierte, zu reorganisieren. In den Provinzen ist folgendes Gerichtssystem festzusetzen: Rayon-Gerichte (Amtsgerichte) nach Zahl der Rayons, Bezirksgerichte (Landgerichte) und Oberlandesgerichte."

Aus Sicht der Geschichtsschreibung der DDR entstanden neue Justizorgane „ab Mai 1945 in vielfältigen, differenzierten Formen: als Gemeinde, Orts- und Stadtgerichte, als mit Richtern und Staatsanwälten aus der Arbeiterklasse und anderen werktätigen Schichten wiedereröffnete Amtsgerichte, als „neu eröffnete" Amts- und Landgerichte, aus denen faschistische Juristen entfernt worden waren und antifaschistische oder zumindest unbelastete Juristen als Richter und Staats- bzw. Amtsanwalt tätig wurden. Daneben gab es Justizorgane, bei denen der alte Apparat im wesentlichen erhalten geblieben war und nur besonders belastete faschistische Richter und Staatsanwälte ausgeschieden waren."[826]

b. Richter im Soforteinsatz und Anwälte „im Ehrendienst"

In den von der Roten Armee eroberten Gebieten wurden „zur Sicherung von Ordnung und Gesetzlichkeit" zunächst sogenannte „Richter im Soforteinsatz" mit – unter anderem – den Aufgaben der Strafrechtspflege betraut.[827] Eine Autorin aus der DDR schrieb zu den Richtern im Soforteinsatz:

> „Als Richter und Staatsanwälte wurden vor allem Arbeiter und andere Antifaschisten herangezogen, die zwar keine juristische Vorbildung, wohl aber politischen Weitblick und einen klaren Klassenstandpunkt besaßen. Diese „Richter und Staatsanwälte im So-

---

[824] Für die besondere Situation in Berlin siehe: *Friedrich Scholz*, Berlin und seine Justiz. Die Geschichte des Kammergerichtsbezirks 1945 bis 1980, Berlin und New York 1982.

[825] Abgedruckt bei *Rössler*, Justizpolitik in der SBZ/DDR, S. 195; bei *Schöneburg*, Dokumente 1945-1949, S. 223; in NJ 1955, S. 517. Siehe zum Befehl Nr. 49 auch Kapitel B II 1 a.

[826] *Anders/Benjamin/Görner*, S. 44.

[827] Ein rückblickender Bericht einer Nichtjuristin, die vom sowjetischen Kreiskommandanten im August 1945 als Richterin eingesetzt worden war, findet sich in NJ 1955, S. 269 f. Siehe auch *Hoeniger* in NJ 1949, S. 192 f.

> forteinsatz" verhandelten einfache Strafsachen und Zivilstreitigkeiten und bewiesen, daß Werktätige gerecht urteilen und nach Grundsätzen demokratischer Gesetzlichkeit Recht sprechen können."[828]

Die Provinzialverwaltung der Provinz Sachsen ermächtigte den Präsidenten, „auch solche Personen, die die Voraussetzungen des Gerichtsverfassungsgesetzes nicht erfüllen, die Genehmigung zur zeitweisen Wahrnehmung richterlicher Geschäfte zu erteilen, sofern sie ihrer Person nach die Gewähr für die ordnungsgemäße Ausübung der ihnen übertragenen Befugnisse geben".[829] Zu dem dafür zugelassenen Personenkreis gehörten Angehörige verschiedener rechtskundiger Berufe wie z.B. Notare oder Beamte des mittleren Justizdienstes.

Anfang Juli 1946 waren in der Ostzone aufgrund des Personalmangels immer noch 112 Richter und Staatsanwälte – hauptsächlich Kommunisten – ohne juristische Ausbildung im Einsatz.[830] Immerhin 48 von ihnen waren zuvor bei der Polizei, im mittleren Justizdienst oder bei Rechtsanwälten tätig gewesen und hatten somit gewisse Rechtskenntnisse.[831]

Eine weitere Maßnahme zur Behebung der Personalnot war der Einsatz von Rechtsanwälten „im Ehrendienst". Anfang Mai 1948 waren in der SBZ 250 Rechtsanwälte als Richter und Staatsanwälte tätig. Dies führte auch dazu, dass diese Juristen teilweise in der selben Sache gleichzeitig auch als Verteidiger tätig waren. Die Tätigkeit der Rechtsanwälte im Ehrendienst dauerte in Sachsen bis zum 31. März 1951 an.[832]

c. Die Sowjetische Militärjustiz
Zeitraum und Größenordnung des Wirkens der Militärtribunale

Die sowjetische Besatzungsmacht inhaftierte zwischen 1945 und 1950 in den zehn Speziallagern auf dem Gebiet der SBZ etwa 189000 Personen.[833] Von den etwa 154000 deutschen Häftlingen – deren Einweisung überwiegend aufgrund reiner Willkür zustande gekommen war – überlebten ca. 44000 die Lager nicht.[834] Die Verfolgungsmaßnahmen lassen sich in rein administrative – beispielsweise durch den sowjetischen Geheimdienst – und gerichtsförmige unter-

---

[828] *Melzer*, S. 49.
[829] Zitiert nach *Benjamin* in NJ 1955, S. 259 (260).
[830] *Wentker*, S. 119 f.
[831] *Wentker*, S. 120.
[832] *Wentker*, S. 120.
[833] *Wentker*, S. 18 f.
[834] *Wentker*, S. 19. Auch *K.D. Müller* geht davon aus, dass etwa ein Drittel der Speziallagerhäftlinge und der in die UdSSR Deportierten die Haft nicht überlebten (in: *Engelmann/Vollnhals*, S. 62).

teilen.[835] Unmittelbar nach Kriegsende überwogen die Internierungen ohne Gerichtsurteil, während die Zahl der Verurteilungen in den Jahren 1947/1949 ihren Höchststand erreichte.[836]

Im Jahre 1948 waren unter den Lagerhäftlingen 13873 Menschen, die zuvor von sowjetischen Militärtribunalen (SMT) verurteilt worden waren.[837] Insgesamt sollen von den SMT etwa 40000 deutsche Zivilisten verurteilt worden sein, von denen mehr als die Hälfte in die UdSSR deportiert und die anderen in Speziallager eingewiesen wurden.[838] Die SMT waren von 1945 bis 1957 auf dem Territorium der SBZ/DDR auch für Deutsche zuständig, sie übten diese Tätigkeit jedoch nur bis ins Jahr 1955 aus.[839]

Zuständigkeit der SMT

SMT bestanden sowohl bei den Truppenteilen der Roten Armee als auch bei den Verfügungstruppen des NKWD/MWD und des NKGB/MGB. Die beiden letztgenannten waren ihrem Aufbau nach für jeweils bestimmte territoriale Gebiete zuständig und spielten gegenüber deutschen Staatsangehörigen die größte Rolle.[840]

Nach Art. 8 der sowjetischen Militärgerichtsordnung von 1926 waren die Militärtribunale zur Aburteilung „aller Verbrechen, von wem auch immer sie begangen wurden“ zuständig und zwar „in Gebieten, in denen infolge außergewöhnlicher Umstände keine ordentlichen Gerichte funktionieren“.[841] Generell wurde die Zuständigkeit der Militärtribunale auch durch die Verhängung des Kriegszustandes erheblich erweitert. Sie erstreckte sich nach einem Erlass von 1941 dann „auf alle Sachen betreffend Verbrechen gegen die Verteidigung, die öffentliche Ordnung und die Staatssicherheit“ sowie auf „alle sonstigen Sachen, soweit das Oberkommando dies nach den Umständen des Kriegszustandes für notwendig erachtet“.[842] Da der Kriegszustand zwischen Deutschland und der Sowjetunion bis zum 25. Januar 1955 andauerte, galten solange auch diese weitgefassten Zuständigkeitsregeln.[843]

Die Sowjets konnten sich – zumindest zum Schein gegenüber den Westalliierten - bei bestimmten Delikten auch auf Gesetz Nr. 10 des alliierten Kontroll-

---

835 *K.-D. Müller* spricht von „justitiellen“ und „außerjustitiellen“ Verfolgungsmaßnahmen (in: *Engelmann/Vollnhals*, S. 60).
836 *Fricke*, Politik und Justiz in der DDR, S. 55.
837 *Wentker*, S. 20.
838 *Wentker*, S. 20.
839 *Fricke*, Politik und Justiz in der DDR, S. 100.
840 *Fricke*, Politik und Justiz in der DDR, S. 101 f.
841 Zitiert nach *Fricke*, Politik und Justiz in der DDR, S. 103.
842 Erlass des Präsidiums des Obersten Sowjets der UdSSR vom 22. Juni 1941 „Über den Kriegszustand“, zitiert nach *Fricke*, Politik und Justiz in der DDR, S. 101.
843 *Fricke*, Politik und Justiz in der DDR, S. 101.

rats[844] sowie der dazu ergangenen Direktive Nr. 38[845] berufen, das die Bestrafung von Kriegsverbrechen, Verbrechen gegen den Frieden oder gegen die Menschlichkeit regelte. Nach Art. III Nr. 2 bestimmten die Zonenbefehlshaber für ihre Zonen das Gericht, von dem die nach diesem Gesetz beschuldigten Personen abgeurteilt werden sollen, sowie die dabei anzuwendende Verfahrensordnung.

Besonderheiten des Verfahrens vor den SMT

Inwiefern vor den Tribunalen der Grundsatz *in dubio pro reo* Beachtung fand, lässt sich anhand des von *Hilde Benjamin* aufgegriffenen Zitates *Wyschinskis* erahnen:

> „Vor ein sowjetisches Gericht gestellt zu werden, ist keine Kleinigkeit. Das ist eine Schande, das ist eine außerordentlich ernste Sache."[846]

Wenn man sie nicht direkt in Speziallager verbrachte, wurden die Inhaftierten – nach in der Regel mehrmonatigen Untersuchungsverfahren – an ein SMT übergeben. In der Untersuchungshaft, die von Hunger, Kälte, katastrophalen hygienischen Bedingungen sowie psychischer und körperlicher Folter gekennzeichnet war, wurden in tage- und nächtelangen Dauerverhören Geständnisse erzwungen.[847]

Die Tribunale entschieden – nicht öffentlich – in der Besetzung von einem Militärrichter und zwei weiteren Militärangehörigen. Gewöhnlich gab es weder einen Ankläger noch einen Verteidiger, da das sowjetische Recht dem Gericht diese Funktionen mit übertrug.[848] Akten und Protokolle waren nur auf russisch abgefasst und damit für die Beschuldigten nicht überprüfbar.[849] Das Urteil wurde auf russisch verlesen und nur in gekürzter Fassung von einem Dolmetscher auf deutsch übersetzt.[850] Sowohl für die Truppengerichte der Frühphase als auch

---

844 Gesetz vom 20. Dezember 1945, abgedruckt beispielsweise bei: Das Recht in Deutschland, Sammlung des Reichs- und Zonen-Rechts, hrsg. von *Helmut Ruge*, Berlin 1947, Abschnitt I C 1.

845 Direktive des alliierten Kontrollrats vom 12. Oktober 1946 nebst Anhang, abgedruckt beispielsweise bei: Das Recht in Deutschland, Sammlung des Reichs- und Zonen-Rechts, hrsg. von *Helmut Ruge*, Berlin 1947, Abschnitt II A 8.

846 *Wyschinski*, „Die Rede des Genossen Stalin vom 4. Mai und die Aufgaben der Justiz", zitiert nach *Benjamin* in StuR 1953, S. 476 (490).

847 *K.-D. Müller* in: *Engelmann/Vollnhals*, S. 82. Auch *Wentker* (S. 20) spricht von Willkür, Brutalität und dem Fehlen von rechtsstaatlichen Verfahrensregeln.

848 *Fricke*, Politik und Justiz in der DDR, S. 112; *K.-D. Müller* in: *Engelmann/Vollnhals*, S. 68.

849 *K.-D. Müller* in: *Engelmann/Vollnhals*, S. 89.

850 *Fricke*, Politik und Justiz in der DDR, S. 112.

für die späteren Ländertribunale gab es eine zweite Instanz, die unter anderem Todesurteile zu bestätigen hatte.[851] Ferntribunale des MGB sprachen – in der SBZ selten – zeitweise Urteile in Abwesenheit der Angeklagten nach Aktenlage.[852]

Von den SMT angewendetes Strafrecht

Bei vor dem 08. Mai 1945 begangenen Delikten wendeten die SMT sowohl Strafgesetze des alliierten Kontrollrates als auch sowjetisches Recht an.[853] Straftaten, die nach der deutschen Kapitulation verübt worden waren und sich (oft nur angeblich) gegen die Besatzungsmacht richteten, wurden fast ausschließlich nach Art. 58 des Strafgesetzbuchs der RSFSR abgeurteilt.[854] Dieser Artikel fasste in vierzehn Paragraphen die sogenannten „Gegenrevolutionären Verbrechen" zusammen.[855] Die meisten Verurteilungen Deutscher fanden ihrer Grundlage in den §§ 2, 6, 10 und 11[856]: Bewaffneter Aufstand bzw. Eindringen bewaffneter Banden in das Sowjetgebiet, Spionage, Propaganda und Agitation sowie organisatorische Tätigkeit oder Teilnahme an einer Organisation zur Begehung dieser Verbrechen. Die ohnehin schon unbestimmten Tatbestände konnten von den Tribunalen durch – im sowjetischen Strafrecht dieser Zeit erlaubte – analoge Anwendung noch weiter ausgedehnt werden.[857]

Auswirkungen auf die deutsche Strafjustiz in der Ostzone

Durch die Zuständigkeiten der SMT wurden weite Teile des politischen Strafrechts und die Verfolgung (oft nur angeblicher) NS-Verbrecher zunächst den deutschen Gerichten entzogen. *Wentker* weist zurecht auf die dadurch entstandene Entlastung der deutschen Justiz hin.[858] Außerdem sei eine „Wiederanknüpfung an die justitielle Praxis des Dritten Reiches in Staatsschutzverfahren" dadurch unmöglich geworden. Dies trifft insofern zu, als zumindest für eine kurze Zeit die Besatzungsmacht die Hauptlast bei der Unterdrückung politischen Widerstands mit justizförmigen Mitteln trug. Insbesondere auch SPD-Mitglieder

---

[851] *K.-D. Müller* in: *Engelmann/Vollnhals*, S. 68 f.
[852] *K.-D. Müller* in: *Engelmann/Vollnhals*, S. 69 f.
[853] *Fricke*, Politik und Justiz in der DDR, S. 104.
[854] *Fricke*, Politik und Justiz in der DDR, S. 104; *K.-D. Müller* in: *Engelmann/Vollnhals*, S. 74; *Wentker*, S. 20.
[855] Art. 58 ist in deutscher Übersetzung abgedruckt bei *Fricke*, Politik und Justiz in der DDR, S. 106 ff. Das gesamte Gesetzbuch wurde in deutscher Sprache veröffentlicht von: *Wilhelm Gallas*, Strafgesetzbuch der Russischen Föderativen Sowjet-Republik (Stand: August 1930), Berlin und Leipzig 1931, S. 25-28.
[856] *K.-D. Müller* in: *Engelmann/Vollnhals*, S. 74.
[857] *Fricke*, Politik und Justiz in der DDR, S. 109.
[858] *Wentker*, S. 20 f.

sowie unbequeme Leute aus CDU oder LDPD wurden von der sowjetischen Justiz verfolgt. Dies brachte der SED den Vorteil, weniger Verantwortung für diese Zwangsmaßnahmen tragen zu müssen.[859] So kam es, dass auch nach Gründung der DDR noch Oppositionelle den Gerichten der Besatzungsmacht überlassen wurden.[860]

d. Zuständigkeiten für Strafverfahren nach Befehl Nr. 201

Durch Befehl Nr. 201 der SMAD vom 16. August 1947[861] wurden deutsche Gerichte mit der Aburteilung von NS-Verbrechen betraut. Zur wichtigsten Norm für Verurteilungen aus politischen Gründen wurde zunächst die KRD Nr. 38[862], die auch denjenigen als „Aktivisten" einstufte, der „nach dem 8. Mai 1945 durch Propaganda für den Nationalsozialismus oder Militarismus oder durch Erfindung und Verbreitung tendenziöser Gerüchte den Frieden des deutschen Volkes oder den Frieden in der Welt gefährdet hat oder möglicherweise noch gefährdet".[863] Mit der Anwendung dieser Direktive sollten nicht nur ehemalige Nationalsozialisten bestraft, sondern gerade auch aktuelle politische Widerstände bekämpft werden.[864]

Die Aufsicht über das Untersuchungsverfahren, das von den U-Organen der jeweiligen Landesinnenministerien selbständig eingeleitet und durchgeführt wurde, hatte die StA, die auch den Haftbeschluss und die Anklageschrift zu bestätigen hatte.[865] Für das gerichtliche Verfahren galt das deutsche Strafprozessrecht. Zuständig waren jedoch besondere Strafkammern der LG, die bei „Hauptverbrechern" mit zwei Berufsrichtern sowie drei Schöffen und bei anderen Anklagen mit einem Berufsrichter und zwei Schöffen besetzt waren.[866] Die Schöffen wurden nicht durch ein Losverfahren bestimmt, sondern „von den demokratischen Parteien und Organisationen benannt und von den Landesregierungen bestätigt".[867]

---

[859] *Fricke*, Politik und Justiz in der DDR, S. 120 f.

[860] Z.B. im Falle des 1950 verhafteten und 1952 verurteilten Generalsekretärs der LDPD *Strempel* (*Fricke*, Politik und Justiz in der DDR, S. 122).

[861] Abgedruckt bei *Schöneburg*, Dokumente 1945-1949, S. 144 f.

[862] Direktive Nr. 38 des alliierten Kontrollrats vom 12. Oktober 1946 nebst Anhang, abgedruckt beispielsweise bei: Das Recht in Deutschland, Sammlung des Reichs- und Zonen-Rechts, hrsg. von *Helmut Ruge*, Berlin 1947, Abschnitt II A 8. Abgedruckt auch bei: Sammlung der vom Alliierten Kontrollrat und der Amerikanischen Militärregierung erlassenen Proklamationen, Gesetze, Verordnungen, Befehle und Direktiven, zusammengestellt von *R. Henken*, Stuttgart 1946.

[863] Abschnitt II Artikel III A III der Direktive Nr. 38. Siehe dazu unter Kapitel D III 1 a.

[864] *Wentker*, S. 424 f.

[865] *Wentker*, S. 404.

[866] *Wentker*, S. 404.

[867] *Wentker*, S. 404 f.

Diese offiziell als „Strafkammern nach Befehl 201“ bezeichneten Spruchkörper, wurden schon nach ihrer Einrichtung im Herbst 1947 umgangssprachlich sowohl in der Bevölkerung als auch in der Justiz als „politische Strafkammern“ bezeichnet.[868]

Tribunale dieser Art waren es auch, die 1950 mit der Durchführung der berüchtigten Waldheimer Verfahren betraut wurden.[869] Diese zwölf Großen und acht Kleinen Strafkammern waren mit von der SED handverlesenen Richtern besetzt. Sie verurteilten in Schnellverfahren von meistens zwanzigminütiger Dauer[870] Insassen sowjetischer Internierungslager zu – bereits vorher festgesetzten[871] – hohen Freiheitsstrafen und zum Tode. *Fricke* und *Werkentin* gebrauchen für diese, auch von früheren DDR-Juristen als Ausnahmegerichte angesehene Tribunale[872], zu Recht den Begriff „Sondergerichte“.[873]

e. Die Gerichtsorganisation und die Gerichtsverfassung Die Gerichtsorganisation vor dem Sommer 1952

Im Oktober 1945 gliederte sich die Justiz der Ostzone in „rund 70“ AG, vier LG und ein OLG.[874] Zu Beginn des Jahres 1946 galt in allen vier Besatzungszonen grundsätzlich das GVG nach dem Stand von Anfang 1933.[875] Im Jahr 1947 gab es in den fünf Ländern der SBZ jeweils ein OLG. Diesen waren wiederum drei bis neun LG zugeordnet.[876]

Mit Gesetz vom 08. Dezember 1949 wurde ein Oberster Gerichtshof errichtet, der die Bezeichnung „Oberstes Gericht der Deutschen Demokratischen Republik“ trug.[877] Bei der Begründung der Gesetzesvorlage in der Volkskammer schloss der Justizminister „mit der Feststellung, daß dieses Gesetz erst der An-

---

[868] *Wentker*, S. 430 f.

[869] *Fricke*, Politik und Justiz in der DDR, S.205.

[870] So die Aussage des ehemaligen Staatssekretärs im MdJ *Brandt*, abgedruckt bei *Fricke*, Politik und Justiz in der DDR, S.208 f. *Luther* (in: *Heuer*, S. 350) spricht von „dreißig bis fünfundvierzig Minuten bis zur Urteilsverkündung“.

[871] *Fricke*, Politik und Justiz in der DDR, S.212 f. *Werkentin*, Politische Strafjustiz in der Ära Ulbricht, S. 181 f.

[872] *Luther* in: *Heuer*, S. 349.

[873] *Fricke*, Politik und Justiz in der DDR, S.206. *Werkentin* in: Materialien der Enquete-Kommission „Aufarbeitung von Geschichte und Folgen der SED-Diktatur in Deutschland“, hrsg. vom Deutschen Bundestag, Band IV, S. 857 f.

[874] *Hoeniger* in NJ 1949, S. 192.

[875] *Rieß* in: Bundesministerium der Justiz, „Im Namen des Volkes?“, Band 3, S. 100.

[876] Übersicht über die Gerichte der SBZ (Stand 01. Juli 1947) bei: *Vössing* in NJ 1947, S. 141 ff.

[877] § 1 des Gesetzes über die Errichtung des Obersten Gerichtshofes und der Obersten Staatsanwaltschaft der Deutschen Demokratischen Republik, GBl. der DDR 1949, S. 111.

fang sei, dem eine Neuordnung der gesamten Gerichtsverfassung auf dem Fuße zu folgen haben werde".[878]

Die Neugliederung des Territoriums der DDR

Da „die alte administrative Gliederung, selbst mit den nach 1945 vorgenommenen Änderungen, jetzt zu einer Fessel der neuen Entwicklung geworden"[879] war, erfolgte ab Juli 1952 die Abschaffung der Länder und die Einteilung des Territoriums der DDR in Bezirke. Um für die Zukunft das Auseinanderfallen von Verwaltungs- und Gerichtsbezirken zu verhindern[880], wurde – noch vor Inkrafttreten des neuen GVG – eine VO über die Neugliederung der Gerichte erlassen.[881] „Zum Zwecke der Anpassung der Gerichte an den Aufbau des Staatsapparates" waren an Stelle der bisherigen AG, LG und OLG in den Kreisen Kreisgerichte und in den Bezirken Bezirksgerichte zu errichten.[882] Bis zur Geltung des neuen GVG oblag den Kreisgerichten die Tätigkeit der bisherigen AG und den Bezirksgerichten die Tätigkeit der bisherigen LG.[883]

Das GVG von 1952

Das am 02. Oktober von der Volkskammer verabschiedete neue GVG[884] trat am 15. Oktober 1952 in Kraft. Es bestätigte den schon zwei Monate zuvor eingeführten Gerichtsaufbau. Neben den Gerichten in Ost-Berlin gab es nun 14 Bezirksgerichte und über 200 Kreisgerichte.[885]

„Die neue Ordnung des Gerichtswesens" bedeutete aus Sicht der DDR „einen Bruch mit den überkommenen, aus verschiedenen historischen Perioden stammenden Gerichtsverfassungen, die alle eindeutig dem Klasseninteresse der preußisch-deutschen, bürgerlich-imperialistischen, dann faschistischen herrschenden Schicht gedient hatten".[886] In der Begründung zum GVG heißt es, dass bisher „die Oberlandesgerichte, die die Rechtsprechung in den Ländern lenken sollten, keine eindeutig fortschrittliche Rolle gespielt haben, in einer Reihe wichtiger Fragen (innerdeutscher Handel, Art. 6 der Verfassung) die Rechtspre-

---

[878] *Nathan* in NJ 1949, S. 303 f.
[879] Präambel des Gesetzes über die weitere Demokratisierung des Aufbaus und der Arbeitsweise der staatlichen Organe in den Ländern der Deutschen Demokratischen Republik vom 23. Juli 1952, GBl. der DDR, S. 613 f.
[880] *Benjamin/Görner/Kamin/Sokolow*, S. 119.
[881] VO vom 28. August 1952, GBl. der DDR 1952, S. 791 f.
[882] § 1 der VO, GBl. der DDR 1952, S. 791.
[883] § 2 der VO, GBl. der DDR 1952, S. 791.
[884] Gesetz über die Verfassung der Gerichte der Deutschen Demokratischen Republik (Gerichtsverfassungsgesetz) vom 02. Oktober 1952, GBl. der DDR 1952, S. 983-988.
[885] *Sarge*, S. 27.
[886] *Benjamin/Görner/Kamin/Sokolow*, S. 126.

chung der örtlichen Gerichte sogar teilweise in eine falsche Richtung lenkten. Auch die sehr großen Landgerichte [...] stellten „große Behörden“ dar, die nicht in allen Abteilungen vom gleichen fortschrittlichen Geist erfüllt waren“.[887]

Die Grundsätze des neuen Gerichtsverfassungsrechts bestätigten nach Ansicht der DDR-Literatur „nochmals die Einheit der sozialistischen Staatsmacht, die Abkehr von der Gewaltenteilung und kennzeichneten die politische Funktion von Justiz und Rechtsprechung“.[888]

Der Erziehungsgedanke in GVG und StPO

In das GVG mit aufgenommen wurde „der Erziehungsgedanke, der das sozialistische Recht durchzieht“[889]: Die Rechtsprechung sollte nämlich nicht nur gemäß § 2 Abs. 1 GVG „dem Aufbau des Sozialismus, der Einheit Deutschlands und dem Frieden“ dienen. Aufgabe der Gerichte der DDR war es auch nach § 2 Abs. 2 GVG, „durch ihre Rechtsprechung alle Bürger in ihrem beruflichen und persönlichen Leben zu einem verantwortungsbewussten Verhalten und zur gewissenhaften Befolgung der Gesetze“ zu erziehen.[890] Um dieser Aufgabe nachzukommen, wurde beispielsweise gefordert, „mehr Verhandlungen vor erweiterter Öffentlichkeit (z.B. in Betrieben) durchzuführen“.[891] Diese erzieherische Aufgabe war auch in die mit dem GVG gleichzeitig verkündete StPO[892] aufgenommen worden. Das Strafverfahren sollte laut § 2 StPO „zur Achtung vor dem sozialistischen Gesetz, zur Achtung vor dem sozialistischen Eigentum, zur Arbeitsdisziplin und zur demokratischen Wachsamkeit“ erziehen.

Zu dieser Erziehung beitragen sollte auch die in § 45 GVG vorgeschriebene öffentliche Berichterstattung der Richter und Schöffen, die in regelmäßigen Abständen zu geschehen hatte. Die „propagandistische Arbeit auf dem Lande“ wurde von den Justizverwaltungsstellen koordiniert.[893] Dazu gehörten sowohl die sogenannten „Justizausspracheabende“[894] wie auch Patenschaftsverträge

---

[887] Zitiert nach *Benjamin* in NJ 1952, S. 434 (435).

[888] *Benjamin/Görner/Kamin/Sokolow*, S. 121.

[889] *Benjamin/Görner/Kamin/Sokolow*, S. 121.

[890] Auch der Abteilungsleiter im MdJ *Helm* betont in NJ 1953, S. 769 (771): „Ziel der Auseinandersetzung [zwischen Staatsanwalt und Verteidiger] ist – neben der erzieherischen Wirkung auf die Öffentlichkeit – die Findung einer Entscheidung, die der objektiven Wahrheit sowie der demokratischen Gesetzlichkeit entspricht, unseren Staat festigt und den Bürger schützt“.

[891] *Genärsch* in NJ 1952, S. 439 (440).

[892] Gesetz über das Verfahren in Strafsachen in der Deutschen Demokratischen Republik (Strafprozessordnung) vom 02. Oktober 1952, GBl. der DDR 1952, S. 996-1029.

[893] *Böhme* in NJ 1954, S. 458 (459).

[894] Es gab zunächst eine Rundverfügung Nr. 105/52 zur Durchführung von Justizausspracheabenden. Eine weitere Direktive des Justizministers dazu erging am 17. Mai 1954 (*Görner* in NJ 1954, S. 402).

zwischen Kreisgerichten und landwirtschaftlichen Produktionsgenossenschaften (LPG). Die Justizausspracheabende – die später zentral vom MdJ angeleitet wurden – dienten aus westdeutscher Sicht dazu, „Gerichtsentscheidungen, insbesondere Strafurteile, die bei der Bevölkerung auf Ablehnung oder Unverständnis stießen" populär zu machen.[895] Aus Sicht der DDR erhielt „die massenpolitische Arbeit der Richter und Staatsanwälte" eine gesteigerte Bedeutung „angesichts der vielen Lügen und Verleumdungen durch die amerikahörigen Westzeitungen und die westdeutschen Rundfunksender, die nicht zuletzt gegen die demokratische Rechtsprechung [der] Gerichte [der DDR] gerichtet" gewesen seien.[896] Über die Justizaussprachеabende waren Protokolle anzufertigen, die dem MdJ dazu dienten, sich über die Arbeit der Gerichte und die in der Bevölkerung diskutierten Fragen zu informieren.[897] In der ersten Hälfte des Jahres 1955 fanden beispielsweise beinahe 5000 Justizaussprachen statt, an denen insgesamt etwa 270.000 Zuhörer teilnahmen.[898]

Eine weitere Neuerung, welche „die Verbundenheit mit den Werktätigen" festigen sollte[899], war die Errichtung von Rechtsauskunftsstellen bei den Kreisgerichten (§ 44 GVG). Diese standen unter der persönlichen Verantwortung des jeweiligen Direktors und sollten die Bevölkerung juristisch beraten bzw. ihr Auskünfte in Rechtsfragen erteilen. Bei der Rechtsauskunftsstelle konnten aber auch – was gesetzlich nicht geregelt war – Eingaben und Kritiken an der Arbeit des Gerichts vorgetragen werden.[900]

Die Regelung der Geschäftsverteilung

Das GVG kannte keine richterliche Selbstverwaltung durch gewählte Präsidien, welche auch die Geschäftsverteilung zu bestimmen hatten. Eine Gewährleistung des gesetzlichen Richters, der von vorneherein für jedes Verfahren anhand objektiver Kriterien bestimmbar sein muss, war in keiner Weise gegeben. Die – jederzeit änderbare – Geschäftsverteilung des Gerichts wurde vom jeweiligen Direktor geregelt.[901]

Zuständigkeit der Kreisgerichte und Bezirksgerichte in Strafsachen

Die Kreisgerichte waren für alle Strafsachen erstinstanzlich zuständig mit Ausnahme von Verbrechen gegen die DDR, Mord und besonders schweren Wirt-

---

895 *Blomeyer/Lange/Rosenthal*, S. 11.
896 *Görner* in NJ 1954, S. 402.
897 *Görner* in NJ 1954, S. 402 (406).
898 *Görner* in NJ 1955, S. 619.
899 *Benjamin/Görner/Kamin/Sokolow*, S. 128.
900 *Benjamin/Görner/Kamin/Sokolow*, S. 128.
901 *Rieß* in: Bundesministerium der Justiz, „Im Namen des Volkes?", Band 3, S. 102.

schaftsverbrechen (§§ 41 Abs. 1, 49 Abs. 1 GVG). Die StA konnte jedoch die Zuständigkeit des Kreis- bzw. Bezirksgerichts durch Anklageerhebung bei demselben herbeiführen und somit auch die aufgeführten schweren Delikte vor dem Kreisgericht und nicht aufgeführte Strafsachen von besonderer Bedeutung vor dem Bezirksgericht verhandeln lassen (§§ 41 Abs. 2, 49 Abs. 2 GVG).

Die Bezirksgerichte waren außerdem in zweiter Instanz für die Verhandlung und Entscheidung über Rechtsmittel (Protest, Berufung oder Beschwerde) gegen Entscheidungen der Kreisgerichte zuständig (§ 49 Abs. 2 GVG). Der Instanzenzug war stets zweigliedrig, d.h. er führte entweder vom Kreisgericht zum Bezirksgericht oder vom Bezirksgericht zum OG.

Besetzung der Kreisgerichte und der Bezirksgerichte

Die Kammern der Kreisgerichte und die Senate der Bezirksgerichte entschieden erstinstanzlich in der Besetzung von einem Berufsrichter und zwei Schöffen (§§ 43 Abs. 1 bzw. 51 Abs. 1 GVG). Damit gab es in keiner Instanz mehr Einzelrichter, sondern auf allen Ebenen nur noch Kollegialgerichte. In Strafsachen von besonderem Umfang konnte beim Bezirksgericht die Mitwirkung eines zweiten Berufsrichters angeordnet werden (§ 51 Abs. 2) GVG. In zweiter Instanz waren die Strafsenate der Bezirksgerichte mit drei Berufsrichtern – unter Vorsitz eines Oberrichters – besetzt (§ 51 Abs. 3 GVG).

Der Direktor des Bezirksgerichts konnte in jeder Sache den Vorsitz übernehmen (§ 51 Abs. 4 GVG). Dadurch vermochte er sich „nicht nur eine genaue Kenntnis der Rechtsprechung aller Senate des Gerichts und der Leistungen der Richter zu verschaffen", sondern er konnte darüber hinaus auch „aus eigener Initiative gerade bei Sachen von besonderer Bedeutung zu Ergebnissen der Rechtsprechung beitragen, die den höchsten Leistungsstand seines Gerichts widerspiegeln".[902]

f. Das Oberste Gericht
Errichtung des OG

Das OG wurde entsprechend Art. 126 der Verfassung mit Gesetz vom 08. Dezember 1949 errichtet.[903] Justizminister *Fechner* begründet die Errichtung des OG in der Sitzung der Volkskammer vom 09. November 1949 mit den folgenden Worten:

> „Zur Wahrung der Rechtseinheit eines Landes ist das Zusammenwirken zweier Faktoren erforderlich: eines gemeinsamen Gesetzgebers und eines gemeinsamen obersten

[902] *Pogorschelsky* in NJ 1952, S. 442 (444).

[903] Gesetz über die Errichtung des Obersten Gerichtshofs und der Obersten Staatsanwaltschaft der Deutschen Demokratischen Republik vom 08. Dezember 1949, GBl. der DDR, S. 111f.

> Gerichts. Solange nur einer dieser Faktoren in Wirksamkeit ist, bleibt die Rechtseinheit gefährdet; denn selbst das Vorhandensein eines gemeinsamen Gesetzgebers kann erfahrungsgemäß nicht verhindern, daß das gleiche Gesetz bei der Anwendung durch verschiedene Obergerichte eine verschiedene Auslegung erfährt. Für das richtige Funktionieren der Wirtschaft und des Verwaltungsapparates aber ist eine Rechtseinheitlichkeit, die sich sowohl auf den gemeinsamen Gesetzgeber als auch auf die gemeinsame einheitliche Rechtsprechung gründet, unabweisbar." [904]

Das MdJ und das OG bestanden nach sowjetischem Vorbild nebeneinander.[905] Zusammen mit der Obersten Staatsanwaltschaft bildeten sie drei zentrale Justizorgane, die auf einer Ebene zusammenzuarbeiten hatten.[906] Es war aus Sicht der DDR von Anfang an klar, „daß das Oberste Gericht der DDR keinerlei Identität mit dem ehemaligen Reichsgericht [...] haben und nicht an dessen Rechtsprechung anknüpfen durfte".[907]

Zuständigkeit des OG

Nach dem Errichtungsgesetz (§ 6) war das OG zuständig in Strafsachen, in denen die Oberste Staatsanwaltschaft wegen deren überragender Bedeutung Anklage vor dem OG erhoben hatte sowie für Kassationsverfahren in Zivil- und Strafsachen. Eine darüber hinausgehende gesetzliche Zuständigkeitsregelung wurde im Gründungsgesetz noch offengelassen.

Erstinstanzliche Verfahren vor dem OG waren zahlenmäßig gering. Sie konzentrierten sich auf die Verletzung von Kontrollratsnormen und des Art. 6 der Verfassung. Daneben gab es Prozesse wegen Sabotage und anderer Wirtschaftsverbrechen.[908]

Mit dem GVG von 1952[909] wurde das OG auch zum Rechtsmittelgericht und seine Zuständigkeit erweitert. Es war von nun an auch für die Verhandlung und Entscheidung über die Rechtsmittel des Protestes, der Berufung und Beschwerde gegen die von den Bezirksgerichten in erster Instanz ergangenen Entscheidungen in Straf- und Zivilsachen zuständig (§ 55 Abs. 1 Nr. 2 GVG).

Eine weitere Neuerung des GVG von 1952 war die Schaffung einer Richtlinienkompetenz. § 58 GVG bestimmte:

---

904 Stenographische Niederschrift der 5. Sitzung der Provisorischen Volkskammer am 09. November 1949, S. 70. Zitiert nach *Gängel* in *Rottleuthner*: Steuerung der Justiz in der DDR, S. 253.

905 Siehe dazu: *Benjamin/Görner/Kamin/Sokolow*, S. 108.

906 Zur Zusammenarbeit der „drei zentralen Justizorgane" bei der Aufsicht über die Rechtsprechung siehe *Benjamin* in NJ 1954, S. 716 f.

907 *Sarge*, S. 16.

908 *Gängel* in *Rottleuthner*: Steuerung der Justiz in der DDR, S. 254 f.

909 GBl. der DDR 1952, S. 983-988.

> „Im Interesse der einheitlichen Anwendung und Auslegung des Gesetzes durch die Gerichte der Deutschen Demokratischen Republik kann auf Antrag des Präsidenten des Obersten Gerichts, des Generalstaatsanwalts der Deutschen Demokratischen Republik oder des Ministers der Justiz das Plenum des Obersten Gerichts im Zusammenhang mit einer Entscheidung Richtlinien mit bindender Wirkung für alle Gerichte erlassen."

Auf einer Arbeitstagung, an der unter anderem Richter des OG, Staatsanwälte der Obersten Staatsanwaltschaft und Mitarbeiter des Ministeriums teilnahmen, wurde klargestellt, dass die betreffende Entscheidung nicht vom OG stammen musste und auch nicht im Wege der Kassation aufgehoben werden musste.[910]

Eine seit seiner Errichtung bestehende Aufgabe des OG war es zudem, der Regierung der DDR auf Anforderung Rechtsgutachten zu erstatten.[911]

Das Kassationsverfahren

Der Rechtsbehelf der Kassation existierte auf dem Gebiet der SBZ schon vor Gründung der DDR. Nachdem es zunächst umstritten war, ob die im Dritten Reich geschaffene Nichtigkeitsbeschwerde weiterhin angewendet werden könne – anstelle vom Oberreichsanwalt durch den Generalstaatsanwalt zu beantragen – ging „die überwiegende Meinung [...] aber dahin, man solle eine weitere Anwendung der Nichtigkeitsbeschwerde ablehnen und eine neue gesetzliche Regelung treffen. Für diese Ansicht war in erster Linie der Gedanke maßgeblich, daß man es ablehnen müsse, zur Erneuerung und zur Festigung der demokratischen Justiz ein Institut zu verwenden, das erst durch den nazistischen Gesetzgeber in Deutschland eingeführt und von der nazistischen Rechtsprechung einseitig zur Durchsetzung ihrer Ziele mißbraucht worden war".[912]

Im Jahr 1947 forderte man noch, „wenn der Gesetzgeber sich schon dazu entschließt, im Interesse einer gerechten Entscheidung bestimmter Einzelfälle das für die allgemeine Rechtssicherheit so bedeutsame Prinzip der Rechtskraft zu durchbrechen, [...] die Fälle, in denen dies zulässig sein soll, möglichst scharf zu umgrenzen, um einem Mißbrauch des neu geschaffenen Instituts von vorneherein entgegenzuwirken".[913]

Das Errichtungsgesetz vom Dezember 1949[914] gab dem OG die Zuständigkeit für die Kassation rechtskräftiger Entscheidungen in Zivil- und Strafsachen. Die Kassation konnte in Strafsachen erfolgen, wenn die Entscheidung auf einer Verletzung des Gesetzes im Sinne der §§ 337 bis 339 StPO beruhte oder der Ge-

---

[910] *Gängel* in *Rottleuthner*: Steuerung der Justiz in der DDR, S. 260.
[911] § 7 des Errichtungsgesetzes, später: § 59 GVG.
[912] *Weiß* in NJ 1947, S. 213 (214).
[913] *Weiß* in NJ 1947, S. 213 (214).
[914] GBl. der DDR 1949, S. 111 f.

rechtigkeit gröblich widersprach (§ 12). Der Kassationsantrag sollte nur gestellt werden, „wenn die anzufechtende Entscheidung vom Standpunkt des Staates und der Gesellschaft aus unerträglich" erschien.[915] Die Kassation konnte zunächst nur vom Generalsstaatsanwalt (§ 11 Abs. 2) und grundsätzlich nur innerhalb einer Jahresfrist seit Eintritt der Rechtskraft beantragt werden (§ 13 Abs. 1).

In der neuen StPO vom Oktober 1952[916] wurde das Kassationsverfahren erneut geregelt. Die Kassation konnte von nun an erfolgen, wenn die angegriffene Entscheidung auf einer Verletzung des Gesetzes beruhte oder in ihrem Strafausspruch gröblich unrichtig war (§ 301 Abs. 2 StPO). Damit waren die Voraussetzungen im Vergleich zur alten Gesetzeslage erweitert und unbestimmter geworden.

Nach § 302 der StPO von 1952 war nun nicht mehr nur der Generalstaatsanwalt antragsberechtigt, sondern auch der Präsident des OG. Nach Ansicht des Präsidenten des OG *Schumann* lag die Bedeutung dieser neuen Befugnis darin, „daß damit dem Obersten Gericht eine direkte Aufsicht über die Rechtsprechung der anderen Gerichte übertragen worden ist."[917] Die Kassation sei wegen ihres besonderen Charakters, der sie vom Rechtsmittel unterschied, und „weil die Nichtbeachtung der Rechtskraft einer gerichtlichen Entscheidung in jedem einzelnen Fall eine besonders sorgfältige Abwägung aller Umstände der Sache und der justizpolitischen Notwendigkeit erfordert [...], ausschließlich in die Hand des Generalstaatsanwalts und des Präsidenten des Obersten Gerichts gelegt" worden.[918]

Die Senate des OG

Beim OG bestand nach § 4 Abs. 1 des Errichtungsgesetzes[919] ein Präsidium, dem der Präsident, der Vizepräsident und die Oberrichter angehörten. Dieses Präsidium, das zunächst vor allem für die Geschäftsverteilung zuständig war, beschloss in einer seiner ersten Sitzungen die Bildung von vorerst drei Strafsenaten und einem Zivilsenat.[920]

Die Senate waren mit einem Oberrichter als Vorsitzendem und zwei weiteren Berufsrichtern besetzt.[921] Vier der dreizehn Richter am OG waren in der Anfangszeit Absolventen der Volksrichterlehrgänge.[922] Die vier Richter, die der CDU bzw. der LDP angehörten, wurden so auf die Senate verteilt, dass sie je-

---

915 *Cohn* in NJ 1950, S. 284.

916 Gesetz über das Verfahren in Strafsachen in der Deutschen Demokratischen Republik (Strafprozeßordnung) vom 02. Oktober 1952, GBl. der DDR 1952, S. 996-1029.

917 *Schumann* in NJ 1952, S. 445.

918 *Schumann* in NJ 1953, S. 733 (735).

919 GBl. der DDR 1949, S. 111.

920 *Sarge*, S. 22.

921 § 3 Abs. 2 des Errichtungsgesetzes; später: § 54 Abs. 2 GVG.

922 *Gängel* in *Rottleuthner*: Steuerung der Justiz in der DDR, S. 255.

weils von den zwei anderen Richtern der Senate, die alle SED-Mitglieder waren, überstimmt werden konnten.[923] Der Präsident und der Vizepräsident des OG konnten in jeder Sache und in jedem Senat den Vorsitz übernehmen.[924] Ende des Jahres 1952 bestand das OG aus vier Straf- und drei Zivilsenaten.[925] Seit Geltung des neuen GVG bestand auch das Präsidium nicht mehr – die Geschäftsverteilung konnte von nun an durch den Präsidenten willkürlich bestimmt werden.[926]

Das Errichtungsgesetz von 1949 sah einen Großen Senat (§ 4 Abs. 1) vor, dem der Präsident, der Vizepräsident, die Oberrichter der beteiligten Senate und drei bis fünf von der Regierung zu bestimmende weitere Mitglieder angehörten. Wenn ein Senat „bei der Entscheidung einer grundsätzlichen Rechtsfrage" von der ihm bekannten Entscheidung eines Senats oder des Großen Senats abweichen wollte, musste er diese dem Großen Senat vorlegen (§ 4 Abs. 2). Dabei wirkten je nach Art der rechtlichen Frage nur die Mitglieder der Straf- bzw. der Zivilsenate mit, die dem großen Senat angehörten. In der Praxis bedurfte es jedoch keiner Entscheidung durch diesen Senat.[927]

Mit dem GVG von 1952 übernahm das Plenum (§ 56 GVG) die Aufgaben des bisherigen Großen Senats. Es setzte sich aus dem Präsidenten, dem Vizepräsidenten und allen Oberrichtern, Richtern und Hilfsrichtern des OG zusammen. Das Plenum musste seine Entscheidungen mit Zweidrittelmehrheit aller seiner Mitglieder treffen. Zu seinen Sitzungen war auch der Generalstaatsanwalt hinzuzuziehen und der Justizminister hatte ein Anwesenheitsrecht. Neben den bisherigen Aufgaben des Großen Senats war das Plenum auch zuständig, wenn über den Antrag auf Kassation einer Entscheidung des OG verhandelt werden musste (§ 57 GVG). Dass das OG somit seine eigenen Entscheidungen kassieren konnte, wurde als Beleg dafür gewertet, „daß Kritik und Selbstkritik als allgemeines Entwicklungsgesetz auch von den höchsten Organen [des] Staates beachtet" werden.[928]

Lenkung durch das OG

Die Lenkung der Strafrechtsprechung durch das OG geschah seit Geltung des GVG von 1952 auf vielfältige Weise. Erwähnt wurden bereits die beiden gesetzlich legitimierten Steuerungsinstrumente des OG: Zum einen war dies die Mög-

---

[923] *Wentker*, S. 449.
[924] § Abs. 2 S. 1 der Errichtungsgesetzes; später: § 54 Abs. 3 GVG.
[925] Organisationsschema bei *Sarge*, S. 28.
[926] *Wentker*, S. 452.
[927] *Sarge*, S. 22. *Nathan* führt dies 1951 (in NJ 1951, S. 544 (547)) darauf zurück, dass die Anlässe zu derartigen Konflikten durch die „ausschließlich nach Sachgebieten vorgenommene Geschäftsverteilung" vermindert wurden.
[928] *Schumann* in NJ 1952, S. 482 (483).

lichkeit, Richtlinien mit bindender Wirkung zu erlassen, und zum anderen, über den Rechtsbehelf der (auch vom Präsidenten des OG zu beantragenden) Kassation die Einheitlichkeit der Rechtsprechung herzustellen. Auch die Veröffentlichung eigener Entscheidungen war für den Zweck der Gleichrichtung geeignet. Eine besondere Bedeutung hatte hier, „daß die „Neue Justiz“ das Organ zur schnellen Veröffentlichung der Entscheidungen des Obersten Gerichts wurde, da die seit 1951 vom Obersten Gericht herausgegebene Sammlung seiner Entscheidungen immer wesentlich später erscheinen konnte“.[929] Darüber hinaus half dem OG die persönliche Einwirkung auf Richter der unteren Instanzen dabei, seiner Leitungsfunktion gerecht zu werden.

Die energischste Form von Weisungserteilungen an Richter durch das OG wurde im Jahr 1953 von dem nach West-Berlin geflüchteten ehemaligen Abteilungsleiter *Reinartz* geschildert. Der Fall belegt das Konkurrenzverhältnis, das zumindest während der Amtszeit *Fechners* noch zwischen MdJ und OG bestand. *Reinartz* sagte unter anderem aus:

> „Es bildete sich unter Leitung von Frau Dr. Hilde Benjamin ein Operativstab. [...] Die Bildung dieses Stabes war der Versuch, Fechner und die Hauptabteilung Rechtsprechung des Justizministeriums irgendwie auszuschalten. Jeden Sonnabend fand im Dienstzimmer der Frau Benjamin eine Dienstbesprechung – man könnte auch sagen Befehlsausgabe – statt. Diese Besprechungen wurden mitunter auch noch am Montag fortgesetzt. In der ganzen Zeit waren die Instrukteure in der Zone unterwegs. Frau Grube z.B. war mit Nachdruck in Halle tätig, Frau Naumann in Jena. Im Gebäude des Obersten Gerichts war ein ständiger Nachtdienst eingerichtet. Häufig an diesem Nachtdienst beteiligt waren Fritz Böhme und Helene Kleine. Die Instrukteure riefen nun nachts aus der Zone an und unterbreiteten dem Nachtdienst Fälle zur Entscheidung. Sah der Nachtdienst den Sachverhalt als klar und unkompliziert an, gab er seine Entscheidung über das zu fällende Strafmaß an den anrufenden Instrukteur bekannt, andernfalls stellte er die Entscheidung bis zum nächsten Morgen nach Vortrag bei Frau Benjamin zurück. Diese traf dann die Entscheidung, und der Instrukteur in der Zone erhielt entsprechenden fernmündlichen Bescheid. [...] Die an die Instrukteure erteilten Weisungen wurden von diesen an die mit der Entscheidung befassten Richter in der Zone weitergegeben. Es erging kein wichtiges Strafurteil ohne eine solche Weisung. Offiziell sprach man selbstverständlich nicht von „Weisung“, sondern man nannte es „Hilfe für die Richter“[...].“[930]

Zusammenfassend lässt sich sagen, dass ab Geltung des GVG die Bedeutung des OG für die Anleitung und Lenkung der Strafrechtssprechung gewachsen war. Die „nicht unbedeutenden Divergenzen in der Rechtsprechung“, die noch be-

---

[929] *Benjamin/Görner/Kamin/Sokolow*, S. 109.
[930] Aussage von *Reinartz* abgedruckt in: *Untersuchungsausschuß Freiheitlicher Juristen*, Unrecht als System Teil II, S. 78.

standen hatten, als die OLG eine eigene höchstrichterliche Rechtsprechung ausgeübt hatten, waren endgültig überwunden und das OG hatte „die schwierige Aufgabe, der Zersplitterung des Rechts entgegenzutreten“[931], gelöst.

Manipulation des OG durch das Politbüro

Für den Zeitraum der fünfziger Jahre konnte nachgewiesen werden, dass erstinstanzliche Entscheidungen des OG in politischen Strafsachen zuvor durch die Politbürokratie festgelegt worden waren.[932] Eine eigens eingerichtete Kommission unterbreitete dem Politbüro dazu Vorschläge.[933] Allein von 1949 bis 1955 beschäftigte sich das Politbüro in 55 Sitzungen mit einzelnen Strafverfahren.[934] Die SED-Führung beschränkte sich dabei nicht auf die Bestätigung des festgestellten Tatbestandes, sondern entschied auch über das zu verhängende Strafmaß. Erst nach dieser Prozedur wurde schließlich die Anklage beim OG erhoben.[935]

g. Militärjustiz
Errichtung der Militärjustiz

Die Geschichte der Militärjustiz in der DDR begann noch vor der Aufstellung der NVA im Jahr 1956. Am 03. März 1953 legte das Politbüro des ZK der SED fest, dass in der nächsten Sitzung des Ministerrats die Schaffung einer eigenen Gerichtsbarkeit für die „Kasernierte Volkspolizei“[936] (KVP) zu beschließen sei. Die entsprechende VO wurde vom Ministerrat wenige Tage später verabschiedet.[937]

Im MdI wurde zunächst ein sogenanntes „Untersuchungsbüro“ gebildet, das im Oktober desselben Jahres die Bezeichnung „Staatsanwalt der Volkspolizei“ bekam.[938] Von dieser Dienststelle wurden nun alle Ermittlungsverfahren gegen

---

[931] Über die genannten Aufgaben des OG nach seiner Gründung: *Schumann* in NJ 1950, S. 477.

[932] Das Protokoll einer Politbürositzung, die sich mit der Vollstreckung von Todesurteilen befasste, findet sich bei *Werkentin* in *Rottleuthner*: Steuerung der Justiz in der DDR, S.120.

[933] *Fricke* in: Bundesministerium der Justiz, „Im Namen des Volkes?“, Band 3, S. 174 f.; *Rottleuthner* in *Rottleuthner*: Steuerung der Justiz in der DDR, S. 40; *Wentker* in *Rottleuthner*: Steuerung der Justiz in der DDR, S. 124.

[934] *Rottleuthner* in *Rottleuthner*: Steuerung der Justiz in der DDR, S. 40.

[935] *Fricke* in: Bundesministerium der Justiz, „Im Namen des Volkes?“, Band 3, S. 175.

[936] Die Einheiten der KVP waren de facto Streitkräfte, die 1952 bereits aus zwei Armeekorps bestanden. Seit 1950 waren auch eine Luftwaffe (VP-Luft) sowie Seestreitkräfte (VP-See) aufgebaut worden.

[937] *Eisert* in: Bundesministerium der Justiz, „Im Namen des Volkes?“, Band 3, S. 115.

[938] *Kaschkat* in: Materialien der Enquete-Kommission „Aufarbeitung von Geschichte und Folgen der SED-Diktatur in Deutschland“, hrsg. vom Deutschen Bundestag, Band IV, S. 587.

Angehörige der Volkspolizei übernommen. Die Anklage musste jedoch weiterhin vor den ordentlichen Gerichten erhoben werden.[939]

Im Jahr 1956 ging aus der 1948 als Bereitschaftspolizei aufgestellten KVP die „Nationale Volksarmee" (NVA) hervor. Die StA bei der VP wurde eine Militärstaatsanwaltschaft.[940] Formell wurden die Militärstaatsanwaltschaften, die nur noch für Angehörige der NVA und des MfS zuständig sein sollten, am 17. November 1956 gebildet.[941]

Motive für die Errichtung

Innerhalb der KVP sollte über die Möglichkeit der politischen und ideologischen Erziehung hinaus ein Instrument geschaffen werden, um der Verschlechterung der Disziplin entgegenzuwirken.[942] Zudem bestand bei der Verfolgung von Straftaten durch die zivile Justiz die Gefahr, dass geheimzuhaltende Informationen über die militärische Ausbildung der Verbände an die Öffentlichkeit geraten könnten. Nicht einmal die Kripo und die Organe der Justiz sollten einen Einblick in Bestimmung und Struktur der KVP haben.[943]

Die zuständigen Gerichte

In der Anfangszeit wurden die Verfahren nach Fertigstellung der Anklageschrift vom Untersuchungsbüro an einen Staatsanwalt der zivilen Justiz abgegeben, der die Anklage vor einem eigens ausgewählten zivilen Gericht – meistens unter Ausschluss der Öffentlichkeit[944] – zu vertreten hatte.[945] Ab August 1954 erhoben die Staatsanwälte der VP selbst Anklage vor besonders bestimmten Kreis- und Bezirksgerichten, deren Richter eigens für Prozesse gegen VP-Angehörige ausgewählt worden waren.[946] Militärgerichte wurden erst am 01. Juli 1963 geschaffen.[947]

---

[939] *Hatzius*, S. 76 f.

[940] *Hatzius*, S. 76 f.

[941] *Kaschkat* in: Materialien der Enquete-Kommission „Aufarbeitung von Geschichte und Folgen der SED-Diktatur in Deutschland", hrsg. vom Deutschen Bundestag, Band IV, S. 587.

[942] *Eisert* in: Bundesministerium der Justiz, „Im Namen des Volkes?", Band 3, S. 114 f.

[943] *Eisert* in: Bundesministerium der Justiz, „Im Namen des Volkes?", Band 3, S. 114.

[944] *Bundesministerium für gesamtdeutsche Fragen*, SBZ von A bis Z, 3. Auflage, Bonn 1956, S. 175.

[945] *Eisert* in: Bundesministerium der Justiz, „Im Namen des Volkes?", Band 3, S. 115.

[946] *Eisert* in: Bundesministerium der Justiz, „Im Namen des Volkes?", Band 3, S. 117.

[947] *Eisert* in: Bundesministerium der Justiz, „Im Namen des Volkes?", Band 3, S. 119.

Weitere Besonderheiten des Verfahrens

Das Militärstrafverfahren der DDR ähnelte sehr dem sowjetischen Vorbild.[948] Es gab in beiden Staaten keine spezielle Prozessordnung. Die zivile StPO wurde bis auf wenige Ausnahmen angewendet.[949] Zumindest die späteren Militärstaatsanwälte sollen durch eine besondere Härte aufgefallen sein und in vergleichbaren Fällen doppelt so hohe Strafanträge gestellt haben wie die zivilen Staatsanwälte.[950]

Die Staatsanwälte

Als Mitarbeiter des zunächst eingerichteten Untersuchungsbüros kamen zunächst nur bewährte Mitglieder der SED in Frage, von denen die meisten in Volksrichterschulen ausgebildet worden waren.[951] „Zwei der ausgewählten Führungskader hatten sich offenbar bei den berüchtigten Waldheimer Nazi- und Kriegsverbrecherprozessen von 1950 empfohlen".[952] Die Dienstbezeichnungen waren an diejenigen der sowjetischen Militärstaatsanwaltschaft angelehnt: Nur der jeweilige Leiter war ein „Staatsanwalt", seine Mitarbeiter waren „Gehilfen" und „Obergehilfen".[953]

Vom 21. Juli 1953 bis zum 30. April 1954 wurden 71 Angehörige der VP für den Justizdienst als Richter, Staatsanwälte, Untersuchungsführer und eventuell Verteidiger ausgebildet.[954] Später kamen auch Juristen aus der zivilen Justiz hinzu, die nach einer speziellen Ausbildung zumeist mit militärischem Rang übernommen wurden.[955]

h. Parteigerichte

Auf Beschluss des SED-Parteivorstandes vom 16. September 1948 wurden eine „Zentrale Parteikontrollkommission" (ZPKK) sowie Kontrollkommissionen auf Landes- (später: Bezirks-) und Kreisebene eingerichtet.[956] In Westdeutschland

---

[948] *Hatzius*, S. 128.
[949] *Hatzius*, S. 128.
[950] *Hatzius*, S. 77.
[951] *Eisert* in: Bundesministerium der Justiz, „Im Namen des Volkes?", Band 3, S. 115.
[952] *Eisert* in: Bundesministerium der Justiz, „Im Namen des Volkes?", Band 3, S. 115.
[953] *Eisert* in: Bundesministerium der Justiz, „Im Namen des Volkes?", Band 3, S. 115.
[954] *Bundesministerium für gesamtdeutsche Fragen*, SBZ von A bis Z, 3. Auflage, Bonn 1956, S. 175.
[955] *Eisert* in: Bundesministerium der Justiz, „Im Namen des Volkes?", Band 3, S. 116.
[956] *Bundesministerium für gesamtdeutsche Fragen*, SBZ von 1945-1954, S. 84 f.; *Bundesministerium für gesamtdeutsche Fragen*, SBZ von A bis Z, 3. Auflage, Bonn 1956, S. 191.

sah man die ZPKK als „Gerichts- und Kontrollbehörde über das politische und moralische Verhalten aller Parteimitglieder“ an.[957]

Aufgaben der ZPKK waren der „Kampf gegen Agenten, Korruptionserscheinungen, gegen Missbrauch von Funktionen, gegen Karrierismus“ sowie die Untersuchung aller Vergehen von Parteimitgliedern.[958] Die Kontrollkommissionen stellten selbständig Nachforschungen an und konnten auf „Verwarnung“, „Rüge“, „Strenge Rüge“ und „Ausschluß“ erkennen.[959] Am 25. Juli 1952 erließ das Politbüro der SED „Richtlinien zur Arbeit der Parteikontrollkommissionen und zur Verhängung von Parteistrafen“.[960] Zum Aufbau dieser Parteigerichtsbarkeit hieß es in den Richtlinien:

> „Das Zentralkomitee wählt die Zentrale Parteikontrollkommission [...] Zur Kontrolle der Durchführung der Beschlüsse der Partei und zur Wahrung ihrer Einheit und Reinheit nimmt die Zentrale Parteikontrollkommission entweder selbst oder durch die Bezirks- und Kreis-Parteikontrollkommissionen, oder auch mit diesen gemeinsam, Überprüfungen der Arbeit von solchen Parteiorganisationen vor, in denen es Signale für die Nichtdurchführung der Beschlüsse der Partei gibt.“[961]

Die von der ZPKK ausgeübte Parteigerichtsbarkeit strafte immer wieder Richter und Staatsanwälte ab, deren dienstliches Verhalten – beispielsweise wegen zu milder Verurteilungen – zu wünschen übrig ließ.[962] Die Parteistrafen konnten im geringsten Fall zur Rückstufung in eine niedrigere Funktion führen oder aber die Entlassung und Verurteilung durch ein ordentliches Gericht nach sich ziehen.[963] Auch viele Parteifunktionäre wurden während der Säuberungswellen Anfang der fünfziger Jahre nach solchen Parteiverfahren aus der SED ausgeschlossen, inhaftiert oder gar zum Tode verurteilt.

3. Vergleichende Bewertung
a. Die ersten Maßnahmen

Um zu erkennen, worauf es den beiden totalitären Systemen bei der Umorganisation ihrer Strafgerichte am vordringlichsten ankam, lohnt es sich, die anfänglichen Maßnahmen auf dem Gebiet der Gerichtsverfassung seit der Übernahme der Regierungsgewalt zu betrachten.

---

957 *Bundesministerium für gesamtdeutsche Fragen,* SBZ von 1945-1954, S. 132.
958 *Bundesministerium für gesamtdeutsche Fragen,* SBZ von A bis Z, 3. Auflage, Bonn 1956, S. 191.
959 *Bundesministerium für gesamtdeutsche Fragen,* SBZ von 1945-1954, S. 84.
960 *Bundesministerium für gesamtdeutsche Fragen,* SBZ von 1945-1954, S. 203.
961 *Bundesministerium für gesamtdeutsche Fragen,* SBZ von 1945-1954, S. 203 f.
962 *Werkentin,* Politische Strafjustiz in der Ära Ulbricht, S. 317 f.
963 *Werkentin,* Politische Strafjustiz in der Ära Ulbricht, S. 318.

Der nationalsozialistische Staat richtete schon im März 1933 die SG und im April 1934 den VGH ein. Damit wurde die Möglichkeit eröffnet, das Personal für die neugegründeten Gerichte von Anfang an nach Gesichtspunkten der politischen Zuverlässigkeit auszuwählen.[964] Die neu in das System der Strafjustiz eingefügten Gerichte belegen, dass es für das NS-Regime zunächst einmal wichtig war, sich politischer Gegner ohne die Hürden langwieriger Prozesse entledigen zu können. Mit den ordentlichen Strafgerichten und dem bestehenden Instanzenzug wären ein „kurzer Prozess" und harte Urteile – verbunden mit der erwünschten Verbreitung von Furcht und Schrecken – gegen Regimegegner nur schwer möglich gewesen.

Im SED-Staat wurden schon 1947 die besonderen Strafkammern nach Befehl Nr. 201 eingerichtet. Eine eigene Sondergerichtsbarkeit im organisatorischen Sinn wurde nicht in der Gerichtsverfassung verankert. Die Aufgaben der politischen Strafkammern wurden bald von Senaten der Bezirksgerichte erledigt. Dabei darf aber nicht vergessen werden, dass seit 1945 die SMT der Besatzungsmacht bereits gründlich mit tatsächlichen sowie potentiellen Oppositionellen aufgeräumt hatten und auch weiterhin parallel zur deutschen Strafjustiz in der ehemaligen Ostzone tätig waren.

Bei der Betrachtung der SBZ nach 1945 lässt sich eine teilweise gleichlaufende Entwicklung zur Anfangszeit des Dritten Reiches erkennen. Die Einsetzung von Spezialgerichten gegen wirkliche und potentielle Oppositionelle war auch hier eine der ersten Maßnahmen im System der Strafgerichte. Der Unterschied lag lediglich darin, dass die für die neuerrichtete Diktatur wichtige Aufgabe der schnellen Bekämpfung politischen Widerstandes noch hauptsächlich von Schnellgerichten der Besatzungsmacht erledigt wurde.

b. Die Regelungen über die Geschäftsverteilung

Mit der offiziellen Begründung, die alte Regelung würde nicht die Gewähr für eine einheitliche Führung bieten, wurde die Präsidialverfassung im Dritten Reich abgeschafft und die Geschäftsverteilung wurde den Präsidenten als Justizverwaltungsangelegenheit überlassen. Zudem war die bereits festgelegte Geschäftsverteilung – bei Vorliegen wichtiger Gründe – jederzeit abänderbar.

Ebenso – wenn nicht noch weitgehender – war die Regelung im GVG der DDR: Das Recht auf den gesetzlichen Richter gab es nicht. Der jeweilige Gerichtsdirektor konnte die Richter für jede Strafsache bestimmen.

Beide Diktaturen überließen hier also nichts dem Zufall. Sie hielten sich die Möglichkeit offen, für bestimmte Strafprozesse die Richter durch Weisung „von oben" bestimmen zu können.

---

[964] So auch *Rottleuthner* in *Grabitz/Sarodnick/Schmitz*, S. 472.

c. Die örtlichen und instanziellen Veränderungen der Gerichtsorganisation

Während im Dritten Reich eine Angleichung der Gerichtsbezirke an die Verwaltungsbezirke nicht mehr erfolgte, wurde in der DDR der bisherige Gerichtsaufbau so geändert, dass er der Gliederung des Staates in Kreise und Bezirke entsprach. Damit war es auch möglich, die einzelnen Gerichte jeweils bestimmten Organen der Verwaltung zuzuordnen. Auch die „ständigen Kommissionen für Volkspolizei und Justiz“ der Kreis- und Bezirkstage konnten dadurch jeweils bestimmte Kreis- und Bezirksgerichte betreuen. Die Angleichung war in der DDR erfolgt, um die „Einheit der sozialistischen Staatsmacht“ zu fördern.

Am Instanzenzug der ordentlichen Gerichte wurde von den Nationalsozialisten grundsätzlich nichts verändert. In der DDR gab es dagegen nur noch drei statt vier Ebenen von Gerichten und für jedes Verfahren nur zwei mögliche Instanzen.

Die in der DDR vorgenommenen Veränderungen waren in erster Linie vom Wunsch nach höherer Effektivität geleitet. Auch die Tatsache, dass die meisten Strafsachen erstinstanzlich vor den Kreisgerichten verhandelt werden sollten, zeigt, wie sehr es dem SED-Staat auf Zeit- und Personaleinsparungen ankam.

d. Die Funktionen der obersten Strafgerichte
Anzahl der obersten Strafgerichtshöfe

Im Dritten Reich gab es seit der Errichtung des RKG im Jahr 1936 drei oberste Gerichtshöfe in Strafsachen. Das RG, das größtenteils noch mit Richtern aus der Zeit vor der Machtergreifung besetzt war, verlor im Bereich des Strafrechts an Einfluss: Zum einen durch die Schaffung des VGH und zum anderen durch die Einsetzung von SG, gegen deren Entscheidungen keine Rechtsmittel zulässig waren.

In der DDR bestand dagegen nur ein Oberstes Gericht, das von den Machthabern des SED-Regimes neu geschaffen wurde. Seine herausragende Stellung im Bereich der Strafgerichte wurde noch dadurch betont, dass es als eines der drei zentralen Justizorgane neben dem MdJ und der Generalstaatsanwaltschaft auf einer Ebene stand.

Die Aufgabe aller obersten Strafgerichte war es, jeweils für eine einheitliche Anwendung des Rechts zu sorgen und diese Anwendung im Sinne der Ideologie neu zu gestalten.

Aufhebung rechtskräftiger Entscheidungen

Sowohl beim RG, dem VGH und dem RKG als auch beim OG der DDR konnten rechtskräftige Strafurteile mit außerordentlichen Rechtsbehelfen angegriffen werden. Es wurde in der Literatur der SBZ/DDR nicht einmal verschwiegen, dass es grundsätzliche Ähnlichkeiten zwischen dem Kassationsverfahren und dem Verfahren der Nichtigkeitsbeschwerde gab.[965] Dennoch schien der Politik die rechtliche Möglichkeit, unerwünschte Urteile im nachhinein abzuändern, unverzichtbar gewesen zu sein.

Steuerungsmaßnahmen

In beiden Diktaturen wurde die Veröffentlichung von Entscheidungen der obersten Gerichte indirekt zur Lenkung der Rechtsprechung eingesetzt. Die Besonderheit beim OG der DDR war dessen Kompetenz, Richtlinien mit bindender Wirkung zu erlassen. Eine solche Normsetzungsbefugnis eines Gerichts war im Dritten Reich unbekannt. Besonders auffallend war der in der DDR betriebene Einsatz von Instrukteuren durch das OG, die an die niedrigeren Gerichte ausgesandt wurden, um deren Rechtsprechung zu beeinflussen. Diese Steuerungsmaßnahme durch ein oberstes Strafgericht gab es im Dritten Reich nicht. Ohne Entsprechung im NS-Staat ist schließlich, wie das Politbüro im Vorfeld den Ausgang von Prozessen vor dem OG festlegte.

e. Die Gerichte für politische Strafsachen

Im Dritten Reich wurde ein großer Teil der politischen Strafjustiz aus der ordentlichen Gerichtsbarkeit ausgegliedert. In der DDR waren dagegen lediglich spezielle Kammern bzw. Senate in Staatsschutzsachen zuständig. Da die Nationalsozialisten den Justizapparat aus der Weimarer Republik übernommen hatten, konnten sie sich nicht in dem Maße auf ihre Gerichte verlassen wie dies die Machthaber in der DDR konnten. Deshalb wurde ein Gericht wie der VGH geschaffen, das schon allein aufgrund seiner Besetzung zuverlässiger sein sollte als das RG. Die Einrichtung der SG in der NS-Zeit wirkte einerseits abschreckend und konnte darüber hinaus die große Anzahl von Verfahren schneller bewältigen als die herkömmlichen Strafgerichte.

Der Justiz der SBZ/DDR war von den SMT bereits einiges an unliebsamer und politisch brisanter Arbeit abgenommen worden. Bis ins Jahr 1955 verurteilten die Tribunale der Besatzungsmacht Deutsche, die der neuen Staatsordnung in die Quere gekommen waren. Parallel dazu arbeiteten seit 1947 deutsche

---

[965] *Schumann* spricht in NJ 1950, S. 240 (S. 242) von einer „nicht zu leugnenden äußeren Ähnlichkeit“ des Kassationsverfahrens zur Nichtigkeitsbeschwerde. Dabei werde aber übersehen, „daß nicht die äußere Form dieser prozessualen Einrichtung, sondern ihr Inhalt den nazistischen Charakter ausmachte, der der Durchsetzung der unmenschlichen Strafverschärfungsmaßnahmen der nazistischen Justiz diente“. Im Gegensatz zur Situation im Nationalsozialismus, wo das Institut der Nichtigkeitsbeschwerde zu Rechtsunsicherheit geführt hätte, könne „kein Zweifel darüber bestehen, daß ein Mißbrauch des Gesetzes in der Hand der von der Volkskammer gewählten und dieser unmittelbar verantwortlichen höchsten Richter und des Generalstaatsanwalts schlechterdings ausgeschlossen“ sei.

Strafkammern nach Befehl Nr. 201. Sie bekämpften unter dem Vorwand der Bestrafung von NS- und Kriegsverbrechern auch Oppositionelle. Bei den Waldheimer Prozessen zeigte sich, dass diese „Sondergerichte“ wegen ihrer Härte und Voreingenommenheit nicht mit der übrigen Strafjustiz Ostdeutschlands zu vergleichen waren. Wie auch bei den SG des Dritten Reiches waren die Beschuldigtenrechte stark eingeschränkt. Rechtsmittel waren nicht vorgesehen.

Ab dem Zeitpunkt, als die Zuständigkeit für Staatsverbrechen durch das neue GVG an die Bezirksgerichte übergegangen war, kann man nicht mehr von der Existenz von „politischen Sondergerichten“ in der DDR sprechen, die mit denen des Dritten Reiches vergleichbar gewesen wären.

f. Die Kriegs- und die Militärgerichte
Motive für die Errichtung

Die Schaffung einer Militärgerichtsbarkeit in den dreißiger Jahren ging mit dem Aufbau der deutschen Wehrmacht einher. Diese Sonderjustiz entsprach einer langen Tradition, die auch in anderen Staaten entsprechend vorhanden war. In militärischen Strafverfahren war auch im Dritten Reich den jeweiligen Kommandeuren ein starke Stellung eingeräumt, die Teil ihrer Befehlsgewalt war und sich aus ihrer Funktion als Disziplinarvorgesetzte erklärte. Die Ausgliederung der Militärjustiz der DDR aus der zivilen Strafgerichtsbarkeit geschah dagegen nicht aufgrund der bei den deutschen Streitkräften bestehenden Tradition, sondern weil sonst die Gefahr bestanden hätte, dass militärische Geheimnisse – vor allem vor Aufstellung der NVA – an die Öffentlichkeit gedrungen wären. In beiden Systemen diente die Militärjustiz zudem der Aufrechterhaltung der Disziplin. Der Einsatz von Juristen, die mit den besonderen militärischen Gegebenheiten vertraut waren, brachte hier Vorteile.

Die Unterschiede der Urteilspraxis zur zivilen Strafjustiz

Der Kriegsgerichtsbarkeit, einschließlich der SS- und Polizei-Gerichtsbarkeit des Dritten Reiches wird – vor allem mit fortschreitender Kriegsdauer – eine besondere Härte vorgeworfen. Jedoch ist es bezeichnend, dass *Hitler* nach dem Attentat des 20. Juli 1944 bei „politischen Straftaten gegen das Vertrauen in die politische oder militärische Führung“ fortan ausschließlich den VGH und die SG zuständig wissen wollte, auf die er sich offenbar besser verlassen konnte.

Ebenso sollen die Militärstaatsanwälte der DDR besonders hohe Strafen beantragt haben. Da ein totalitäres System in hohem Maße zur Herrschaftssicherung auf seine bewaffneten Kräfte angewiesen ist, wäre dieses übereinstimmende Ergebnis nicht überraschend. Eine direkte Gegenüberstellung der beiden Systeme erscheint hier jedoch wenig sinnvoll, da (1.) die Verfahren in den Anfangsjahren der DDR vor zivilen Strafgerichten stattfanden, (2.) die während des

Krieges ausgesprochenen Strafen im Dritten Reich höher waren als in Friedenszeiten und (3.) die Anzahl und Struktur der Kriegsgerichte im Dritten Reich – Wehrmachtsgerichte, SS- und Polizei-Gerichte, Volkssturmgerichte und Standgerichte – nicht mit der leicht zu überschauenden Militärjustiz auf ostdeutschem Gebiet korrespondieren. Ein Vergleich der Urteilspraxis wäre deshalb nur punktuell möglich.

g. Die Parteigerichte

In beiden totalitären Systemen waren die Mitglieder der staatstragenden Parteien einer eigenen Gerichtsbarkeit unterworfen, die sich wegen des Absolutheitsanspruchs von NSDAP bzw. SED nicht auf die Schlichtung parteiinterner Querelen beschränkte. Während die Parteigerichte im NS-Staat sogar Haft und Arrest verhängen konnten, sprachen diejenigen der DDR lediglich Verweise und Rügen aus.

Schlimmste Konsequenzen hatte es jedoch, wenn Parteigerichte der NSDAP oder der SED auf Parteiausschluss bzw. Parteiausstoßung entschieden. Da die für die Partei untragbar gewordenen Personen als Staatsfeinde betrachtet wurden, mussten sie nicht nur mit dem Verlust ihrer sozialen und beruflichen Stellung, sondern sogar mit ihrer Verhaftung durch die Geheimpolizei rechnen. Sowohl im Dritten Reich als auch in der DDR mündeten derartige Entscheidungen der Parteigerichte auch in – gerichtlich oder außergerichtlich ergangene – Todesurteile.

Als eine weitere Bedeutung der Parteigerichte für die Strafjustiz ist hervorzuheben, dass Strafrichter, Staatsanwälte und Strafverteidiger häufig der Staatspartei angehörten und in ihrer beruflichen Tätigkeit besonders von der NSDAP bzw. der SED überwacht wurden. Die Angst vor einem möglichen Parteiausschluss sorgte bei Vielen für konformes Verhalten im Sinne der Staats- und Parteiführung.

h. Propagandistische Nutzung von Gerichtsentscheidungen

Die Nationalsozialisten setzten – insbesondere während des fortschreitenden Krieges – Gerichte wie den VGH und die SG gezielt dazu ein, die Bevölkerung durch Verbreitung von Angst gefügig zu machen. In der DDR war man darauf bedacht, Entscheidungen der Gerichte zu Popularität zu verhelfen. Die Einbindung von Laienrichtern, Justizaussprachеabende und weitere Maßnahmen sollten den Eindruck erwecken, dass die Rechtspflege von der Bevölkerung selbst – zu ihrem Schutz und Nutzen – getragen werde. Ein immer wieder auffallender Unterschied der beiden totalitären Systeme ist unübersehbar: Die Machthaber des Dritten Reichs hielten das Volk mit Angst und Schrecken nieder. Dazu bedienten sie sich unter anderem der Terrorrechtsprechung der SG und des VGH.

Dagegen arbeitete das SED-Regime stets an der Umerziehung seiner Staatsbürger. Einen Teil dieser – vorbeugenden – Erziehungsarbeit hatten die Gerichte zu leisten.

III. Die Stellung der Staatsanwaltschaft im Justizapparat

1. Die Staatsanwaltschaft im Dritten Reich

a. Vorbemerkung

Der nationalsozialistische Gesetzgeber schuf zahlreiche Regelungen, welche die Stellung der StA beeinflussten. Es würde den Rahmen dieser Untersuchung sprengen, diese Veränderungen umfassend darzustellen.[966] Deshalb sollen hier lediglich einige wesentliche Neuerungen zur Zeit des Dritten Reiches aufgezeigt werden, die zu einer Verschiebung der Kompetenzen innerhalb der Strafjustiz führten und teilweise für die Lenkung der Rechtsprechung durch die Anklagebehörde von Bedeutung waren.

b. Organisation der Staatsanwaltschaft

In organisatorischer Hinsicht nahmen die Nationalsozialisten am Aufbau der Anklagebehörde keine grundsätzlichen Veränderungen vor. Die Gliederung der StA entsprach weiterhin dem Aufbau der ordentlichen Gerichtsbarkeit. Die Beamten der StA waren – wie schon vor 1933 – verpflichtet, den dienstlichen Anweisungen ihrer Vorgesetzten nachzukommen (§ 146 Abs. 1 GVG). Der Reichsjustizminister hatte hinsichtlich des Oberreichsanwalts und der Reichsanwälte das Recht der Aufsicht und Leitung (§ 147 Nr. 1 GVG). Mit der Verreichlichung der Justiz unterstanden alle Staatsanwälte der Weisungsbefugnis des Reichsjustizministers und der ihm nachgeordneten Dienstvorgesetzten.[967] Die AV des RJM vom 18. Dezember 1934 bestimmte dazu unter anderem:

> § 9
>
> „Die Generalstaatsanwälte und Oberstaatsanwälte [...] üben unter Aufsicht und Leitung des Reichsministers der Justiz und nach seinen Weisungen die Aufsicht und Lei-

---

[966] Siehe insbesondere die folgenden drei Dissertationen: (1.) *Gerhard Riehle*, Die rechtsstaatliche Bedeutung der Staatsanwaltschaft unter besonderer Berücksichtigung ihrer Rolle in der nationalsozialistischen Zeit, Diss. (Frankfurt) 1985; (2.) *Ulrich Schumacher*, Staatsanwaltschaft und Gericht im Dritten Reich, Zur Veränderung der Kompetenzverteilung im Strafverfahren unter Berücksichtigung der Entwicklung in der Weimarer Republik und in der Bundesrepublik, Diss. (Bremen) 1985, Köln 1985; (3.) *Alfons Wenzel*, Die Machterweiterung und Machtverminderung der Staatsanwaltschaft in der Zeit von 1933-1945, Diss. (Tübingen) 1949.

[967] Drittes Gesetz zur Überleitung der Rechtspflege auf das Reich vom 24. Januar 1935, RGBl. I, S. 68-69; Siehe auch *A. Wagner*, S. 281.

tung über alle in ihrem Bezirk beschäftigten staatsanwaltschaftlichen Beamten aus. Diese haben den dienstlichen Weisungen ihrer Vorgesetzten zu folgen [...].“[968]

§ 10

„Die Generalstaatsanwälte und Oberstaatsanwälte leiten und beaufsichtigen die gesamte Tätigkeit der ihnen unterstellten Beamten. [...] Über alle Angelegenheiten von größerer Bedeutung müssen sie jederzeit unterrichtet sein. Insbesondere haben sie solchen Strafsachen, die wegen der Persönlichkeit oder der Stellung eines Beteiligten, wegen der Art oder des Umfangs der Beschuldigung oder aus sonstigen Gründen weitere (insbesondere politische) Kreise beschäftigen oder für die Staatsführung von Wichtigkeit sind, ihre besondere Aufmerksamkeit zuzuwenden und Vorsorge dafür zu treffen, daß die wesentlichen Vorgänge in diesen Sachen nicht ohne ihre Weisung oder Genehmigung geschehen.

[...] Ebenso wie der Behördenleiter hat auch der Abteilungsvorsteher die gesamte Tätigkeit der unter ihm arbeitenden Beamten nach Vorschrift des Abs. 1 zu überwachen. [...]“[969]

Die AV regelte außerdem – wie bereits oben dargelegt[970] - die umfassenden Berichtspflichten der StA bei (insbesondere politisch) bedeutsamen Verfahren. Ergänzt wurde die Vorschrift durch eine – ebenfalls oben behandelte[971] – geheime RV, welche anordnete, eine Abschrift von Anklageschrift und Urteil bzw. der sonstigen abschließenden Entscheidung in bestimmten Verfahren zu übermitteln.

Die einzelnen Staatsanwälte wurden darüber hinaus auch durch beamtenrechtliche Vorschriften unter Druck gesetzt. Als politische Beamte[972] konnten sie nach § 44 Abs. 1 Nr. 7 DBG durch den „Führer und Reichskanzler“ jederzeit in den Wartestand versetzt werden.[973]

c. Erweiterung der Befugnisse im Ermittlungsverfahren Zeitliche Entwicklung

Schon in der Anfangszeit der NS-Herrschaft wurden einige Vorschriften erlassen, die zu einer stärkeren Stellung der StA im Vorverfahren führten. „Zur An-

---

[968] § 9 der Dritten AV des Reichsjustizministers zur Durchführung des zweiten Gesetzes zur Überleitung der Rechtspflege auf das Reich: Vereinheitlichung der Staatsanwaltschaft, DJ 1934, S. 1608 (1609).

[969] § 10 der Dritten AV des Reichsjustizministers zur Durchführung des zweiten Gesetzes zur Überleitung der Rechtspflege auf das Reich: Vereinheitlichung der Staatsanwaltschaft in DJ 1934, S. 1608 (1609).

[970] Siehe Kapitel C I 1 c.

[971] Siehe Kapitel C I 1 c.

[972] Siehe dazu *Schumacher*, S. 72.

[973] § 44 Abs. 1 Nr. 7 DBG vom 26. Januar 1937, RGBl. I, S. 48.

passung der Strafrechtspflege an die Erfordernisse des totalen Krieges“ erreichte die Fülle der Kompetenzen gegen Ende der NS-Herrschaft ihren Höhepunkt.

Erkennungsdienstliche Maßnahmen

Seit November 1933 konnte (und kann bis heute) die StA erkennungsdienstliche Maßnahmen in eigener Zuständigkeit anordnen. Ebenso konnte sie die körperliche Untersuchung des Beschuldigten, die Entnahme von Blutproben und weitere körperliche Eingriffe bei Gefahr im Verzug anstatt des eigentlich zuständigen Richters veranlassen.[974]

Einschränkung der gerichtlichen Voruntersuchung

Mit dem Gesetz vom 28. Juni 1935, welches das aus der Weimarer Republik stammende Strafverfahrensrecht in vielen Bereichen reformierte, wurde die Durchführung der gerichtlichen Voruntersuchung in das Ermessen der StA gestellt.[975] Diese Maßnahme war schon in der Weimarer Republik erwogen worden.[976] Die Anrufung des Richters im Vorverfahren wurde im Schrifttum als unnötige Verzögerung kritisiert. Im Ergebnis wurde die StA dadurch „vom richterlichen Einfluß“ unabhängiger.[977] Das endgültige Ziel sollte jedoch laut einem Kommentar in der DJ[978] zur Strafprozessrechtsnovelle, „die große Reform des Strafprozeßes“ sein, die „den Staatsanwalt wirklich zum Herrn des Vorverfahrens“ machen sollte, „indem sie ihm zu den neuen Pflichten auch neue Rechte gibt: das Recht der Ladung unter Zwangsandrohung und das Recht, den Haftbefehl zu erlassen“.

Erweiterung der Haftgründe

Eine weitere Neuerung dieses Gesetzes war für die StA von großer Bedeutung: Die „Untersuchungshaft zur Sicherung vor Verbrechen“.[979] Die Aufzählung der Haftgründe in § 112 Abs. 1 StPO[980] wurde um die Worte ergänzt:

---

[974] Art. 2 Nr. 4 des Ausführungsgesetzes zu dem Gesetz gegen gefährliche Gewohnheitsverbrecher und über Maßregeln der Sicherung und Besserung vom 24. November 1933, RGBl. I, S. 1000.

[975] Art. 4 des Gesetzes zur Änderung von Vorschriften des Strafverfahrens und des Gerichtsverfassungsgesetzes, RGBl. 1935 I, S. 846.

[976] *Riehle*, S. 95.

[977] *Wenzel*, S. 96.

[978] *Lehmann* in DJ 1935, S. 999 (1003).

[979] Art. 5 des Gesetzes zur Änderung von Vorschriften des Strafverfahrens und des Gerichtsverfassungsgesetzes, RGBl. 1935 I, S. 847.

[980] § 112 Abs. 1 StPO (1933): „Der Angeschuldigte darf nur dann in Untersuchungshaft genommen werden, wenn dringende Verdachtsgründe gegen ihn vorhanden sind und entweder

> „oder daß er die Freiheit zu neuen strafbaren Handlungen missbrauchen werde oder wenn es mit Rücksicht auf die Schwere der Tat und die durch sie hervorgerufene Erregung der Öffentlichkeit nicht erträglich wäre, den Angeschuldigten in Freiheit zu lassen."

Die Gründe, wegen derer die StA fortan einen Haftbefehl beantragen konnte, beschränkten sich also nicht mehr auf die klassische Flucht- bzw. Verdunkelungsgefahr. Die neuen Haftgründe gingen weit über den eigentlichen Zweck der Untersuchungshaft – die Sicherstellung der Hauptverhandlung – hinaus. Sie hatten Vergeltungscharakter („Erregung der Öffentlichkeit") bzw. waren präventiver Natur („Freiheit zu neuen strafbaren Handlungen missbrauchen werde").[981] Obwohl das Vorliegen des dringenden Tatverdachts weiterhin Vorraussetzung blieb, war nun eine schrankenlose Verhängung der Untersuchungshaft möglich. Ministerialrat im RJM *Lehmann* schrieb zu der Gesetzesnovelle in der DJ[982], „die Anlehnung des Gesetzes an die Gedanken, die zur Einrichtung der Schutzhaft geführt haben" sei „deutlich erkennbar."

Das Ermittlungsverfahren im totalen Krieg

Die VO zur Vereinfachung der Strafrechtspflege vom 13. Dezember 1944[983] gab dem zuständigen Staatsanwalt schließlich die Befugnisse, einen Haftbefehl zu erlassen[984], auch ohne Gefahr im Verzug Beschlagnahmen und Durchsuchungen anzuordnen[985] sowie selbständig einen Augenschein, eine Leichenschau oder eine Leichenöffnung vorzunehmen.[986]

d. Erweiterung des Spielraums hinsichtlich Anklageerhebung und Gerichtswahl

Durch das Gesetz vom 28. Juni 1935[987] hatte die StA nach dem neueingeführten § 170a StPO[988] auch bei Taten, die „nach gesundem Volksempfinden Bestrafung

---

er der Flucht verdächtig ist oder Tatsachen vorliegen, aus denen zu schließen ist, dass er Spuren der Tat vernichten oder dass er Zeugen oder Mitbeschuldigte zu einer falschen Aussage oder Zeugen dazu verleiten werde, sich der Zeugnispflicht zu entziehen. [...]."

[981] So auch *A. Wagner*, S. 261.

[982] *Lehmann* in DJ 1935, S. 999 (1004).

[983] VO zur weiteren Anpassung der Strafrechtspflege an die Erfordernisse des totalen Krieges (Vierte VO zur Vereinfachung der Strafrechtspflege) vom 13. Dezember 1944, RGBl. I, S. 339-342.

[984] § 5 Abs. 1 der VO, RGBl. 1944 I, S. 340.

[985] § 6 Abs. 1 der VO, RGBl. 1944 I, S. 340.

[986] § 7 der VO, RGBl. 1944 I, S. 341.

[987] Gesetz zur Änderung von Vorschriften des Strafverfahrens und des Gerichtsverfassungsgesetzes vom 28. Juni 1935, RGBl. I, S. 844-850.

verdient[en]“ zu prüfen, „ob auf die Tat der Grundgedanke eines Strafgesetzes zutrifft und ob durch entsprechende Anwendung dieses Strafgesetzes der Gerechtigkeit zum Siege verholfen werden kann“.[989]

Besonderen Einfluss auf das Hauptverfahren gaben der StA auch die neu eingeführten Wahlmöglichkeiten bezüglich der Anklageerhebung, die das Recht auf den „gesetzlichen Richter“ nach und nach aushöhlten. Die Bestimmung des zuständigen Gerichts durch die Anklagebehörde wurde mit Ausbruch des Krieges in immer weiterem Umfang möglich. Aufgrund der bereits erwähnten[990] VereinfachungsVO vom 01. September 1939 konnte die StA bei Verbrechen und Vergehen Anklage auch dann vor dem sonst nicht zuständigen SG erheben, wenn sie der Auffassung war, dass „durch die Tat die öffentliche Ordnung und Sicherheit besonders schwer gefährdet wurde“.[991] Soweit keine Zuständigkeit des VGH oder der OLG bestand, konnte die StA de facto jederzeit wahlweise vor den SG anklagen.

Die VO vom 21. Januar 1940 ermöglichte es dem Staatsanwalt, die Anklage vor der Strafkammer anstatt vor dem Amtsrichter zu erheben, wenn er der Auffassung war, „daß dies mit Rücksicht auf den Umfang oder die Bedeutung der Sache oder aus anderen Gründen angezeigt ist“.[992] Dieselbe Norm begründete – die VO vom 01. September 1939 ersetzend – eine Zuständigkeit der SG, „wenn die Anklagebehörde der Auffassung ist, daß die sofortige Aburteilung durch das Sondergericht mit Rücksicht auf die Schwere oder die Verwerflichkeit der Tat, wegen der in der Öffentlichkeit hervorgerufenen Erregung oder wegen ernster Gefährdung der öffentlichen Ordnung oder Sicherheit geboten ist“.[993] Ab Mai 1940 wurden auch die Bestimmungen über das örtlich zuständige Gericht ausgehöhlt. Ein Gerichtsstand war nun – neben dem des Tatortes und dem des Wohnsitzes[994] – nach dem neuen § 8a StPO auch bei dem Gericht begründet, in dessen Bezirk der Beschuldigte zur Zeit der Anklageerhebung auf behördliche Anordnung verwahrt wurde.[995]

---

[988] Art. 1 Nr. 1a des Gesetzes, RGBl. 1935 I, S. 844.

[989] Vergleiche dazu § 2 RStGB in der Fassung vom 28. Juni 1935: „Bestraft wird, wer eine Tat begeht die das Gesetz für strafbar erklärt oder die nach dem gesunden Volksempfinden Bestrafung verlangt. Findet auf die Tat kein bestimmtes Gesetz unmittelbar Anwendung, so wird die Tat nach dem Gesetz bestraft, dessen Grundgedanke auf sie am besten zutrifft“.

[990] Siehe Kapitel C II 1 c.

[991] VO über Maßnamen auf dem Gebiete der Gerichtsverfassung und der Rechtspflege vom 01. September 1939, RGBl. I, S. 1658–1662.

[992] § 4 Abs. 1 der VO über die Zuständigkeit der Strafgerichte, die Sondergerichte und sonstige strafverfahrensrechtliche Vorschriften vom 21. Februar 1940, RGBl. I, S. 405.

[993] § 14 Abs. der VO, RGBl. 1940 I, S. 407.

[994] Siehe dazu *Gleispach*, S. 60 f.

[995] Art. II Abs. 1 der VO über den Geltungsbereich des Strafrechts vom 06. Mai 1940, RGBl. I, S. 755.

Die VereinfachungsVO vom 13. August 1942[996] erlaubte es der StA bei Verneinung des öffentlichen Interesses von der Verfolgung auch dann abzusehen, wenn bei einem Antragsdelikt ein Strafantrag gestellt worden war.[997] Zudem wurden die Vorschriften über die Anklageerzwingung aus der StPO gestrichen[998], so dass der Verletzte die Strafverfolgung nicht mehr gerichtlich herbeiführen konnte. Diese Regelung sollte nicht nur für die Kriegszeit, sondern dauerhaft gelten.[999] Der Kontrollmechanismus des Eröffnungsbeschlusses wurde ebenfalls beseitigt[1000], wodurch die Nichtzulassung der Anklage durch das Gericht nur noch in Ausnahmefällen möglich war.

Die VereinfachungsVO vom 13. Dezember 1944[1001] gestattete es der StA, von der Erhebung der öffentlichen Klage abzusehen, „wenn die Verfolgung im Kriege zum Schutze des Volkes nicht erforderlich" war.[1002] Das Absehen von der Anklageerhebung bzw. die Einstellung des Verfahrens konnten auch von der Erfüllung bestimmter Auflagen abhängig gemacht werden.[1003] Mit dieser Bestimmung war das Legalitätsprinzip – d.h. die Pflicht bei hinreichendem Verdacht einer strafbaren Handlung zu ermitteln und anzuklagen – in Deutschland für die verbleibenden Kriegsmonate praktisch abgeschafft.

Besonders während des Krieges war die Tätigkeit der StA jedoch insofern eingeschränkt, dass sie keine Zuständigkeit gegenüber den Personen hatte, für welche die Kriegs- oder die SS- und Polizeigerichtsbarkeit zuständig war.

e. Die Staatsanwaltschaft und Urteilsabänderungen

Ab dem Jahr 1935 konnte die StA auch eine Änderung des Urteils zum Nachteil des Angeklagten (*reformatio in peius)* erreichen, wenn dieser selbst oder die StA zu seinen Gunsten Rechtsmittel eingelegt bzw. die Wiederaufnahme des Verfahrens beantragt hatte.[1004]

Die außerordentlichen Rechtsbehelfe – der 1939 geschaffene Außerordentliche Einspruch und die wenig später Gesetz gewordene Nichtigkeitsbeschwerde, zu deren Einlegung nicht der Verurteilte, sondern nur der Oberreichsanwalt be-

---

[996] VO zur weiteren Vereinfachung der Strafrechtspflege, RGBl. 1942 I, S. 508-512.

[997] Art. 9 § 2 Abs. 1 der VO, RGBl. 1942 I, S. 510.

[998] Art. 9 § 2 Abs. 3 der VO, RGBl. 1942 I, S. 510.

[999] *Schumacher*, S. 129.

[1000] Art. 1 der VO, RGBl. 1942 I, S. 508.

[1001] VO zur weiteren Anpassung der Strafrechtspflege an die Erfordernisse des totalen Krieges (Vierte VO zur Vereinfachung der Strafrechtspflege) vom 13. Dezember 1944, RGBl. I, S. 339-342.

[1002] § 8 Abs. 1 der VO, RGBl. 1944 I, S. 340.

[1003] § 8 Abs. 3 der VO, RGBl. 1944 I, S. 340.

[1004] Art. 1 Nr. 4 des Gesetzes zur Änderung von Vorschriften des Strafverfahrens und des Gerichtsverfassungsgesetzes vom 28. Juni 1935, RGBl. I, S. 845.

fugt war – wurden bereits ausführlich behandelt.[1005] *Hitler* selbst oder das RJM konnten damit auch bereits rechtskräftig entschiedene Urteile korrigieren lassen, indem sie den Oberreichsanwalt anwiesen, die Sache neu verhandeln zu lassen.

f. Lenkung der Rechtsprechung durch die Staatsanwaltschaft

Im Gegensatz zu den selbst im Dritten Reich – zumindest dem Gesetz nach – unabhängigen Richtern, waren die Staatsanwälte an Weisungen der vorgesetzten Behörde gebunden. Neben den RV an die Generalstaatsanwälte gab es auch Einzelanordnungen.[1006] Bereits erwähnt wurde, dass solche Weisungen, die vor 1933 die Ausnahme darstellten, nun häufiger und in politischen Strafsachen sogar zur Regel wurden.[1007] Insbesondere ab dem Jahr 1942 geschah die Lenkung in immer stärkerem Ausmaß.

Durch eine RV vom 27. Mai 1939 war in Fällen von besonderer Bedeutung eine „Fühlungnahme“ zwischen StA und Gericht zur Verständigung über das Strafmaß vorgeschrieben worden.[1008] Diese Besprechungen fanden vor und teilweise während der Hauptverhandlung statt – also bevor die Schuld des Angeklagten festgestellt war.

In politisch bedeutenden Strafsachen erhielt der zuständige Staatsanwalt vom Ministerium die Anweisung, einen bestimmten Strafantrag zu stellen, und teilte den Richtern – ohne Wissen des Angeklagten und des Verteidigers – diese Anweisung mit.[1009] In mehreren Fällen wurde dem Gericht so schon vor der Verhandlung eröffnet, dass das RJM ein Todesurteil erwarte.[1010]

In den Lageberichten der OLG-Präsidenten und Generalstaatsanwälte wurden die „Fühlungnahmen“ unterschiedlich – jedoch durchaus auch positiv – bewertet, teilweise wurde aber mehr Diskretion verlangt.[1011] Die Übung der StA, den Richtern die Strafmaßweisungen mitzuteilen, wurde in den Lageberichten mehrfach kritisiert.[1012]

Im SD-Bericht vom 28. Mai 1943 heißt es unter anderem zu dem Thema „Aufnahme und Auswirkungen der Lenkung der Rechtsprechung“[1013]:

[1005] Siehe Kapitel C II 1 e.
[1006] *Michelberger*, S. 292.
[1007] Siehe Kapitel C I 1 c.
[1008] *Michelberger*, S. 287.
[1009] *Weinkauff*, S. 146.
[1010] Brief des Kammergerichtspräsidenten *Hölscher* an Staatssekretär *Schlegelberger* vom 03. Januar 1942; Brief des Präsidenten des OLG Hamm *Schneider* an den Reichsminister der Justiz vom 07. Juli 1942; Meldungen aus dem Reich Nr. 31 vom 03. September 1942. Alle abgedruckt bei: *Broszat*, Zur Perversion der Strafjustiz im Dritten Reich, Vierteljahreshefte für Zeitgeschichte 1958, S. 390 (423 ff.; 436 f.; 439 ff.).
[1011] *Michelberger*, S. 287 ff.
[1012] *Michelberger*, S. 292 ff.
[1013] *Boberach*, Meldungen aus dem Reich, S. 409.

> „Werde die Lenkung aber zu weit ausgedehnt, so erwecke sie bei den Richtern Widersprüche. [...] Die wirkungsvollste Art der Lenkung [...] sei noch immer die durch die weisungsgebundene Staatsanwaltschaft. Die Staatsanwaltschaft sei die gegebene Lenkungsbehörde[1014]. Sie kenne den Sachverhalt in allen Einzelheiten, sei selbst an der Verfolgung und Ermittlung maßgeblich beteiligt gewesen und besitze durch die Vorbesprechung mit dem Richter, durch die Mitwirkung in der Verhandlung, durch Anklagerede und Strafantrag einen erheblichen Einfluß auf die Rechtsprechung. Die Richter seien im allgemeinen auch durchaus geneigt, den Anregungen des Staatsanwalts weitgehend zu folgen. [...]"

Insgesamt gesehen war diese Lenkungsmethode für die Führung höchst erfolgreich. Sie wurde angewandt, um den – dem äußeren Schein nach unabhängigen – Strafgerichten über die Anträge der StA die Rechtsauffassung des RJM zu vermitteln.[1015]

g. Mitwirkung der Staatsanwaltschaft im Zivilverfahren

Ab Juli 1941 war der Staatsanwalt in bürgerlichen Rechtssachen über die bisher vorgesehenen Fälle hinaus[1016] „zur Mitwirkung befugt, um die vom Standpunkt der Volksgemeinschaft im Verfahren und bei der Entscheidung zu berücksichtigenden Umstände geltend zu machen".[1017] Dazu konnte er, „an allen Verhandlungen teilnehmen, Tatsachen und Beweismittel vorbringen und sich über die zu erlassende Entscheidung gutachtlich äußern".[1018] Darüber hinaus vermochte der Oberreichsanwalt „wenn gegen die Richtigkeit der Entscheidung schwerwiegende rechtliche oder tatsächliche Bedenken" bestanden und er „wegen der besonderen Bedeutung der Entscheidung für die Volksgemeinschaft die erneute Verhandlung und Entscheidung für erforderlich" hielt, beim RG binnen eines Jahres nach Eintritt der Rechtskraft Wiederaufnahme des Verfahrens zu beantragen.[1019]

[1014] Siehe dazu den Vortrag von *Rüping*: Die Staatsanwaltschaft im Dritten Reich als „gegebene Lenkungsbehörde", vorgetragen am 08. November 2001 am LG Göttingen, veröffentlicht im Internet unter: http://cdl.niedersachsen.de/blob/images/C1221487_L20.pdf (Zugriffsdatum: 19. August 2005).

[1015] *Rüping*, Staatsanwaltschaft und Provinzialjustizverwaltung im Dritten Reich, S. 39 u. 127.

[1016] Dies war vor 1933 in Ehe- und Kindschaftssachen, bei der Entmündigung und im Aufgebotsverfahren (*Riehle*, S. 213).

[1017] § 1 Abs. 1 S. 1 des Gesetzes über die Mitwirkung des Staatsanwalts in bürgerlichen Rechtssachen vom 15. Juli 1941, RGBl. I, S. 383.

[1018] § 1 Abs. 1 S. 2 des Gesetzes, RGBl. 1941 I, S. 383.

[1019] § 2 des Gesetzes, RGBl. 1941 I, S. 383.

2. Die Staatsanwaltschaft in der SBZ/DDR
a. Organisation der Staatsanwaltschaft

Nach dem Zusammenbruch des Deutschen Reiches war die StA in der SBZ hinsichtlich ihrer Organisation und Zuständigkeit genauso wie in vorangegangener Zeit wieder aufgebaut worden.[1020]

Mit Gesetz vom 08. Dezember 1949 wurde die Errichtung des OG und der Obersten Staatsanwaltschaft bestimmt.[1021] Letztere bestand aus dem Obersten Staatsanwalt, der die Bezeichnung „Generalstaatsanwalt der Deutschen Demokratischen Republik" führte, sowie der erforderlichen Zahl von Staatsanwälten.[1022] Der Generalstaatsanwalt wurde von der Volkskammer auf Vorschlag der Regierung gewählt und abberufen.[1023] Er schlug die übrigen Staatsanwälte der Obersten Staatsanwaltschaft vor, die von der Regierung ernannt und abberufen wurden.[1024]

In „Strafsachen von überragender Bedeutung" führte der Generalstaatsanwalt die Untersuchung und erhob Anklage beim OG.[1025] Insbesondere konnte er „jedes bei den Staatsanwaltschaften der Länder schwebende Strafverfahren an sich ziehen, wenn er es wegen dessen überragender Bedeutung für erforderlich" hielt.[1026] Dies war nicht auf bestimmte – beispielsweise politische – Delikte beschränkt, so dass der Generalstaatsanwalt in seinem Ermessen völlig frei war. Bei Zuwiderhandlungen gegen das „Gesetz zum Schutze des Friedens"[1027], das hauptsächlich Straftatbestände politischer Natur beinhaltete, wurde ein Verfahren nur eröffnet, wenn der Generalstaatsanwalt Anklage erhob. Zu der umfassenden Machtfülle des Generalstaatsanwalts gehörte außerdem die Befugnis, die Kassation rechtskräftiger Entscheidungen beim OG zu beantragen.[1028]

[1020] Bundesministerium für gesamtdeutsche Fragen: SBZ von A bis Z, 3. Auflage 1956, S. 245.

[1021] Gesetz über die Errichtung des Obersten Gerichtshofs und der Obersten Staatsanwaltschaft der Deutschen Demokratischen Republik vom 08. Dezember 1949, GBl. der DDR, S. 111 f.

[1022] § 8 des Errichtungsgesetzes, GBl. der DDR 1949, S. 112.

[1023] § 9 Abs. 1 des Errichtungsgesetzes, GBl. der DDR 1949, S. 112; Art. 131 Abs. 1, 132 der Verfassung, GBl. der DDR 1949, S. 15.

[1024] § 9 Abs. 2 des Errichtungsgesetzes, GBl. der DDR 1949, S. 112.

[1025] Siehe dazu *Melsheimer* in NJ 1950, S. 5 (7).

[1026] § 11 Abs. 1 des Errichtungsgesetzes, GBl. der DDR 1949, S. 112.

[1027] Gesetz zum Schutze des Friedens vom 15. Dezember 1950, GBl. der DDR 1950, S. 1199 f.

[1028] § 11 Abs. 2 des Errichtungsgesetzes, GBl. der DDR 1949, S. 112.

Der Generalstaatsanwalt hatte ein Weisungsrecht gegenüber allen Staatsanwälten der DDR und ihrer Länder.[1029] Die VereinfachungsVO vom September 1951 gab ihm die Befugnis, alle Staatsanwälte zu ernennen und zu entlassen.[1030]

Mit der VO von 1951 wurde die StA ein „in ihrer Organisation und Tätigkeit selbständiges Organ der Justiz", das vom Generalstaatsanwalt der Republik geleitet wurde.[1031] § 1 des Staatsanwaltschaftsgesetzes (StAG) von 1952 stellte fest, dass sie „ein von anderen Staatsorganen unabhängiges Organ der Staatsgewalt" war und dem Ministerrat unterstand.[1032] Der Generalstaatsanwalt hatte das Recht, an den Sitzungen des Ministerrates teilzunehmen.[1033] Die außergewöhnliche Regelung, die StA nicht dem Justizministerium zu unterstellen, war in Deutschland völlig neuartig. Sie entsprach dem sowjetischen Vorbild.[1034] Diese Selbständigkeit war notwendig, um die neue Aufgabe – die Überwachung der anderen Staatsorgane – unabhängig ausführen zu können.[1035]

Der streng hierarchische Aufbau der StA spiegelte sich zum einen darin wider, dass jeder Staatsanwalt dem ihm übergeordneten verantwortlich war. Zum anderen konnte jeder übergeordnete Staatsanwalt „die Sachen, für deren Bearbeitung ein nachgeordneter Staatsanwalt zuständig" war, „selbst übernehmen oder einen anderen Staatsanwalt mit ihrer Erledigung beauftragen".[1036] Mit der Neugliederung der DDR in Bezirke und Kreise[1037] im Juli 1952 unterstanden dem Generalstaatsanwalt der DDR fortan gemäß § 7 StAG alle Staatsanwälte der Bezirke (davor: Landesstaatsanwälte) und Kreisstaatsanwälte. Zur Anleitung der Bezirksstaatsanwaltschaften wurden von der Obersten Staatsanwaltschaft Instrukteure eingesetzt. Die Instrukteure der Obersten Staatsanwaltschaft wurden auch zu den Kreisstaatsanwaltschaften gesandt, um zum einen diese selbst

---

[1029] § 10 des Errichtungsgesetzes, GBl. der DDR 1949, S. 112. Bestätigt durch § 2 S. 1 des Gesetzes über die Staatsanwaltschaft der Deutschen Demokratischen Republik vom 23. Mai 1952 (StAG), GBl. der DDR S. 408.

[1030] § 3 der VO über Maßnahmen zur Vereinfachung der Justiz vom 27. September 1951, GBl. der DDR S. 877; bestätigt durch § 2 S. 2 StAG, GBl. der DDR 1952, S. 408.

[1031] § 1 der VO über Maßnahmen zur Vereinfachung der Justiz vom 27. September 1951, GBl. der DDR, S. 877. Gefordert wurde dies schon 1950 vom *Melsheimer* in NJ 1950, S. 479 (480).

[1032] § 1 Abs. 1 StAG, GBl. der DDR 1952, S. 408. Zum Inkrafttreten des StAG siehe auch die Rede des Ministerpräsidenten *Grotewohl* vor der Volkskammer. Auszugsweise abgedruckt in NJ 1952, S. 241-243.

[1033] § 16 Abs. 1 StAG, GBl. der DDR 1952, S. 410.

[1034] *Hellbeck*, S. 18 f.

[1035] *Hellbeck*, S. 19. Siehe §§ 1 Abs. 2 und 10 StAG, GBl. der DDR 1952 S. 408 f.

[1036] § 6 StAG, GBl. der DDR 1952, S. 409.

[1037] Gesetz über die weitere Demokratisierung des Aufbaus und der Arbeitsweise der staatlichen Organe in den Ländern der Deutschen Demokratischen Republik vom 23. Juli 1952, GBl. der DDR, S. 613 f.

anzuleiten und zum anderen zu kontrollieren, ob die Bezirksstaatsanwälte dort ihrer Anleitungspflicht in genügender Weise nachgekommen waren.[1038]

Die Gliederung der einzelnen StA lässt erkennen, von welchem Gewicht insbesondere das politische und das Wirtschaftsstrafrecht innerhalb des Geschäftsbetriebes waren. Die fünf Abteilungen jeder Behörde waren zuständig für: Politische Strafsachen (I), Wirtschaftsstrafsachen (II), sonstige Kriminalität (III), Zivilsachen (IV) und Aufsicht über die Einhaltung der Gesetzlichkeit und Bearbeitung von Beschwerden (V).[1039]

b. Die Staatsanwaltschaft im Ermittlungsverfahren
Der Staatsanwalt als Herr des Ermittlungsverfahrens

Laut Generalstaatsanwalt *Melsheimer* wies die neue StPO von 1952[1040] „dem Staatsanwalt im Ermittlungsverfahren die Stellung zu, die ihm auf Grund der Entwicklung gebührt, welche die Staatsanwaltschaft der Deutschen Demokratischen Republik seit 1945 genommen hat".[1041] Das gerichtliche Verfahren und das vorangehende Ermittlungsverfahren seien nun klar gegeneinander abgegrenzt. Herr des Ermittlungsverfahrens sei der Staatsanwalt und es verstehe sich von selbst, dass „das überlebte Institut des Untersuchungsrichters weggefallen" sei.[1042] „Eine Kontrolle der Gerichte über die Tätigkeit der Untersuchungsorgane und der Staatsanwälte" gab es nun „im Gegensatz zu früher grundsätzlich nicht" mehr.[1043]

Verhältnis der Staatsanwaltschaft zu den Untersuchungsorganen

Nach dem StAG sowie der neugefassten StPO wurde das Ermittlungsverfahren vom Staatsanwalt geleitet und die Untersuchungen von den staatlichen U-Organen geführt.[1044] U-Organe waren die Dienststellen der VP, des MfS, der Zentralen Kommission für staatliche Kontrolle (ZKK)[1045] sowie des Amtes für Zoll und Kontrolle des Warenverkehrs.[1046] Die StA übte dem Gesetzeswortlaut

---

1038 Arbeitsentschließung der Obersten Staatsanwaltschaft zur Durchführung der Beschlüsse des IV. Parteitages der SED in der Justiz, NJ 1954, S. 324.

1039 Bundesministerium für gesamtdeutsche Fragen: SBZ von A bis Z, 3. Auflage 1956, S. 245; *Hellbeck*, S. 22.

1040 Gesetz über das Verfahren in Strafsachen in der Deutschen Demokratischen Republik vom 02. Oktober 1952, GBl. der DDR 996-1029.

1041 *Melsheimer* in NJ 1952, S. 472.

1042 *Melsheimer* in NJ 1952, S. 472. Dazu auch *Ranke* in StuR 1952 S. 99 (111).

1043 *Feiler* in NJ 1954, S. 51 (52).

1044 § 17 des StAG, §§ 95, 96 StPO von 1952.

1045 Zur ZKK (1948-1958) siehe *Thomas Horstmann*, Logik der Willkür, Köln, Weimar, Wien 2002.

1046 *Blomeyer/Lange/Rosenthal*, S. 102; *Hellbeck*, S. 40; *Melsheimer* in NJ 1952, S. 472 (473).

nach die Aufsicht über die Tätigkeit der U-Organe aus[1047], konnte Weisungen für die Führung der Untersuchungen erteilen und die Untersuchungen jederzeit selbst führen.[1048] Über Beschwerden, die Beschuldigte, Zeugen oder Sachverständige gegen sie betreffende Maßnahmen der U-Organe einlegen konnten, hatte ebenfalls der Staatsanwalt zu entscheiden und im Falle des Stattgebens dem U-Organ die entsprechenden Weisungen zu erteilen.[1049]

Trotz dieser formalen Leitungsfunktion der StA lag die Durchführung des Ermittlungsverfahrens weitgehend in den Händen der U-Organe, die den Fall gemäß § 157 der StPO bis zum Abschluss der Ermittlungen behandelten und erst dann die Akten der StA übergaben. Eine Kontrolle der Polizei durch die StA war de facto nicht mehr gegeben.[1050] Insbesondere das MfS arbeitete bei seinen Ermittlungen unabhängig von der StA und konnte ihr sogar Anweisungen geben.[1051]

Wegfall der gerichtlichen Voruntersuchung und Stärkung der Staatsanwaltschaft

Schon in der Fassung der ostzonalen StPO von 1949 war die Novelle von 1935[1052] übernommen worden, nach der die gerichtliche Voruntersuchung nur noch auf Antrag der StA eröffnet werden sollte.[1053] In der StPO von 1952 war dieses Institut nicht mehr vorgesehen. Im Gegensatz zu der Regelung, die bisher und in Westdeutschland existierte, bestand für Zeugen nun auch eine Pflicht zur Aussage vor der StA oder dem U-Organ (§ 45 StPO).

Verlesbarkeit von Vernehmungsprotokollen

Besondere Bedeutung für die Stärkung von StA und U-Organen im Verfahren hatte die Regelung des § 209 der StPO von 1952: Erklärungen bzw. ein Geständnis des Angeklagten und Zeugenaussagen, die in einem Protokoll über eine

[1047] Die Aufsicht über die Untersuchungen in Strafsachen, die von den einzelnen Untersuchungsorganen durchgeführt wurden, übertrug der Ministerrat dem Generalstaatsanwalt durch Beschluss bereits am 27. März 1952. (Beschluss des Ministerrats über Maßnahmen zur weiteren Festigung der demokratischen Gesetzlichkeit, Min. Bl. 1952, S.35, abgedruckt auch bei: *Hellbeck*, S. 85).

[1048] § 97 StPO von 1952.

[1049] §§100, 101 StPO von 1952.

[1050] *Blomeyer/Lange/Rosenthal*, S. 72.

[1051] *Hellbeck*, S. 47; *Untersuchungsausschuß Freiheitlicher Juristen*, Der Staatsicherheitsdienst, S. 68. Siehe auch *Fricke*, Politik und Justiz in der DDR, S. 216. Siehe auch *Weber*, S. 298.

[1052] Art. 4 des Gesetzes zur Änderung von Vorschriften des Strafverfahrens und des Gerichtsverfassungsgesetzes, RGBl. 1935 I, S. 846.

[1053] *Hellbeck*, S. 35.

frühere Vernehmung enthalten waren[1054], konnten nun zum Zweck des Beweises verlesen werden. Diese Regelung „legalisiert[e]“ jedoch „nur einen bereits bestehenden Zustand“.[1055]

Noch vor Geltung der neuen StPO entschied unter anderem das KG[1056], dass Protokolle der StA und der U-Organe dem *richterlichen* Protokoll gleichwertig sind und die Verlesung von Protokollen der VP daher nicht gegen § 254 StPO (alt) verstößt. Die „Betonung des besonderen Wertes des richterlichen Protokolls“ rührte nach Ansicht des KG noch aus der Verwirklichung des Prinzips der Gewaltenteilung im bürgerlichen Staat. „In der neuen demokratischen Ordnung und einem wirklichen demokratischen Staat, in dem die Werktätigen selbst unter der Führung der Arbeiterklasse den Staat leiten“, sei „der Inhalt und der Charakter der Staatsgewalt ein qualitativ neuer und von höherem Typus“. Das KG verwies in seiner Entscheidung auch auf ein früheres Urteil des OG, das sich vom folgenden Aufsatz *Benjamins* leiten ließ.

Benjamin schrieb bereits 1951[1057], dass eine Beschränkung auf die Verlesbarkeit *richterlicher* Protokolle nicht mehr begründet sei, nachdem die gerichtliche Voruntersuchung praktisch nicht mehr durchgeführt werde. Sie führte weiter aus: „Es steht im Widerspruch mit unserer Ordnung, wenn wir z.B. ein von den Organen der Zentralen Kommission für Staatliche Kontrolle aufgenommenes Protokoll über ein Geständnis nicht ebenfalls als vollgültiges Beweismittel betrachten“, denn die alte Regelung stamme aus einer Zeit, „zu der die Gerichte im Gegensatz zu den Organen der staatlichen Verwaltung die Garantie der Fortschrittlichkeit und sogenannten Unabhängigkeit zu bieten schienen“. Die neue Staatsstruktur gebiete es, den Protokollen von Organen wie dem MfS den gleichen Beweiswert zuzuerkennen.

Richterin am OG *Kleine* sah in der neuen Regelung der StPO von 1952 auch den Unmittelbarkeitsgrundsatz nicht verletzt[1058], da ja „die an der Hauptverhandlung Beteiligten einen unmittelbaren Eindruck von dem Inhalt der Protokolle oder Erklärungen erhalten“ würden. Darüber hinaus hebe nach *Kleines* Ansicht „das Gesetz die auf der Einheitlichkeit der demokratischen Staatsgewalt beruhende Gleichwertigkeit der von den staatlichen Organen im Rahmen ihrer Tätigkeit aufgenommenen Protokolle hervor“.

Im Westen Deutschlands wurde § 209 der StPO von 1952 als eine der „Verfahrensordnung des Inquisitionsprozesses“ entsprechende Bestimmung angese-

---

[1054] An Form und Inhalt des Vernehmungsprotokolls stellte § 112 StPO daher auch einige Anforderungen. So musste beispielsweise der Vernommene nach Abschluss der Vernehmung jede Seite des Protokolls unterschreiben (Abs. 2).

[1055] *Hellbeck*, S. 36

[1056] KG, Beschluss vom 07. August 1952, AZ.: 1 Ss 19/52, abgedruckt in: NJ 1952 S. 495.

[1057] *Benjamin* in NJ 1951, S. 150 (154).

[1058] *Kleine* in NJ 1952, S. 476 (478).

hen.[1059] Die StA oder gar die U-Organe hätten nun das gesamte Strafverfahren maßgeblich beeinflussen können, wobei auch keine Garantie bestehen würde, dass „unsaubere Vernehmungsmethoden" angewandt werden.[1060]

Ausweitung der Kompetenzen der Staatsanwaltschaft

Der StA wurden mit der neuen StPO weitere Befugnisse übertragen, die bisher – abgesehen von den Neuregelungen im Dritten Reich – nur dem Untersuchungsrichter zugestanden hatten: § 66 gab der StA und sogar dem U-Organ die Befugnis, im Ermittlungsverfahren die körperliche Untersuchung einschließlich der Entnahme von Blutproben des Beschuldigten und bestimmter anderer Personen anzuordnen. Vor Eröffnung des Hauptverfahrens entschied der Staatsanwalt anstelle des Richters über die bis zu sechswöchige Unterbringung Geisteskranker (§ 65). Die Vornahme von Leichenschau und Leichenöffnung war nun Aufgabe der StA (§ 69). Für die Anordnung von Beschlagnahmen und Durchsuchungen war jetzt grundsätzlich der Staatsanwalt zuständig, bei Gefahr in Verzug sogar die U-Organe (§§ 116 bzw. 136). Wenn der Beschuldigte eines Verbrechens hinreichend verdächtig war, das die Einziehung des Vermögens nach sich ziehen konnte, war sogar die Beschlagnahme des Vermögens[1061] möglich (§ 128). Die Maßnahmen der Beschlagnahme und der Durchsuchung bedurften allerdings der richterlichen Bestätigung (§ 140).

Erwirkung von Haftbefehlen

Untersuchungshaft konnte auch nach der StPO von 1952 nur durch einen schriftlichen Haftbefehl des Richters angeordnet werden. Die Möglichkeiten der StA, den Haftbefehl zu erwirken wurden jedoch dadurch erweitert, dass der „Fluchtverdacht" keiner weiteren Begründung bedurfte, „wenn das Verbrechen, das den Gegenstand des Verfahrens bildet, mit einer Freiheitsentziehung von mehr als zwei Jahren bedroht ist" (§ 141 Abs. 3 Nr. 1 StPO). Da der Begriff des „Verbrechens" untechnisch war – er umfasste alle Straftaten – und die besonderen, neugeschaffenen Strafgesetze meistens einen über zwei Jahre hinausgehenden Strafrahmen hatten, konnte nach Belieben der StA praktisch immer ohne weitere Be-

---

[1059] *Hellbeck*, S. 36

[1060] *Hellbeck*, S. 36

[1061] Nach § 128 Abs. 2 StPO war der Beschuldigte bei seiner Vernehmung aufzufordern, eine genaue Erklärung über sein Vermögen abzugeben. Laut Generalstaatsanwalt *Melsheimer* sollte hierdurch „Vermögensverschiebungen, die bisher insbesondere bei Wirtschaftsverbrechern, nach Einleitung des Ermittlungsverfahrens an der Tagesordnung waren, endlich ein Riegel vorgeschoben werden" (in: NJ 1952, S. 472 (474)). *Hellbeck* (S. 35) weist darauf hin, dass der Staatsanwalt „einen Beschuldigten wirtschaftlich vernichten [konnte], bevor es noch zur Hauptverhandlung gekommen" war.

gründung Untersuchungshaft beantragt werden.[1062] Die Beantragung der Haftprüfung durch den Beschuldigten war nicht vorgesehen. Die StA – erst nach Eröffnung des Hauptverfahrens auch das Gericht – hatte „jederzeit zu prüfen, ob die Fortdauer der Haft geboten ist" (§ 146 StPO).

c. Entscheidungsspielraum der Staatsanwaltschaft bei der Anklageerhebung

Die StPO von 1952 kannte keine Vorschriften über die Klageerzwingung mehr. Der Anzeigende – also nicht nur der Verletzte – konnte lediglich, wenn schon die Einleitung einer Untersuchung abgelehnt worden war, innerhalb einer Woche beim Staatsanwalt Beschwerde erheben (§ 105 StPO). Bemerkenswert an der neuen StPO war, dass auch das U-Organ nach § 158 Abs. 1 das Verfahren selbständig einstellen konnte, wenn festgestellt war, dass der Sachverhalt weder ein Verbrechen noch eine Übertretung war oder dass nicht der Beschuldigte das Verbrechen oder die Übertretung begangen hatte. Nur bei solchen Verbrechen, für die der Generalstaatsanwalt sich die Einstellung durch die StA vorbehalten hatte, galt diese Regelung nicht (§ 158 Abs. 2 StPO).[1063]

Bezüglich der Gerichtswahl bei der Anklageerhebung bestand für die StA nach § 49 des GVG von 1952[1064] ein gewisser Spielraum. Nach Abs. 1a Nr. 3 konnte der Staatsanwalt bei besonders schweren Wirtschaftsverbrechen auch bei einem anderen Gericht als den BG die Anklage erheben. Gemäß Abs. 1b konnte die StA die Zuständigkeit des BG in allen Strafsachen „wegen ihrer Bedeutung, Folgen oder Zusammenhänge" begründen. Wenn der Generalstaatsanwalt selbst die Untersuchung in Strafsachen von überragender Bedeutung führte[1065], klagte er diese vor dem OG an (§ 55 Abs. 1 Nr. 1 des GVG von 1952). Im Unterschied zu der schon damals in Westdeutschland geltenden Regelung, hatte der Generalstaatsanwalt ein Ermessen, welchen Strafsachen er eine überragende Bedeutung beimaß, da eine katalogmäßige Auflistung nicht existierte.[1066]

§ 14 a der StPO von 1952 erklärte auch das Gericht für örtlich zuständig, in dessen Bereich der Beschuldigte auf Anordnung eines staatlichen Organs untergebracht war. Diese Regelung, die bereits von 1940 bis 1945 gegolten hatte, war in der SBZ zunächst aufgehoben worden und wurde nun erneut in der StPO ver-

---

[1062] *Blomeyer/Lange/Rosenthal*, S. 72

[1063] Durch RV Nr. 30/52 hatte der Generalstaatsanwalt eine Reihe von Verbrechen aufgelistet, bei deren Vorliegen nur der Staatsanwalt das Verfahren einstellen konnte. Abgedruckt bei *Ostmann* in NJ 1953, S. 11 (14).

[1064] Gesetz über die Verfassung der Gerichte der Deutschen Demokratischen Republik (GVG) vom 02. Oktober 1952, GBl. der DDR 1952, S. 983-988.

[1065] § 11 des Gesetzes über die Errichtung des Obersten Gerichtshofs und der Obersten Staatsanwaltschaft der Deutschen Demokratischen Republik vom 08. Dezember 1949, GBl. der DDR, S. 112.

[1066] Siehe dazu *Hellbeck*, S. 55.

ankert. Die StA als Herrin des Ermittlungsverfahrens bzw. die U-Organe hatten somit auch die Möglichkeit, die örtliche Zuständigkeit eines Gerichts zu begründen. Der SSD verbrachte beispielsweise einen in Ost-Berlin ansässigen Journalisten nach Gera, um ihn dort nach Art. 6 der Verfassung verurteilen zu lassen. Dies wäre in Berlin infolge des besonderen Besatzungsstatus der Stadt nicht möglich gewesen.[1067]

d. Die Staatsanwaltschaft und Urteilsabänderungen

Während dem Angeklagten gegen die Urteile der Kreisgerichte bzw. der Bezirksgerichte in erster Instanz die Einlegung der Berufung zustand, nannte sich das identische Rechtsmittel der StA „Protest" (§§ 279 bis 295 der StPO von 1952). Wenn Berufung oder Protest nicht form- oder fristgerecht eingelegt worden waren oder „nach einstimmiger Auffassung des Berufungsgerichts offensichtlich unbegründet" waren, wurde das eingelegte Rechtsmittel durch Beschluss verworfen (§ StPO 284 von 1952). Falls das Urteil nur vom Angeklagten bzw. von der StA zu seinen Gunsten angefochten worden war, verbot § 277 Abs. 1 der StPO von 1952 dem Rechtsmittelgericht, auf eine höhere Strafe zu erkennen (*reformatio in peius)*. Dies galt jedoch nicht, wenn eine „zwingend vorgeschriebene Zusatzstrafe ausgesprochen werden" musste. Auch die Unterbringung in einer Heil- und Pflegeanstalt bzw. in einer Entziehungsanstalt konnte dennoch angeordnet werden (Abs. 2).

Bereits oben erwähnt wurde, dass der Generalstaatsanwalt neben dem Präsidenten des OG berechtigt war die Kassation rechtskräftiger Entscheidungen in Strafsachen zu beantragen. Nach Generalstaatsanwalt *Melsheimers* Auffassung sollte man dazu übergehen, „durch den eigenen Apparat der Obersten Staatsanwaltschaft und durch den Apparat der nachgeordneten Staatsanwaltschaften eine systematische Kontrolle aller rechtskräftigen gerichtlichen Entscheidungen auf ihre Kassationsbedürftigkeit durchzuführen".[1068] Dabei stand aber nicht allein das jeweils zu kassierende Urteil im Vordergrund. Die StA sollte durch ihre Kassationsanträge vielmehr auch zur Weiterentwicklung der Rechtsprechung im Sinne des Sozialismus beitragen. *Melsheimer* forderte nämlich, „durch richtige Auswahl der zur Kassation zu bringenden Entscheidungen dem Obersten Gericht der Republik Gelegenheit zu geben, in den alten Schlauch überkommener Strafgesetze den neuen Wein fortschrittlichen Wissens zu gießen, Rechtsgrundsätze zu entwickeln, die den Erkenntnissen unserer neuen, in der Entwicklung begriffenen Rechtstheorie entsprechen".[1069]

[1067] *Fricke*, Politik und Justiz in der DDR, S. 238. Zum strafrechtlichen Justizalltag in Berlin von 1945-1952 siehe *Ernst Reuß*: Berliner Justizgeschichte, Berlin 2000, zugleich Diss. (HU Berlin) 2000.

[1068] *Melsheimer* in NJ 1952, S. 204 (206),

[1069] *Melsheimer* in NJ 1952, S. 204 (206),

Laut *Hellbeck* sei (im Jahr 1954) noch kein Kassationsantrag des Generalstaatsanwalts durch das OG abgelehnt worden und es seien möglicherweise interne Dienstanweisungen ergangen, nach denen die Kassationsanträge vom OG nicht verworfen werden durften.[1070]

e. Lenkung der Rechtsprechung durch die Staatsanwaltschaft

In der SBZ/ DDR soll zumindest in politischen Strafverfahren von den Richtern erwartet worden sein, im Regelfall nach dem Strafantrag der StA zu verurteilen.[1071] Dafür wurde inoffiziell der Begriff „UnA-Verfahren" (Urteil nach Antrag) gebraucht.[1072] In einer RV des MdJ aus dem Jahr 1950[1073] war die Anweisung ergangen, den Strafantrag der StA in jedem Fall in das Urteil aufzunehmen. Außerdem hieß es darin:

> „Bei erheblichen Abweichungen des Urteils von den Anträgen der Staatsanwaltschaft soll das Gericht sich mit den Anträgen auseinandersetzen, damit zu erkennen ist, welche Gründe zu der Abweichung geführt haben."

Im Jahr 1951 wurden Richtern Disziplinarmaßnahmen angedroht, wenn sie es versäumten, eine Abweichung vom Antrag des Staatsanwalts im Urteil zu begründen.[1074] Eine RV des MdJ von 1950 bemerkte zu solch abweichenden Urteilen unter anderem:

> „Es wird laufend festgestellt, daß ein großer Teil der Richter bei der Strafzumessung von dem Grundsatz ausgeht, unter dem Antrag der Staatsanwaltschaft zu bleiben [...] Die Vertreter der Staatsanwaltschaft sind längst dazu übergegangen, als die Anwälte des Staates diejenigen Strafen zu beantragen, die zum Schutze der staatlichen Interessen erforderlich sind [...] Auch insoweit kann der erste vom OG der DDR in I. Instanz geführte Prozess gegen Herwegen, Brundert und andere als vorbildlich angesehen werden. Das Gericht hat bei allen Angeklagten entsprechend der sorgfältig abgewogenen Anträge des Generalstaatsanwalts der DDR entschieden. Wenn diese Praxis bei einigen Gerichten zu einer Erhöhung des Strafmaßes führen wird, so liegt darin eine gesunde Entwicklung, sofern darin zwischen geringen Verstößen gegen die Gesetze

---

[1070] *Hellbeck*, S. 61.
[1071] *Werkentin*, Politische Strafjustiz in der Ära Ulbricht, S. 313.
[1072] *Werkentin*, Politische Strafjustiz in der Ära Ulbricht, S. 313.
[1073] Anlage A zur RV des MdJ Nr. 69/50. Zitiert nach *Wentker*, S. 492.
[1074] RV des MdJ Nr. 30/ 51 vom 21. Februar 1951. Wiedergegeben bei *Wentker*, S. 493.

und den schweren und schwersten Angriffen gegen unsere Ordnung richtig differenziert wird.“[1075]

Benjamin konnte zumindest bei politischen Strafverfahren im August 1952 nur noch geringe Abweichungen zwischen Antrag der StA und Urteil feststellen, wofür sie zum einen die bessere Vorbereitung der Prozesse und zum anderen die „moralisch-politische Einheit“ zwischen Richtern und Staatsanwälten verantwortlich machte.[1076]

f. Ausübung der Allgemeinen Aufsicht durch die Staatsanwaltschaft

Die starke Stellung der StA in der DDR war zu einem Großteil in ihrer Zuständigkeit für die Aufsicht über die Einhaltung der Gesetze begründet.[1077] Nach § 10 Abs. 1 des StAG von 1952[1078] übte der Generalstaatsanwalt die höchste Aufsicht über die strikte Einhaltung der Gesetze und Verordnungen aus. Diese Aufsicht erstreckte „sich auf alle Ministerien, Ämter und ihnen unterstellten Dienststellen und Einrichtungen, auf Betriebe und ebenso auf alle Funktionäre und Bürger“ (Abs. 2). Durch die Aufsicht über die strikte Einhaltung der Gesetze übten die Staatsanwälte nach offizieller Meinung eine wichtige politische Funktion aus: Zum einen sei dies durch die Mitwirkung bei der Erziehung der Bürger „zum demokratischen Rechtsbewusstsein und zur Staats- und Arbeitsdisziplin“ geschehen, zum anderen habe diese Tätigkeit einen Beitrag dazu bedeutet, das Vertrauen der Bürger zur Staatsordnung zu stärken.[1079]

Der Generalstaatsanwalt hatte außerdem darüber zu wachen, „daß die von den Ministerien und Ämtern sowie von allen übrigen Organen der staatlichen Verwaltung und der Wirtschaft herausgegebenen Anordnungen, Beschlüsse und sonstigen Bestimmungen mit den Gesetzen und Verordnungen“ der DDR in Einklang standen (§ 11 StAG). Wenn die StA bei der Ausübung ihrer Aufsicht[1080] eine Gesetzesverletzung festgestellt hatte, musste sie „unverzüglich die notwendigen Maßnahmen zur Wiederherstellung der Gesetzlichkeit“ ergreifen (§ 13 Abs. 1 StAG). Von der StA konnte zu diesem Zweck Einspruch[1081] eingelegt werden, vom Leiter des zuständigen Organs die Beseitigung der Ungesetzlichkeit verlangt werden oder gegen den Schuldigen ein Strafverfahren eingelei-

---

[1075] RV des MdJ Nr. 105/50, abgedruckt in: *Untersuchungsausschuß Freiheitlicher Juristen*, Unrecht als System Teil I, S. 78. Zitiert nach *Werkentin*, Politische Strafjustiz in der Ära Ulbricht, S. 313. Siehe zu der RV auch *Wentker*, S. 493.

[1076] *Wentker*, S. 493 f.

[1077] Siehe dazu auch *Hellbeck* S. 26-34.

[1078] Gesetz über die Staatsanwaltschaft der Deutschen Demokratischen Republik vom 23. Mai 1952 (StAG), GBl. der DDR S. 408-410.

[1079] *Schultz* in NJ 1953, S. 673 (674).

[1080] Geregelt in § 12 StAG. Siehe zur Praxis derartiger Vorgänge *Eberdt* in NJ 1955, S. 345 f.

[1081] Siehe dazu auch *Schultz* in NJ 1954, S. 485 f.

tet werden (§ 13 Abs. 2 StAG). Bei Einlegung des Einspruchs, musste die StA auch „den politischen Inhalt, das Wesen des jeweils verletzten Gesetzes“ charakterisieren und herausarbeiten, „daß die behandelte ungesetzliche Entscheidung zugleich [...] eine politisch falsche Entscheidung ist“.[1082]

Die StA trat mit diesen neuen Rechten und Pflichten in gewisser Weise an die Stelle der praktisch abgeschafften Verwaltungsgerichtsbarkeit.[1083] Sie hatte gemäß § 12 Nr. 3 auch „Beschwerden der Bürger über die Verletzung ihrer gesetzlichen Rechte und Interessen“ entgegenzunehmen und diesen nachzugehen. Um Beschwerden zu erhalten, sollte die StA Sprechstunden und Aufklärungsveranstaltungen durchführen.[1084] Jeder Beschwerdevorgang war durch Bescheid an den Beschwerdeführer abzuschließen, der allgemeinverständlich begründet werden und „Ausdruck der in der Deutschen Demokratischen Republik herrschenden Rechtssicherheit sein“ sollte.[1085] Die Staatsanwälte sollten schließlich den Bürgern klar machen, dass sie nicht lediglich Ankläger, sondern Vertreter ihrer Interessen waren.[1086]

Schließlich waren die Staatsanwälte angehalten, „das vorhandene Material über Gesetzesverletzungen [...] von Zeit zu Zeit unter dem Gesichtspunkt durchzusehen, ob und in welchem Ausmaß sich bestimmte Verstöße gegen die Gesetzlichkeit häufen. An Hand diesen Materials [waren] den Räten der Kreise und Bezirke und besonders den Ministerien, Staatssekretariaten oder anderen zentralen Organen Hinweise zu geben, damit sie künftig schneller Gesetzesverstößen vorbeugen“ konnten.[1087]

g. Mitwirkung der Staatanwaltschaft in Zivilverfahren

Neben den Fällen, in denen der Staatsanwalt nach der ZPO selbst Prozesse führte (§ 21 StAG), war er nach § 20 StAG „zum Zweck der Wahrung der demokratischen Gesetzlichkeit berechtigt, in jedem Zivilrechtsstreit [...] durch Einreichung von Schriftsätzen und durch Teilnahme an Gerichtsverhandlungen mitzuwirken“. Dies sei zumindest immer dann der Fall gewesen, wenn auf der einen Seite Funktionäre – sei es in ihrer amtlichen Eigenschaft oder als Privatpersonen – betroffen gewesen seien.[1088] Die StA hatte – außer in Ehenichtigkeits- und Entmündigungsprozessen – nicht die Stellung einer Prozesspartei.[1089] Ihre Mitwirkung erstreckte sich, „im einzelnen auf die Teilnahme an den Verhand-

---

[1082] *K. Schmidt* in NJ 1954, S. 234.
[1083] Siehe dazu auch *Hellbeck*, S. 28.
[1084] *Meyer* in NJ 1954, S. 489 (490).
[1085] *W. Schmidt* in NJ 1954, S. 487 (488 f.).
[1086] Siehe dazu *Klitzsch* in NJ 1954, S. 491.
[1087] *W. Schultz/Wunsch* in NJ 1955, S. 719 (722).
[1088] *Hellbeck*, S. 65.
[1089] Zur Mitwirkung der StA in Familiensachen siehe *Haber* in NJ 1955, S. 116-118.

lungen, die Einreichung von Schriftsätzen sowie die Darlegung der für den Streitstoff wesentlichen gesellschaftlichen Zusammenhänge und Rechtsvorschriften".[1090]

3. Vergleichende Bewertung
a. Organisation der Staatsanwaltschaft

Während sich am Aufbau der StA im Dritten Reich wenig im Vergleich zu früher änderte, wurden die Strukturen in der DDR dem neuen Aufbau der Gerichte angepasst. Im NS-Staat stand an der Spitze aller StA der Reichsjustizminister, während dies in der DDR der Generalstaatsanwalt war, der rangmäßig neben dem OG und dem MdJ auf einer Ebene stand. Letzteres hatte für die Regierung nicht nur den Vorteil, die einzelnen Bereiche der Justiz besser überwachen zu können, sondern darüber hinaus den Vorzug, auch eine gegenseitige Überwachung der Justizorgane sicherzustellen.

Durch die Befugnisse, Verfahren an sich zu ziehen, den Erlass allgemein geltender Richtlinien (§ 23 StAG) und die Kassation zu beantragen, hatte der Generalstaatsanwalt eine wichtige Funktion bei der Vereinheitlichung der Rechtsprechung. Die umfassenden Befugnisse des Generalstaatsanwalts der DDR waren eine Besonderheit, die im Dritten Reich – wohl auch wegen des größeren Justizapparates – keine Entsprechung hatte.

In beiden Diktaturen waren die Staatsanwälte verpflichtet, die dienstlichen Anweisungen ihrer Vorgesetzten zu befolgen. Dies war schon in der Weimarer Republik und ist auch in der Bundesrepublik (§ 146 GVG) noch der Fall. Dasselbe gilt für die Befugnis ranghöherer Beamter, bestimmte Verrichtungen selbst zu übernehmen oder an einen anderen Staatsanwalt zu übertragen. In beiden Systemen wurden diese Umstände insbesondere dann ausgenutzt, wenn Parteifunktionäre in irgendeiner Weise von Strafverfahren betroffen waren und ein sensibles Vorgehen der StA gefragt war.

Eine Besonderheit der totalitären Diktaturen waren auch die Mittel, mit denen sich die jeweils vorgesetzten Behörden über die Vorgänge bei den einzelnen StA informierten. Im Staate *Hitlers* existierten umfassende, teilweise geheimgehaltene Berichtspflichten, die – insbesondere bei politisch in irgendeiner Weise brisanten Strafverfahren – die Lenkung und Beaufsichtigung durch die Vorgesetzten erleichtern sollten. In der DDR verschafften sich die Bezirksstaatsanwaltschaften bzw. die Oberste Staatsanwaltschaft Informationen durch Revisionen und den Einsatz von Instrukteuren. Der Informationsfluss war insofern in beiden Systemen ähnlich organisiert wie derjenige zwischen den Gerichten und der Justizverwaltung.

[1090] *Fröhbrodt* in NJ 1953, S. 745. Siehe „zur Arbeit der Staatsanwaltschaft auf dem Gebiet des Zivil- und Arbeitsrechts": *Melsheimer* in NJ 1955, S. 581-585.

b. Die Staatsanwaltschaft im Ermittlungsverfahren

In beiden totalitären Staaten wurde die Stellung der StA im Ermittlungsverfahren bedeutend gestärkt. Dies geschah jeweils auch durch die Erweiterung der staatsanwaltschaftlichen Kompetenzen für erkennungsdienstliche und andere Maßnahmen. Im Dritten Reich gipfelte die Entwicklung gegen Ende des Krieges schließlich darin, dass die StA selbst Haftbefehle erlassen konnte.

In der DDR wurden die Befugnisse des Untersuchungsrichters zugunsten der StA durch die StPO von 1952 noch stärker eingeschränkt als dies im Dritten Reich zunächst der Fall war. Im NS-Staat hielt man zumindest in Friedenszeiten noch an der richterlichen Kontrolle fest. Die richterliche Voruntersuchung wurde im Dritten Reich wie in der DDR stark eingeschränkt und durch die StPO von 1952 in Ostdeutschland völlig abgeschafft.

Beide Systeme erweiterten faktisch die Möglichkeiten zur Anordnung von Untersuchungshaft. Im Dritten Reich konnte der Haftbefehl nun auch wegen Erregung der Öffentlichkeit oder der Gefahr der Begehung neuer Straftaten verhängt werden, in der DDR wurde das Begründen der Fluchtgefahr vereinfacht.

Während die StA jeweils auf Kosten der Gerichte an Macht dazugewann, musste sie in beiden Systemen Kompetenzen an die Polizei und andere Ermittlungsbehörden abgeben. Besonders deutlich wird dies im Falle der DDR, wo nach der StPO von 1952 – entgegen dem Grundsatz der Unmittelbarkeit – nun auch Vernehmungsprotokolle der StA und sogar der U-Organe in der Hauptverhandlung verlesen und verwertet werden durften. Näheres zum Machtzugewinn von Polizei und Geheimpolizei wird noch im Folgenden erörtert werden.

c. Entscheidungsspielraum der Staatsanwaltschaft bei der Anklageerhebung

Die StA des NS-Staates hatte einen größeren Spielraum bei der Anklagerhebung, als zuvor in der Weimarer Republik und später in der Bundesrepublik. Schon allein aufgrund der auch in der StPO (wie im RStGB) verankerten Analogieerlaubnis, wurde es möglich, über den Wortlaut des Gesetzes hinaus angeblich strafbare Handlungen zu verfolgen. Besonders gravierend für die Beschuldigten war die Möglichkeit der StA, praktisch jedes Delikt vor einem SG anzuklagen, wenn nicht die OLG oder der VGH zuständig waren.

In beiden Systemen wurden die Vorschriften über die Klageerzwingung gestrichen und damit der Entscheidungsspielraum der StA erweitert. Auch die Möglichkeiten, von der Strafverfolgung abzusehen, wenn staatliche Interessen nicht wesentlich verletzt waren, wurden im NS- und im SED-Staat erweitert.

Besonders bemerkenswert ist, dass in der SBZ/DDR die Vorschrift aus dem Jahr 1940, nach der auch das Gericht des Unterbringungsortes zuständig war, zunächst abgeschafft worden war, dann aber mit der StPO von 1952 wieder eingeführt wurde. Dadurch konnten die StA bzw. die U-Organe sich faktisch ein geeignetes Gericht zur Durchführung der Hauptverhandlung auswählen.[1091]

d. Die Staatsanwaltschaft und Urteilsabänderungen

Die Abänderung des Urteils zum Nachteil des Angeklagten war, auch wenn dieser selbst oder die StA zu seinen Gunsten Rechtsmittel eingelegt hatte, im Dritten Reich ermöglicht worden. In der DDR war die *reformatio in peius* in diesen Fällen nicht möglich, wohl aber das nachträgliche Verhängen von zwingenden Zusatzstrafen.

Die nachträgliche Abänderung rechtskräftiger Strafurteile wurde in beiden Systemen rechtlich ermöglicht. Während die StA im Dritten Reich von den außerordentlichen Rechtsmitteln zur Korrektur im Einzelfall Gebrauch machte, wurden Kassationsanträge in der DDR auch zur Angleichung der Rechtsprechung gestellt.[1092]

e. Lenkung der Rechtsprechung durch die Staatsanwaltschaft

Die Justizführung des NS-Staates schreckte nicht davor zurück, teilweise schon vor der Hauptverhandlung Verständigungen zwischen StA und Gericht über das Strafmaß herbeizuführen. Im Dritten Reich wie in der DDR wurden die weisungsgebundenen Staatsanwälte dazu benutzt, um dem jeweiligen Gericht, das dann nur noch „nach Antrag“ zu urteilen hatte, die Rechtsauffassung der Führung nahe zu bringen.

Neben Einzelanweisungen gab es in beiden Staaten eine Beeinflussung der Staatsanwälte durch allgemeine Verfügungen, Konferenzen, Dienstbesprechungen sowie nicht zuletzt durch Artikel in den juristischen Fachzeitschriften. Die in beiden Systemen jederzeit mögliche Dienstentlassung (mit ihren drohenden wirtschaftlichen Konsequenzen) trug dazu bei, die Staatsanwälte gefügig zu machen.

f. Weitergehende Befugnisse der Staatsanwaltschaft

In beiden totalitären Diktaturen erhielt die StA schließlich die Möglichkeit, sich auch in Zivilverfahren einzuschalten. Im einen Staat konnte dies geschehen, um den Standpunkt der Volksgemeinschaft darzulegen, und im anderen, um auf wichtige „gesellschaftliche Zusammenhänge“ hinzuweisen.

Die dem sowjetischen Vorbild entsprechenden Aufgaben der ostdeutschen StA auf dem Gebiet der allgemeinen Aufsicht waren eine Besonderheit des sozi-

---

[1091] Dazu schon *Wentker*, S. 597, der dies auf eine Intervention *Mielkes* (damals Mitglied im ZK und Staatssekretär im MfS) zurückführt.

[1092] Siehe auch schon *Wentker*, S. 596.

alistischen Staates. Sie sind ein weiterer Beleg dafür, wie sich das System durch gegenseitige Kontrolle seiner Staatsorgane und Überwachung seiner Bürger abzusichern wusste.

IV. Die Stellung von Polizei und Geheimpolizei im Strafverfahren

1. Die Polizei im Dritten Reich

a. Der Aufbau der Polizei im Dritten Reich

Schaffung einer politischen Polizei

Vor 1933 hatte es in Deutschland keine politische Polizei „als selbständige Staatseinrichtung mit eigenen Aufgaben" gegeben.[1093] Stattdessen gab es „Abteilungen der Kriminalpolizei, die mit der Aufklärung der unter irgendeinem Gesichtspunkt als „politisch" bezeichneten Straftaten betraut waren".[1094] Eine vorbeugende Tätigkeit sei „von diesen Abteilungen nicht oder nur zögernd und unsicher in der Form der Untersuchung angeblicher Straftaten ausgeübt" worden.[1095]

Unmittelbar nachdem die NSDAP an die Macht gelangt war, „wurden in allen deutschen Ländern aus spontanem Entschluß Einrichtungen geschaffen, denen zunächst die vorbeugende Abwehr von Angriffen gegen die neue nationalsozialistische Staatsordnung und alsbald auch die Verfolgung der als politisch bezeichneten Straftaten übertragen wurde".[1096] Die Stellung dieser Behörden, die als „Politische Polizei", „Staatspolizei" oder „Geheime Staatspolizei" (GeStapo) bezeichnet worden waren, regelte jedes Land selbständig.[1097] Bereits um die Jahreswende 1933/1934 war RFSS *Himmler* „in allen deutschen Ländern zum Politischen Polizeikommandeur" und zum stellvertretenden Chef der preußischen GeStapo ernannt worden.[1098]

Gliederung der Polizei

Nachdem die Polizei seit der Machtübernahme schrittweise reichseinheitlich organisiert worden war, untergliederte sie sich schließlich in die uniformierte Ordnungspolizei (Orpo) und in die Sicherheitspolizei (Sipo).[1099] Dem Chef der Orpo[1100] wurden die Schutzpolizei, die Gendarmerie und die Gemeindepolizei unterstellt.[1101]. Zur Sipo, deren Chef 1936 SS-Gruppenführer *Heydrich*[1102] ge-

---

[1093] *Best* in DR 1939, S. 44 (45).
[1094] *Best* in DR 1939, S. 44 (45).
[1095] *Best* in DR 1939, S. 44 (45).
[1096] *Best* in DR 1939, S. 44 (45).
[1097] *Best* in DR 1939, S. 44 (45) mit einer Übersicht über die Gesetze der einzelnen Länder.
[1098] *Best* in DR 1939, S. 44 sowie mit Zeitpunkt der jeweiligen Ernennungen auf S. 46.
[1099] Siehe dazu *A. Wagner*, S. 293 .
[1100] Chef der Orpo wurde der spätere SS-Obergruppenführer und General der Polizei *Daluege*.
[1101] *Best* in DR 1939, S. 44 (46).

worden war, zählte zum einen die hergebrachte Kriminalpolizei (Kripo) und zum anderen die GeStapo.

Während der Kripo die „unpolitische Verbrechensbekämpfung" oblag, war die GeStapo für die „politische Gegnerbekämpfung" zuständig.[1103] Da dieser Begriff nirgends genau definiert war, lag es an der GeStapo, was sie als staatsfeindlich ansah. Von den Nationalsozialisten wurden unter Staatsfeinden die sogenannten Volksfeinde verstanden.[1104] In der Zeitschrift DR schreibt *Heydrich* im April 1936 unter anderem[1105]:

> „Bis auf wenige Unverbesserliche wird die Staats- und Volksfeindlichkeit bei Juden, Kommunisten und Freimaurern anerkannt und die Behandlung als Staats- und Volksfeind mit allen Konsequenzen gebilligt. Jedoch gegenüber einem weiteren Volks- und Staatsfeind, dem politisierenden Kirchenbeamten[1106], stößt man heute noch auf erhebliches Unverständnis."

Die Kripo blieb weiterhin Hilfsorgan der StA gemäß § 152 GVG, die GeStapo war jedoch von der StA völlig unabhängig.[1107] Die Tätigkeit der Kripo erschöpfte sich nun aber nicht mehr in der Strafverfolgung, da „das Hauptziel der Kriminalpolizei die Verhütung von Verbrechen geworden" war.[1108]

Verklammerung von Polizei und SS

Von erheblicher Bedeutung sollte schließlich die Verklammerung von Polizei und SS werden. Mit der 1936 erfolgten Ernennung des RFSS *Himmler* zum „Chef der Deutschen Polizei"[1109] war „für das ganze Reich eine einheitliche Leitung der Polizei eingesetzt" worden, „ein Führer der gesamten Deutschen Polizei, der die Einheitlichkeit der Exekutive in Deutschland verbürgt".[1110] Nach der Auffassung von *Best* sei die „Deutsche Polizei [...] unter der Führung des Reichsführers SS zum Schnittpunkt der Bewegung und des Staates geworden". In diesem „Staatsschutzkorps habe sich „nunmehr das zusammengefasste Kön-

---

1102 Zur Person *Heydrichs* siehe *Höhne*, S. 151 ff.

1103 *Werle*, Justiz-Strafrecht und polizeiliche Verbrechensbekämpfung im Dritten Reich, S. 483.

1104 *Heydrich* in DR 1936, S. 121.

1105 *Heydrich* in DR 1936, S. 121 (122).

1106 Zur Verfolgung von katholischen Geistlichen im Dritten Reich siehe: *Benedicta Maria Kempner*: Priester vor Hitlers Tribunalen, Gütersloh 1966, 1967, 1970.

1107 *Wenzel*, S. 86.

1108 *Daluege* in DJ 1935, S. 1846.

1109 Art. II des Erlasses über die Einsetzung eines Chefs der Deutschen Polizei im Reichsministerium des Innern vom 17. Juni 1936, RGBl. I, S. 487.

1110 Rede des Reichs- und Preußischen Ministers des Innern *Frick* bei der Amtseinführung *Himmlers*, zitiert bei *Best* in DR 1936, S. 257.

nen der Deutschen Polizei mit dem unbeugsamen Kampfwillen und der weltanschaulichen Folgerichtigkeit der Schutzstaffel" verbunden.[1111] *Himmler* sagt im Jahr 1936 öffentlich:

> „[...] ob ein Paragraph unserem Handeln entgegensteht ist mir völlig gleichgültig; ich tue zur Erfüllung meiner Aufgaben grundsätzlich das, was ich nach meinem Gewissen in meiner Arbeit für Führer und Volk verantworten kann und dem gesunden Menschenverstand entspricht." [1112]

Heydrich äußert über die Anforderungen an seine GeStapo-Beamten[1113]:

> „Die sehr notwendige verwaltungsmäßige und kriminalistische Ausbildung an sich genügt nicht. Der beste Spezialist für Einbruchsdiebstähle braucht bei jahrelanger Übung nie ein geeigneter Bekämpfer des Kommunismus zu werden. Die rein technische Fähigkeit genügt vielleicht zum Fassen eines illegalen Funktionärs der KPD, zur Feststellung des objektiven Tatbestandes. Zur Bekämpfung der Staatsfeinde gehört darüber hinaus das bedingungslose Erfassen der nationalsozialistischen Idee und die umfassende Erkenntnis des Gegners in seinen Grundfesten. Die Männer der Staatspolizei müssen daher absolut gleichgerichtet in ihrer geistigen Haltung sein. Sie müssen sich als ein kämpferisches Korps fühlen. Das ist doppelt erforderlich, denn die Erfahrung lehrt, daß der Einzelmensch diesem großen, einheitlich geführten Gegner nicht gewachsen ist und die dauernde Beschäftigung mit nur negativen Dingen auf die Dauer nur durchzuhalten ist, wenn die positiven Gegenwerte durch die korpsmäßige Gemeinschaft einen Ausgleich bringen. Das ist der Grund, warum sehr viele Beamte der Staatspolizei gleichzeitig SS-Führer oder –Männer sind."

Maunz spricht im Jahr 1943 davon, dass in der „Zusammenfassung der gesamten deutschen Polizei in der Hand des Reichsführers SS und in die ganz besondere Auffassung der SS" der Ausgangspunkt einer Entwicklung beruhte, „die schließlich dahin führte, daß die Einrichtungen der Polizei im weiteren Sinn dem Gesamtkörper der SS angehören".[1114] „Die Beziehung der Polizei zur SS [sei] hiernach weniger eine Abgrenzung von außen, als vielmehr eine Einfügung in ein größeres Ganzes, die noch nicht zu einer völligen Verschmelzung geführt hat, aber auf sie hinzielt".[1115]

[1111] *Best* in DR 1936, S. 257 (258).
[1112] Zitiert nach *Rüping* in GA 1984, S. 297 (301).
[1113] *Heydrich* in DR 1936, S. 121 (122 f.).
[1114] *Maunz*, S. 30.
[1115] *Maunz*, S. 30.

Das Reichssicherheitshauptamt und der SD

Im Jahr 1939 wurden die Sipo und der Sicherheitsdienst des RFSS (SD) im Reichssicherheitshauptamt (RSHA) vereinigt, welches unter diesem Namen jedoch niemals in der Öffentlichkeit bekannt werden durfte.[1116] Der SD diente dabei nicht nur als „politische[s] Erkenntnisorgan des Gesamtkorps“, sondern war als „eine SS in der SS“[1117] zugleich „der – einzige – politische Nachrichtendienst der Partei“.[1118] Der SD hatte nun „insbesondere zur Unterstützung der Sicherheitspolizei“ wichtige Aufgabe zu erfüllen und wurde damit im „staatlichen Auftrage tätig“.[1119] Das RSHA war gleichzeitig eine Abteilung des RMdI und ein Hauptamt der Reichsführung SS.[1120] Der Inlandnachrichtendienst des SD bildete „Amt III“, der Auslandnachrichtendienst des SD „Amt VI“ des RSHA.[1121] Dem Amt V, das für die Verbrechensbekämpfung zuständig war, unterstanden im Jahr 1940 direkt 18 Kripo-Leitstellen und unter diesen 56 Kripo-Stellen.[1122] Dies entsprach der Organisation von Amt IV des RSHA (Gegnerbekämpfung)[1123], dem Staatspolizeileitstellen und Staatspolizeistellen unterstellt waren.[1124]

b. Die Ermittlungstätigkeit der Sicherheitspolizei

Die GeStapo war für die Erforschung und Bekämpfung staatsgefährdender Bestrebungen zuständig. Sie hatte das Ergebnis der Erhebungen zu sammeln, auszuwerten, die Staatsregierung zu unterrichten sowie die übrigen Behörden über für sie wichtige Feststellungen auf dem laufenden zu halten und mit Anregungen zu versehen.[1125] Zur Sammlung von Informationen wurden auch Spitzel, sogenannte V-Leute[1126], eingesetzt, welche teilweise unter Androhung von Tod oder KZ-Haft für diesen Dienst gewonnen worden waren.[1127]

[1116] *Höhne*, S. 237.
[1117] *Höhne*, S. 161.
[1118] *Best* in DR 1939, S. 44 (47). Zur Entstehungsgeschichte des SD siehe *Höhne*, S. 160 ff. Zum Aufbau des SD siehe *Höhne*, S. 200.
[1119] Erlass des Reichsministers des Innern vom 11. November 1938, zitiert nach *A. Wagner*, S. 302. Der SD unterstützte die GeStapo zu diesem Zeitpunkt schon seit mehreren Jahren (Dies ergibt sich aus dem Aufsatz *Heydrichs* in DR 1936, S. 121 (123).
[1120] *A. Wagner*, S. 293.
[1121] *Crankshaw*, S. 87.
[1122] *Maunz*, S. 38.
[1123] Die Gliederung des Amtes IV im Jahr 1943 findet sich bei *Crankshaw*, S. 88 f.
[1124] *Maunz*, S. 39.
[1125] § 1 Abs. 1 des Gesetzes über die GeStapo vom 10. Februar 1936, abgedruckt bei *Majer*, S. 82.
[1126] Siehe dazu *Weyrauch*, Gestapo V-Leute, Frankfurt a.M. 1989.
[1127] *Weyrauch*, S. 26 ff.

Die GeStapo führte Ermittlungen in Hochverrats-, Landesverrats- und Sprengstoffsachen sowie bei sonstigen strafbaren Angriffen auf Partei und Staat.[1128] Entgegen den Vorschriften der StPO ermittelte sie vollkommen unabhängig ohne eine Unterstellung unter die StA oder eine Informationspflicht gegenüber der StA anzuerkennen.[1129] Diese Verselbständigung der GeStapo gegenüber der Justiz sowie ihre umfassende Ermittlungstätigkeit waren kein Geheimnis und wurden offen diskutiert.[1130]

Auch die Kripo befolgte oft lediglich die Anweisungen der Polizeiführung und entzog sich immer mehr der Aufsicht der StA, indem sie dieser teilweise gar nicht oder erst nach Abschluss ihrer Ermittlungen ein Ergebnis vorlegte.[1131] Es gab deshalb die Forderung, „daß die Kriminalpolizei bereits zu Anfang aller Ermittlungen der Staatsanwaltschaft über ihren Verdacht kurz Mitteilung macht, damit dieser die Möglichkeit bleibt, die Ermittlungen in eine bestimmte Richtung zu lenken".[1132] Insbesondere bei Straftaten, die im Auftrag oder mit Billigung der politischen Führung erfolgt waren, wurden Ermittlungen von der Polizei eingestellt oder gar nicht erst durchgeführt.[1133] Als Folge von alledem, lag es teilweise nicht mehr in den Händen der StA, ob wegen einer begangenen Straftat Anklage erhoben wurde.[1134]

Der Generalstaatsanwalt in Jena beklagte in seinem Lagebericht vom September 1943:

> „Die Stellung und die Befugnisse der Strafjustiz verschieben sich immer mehr zugunsten der Polizei. [...] Die Polizei arbeitet eben einfacher. Für uns ist eine Gesetzesänderung nötig, die Polizei machts mit einem Federstrich [...] Richter und Staatsanwalt spielen [...] nur noch eine sehr untergeordnete Rolle. Sie entwickeln sich immer mehr zu Hilfsbeamten der Polizei."[1135]

Die GeStapo hielt sich auch bei ihren Ermittlungen nicht an die Vorschriften der StPO. Die Beschuldigten waren praktisch rechtlos und brutaler Misshandlung

[1128] § 1 der VO zur Ausführung des Gesetzes über die GeStapo vom 10. Februar 1936, abgedruckt bei *Majer*, S. 82 f. und bei Spohr, S. 62 ff. Siehe auch *Wenzel* S. 103.

[1129] *Majer*, S. 92; *Riehle*, S. 123.

[1130] *Becker* spricht davon, dass man bei der Betrachtung des Verhältnisses von StA und Kripo die GeStapo, „als etwas Besonderes und Eigenartiges ausscheiden" müsse. (in DStR 1938, S. 167 (168)).

[1131] Vor allem *Wenzel*, S. 101. Siehe auch *Majer*, S. 92; *Michelberger*, S. 347, 402 f.; *Riehle*, S. 124.

[1132] *Becker* in DStR 1938, S. 167 (174).

[1133] *A. Wagner*, S. 299.

[1134] Dazu auch: *Riehle*, S. 115.

[1135] Wiedergegeben nach *Michelberger*, S. 386. Weitere Lageberichte der Generalstaatsanwälte und OLG-Präsidenten bei *Michelberger*, S. 385 ff.

ausgesetzt.[1136] Da gemäß § 7 des GeStapo-Gesetzes von 1936[1137] „Verfügungen und Angelegenheiten" der Geheimpolizei auch nicht der Nachprüfung durch die Verwaltungsgerichte unterlagen, waren ihren Maßnahmen kaum Grenzen gesetzt. Das RJM hatte sich 1937 mit „verschärften Vernehmungen" – d.h. unter anderem mit der Anwendung von Stockhieben – durch die GeStapo einverstanden erklärt und zugesichert, die StA anzuweisen, in solchen Fällen keine Ermittlungen gegen GeStapo-Beamte durchzuführen.[1138] Durch einen Erlass aus dem Jahr 1938 wurde der GeStapo die Befugnis zu Eingriffen in das Post-, Telegraphen- und Fernsprechgeheimnis übertragen.[1139]

Nach § 5 der VO über außerordentliche Rundfunkmaßnahmen vom 01. September 1939[1140], waren Verbrechen nach den §§ 1 und 2 dieser VO nur dann zu verfolgen, wenn der Antrag einer Stapo-Stelle vorlag. Die Verfolgungspflicht der StA, war in diesen Fällen somit von einer Willenserklärung der GeStapo abhängig.[1141]

c. Die freiheitsbeschränkenden Maßnahmen der Sicherheitspolizei Abgrenzung von Schutzhaft, Vorbeugungshaft und Polizeihaft

Inhaftierungen durch die Polizei zur NS-Zeit ließen sich grundsätzlich in drei Arten einteilen: Die Schutzhaft, die Vorbeugungshaft und ab März 1943 die Polizeihaft.[1142] Das Institut der Polizeihaft wurde durch einen Erlass *Himmlers*[1143] geschaffen. Sie konnte von der Kripo für bis zu drei Wochen zur Sicherung eines polizeilichen Ermittlungsverfahrens angeordnet werden. Die Voraussetzungen dafür – Verdunkelungsgefahr oder Fluchtgefahr sowie drohende Gefährdung des Ermittlungsverfahrens – der Polizeihaft orientierten sich an denen der richterlichen Untersuchungshaft. Darüber hinaus musste ihre Anordnung „dem gesunden Volksempfinden" entsprechen.

Die Schutz- und die Vorbeugungshaft ließen sich zunächst aufgrund des betroffenen Personenkreises von einander unterscheiden: Während die Schutzhaft gegen politische Gegner verhängt wurde, richtete sich die Vorbeugungshaft gegen Berufs- und Gewohnheitsverbrecher sowie gegen sogenannte „Asoziale".[1144] In formeller Hinsicht war die Abgrenzung zwischen diesen beiden Haftarten da-

---

[1136] Zu Ermittlungen durch die GeStapo siehe *Dörner*, S. 111 ff.

[1137] Abgedruckt bei *Majer*, S. 82 und bei *Spohr*, S. 61 f.

[1138] *A. Wagner*, S. 296 und 303. Tatsächlich wurden von der GeStapo bei weitem schlimmere Foltermethoden angewandt. Darüber berichtet: *Crankshaw*, S. 114 ff.

[1139] Erlass vom 30. Juni 1938, Ministerialblatt des Reichs- und Preußischen Ministeriums des Innern, S. 1080. Zitiert nach *Wenzel*, S. 103.

[1140] RGBl. 1939 I, S. 1683.

[1141] *Gleispach*, S. 90.

[1142] Eine prägnante Darstellung findet sich bei *Terhorst*, S. 4-7.

[1143] Runderlass des RFSSuChdDtPol. vom 19. März 1943, wiedergegeben nach *Werle*, S. 7.

[1144] *Terhorst*, S. 5; *Tesmer* in DR 1936, S. 135 (136). Siehe auch *Spohr*, S. 17.

durch gegeben, dass die Vorbeugungshaft von der Kripo, die Schutzhaft dagegen von der GeStapo angeordnet wurde.[1145]

Die Gründe für Einweisungen in KZ sind damit jedoch nicht abschließend genannt. Beispielsweise war die GeStapo auch für die Verwahrung von Personen zuständig, welche aufgrund des „Nacht-und-Nebel"-Erlasses nach Deutschland verschleppt worden waren.[1146]

Schutzhaft

Die Verhängung von Schutzhaft war ursprünglich auf § 1 der Reichstagsbrand-VO[1147] und einen dazu ergangenen, nicht veröffentlichten Reichsministerialerlass vom 12. April 1934 gestützt worden.[1148] Ein zweiter reichseinheitlicher Erlass zur Schutzhaft erging im Jahr 1938.[1149] Während von dem ersten Erlass zumindest der Inhalt bekannt geworden war, wurde der zweite völlig geheimgehalten und erscheint daher auch nicht in der zeitgenössischen Literatur.[1150]

Die Anordnung von Schutzhaft sollte offiziell lediglich eine polizeiliche Präventivmaßnahme ohne „Sühne- oder Abschreckungscharakter" sein.[1151] Strafbare Handlungen seien ausschließlich durch die Gerichte zu ahnden gewesen, während die Schutzhaft „eine politisch-polizeiliche Präventivmaßnahme [war], die nur aus staatspolitischen Gründen" anzuwenden war.[1152] Tatsächlich wurde Schutzhaft von der Polizei auch angeordnet, um „milde" gerichtliche Entschei-

---

[1145] *Werle*, S. 499.

[1146] Nach im Dezember 1941 von *Hitler* veranlassten Richtlinien sollten Angriffe gegen das Reich oder deutsche Truppen in den besetzten nördlichen und westlichen Ländern mit Ausnahme Dänemarks zur Abschreckung grundsätzlich mit der sofort zu vollstreckenden Todesstrafe geahndet werden. In dem Fall, dass eine zügige Aburteilung nicht möglich war, war der Verdächtige sofort nach Deutschland zu verbringen. Die auf diesen Erlass hin ergangenen Bestimmungen und ihre Durchführung unterlagen strengster Geheimhaltung. Konsequenz der Geheimhaltung waren Einschränkungen für die Verteidigung, Isolierung der Gefangenen von der Außenwelt und Ausschluss der Öffentlichkeit von der Hauptverhandlung. Selbst Anfragen von deutschen oder ausländischen Dienststellen waren damit zu beantworten, dass der Täter festgenommen sei und der Verfahrensstand keine weiteren Mitteilungen erlaube. Falls die Ermittlungen gegen einen Beschuldigten eingestellt worden waren, er freigesprochen worden war oder seine Strafe verbüßt hatte, wurde er nicht auf freien Fuß gesetzt, sondern der GeStapo zur Verwahrung auf Kriegsdauer übergeben. Nur wenn sich die Unschuld des Beschuldigten bereits vor der Hauptverhandlung erwiesen hatte, konnte er wieder in seine Heimat entlassen werden. Ab November 1943 waren jedoch auch diese Häftlinge der GeStapo zu übergeben, die dann über deren weiteres Schicksal zu entscheiden hatte.

[1147] VO des Reichspräsidenten zum Schutz von Volk und Staat vom 28. Februar, RGBl. 1933 I, S. 83.

[1148] *Maunz*, S. 49; *Werle*, S. 537 f.

[1149] *Werle*, S. 542.

[1150] *Werle*, S. 542.

[1151] *Maunz*, S. 50.

[1152] *Tesmer* in DR 1936, S. 135 (136). Siehe auch *Spohr*, S. 20.

dungen eigenmächtig zu korrigieren oder um Personen zur Abschreckung zu inhaftieren.[1153] Die Praxis der GeStapo, Schutzhaft nach Strafverbüßung oder Freispruch zu verhängen, war auch Thema vieler Lageberichte der Generalstaatsanwälte und OLG-Präsidenten[1154]. Auch wenn der Erlass eines Haftbefehls abgelehnt worden war, behalf man sich mit dem Institut der Schutzhaft.[1155]

Nach dem erwähnten Erlass aus dem Jahr 1934, dessen Abdruck im Wortlaut „nicht möglich war“[1156], konnte „Schutzhaft entweder zum eigenen Schutz des Häftlings verhängt werden oder wenn der Häftling durch sein Verhalten, insbesondere durch staatsfeindliche Betätigung, die öffentliche Sicherheit und Ordnung unmittelbar gefährdet hat“.[1157] Der Erlass sah jedoch auch vor, „daß in besonderen Ausnahmefällen bei strafbaren Tatbeständen die Verhängung [von Schutzhaft] zulässig sein“ konnte.[1158] In dem Beitrag eines Regierungsrats im Geheimen Staatspolizeiamt heißt es dazu weiter:

> „Hierunter fallen naturgemäß alle diejenigen Fälle, in denen von der Geheimen Staatspolizei sofort im Wege der Schutzhaft zugegriffen werden muß, um im Interesse der Staatssicherheit unabsehbaren Schaden zu verhüten, wenn auch im Augenblick der Nachweis für die Voraussetzungen zum Erlaß eines richterlichen Haftbefehls noch nicht erbracht werden kann. Die Mehrzahl der Fälle, die bei der Geheimen Staatspolizei bearbeitet werden, setzen sich aus hoch- oder landesverräterischen Handlungen zusammen, die bei Vorliegen von genügendem Belastungsmaterial oft zum Erlass eines richterlichen Haftbefehls führen. Soweit Haftbefehl erlassen wird, kann die Geheime Staatspolizei alles weitere dem Gericht überlassen. Soweit richterlicher Haftbefehl noch nicht erlassen werden kann, weil etwa das für den Nachweis einer landes- oder hochverräterischen Handlung erforderliche Beweismaterial aus technischen [!] Gründen noch nicht zusammengetragen werden konnte, muß die Geheime Staatspolizei im Interesse der Staatssicherheit die Frage nachprüfen, ob die Verhängung der Schutzhaft gegen den Beschuldigten in Betracht zu ziehen ist, wenn z.B. der Verdacht besteht, daß der Beschuldigte, der früher kommunistischer Funktionär war, die Freiheit dazu benutzen wird, um seine staatsfeindliche Tätigkeit wieder aufzunehmen.“[1159]

Die Dienststellen der GeStapo hätten hier angeblich „in vorbildlicher Weise“ mit den ordentlichen Gerichten zusammengearbeitet, „um gefährlichen Staatsverbrechern durch eine, wenn auch nur zeitweilige Freilassung nicht die Gele-

[1153] Beispiele bei *Dörner*, S. 252 ff.
[1154] Abgedruckt bei *Michelberger*, S. 357 ff.
[1155] *Michelberger*, S. 361.
[1156] *Spohr*, S. 13.
[1157] Zitiert nach *Tesmer* in DR 1936, S. 135 (136). Siehe auch *Spohr*, S. 19.
[1158] *Tesmer* in DR 1936, S. 135 (136).
[1159] *Tesmer* in DR 1936, S. 135 (136).

genheit zu geben, ihr staatsfeindliches Treiben zum Schaden der Allgemeinheit fortzusetzen.[1160]

Dem Schutzhäftling war binnen 24 Stunden ein begründeter schriftlicher Schutzhaftbefehl auszuhändigen, zu dem der Häftling anzuhören war.[1161] Der Schutzhaftbefehl war durch das Geheime Staatspolizeiamt als oberste Landesbehörde zu bestätigen. Außerdem hatte von Amts wegen alle drei Monate ein Haftprüfungsverfahren stattzufinden.[1162] Da diese Prüfung immer „auf das Genaueste vorgenommen" worden sei, war angeblich „die Gewähr dafür geboten, daß fehlerhafte oder gar willkürliche Schutzhaftmaßnahmen nicht vorkommen" konnten.[1163]

Zu vollstrecken war die Schutzhaft ausschließlich in staatlichen Gefängnisanstalten oder KZ.[1164] Bei kurzfristiger Schutzhaft sollten die Häftlinge in Polizei- oder Gerichtsgefängnisse verbracht werden. Diejenigen Schutzhäftlinge dagegen, „deren staatsfeindliches Treiben für längere Zeit unterbunden werden muß[te]", sollten von den der GeStapo unterstehenden KZ aufgenommen werden.[1165]

Die Anrufung der ordentlichen Gerichte wegen verhängter Schutzhaft war nicht möglich, da es sich bei ihr um eine rein polizeiliche Maßnahme handelte.[1166] Auch die verwaltungsgerichtliche Nachprüfung war, wie bereits oben erwähnt, wegen § 7 des preußischen GeStapo-Gesetzes nicht möglich. Dem Schutzhäftling verblieb lediglich der in der Praxis kaum Erfolg versprechende Rechtsbehelf der formlosen Dienstaufsichtsbeschwerde.[1167]

Im Mai 1933 ermittelte die Münchner StA noch wegen des Todes von vier Häftlingen des KZ Dachau, die vom Lagerpersonal zu Tode gequält worden waren.[1168] Vom Stettiner LG wurde im April 1934 ein SS-Sturmführer wegen seiner in einem KZ begangenen Grausamkeiten zu 13 Jahren Zuchthaus verurteilt.[1169] Schon wenige Zeit später konnte die Justiz in derartigen Fällen nichts mehr ausrichten.

[1160] *Tesmer* in DR 1936, S. 135 (137).
[1161] *Tesmer* in DR 1936, S. 135 (137). Siehe auch *Spohr*, S. 21.
[1162] *Tesmer* in DR 1936, S. 135 (137).
[1163] *Tesmer* in DR 1936, S. 135 (137). Siehe auch *Spohr*, S. 22.
[1164] *Tesmer* in DR 1936, S. 135 (137); *Spohr*, S. 21.
[1165] *Tesmer* in DR 1936, S. 135 (137).
[1166] *Spohr*, S. 22.
[1167] *Spohr*, S. 31.
[1168] *Höhne*, S. 175.
[1169] *Höhne*, S. 176.

Nachüberwachung

In einem geheimen Erlass des Chefs der Sipo vom 17. Februar 1938[1170] wurden Nachüberwachungsmaßnahmen durch die GeStapo gegen Personen angeordnet, die aus der Schutzhaft oder aus Strafhaft wegen politischer Taten entlassen worden waren.[1171] Die Nachüberwachung konnte entweder offen (mit der Erteilung von Auflagen) oder geheim (durch verschiedene Überwachungsmaßnahmen) angeordnet werden.[1172] Als „schärfste Form der offenen Nachüberwachung" war die vollständige Freiheitsentziehung vorgesehen, d.h. aus der Strafhaft entlassene oder „sonst wie von den Gerichten" überstellte Personen wurden in Schutzhaft genommen.[1173] Die Praxis der GeStapo, auch aus der Strafhaft Entlassene in Schutzhaft zu nehmen, war kein Geheimnis.[1174]

Polizeiliche Sicherungsverwahrung (Vorbeugungshaft)

Durch einen nicht veröffentlichten Ministerialerlass vom 14. Dezember 1937 wurden die „bewährten Grundgedanken" der seit 1933 in Preußen[1175] existierenden vorbeugenden Polizeihaft gegen Berufsverbrecher auf das gesamte Reich erstreckt.[1176] Das Ziel war es in Preußen laut Generalleutnant der Polizei *Daluege*, „einen kleinen Teil der Berufsverbrecher mit der Vorbeugungshaft, die übrigen mit der Furcht vor der Vorbeugungshaft nieder[zu]halten".[1177]

Das Institut dieser *polizeilichen* Sicherungsverwahrung existierte parallel zu der 1933 geschaffenen *gerichtlich* angeordneten Sicherungsverwahrung.[1178] Laut der Darstellung von *Maunz* aus dem Jahr 1943 habe die „gerichtliche Zuständigkeit bei weitem den kleineren Raum" eingenommen und die Zahl der gerichtlichen Anordnungen sei „verhältnismäßig gering" gewesen, während die polizeiliche Zuständigkeit „umfassend" gewesen sei und sich das „Einschreiten der Polizei [...] auf ausgreifende Generalklauseln" gegründet habe.[1179] Die Zuständigkeit der Polizei umfasste auch alle Fälle, in denen die Strafgerichte zuständig

---

[1170] Wiedergegeben bei *Werle*, S. 555 ff.
[1171] *Werle*, S. 555.
[1172] *Werle*, S. 556 ff.
[1173] *Werle*, S. 559 f.
[1174] Diese Vorgehensweise wird z.B. bei *Tesmer* in DR 1936, S. 135 (137) erwähnt.
[1175] Zur Regelung in Preußen ausführlich *Terhorst*, S. 61 ff. Zur Anzahl und den Vorstrafen der Vorbeugungshäftlinge in Preußen Ende November 1935 siehe *Daluege* in DJ 1935, S. 1846 (1847).
[1176] *Maunz*, S. 43 f.
[1177] *Daluege* in DJ 1935, S. 1846 (1847).
[1178] Gesetz gegen gefährliche Gewohnheitsverbrecher vom 24. November 1933, RGBl. I, S. 995-999 und Ausführungsgesetz dazu, S. 1000-1008.
[1179] *Maunz*, S. 45.

waren – dies galt jedoch nicht umgekehrt – und habe die Tendenz gehabt, die gerichtliche entbehrlich zu machen.[1180]

Zuständig für die Anordnung der Vorbeugungshaft waren die Kriminalpolizeistellen. Es wurde aber eine Bestätigung der Anordnung durch das RSHA benötigt.[1181] Mehrere großangelegte Razzien wurden von *Himmler* selbst befohlen, so z.B., dass am 09. März des Jahres 1937 im gesamten Reichsgebiet „etwa 2000 Berufs- und Gewohnheitsverbrecher oder gemeingefährliche Sittlichkeitsverbrecher in polizeiliche Vorbeugungshaft zu nehmen" seien.[1182] Vollstreckt wurde die Vorbeugungshaft in „Besserungs- und Arbeitslagern"[1183], d.h. in KZ.[1184] Ebenso wie den Schutzhäftlingen standen den Verhafteten keine Rechtsbehelfe offen, sondern lediglich die Dienstaufsichtsbeschwerde bis zum RFSSuChdDtPol.[1185]

Die Vorbeugungshaft war gegen „Gewohnheits- und Berufsverbrecher" und generell gegen Rechtsbrecher nur dann zu verhängen, wenn die polizeiliche planmäßige Überwachung nicht erfolgversprechend war.[1186] Die vorherige Erfolglosigkeit milderer Überwachungsmaßnahmen war jedoch nicht vorausgesetzt, denn die Erforderlichkeit der Vorbeugungshaft unterlag dem pflichtgemäßen Ermessen der Kripo.[1187]

Der betroffene Personenkreis der kriminalpolizeilichen Vorbeugungshaft setzte sich aus vier verschiedenen Gruppen zusammen:

(1.) Personen, welche unter planmäßiger Überwachung standen und ihnen erteilte Auflagen schuldhaft übertraten oder straffällig wurden.[1188]

(2.) Sogenannte Berufs- und Gewohnheitsverbrecher, die aus Gewinnsucht, aus verbrecherischem Trieb oder aus verbrecherischer Neigung begangenen Straftaten zu einer dreimaligen Freiheitsstrafe von mindestens sechs Monaten Dauer verurteilt worden waren.[1189]

(3.) Sogenannte Gemeingefährliche, d.h. „wer aufgrund einer von ihm begangenen schweren Straftat und wegen der Möglichkeit der Wiederholung eine so große Gefahr für die Allgemeinheit bildet, daß seine Belassung auf freiem Fuß nicht zu verantworten ist, oder wer einen auf eine schwere

---

[1180] *Maunz*, S. 45
[1181] *Maunz*, S. 48; *Werle*, S. 507.
[1182] *Broszat* in Vierteljahreshefte für Zeitgeschichte 1958, S. 390 (393).
[1183] *Maunz*, S. 48.
[1184] *Terhorst*, S. 145.
[1185] *Maunz*, S. 48.
[1186] *Werle*, S. 499.
[1187] *Werle*, S. 499.
[1188] *Terhorst*, S. 133 f.; *Werle*, S. 500. Siehe auch *Maunz*, S. 47.
[1189] *Terhorst*, S. 134 ff.; *Werle*, S. 500. Siehe auch *Maunz*, S. 46.

Straftat abzielenden Willen durch Handlungen offenbart, welche die Voraussetzungen eines bestimmten strafbaren Tatbestandes noch nicht erfüllen".[1190]

(4.) Sogenannte Asoziale, d.h. „wer, ohne Berufs- oder Gewohnheitsverbrecher zu sein, durch sein asoziales Verhalten die Allgemeinheit" gefährdete.[1191]

Nach den Richtlinien des Reichskriminalpolizeiamtes waren „z.B. asozial":

a) „Personen, die durch geringfügige, aber sich immer wiederholende Gesetzesübertretungen sich der in einem nationalsozialistischen Staat selbstverständlichen Ordnung nicht fügen wollen (z.B. Bettler, Landstreicher (Zigeuner), Dirnen, Trunksüchtige, mit ansteckenden Krankheiten, insbesondere Geschlechtskrankheiten behaftete Personen, die sich den Maßnahmen der Gesundheitsbehörden entziehen).

b) Personen, ohne Rücksicht auf etwaige Vorstrafen, die sich der Pflicht zur Arbeit entziehen und die Sorge für ihren Unterhalt der Allgemeinheit überlassen (z.B. Arbeitsscheue, Arbeitsverweigerer, Trunksüchtige).

In erster Linie sind bei der Anwendung der polizeilichen Vorbeugungshaft Asoziale ohne festen Wohnsitz zu berücksichtigen. Politische Gesichtspunkte dürfen bei der Prüfung, ob eine Person als asozial zu bezeichnen ist, in keinem Falle Platz greifen. Dieses Gebiet bleibt nach wie vor der Geheimen Staatspolizei vorbehalten (Schutzhaft)."[1192]

Eine zusätzliche Anwendungsmöglichkeit der Vorbeugungshaft bestand gegenüber Personen, die keine oder offensichtlich falsche Angaben über ihre Person machten und den Verdacht erweckten, frühere Straftaten verdecken oder neue unter falschem Namen begehen zu wollen.[1193]

[1190] So der Text des Erlasses vom Dezember 1937, zitiert bei *Terhorst*, S. 136. Siehe auch *Maunz*, S. 47; *Werle*, S. 501.

[1191] Erlass vom Dezember 1937, wiedergegeben bei *Terhorst*, S. 136 und bei *Werle*, S. 501. Siehe auch *Maunz*, S. 47.

[1192] Richtlinien zitiert nach *Terhorst*, S. 138 f. Siehe auch *Werle*, S. 501f.

[1193] *Terhorst*, S. 144.

Polizeiliche planmäßige Überwachung

Die bereits erwähnte polizeiliche planmäßige Überwachung wurde ebenfalls durch den grundlegenden Erlass vom 14. Dezember 1937 reichsweit geregelt. „Unter planmäßige Überwachung“ konnte danach „gestellt werden:

> a) wer das Verbrechen zu seinem Gewerbe gemacht hat und aus dem Erlös seiner Straftaten ganz oder teilweise lebt oder gelebt hat (Berufsverbrecher), wenn er wegen aus Gewinnsucht begangener Straftaten mindestens 3 mal entweder zu Zuchthaus oder zu Gefängnis von mindestens 3 Monaten rechtskräftig verurteilt worden ist,
>
> b) wer aus verbrecherischen Trieben oder Neigungen wiederholt in gleicher oder ähnlicher Weise straffällig geworden ist (Gewohnheitsverbrecher), wenn er wegen solcher Straftaten mindestens 3 mal entweder zu Zuchthaus oder zu Gefängnis von mindestens 3 Monaten rechtskräftig verurteilt worden ist.“[1194]

Betroffen waren grundsätzlich auch alle aus der Vorbeugungshaft entlassenen Personen, auch wenn es sich bei ihnen nicht um Berufs- oder Gewohnheitsverbrecher handelte.[1195] Schließlich enthielt der Erlass noch eine Generalklausel, nach der die polizeiliche planmäßige Überwachung „in ganz besonderen Ausnahmefällen“ auch ohne Vorliegen der genannten Voraussetzungen anzuordnen war, wenn sie „zum Schutze der Volksgemeinschaft unerlässlich“ war.[1196]

Die zur Durchführung der Überwachung anzuordnenden Maßnahmen waren nicht abschließend geregelt. Sie waren „der Persönlichkeit und der besonderen Art der strafbaren Betätigung des zu Überwachenden anzupassen“, mussten verhältnismäßig sein und durften ein bestehendes Arbeitsverhältnis oder die Begründung eines solchen nicht beeinträchtigen.[1197] In der Praxis relevante Maßnahmen waren beispielsweise das Verbot den Wohn- oder Aufenthaltsort ohne polizeiliche Erlaubnis zu verlassen, Aufenthaltsverbote für bestimmte Örtlichkeiten wie z.B. Bahnhöfe, Kinderspielplätze oder Gaststätten, Beherbergungsverbote oder auch Fahrzeugbenutzungsverbote.[1198] Eine zeitliche Befristung für diese Maßnahmen war nicht vorgesehen, nach zwölf Monaten war jedoch die Erforderlichkeit der Fortdauer zu überprüfen.[1199]

[1194] Erlass vom 14. Dezember 1937, zitiert nach *Terhorst*, S. 121. Siehe auch *Werle*, S. 492 f.
[1195] *Terhorst*, S. 125; *Werle*, S. 492.
[1196] Zitiert nach *Terhorst*, S. 125. Siehe auch *Werle*, S. 492.
[1197] *Werle*, S. 493 f.
[1198] Einige weitere Beispiele bei *Terhorst*, S. 128 f. und bei *Werle*, S. 494. Zulässige Auflagen in Preußen (November 1935) sind genannt bei *Daluege* in DJ 1935, S. 1846 (1848).
[1199] *Terhorst*, S. 129; *Werle*, S. 494 f.

Für die Anordnung und Durchführung der polizeilichen planmäßigen Überwachung waren die Kriminalpolizeistellen zuständig. Die Anordnung musste durch die Kripo-Leitstelle bestätigt werden.[1200] Bei der Anwendung der Generalklausel musste eine Bestätigung durch das Reichskriminalpolizeiamt vorliegen.[1201] Eine richterliche Nachprüfung der angeordneten Maßnahmen war nicht vorgesehen. Dem Betroffenen stand lediglich die Möglichkeit offen, Beschwerden oder Gesuche an das Reichskriminalpolizeiamt zu richten.[1202]

d. Die Auslieferung bestimmter Personengruppen an die Polizei Entwicklung seit 1940

Seit März 1940 war die Sicherheitspolizei zur Regelung der Lebensführung von polnischen „fremdvölkischen" Arbeitern im Reich ermächtigt worden.[1203] Diese Ermächtigung wurde auch gegenüber Personen anderer Nationalitäten ausgedehnt.

Nach der „VO über die Strafrechtspflege gegen Polen und Juden in den eingegliederten Ostgebieten" vom Dezember 1941 verfolgte die StA Straftaten von Polen und Juden, deren Ahndung sie im öffentlichen Interesse für geboten hielt.[1204] Die Reichsstatthalter bzw. Oberpräsidenten konnten mit Zustimmung des Reichsinnen- sowie des Reichsjustizministers anordnen, dass Polen und Juden wegen bestimmter Straftaten von Standgerichten abzuurteilen seien.[1205] Diese Standgerichte konnten auf Todesstrafe erkennen oder von Strafe absehen „und stattdessen die Überweisung an die Geheime Staatspolizei aussprechen".[1206]

Am 18. Dezember 1942 wurde zwischen Reichjustizminister *Thierack* und *Himmler* unter anderem vereinbart[1207]:

> Erstens, dass der RFSSuChdDtPol. bei „zu milden" Urteilen die Übergabe des Verurteilten an die GeStapo zur „Sonderbehandlung"[1208] beantragen konnte. Darüber hatte der Reichsjustizminister zu entscheiden und in Zweifelsfällen war Reichsleiter *Bormann* zu beteiligen.
>
> Zweitens, dass „asoziale Elemente" aus dem Strafvollzug der Justiz an die GeStapo zur „Vernichtung durch Arbeit" ausgeliefert werden. Weiter hieß

1200 *Werle*, S. 495.
1201 *Terhorst*, S. 125; *Werle*, S. 495.
1202 *Werle*, S. 495.
1203 *Majer*, S. 94.
1204 Art. IV. der VO vom 04. Dezember 1941, RGBl. I, S. 759.
1205 Art. XIII. Abs. 1 der VO vom 04. Dezember 1941, RGBl. I, S. 760.
1206 Art. XIII. Abs. 2 der VO vom 04. Dezember 1941, RGBl. I, S. 760.
1207 Inhalt des Abkommens wiedergegeben nach *A. Wagner*, S. 297.
1208 Dieser Begriff wurde für Exekutionen gebraucht.

> es: „Es werden restlos ausgeliefert die Sicherungsverwahrten, Juden, Zigeuner, Russen und Ukrainer, Polen über 3 Jahre Strafe, Tschechen oder Deutsche über 8 Jahre Strafe nach Entscheidung des Reichsjustizministers."
>
> Drittens, dass Strafsachen gegen Juden, Polen (mit Ausnahme der Volksdeutschen), Zigeuner, Russen und Ukrainer nicht mehr von den ordentlichen Gerichten abgeurteilt werden sollen, sondern „durch den Reichsführer SS erledigt werden".

In einem Schreiben von Justizminister *Thierack* an *Bormann* vom 13. Oktober 1942 heißt es:

> „[...] beabsichtige ich, die Strafverfolgung gegen Polen, Russen, Juden und Zigeuner dem Reichsführer SS zu überlassen. Ich gehe hierbei davon aus, daß die Justiz nur in kleinem Umfange dazu beitragen kann, Angehörige dieses Volkstums auszurotten. Zweifellos fällt die Justiz jetzt sehr harte Urteile gegen solche Personen, aber das reicht nicht aus [...] Es hat auch keinen Sinn, solche Personen Jahre hindurch in deutschen Gefängnissen und Zuchthäusern zu konservieren [...] Dagegen glaube ich, daß durch die Auslieferung solcher Personen an die Polizei, die sodann frei von gesetzlichen Straftatbeständen ihre Maßnahmen treffen kann, wesentlich bessere Ergebnisse erzielt werden [...]."[1209]

Eine entsprechende VO erging – nur bezüglich der Juden – im Juli 1943.[1210] Ihr § 1 bestimmte, dass strafbare Handlungen von Juden durch die Polizei zu ahnden seien und die oben erwähnte „Polenstrafrechtsverordnung" vom Dezember 1941 nicht mehr für Juden gelte.

Das RSHA hatte aber bereits im November 1942 durchgeben lassen, dass mit dem RJM vereinbart worden sei, dass „Polen und Angehörige der Ostvölker" sowie Juden und Zigeuner an die Polizei abgegeben werden.[1211]

Verhängung von Todesstrafen durch die Polizei

Abgesehen von den Morden im Rahmen des sogenannten Röhm-Putsches wurden ohne vorheriges Strafverfahren vollstreckte Hinrichtungen politischer Gegner vor dem Kriegsbeginn noch im Geheimen durchgeführt und als Selbstmord, Erschießung „auf der Flucht" oder „bei Widerstand" getarnt.[1212]

[1209] Zitiert nach *A. Wagner*, S. 297.

[1210] 13. VO zum Reichsbürgergesetz vom 01. Juli 1943, RGBl. I, S. 372.

[1211] *A. Wagner*, S. 298.

[1212] *Gruchmann*, S. 675.

Nach Beginn des Krieges befahl *Heydrich* als Chef der Sipo, dass „jeder Versuch, die Geschlossenheit und den Kampfwillen des deutschen Volkes zu zersetzen [...] rücksichtslos zu unterdrücken" war und dass „insbesondere [...] gegen jede Person sofort durch Festnahme einzuschreiten [sei], die in ihren Äußerungen am Sieg des deutschen Volks zweifelt oder das Recht des Krieges in Frage stellt".[1213] Es war nach eingehenden Ermittlungen über ihre Einstellung und Beweggründe unverzüglich an den Chef der Sipo zu berichten und um Entscheidung über weiteres Vorgehen zu bitten, „da gegebenenfalls auf höhere Weisung brutale Liquidierung solcher Elemente erfolgen" werde.[1214]

In einem Durchführungserlass *Heydrichs* wurde bestimmt, dass bei den genannten Fällen von Defaitismus zu unterscheiden sei „zwischen solchen, die auf dem bisher üblichen Wege erledigt werden können und solchen, welche einer Sonderbehandlung zugeführt werden müssen. Im letzteren Fall handelt es sich um solche Sachverhalte, die hinsichtlich ihrer Verwerflichkeit, ihrer Gefährlichkeit oder ihrer propagandistischen Auswirkung geeignet sind, ohne Ansehung der Personen durch rücksichtlosestes Vorgehen (nämlich durch Exekution) ausgemerzt zu werden".[1215] Als Beispiele dafür wurden genannt: „z.B. Sabotageversuche, Aufwiegelung oder Zersetzung von Heeresangehörigen oder eines größeren Personenkreises, Hamsterei in großen Mengen, aktive kommunistische oder marxistische Betätigung usw.".[1216] Aufgrund der durchgeführten Ermittlungen entschied *Himmler* als Gerichtsherr und ließ gegebenenfalls durch den Chef von Amt IV des RSHA oder durch einen besonderen Beauftragten den Befehl zur Exekution übermitteln.[1217]

Der OLG-Präsident in Hamm äußerte in einem Lagebericht über die Tatsache, dass in einer Tageszeitung vom August 1940 gleichzeitig berichtet wurde, dass einerseits der VGH bedauert hatte, in einem Verfahren nach dem Gesetz nicht die Todesstrafe verhängen zu können, und andererseits der RFSSuChdDtPol. bekannt gegeben hätte, derselbe Angeklagte sei „wegen Widerstandes" erschossen worden: „Diese Vorkommnisse werden als Faustschlag in das Gesicht der Justiz empfunden". Es sei dringlich eine Abgrenzung zwischen Polizei und Justiz in der Öffentlichkeit erforderlich.[1218] Der OLG-Präsident in Nürnberg berichtet bezugnehmend auf eine Pressemeldung, wonach am 10. Februar 1942 zehn Verdunkelungsverbrecher erschossen worden seien:

[1213] Geheimer Runderlass des Chefs der Sicherheitspolizei vom 03. September 1939, zitiert nach *Gruchmann*, S. 676 und nach *Werle*, S. 589.

[1214] Wiedergegeben nach *Gruchmann*, S. 676 sowie nach *Werle*, S. 590.

[1215] Zitiert nach *Werle*, S. 591. Wiedergegeben auch bei *Gruchmann*, S. 676.

[1216] Zitiert nach *Werle*, S. 592. Wiedergegeben auch bei *Gruchmann*, S. 676.

[1217] *A. Wagner*, S. 307; *Werle*, S. 594. Eine Liste des RJM über 18 Fälle von Erschießungen durch die Polizei vom 06. September 1939 bis zum 20. Januar 1940 ist wiedergegeben bei *Hirsch/Majer/Meinck*, S. 532 f.

[1218] Wiedergegeben nach *Michelberger*, S. 367 f. Weitere Berichte der Generalstaatsanwälte und OLG-Präsidenten zu diesem Thema werden bei *Michelberger*, S. 368 ff. behandelt.

„Die Häufung der polizeilichen Exekutionen und der Umstand, daß die sonst übliche Formel „wegen Widerstandes erschossen" in der Veröffentlichung weggeblieben ist, gaben – und zwar nicht nur in den Kreisen der Rechtswahrer – erneut Anlaß zu lebhafter Kritik an diesem dem Ansehen der Rechtspflege abträglichen Verfahren."[1219]

2. Der Staatsicherheitsdienst und die Polizei in der SBZ/DDR
a. Die K 5
Führung, Aufgaben und Personal der K 5

Im Jahr 1947 wurde der Polizei in der SBZ eine Abteilung K 5 angegliedert, die „fortan für die Bearbeitung kleinerer politischer Delikte, durch die sich die Sowjets als Besatzungsmacht nicht gefährdet fühlten, zuständig war".[1220] Laut *Seul* waren die K 5 „den sowjetischen Sicherheitsorganen verantwortlich und mussten ihnen zuarbeiten".[1221] Auch Marquardt berichtet, dass die K 5 unter Anleitung des sowjetischen Geheimdienstes standen, „wenn sie nicht sogar de facto dessen Befehle auszuführen hatten".[1222]

Ihre streng geheim gehaltene Arbeit bestand aus „Ermittlungen, Fahndungen und Festnahmen bei politischen Verbrechen" und soll „sich anfangs gegen ehemalige Nationalsozialisten, aber zunehmend auch gegen reale und angebliche „Konterrevolutionäre", „Feinde der Sowjetunion" und „Gegner des demokratischen Aufbaus" gerichtet haben".[1223]

Das Personal war besonders ausgewählt worden und setzte sich vorwiegend aus „im illegalen Kampf bewährte[n] KPD-Mitglieder[n]" zusammen.[1224] Auch bei den Landeskriminalämtern bestanden Dezernate K 5 und bei der allgemeinen Polizeiverwaltung eine Abteilung K 5, die „durch einen eigenen Instanzenzug und besondere Geheimhaltung gekennzeichnet war".[1225]

1219 Wiedergegeben nach *Michelberger*, S. 372.

1220 *Untersuchungsausschuß Freiheitlicher Juristen*, Der Staatsicherheitsdienst, S. 7.

1221 *Seul* in: Materialien der Enquete-Kommission „Aufarbeitung von Geschichte und Folgen der SED-Diktatur in Deutschland", hrsg. vom Deutschen Bundestag, Band VIII, S. 539.

1222 *Marquardt* in: Materialien der Enquete-Kommission „Aufarbeitung von Geschichte und Folgen der SED-Diktatur in Deutschland", hrsg. vom Deutschen Bundestag, Band IV, S. 666.

1223 *Seul* in: Materialien der Enquete-Kommission „Aufarbeitung von Geschichte und Folgen der SED-Diktatur in Deutschland", hrsg. vom Deutschen Bundestag, Band VIII, S. 539.

1224 *Marquardt* in: Materialien der Enquete-Kommission „Aufarbeitung von Geschichte und Folgen der SED-Diktatur in Deutschland", hrsg. vom Deutschen Bundestag, Band IV, S. 666. Siehe auch *Untersuchungsausschuß Freiheitlicher Juristen*, Der Staatsicherheitsdienst, S. 7 („Moskau-Emigranten, Spanien-Kämpfern, Illegalen und KZ-Insassen") sowie *Gieseke* in *Diedrich/Ehlert/Wenzke* S. 374.

1225 *Marquardt* in: Materialien der Enquete-Kommission „Aufarbeitung von Geschichte und Folgen der SED-Diktatur in Deutschland", hrsg. vom Deutschen Bundestag, Band IV, S. 667. Siehe auch *Gieseke* in *Diedrich/Ehlert/Wenzke* S. 373.

Vertretung der Anklage durch die politische Polizei

Die K 5 hatten bei der Durchführung des Befehls Nr. 201[1226] „nicht nur die polizeilichen Ermittlungen zu führen, sondern darüber hinaus staatsanwaltliche Aufgaben und Befugnisse“.[1227] In einem zeitgenössischen Schriftstück heißt es:

> „Mit Befehl Nr. 201 sind zum ersten Mal in der Geschichte der Polizei Aufgaben der Staatsanwaltschaft der Polizei zugeteilt. Wenn auch die Staatsanwaltschaft in den Delikten nach Befehl Nr. 201 nicht ganz ausgeschaltet ist, so liegt die Untersuchung der Straftaten nach Befehl Nr. 201 ausschließlich in den Händen der Polizei. Die Untersuchungsorgane der Polizei stellen auf Beschluß den Haftbefehl aus, der von einem bestellten Staatsanwalt für Befehl Nr. 201 bestätigt wird. Auch die Anklageschrift wird nicht mehr von der Staatsanwaltschaft, sondern von der Polizei gefertigt.“[1228]

Auch in der 1979 vom MdI herausgegebenen - nur für den Dienstgebrauch bestimmten - „Geschichte der Deutschen Volkpolizei“ liest man:

> „Die Erfassung des im Befehl Nr. 201 benannten Personenkreises wurde der Kriminalpolizei übertragen. In intensiver Ermittlungstätigkeit unterstützte die Volkspolizei die Entnazifizierungskommissionen. War durch die Ermittlungen der Volkspolizei erwiesen, daß von Beschuldigten Kriegsverbrechen begangen worden waren, hatte sie die Anklageschrift anzufertigen und die Anklagevertretung zu übernehmen. Mit Hilfe der SMAD schuf die Volkspolizei in kurzer Zeit die erforderlichen politischen, organisatorischen polizeitaktischen und personellen Voraussetzungen und Grundlagen für die Erfüllung dieser Aufgabe. Die Entnazifizierung wurde von der DVdI durchgeführt; umsichtig leitete sie die Dienststellen der Volkspolizei in den Ländern und Provinzen an.“[1229]

In den Verfahren nach Befehl Nr. 201 wurde nach der Gründung des MfS der SSD anstelle der politischen Polizei für die Vertretung der Anklage zuständig.[1230]

[1226] Siehe Kapitel C II 2 d.

[1227] *Seul* in: Materialien der Enquete-Kommission „Aufarbeitung von Geschichte und Folgen der SED-Diktatur in Deutschland“, hrsg. vom Deutschen Bundestag, Band VIII, S. 540.

[1228] Zitiert nach *Marquardt* in: Materialien der Enquete-Kommission „Aufarbeitung von Geschichte und Folgen der SED-Diktatur in Deutschland“, hrsg. vom Deutschen Bundestag, Band IV, S. 671. Nachzulesen ist dies auch in dem Aufsatz des Direktors in der DJV *Winkelmann* (in NJ 1947, S. 169 (170)).

[1229] *Ministerium des Innern*, Geschichte der Deutschen Volkspolizei 1945-1961, S. 91.

[1230] *Marquardt* in: Materialien der Enquete-Kommission „Aufarbeitung von Geschichte und Folgen der SED-Diktatur in Deutschland“, hrsg. vom Deutschen Bundestag, Band IV, S. 673. Beispiel einer Anklageschrift des SSD bei *Fricke*, Politik und Justiz in der DDR, S. 236 f.

b. Der Aufbau der Deutschen Volkspolizei
Gliederung und Führung der VP

Die Deutsche Verwaltung des Innern (DVdI) wurde unter strenger Geheimhaltung am 30. Juni 1946 von der SMAD errichtet.[1231] Sie hatte zunächst noch die Aufgabe, die Polizeikräfte der Länder zu vereinheitlichen, konnte aber schon ab 1948 die zentrale Führung der Polizei in der Ostzone übernehmen.[1232]

In dem nach der Gründung der DDR gebildeten MdI, in dem die DVdI aufgegangen war, existierten zunächst unter anderem die „Hauptverwaltung Deutsche Volkspolizei“ (HVDVP), die „Hauptverwaltung Ausbildung“ und die „Hauptverwaltung zum Schutze der Volkswirtschaft“.[1233]

Die HVDVP, der die Landesbehörden der VP[1234]„ das Präsidium der VP in Berlin und die Eisenbahnpolizeiämter unterstanden untergliederte sich in die Dienstzweige Schutzpolizei, Kriminalpolizei, Eisenbahnpolizei, Grenzpolizei, Betriebsschutz, Verwaltungspolizei“ und andere.[1235] Später wurden der HVDVP auch die Feuerwehr sowie schrittweise die Einrichtungen des Strafvollzugs unterstellt.[1236] Die HVDVP wurde vom „Chef der Deutschen Volkspolizei“[1237] geleitet, welcher „durch seine Befehle und Weisungen das einheitliche Zusammenwirken aller ihm unterstellten Dienststellen zum Schutz des Arbeiter-und-Bauern-Staates, zur Festigung der öffentlichen Ordnung und Sicherheit zentral führte“.[1238] Dem Chef der „Hauptverwaltung Ausbildung“ unterstanden die (kasernierten) VP-Bereitschaften und die Ausbildungseinrichtungen der VP.

Die politische Ausrichtung der VP

„Der politisch-ideologischen Festigung der Volkspolizei und der Erhöhung ihrer Kampfkraft“ wurden von der SED große Aufmerksamkeit gewidmet, denn „politische Klarheit über Charakter, Ziel und Inhalt der polizeilichen Arbeit unter den neuen Bedingungen, ein fester Klassenstandpunkt und unerschütterliche Treue zur DDR“ seien „die Grundvoraussetzungen für die Erfüllung des Klas-

---

[1231] *Marquardt* in: Materialien der Enquete-Kommission „Aufarbeitung von Geschichte und Folgen der SED-Diktatur in Deutschland“, hrsg. vom Deutschen Bundestag, Band IV, S. 660.

[1232] *Marquardt* in: Materialien der Enquete-Kommission „Aufarbeitung von Geschichte und Folgen der SED-Diktatur in Deutschland“, hrsg. vom Deutschen Bundestag, Band IV, S. 660 f.

[1233] *Ministerium des Innern*, Geschichte der Deutschen Volkspolizei 1945-1961, S. 142.

[1234] Nach der Verwaltungsreform unterstanden der HVDVP die Bezirksbehörden Deutsche Volkspolizei sowie unter diesen die VP-Kreisämter.

[1235] *Ministerium des Innern*, Geschichte der Deutschen Volkspolizei 1945-1961, S. 142.

[1236] *Ministerium des Innern*, Geschichte der Deutschen Volkspolizei 1945-1961, S. 148.

[1237] Chef der Deutschen Volkspolizei wurde der bisherige Präsident der DvdI *Kurt Fischer*.

[1238] *Ministerium des Innern*, Geschichte der Deutschen Volkspolizei 1945-1961, S. 142.

senauftrages der Volkspolizei" gewesen.[1239] Deshalb wurden innerhalb der Hauptverwaltungen die „Hauptabteilungen Polit-Kultur" gebildet, durch welche das ZK der SED die politische Arbeit in der VP steuerte und welche die im Herbst 1949 innerhalb der VP errichteten Landesverbände von SED und FDJ leiteten.[1240] Die politische und soziale Zugehörigkeit der VP-Angehörigen war ähnlich wie die des Justizpersonals: 1949 stammten 83 Prozent Volkspolizisten aus der „Arbeiterklasse", 86 Prozent von ihnen gehörten der SED an.[1241]

c. Die Schaffung des Ministeriums für Staatssicherheit
Gründung des MfS

Die oben erwähnte „Hauptverwaltung zum Schutze der Volkswirtschaft"[1242], die aus dem im Mai 1948 gegründeten „Ausschuß zum Schutz des Volkseigentums" hervorgegangen war, stellte neben den K 5 ein weiteres Vorläufer-Organ des Staatssicherheitsdienstes (SSD) dar. Mit dem Gesetz vom 08. Februar 1950 wurde „die bisher dem Ministerium des Innern unterstellte Hauptverwaltung zum Schutze der Volkswirtschaft [...] zu einem selbständigen Ministerium für Staatssicherheit umgebildet".[1243] Innenminister *Steinhoff*, der das Gesetz einbrachte, beschreibt den Auftrag der neuen Behörde vor der Volkskammer mit den folgenden Worten:

> „Die hauptsächlichen Aufgaben dieses Ministeriums werden sein, die volkseigenen Betriebe und Werke, das Verkehrswesen und die volkseigenen Güter vor Anschlägen verbrecherischer Elemente sowie gegen alle Angriffe zu schützen, einen entschiedenen Kampf gegen die Anschläge feindlicher Agenturen, Diversanten, Saboteure und Spione zu führen, einen energischen Kampf gegen Banditen zu führen, unsere demokratische Entwicklung zu schützen und unserer demokratischen Friedenswirtschaft eine ungestörte Erfüllung der Wirtschaftspläne zu sichern."[1244]

[1239] *Ministerium des Innern*, Geschichte der Deutschen Volkspolizei 1945-1961, S. 148.
[1240] *Ministerium des Innern*, Geschichte der Deutschen Volkspolizei 1945-1961, S. 148.
[1241] *Lindenberger* in *Diedrich/Ehlert/Wenzke* S. 101.
[1242] Leiter der „Hauptverwaltung zum Schutze der Volkswirtschaft" war *Erich Mielke*, der im November 1957 schließlich zum Minister für Staatssicherheit aufstieg.
[1243] § 1 des Gesetzes über die Bildung eines Ministeriums für Staatssicherheit, GBl. der DDR 1950, S. 95. Zu Struktur und Arbeitsweise des MfS in späterer Zeit siehe: *David Gill/Ulrich Schröter*, Das Ministerium für Staatssicherheit. Anatomie des Mielke-Imperiums, Berlin 1991.
[1244] Stenographisches Protokoll der 10. Sitzung der Provisorischen Volkskammer der DDR am 08. Februar 1950, zitiert nach *Seul* in: Materialien der Enquete-Kommission „Aufarbeitung von Geschichte und Folgen der SED-Diktatur in Deutschland", hrsg. vom Deutschen Bundestag, Band VIII, S. 541.

Innerhalb des SSD wurden „zahlreiche Kader, die sich bereits beim Aufbau der Volkspolizei und bei der Sicherung der revolutionären Umwälzung bewährt hatten [...] mit neuen, verantwortungsvollen Funktionen betraut“.[1245] Die VP und die Organe des MfS hätten seitdem „im Kampfe gegen alle Feinde der staatlichen Ordnung der DDR, bei der Festigung der demokratischen und sozialistischen Gesetzlichkeit“ eng zusammengewirkt.[1246]

Aufbau und Stellung des MfS im Staatsapparat

Im Jahr 1952 verfügte das MfS neben den „rückwärtigen“ Abteilungen (Personal, Finanzen und Verwaltung, Wirtschaft) über die folgenden operativen Diensteinheiten[1247]:

Hauptabteilung I: VP-Bereitschaften (Vorläufer der militärischen Abwehr)
Hauptabteilung II: Arbeit in Westdeutschland/Aktive Spionage
Hauptabteilung III: Volkswirtschaft/Sabotageabwehr
Hauptabteilung IV: Spionageabwehr
Hauptabteilung V: Politischer Untergrund, politische Organisationen, Kirchen
Hauptabteilung VI: Ziviler Staatsapparat, Parteien, Massenorganisationen
Hauptabteilung VII: Allgemeine VP und Strafvollzug
Hauptabteilung VIII: Festnahmen/Observationen/Ermittlungen
Hauptabteilung VIII (S): Geheime Überwachung der Angehörigen des SSD
Hauptabteilung IX: Vernehmung von Untersuchungshäftlingen
Hauptabteilung X: Fahndung
Hauptabteilung XI: Chiffrierdienst
Hauptabteilung XII: Registrierabteilung (Akten der SSD-Spitzel)
Hauptabteilung XIII: Verkehr
Hauptabteilung XIV: Untersuchungshaftanstalten des SSD
Hauptabteilung Erfassung und Statistik

Der SSD war – einem 1952 vom stellvertretenden Ministerpräsidenten *Nuschke* gegebenen Interview zufolge – „eine Behörde eigener Verantwortung“, die nicht der Regierung unterstand.[1248] Selbstverständlich unterlag er auch keiner Kontrolle durch die Volkskammer.[1249] Stattdessen wurde das MfS zunächst fak-

---

[1245] *Ministerium des Innern*, Geschichte der Deutschen Volkspolizei 1945-1961, S. 147.
[1246] *Ministerium des Innern*, Geschichte der Deutschen Volkspolizei 1945-1961, S. 147.
[1247] Nach *Gieseke* in *Diedrich/Ehlert/Wenzke* S. 377 und *Untersuchungsausschuß Freiheitlicher Juristen*, Der Staatsicherheitsdienst, S. 18.
[1248] Das Interview mit *Nuschke* ist wiedergegeben bei *Untersuchungsausschuß Freiheitlicher Juristen*, Der Staatsicherheitsdienst, S. 9.
[1249] *Bundesministerium für gesamtdeutsche Fragen*: SBZ von A bis Z, S. 460.

tisch von der Sowjetunion geführt.[1250] Offiziere des sowjetischen Innenministeriums und des sowjetischen Staatssicherheitsministeriums waren „unmittelbar präsent und in allen Fragen der operativen Arbeit federführend“.[1251] Daneben war das MfS lediglich dem Willen der SED-Parteispitze unterworfen.[1252]

Das MfS wurde nach dem Volksaufstand im Juni 1953 in ein Staatssekretariat umgewandelt und erneut dem MdI unterstellt. Ab November 1955 war es wieder ein eigenständiges Ministerium.[1253]

d. Die Ermittlungstätigkeit des Staatssicherheitsdienstes Zuständigkeit des SSD für Ermittlungen

Das Statut des Staatssekretariats für Staatssicherheit vom 15. Oktober 1953 bestimmte:

> „Das Staatssekretariat hat das Recht:
>
> a) Verhaftungen von feindlichen Spionen, Agenten und Diversanten vorzunehmen, wenn aufgrund erworbener Unterlagen für die feindliche Tätigkeit der begründete Verdacht vorliegt oder Beweise für die feindliche Tätigkeit vorhanden sind,
>
> b) alle erforderlichen Unterlagen bis zum Schlussbericht an die Organe der Justiz zu führen.“[1254]

Die Hauptermittlungstätigkeit des SSD war mit Fällen sogenannter Boykotthetze gemäß Art. 6 der Verfassung verbunden.[1255] Aufgrund der weiten Auslegung dieser Norm fielen darunter „Staatsverrat, Spionage, Sammlung von Nachrichten, Verbindung zu verbrecherischen Organisationen oder Dienststellen, staatsgefährdende Gewaltakte, Angriffe gegen örtliche Organe der Staatsmacht, staatsgefährdende Propaganda und Hetze, Staatsverleumdung, Verleiten zum Verlassen der DDR, Diversion sowie Schädlingstätigkeit und Sabotage“.[1256] Der SSD untersuchte aber auch Wirtschaftsdelikte und sonstige Straftaten, wenn diese von politischer Bedeutung waren.[1257] Die minderschweren Fälle politischer

---

[1250] *Gieseke* in *Diedrich/Ehlert/Wenzke* S. 376. Auch *Weber*, S. 297.

[1251] *Gieseke* in *Diedrich/Ehlert/Wenzke* S. 376.

[1252] *Gieseke* in *Diedrich/Ehlert/Wenzke* S. 376.

[1253] *Bundesministerium für gesamtdeutsche Fragen*: SBZ von A bis Z, S. 460.

[1254] Zitiert nach *Engelmann* in *Engelmann/Vollnhals*, S. 135.

[1255] *Engelmann* in *Engelmann/Vollnhals*, S. 135.

[1256] *Engelmann* in *Engelmann/Vollnhals*, S. 135 f.

[1257] *Engelmann* in *Engelmann/Vollnhals*, S. 136. Siehe auch *Rottleuthner* in *Rottleuthner*: Steuerung der Justiz in der DDR, S. 38.

Kriminalität – die einen vierfach höheren Teil ausmachten – wurden von der VP bearbeitet.[1258]

Das Verhältnis von SSD und Staatsanwaltschaft

Wie bereits oben dargestellt unterstand der SSD als U-Organ nach § 97 der StPO von 1952 formell der Aufsicht der StA, tatsächlich wagte es jedoch kein Staatsanwalt, den Mitarbeitern des MfS Weisungen zu erteilen.[1259] Die Abteilung IX des SSD legte bei ihren Untersuchungen zwei Akten über die Beschuldigten an. In der Gerichtsakte – nur diese wurde der Justiz übergeben – waren keine Dokumente enthalten, die der Justiz Aufschluss über die interne Arbeit des SSD geben könnten – ebenso wenig andere dem SSD unliebsame Schriftstücke wie z.B. Protokolle, in denen der Beschuldigte seine Unschuld beteuerte.[1260]

Zusammenwirken von SSD, Justiz und Politbürokratie

Der SSD wurde ab 1955 bei politischen Verfahren vor dem OG häufig auf Weisung des Politbüros oder der Zentralen Parteikontrollkommission tätig.[1261] Erst „nach Durchführung des Untersuchungsverfahrens und Fertigstellung des Schlussberichtes" durch die Hauptabteilung IX des MfS wurde das Verfahren an den Generalstaatsanwalt übergeben.[1262] Dieser wiederum leitete die Anklageschrift, wie oben bereits dargestellt[1263], an das ZK weiter und wartete die Entscheidung der Kommission sowie die Bestätigung oder Korrektur durch das Politbüro ab, bevor die Anklage erhoben wurde.[1264]

Vernehmungsmethoden des SSD

Um Aussagen zu erpressen, arbeitete der SSD nicht nur mit zermürbenden Verhören von bis zu 60 Stunden Dauer[1265], sondern auch mit Folter z.B. durch Licht-, Wasser- und Kältezellen, Verpflegungsentzug sowie schweren Mißhand-

---

1258 *Engelmann* in *Engelmann/Vollnhals*, S. 136.
1259 Siehe Kapitel C III 2 b.
1260 *Engelmann* in *Engelmann/Vollnhals*, S. 141;*Untersuchungsausschuß Freiheitlicher Juristen*, Der Staatsicherheitsdienst, S. 66. Siehe dort auch die Aussage eines ehemaligen SSD-Vernehmers (S. 75 f).
1261 *Fricke* in: Bundesministerium der Justiz, „Im Namen des Volkes?", Band 3, S. 174.
1262 *Fricke* in: Bundesministerium der Justiz, „Im Namen des Volkes?", Band 3, S. 174.
1263 Siehe Kapitel C II 2 f.
1264 *Fricke* in: Bundesministerium der Justiz, „Im Namen des Volkes?", Band 3, S. 175.
1265 *Untersuchungsausschuß Freiheitlicher Juristen*, Der Staatsicherheitsdienst, S. 62, 67, 73, 75 f. Siehe auch Dokumente bei *Fricke*, Politik und Justiz in der DDR, S. 224 ff.

lungen.[1266] Nachdem in der Zeit von 1950 bis 1952 „schwerste Mißhandlungen von politischen Untersuchungshäftlingen an der Tagesordnung“ gewesen waren, bei denen sogar etliche Opfer zu Tode gekommen waren, setzte man in der späteren Zeit auf andere Methoden[1267] zur Aussagegewinnung.[1268]

Präparation von Angeklagten für Schauprozesse

Um zu gewährleisten, dass die Angeklagten in Schauprozessen wunschgemäß aussagten, d.h. ihre Schuld eingestanden, angebliche westliche Auftraggeber belasteten oder ihre Mitangeklagten und die Zuschauer zu regimetreuem Verhalten aufriefen, wurden sie vor dem Beginn der Verhandlung vom SSD vorbereitet. Nachdem man den Beschuldigten erklärt hatte, dass sie hohe Haftstrafen oder gar die Todesstrafe erwarteten, versprach ihnen der SSD im Falle ihrer Kooperation eine mildere Strafe.[1269]

e. Die Überwachungs- und Ermittlungstätigkeit der Volkspolizei
Aufgaben der VP

Hauptaufgabe der VP sollte es sein, „die öffentliche Ordnung und Sicherheit zuverlässig zu gewährleisten und dabei vor allem die Kriminalität und Ordnungswidrigkeiten mit verstärktem Erfolg zu bekämpfen sowie die Verkehrssicherheit und den Brandschutz weiter zu erhöhen“.[1270]

Zuständigkeit der VP für Ermittlungen

Die VP war als U-Organ im Sinne der StPO immer dann zuständig, wenn nicht die Zuständigkeit eines anderen U-Organs begründet war.[1271] Innerhalb der VP war die Kripo für „Aufdeckung, Aufklärung und Untersuchung strafbarer Handlungen, die Auffindung und Sicherstellung der entsprechenden Sachbewei-

---

1266 *Bundesministerium für gesamtdeutsche Fragen*: SBZ von A bis Z, S. 460. Siehe auch *Fricke*, Politik und Justiz in der DDR, S. 224 ff.; *Gieseke* in *Diedrich/Ehlert/Wenzke* S. 377; *Engelmann* in *Engelmann/Vollnhals*, S. 143; *Untersuchungsausschuß Freiheitlicher Juristen*, Der Staatsicherheitsdienst, S. 59; *Untersuchungsausschuß Freiheitlicher Juristen*, Unrecht als System Teil II, S. 93ff.

1267 Die Mitarbeiter des MfS übten auf verschiedene Weise psychischen Druck aus, drohten körperliche Gewalt an, arbeiteten weiterhin mit Schlafentzug und Dauerverhören etc.

1268 *Untersuchungsausschuß Freiheitlicher Juristen*, Der Staatsicherheitsdienst, S. 60 ff.

1269 *Untersuchungsausschuß Freiheitlicher Juristen*, Der Staatsicherheitsdienst, S. 64 (Eine Zeugenaussage zu einem solchen Schauprozess findet sich auf S. 61, 63). Siehe auch *Engelmann* in *Engelmann/Vollnhals*, S. 152.

1270 *Ministerium des Innern*, Geschichte der Deutschen Volkspolizei 1945-1961, S. 148.

1271 *Hellbeck*, S. 40.

se sowie die Ermittlung und Überführung der Straftäter“[1272] zuständig. Sie musste als Ermittlungsbehörde auch dem SSD zuarbeiten.[1273]

Informationsgewinnung durch die ABV

In enger Verbindung zum SSD standen auch die sogenannten Abschnittsbevollmächtigten (ABV) der VP, die nach dem Vorbild der sowjetischen Kommissare seit Oktober 1952 im Einsatz waren.[1274] Diese den Kreisämtern der VP unterstellten Offiziere sollten in dem ihnen zugeordneten Bereich offiziell „den Kontakt zur Bevölkerung verstärken“, in Wirklichkeit aber eine umfassende Kontrolle sicherstellen.[1275] ABV kontrollierten z.B. Hausbücher[1276], die Ernteeinbringung oder verschafften sich z.B. unter dem Vorwand der Überprüfung der Feuersicherheit den Zutritt zu Gebäuden.[1277] Die ABV sollten nach einem Befehl des Chefs der HVDVP *Maron* – nach dem Vorbild der Sowjetunion – Vertrauenspersonen in der Bevölkerung werben. In der detaillierten Instruktion zu diesem Befehl hieß es unter anderem:

> „[...] Nur derjenige Bürger kann als Vertrauensperson gelten, der bereits durch die Tat die Bereitschaft zeigte, die Volkspolizei in ihrem Kampf gegen die Feinde unserer Republik und kriminellen Verbrecher durch Hinweise, vertrauliche Mitteilungen und Einholung von Informationen ehrlich und aufrichtig zu unterstützen.
>
> [...] Als Vertrauenspersonen sind vom ABV nur fortschrittlich eingestellte Bürger der DDR auszuwählen, die ein einwandfreies Leben führen. Vertrauenspersonen sollen in der Regel nicht Genossen der SED sein. Mitglieder der Partei haben die Pflicht, auch ohne Vertrauensperson zu sein, mit ihrem ABV zusammenzuarbeiten.
>
> [...] Die Schaffung von V-Personen dient dem ABV zur konspirativen Überwachung feindlicher und krimineller Elemente. Der ABV muß mit Hilfe seiner V-Personen über deren Lebensweise, Umgang, Verhältnisse usw. stets gut und umfassend unterrichtet sein.
>
> [...] Ohne die Schaffung eines über einen ganzen Abschnitt verteilten Systems von Vertrauenspersonen wird es keinem ABV gelingen, zu jeder Zeit einen genauen Über-

---

1272 *Marquardt* in: Materialien der Enquete-Kommission „Aufarbeitung von Geschichte und Folgen der SED-Diktatur in Deutschland“, hrsg. vom Deutschen Bundestag, Band IV, S. 666.

1273 *Marquardt* in: Materialien der Enquete-Kommission „Aufarbeitung von Geschichte und Folgen der SED-Diktatur in Deutschland“, hrsg. vom Deutschen Bundestag, Band IV, S. 666.

1274 *Bundesministerium für gesamtdeutsche Fragen*: SBZ von A bis Z, S. 10.

1275 *Untersuchungsausschuß Freiheitlicher Juristen*, Der Staatsicherheitsdienst, S. 24.

1276 In Hausbücher waren zur polizeilichen Kontrolle Bewohner und Besucher einzutragen.

1277 *Bundesministerium für gesamtdeutsche Fragen*: SBZ von A bis Z, S. 10; *Untersuchungsausschuß Freiheitlicher Juristen*, Der Staatsicherheitsdienst, S. 24.

> blick über die politische und polizeiliche Lage in seinem Abschnitt zu erhalten. Es ist notwendig, daß die ABV jeden noch so kleinen Hinweis über das verdächtige Verhalten von Personen und über Erscheinungen im täglichen Leben aufgreifen und für ihre weitere Arbeit auswerten.
>
> [...] Der ABV darf nicht vergessen, daß die Hauptaufgabe seiner Arbeit die Enthüllung feindlicher und verbrecherischer Absichten des Feindes, das Erkennen vorbereiteter Verbrechen und die schnelle Aufklärung begangener Verbrechen ist [...].“[1278]

Den als Vertrauenspersonen ausgewählten Bürgern durfte nicht erklärt werden, dass sie Vertrauenspersonen des ABV waren. Nur der zuständige ABV hatte mit ihnen unauffällig zusammenzuarbeiten.[1279]

Anwerbung von Spitzeln durch die VP

Seit Ende 1955 stellten auch die Kripo-Abteilungen K (Kriminalpolizei), U (Untersuchung) und VE (Volkseigentum) unter Aufsicht des SSD „einen eigenen Spitzeldienst“ zusammen.[1280] Dabei wurden hauptsächlich „kriminell Straffällige“ unter Verweis auf die eigentlich zu verbüßende Strafe verpflichtet, was dazu führte, dass man entgegen der StPO auf Strafverfahren zugunsten der Anwerbung solcher Spitzel verzichtete.[1281]

f. Freiheitsbeschränkende Maßnahmen von Staatssicherheitsdienst und Polizei

Der SSD nahm es bei Verhaftungen mit den Vorschriften der StPO nicht zu genau. Untersuchungsgefangene wurden auch ohne Vorliegen eines Haftbefehls über Monate festgehalten[1282], obwohl die vom SSD selbst verfügten Haftbeschlüsse (und darauf erfolgten Verhaftungen) einer richterlichen Bestätigung bedurften.[1283]

[1278] Die „Instruktion des Chefs der Deutschen Volkspolizei Nr. 1 zum Befehl des Chefs der Deutschen Volkspolizei Nr. 45/55“ vom 03. August 1955 ist wiedergegeben bei *Untersuchungsausschuß Freiheitlicher Juristen*, Der Staatsicherheitsdienst, S. 25, 27, 29.

[1279] Siehe *Untersuchungsausschuß Freiheitlicher Juristen*, Der Staatsicherheitsdienst, S. 27.

[1280] *Untersuchungsausschuß Freiheitlicher Juristen*, Der Staatsicherheitsdienst, S. 26.

[1281] *Untersuchungsausschuß Freiheitlicher Juristen*, Der Staatsicherheitsdienst, S. 26. Ein Beispiel für eine solche Verpflichtung findet sich auf S. 49.

[1282] *Fricke*, Politik und Justiz in der DDR, S. 223; *Untersuchungsausschuß Freiheitlicher Juristen*, Der Staatsicherheitsdienst, S. 60. *Untersuchungsausschuß Freiheitlicher Juristen*, Unrecht als System Teil II, S. 93.

[1283] *Fricke*, Politik und Justiz in der DDR, S. 216 (Formblatt eines Haftbeschlusses des SSD abgedruckt auf S. 217).

Um in Westdeutschland oder in Westberlin lebender Personen habhaft zu werden, griff der SSD häufig zum Mittel der Entführung.[1284] Dies konnte durch Gewaltanwendung oder aber durch List geschehen.[1285] Auch zwei führende Mitarbeiter des Untersuchungsausschusses Freiheitlicher Juristen[1286] (UfJ), welcher durch zahlreiche Veröffentlichungen auf die Mißstände in der ostdeutschen Justiz aufmerksam gemacht hatte, wurden Opfer eines solchen Menschenraubs[1287]: Dr. *Walter Linse* tauchte nach seiner Entführung aus West-Berlin im Juli 1952 trotz massiver internationaler Proteste nie wieder auf und kam möglicherweise noch 1953 in der DDR zu Tode. Sein Nachfolger *Dr. Erwin Neumann* wurde 1958 verschleppt und verstarb 1967 in Isolationshaft. Viele andere Opfer wurden in Arbeitslager in der Sowjetunion verschleppt und verschwanden teilweise für immer.[1288]

3. Vergleichende Bewertung
a. Allgemeine vergleichende Überlegungen
Die Geheimpolizei als Instrument der Staatspartei

Zur Absicherung und Festigung ihrer neu errungenen Herrschaft schufen sich beide Systeme nach kurzer Zeit eine Geheimpolizei, die unter dem wesentlichen Einfluss der Staatspartei bzw. – im Falle der SS – einer ihrer Gliederungen stand. *Wentker* hat bereits darauf hingewiesen, dass die von der SS kontrollierte GeStapo Teil eines Staats im Staate war, während das MfS sowohl der SED als auch der Sowjetunion zu dienen hatte.[1289]

Eine vergleichende Betrachtung mit dem Titel „Geheimpolizei und politische Justiz im Nationalsozialismus und im SED-Staat" wurde von *Vollnhals* im Jahr 1999 veröffentlicht.[1290] Der Autor, der in seinen Vergleich die gesamte Epoche der DDR mit einbezieht, kommt zu Recht zu dem Ergebnis, dass GeStapo und SSD „ihrer Funktion nach nicht Staatspolizei, sondern außernormative Führer- bzw. Parteiexekutive" gewesen seien, die nicht die Sicherheit des Staates, son-

---

[1284] *Fricke*, Politik und Justiz in der DDR, S. 219 ff.

[1285] Zwischen Herbst 1949 und Anfang 1956 sind mindestens 98 Entführungen durch List und 36 Entführungen mit Gewalt dokumentiert worden (*Untersuchungsausschuß Freiheitlicher Juristen*, Der Staatsicherheitsdienst, S. 90).

[1286] Zum UfJ siehe *Frank Hagemann*, Der Untersuchungsausschuß Freiheitlicher Juristen 1949-1969, Frankfurt a.M. 1994, zugleich Diss. (Kiel) 1994. *Benjamin* bezeichnete (in NJ 1954, S. 33 (36)) den UfJ als „Spionageagentur größten Umfangs, deren Hauptarbeitsgebiet auf dem Gebiet [sic!] der wirtschaftlichen Spionage liegt".

[1287] *Hagemann*, S. 138 ff.

[1288] *Untersuchungsausschuß Freiheitlicher Juristen*, Der Staatsicherheitsdienst, S. 90

[1289] *Wentker*, S. 601.

[1290] Der Aufsatz von *Clemens Vollnhals* erschien in dem von *Klaus-Dietmar Henke* herausgegebenen Band: Totalitarismus, Sechs Vorträge über Gehalt und Reichweite eines klassischen Konzepts der Diktaturforschung, Dresden 1999.

dern den totalen Verfügungsanspruch des Weltanschauungsträgers abgesichert hätten.[1291] „Das Gemeinsame“ sei „in dieser Betrachtung also nicht der konkret praktizierte Terror, der sich jeweils und in durchaus ganz verschiedenem Ausmaß aus der ideologischen Fixierung der politischen Führung ableitet, sondern ihre prinzipiell schrankenlose Verfügbarkeit und Funktionsbestimmung als Weltanschauungsexekutive“.[1292]

Allmacht der Geheimpolizei

Zum geheimpolizeilichen Terror während des Dritten Reiches schrieb *Eberhard Schmidt* in seiner Geschichte der Strafrechtspflege:

> „Mit der Entfesselung der Polizeimacht war jenes völlig Unberechenbare geschaffen, das jeden treffen konnte, der dem Regime unbequem war oder im Wege stand. Was auf justizförmigem Wege niemals zu erreichen gewesen wäre, konnte die Polizei unter völliger Ausschaltung der Justiz in tausenden und abertausenden von Fällen erreichen: die Vernichtung aller ihr (nach völlig unberechenbaren Maßstäben) unerwünschten, mißliebigen, verdächtigen Individuen“.[1293]

In abgeschwächter Weise gilt diese Feststellung auch für die SBZ/DDR. Die Angst der Bürger vor dem allmächtig scheinenden SSD wurde vom Regime bewusst ausgenutzt. Denn jeder Widerstand gegen das System war so ein – wenn nicht lebensgefährliches so doch zumindest existenzbedrohendes – Wagnis. Die Angst vor Strafverfolgung durch die Justiz war meistens nicht mit dem Schrecken zu vergleichen, den das blitzartige Zugreifen der Geheimpolizei auslösen konnte.

b. Aufbau und Führung von Polizei und Geheimpolizei

Im Dritten Reich wurde die gesamte Polizei reichsweit vereinheitlicht und vom RSHA als Zentrale gelenkt. Der RFSSuChdDtPol. hatte über die herkömmlichen Organe der Polizei hinaus auch das Kommando über die GeStapo und den SD. Die umfassende Macht dieses mit der SS verschmolzenen „Staatsschutzkorps“ ist auch ein Beleg für das Vertrauen, das *Himmler* von *Hitler* entgegengebracht wurde.

Auch in der DDR wurde der VP eine einheitliche Führung gegeben. Der SSD aber unterstand nicht dem Chef der Deutschen Volkspolizei. Er wurde – bis auf eine kurze Zwischenzeit – aus dem MdI herausgenommen und einem eigenen

---

[1291] *Vollnhals* in *Henke*, S. 57.
[1292] *Vollnhals* in *Henke*, S. 57.
[1293] *Eberhard Schmidt*, Einführung in die Geschichte der deutschen Strafrechtspflege, 3. Auflage, Göttingen 1965, S. 439.

Ministerium unterstellt. Die Sonderstellung des MfS war insofern konsequent, als der SSD nicht nur die Bürger der DDR, sondern auch die staatlichen Organe – einschließlich seiner eigenen Mitarbeiter – zu überwachen hatte. Das MfS hatte darüber hinaus auch nachrichtendienstliche Aufgaben wahrzunehmen und verfügte bereits 1955 mit dem Wachregiment „Feliks Dzierzynski" über eine militärische Verfügungstruppe.

Während es sich bei den Polizisten im NS-Staat hauptsächlich um erfahrene, altgediente Beamte handelte, und, wie im Bereich der Justiz, nur die Führung ausgetauscht worden war, wurden in der SBZ/DDR sowohl für die VP als auch für den SSD eigens Mitarbeiter ausgebildet, die nicht aufgrund einer polizeilichen Qualifikation sondern nach politischen Gesichtspunkten ausgewählt worden waren.[1294]

c. Polizei und Geheimpolizei im Ermittlungsverfahren

Die Arbeitsteilung zwischen Kripo und GeStapo bzw. Kripo und SSD folgte ähnlichen Grundsätzen: Bei politischen Verbrechen ermittelte grundsätzlich die Geheimpolizei, ansonsten war die Kripo zuständig. In der DDR untersuchte darüber hinaus der SSD auch andere Straftaten, wenn sie eine besondere Bedeutung hatten, andererseits erledigte die VP die leichteren Fälle politischer Kriminalität.

Die Vernehmungsmethoden der GeStapo waren äußerst brutal und führten in zahlreichen Fällen zum Tode der Beschuldigten. Auch die K 5 bzw. der SSD erpressten in den ersten Jahren Geständnisse unter Gewaltanwendung und Folter. Allein die Angst der Beschuldigten vor den gefürchteten „GeStapo-Methoden" führte oft zu Aussagen.

d. Das Verhältnis zu Staatsanwaltschaft und Gericht

Kripo und Geheimpolizei gewannen in beiden Systemen eine größere Unabhängigkeit von der StA, indem sie teilweise selbst de facto über die Aufnahme oder Fortführung der Strafverfolgung entscheiden konnten sowie Verfahrensakten zurückhalten oder manipulieren konnten. GeStapo und MfS waren derart gefürchtet, dass Richter und Staatsanwälte sich mit Kritik zurückhielten, um nicht selbst als Staatsfeinde zu gelten. In die internen Vorgänge bei GeStapo und SSD hatte die Justiz keinerlei Einblick - insbesondere war in beiden Diktaturen gegen ihre Maßnahmen kein verwaltungsgerichtlicher Rechtsschutz möglich.

Polizei und Geheimpolizei konnten sowohl im NS-Staat als auch in der DDR wesentlichen Einfluss auf die Wahl des Gerichtsstandes ausüben, indem sie die Beschuldigten am Ort ihrer Wahl in Haft hielten.[1295] In beiden Systemen wurde

---

[1294] Dazu auch *Vollnhals* in *Henke*, S. 42.

[1295] Siehe dazu bereits *Bundesministerium für gesamtdeutsche Fragen*, Partei-Justiz, S. 20.

die Anklage teilweise von einem Angehörigen der Geheimpolizei anstelle eines Staatsanwalts vertreten.

Im Dritten Reich wurde die Justiz gegenüber bestimmten Personengruppen schließlich völlig zugunsten der Polizei ausgeschaltet. Insofern dieses noch nicht geschehen war, nahm sich die GeStapo das Recht heraus, zu „milde" Urteile – teils auf Anweisung von oben – zu korrigieren, indem sie Einweisungen in KZ verfügte oder Erschießungen anordnete.

e. Die Überwachungstätigkeit von Polizei und Geheimpolizei

Der Polizei- und Geheimpolizeiapparat beider Diktaturen stellte durch ein flächendeckendes Netz von Spitzeln und Vertrauenspersonen die Kontrolle der Bevölkerung sicher. Die Spitzel wurden häufig unter Androhung von sonst erfolgender Strafe verpflichtet. Die Größe dieser Überwachungsapparate unterschied sich enorm: Sowohl die Anzahl der hauptamtlichen Mitarbeiter der Geheimpolizei als auch die Anzahl der V-Leute (jeweils in Relation zur Größe der Bevölkerung gesehen) war in der DDR schon bis Mitte der fünfziger Jahre höher als im Dritten Reich.[1296] Diese Spitzelsysteme hatten zum einen die (repressive) Aufgabe, im Falle nachgewiesenen regimefeindlichen Handelns zugreifen zu können bzw. die Strafverfolgung einzuleiten. Zum anderen sorgten sie (präventiv) durch die allgemein bekannte umfassende Überwachung dafür, oppositionelle Regungen aus Angst vor Entdeckung gar nicht erst entstehen zu lassen.

Im Dritten Reich trat die Kripo durch ihre Kompetenz, bestimmten Personen Auflagen zu erteilen, in Konkurrenz zur Strafjustiz.

Für die in der DDR eingerichtete Institution der ABV, die sich unter Ausnutzung ihrer polizeilichen Autorität (sie waren uniformierte Volkspolizisten) Informationen beschafften, gab es im NS-Staat keine Entsprechung.

f. Die freiheitsbeschränkenden Maßnahmen von Polizei und Geheimpolizei

Im NS-Staat standen der Sicherheitspolizei formal die Institute Schutzhaft, Vorbeugungshaft und Polizeihaft zur Verfügung, um Personen ohne richterliche Anordnung in Haftanstalten oder KZ einzuliefern. Sie drang damit in einen eigentlich der Strafjustiz vorbehaltenen Bereich ein. Wenn man die Speziallager der Sowjets außer Betracht lässt, über deren Insassen letztlich die Besatzungsmacht zu entscheiden hatte, war die Situation in der DDR eine völlig andere.

Da der SSD sich jedoch, entgegen der Gesetzeslage in der DDR, bei seinen Untersuchungen weitgehend dem Einfluss der Justiz entzog, wurden in seinen Untersuchungsgefängnissen häufig Personen ohne richterlichen Haftbefehl für lange Zeit festgehalten. Dies geschah dann jedoch ohne Rechtsgrundlage. Dass sich die Geheimpolizei nicht um Rechtsvorschriften scherte, belegen auch die

---

[1296] Siehe dazu *Vollnhals* in *Henke*, S. 43.

zahlreichen Fälle, in denen Menschen durch den SSD aus West-Berlin bzw. Westdeutschland verschleppt und – teilweise zum Tode – verurteilt wurden. Im Dritten Reich war das größte Ausmaß an Barbarei erreicht, als ganze Bevölkerungsgruppen der Zuständigkeit der Polizei übergeben und von dieser nach Belieben exekutiert wurden.

V. Die Rechtsanwaltschaft
1. Strafverteidiger im Dritten Reich
a. Organisation und Stellung der Anwaltschaft
Gleichschaltung der Standesorganisationen

Eine der bedeutenden Maßnahmen zur Gleichschaltung der Anwaltschaft war die Zerschlagung der unabhängigen juristischen Standesorganisationen und die Schaffung einer Reichs-Rechtsanwaltskammer. Diese Vorgänge wurden bereits vorangehend behandelt.[1297]

Kontrolle des Zugangs zum Anwaltsberuf

Mit dem zweiten Gesetz zur Änderung der Rechtsanwaltordnung vom Dezember 1935[1298] wurde die Zulassung zur Rechtsanwaltschaft reglementiert. Die Präambel der am 21. Februar 1936 neu bekannt gemachten Reichs-Rechtsanwaltsordnung[1299] (RRAO) lautet:

> „Die Rechtsanwaltschaft so zu erhalten, daß sie ihre hohe Aufgabe erfüllen kann, erachtet die Reichsregierung für ihre ernste Pflicht. Sie sieht in dem jedes Bedürfnis übersteigenden Zustrom zu Anwaltschaft eine schwere Gefahr für den Berufsstand und darüber hinaus für die gesamte Rechtspflege. Um dieser Gefahr zu begegnen und den Nachwuchs vor unausbleiblichen Enttäuschungen zu bewahren, hat die Reichsregierung das zweite Gesetz zur Änderung der Rechtsanwaltsordnung [...] beschlossen. [...]"

Im von *Noack* verfassten Kommentar zur RRAO hieß es dazu:

> „Es erfolgt eine allmähliche Zurückführung der deutschen Rechtsanwälte auf ein erträgliches Maß, die sich über eine ganze Reihe von Jahren erstreckt, so dass jeder Jahrgang der heranwachsenden Jungjuristen in einer gewissen, angemessenen Zahl in die Anwaltschaft hineinwächst unter Berücksichtigung des nat.-soz. Gesichtspunkten

---

1297 Siehe Kapitel B I 1 b.
1298 Gesetz vom 13. Dezember 1935, RGBl. I, S. 1470-1478.
1299 Reichs-Rechtsanwaltsordnung vom 21. Februar 1936, RGBl. I, S. 107-118.

> folgenden Auslesegrundsatzes unter Ablehnung des schematischen numerus clausus. [...]"[1300]

§ 15 Abs. 2 der RRAO[1301] bestimmte, dass „bei einem Gericht [...] nicht mehr Rechtsanwälte zugelassen werden [sollen], als einer geordneten Rechtspflege dienlich ist". Der nach der Rechtsanwaltsordnung alter Fassung bestehende Anspruch auf Zulassung war nicht mehr gegeben.[1302] Nun war „die Zulassung völlig in das Belieben der Justizverwaltung gestellt" und man konnte politisch unzuverlässigen Bewerbern ohne Angabe von Gründen die Zulassung versagen.[1303] § 16 RRAO stellte auch die politische Überprüfung der Kandidaten sicher, da die Entscheidung über die Zulassung im Einvernehmen mit dem Reichsführer des BNSDJ (später: NSRB) zu treffen war. Ohne die Zustimmung der Partei konnte praktisch niemand mehr Rechtsanwalt werden.[1304]

Juristen, die erstmals den Anwaltsberuf ergreifen wollten, mussten davor sogar noch zwei weitere Zulassungsverfahren durchlaufen. Zunächst hatten die Assessoren den anwaltlichen einjährigen Probedienst unter der Anleitung des OLG-Präsidenten zu absolvieren (§§ 4 bis 8 RRAO) und darauf den dreijährigen Anwärterdienst (§§ 9 bis 13 RRAO) unter der Aufsicht des Präsidenten der Rechtsanwaltskammer. Über die Zulassung zum Probe- und Anwärterdienst entschied jeweils der Reichsminister der Justiz (§§ 4 bzw. 9 RRAO). Auch für die Zulassung zum Anwärterdienst war eine Stellungnahme des NSRB-Gauleiters maßgebend.[1305]

Entrechtung jüdischer und politisch missliebiger Anwälte

Die Entfernung zum einen von politisch missliebigen und zum anderen von jüdischen Anwälten durch das Gesetz über die Zulassung zur Rechtsanwaltschaft sowie durch das Reichsbürgergesetz und der fünften VO hierzu wurden bereits oben dargestellt.[1306]

Letztere VO, mit deren Inkrafttreten der Jura-Professor und Rechtsanwalt *Noack* „die Entjudung der deutschen Anwaltschaft" für „beendet" ansah[1307],

---

[1300] *Noack*, RRAO, S. 13.
[1301] RGBl. 1936 I, S. 108.
[1302] *Noack*, RRAO, S. 66 f. (Zu § 15). § 15 Abs. 2 lautete vor der Neufassung: „Wer die Befähigung zum Richteramt hat, muß nach Maßgabe der geltenden reichsgesetzlichen Vorschriften in jedem Lande zur Rechtsanwaltschaft zugelassen werden".
[1303] *Noack*, RRAO, S. 67 (Zu § 15).
[1304] *Dreher*, S. 31.
[1305] *A. Wagner*, S. 324.
[1306] Siehe Kapitel B I 1 a.
[1307] *Noack* in JW 1938, S. 2796. In dem hasserfüllten Aufsatz spricht *Noack* unter anderem den Dank der deutschen Rechtsanwälte für die Neuregelung aus: „[...] und so wurden Rechtsanwalt und jüdischer Advokat identifiziert. Eine Tatsache, unter der wir heute alle noch auf

bestimmte außerdem die Zulassung sogenannter jüdischer Konsulenten[1308]: Diese wurden – auf Widerruf – nur insoweit zugelassen wie ein Bedürfnis bestand (§ 9) und sollten „aus der Zahl den nach § 1 dieser Verordnung aus der Rechtsanwaltschaft ausscheidenden Juden entnommen werden", wobei „Frontkämpfer [...] nach Möglichkeit bevorzugt zu berücksichtigen" waren. Sie durften nur für Juden sowie für juristische Personen in jüdischer Hand tätig werden (§ 10). Die Gebühren und Auslagen, welche die jüdischen Konsulenten nach Maßgabe der für Rechtsanwälte geltenden Vorschriften erheben durften, mussten an eine vom RJM zu bestimmenden Ausgleichstelle abgeführt werden, die den Konsulenten einen Anteil der anfallenden Gebühren als Vergütung beließ (§ 14).[1309]

In einer Anordnung des Präsidenten der Reichs-Rechtsanwaltskammer *Neubert* heißt es zu der VO:

> „Es entspricht dem Willen des Gesetzgebers, daß künftig in gleicher Weise, wie deutsche Volksgenossen nur noch von Rechtsanwälten deutscher Abstammung vertreten werden, Juden grundsätzlich nur noch jüdische Konsulenten in Anspruch nehmen."[1310]

Ehrengerichtsbarkeit und Treuepflichten der Rechtsanwälte

Wenn Rechtsanwälte oder Anwaltsassessoren ihre standesrechtlichen Pflichten verletzten, konnte gegen sie ein ehrengerichtliches Verfahren eingeleitet werden.[1311] Im Gegensatz zum ehrengerichtlichen Verfahren der Standesorganisationen anderer Berufe[1312], war nach § 100 RRAO allein die StA zu Vertretung der Anklage berufen. Die Tätigkeit dieser Ehrengerichte war durch den Wegfall des Rechtsanspruchs auf Zulassung zur Anwaltschaft erheblich eingeschränkt worden.[1313] Die Ehrengerichte erster Instanz bei den Rechtsanwaltskammern bzw. in zweiter Instanz der Ehrengerichtshof der Reichs-Rechtsanwaltskammer konnten

---

das Schwerste zu leiden haben. Um so größer ist unser Dank dem Führer gegenüber, dessen Ideen die Vorraussetzungen zu der uns von den jüdischen Schädlingen befreienden Tat schufen, und Dank unserem Reichsrechtsführer, der nie davon abließ, in glühend fanatischen Worten die Entfernung des letzten Juden aus dem deutschen Rechtsleben zu fordern".

[1308] Art. III der 5. VO zum Reichsbürgergesetz vom 27. September 1938, RGBl. Teil I, S.1405. Die dazu ergangene AV des Reichsjustizministers vom 17. Oktober 1938 ist abgedruckt in JW 1938, S. 2798 ff.

[1309] Die Durchführungsbestimmungen hierzu sind abgedruckt in JW 1938, S. 2797 f.

[1310] Mitteilungen der Reichs-Rechtsanwaltskammer vom 01. Januar 1939, S. 2. Zitiert nach *Königseder*, S. 107

[1311] §§ 64-105 RRAO, RGBl. 1936 I, S. 113-117. Siehe zum ganzen auch: *Bernhard Lüders*, Die Ehrengerichtsbarkeit der Rechtsanwaltschaft, Diss. (Tübingen) 1937 sowie: *Heiko Morisse*, Rechtsanwälte im Nationalsozialismus. Zur Funktion der Ehrengerichtsbarkeit, Hamburg 1995. Siehe auch *Königseder*, S. 123 ff.; *Schröder* S. 68 ff.

[1312] *Lüders*, S. 25.

[1313] Siehe dazu *Ostler*, S. 262.

auf Warnung, Verweis, Geldstrafe oder Ausschließung von der Rechtsanwaltschaft bzw. vom Anwärterdienst erkennen.[1314]

Nach der ersten Zulassung eines Rechtsanwaltes hatte dieser in der nächsten Sitzung des zuständigen Ehrengerichts vor dem Präsidenten der Rechtsanwaltskammer nach § 19 Abs. 1 RRAO den folgenden Eid zu schwören:

> „Ich schwöre, dem Führer des Deutschen Reiches und Volkes Adolf Hitler Treue zu halten und die Pflichten eines Deutschen Rechtsanwalts gewissenhaft zu erfüllen, so wahr mir Gott helfe."

Die Richtlinien der Reichs-Rechtsanwaltskammer für die Ausübung des Anwaltsberufs verlangten außerdem von einem „Anwalt deutschen Blutes", dass er „an den großen Aufgaben des Volkes mitarbeite[t] und sich in der nationalsozialistischen Bewegung und ihren Organisationen nach Kräften betätig[t]".[1315]

Die Pflichten der Rechtsanwälte waren nicht genau bestimmt.[1316] Im Januar 1939 schloss der Ehrengerichtshof der Reichsrechtsanwaltskammer beispielsweise einen Angeklagten aus der Anwaltschaft aus, weil er durch sein Fernbleiben von der Reichstagswahl im März 1936 „in schwerster Weise gegen die Standespflichten verstoßen und außer seinem Ansehen dem Ansehen des Anwaltsstandes schweren Schaden zugefügt" habe.[1317] In der Begründung dieses Urteils heißt es weiter:

> „Durch sein Fernbleiben von der Wahl gab er anderen Volksgenossen nicht nur den Mangel seiner eigenen Gefolgschaftstreue zu erkennen, vielmehr war dieses Verhalten des Angeklagten auch geeignet, Zweifel an der Geschlossenheit der deutschen Anwaltschaft und ihrem Einsatzwillen für Führer und Staat entstehen zu lassen."[1318]

Anwälte, die dem BNSDJ bzw. NSRB angehörten, unterlagen außerdem dessen Ehrengerichtsbarkeit, die sich am Programm der NSDAP orientierte.[1319]

[1314] § 65 Abs. 1 RRAO. Beispiele für die Rspr. des Ehrengerichtshofes finden sich bei *König*, S. 59-72.

[1315] Ziff. A Nr. 2 der Richtlinien, abgedruckt bei *Noack*, RRAO, S. 258 (259).

[1316] Siehe dazu *Hanssen* in DR 1944, S. 353 (355), der darauf hinweist, dass es „nicht darauf ankommen [könne], einen kasuistisch aufgebauten Kodex der ehrengerichtlich zu ahndenden Pflichtverletzungen aufzustellen." Die Konsequenz wäre nämlich, „daß der unlautere Anwalt prüfte, was auf dem Gebiete des beabsichtigten Tuns verboten, was gerade noch erlaubt war, um dann unter Umschiffung der gefährlichen Klippen des Verbotenen das im Kern Unlautere doch zu tun".

[1317] Entscheidung abgedruckt bei *Staff*, S. 148-151. Siehe auch *A. Wagner*, S. 325.

[1318] Zitiert nach *Staff*, S. 150.

[1319] *Klein*, S. 131 f.

Tendenzen zur Schaffung einer beamtenähnlichen Stellung der Rechtsanwälte

Bereits das im April 1933 erlassene – oben erwähnte – Gesetz über die Zulassung zur Rechtsanwaltschaft[1320] orientierte sich hinsichtlich der Entfernung der Juden aus der Rechtsanwaltschaft an den Regelungen des BBG.

Die Verhältnisse der Anwaltsassessoren wurden denen der Gerichtsassessoren insoweit angenähert, als beide disziplinarisch dem RJM unterstanden. Die Stellung des anwaltlichen Probeassessors sei zwar keine „beamtenähnliche" gewesen.[1321] Das bürgerlich-rechtliche Anstellungsverhältnis des rechtsanwaltlichen Anwärter- und Probedienstes hatte jedoch „einen öffentlich rechtlich bestimmten Inhalt" und unterwarf „den daraus Verpflichteten besonderen Disziplinarverhältnissen, die teils vom Staate, teils von der Reichs-Rechtsanwaltskammer ausgeübt" wurden.[1322]

Im Jahr 1943 wurde mit einer Änderungs-VO zur RRAO die Ehrengerichtsbarkeit über Rechtsanwälte und Anwaltassessoren für die Dauer des Krieges den Dienststrafgerichten übertragen, d.h. den Dienststrafkammern der OLG bzw. dem Dienststrafsenat beim RG.[1323] Dieselbe VO bestimmte, dass Rechtsanwälte ab dem 65. Lebensjahr vom Reichsjustizminister in den Ruhestand versetzt werden konnten, „sofern nicht die Bedürfnisse der Rechtspflege ein Verbleiben des Rechtsanwalts im Beruf erfordern".[1324]

In einem im Mai 1944 veröffentlichten Aufsatz des NSRB-Gauleiters von Berlin *Hanssen* heißt es schließlich über die beamtenähnliche Stellung des Rechtsanwalts:

> „Diesen – bei der Aufrechterhaltung der freiberuflichen Grundlage der Stellung des Anwalts logisch allein gangbaren – Weg hat die Entwicklung des nationalsozialistischen Rechts beschritten. Sie hat den Anwalt als wirkliches – funktionell dem Beamten gleichgeordnetes – Organ der Rechtspflege mit staatlichen Aufgaben betraut. Der Rechtsanwalt erfüllt in seiner gesamten beruflichen Tätigkeit staatliche Aufgaben. [...] Der Anwalt hat stets in erster Linie die Gemeinschaftsinteressen der Rechtspflege zu wahren, wobei er allerdings nach dem Sinne seiner Aufgabe die in diesen Rahmen eingepassten Interessen seines Mandanten vertreten kann und muß.
> Es folgt aus dieser Organfunktion, daß der Anwalt – trotz seiner freien Stellung und trotz seiner privatrechtlichen Beziehung zu seinen Mandanten – mit seiner ganzen Per-

---

[1320] Siehe Kapitel B I 1 a.
[1321] *Noack*, RRAO, S. 30 (Übersicht zu § 2).
[1322] *Noack*, RRAO, S. 30 (Übersicht zu § 2).
[1323] § 7 der VO zur Änderung und Ergänzung der RRAO vom 01. März 1943, RGBl. I, S. 124.
[1324] § 3 der VO zur Änderung und Ergänzung der RRAO vom 01. März 1943, RGBl. I, S. 123.

> son zum Staat in demselben besonderen Treueverhältnis steht, das die Stellung des Beamten charakterisiert.“[1325]

b. Die Rolle der Strafverteidiger
Das Bild des Strafverteidigers im NS-Staat

Da dem NS-Regime die Anwaltschaft als freier Berufsstand suspekt war, wurden Rechtsanwälte – insbesondere auch in ihrer Rolle als Strafverteidiger – regelmäßig diffamiert.[1326] Insbesondere wurde die ehemals hohe Zahl jüdischer Verteidiger kritisiert, welche die Rechtspflege angeblich „zersetzt“ hätten.[1327] In dem bereits zitierten Aufsatz von *Hanssen* findet sich eine bezeichnende Passage, welche die Rolle des Strafverteidigers in früherer Zeit und im NS-Staat[1328] vergleicht:

> „Dem Angeklagten stand das Recht zu, mit allen Mitteln darzutun, daß das Gesetz den beabsichtigten Eingriff in sein verfassungsmäßig garantiertes Freiheitsrecht nicht zuließe. Dabei hatte ihn sein Verteidiger zu unterstützen. Dieser hatte mit seiner Gesetzeskenntnis die Möglichkeiten ausfindig zu machen, die etwa geeignet waren, den geltend gemachten Strafanspruch des Staates zu Fall zu bringen.
> In einer Rechtsordnung, die auf allen Gebieten nur die unter Berücksichtigung der Interessen der Volksgemeinschaft gerechte und gerechtfertigte Entscheidung anstrebt, kann selbstverständlich eine Rechtsanwaltschaft mit einer auch nur im Kern diesem Bild entsprechenden Aufgabe keinen Platz haben.“[1329]

Ähnlich äußerte sich 1943 schon *Gleispach* in seinem Grundriss des Strafverfahrensrechts:

> „Die verächtliche Figur des „großen“ Verteidigers, der durch Mißbrauch seiner Rechte, Kniffe oder Rednerkünste den Beschuldigten „herausriß“, von dessen Schuld er überzeugt war, konnte der Nationalsozialismus nicht dulden. Ausschluß der Juden und eine straffe Berufsorganisation der Rechtsanwälte sind die wichtigsten Vorsorgen dagegen, dass Mißstände von früher wiederkehren.“[1330]

[1325] *Hanssen* in DR 1944, S. 353 (355).
[1326] Siehe dazu beispielsweise *Reifner* in KJ 1984, S. 380 (383 ff.).
[1327] *Freisler* in *Sack-Heermann*, S. 3.
[1328] Zur Rolle des Strafverteidigers im neuzugestaltenden „künftigen“ Strafprozessrecht stellte Rechtsanwalt *Sack* Überlegungen an (*Alfons Sack*, Der Strafverteidiger und der neue Staat, Berlin 1935).
[1329] *Hanssen* in DR 1944, S. 353 (354).
[1330] *Gleispach*, S. 103.

Die Rechtsanwaltsbriefe

Eine Lenkung der Anwaltschaft, insbesondere der Strafverteidiger, wurde mit dem – ersten von weiteren geplanten – im Oktober 1944 herausgegebenen Rechtsanwaltbrief beabsichtigt, der sich hauptsächlich mit Schlussvorträgen und Anwaltsschriftsätzen befasste. Diese Maßnahme wurde bereits oben behandelt.[1331]

Bestellung des Verteidigers

Für Verfahren vor dem VGH war die notwendige Verteidigung vorgesehen, d.h. es blieb nicht dem Angeklagten überlassen, ob er sich eines Verteidigers bedienen wollte. Die für die Pflichtverteidigungen vorgesehenen Anwälte wurden in einer Liste vermerkt, nachdem sie von den Rechtsanwaltskammern empfohlen worden waren.[1332] Strafverteidiger waren vor dem VGH jedoch sehr in ihrem Wirken beschränkt, denn die Wahl des Rechtsbeistands hing von der Genehmigung durch den Vorsitzenden ab, welche auch – selbst in der Hauptverhandlung – zurückgezogen werden konnte.[1333]

Mit Beginn des Krieges wurden die Fälle der notwendigen Verteidigung eingeschränkt. Die VO vom 01. September 1939[1334] regelte die Voraussetzungen der notwendigen Verteidigung neu. Nach § 20 war die Verteidigung notwendig, wenn die Hauptverhandlung vor dem OLG im ersten Rechtszug stattfand, sowie vor der Strafkammer oder dem SG, wenn diese an Stelle des Schwurgerichts entschieden, wenn zu erwarten war, dass Sicherungsverwahrung, Anstaltsunterbringung oder Entmannung angeordnet wird oder wenn der Beschuldigte taub oder stumm war. Nach § 21 war außerdem ein Verteidiger zu bestellen, wenn dessen Mitwirkung wegen der Schwere der Tat oder wegen der Schwierigkeit der Sach- oder Rechtslage „dringend erforderlich" erschien.

Mit § 32 Abs. 1 der VO vom 21. Februar 1941[1335] wurden als Fälle der notwendigen Verteidigung benannt: Wenn die Hauptverhandlung vor dem Besonderen Strafsenat des RG, dem VGH oder dem OLG stattfand, die infragekommende Tat mit Todesstrafe oder lebenslangem Zuchthaus bedroht war bzw. mit Zuchthaus bedroht war und die StA die Bestellung beantragte, wenn Totschlag oder Meineid in Frage kam, sowie – wie bisher – dann wenn Sicherungsverwahrung, Anstaltsunterbringung oder Entmannung in Frage kam oder wenn der Be-

---

1331 Siehe Kapitel C I 1 d.

1332 *Königseder*, S. 166. Siehe auch *Klein*, S. 80.

1333 Art. IV § 3 des Gesetzes zur Änderung von Vorschriften des Strafrechts und des Strafverfahrens vom 24. April 1934, RGBl. I, S. 347.

1334 VO über Maßnahmen auf dem Gebiete der Gerichtsverfassung und der Rechtspflege, RGBl. I, S. 1658-1662.

1335 VO über die Zuständigkeit der Strafgerichte, die Sondergerichte und sonstige strafverfahrensrechtliche Vorschriften, RGBl. I, S. 405-411.

schuldigte taub oder stumm war. Abs. 2 sah die Bestellung eines Verteidigers durch den Vorsitzenden zum einen immer noch dann vor, wenn diese wegen der Schwere der Tat oder wegen der Schwierigkeit der Sach- oder Rechtslage geboten erschien sowie zum anderen in den Fällen, in denen sich der Beschuldigte seiner Persönlichkeit nach nicht selbst verteidigen konnte.

Besonders einschneidend für die Verteidigung wirkte sich die VO vom 13. Dezember 1944[1336] aus. § 12 Abs. 1 verbot es, dass in einem Strafverfahren mehr als ein Rechtsanwalt gleichzeitig für einen Beschuldigten tätig wurde. Abs. 2 setzte die Vorschriften über die notwendige Verteidigung völlig außer Kraft. Stattdessen hatte der Vorsitzende dann einen Verteidiger zu bestellen, wenn dies wegen der schwierigen Sach- oder Rechtslage geboten war oder wenn sich der Beschuldigte seiner Persönlichkeit nach nicht selbst verteidigen konnte.

Persönliche Gefährdung der Strafverteidiger

Die Strafverteidigung im NS-Staat war stets eine Gratwanderung zwischen der Verantwortung für den Mandanten einerseits und den geschriebenen sowie den ungeschriebenen Verpflichtungen gegenüber dem Staat und der Partei andererseits.[1337] Strafverteidiger hatten sowohl bei der Auswahl ihrer Mandanten – z.B. Kommunisten – als auch bei der Art, wie sie ihre Verteidigung führten, stets die Gefahr vor Augen, durch ein ehrengerichtliches Verfahren von der Anwaltschaft ausgeschlossen zu werden.[1338] In Einzelfällen wurden Rechtsanwälte sogar im Zusammenhang mit ihrer Verteidigertätigkeit von der GeStapo in Schutzhaft genommen.[1339]

Behinderung der Verteidigung

Außer durch die genannten Maßnahmen wurde den Strafverteidigern im Dritten Reich die Durchführung einer ordnungsgemäßen Vertretung ihrer Mandanten auf verschiedene Weise erschwert. Zu erwähnen ist beispielsweise, dass in Verfahren vor dem VGH dem Verteidiger die Anklageschrift oftmals erst in der Hauptverhandlung ausgehändigt wurde.[1340] Das Auftreten der meisten Pflichtverteidiger vor dem VGH wird in der Untersuchung von *Klein* als „schwach" oder „standeswidrig" bezeichnet.[1341] Sie waren entweder überzeugte Nationalso-

---

[1336] VO zu weiteren Anpassung der Strafrechtspflege an die Erfordernisse des totalen Krieges (Vierte VO zur Vereinfachung der Strafrechtspflege), RGBl. I, S. 339-342.

[1337] Erinnerungen eines Strafverteidigers sind wiedergegeben bei *Dietrich Güstrow*, Tödlicher Alltag. Strafverteidiger im Dritten Reich, Berlin 1981.

[1338] Dazu beispielsweise *Ostler*, S. 278 f. Siehe auch *Königseder*, S. 151 ff.

[1339] *Klein*, S. 165 ff.; *Ostler*, S. 106 ff.

[1340] Siehe Kapitel C II 1 d.

[1341] *Klein*, S. 124.

zialisten oder versuchten zumindest, sich nicht selbst als potentielle Oppositionelle verdächtig zu machen.
Nicht vergessen werden darf, dass der Polizeiapparat in immer größerem Maße anstelle der Justiz tätig wurde. Dies beschränkte die Zahl der Fälle, in denen Strafverteidiger überhaupt tätig werden konnten.

2. Strafverteidiger in der SBZ/DDR
a. Organisation und Stellung der Anwaltschaft
Auflösung der Standesorganisationen

In der SBZ/DDR waren weder Anwaltskammern noch Anwaltsvereine vorgesehen. Es existierte jedoch mit der VDJD eine „gesellschaftliche Organisation" für alle Juristen. Dies wurde oben bereits erörtert.[1342]

Kontrolle des Zugangs zum Anwaltsberuf

Im Juni 1946 erging eine provisorische Zulassungsordnung (ZulO) für die Rechtsanwaltschaft in der SBZ[1343], die vom Präsidenten der DJV *Schiffer* unterzeichnet und am 18. Juni vom obersten Chef der SMAD bestätigt worden war.[1344] Diese Vorschriften wurden jedoch in manchen Ländern erst zu einem späteren Zeitpunkt angewendet.[1345] § 5 ZulO lautete:

> „Zur Betätigung in der Rechtsanwaltschaft können nicht zugelassen werden:
> a) alle früheren Mitglieder der NSDAP, die sich mehr als nur nominell an ihrer Tätigkeit beteiligt haben, wie auch Personen, die bei der Durchführung der Strafpraxis des Hitler-Regimes mitgewirkt haben;
> b) Kriegsverbrecher
> c) Personen, die durch die Begehung von Straftaten kriminell belastet sind."

Vergleicht man diese Vorschriften mit denen, welche die Säuberung der staatlichen Justizorgane von ehemaligen NS-Belasteten regelten, so fällt auf, dass man gegenüber der Anwaltschaft zunächst großzügiger war. Die DDR-Literatur meint dazu rückblickend:

> „Die Entnazifizierung wurde gegenüber der Anwaltschaft lockerer als gegenüber den staatlichen Organen gehandhabt. Praktisch wurden nur die aktiven Faschisten aus der Anwaltschaft entfernt. Nicht wenige Rechtsanwälte, die Mitglied der NSDAP gewesen waren, hatten während der Zeit des Faschismus Bürger vor Gericht verteidigt. Hierauf

---

[1342] Siehe Kapitel B II 1 b.
[1343] Abgedruckt bei *Otterbeck*, S. 226 f.
[1344] *Otterbeck*, S. 37 f.
[1345] In Thüringen beispielsweise erst am 03. April 1948 (*Otterbeck*, S. 39).

> beriefen sie sich, und mit diesem „Nachweis antifaschistischer Betätigung“ erreichten sie zumeist, daß sie weiter als Rechtsanwalt tätig sein durften.“[1346]

Zulassungsanträge waren an die Justizabteilungen der Landes- und Provinzialverwaltungen zu stellen (§ 6 ZulO), welche die Voraussetzungen zu prüfen sowie die Rechtsanwaltskammer und den OLG-Präsidenten zu hören hatten (§ 7 ZulO). Ein Zulassungsanspruch bestand nicht: Die Ermessensvorschrift des § 1 ZulO bestimmte, dass zugelassen werden „konnte“, wer den Anforderungen des § 2 GVG entsprach. Die Zulassung für die AG und LG erfolgte durch die Präsidenten der Provinzen und Bundesländer, die Zulassung für die OLG durch den Chef der DJV (§ 4 ZulO).

In den Jahren 1950 und 1951 wurden vom MdJ an die Justizverwaltungen Listen verschickt, auf denen Anwälte vermerkt waren, denen die Zulassung unbedingt zu entziehen sei. In vielen Fällen war die Begründung dafür deren negative Einstellung zur DDR oder zur Sowjetunion[1347].

Nach Veröffentlichung der – weiter unten behandelten – VO über die Bildung der Kollegien der Rechtsanwälte vom Mai 1953[1348] wurden nur wenige oder gar keine Einzelanwälte mehr zugelassen.[1349] Laut § 4 Abs. 2 des Musterstatuts war mit Aufnahme in das Kollegium die Zulassung als Rechtsanwalt verbunden. Die Aufnahme war gemäß § 6 Abs. 1 des Musterstatuts abzulehnen, „wenn der Bewerber nach seiner Persönlichkeit oder bisherigen Berufsausübung nicht die Gewähr dafür bietet, daß er seine Tätigkeit als Rechtsanwalt in Übereinstimmung mit den Erfordernissen der demokratischen Gesetzlichkeit, den Interessen des sozialistischen Aufbaus und den Zielen des Kollegiums ausübt“. Abteilungsleiter im MdJ *Helm* stellt 1955 nochmals klar:

> „Nach § 3 Abs. 2 kann Mitglied des Kollegiums werden, wer eine abgeschlossene juristische Ausbildung besitzt. Diese gesetzliche Bestimmung begründet jedoch keinen Anspruch des Bewerbers auf Aufnahme in das Kollegium der Rechtsanwälte. Niemand kann sich also darauf berufen, daß bei ihm entweder die in § 6 genannten Ablehnungsgründe nicht vorliegen oder daß er so qualifiziert sei, daß er in das Kollegium aufgenommen werden müsse. Daraus ergibt sich, daß die Organe der Anwaltskollegien Bewerber auch aus anderen Gründen als denen des § 6 des Musterstatuts, an die

---

[1346] *Anders/Benjamin/Görner*, S. 82.

[1347] *Lorenz* in *Rottleuthner*: Steuerung der Justiz in der DDR, S. 411.

[1348] GBl. der DDR, S. 725-726.

[1349] Keine Neuzulassungen von Einzelanwälten mehr gab es laut: *Blomeyer/Lange/Rosenthal* S. 36; *Bruhn*, S. 27; *Ostler*, S. 382; *Otterbeck*, S. 70. Bei *Benjamin/Görner/Kamin/Sokolow*, S. 225, heißt es jedoch, dass „in Einzelfällen“ Anwälte außerhalb eine Kollegiums zugelassen wurden, wofür die ZulO von 1946 gegolten haben soll. Auch der Leiter des Kollegiums im Bezirk Halle *Koedel* (in NJ 1953, S. 614 (615)) äußerte, dass Zulassungen auch „mit der örtlichen Bedürfnisfrage“ verbunden werden konnten.

sie gesetzlich gebunden sind, zurückweisen können. Solche Gründe können z.B. fehlender Bedarf oder Mangel an geeigneten Räumen zur Ausübung der Praxis sein, aber auch Gründe die in der Person des Bewerbers liegen, z.B. Überheblichkeit, schlechtes moralisches Verhalten usw."[1350]

Gegen die Ablehnung der Aufnahme – und damit automatisch verbunden der Anwaltszulassung – war die Beschwerde an den Minister der Justiz zulässig.[1351]

Das zahlenmäßige Verhältnis von Rechtsanwälten zu Einwohnern war in Ostdeutschland aus verschiedenen Gründen dramatisch gesunken: Während auf dem Gebiet der SBZ/DDR (mit Ost-Berlin) im April 1937 (also bereits nach der Entfernung der meisten Juden und politischen Gegner durch den NS-Staat) noch 3163 Anwälte tätig gewesen waren, gab es im September 1948 nur noch 1138 Rechtsanwälte in der Ostzone, Ende des Jahres 1951 waren es gar nur noch 901.[1352] Verantwortlich für diesen Schwund war neben den politischen Säuberungen auch eine starke Abwanderungsbewegung nach Westdeutschland.

Das Disziplinarrecht für Rechtsanwälte

Die zunächst in der SBZ noch bestehenden Rechtsanwaltskammern bzw. die an ihre Stelle getretenen Ausschüsse der Rechtsanwälte[1353] hatten weder Aufsichts- noch Disziplinarbefugnisse.[1354] Der Chef der DJV übte die Aufsicht über die Tätigkeit der Rechtsanwälte unmittelbar oder durch die Justizabteilungen der Länder bzw. Provinzen aus (§ 9 ZulO). Die Ahndung von leichten Pflichtverletzungen der Rechtsanwälte oblag den Landes- bzw. Provinzjustizabteilungen, während der Präsident der DJV und die Präsidenten der Länder bzw. Provinzen[1355] Strafen, ein Vertretungsverbot sowie die Zurücknahme der Zulassung verhängen konnten (§ 9 ZulO).

Die Rechtsanwaltskollegien hatten mit ihrer Gründung selbst das Recht, Disziplinarmaßnahmen gegen ihre Mitglieder zu treffen, wenn diese ihre Berufspflichten verletzten oder gegen das Statut verstießen (§ 27 des Musterstatuts). Über die Verhängung von Disziplinarmaßnahmen hatte der Vorstand zu entscheiden (§ 28). Bei schweren Verstößen konnte die Mitgliederversammlung den Ausschluss aus dem Kollegium beschließen (§ 29 des Musterstatuts), was jedoch der Bestätigung durch den Justizminister bedurfte. Letzterer konnte die

[1350] *Helm* in NJ 1955, S. 600.
[1351] Siehe § 6 Abs. 2 sowie *Helm* in NJ 1955, S. 600.
[1352] *Ostler*, S. 381.
[1353] Siehe Kapitel B II 1 b.
[1354] *Brand*, S. 26; *Liebler* in NJ 1950, S. 295 (296).
[1355] Den Präsidenten der Länder und Provinzen stand dieses Recht nur in den Grenzen des § 4 zu, d.h. bezüglich der AG und LG.

einzelnen Anwälte auch selbst disziplinieren oder ihnen die Zulassung entziehen.[1356]

Rössler berichtet, dass zwischen 1954 und 1960 verstärkt Anwälten wegen „finanzieller Unregelmäßigkeiten" die Zulassung entzogen wurde – meistens war das wegen der Verfügung über ein West-Konto der Fall.[1357]

Kritik an der Anwaltschaft

Die Rechtsanwälte waren in den Anfangsjahren der DDR häufiger Kritik von Seiten der Führung ausgesetzt. Dabei ging es vor allem um die mangelnde Loyalität zum neuen System.[1358] Den Anwälten wurde ein ungenügendes Engagement in Organisationen wie der Nationalen Front oder der SED vorgeworfen.[1359] Der Justizminister Thüringens *Liebler* schrieb 1950 in der NJ beispielsweise:

> „[...] Eine Neutralität [der Anwaltschaft] von Berufs wegen gegenüber der politischen Umwelt ist untragbar; wir müssen erkennen lernen, daß jeder einzelne von uns politische Mitverantwortung trägt. Die Rechtsanwaltschaft muß in der gegenwärtigen Situation die Verantwortung mit übernehmen, sich einschalten in den Neuaufbau, die Nationale Front und den Kampf um den Frieden. Der Zwang, sich mit dem sozialistischen Denken auseinanderzusetzen und zur Aufgeschlossenheit für die sich daraus ergebenden Probleme, macht auch für die freie Anwaltschaft, die ihre Blüte in dem Zeitabschnitt des Kapitalismus erlebt hat, die geistige Neuorientierung zur gebieterischen Aufgabe [...]
> Wenn bei einer Kritik staatlicher Maßnahmen eine grundsätzliche Gegnerschaft zum neuen Staat und seinen Plänen und Tendenzen offenbar wird, so wird damit zugleich die Ungeeignetheit des Anwalts für seinen Beruf dokumentiert. Anwalt innerhalb der Deutschen Demokratischen Republik kann nur der sein, der sich zum politischen Wollen des neuen Staates in seiner Gesamtheit bekennt. Bei der Tätigkeit innerhalb der Justiz gibt es kein Beiseitestehen und keine politische Neutralität. [...]"[1360]

Das an dieser Stelle vermittelte Bild der Anwaltschaft erinnert stark an die in der Literatur des Dritten Reiches ausgesprochenen Diffamierungen:

[1356] *Ostler*, S. 383.
[1357] *Rössler*, Justizpolitik in der SBZ/DDR, S. 146.
[1358] Neben dem unten zitierten Aufsatz beispielsweise auch *Wirthig* in NJ 1950, S. 393 f., der die Anwaltschaft unter anderem wegen mangelnder Kooperationsbereitschaft mit der FDJ bei einer Kampagne gegen Atomwaffen anprangert. *Benjamin* bemerkt in NJ 1951, S. 51, „daß in der Rechtsanwaltschaft von heute die innerhalb der Justiz langsamste Vorwärtsentwicklung, die unentwickeltsten Formen einer neuen Gestaltung, festzustellen sind".
[1359] *Brand*. S. 33.
[1360] *Liebler* in NJ 1950, S. 295 (295 f.).

> „Deshalb soll sich der Anwalt an der Schulung der Justizangestellten beteiligen und sich auf der anderen Seite in die rechtsaufklärerische Arbeit der Richter und Staatsanwälte mit einschalten [...] so wird sich die Auffassung verlieren, daß häufig im Anwalt nur der „sachkundige mit allen Wassern gewaschene Verfechter jedes zahlenden Interesses" gesehen wird , der diesem, wenn es sein muß, durch Tricks und durch Schliche und Ränke gesinnungs- und bedenkenlos zum Siege verhilft."[1361]

In dem oben zitierten Aufsatzes fordert der thüringische Justizminister, „der Frage einer genossenschaftlichen Zusammenfassung der Anwälte, zumindest in den Großstädten, ernsthaft näherzutreten".[1362] Dieser Gedanke erscheint folgerichtig, um die freien Anwälte einer besseren Kontrolle zu unterwerfen und sie politisch erziehen zu können. Begründet wird *Lieblers* Idee jedoch mit „der Unsicherheit der wirtschaftlichen Stellung der Rechtsanwälte besonders im Alter oder bei Krankheit und [...] der Unmöglichkeit, die wirtschaftliche Grundlage für die Familie ausreichend sicherzustellen".

Benjamin – zu dieser Zeit noch Vizepräsidentin des OG – stellt 1951 zweierlei Ursachen für die angebliche politische Rückständigkeit der Anwaltschaft fest:

> „1., daß der Neuaufbau der Anwaltschaft durch Zuführung neuer Kräfte aus den Absolventen der Richterschulen bewußt zurückgestellt worden ist, da der Neuaufbau des staatlichen Justizapparats im Vordergrund stand, und 2., daß zentral keine neuen Formen der Organisation entwickelt wurden."[1363]

Die Neuorganisation der Anwaltschaft folgte jedoch schon bald darauf.

Die Kollektivierung der Anwaltschaft

Die Gründung von Anwaltskollektiven nach sowjetischem Vorbild[1364] war vom Politbüro seit der Justizreform vom Oktober 1952 „energisch" gefordert worden.[1365] Nachdem es nicht gelungen war – mit Hilfe der Propaganda von SED-Mitgliedern unter den Anwälten – in größerem Rahmen für einen freiwilligen Zusammenschluss der Einzelanwälte zu sorgen, musste schließlich doch eine gesetzliche Regelung getroffen werden.[1366]

1361 *Liebler* in NJ 1950, S. 295 (296).
1362 *Liebler* in NJ 1950, S. 295 (296).
1363 *Benjamin* in NJ 1951, S. 51.
1364 *Benjamin/Görner/Kamin/Sokolow*, S. 220. Zu
1365 *Blomeyer/Lange/Rosenthal* S. 34.
1366 *Blomeyer/Lange/Rosenthal* S. 34f.

Diese erging mit der VO über die Bildung von Kollegien der Rechtsanwälte im Mai 1953.[1367] Als Anlage dazu wurde außerdem das „Musterstatut für die Kollegien der Rechtsanwälte“ bekannt gemacht.[1368] Mit der Präambel zu dieser VO sollte unter anderem der Anschein erweckt werden, dass der Wunsch nach Kollektivierung aus der Anwaltschaft selbst kam. Sie enthielt die folgenden Passagen:

> „[...] Die Rechtsanwälte sind dazu berufen, als Organe der Rechtspflege das Recht auf Verteidigung des Angeklagten zu verwirklichen, in zivilrechtlichen Streitfällen die Parteien sachgemäß zu vertreten und der Erforschung der Wahrheit und der Rechtsfindung zu dienen.
> Diese bedeutungsvollen Aufgaben der Rechtsanwälte erfordern die Entwicklung ihres demokratischen Bewusstseins, die Verbesserung ihrer Arbeitsmethoden und neue Formen der Organisation ihrer Tätigkeit. Den intensiven Bestrebungen der fortschrittlichen Rechtsanwälte und ihrem Verlangen nach Bildung kollektiver Zusammenschlüsse soll mit der Aufstellung eines Musterstatuts für die Kollegien der Rechtsanwälte die gesetzliche Grundlage gegeben werden. [...]“

Rechtsanwälte wurden nicht gezwungen, einem Kollegium beizutreten.[1369] Diese „Freiwilligkeit“ wurde stets betont, unter anderem um Vorwürfe aus Westdeutschland zu entkräften, die von Zwangsmaßnahmen gegen die Anwaltschaft sprachen.[1370] Für freiberuflich tätige Anwälte erhöhte sich nun jedoch aus dreierlei Gründen der wirtschaftliche Druck enorm:

1. Einzelanwälte wurden gegenüber den Angehörigen der Kollegien, welche nur der Lohnsteuer unterfielen, erheblich stärker besteuert.[1371]

[1367] VO vom 15. Mai 1953, GBl. der DDR , S. 725 f., kommentiert von *Helm* in NJ 1953 S. 317 ff.

[1368] GBl. der DDR 1953, S. 726–728.

[1369] Dies war auch demonstrativ in § 3 Abs. 1 des Musterstatuts festgeschrieben.

[1370] Beispielsweise *Helm* in NJ 1954, S. 343: Der Abteilungsleiter im MdJ spricht von „Lügen und Verleumdungen“ der westlichen Presse, „perfiden Überschriften“, „bewußt unwahren Mitteilungen“, „Lügenmeldungen“, „Zahlenakrobatik“ usw. Hauptreferent im MdJ *Hennig* schreibt unter der Überschrift „Ein neuer Angriff des Klassenfeindes gegen unsere Rechtsanwälte“ in NJ 1954, S. 505: „Das Ministerium der Justiz war nicht so freundlich, die Prophezeiung der Spionageorganisation [gemeint ist der UfJ], „daß bis Ende des Jahres alle freiberuflichen Anwälte liquidiert sein sollten“, zu verwirklichen. Die Versuche, unter den Rechtsanwälten eine Atmosphäre der Panik und der Republikflucht auszulösen, schlug fehl.“ *Hennig* behauptet außerdem, der UfJ hätte an einige Rechtsanwälte gefälschte Schreiben gesandt, in denen der Widerruf ihrer Zulassung ausgesprochen wurde.

[1371] Siehe § 2 der VO. Im Frühling 1953 wurden die Anwälte mit Rückwirkung zum Jahr 1951 gewerbesteuerpflichtig und „die kurzfristige Zahlung der Steuern für 1951-53 verlangt“, welche nach Protesten jedoch gesenkt wurde (*Otterbeck*, S. 67 f.). Zu den Besteuerungen

2. Zu Pflichtverteidigern (§ 76 StPO) oder beigeordneten Rechtsanwälten in Zivilverfahren (§ 115 ZPO) konnten nur Mitglieder von Kollegien bestellt werden (§ 3 der VO).

3. Volkseigene Betriebe und staatliche Institutionen waren anzuweisen, „in allen Rechtsangelegenheiten, die die Mitwirkung eines Rechtsanwalts erfordern, nur Mitglieder der Kollegien der Rechtsanwälte zu beauftragen" (§ 4 Abs. 1 der VO). Dies wirkte sich mit der Zeit umso stärker aus, je mehr Betriebe verstaatlicht wurden.

Neben diesen wirtschaftlichen Benachteiligungen und der die Kollektivierung begleitenden massiven Propaganda wurde die Zahl der Einzelanwälte auch deshalb geringer, weil seit 1953 Neuzulassungen nur noch zu den Anwaltskollegien erfolgten.[1372] Ost-Berliner Kanzleien von im Westen lebenden Rechtsanwälten waren schon im April 1953 zwangsweise geschlossen worden.[1373] Die Büroräume und ein großer Teil des Personals wurde von Kollektiven übernommen.[1374]

Trotz all dieser Repressionen, gab es einen starken Widerstand gegen den Beitritt zu Kollegien.[1375] In der offiziellen „Geschichte der Rechtspflege der DDR" heißt es rückblickend, „für die Beibehaltung der „freien Advokatur" traten konservativ eingestellte Rechtsanwälte auf; sie erhielten hierbei Unterstützung von Anwälten und Juristen aus der BRD".[1376] Deshalb mussten teilweise Volksrichter aus der Justiz abgestellt werden, um Kollegien zu gründen und zu leiten.[1377]

Die Aufgaben der Kollegien waren laut § 1 Abs. 1 des Musterstatuts, „der Bevölkerung, staatlichen Institutionen, Betrieben und Organisationen Rechtshilfe zu leisten, die Rechtsuchenden sachgemäß zu beraten, für die rasche Erledigung ihrer Ersuchen Sorge zu tragen, um so die Wahrung der Rechte der Bürger zu gewährleisten sowie die Berufstätigkeit seiner Mitglieder zu fördern".[1378] Weitere Aufgaben waren gemäß § 2 des Musterstatuts erstens „die politische

---

nach Bildung der Kollegien siehe ebenfalls *Otterbeck*, S. 70. Siehe auch *Lorenz* in NJ 1991, S. 523 (526).

1372 Siehe bereits oben sowie *Blomeyer/Lange/Rosenthal* S. 36; *Bruhn*, S. 27; *Ostler*, S. 382; *Otterbeck*, S. 70.

1373 *Brand*, S. 34; *Bruhn*, S. 29; *Ostler*, S. 382.

1374 *Otterbeck*, S. 79.

1375 *Lange* in: Materialien der Enquete-Kommission „Aufarbeitung von Geschichte und Folgen der SED-Diktatur in Deutschland", hrsg. vom Deutschen Bundestag, Band IV, S. 608. *Lorenz* in NJ 1991, S. 523 (526).

1376 *Benjamin/Görner/Kamin/Sokolow*, S. 220.

1377 *Ostler*, S. 383. Erwähnt wird der Eintritt von Absolventen der Volksrichterschulen in die Kollegien auch bei *Benjamin/Görner/Kamin/Sokolow*, S. 223.

1378 Siehe zur Organisation und den Aufgaben der Anwaltskollegien auch *Persike* in NJ 1953, S. 243-247.

Erziehung und fachliche Qualifizierung seiner Mitglieder sowie die Förderung des Nachwuchses", zweitens „die Versorgung der Mitglieder im Falle der Arbeitsunfähigkeit und im Alter" sowie drittens „die Errichtung öffentlicher unentgeltlicher Rechtsberatungsstellen".

Die Bildung der Anwaltskollegien sollte entsprechend den Bezirksgrenzen geschehen, wobei am jeweiligen Bezirksgericht eine zentrale Verwaltungsstelle zu unterhalten war (§ 19 des Musterstatuts). Damit entsprach nun selbst der Aufbau der Rechtsanwaltschaft dem der staatlichen Behörden (einschließlich VP und SSD) und der Gerichte. Die Aufsicht über die Kollegien oblag dem MdJ, welches gemäß § 31 des Musterstatuts befugt war, „jeden Beschluß der Mitgliederversammlung und des Vorstandes aufzuheben, der den Gesetzen oder dem Statut des Kollegiums widerspricht".

Im Jahr 1955 waren „fast 45 Prozent aller Rechtsanwälte in der Deutschen Demokratischen Republik und in Berlin" Mitglieder in Kollegien geworden.[1379] Ihr Durchschnittsalter betrug 45 Jahre, während das der Einzelanwälte bei 63 Jahren lag.[1380]

b. Die Rolle der Strafverteidiger
Das Bild des Strafverteidigers in der DDR

Die Rechtsanwaltschaft galt in der Anfangszeit der DDR – wie bereits oben ausgeführt - dem neuen Regime als besonders reaktionär. Unter der Überschrift „Wie es nicht sein soll..." wurde in der NJ im Jahr 1950 das Plädoyers eines Referendars namens *Greytz* angeprangert[1381], in dem dieser ausgeführt haben soll, „daß die Angeklagten durch ihre fleißige Arbeit mehr für die Steigerung der Produktion getan hätten, als wenn sie sich politisch betätigt hätten, denn politische Arbeit hätte noch niemals positive Ergebnisse erzielt". In einer nach der Hauptverhandlung abgehaltenen Versammlung von „über dreihundert Werktätige[n]" wurde die folgende Erklärung verfasst, welche mit dem Satz endet:

> „[...] Weiter fordern wir Maßnahmen, um zu verhindern, daß in Zukunft Verteidiger vor unseren Gerichten als Rechtsverdreher auftreten können."

Der NJ-Artikel kommentiert die Erklärung der „Werktätigen" mit den Worten:

> „Wir schließen uns dieser Forderung an und sind der Meinung, daß Elemente vom Schlage eines Greytz nicht in die Justiz der Deutschen Demokratischen Republik gehören."

1379 *Helm* in NJ 1955, S. 363 (365).
1380 *Helm* in NJ 1955, S. 363 (365).
1381 NJ 1950, S. 490 (unterzeichnet mit: „Ministerium der Justiz Pressereferat").

Dass die Strafverteidiger zu Anfang noch nicht in genügendem Maße in das System der Strafjustiz eingebunden waren, lässt sich auch einem Aufsatz von *Helm* aus dem Jahr 1956 entnehmen. Darin heißt es rückblickend:

> „Viele fortschrittliche Rechtsanwälte – insbesondere in den Kollegien der Rechtsanwälte – beklagen sich seit Jahren darüber, daß sie in ihrer gesellschaftlichen und politischen, besonders aber in ihrer prozessualen Stellung als Verteidiger nicht die ihnen einzuräumende und gebührende Beachtung finden, daß ihnen von den Richtern und Staatsanwälten, aber auch von der Justizverwaltung nicht die notwendige Achtung und das Vertrauen als gleichberechtigte Helfer bei der Ermittlung der objektiven Wahrheit, bei der Rechtsprechung und Rechtsausübung entgegengebracht werden.“[1382]

Bestellung des Verteidigers

Benjamin schrieb 1951 in der NJ, dass gegen einzelne Verteidiger wegen ihres bekannt gewordenen Verhaltens oder ihrer Vergangenheit vom MdJ ein Vertretungsverbot vor dem OG ausgesprochen worden sei.[1383] Diese Maßnahmen seien letztlich daraus gefolgt, dass die Vorschrift des Art. 128 der Verfassung, wonach nur Richter sein konnte, „wer nach seiner Persönlichkeit und Tätigkeit die Gewähr dafür bietet, daß er sein Amt gemäß den Grundsätzen der Verfassung ausübt“, auch auf Rechtsanwälte Anwendung finden müsse.[1384]

Die StPO von 1952 gestattete es dem Beschuldigten, in jeder Lage des Verfahrens die Hilfe eines Verteidigers in Anspruch zu nehmen (§ 74 Abs. 1). Gemäß § 75 StPO (1952) konnten zu Verteidigern alle in der DDR zugelassenen Rechtsanwälte gewählt werden. In Verfahren vor dem OG sowie in erstinstanzlichen Verfahren vor den Bezirksgerichten war dem Angeklagten ein Verteidiger zu bestellen (§ 76 Abs. 1 StPO). In Verfahren vor den Kreisgerichten und in Verfahren zweiter Instanz vor den Bezirksgerichten konnte das Gericht auf Antrag des Staatsanwalts oder des Angeklagten, wenn die Sache es erforderte, einen Verteidiger bestellen. (§ 76 Abs. 2). Eine Besonderheit bestand darin, dass der Angeklagte auf die Bestellung eines Verteidigers verzichten konnte (Abs. 3).[1385] So bestand die Möglichkeit, den Angeklagten durch Drohungen oder Versprechungen zu einem Verzicht zu bewegen. Bei öffentlichen Verhandlungen wurden somit auch Verteidiger bestellt. Wenn dagegen „hinter verschlossenen Türen“ verhandelt wurde, sorgten das U-Organ oder, im Falle von Prozessen vor

[1382] *Helm* in StuR 1956, S. 722.
[1383] *Benjamin* in NJ 1951, S.51 (52)
[1384] *Benjamin* in NJ 1951, S.51 (52)
[1385] Die gesetzliche Regelung wird von *Reuter* in der NJ 1952 kommentiert (S. 545). Ihm zufolge findet das Recht des Angeklagten, auf die Verteidigung zu verzichten, „seine Grenzen in seiner Zurechnungsfähigkeit, seinem Alter, in der Fähigkeit, sich selbst zu verteidigen und in der Verpflichtung zur Aufklärung des Sachverhalts“.

dem OG, der Generalstaatsanwalt dafür, dass der Angeklagte eine Verzichtserklärung unterschrieb.[1386]

Persönliche Gefährdung von Strafverteidigern

In bedeutenden Wirtschaftsprozessen und beinahe allen politischen Strafverfahren wurden „Fragen, Zwischenbemerkungen und Plädoyers der Verteidiger durch Angestellte der Kontrollkommission und des Staatssicherheitsdienstes mitstenographiert“.[1387]

Im Jahr 1950 wurde die Revision eines ehemaligen Strafverteidigers, der nach der Kontrollratsdirektive Nr. 38 Abschnitt II Art. III a III[1388] wegen „Erfindung und Verbreitung tendenziöser Gerüchte“ verurteilt worden war, als offensichtlich unbegründet zurückgewiesen.[1389] Als „typische Propaganda für den Nationalsozialismus und Militarismus“ wurde es angesehen, dass der Angeklagte – als Verteidiger in zwei verschiedenen Strafverfahren – in einem Fall die Unterstützung der Schwarzen Reichswehr[1390] als patriotische Handlung dargestellt hatte und in einem anderen Fall die Erschießung von sowjetischen Partisanen als rechtens bezeichnet hatte, da diese „Heckenschützen“ gewesen seien.

Verteidiger wurden wegen Äußerungen, die sie unter anderem in Plädoyers getätigt hatten, persönlich von der StA oder der Justizverwaltung angegriffen und eingeschüchtert, indem beispielsweise damit gedroht wurde, beim MdJ die Entziehung der Zulassung zu erwirken.[1391]

Ein Strafverteidiger wurde 1953 nach den §§ 131, 185, 187 und 73 StGB wegen Beleidigung der StA in Tateinheit mit Verächtlichmachung von Staatseinrichtungen zu einem Jahr und sechs Monaten Gefängnis verurteilt.[1392] Der Verurteilte hatte in seinem Plädoyer geäußert, dass Zeugenaussagen eingeführt worden waren, die es zuvor nicht gegeben habe und dass es sich „um gestellte Zeugen seitens der Staatsanwaltschaft“ gehandelt habe. Er sagte außerdem, die StA hätte „es geschickter anfangen müssen“.

[1386] *Beckert*, S. 38.

[1387] *Blomeyer/Lange/Rosenthal* S. 33.

[1388] Siehe zu diesem Urteil auch Kapitel D III 1 a.

[1389] Beschluss des OLG Potsdam vom 30. November 1950, AZ: 3 ERKs 45/50, NJ 1951, S. 45 f.

[1390] Unter Verstoß gegen die Bestimmungen des Versailler Vertrages aufgestellte geheime Reserve-Einheiten der Reichswehr.

[1391] Siehe Dokumente 122 und 123 bei *Untersuchungsausschuß Freiheitlicher Juristen*, Unrecht als System Teil II, S. 102.

[1392] Das Urteil des Schöffengerichts Bad Salzungen vom 30. April 1953, AZ: 1 Ds 227/53, ist abgedruckt bei *Untersuchungsausschuß Freiheitlicher Juristen*, Unrecht als System Teil II, S. 102 f.

Behinderung der Verteidigung

Der in den Westen geflohene Rechtsanwalt *Büsing*, der einst vom OG zum Offizialverteidiger bestellt worden war, berichtete, dass *Benjamin* als Vorsitzende vor Hauptverhandlungen sämtliche Pflichtverteidiger zu sich bestellt hatte, um den Gang der Hauptverhandlung durchzusprechen.[1393] Der Rechtsanwalt gab zu diesen Vorfällen weiter zu Protokoll:

> „In der Regel konnte die Benjamin schon die Urteile voraussagen und sie bezog sich dabei auf die Anweisung ihrer „Freunde“ (damit meinte sie selbstverständlich die Sowjets). Das tat sie deshalb, um die Verteidiger zu bestimmen, sich für ihre Plädoyers entsprechend einzurichten. Bei Differenzen in der Auffassung über das Strafmaß wurde die Verteidigung darauf hingewiesen, daß die Aufrechterhaltung der Meinung der Verteidiger zu möglichen Konsequenzen führen könnte.“[1394]

Büsing berichtet an gleicher Stelle über eine dieser Besprechungen:

> „Ganz besonders bezeichnend hierbei ist die Bemerkung der Benjamin, daß bei diesem Prozess keine Todesstrafe zu erwarten sei. Als ich aber während einer Pause – und zwar vor dem Plädoyer des Generalstaatsanwalts – zur Benjamin beordert wurde, eröffnete sie mir: „Herr Doktor, auf Anweisung „meiner Freunde“ muß Kaiser zum Tode verurteilt werden, bitte stellen Sie sich in ihrem Plädoyer darauf ein.“ Ich erhob hiergegen Einwände, worauf mir aber durch Frau Benjamin die Aussichtslosigkeit meines Protestes klargemacht wurde. Auf meine weiteren Einwände hin erwiderte sie mir kurz: „Sie müssen wissen, was Sie tun“. [...] Beim Plädoyer für Kaiser machte ich das Gericht darauf aufmerksam, daß die wesentlichsten Anklagepunkte auf eigenen Aussagen des Angeklagten beruhen und bat deshalb um Gnade für meinen Mandanten. Das Urteil lautete dennoch auf Todesstrafe.“[1395]

Erkenntnisse über die Probleme der Strafverteidigung bis zum Jahr 1955 lassen sich erstaunlicherweise auch unmittelbar – in einer Form von Selbstkritik – aus der Literatur der DDR gewinnen. Im Jahr 1956 – der Zeit des kurzen politischen Tauwetters – beklagt *Helm* in dem bereits oben zitierten Aufsatz[1396], dass die

---

[1393] Die Möglichkeit, bei großen Prozessen eine Vorbesprechung zwischen Gericht und Verteidiger abzuhalten, „um die Verhandlung zügig zu gestalten und Differenzen von vorneherein auszuschalten“ wurde laut *Bunckenburg* in NJ 1953, S. 139 diskutiert.

[1394] Aussage von *Büsing* in *Untersuchungsausschuß Freiheitlicher Juristen*, Unrecht als System Teil II, S. 104 f.

[1395] Aussage von *Büsing* in *Untersuchungsausschuß Freiheitlicher Juristen*, Unrecht als System Teil II, S. 105.

[1396] StuR 1956, S. 722 (724).

Vorschrift des § 8 GVG (1952), welche „das Recht jedes Beschuldigten auf seine Verteidigung" gewährleisten sollte, häufig missachtet worden sei.

> „Aber die Praxis der Vergangenheit hat gezeigt, daß dieses Prinzip vielfach zur leeren Hülle geworden ist, daß der Begriff ohne Inhalt blieb, daß sich hier ein Stück Dogmatismus entwickelte, das schleunigst und allseitig überwunden werden muss. Wie wäre es sonst möglich, daß Beschuldigte ohne Beachtung ihrer berechtigten Einwendungen oder nähere Nachprüfung der objektiven Zusammenhänge ungerechtfertigt in Haft genommen werden? Wie ist es sonst zu erklären, daß Beschuldigte als Untersuchungsgefangene bereits wie Strafgefangene behandelt werden und insbesondere der freie Verkehr mit ihrem Verteidiger beschränkt wird? Wie wären sonst die Beschwerden von Bürgern zu erklären, die sich mit der ironisch-herabsetzenden Behandlung der Angeklagten im öffentlichen Termin durch manche Richter und Staatsanwälte mit Recht nicht abfinden wollen."

Helm zitiert zu diesem Thema auch Generalstaatsanwalt *Melsheimer*, der im Mai 1956 über die bisherige Praxis das Folgende ausgeführt hatte:

> „Unrichtig ist es auch, wenn dem Verteidiger in einer Reihe von Fällen die Sprech- und Korrespondenzerlaubnis nicht erteilt oder Einsicht in die Akten nicht erlaubt wurde, obwohl für eine Versagung dieser Erlaubnis die im Gesetz vorgeschriebenen Gründe nicht vorlagen. Nur dann kann diese Erlaubnis versagt werden, wenn der Zweck der Untersuchung gefährdet ist[1397]. Dies gilt ohne Ausnahme für alle Strafverfahren."[1398]

Über bis dahin bestehende Zustände berichtet *Helm* außerdem:

> „Willkürliche Beschränkungen des Rechts auf Verteidigung durch Verweigerung des Zutritts in die Haftanstalten und des unbeaufsichtigten Verkehrs mit dem Beschuldigten, Abraten von der Bevollmächtigung eines Rechtsanwalts („weil das doch nur Kosten verursacht"), die Behinderung des Beschuldigten, sich einen Verteidiger seines Vertrauens zu wählen, weil ihm ein solcher bereits bestellt ist, das Verhindern der Aushändigung von Aufzeichnungen an den Verteidiger, die Nichtbeachtung von Beweisanträgen oder Plädoyers des Verteidigers, das Fehlen einer Auseinandersetzung mit überzeugenden Argumenten im Urteil, all diese Mißstände, auch soweit sie nur ganz vereinzelt aufgetreten sind, müssen der Vergangenheit angehören, wenn das Prinzip des Rechts auf Verteidigung infolge der Beachtung der Stellung des Verteidigers allseitige Durchsetzung erfährt."[1399]

[1397] Geregelt in § 80 Abs. 3 StPO (1952).

[1398] Zitiert bei *Helm* in StuR 1956, S. 722 (728). Die Passage ist ein unveröffentlichter Teil des in NJ 1956, S. 289 ff. abgedruckten Referates.

[1399] *Helm* in StuR 1956, S. 722 (729).

In einem ebenfalls 1956 - in der NJ - erschienenen Bericht über die Arbeitstagung der Vorsitzenden der Kollegien der Rechtsanwälte[1400] heißt es zu dem Wunsch der Anwälte, „ihren Beruf von jedermann, auch von Richtern und Staatsanwälten, anerkannt und geachtet zu wissen":

> „In einer Reihe von Fällen wissen Richter oder Staatsanwälte nicht zwischen Angeklagtem und Verteidiger zu unterscheiden und behandeln den Verteidiger so, wie auch der Angeklagte nicht behandelt werden sollte. Selbst Beleidigungen verdienter Kollegen sind vorgekommen. Auch die Belehrung der Rechtsuchenden, daß der Anwalt nichts machen könne und das Geld für ihn hinausgeworfen sei, ist keine Seltenheit."

Strafverteidiger seien außerdem dadurch behindert worden, dass „Anklageschriften, Urteile und Beschlüsse häufig nur an den Angeklagten zugestellt [wurden], obgleich die in § 32 StPO enthaltene Verweisung auf die ZPO die Zustellung an deren Verteidiger erfordert".[1401] Die Verteidigung sei zusätzlich mitunter dadurch erschwert worden, „daß der Verteidiger aus verschiedenen Haftanstalten die an den Angeklagten zugestellten Schriftstücke nicht mit herausnehmen" durfte. Die Berufungseinlegung, zu der ohnehin nur eine kurze Frist zur Verfügung stand, sei dadurch sehr erschwert worden.[1402] *Wolff* fordert in seinem Vortrag außerdem, dass dem Verteidiger in Zukunft zum „frühestmöglichen Zeitpunkt Zutritt zu dem Untersuchungsgefangenen und das Recht auf Akteneinsicht gewährt wird".

3. Vergleichende Bewertung
a. Grundsätzliches

Dreher bemerkt in seiner 1947 veröffentlichten Dissertation bezogen auf das Dritte Reich:

> „Der totale Staat sieht in der Rechtspflege ein Mittel zur Erreichung seiner politischen Ziele. Der Rechtsanwalt, früher ein Sicherheitsfaktor gegen den Staat und die Gesamtheit, sollte nunmehr ein Garant des Staatsgedankens gegen den Einzelnen werden."[1403]

Dieser Gedanke trifft nicht nur auf den NS-Staat zu, denn jedes totalitäre Regime möchte verhindern, dass den Interessen des Individuums gegenüber denjenigen des Systems zu viel Raum zugestanden wird.

[1400] NJ 1956, S. 434-436. Wiedergegeben wird hauptsächlich das auf der Tagung gehaltene Referat des Rechtsanwaltes *Wolff*.
[1401] NJ 1956, S. 434.
[1402] NJ 1956, S. 434.
[1403] So *Dreher*, S. 9 zur Anwaltschaft im Dritten Reich.

Rüthers weist mit Recht auch darauf hin, dass auch totalitäre Systeme Rechtsanwälte brauchen „schon um scheinbar vorhandene rechtsstaatliche Verfahrensgewährleistungen zu dokumentieren“.[1404]

b. Organisation und Stellung der Anwaltschaft

In beiden Systemen wurden die Standesorganisationen der Anwaltschaft zerschlagen. Im Dritten Reich bestanden die Kammern gleichgeschaltet und gelenkt weiter, in der SBZ/DDR wurden sie schließlich aufgelöst. In der DDR übernahmen jedoch die in jedem Bezirk gegründeten Kollegien gewisse Aufgaben der Kammern, wie z.B. die Ausübung der Disziplinargewalt. Im NS Staat gingen die unabhängigen Organisationen im BNSDJ/NSRB auf, in der DDR durften sie gar nicht existieren. Eine unabhängige Interessenvertretung der Anwaltschaft bestand jedenfalls in beiden Staaten nicht mehr.

Im Dritten Reich und in der SBZ/DDR entledigte man sich unliebsamer Rechtsanwälte. Die Säuberung der staatlichen Justizbehörden wurde jedoch im Vergleich dazu schneller und gründlicher durchgeführt. Im Dritten Reich mussten oppositionelle und jüdische Anwälte ihre Tätigkeit aufgrund eigens erlassener Gesetze niederlegen. In der SBZ waren durch solche Gesetze zunächst nur Kollegen mit mehr als nur nomineller NS-Vergangenheit betroffen. Später wurden aber auch in der DDR andere „nicht fortschrittlich eingestellte” Rechtsanwälte mit verschiedenen Methoden aus ihrem Beruf verdrängt.

Um besser kontrollieren zu können, wer zur Rechtsanwaltschaft zugelassen wird, wurde in beiden Systemen der Anspruch auf Zulassung beseitigt. Antragsteller konnten mit Verweis auf den geringen Personalbedarf abgelehnt werden. Insgesamt wurde die Anwaltschaft in der DDR im Gegensatz zum NS-Staat stark dezimiert.

Beide Diktaturen wussten die ehemals freie Advokatur durch verschiedenste Regelungen in das staatliche Justizsystem einzubinden. Einige Vorschriften näherten sich denen für die Beamten bzw. Staatsbediensteten an. Die Anwälte des Dritten Reiches mussten sogar nach ihrer Zulassung einen Treueschwur auf *Hitler* leisten. In der DDR bediente man sich der schon in anderen Ländern des Ostblocks erprobten Kollektivierung der Anwaltschaft, um diese besser kontrollieren und politisch erziehen zu können. Diese Maßnahmen betrafen im Ergebnis nicht nur die Anwaltschaft selbst, sie wirkten sich auch negativ auf das Vertrauensverhältnis zwischen Mandant und Verteidiger aus.

Das Disziplinarrecht diente jeweils dazu, systemkonformes Verhalten der Anwälte in allen Bereichen ihrer Betätigung zu erzwingen. Als noch schärfere Waffe stand jeweils der Entzug der Zulassung zur Verfügung. Schlimmstenfalls drohte Verteidigern in beiden Diktaturen die eigene Verhaftung.

[1404] *Rüthers*, Die Wende-Experten, S. 211.

c. Der Strafverteidiger im Prozess

In den juristischen Fachzeitschriften des Dritten Reiches und der SBZ/DDR wurde insbesondere den Strafverteidigern vorgeworfen, den Interessen ihrer Mandanten zum Sieg verhelfen zu wollen, ohne dabei die übergeordneten Belange der Gemeinschaft – d.h. des Systems – zu beachten. Anwälte, die sich den neuen Methoden der Rechtsanwendung widersetzten, wurden als „Rechtsverdreher" diffamiert. In beiden Diktaturen wurde in der Literatur sogar die Frage aufgeworfen, ob man im jeweils neuen politischen System überhaupt noch Verteidiger brauche.[1405] Diese Frage wurde bejaht, die Verteidiger wurden aber jeweils dazu angehalten, an der objektiven Ermittlung der „Wahrheit" mitzuwirken.

Die Fälle der notwendigen Verteidigung wurden im Dritten Reich während des Krieges reduziert. In der DDR gab es die Besonderheit, dass der Beschuldigte in jedem Falle auf die Bestellung eines Verteidigers verzichten konnte.

Strafverteidiger wurden sowohl im NS-Staat als auch im SED-Staat in der Ausübung ihrer Tätigkeit behindert. Insbesondere GeStapo und SSD – die ja nicht einmal mit der StA vertrauensvoll zusammenarbeiteten – zeigten sich wenig kooperativ. In Verfahren vor dem VGH oder dem OG spielten die Verteidiger teilweise lediglich eine Statistenrolle. Vor beiden obersten politischen Strafgerichten wurde bestimmten Rechtsanwälten darüber hinaus ein Vertretungsverbot auferlegt.

[1405] *Sack*, Der Strafverteidiger und der neue Staat, Berlin 1935, S. 19 ff.; *Benjamin* in NJ 1951, S. 51.

D. Das politische Strafrecht und die Rechtsprechung hierzu
I. Vorüberlegung
1. Beschränkung auf politische Delikte

Da sich diese Untersuchung in erster Linie auf den Vergleich struktureller Veränderungen innerhalb der Strafjustiz konzentriert, kann hier die jeweilige Rechtsprechung nicht umfassend dargestellt werden. Um aufzuzeigen, zu welcher Art von Entscheidung die umgestalteten Justizapparate im Einzelfall gelangt sind, werden deshalb im Folgenden lediglich bestimmte charakteristische Bereiche untersucht. Die getroffene Auswahl erhebt nicht den Anspruch, für die Rechtsprechung aller Strafgerichte des jeweiligen Systems typisch zu sein. Das ausgewählte Gebiet, die Rechtsprechung zum politischen bzw. politisch bedeutsamen Strafrecht, ist jedoch von besonderem Interesse.

Das politische Strafrecht[1406] diente dazu, die Systeme mit ihren Institutionen und Repräsentanten vor Angriffen von innen und außen zu schützen. Auf diesem Gebiet ermittelte auch die Geheimpolizei. Aufgrund von uferlosen Tatbeständen wurden besonders hohe Strafen verhängt. In der Rechtsprechung dazu spiegeln sich außerdem am deutlichsten die verschiedenen Zeitphasen der jeweiligen Diktatur wider.

Als „politisch bedeutsam" werden über die klassischen Staatsschutzdelikte hinaus bestimmte Strafvorschriften behandelt. Deren politische Relevanz lässt sich danach bestimmen, inwieweit die Staatsführung ein Interesse am Ausgang der einzelnen Strafverfahren – d.h. insbesondere an der Verhängung drakonischer Strafen – hatte. Im Dritten Reich traf dies insbesondere auf Normen des Kriegsstrafrechts zu, die weniger Rechtsgüter des Einzelnen schützen sollten als die Geschlossenheit und den Kampfwillen des Volkes zu erhalten hatten. In der SBZ/DDR hatte neben der Unterdrückung der freien Meinung und dem Kampf

---

[1406] Unter „politischem Strafrecht" werden hier bestimmte Strafvorschriften verstanden, die im behandelten Zeitabschnitt den Staat und die Staatspartei mit ihren Funktionsträgern und Organen schützen sollten. Bei seinem am 26. Mai 1995 auf der Strafrechtslehrertagung in Rostock gehaltenen Vortrag (veröffentlicht in ZStW 1995, S. 734–760) fasste *Vormbaum* den Begriff „politisches Strafrecht" weiter auf (S. 734): Man könne nämlich darunter „einen bestimmten Ausschnitt aus dem Strafrecht" verstehen, „beispielweise das Staatsschutzstrafrecht und sein Umfeld oder - weiter gefasst – denjenigen Bereich des Strafrechts, der besonders politiknah und damit politisch eingefärbt" sei wie z.B. die den Landfriedensbruch oder terroristische Vereinigungen betreffende Vorschriften. *Vormbaum* bezeichnet dies als „politisches Strafrecht im *sektoralen* Verständnis". Abgesehen von diesem – herkömmlichen – Verständnis sieht *Vormbaum* auch ein „politisches Strafrecht im *instrumentellen* Verständnis": Das Strafrecht sei danach – insgesamt – ein politisches Recht (wie auch das Verfassungsrecht) oder „die Politik bemächtige sich des Strafrechts für ihre Zwecke". Seinem Referat legte *Vormbaum* den von ihm geschaffenen *instrumentellen* Begriff des politischen Strafrechts zu Grunde.

gegen „konterrevolutionäre Elemente“ die Durchsetzung der neuen Wirtschaftsordnung und Eigentumsverhältnisse einen hohen Stellenwert für das Regime.

2. Relevante Fragestellungen

Nachdem in der bis zu diesem Punkt angestellten Untersuchung die Veränderungen von Struktur und Personal der Strafjustiz untersucht worden sind, stellt sich die Frage, inwiefern sich diese Umgestaltungen auf die Entscheidungen der Gerichte ausgewirkt haben. Es gilt vor allem zu überprüfen, ob sich die Neuerungen für das jeweilige System bewährt haben, bzw. ob auffallend „harte“ Urteile gefällt wurden und ob sich die Gerichte bei ihren Entscheidungen an den Wortlaut der Strafvorschriften gehalten haben.

Als Vergleichsmaßstab für die Höhe der verhängten Strafen eignet sich jedoch nur bedingt die Rechtsprechung in der jeweils anderen untersuchten Diktatur[1407] und kaum die Rechtsprechung in der Weimarer Republik oder diejenige in der Bundesrepublik Deutschland, da die gesellschaftliche Entwicklung – wie auch in anderen Nationen – stets fortschreitet und sich damit auch der vom Gesetzgeber vorgegebene Strafrahmen unterscheidet. Die Betrachtung der Rechtsprechung wird deshalb mit Blick auf die den Gerichten vorgegebenen Beurteilungsspielräume geschehen. Diese Spielräume ergaben sich für die Richter beider Diktaturen zum einen durch die anzustellende Subsumtion unter mehrere mögliche – oft weitgefasste – Tatbestände und zum anderen durch den jeweiligen Strafrahmen.

Eine umfassende Untersuchung der Rechtsprechung zu allen politisch bedeutsamen Delikten bzw. zu sämtlichen Tatbestandmerkmalen der untersuchten Vorschriften kann aufgrund der gebotenen Kürze der Darstellung nicht geschehen. Besonders bei der Betrachtung der Rechtsprechung der nationalsozialistischen Sondergerichte fällt es zudem schwer, verallgemeinerungsfähige Aussagen über die Spruchpraxis zu treffen[1408], da diese – besonders regional – stark differierte. Es wird aber versucht, einen Eindruck von der Rechtspraxis anhand der Entscheidungen ausgewählter Gerichte, insbesondere der obersten Gerichte, zu vermitteln.

[1407] Bei der Betrachtung von im Dritten Reich verhängten Freiheitsstrafen ist zudem zu bedenken, dass einzelne Richter bewusst höhere Strafen aussprachen, um die Angeklagten vor dem Zugriff der GeStapo und der Verbringung in ein KZ zu schützen (siehe dazu beispielsweise *Schroeder* in *Düwell/Vormbaum* Band 1, S. 108 und *Kirchheimer*, S. 444).

[1408] *Rüping* in FS *Lieberwirth*, S. 115 (116); ders. in GA 1984, S. 297 (303).

II. Die Rechtsprechung im Dritten Reich
1. Die Rechtsprechung des VGH
a. Allgemeines
aa. Publikation der Urteile

Von den Urteilen des VGH wurden insgesamt nur 40 in juristischen Fachzeitschriften veröffentlicht.[1409] Diese wenigen und ohnehin teilweise zensierten Entscheidungen wurden bis zum April 1942 abgedruckt. Danach unterblieb die Publikation völlig. Deshalb fand die Rechtsprechung des VGH bei der Strafjustiz – mit Ausnahme der OLG, die mit vom VGH abgegebenen Verfahren befasst waren – nur wenig Beachtung.[1410] Eine Auswertung der Urteile konnte erst nach dem Krieg anhand der noch auffindbaren Aktenbestände erfolgen.

bb. Veränderung der Rechtsprechung im Laufe der Zeit

Generell lässt sich sagen, dass die Rechtsprechung des VGH in der Anfangsphase mit der späteren nicht zu vergleichen ist.[1411] Obwohl sich der VGH von Anfang an als politisches Gericht verstand, wurde in den ersten Jahren noch versucht, die Rechtsanwendung dogmatisch und wissenschaftlich zu untermauern. In dieser Gründungszeit griff der VGH auch noch des öfteren auf die Rechtsprechung des RG zum Hochverrat und Landesverrat zurück. Diese Bezugnahme wurde im Laufe der Zeit immer weniger und unterblieb schließlich völlig.[1412] Im April 1936 schreibt *Freisler*, der zu diesem Zeitpunkt noch Staatssekretär im RJM war:

> „Träger der Einheitlichkeit der Rechtsauffassung und der Geschlossenheit der Rechtsentwicklung muß aber selbstverständlich in der politischen Strafrechtspflege der Volksgerichtshof sein."[1413]

In der ersten Zeit seines Bestehens verhängte das Gericht keine allzu harten Strafen. In den am ersten Sitzungstag, dem 01. August 1934, ergangenen Urteilen verurteilte der I. Senat einen Angeklagten wegen Vorbereitung zum Hochverrat in Verbindung mit Vergehen gegen das Schusswaffengesetz zu zwei Jahren Gefängnis und rechnete darauf sieben Monate erlittener Untersuchungshaft an.[1414] Am selben Tag erkannte der II. Senat wegen Vorbereitung zum Hochverrat auf eine Zuchthausstrafe von einem Jahr und neun Monaten, auf die ebenfalls

---

[1409] *W. Wagner*, S. 79. Anlage mit Liste der veröffentlichten Entscheidungen auf S. 884 f.
[1410] *W. Wagner*, S. 79.
[1411] Vgl. *Rüping* in JZ 1984, S. 815 (818).
[1412] *W. Wagner*, S. 80.
[1413] *Freisler* in DJ 1936, S. 656 (657).
[1414] VGH (I. Senat), Urteil vom 01. August 1934, DJ 1934, S. 1013, AZ unbekannt.

sieben Monate Untersuchungshaft angerechnet wurden.[1415] Von den 480 Angeklagten im Jahr 1934 wurden vier, von den 632 Angeklagten im Jahr 1935 wurden neun zum Tode verurteilt.[1416]

Als *Thierack* 1936 Präsident wurde, verschärfte sich die Rechtsprechung des VGH. Bis zum Ausbruch des Krieges war die Urteilspraxis des VGH jedoch immer noch – gemessen an der Rechtsprechung in der Folgezeit – relativ gemäßigt.[1417] Unter der Präsidentschaft *Thieracks* bis zum Sommer 1942 lässt sich trotz der vielen Entscheidungen, welche die Grenze des juristisch Vertretbaren verlassen[1418], „für Einzelfälle" noch „die justizmäßige Erledigung nachweisen".[1419]

An *Hitlers* Reichstagsrede vom 26. April 1942[1420] anknüpfend äußert Propagandaminister *Goebbels* vor Mitgliedern des VGH am 22. Juli desselben Jahres unter anderem, es sei bei der Urteilsfindung „nicht vom Gesetz auszugehen, sondern von dem Entschluß, der Mann müsse weg".[1421] Es gehe im Krieg nicht darum, ob ein Urteil gerecht oder ungerecht sei, sondern allein um die Zweckmäßigkeit der Entscheidung.[1422]

Ein neuer Abschnitt in der Rechtsprechung begann dann auch eindeutig mit dem Amtsantritt *Freislers* als VGH-Präsident am 20. August 1942. Beispielhaft dafür ist der Schlußsatz in *Freislers* Antrittsschreiben an *Hitler*, den er mit „oberster Gerichtsherr und Richter des Deutschen Volkes" anredet:

> „Der Volksgerichtshof wird sich stets bemühen, so zu urteilen, wie er glaubt, daß Sie, mein Führer, den Fall selbst beurteilen würden."[1423]

Ein an Verfahren beteiligter Verteidiger erklärte später, *Freisler* habe prinzipiell keine Schuldminderungsgründe anerkannt.[1424] In einem Todesurteil wird das Strafmaß von *Freisler* beispielsweise damit begründet, „daß die Verurteilung der vier Angeklagten als internationale Terroristen nach fester Überzeugung des Volksgerichtshofes ein Gebot unseres Rechtes ist (§ 2 RStGB[1425])".[1426] Ein wei-

---

[1415] VGH (II. Senat), Urteil vom 01. August 1934, DJ 1934, S. 1014, AZ unbekannt.

[1416] *Eder*, S. 209.

[1417] Vgl. *Eder*, S. 216.

[1418] Z.B. VGH (I. Senat), Urteil vom 12. März 1942, AZ: 1 H 39/42, DR 1942, S. 721: Beihilfe zur straflosen Haupttat soll trotz der fehlenden Akzessorietät strafbar sein.

[1419] *Rüping* in JZ 1984, S. 815 (818 f.).

[1420] Siehe Kapitel B I 1 a.

[1421] Zitiert in *Rüping* in GA 1984, S. 297 (304); *W. Wagner*, S. 84.

[1422] Zitiert in *W. Wagner*, S. 84.

[1423] Wörtlich abgedruckt in *Jahntz/Kähne*, S. 55.

[1424] *Rüping* in JZ 1984, S. 815 (820).

[1425] § 2 RStGB in der Fassung vom 28. Juni 1935: „Bestraft wird, wer eine Tat begeht die das Gesetz für strafbar erklärt oder die nach dem gesunden Volksempfinden Bestrafung verlangt.

teres Beispiel für *Freislers* Rechtsprechung ist die Verhängung einer Gefängnisstrafe gegen eine neunzehnjährige Frau, die einem Deserteur Suppe gebracht hatte:

> „Daß K. Deserteur war, wußte sie. Nun steht zwar nirgends ausdrücklich im deutschen Strafrecht, daß man einem Desertierten im Kriege nicht helfen darf. Aber das gesunde Volksempfinden hält es für strafwürdig, wenn man das tut. Und was das gesunde Volksempfinden für strafwürdig hält, muß auch bestraft werden (§ 2 RStGB).“[1427]

Ein typisches Beispiel dafür, wie der VGH dem Analogiegebot des § 2 RStGB zum Nachteil des Angeklagten folgte ist das folgende Urteil aus dem Jahr 1943[1428], in dem eine Elsässerin über § 2 RStGB für die Befreiung französischer Kriegsgefangener aus dem Strafrahmen des § 120 RStGB bestraft wurde. Mit der Begründung, sie habe nur aus Mitleid gehandelt und sei deutschfreundlich, wurde nur auf eine Gefängnisstrafe erkannt. In den Gründen heißt es unter anderem:

> „Eine besondere Bestimmung darüber, daß man bestraft wird, wenn man Kriegsgefangenen zur Flucht verhilft, gibt es in den deutschen Strafgesetzen nicht. [...] Das gesunde Volksempfinden hält zweifellos die Kriegsgefangenenbefreiung, wenn Deutsche sie vornehmen, für strafwürdig. [...] Den Ausweg mancher Gerichte, in solchem Falle wegen verbotenem Umgang mit Kriegsgefangenen zu bestrafen, wollte der Senat nicht gehen. Denn im Volke draußen nennt man eine solche Tat nicht verbotenen Umgang, sondern Befreiung von Kriegsgefangenen. Deshalb hat der Volksgerichtshof in diesem Fall das Recht frei aus dem Volkswissen geschöpft und die Strafe aus der Strafdrohung geholt, die auf Strafgefangenenbefreiung gesetzt ist.“

Es liegt also nicht fern, bei der späteren Rechtsprechung des VGH – zumindest des I. Senates in der Ära *Freisler* – von reiner Willkür zu sprechen.[1429]

Findet auf die Tat kein bestimmtes Gesetz unmittelbar Anwendung, so wird die Tat nach dem Gesetz bestraft, dessen Grundgedanke auf sie am besten zutrifft“.

1426 VGH (I. Senat), Urteil 01. Februar 1944, AZ: 1 H 309/43. Zitiert nach *Rüping*, JZ 1984, S. 815 (820).

1427 VGH (I. Senat), Urteil vom 09. April 1943, AZ: 1 H 83, 84, 85, 86, 87/43. Zitiert nach *W. Wagner* S. 657.

1428 VGH (II. Senat), Urteil vom 20. März 1943, AZ: 1 L 8/43. Zitiert in *W. Wagner*, S. 470 f.

1429 *Freisler* gebrauchte in seinen Urteilen umgangssprachliche Ausdrücke (z.B. VGH (I. Senat), Urteil vom 13. Januar 1945, AZ: 1 L 450/44. Abgedruckt bei *Wagner*, S. 919 (920)), Unterstreichungen (z.B. VGH (I. Senat), Urteil vom 14. Oktober 1943, AZ: 1 H 253/43. Abgedruckt bei *Jahntz/Kähne*, S. 60 (61)) und bis zu zwei- und dreifache Ausrufezeichen (z.B. VGH (I. Senat), Urteil vom 14. Oktober 1943, AZ: 1 L 126/43. Abgedruckt bei *Jahntz/Kähne*, S. 70 (76)). Diesen neuen Stil begründete *Freisler* mit den Worten: „Das Urteil

Die Verurteilungsquote des VGH lag in der Regel bei über 90% aller Verfahren.[1430] Die Zahl der Freisprüche sank seit der Anfangszeit des Gerichts kontinuierlich bis 1942 auf einen Tiefstand von ca. 4% ab, erreichte aber im Jahr 1944 wieder einen Anteil von 11,2%. Grund für diese zuletzt relativ hohe Zahl war, dass viele „Erledigungen auf sonstige Weise" erreicht wurden, indem diese Angeklagten direkt der GeStapo überstellt wurden.[1431] Der VGH verhängte während seines Bestehen von 1934 bis 1945 etwa 5200 bis 5300 Todesstrafen.[1432] Er fällte ein Drittel aller von zivilen deutschen Gerichten – also nicht Militärgerichten – ausgesprochenen Todesurteile während der Zeit des Nationalsozialismus.[1433] Der Anteil der Angeklagten, die von diesem Gericht zum Tode verurteilt wurden, liegt bei über 31%.[1434] 95% dieser Todesurteile ergingen in den letzten dreieinhalb Kriegsjahren.[1435]

cc. Aberkennung der bürgerlichen Ehrenrechte

Noch im November 1934 erkannte der VGH entgegen dem Antrag des Anklagevertreters nicht auf Aberkennung der bürgerlichen Ehrenrechte gemäß dem damaligen § 83 Abs. 3 RStGB. Die Begründung dafür war, dass die Tat des Angeklagten „aus seiner politischen Überzeugung entsprungen" sei, „eine ehrlose Gesinnung [sei] ihm nicht nachzuweisen" gewesen.[1436] In einem anderen Fall hatte der Angeklagte „nach den Feststellungen des Senats [...] aus seiner Über-

---

muß dem Volksgenossen mit normaler gesunder Urteilskraft überzeugend eingehen, der Ort für juristische Doktorarbeiten ist es nicht!" (*Freisler* in DStR 1942, S. 129, (135)). *Freisler* lehnte auch die Einhaltung der üblichen Urteilsgliederung ab. Seiner Meinung nach zerreisse diese „in vielen Fällen die natürliche Einheit der Gedankenführung der Urteilsbegründung, vermindert die allgemeine Eingängigkeit der gerichtlichen Entscheidungserwägungen und entfremdet dadurch die Rechtspflege dem Volk" (*Freisler* in DStR 1942, S. 129 (131)). Die von ihm selbst verfassten Urteile vermischen teilweise die üblichen Gliederungselemente oder stellen beispielsweise Einlassungen des Angeklagten oder Strafzumessungsgesichtspunkte an den Anfang der Entscheidungsgründe (z.B. VGH (I. Senat), Urteil vom 14.10.1943, AZ: 1 H 253/43. Abgedruckt bei *Jahntz/Kähne* ,S. 60–65). In einem Schreiben des Justizministers *Thierack* an den Leiter der Parteikanzlei *Bormann* von Januar 1943 heißt es: „[...] zu den bereits überreichten Urteilen des I. Senats des Volksgerichtshofs überreiche ich das Urteil gegen Max Prinz zu Hohenlohe-Langenburg vom 12. Dezember 1942. Aus dem Urteil ist nicht ersichtlich, aus welchen gesetzlichen Bestimmungen die Verurteilung erfolgt ist. Das Urteil erinnert an den früheren gescheiterten russischen Versuch, ohne gesetzliche Bestimmungen Recht zu sprechen." (Personalakte *Freisler* (Bundesarchiv), abgedruckt in *Fieberg,* S. 210).

[1430] *Jahntz/Kähne,* S. 8.

[1431] *Jahntz/Kähne,* S. 8.

[1432] Vgl. *Marxen,* Das Volk und sein Gerichtshof, S. 87; *Jahntz/Kähne,* S. 214; *W. Wagner*, S. 944–946; *Schlüter,* S. 38; *Hillermeier,* S. 35.

[1433] *Friedrich,* S. 545.

[1434] *Marxen,* Das Volk und sein Gerichtshof, S. 87.

[1435] *Schlüter* ,S. 39.

[1436] VGH (I. Senat), Urteil vom 16. November 1934, AZ: 1 H 36/34, DJ 1935, S. 909.

zeugung als Kommunist gehandelt. Sein Tun war ihm aus dieser Überzeugung heraus vorgeschrieben, und er hat auch bei seinen Taten Mittel, die man als entehrend bezeichnen könnte, nicht angewandt. Der Senat hat daher den Verlust der bürgerlichen Ehrenrechte nicht ausgesprochen".[1437] Ein weiteres Urteil aus diesem Monat enthält die Strafzumessungserwägung:

> „Von der Aberkennung der bürgerlichen Ehrenrechte ist bei den Angeklagten R und T abgesehen worden, weil R offenbar nicht aus selbstsüchtigen Motiven, sondern aus kommunistischer Überzeugung heraus gehandelt und T eine recht geringe Intensität gezeigt hat."[1438]

Diese gemäßigte Entscheidungspraxis gegenüber kommunistischen Überzeugungstätern wurde vom RJM durch Staatssekretär *Freisler* scharf kritisiert.[1439] Auf diese Intervention hin änderte sich die Übung des Gerichts: In einem Urteil vom Mai 1936 erkannte der VGH einer illegal für die KPD arbeitenden Angeklagten die bürgerlichen Ehrenrechte trotz der Annahme eines minder schweren Falles ab.[1440]

1942 schließlich erging ein Grundsatzurteil, das von der Aberkennung der bürgerlichen Ehrenrechte bei Juden absah. Als Begründung wurde genannt, dass dies dem „gesunden Volksempfinden" widersprechen würde, da Juden diese Rechte auch vorher – mit Ausnahme ihnen eventuell zustehender Titel, Orden oder Ehrenzeichen – nicht besessen hätten. Nach der Überzeugung des ganzen deutschen Volkes besitze ein Jude überhaupt keine Ehre. Die Entziehung von Titeln, Orden etc. könne auch einfacher erfolgen, nämlich durch die Verwaltungsbehörden.[1441]

dd. Anrechnung von Schutzhaft

Im Jahr 1935 folgte der VGH noch den liberaleren Auffassungen der ordentlichen Gerichte[1442] – mit Ausnahme der des BayObLG – und rechnete aus Billigkeit die erlittene Schutzhaft in analoger Anwendung zu den Vorschriften über die Untersuchungshaft auf die zu verhängende Freiheitsstrafe an.[1443] In späteren Urteilen war eine solche Praxis undenkbar.

[1437] VGH (II. Senat), Urteil vom 15. November 1934, AZ: 2 H 22/34, DJ 1935, S. 909.
[1438] VGH (II. Senat), Urteil vom 08. November 1934, AZ: 2 H 21/34, DJ 1935, S. 909.
[1439] *Rüping* in JZ 1984, S. 815 (818).
[1440] VGH (II. Senat), Urteil vom 13. Mai 1936, AZ: 2 H 8/36, DJ 1936, S. 1164.
[1441] VGH (I. Senat), Urteil vom 18. März 1942, AZ: 1 H 24/42, DR 1942, S. 721.
[1442] *Eder, S. 207; Rüping* in JZ 1984, S. 815 (818).
[1443] VGH, Urteil vom 17. Oktober 1934, AZ: 13 J 98/33, DJ 1935, S. 300.

b. Die Rechtsprechung zum Hochverrat
aa. Abgrenzung zum Landesverrat

Das Staatsschutzstrafrecht mit seinen Vorschriften zum Hoch- und Landesverrat (§§ 80 bis 93 RStGB) wurde Ende April 1934 neu gefasst.[1444] Die Strafrahmen der einzelnen Delikte wurden dabei im Gegensatz zu früher – insbesondere durch die Androhung der Todesstrafe – drakonisch verschärft.[1445]

Nach damaliger Rechtsauffassung war gemeinsame Grundlage der Hochverrats- (§§ 80 bis 87 RStGB) und Landesverratsbestimmungen (§§ 88 bis 93a RStGB) der Treubruch gegenüber seinem Volk, den der Täter mit diesen Handlungen begeht.[1446] Dennoch konnten nach § 4 Abs. 3 Nr. 2 und Abs. 2 Nr. 2 RStGB auch Ausländer wegen hochverräterischer oder landesverräterischer Handlungen gegen das Deutsche Reich bestraft werden. Unter Hochverrat verstand man den Angriff auf die verfassungsmäßigen und territorialen Grundlagen („den inneren Bestand"[1447]) des Reichs; der Landesverrat richtete sich gegen die äußere Machtstellung des Reichs im Verhältnis zu anderen Staaten.[1448]

bb. Gebiets- und Verfassungshochverrat

§ 80 Abs. 2 RStGB stellte den Verfassungshochverrat, Abs. 1 den Gebietshochverrat - also die gewaltsame Änderung des Reichsgebiets - unter Strafe. Zum Reichsgebiet wurden vom VGH auch die Gebiete der besetzten Tschechoslowakei sowie die durch Gesetz dem Reich einverleibten Gebiete Polens (einschließlich des Generalgouvernements) und die nach dem ersten Weltkrieg an Belgien verlorenen Grenzgebiete gerechnet.[1449] Da das Elsass, Lothringen und Luxemburg nicht durch Gesetzesakt in das Reich eingegliedert worden waren, behandelte der VGH sie nicht als Teile des Reichsgebietes im Sinne des § 80 Abs. 1 RStGB. Bestrebungen, die auf die Wiedervereinigung des Elsass oder Lothringens mit Frankreich gerichtet waren, wurden jedoch nach § 81 RStGB (sogenannter Führungshochverrat[1450]) bestraft, denn sie sollten nach Auffassung des VGH den „Führer und Reichskanzler" gewaltsam daran hindern, auch diese Gebiete formell zu einem verfassungsmäßigen Bestandteil des Reichs zu erklären.[1451]

[1444] Gesetz zur Änderung von Vorschriften des Strafrechts und des Strafverfahrens vom 24. April 1934, RGBl. I, S. 341-345. Siehe zu dieser Novelle *Lüken*, S. 202-209.
[1445] *Lüken*, S. 208.
[1446] *Schönke*, Vorbemerkungen § 80.
[1447] *Kohlrausch/Lange*, S. 272.
[1448] *Schönke*, Vorbemerkungen § 80.
[1449] LK-*Parrisius*, § 80 I 1 .
[1450] LK-*Parrisius*, § 81 II 2.
[1451] VGH (IV. Senat), Urteil vom 02. Oktober 1942, AZ: 4 L 78/42. LK-*Parrisius*, § 80 I 1.

Als Verfassungshochverrat (§ 80 Abs. 2 RStGB) sah der VGH auch Angriffe gegen das Regime als solches an, einschließlich aller seiner ideologischen und politischen Faktoren, also die seit der Machtergreifung errichtete politische Ordnung und die dieser Herrschaft zugrundeliegenden Ideen.[1452]

cc. Vorbereitung zum Hochverrat

§ 83 RStGB stellte die Vorbereitung zum Hochverrat unter Strafe. Dabei wurden die im Gesetz genannten Fälle durch die Generalklausel des Abs. 2 ergänzt, die jede Art von Vorbereitung unter Strafe stellte.[1453] Dafür sollte nach einem Urteil des VGH auch schon das Abhören des Moskauer Rundfunks ausreichen, wenn sich der Täter auf diese Weise „in seiner kommunistischen Gesinnung festigen, seine Kenntnis in der Umsturztaktik der KPD erweitern und damit ihre revolutionäre Stoßkraft stärken“ wollte.[1454] Die Bildung einer Hörergemeinschaft wurde bei entsprechendem Vorsatz sogar als besonders schwerer Fall im Sinne des Abs. 3 (Nr. 3: „Beeinflussung der Massen“) gewertet.[1455] Volksgerichtsrat *Lämmle*, Vorsitzender des III. Senats des VGH, beschreibt die Rechtsprechung des Gerichts zu dieser Norm im Jahr 1944 mit den Worten:

> „Bei der Vorbereitung zum Hochverrat (§ 83) wird der Tatbestand durch jede, auch die entfernteste Vorbereitungshandlung vollendet. Jede noch so geringe Tätigkeit erfüllt daher hier voll den gesetzlichen Tatbestand.“[1456]

dd. Der kommunistische Hochverrat

Eine großer Bereich der Rechtsprechung des VGH zu den Hochverratsbestimmungen betraf kommunistische Betätigungen aller Art. In einem Urteil von 1936[1457] ging das Gericht dabei – selbstverständlich – davon aus, dass die KPD hochverräterische Ziele verfolgte. Nach einer Entscheidung von 1937[1458] dienten „sämtliche Schritte, die von der KPD unternommen werden, um die zu ihrer Bekämpfung eingeleiteten polizeilichen Maßnahmen zu vereiteln, [...] gleichzeitig der Vorbereitung des von ihr geplanten gewaltsamen Umsturzes, da sie ihr die Fortsetzung ihres staatsfeindlichen Kampfes ermöglichen und ihre Stoßkraft stärken. Alle entsprechenden Handlungen fallen daher unter den gesetzlichen Tatbestand der Vorbereitung zum Hochverrat [...]“. Auch die Aufforderung zu

---

[1452] *W. Wagner*, S. 86 f.
[1453] *Schönke*, § 83.
[1454] VGH (I. Senat), Urteil vom 26. Juli 1937, AZ: 1 H 22/37, DJ 1938, S. 828.
[1455] VGH (I. Senat), Urteil vom 26. Juli 1937, AZ: 1 H 22/37, DJ 1938, S. 828.
[1456] *Lämmle*, DR 1944, S. 505 (506).
[1457] VGH (I. Senat), Urteil vom 27. Oktober 1936, AZ: 1 H 44/36, DJ 1937, S. 198.
[1458] VGH (II. Senat), Urteil vom 26. Mai 1937, AZ: 2 H 25/37, DJ 1938, S. 113.

einem Sabotageakt in einem Rüstungsbetrieb, erfüllte bei der Begehung durch einen Kommunisten bei entsprechendem Vorsatz die Vorraussetzungen der Vorbereitung zum Hochverrat.[1459]

ee. Hochverrat durch andere Oppositionsgruppen

Abgesehen von den Kommunisten hatten auch demokratische linke Parteien und Organisationen wie die SPD und der Allgemeine Deutsche Gewerkschaftsbund die Rechtsprechung des VGH zu fürchten.[1460] Jeder Versuch, die SPD aufrechtzuerhalten oder wieder aufzurichten, wurde nicht über das als subsidiär angesehene im Juli 1933 erlassene Gesetz gegen die Neubildung von Parteien[1461], sondern als Vorbereitung zum Hochverrat bestraft.[1462]

Außer den linksgerichteten Oppositionsgruppen gab es im Deutschen Reich auch eine konservativ eingestellte Widerstandsbewegung, deren Mitglieder unter anderem aus Hochverratstatbeständen verurteilt wurden. Bei dem konservativen politischen Umfeld muss man zwischen der militärischen und der zivilen Opposition unterscheiden. In der Zivil-Opposition wiederum sind neben vielen anderen der sogenannte *Goerdeler*-Kreis[1463] und der Kreisauer Kreis[1464] zu nennen. Besonders die spektakulären Prozesse gegen die Verschwörer vom 20. Juli 1944 führten zu der auch heute noch bestehenden allgemeinen negativen Bekanntheit des VGH und seines damaligen Präsidenten *Freisler*.

Auch rechtsradikale Verbände wie beispielsweise die von abtrünnigen Nationalsozialisten um 1930 gegründete „Schwarze Front" wurden als hochverräterisch angesehen.

[1459] VGH (II. Senat), Urteil vom 27. November 1936, AZ: 2 H 46/36, DJ 1938, S. 114.

[1460] Siehe *Hans Rothfels*: Die deutsche Opposition gegen Hitler, Frankfurt a.M., Hamburg 1960. Siehe auch *Hermann Graml* (Hrsg.): Widerstand im Dritten Reich. Probleme. Ereignisse. Gestalten, Frankfurt a.M. 1984.

[1461] RGBl. 1933 I, S. 479.

[1462] *W. Wagner*, S. 143.

[1463] Der ehemalige Leipziger Bürgermeister *Goerdeler* hatte Kontakte zum westlichen Ausland und zu allen deutschen nicht-kommunistischen Oppositionsgruppen. Er hatte mit seinen Gesinnungsgenossen detaillierte Pläne für eine neue Reichsverfassung nach dem Sturz *Hitlers* entworfen und dazu schon frühzeitig Beziehungen zu der militärischen Gruppe der Opposition aufgenommen. Die anderen, später vor dem VGH angeklagten Mitglieder dieses Kreises waren den verschiedensten politischen Richtungen zuzurechnen und allesamt für hohe Ämter in einer neuen rechtsstaatlichen Regierung vorgesehen.

[1464] Diese nach dem schlesischen Familiengut der Familie *Moltke* (Kreisau) benannte Vereinigung von konservativen Oppositionellen war von den starken religiösen Bindungen und sozialen Wertvorstellungen ihrer Mitglieder geprägt. Die um die Grafen von *Moltke* und *Yorck von Wartenburg* versammelten Gesinnungsgenossen entwickelten Pläne über die Gestaltung des Reichs nach dem erwarteten Zusammenbruch. Nach dem 20. Juli 1944 wurde das Bestehen und Wirken des Kreisauer Kreises von der GeStapo entdeckt.

Neben den vielen oppositionellen Einzelgängern und den – im Zuge der militärischen Besetzung Europas – später verhafteten deutschen Emigranten sind noch weitere größere Organisationen zu nennen, die sich der nationalsozialistischen Diktatur widersetzten und deren Anhänger vom VGH nach Hochverratstatbeständen verurteilt wurden: Die sowjetunionfreundlichen Nationalbolschewisten, die den Staat und jede Herrschaftsform ablehnenden Anarcho-Syndikalisten, das im Juli 1943 in Moskau mit Hilfe von gefangenen deutschen Generälen gegründete „Nationalkomitee Freies Deutschland", politische und konfessionelle Jugendverbände sowie schließlich die studentische Gruppe der „Weißen Rose".[1465]

ff. Konkurrenzen

Zur Konkurrenz zwischen Hochverrat und Landesverrat entschied der VGH 1938, dass alle Maßnahmen von Kommunisten zur Schwächung der Landesverteidigung, wie zum Beispiel die Ausspähung von Rüstungsbetrieben oder militärischen Anlagen, nicht nur Landesverrat, sondern gleichzeitig Vorbereitung zum Hochverrat darstellten.[1466] Unter der Präsidentschaft *Freislers* schließlich wurde jede kommunistische Betätigung unabhängig von ihrem Ziel immer auch als (landesverräterische) Feindbegünstigung (§ 91b RStGB) gewertet.[1467] So konnte dessen Strafrahmen ausgeschöpft werden, der neben der Todesstrafe nur lebenslanges Zuchthaus vorsah.

c. Die Rechtsprechung zum Landesverrat
aa. Verrat und Ausspähung von Staatsgeheimnissen

Der in den §§ 89 bis 90e RStGB gebrauchte Begriff des Staatsgeheimnisses war in § 88 Abs. 1 RStGB legaldefiniert. Während die alten Verratsvorschriften von 1914 nur Gegenstände und Nachrichten erfassten, war der neue § 88 Abs. 1 sehr weit gefasst, indem er auch Tatsachen einbezog und damit auch konkrete Vorgänge selbst innerer Art.[1468] 1937 wurde vom VGH entschieden, dass darunter auch Betriebsgeheimnisse einer Privatfirma fallen können, wenn diese gleichzeitig den Zwecken der Landesverteidigung dienen.[1469] Dies stand im Gegensatz zu der noch im ersten Weltkrieg herrschenden Meinung, die wie *von Liszt* im Jahr

---

[1465] Die Weiße Rose bestand aus dem Medizinstudenten *Hans Scholl*, seiner Schwester *Sophie*, drei Kommilitonen von *Hans* sowie dem Philosophieprofessor *Kurt Huber*. Sie verbreiteten mehrere Flugblätter und machten Schriften öffentlich, in denen zur Befreiung Deutschlands und zum Sturz *Hitlers* aufgerufen wurde. Siehe *Inge Scholl:* Die Weiße Rose.

[1466] VGH (I. Senat), Urteile vom 11. September 1936 (AZ: 1 H 70/36), 02. Dezember 1936 (AZ: 1 H 50/36) und 01. Februar 1937 (AZ: 1 H 64/36), alle in DJ 1938, S. 114.

[1467] *Jahntz/Kähne*, S. 163.

[1468] *W. Wagner*, S. 207.

[1469] VGH (I. Senat), Urteil vom 15. April 1937, AZ: 1 H 8/37, ZAkDR 1937, S. 410.

1914 beispielsweise in einer bestimmten Fabrikationsweise von Kanonen lediglich ein Geschäftsgeheimnis des entsprechenden Betriebs sah.[1470]

Das Unternehmen des Verrats von Staatsgeheimnissen im Sinne des § 89 RStGB wurde bereits dann angenommen, wenn sich jemand zum Verrat anbot, der von Staatsgeheimnissen Kenntnis hatte.[1471] Erforderlich war nach der Auffassung des VGH, dass der Täter ein Staatsgeheimnis in eine nähere räumliche Beziehung zum Abnehmer brachte.[1472] Für deutsche Staatsangehörige war dafür ausschließlich die Todesstrafe angedroht.

Der Tatbestand des § 90 RStGB stellte die Ausspähung objektiv echter Staatsgeheimnisse unter Strafe. Dabei handelte es sich um eine Vorbereitungshandlung zum Verrat von Staatsgeheimnissen (§ 89 RStGB), die auf subjektiver Seite neben dem Vorsatz die Absicht zur Begehung des Verrats erforderte.[1473] Für die Erfüllung des Straftatbestandes - das Unternehmen, sich ein Staatsgeheimnis zu verschaffen - genügte es bereits, sich an eine Auskunftsperson zu wenden, auch wenn diese in Wirklichkeit nichts über die begehrten Staatsgeheimnisse wusste.[1474] Als solche Auskunftspersonen wurden vom VGH nicht nur echte Geheimnisträger angesehen, sondern auch Personen, die infolge persönlicher Beziehungen oder aus sonstigen Gründen erleichterten Zugang zu Staatsgeheimnissen hatten (sogenannte Quasi- Geheimnisträger). Im einem Urteil von 1941[1475] stellte das Gericht den eigentlichen Geheimnisträgern auch solche Personen gleich, die an der ehemaligen deutsch-polnischen Grenze im Aufmarschgebiet wohnten und daher in der Lage waren, militärische Maßnahmen zu beobachten.

Die Ausspähung war nach einem Urteil des VGH schon mit der Ankunft des Täters am Ausspähungsort als begonnen anzusehen, wenn ein Sichverschaffen der Staatsgeheimnisse infolge der unmittelbaren Nähe der Ausspähungsobjekte sich unmittelbar und ohne weitere Vorbereitungen anschließen konnte und der Täter beabsichtigte, mit seiner Spähtätigkeit zu beginnen.[1476] Die Verschaffung eines Staatsgeheimnisses sollte nach dem VGH auch vorliegen, wenn der Täter ohne Verratsabsicht Kenntnis erlangt hatte, sich dann aber zu Verratszwecken schriftliche Aufzeichnungen machte.[1477]

[1470] *Schwinge*, Anmerkung zu VGH ZAkDR 1937, S. 410.

[1471] *Schönke*, § 89.

[1472] VGH (IV. Senat), Urteil vom 16. Juni 1938, AZ: 4 L 27/38. Wiedergegeben bei *W. Wagner* S. 209 Fn. 430.

[1473] *Schönke*, § 90.

[1474] VGH (IV. Senat), Urteil vom 19. November 1936, AZ: 4 L 26/36, DJ, 1937 S. 198.

[1475] VGH (IV. Senat), Urteil vom 10. Juli 1941, AZ: 4 L 35/41, zitiert bei *Lämmle* in DR, 1944 S. 506.

[1476] VGH (IV. Senat), Urteil vom 19. November 1936, AZ: 4 L 26/36, DJ, 1937 S. 198.

[1477] VGH (I. Senat), Urteil vom 15. April 1937, AZ: 1 H 8/37, ZakDR, 1937 S. 410.

bb. Landesverräterische Waffenhilfe und Feindbegünstigung

§ 91a RStGB verbot für die Dauer des Krieges Deutschen den Eintritt in eine fremde Kriegsmacht und das Waffentragen gegen das Deutsche Reich. Dabei war es unerheblich, ob der Täter aus einer feindseligen Gesinnung gegen das Reich, Abenteuerlust oder Gewinnsucht, Leichtfertigkeit oder gleichgültiger Missachtung seiner vaterländischen Treuepflicht den Weg zum Feind gewählt hatte.[1478] Der Versuchsbeginn wurde dabei schon in der Reise des Täters zur Reichsgrenze gesehen, wenn dieser die Absicht verfolgt hatte, in die feindliche Kriegsmacht einzutreten.[1479] Den Deutschen im Sinne des Gesetzes wurden nach der Errichtung des Protektorats die Bewohner Böhmens und Mährens gleichgestellt.[1480] Dies hatte die Verurteilung vieler Tschechen zur Folge, die bei dem Versuch festgenommen worden waren, sich den im Ausland aufgestellten tschechischen Legionen anzuschließen.

Einen noch strengeren Strafrahmen – Todesstrafe oder lebenslanges Zuchthaus – hatte die Norm der Feindbegünstigung gemäß § 91b RStGB. Ihr objektiver Tatbestand erforderte, dass der Täter es während eines tatsächlichen oder drohenden Krieges unternahm, der feindlichen Macht Vorschub zu leisten oder der Kriegsmacht des Reiches oder seiner Verbündeten einen Nachteil zuzufügen. Unter „Vorschubleisten“ wurde „jede mittelbare oder unmittelbare Unterstützung feindlicher Kriegsführung“ verstanden.[1481]

Dieses Delikt fand ausgedehnte Anwendung als Auffangtatbestand und wurde – vermutlich wegen der sich bietenden Möglichkeit der Verhängung der Todesstrafe – vom VGH extensiv ausgelegt.[1482] Die Feststellungen des VGH zum objektiven und subjektiven Tatbestand genügten in vielen Fällen einer Verurteilung nach § 91b RStGB eindeutig weder zur Annahme einer Feindbegünstigung im Sinne dieser Norm noch zur Verhängung der Todesstrafe bei als richtig unterstelltem Schuldspruch.[1483]

Als Unternehmen der Feindbegünstigung wurden vom VGH beispielsweise angesehen: Jede kommunistische Betätigung seit Ausbruch des Krieges mit der Sowjetunion, Fluchthilfe für Kriegsgefangene, Vorbereitung von Feindflugblättern, Bildung von Hörergemeinschaften zwecks Abhörung der Feindsender und defaitistische Äußerungen bei Vorliegen der entsprechenden subjektiven Voraussetzungen.[1484] Auch bei Personen, die Anwärtern für die tschechischen Legi-

[1478] VGH (I. Senat), Urteil vom 12. August 1940, AZ: 1 L 11/40, DR 1940, S. 1769.

[1479] VGH (I. Senat), Urteil vom 12. August 1940, AZ: 1 L 11/40, DR 1940, S. 1769.

[1480] § 15 der VO über die Ausübung der Strafgerichtsbarkeit im Protektorat Böhmen und Mähren vom 14. April 1939 (RGBl. 1939 I, S. 756); Art. III Abs. 2 der VO über den Geltungsbereich des Strafrechts vom 06. Mai 1940 (RGBl. 1940 I, S. 755).

[1481] *Kohlrausch/Lange*, § 91b.

[1482] Vgl. *Jahntz/Kähne*, S. 134.

[1483] *Gribbohm* in JuS 1969, S. 109 (111).

[1484] *Lämmle* in DR 1944, S. 505 (506).

onen Fluchthilfe ins Ausland geleistet hatten, wurde nicht Beihilfe zur landesverräterischen Waffenhilfe (§§ 91a, 49 RStGB) angenommen, sondern mit Tätervorsatz begangene Feindbegünstigung (§ 91b RStGB).[1485]

Da nach § 91b RStGB auch Ausländer bestraft werden konnten, wenn sie im Inland tätig geworden waren, fasste der VGH auch diesen Begriff sehr weit: Unter die Bezeichnung „Inland“ sollte danach das gesamte Gebiet fallen, in dem in diesem Krieg das Großdeutsche Reich die Herrschaftsgewalt ausübte.[1486]

Zur Konkurrenz zwischen § 91a und 91b RStGB entschied der VGH 1940, dass die landesverräterische Waffenhilfe (§ 91a) als Sondergesetz zur Feindbegünstigung (§ 91b) dieser vorgehe und deren Anwendung ausschließe.[1487] Auf Fälle der Waffenhilfe, die nicht unter den Tatbestand des § 91a fallen, könne jedoch § 91b trotz der höherer Strafandrohung als Auffangtatbestand angewandt werden.[1488] Die Entscheidung wurde damit begründet, dass § 91a das Gebiet der Waffenhilfe – insbesondere im Hinblick auf ausländische Täter – nicht erschöpfend regelte. Konsequenz dieser Rechtsprechung war, dass sich ein Ausländer schon dann der mit der Todesstrafe bedrohten Feindbegünstigung strafbar machte, wenn er während des Krieges das Reichsgebiet zur Durchreise benutzte, um sich in einen feindlichen Staat zu begeben, in dessen Streitkräften er dienen wollte.

Zusammenfassend lässt sich sagen, dass der VGH in § 91b RStGB ähnlich wie in der Hochverratsbestimmung des § 83 RStGB durch seine unbeschränkte Ausdehnung der Strafbarkeit eine generelle Möglichkeit sah, neben der wirklichen Begünstigung des Feindes jegliche verbotene Opposition, regimefeindliche Äußerungen, Gesinnungen und viele weitere Handlungsweisen zu bestrafen, die nach Spezialbestimmungen nicht strafbar oder milder zu bestrafen waren.[1489]

d. Die Rechtsprechung zur Wehrmittelbeschädigung und Sabotage

Durch Gesetz vom 28. Juni 1935[1490] wurde mit § 143a erstmals eine Vorschrift zum Schutz von Wehrmitteln und der Landesverteidigung dienenden Einrichtungen in das RStGB aufgenommen, die im Laufe der Zeit mehrfach verändert, aus dem RStGB ausgegliedert[1491] und schließlich wieder aufgenommen wurde.[1492] Für schwere Fälle der Wehrmittelbeschädigung war der VGH zuständig.

[1485] VGH (I. Senat), Urteil vom 16. Mai 1941, AZ: 1 H 55/41. Zitiert bei *Lämmle* in DR 1944, S. 506.

[1486] VGH (IV. Senat), Urteil vom 25. Januar 1943, AZ: 4 L 136/42. Zitiert bei *Lämmle* in DR 1944, S. 507.

[1487] VGH (I. Senat), Urteil vom 25. Juli 1940, AZ: 1 H 104/40, DJ 1940, S. 1062 f.

[1488] VGH (I. Senat), Urteil vom 25. Juli 1940, AZ: 1 H 104/40, DJ 1940, S. 1062 f.

[1489] Vgl. *W. Wagner*, S. 262.

[1490] RGBl. 1935 I, S. 840.

[1491] Ersetzt durch die VO vom 25 .November 1939 (RGBl. 1939 I, S. 2319).

[1492] RGBl. 1941 I, S. 549.

Die Verfahren wegen Wehrmittelbeschädigung waren relativ zahlreich.[1493] In einem veröffentlichten Urteil vom Mai 1941 entschied der VGH, dass unter den Begriff der Einrichtungen, die der deutschen Landesverteidigung dienen, nicht nur die von der Wehrmacht unmittelbar benötigten Einrichtungen fallen, sondern auch Maschinen und Einrichtungen von Fabriken, welche Wehrmittel herstellten.[1494] Darauf, wer Eigentümer der Gegenstände war, sollte es nicht ankommen. Auch der Eigentümer selbst konnte Täter sein.[1495]

Sabotageakte wurden häufig als hochverräterisch oder auch als Feindbegünstigung (§ 91b RStGB) angesehen.[1496] Angehörige einer internationalen kommunistischen Sabotageorganisation[1497] wurden vom VGH nach den §§ 5, 6 des Sprengstoffgesetzes[1498] verurteilt. Soweit dabei keine Spreng- sondern Brandbomben verwendet worden waren, wurden diese vom VGH unter Anwendung der Analogieerlaubnis des § 2 RStGB dem Sprengstoff gleichgestellt.[1499]

e. Die Rechtsprechung zur Wehrkraftzersetzung

In den ersten Kriegsjahren wurden defaitistische Äußerungen teilweise überhaupt nicht oder nach dem Heimtückegesetz bestraft, das als Höchststrafe fünf Jahre Gefängnis vorsah.[1500] Diese Praxis änderte sich, als man begann, auf solche Fälle die KSSVO anzuwenden.

Nach § 5 Abs. 1 Nr. 1 KSSVO machte sich wegen Wehrkraftzersetzung strafbar, „wer öffentlich dazu auffordert[e] oder anreizt[e], die Erfüllung der Dienstpflicht in der deutschen oder einer verbündeten Wehrmacht zu verweigern, oder sonst öffentlich den Willen des deutschen oder verbündeten Volkes zur wehrhaften Selbstbehauptung zu lähmen oder zu zersetzen sucht[e]". Zuwiderhandlungen gegen § 5 Abs. 1 KSSVO waren mit dem Tod zu bestrafen. Abs. 2 sah lediglich für minder schwere Fälle Zuchthaus oder Gefängnis vor.

Die Fälle des § 5 Abs. 1 Nr. 1 und Nr. 3 (Wehrdienstentziehung) waren durch VO vom Januar 1943 dem VGH zugewiesen.[1501] Vor Erlass dieser Regelung waren das RKG und danach die Sondergerichte zur Aburteilung zuständig gewesen. Die Änderung erfolgte während der katastrophalen Niederlage von

---

[1493] Beispielsweise wurden vom 01. Juli bis zum 30. September 1942 70 Angeklagte verurteilt, davon acht zum Tode (*W. Wagner*, S. 263).

[1494] VGH (I. Senat), Urteil vom 27. Mai 1941, AZ: 1 L 73/40, DJ 1942, S. 105.

[1495] VGH (I. Senat), Urteil vom 27. Mai 1941, AZ: 1 L 73/40, DJ 1942, S. 105.

[1496] Urteilsbeispiele bei *W. Wagner*, S. 264 f.

[1497] Die 1919 gegründete „Internationale der Seeleute und Hafenarbeiter" (ISH).

[1498] RGBl. 1884, S. 61.

[1499] *W. Wagner*, S. 268.

[1500] SD-Bericht vom 02. Dezember 1943, abgedruckt bei *Boberach*, Meldungen aus dem Reich, S. 375.

[1501] ZuständigkeitsVO vom 29. Januar 1943 (RGBl. 1943 I, S. 76).

Stalingrad[1502] und sollte deren Auswirkungen auf die Stimmung im Volk mit aller Härte entgegentreten.[1503]

Eine vom Gesetzgeber gezogene Grenze des ansonsten sehr weit gefassten § 5 Abs. 1 Nr. 1 KSSVO war das Erfordernis der öffentlichen Begehung der Tathandlung. Zu dem Tatbestandsmerkmal der Öffentlichkeit wurde im Februar 1940 vom I. , II. und III. Senat des damals noch zuständigen RKG eine juristisch unhaltbare Rechtsprechung entwickelt[1504]: Die Tat musste nicht mehr – wie nach bisheriger Auffassung – „vor einem aus unbestimmt wie vielen und aus unbestimmt welchen Personen bestehenden Kreis" begangen werden. Wenn der Täter damit rechnen musste, dass seine Bemerkungen weitergegeben werden, seien auch zersetzende Bemerkungen innerhalb eines geschlossenen Kreises als „öffentlich" anzusehen gewesen. Dasselbe sollte dann gelten, wenn sich der Täter nacheinander an eine Mehrzahl von Personen wendete. Dafür war der Begriff der sogenannten Ersatzöffentlichkeit geschaffen worden: Das an sich leicht feststellbare Merkmal der Öffentlichkeit wurde durch die nie auszuschließende – geradezu vermutete – Möglichkeit des Publikwerdens ersetzt.[1505]

Selbst diese extensive Auslegung des RKG ging dem VGH noch nicht weit genug. Er schaffte das Tatbestandsmerkmal der Öffentlichkeit praktisch ab[1506], indem er – insofern er den Vorsatz überhaupt für erforderlich hielt – die zum *dolus eventualis* gehörende Billigung des Täters, dass seine Äußerungen weiterverbreitet werden, einfach unterstellte. In einem Todesurteil gegen einen Holländer vom September 1943 werden die gegenüber einer Person gemachten Äußerungen mit folgender Begründung für „öffentlich" erklärt:

> „[...], denn jeder muß damit rechnen, daß ein deutscher Volksgenosse, der so etwas hört, das [...] der nächsten zuständigen Stelle in Partei oder Staat weitergibt. Öffentlich auch deshalb, weil unser nationalsozialistisches Reich will, daß sich jeder Volksgenosse mit Politik befasst."[1507]

Damit wurde dem Angeklagten vom VGH in Anbetracht der Strafdrohung eine geradezu selbstmörderische Billigung unterstellt. Wenige Tage später erging ebenfalls durch *Freislers* I. Senat ein weiteres Urteil, das mit folgender Begründung die Äußerung gegenüber einer einzelnen Person als „öffentlich" wertet:

[1502] Kapitulation der 6. Armee am 31. Januar bzw. 02. Februar 1943.

[1503] Vgl. *W. Wagner*, S. 277.

[1504] RKG (II. Senat), Urteil vom 27. Februar 1940, AZ: II 19/40; RKG (III. Senat), Urteil vom 28. Februar 1940, AZ: III 29/40; RKG (I. Senat), Urteil vom 02. April 1940, AZ: I 33/40; alle in DJ 1940, S. 939.

[1505] Siehe dazu *W. Wagner*, S. 278 sowie (kritisch zur Ausweitung des Merkmals „öffentlich") *Kohlrausch/Lange* S. 798 ff.

[1506] *Jahntz/Kähne*, S. 120; *Gribbohm*, JuS 1969 S. 109 (110).

[1507] VGH (I. Senat), Urteil vom 03. September 1943, AZ: 1 L 74/43. Zitiert bei *Eder*, S. 225.

> „Man muß erwarten, daß ein Volksgenosse, der solche Reden hört, sie der zuständigen Stelle in Partei und Staat mitteilt, daß sie also auch weitergelangen. Auf Vertraulichkeit kann sich ein Verbrecher nicht berufen.“[1508]

Die Entscheidung veranlasste Justizminister *Thierack* dazu, *Freisler* in einem persönlichen Schreiben darauf hinzuweisen, dass diese Auslegung des Begriffs Öffentlichkeit zu weit gehe, da das bewusst in § 5 KSSVO aufgestellte Tatbestandsmerkmal so keinen Sinn mehr mache.[1509] *Freisler* antwortete darauf, er werde zwar an seiner Auffassung festhalten, in Zukunft aber immer zuerst prüfen, ob solche Fälle nicht auch als Feindbegünstigung betrachtet werden können, um so zu einem „gerechten“ Urteil zu gelangen.[1510] Der VGH hielt auch weiterhin an seiner Auslegung fest und befand sich damit sogar im Widerspruch zu dem halbamtlichen, von Ministerialräten des RJM erstellten Strafrechtskommentar, in dem es heißt:

> „Nur Äußerungen im engsten Kreise sind im allgemeinen dann nicht öffentlich, wenn sichere Gewähr dafür besteht, daß sie über diesen Kreis nicht hinausdringen“.[1511]

In der Rechtsprechung des VGH wurde allgemein nicht darauf abgestellt, ob die Empfänger der gemachten Äußerungen überhaupt einen „Willen zur wehrhaften Selbstbehauptung“ haben konnten. So wurde zum Beispiel ein an einer paranoiden Form von Schizophrenie leidender Angeklagter zum Tode verurteilt, weil er sich in einer psychiatrischen Einrichtung „anderen Volksgenossen gegenüber fortgesetzt defaitistisch geäußert“ habe.[1512]

Bereits die in einem Zweipersonengespräch geäußerten theoretischen Erwägungen, was bei einer Niederlage gegen die Westalliierten oder gegen die Russen mit NS-Funktionsträgern passieren würde, reichten 1943 für das Fällen eines Todesurteils[1513] durch den I. Senat des VGH aus. Indem der angeklagte Arzt seiner Patientin erklärt habe, ihr Mann – ein Führer der HJ – käme in einem solchen Fall „zuerst dran“ hat er sich nach Überzeugung des Gerichts „durch diese Untergrabung unseres Wehrwillens (§ 5 KSSVO) für immer ehrlos gemacht. Er mußte deshalb um unseres Sieges willen mit dem Tode bestraft werden.“

[1508] VGH (I. Senat), Urteil vom 08. September 1943, AZ: 1 L 77/43. Zitiert bei *Jahntz/Kähne*, S. 121 f.

[1509] Brief *Thieracks* vom 11. September 1943, abgedruckt bei *Jahntz/Kähne*, S. 122 f.

[1510] Brief *Freislers* vom 28. September 1943, abgedruckt in *Jahntz/Kähne*, S. 123 f.

[1511] *Grau/Krug/Rietzsch*, § 5 KSSVO.

[1512] VGH (III. Senat), Urteil vom 21. November 1944, AZ: 3 L 302/44, zitiert bei *Wieland*, S. 120.

[1513] VGH (I. Senat), Urteil vom 08. September 1943, AZ: 1 L 78 / 43, zitiert bei *W. Wagner*, S. 293.

Es gibt viele weitere erhalten gebliebene Urteile, die belegen, dass nicht nur unüberlegte Redensweisen eher ungebildeter Menschen[1514] oder gezielte kritische Bemerkungen gegen das System die Verhängung der Todesstrafe wegen Wehrkraftzersetzung zur Folge hatten. Jegliche dem Regime unerwünschte Meinungsäußerung – ob aus wirklicher Feindschaft gegen den nationalsozialistischen Staat oder bloßer Missstimmung heraus getan – war todeswürdig. Eine stichprobenartige Untersuchung von 191 Urteilen, die der I. Senat 1943 und 1944 zur Wehrkraftzersetzung gefällt hatte, ergab, dass in 68% der Fälle auf Todesstrafe, in 20% auf Freiheitsstrafe und in 12% auf Freispruch erkannt worden war.[1515]

In einer im Jahr 1952 ergangenen Entscheidung beurteilte der BGH die Rechtsprechung zu § 5 Abs. 1 Nr. 1 KSSVO und stellte fest:

> „[...] die Handhabung des § 5 Abs. 1 Nr. 1 KSSVO verstieß gegen jede noch vertretbare Gesetzesauslegung jedenfalls in den Fällen, in denen das Merkmal der Öffentlichkeit schon bejaht wurde, wenn der Täter keine Gewähr für die Verschwiegenheit des Empfängers für seine Äußerung hatte und mit der Weitergabe der Äußerung hätte rechnen müssen, ohne daß festgestellt war, daß er mit einer solchen Möglichkeit auch gerechnet und sie gebilligt hatte. Diese Auffassung strich im Ergebnis das Merkmal der öffentlichen Begehung aus dem Tatbestande des § 5 Abs. 1 Nr. 1. Sie verletzte damit selbstverständliche Grundsätze jeder noch vertretbaren Gesetzesauslegung."[1516]

2. Die Rechtsprechung der SG
a. Die Rechtsprechung zu Heimtücke-Fällen
Die gesetzlichen Regelungen

Bereits oben erwähnt wurde die Zuständigkeit der SG für Straftaten nach der sogenannten Heimtücke-VO und dem sogenannten Heimtückegesetz.

Die Heimtücke-VO[1517] vom 21. März 1933 stellte die missbräuchliche Verwendung von Uniformen und Abzeichen der NS-Verbände – insbesondere bei der Begehung strafbarer Handlungen – unter Strafe (§§ 1 und 2 der VO). Strafbar nach § 3 der VO war das Aufstellen oder Verbreiten unwahrer oder gröblich entstellender Behauptungen tatsächlicher Art, die geeignet waren, „das Wohl des Reichs oder eines Landes oder das Ansehen der Reichsregierung oder einer Landesregierung oder der hinter diesen Regierungen stehenden Parteien oder Verbände schwer zu schädigen". Die VO sollte somit in erster Linie das Anse-

---

[1514] Beispiele dafür in SD-Bericht vom 02. Dezember 1943, abgedruckt bei *Boberach,* Meldungen aus dem Reich, S. 376–378.

[1515] *Rüping* in GA 1984, S. 297 (305).

[1516] BGHSt 3, S. 110 (117 f.), AZ: 1 StR 123/51.

[1517] VO zur Abwehr heimtückischer Angriffe gegen die Regierung der nationalen Erhebung vom 21. März 1933, RGBl. I, S. 135.

hen der NSDAP und ihrer Gliederungen – sowohl bei der eigenen Bevölkerung als auch im Ausland – schützen, indem unter anderem Behauptungen über Gewalttaten durch Nationalsozialisten strafrechtlich sanktioniert wurden.

Das die genannte VO ablösende[1518] Heimtücke-Gesetz[1519] vom 20. Dezember 1934 ermöglichte für bestimmte – besonders schwere – Fälle des Uniformmissbrauchs nun sogar die Verhängung der Todesstrafe.[1520] Außerdem waren aufgrund dieses Gesetzes nun nicht mehr nur tatsächliche Behauptungen strafbar, welche „das Wohl des Reichs oder das Ansehen der Reichsregierung oder das der [NSDAP] oder ihrer Gliederungen schwer zu schädigen" geeignet waren und von § 1 Heimtückegesetz unter Strafe gestellt waren, sondern auch negative Werturteile.[1521] Der gegenüber § 1 subsidiäre[1522] § 2 Abs. 1 Heimtückegesetz lautete nämlich:

> „Wer öffentlich gehässige, hetzerische oder von niedriger Gesinnung zeugende Äußerungen über leitende Persönlichkeiten des Staates oder der NSDAP., über ihre Anordnungen oder die von ihnen geschaffenen Einrichtungen macht, die geeignet sind, das Vertrauen des Volkes zur politischen Führung zu untergraben, wird mit Gefängnis bestraft."

Auch nichtöffentliche Äußerungen waren gemäß § 2 Abs. 2 strafbar, wenn der Täter damit rechnete oder rechnen musste, dass sie in die Öffentlichkeit dringen werden. § 2 Abs. 3 regelte, dass die Tat nur auf Anordnung des Reichsjustizministers verfolgt wird. Wenn sich die Tat „gegen eine leitende Persönlichkeit der NSDAP" richtete, traf der Justizminister diese Anordnung im Einvernehmen mit dem StdF.[1523]

Ministerialdirektor im RJM *Crohne* stellte klar, dass die Strafbarkeit von Werturteilen „nicht zur uferlosen Strafverfolgung aller Biertischschimpfereien führen" sollte.[1524] Es sollte laut *Crohne* vielmehr „jedes Mal geprüft werden, ob nicht trotz der Häßlichkeit der Äußerung mit Rücksicht auf die Person des Täters sowie Zeit und Ort der Tat dem Volksempfinden eine Verzeihung tragbar und eine Verwarnung ausreichend erscheint". Auch in der Kommentierung zu

---

[1518] Die Heimtücke-VO trat nach § 9 dieses Gesetzes damit außer Kraft.

[1519] Gesetz gegen heimtückische Angriffe auf Staat und Partei und zum Schutz der Parteiuniform vom 20. Dezember 1934 (Heimtückegesetz), RGBl. 1934 I, S. 1269-1271.

[1520] Nach § 3 Abs. 1, 2 des Heimtückegesetzes war es möglich, auf Todesstrafe zu erkennen, wenn die Begehung oder Androhung einer Straftat unter Verwendung von NS-Uniformen oder –Abzeichen in der Absicht erfolgt war, „einen Aufruhr oder in der Bevölkerung Angst oder Schrecken zu erregen, oder dem Deutschen Reich außenpolitische Schwierigkeiten zu bereiten".

[1521] *Kohlrausch/Lange*, S. 747.

[1522] *Crohne* in DJ 1935, S. 1406 und 1407; *Kohlrausch/Lange*, S. 747.

[1523] Später im Einvernehmen mit dem Leiter des Parteikanzlei (*Kohlrausch/Lange*, S. 747).

[1524] *Crohne* in DJ 1935, S. 1406.

§ 2 bei *Kohlrausch/Lange* heißt es[1525], das Gesetz bewerte „nicht nur die Tat, sondern auch den Täter“. Die Tendenz könne „bei gleichem Wortlaut verschieden sein, die Erfassung des vollen Sinngehalts setz[e] daher ein Urteil über die Persönlichkeit des Täters voraus“.[1526] Mit dieser Norm kam somit das nationalsozialistische Täterstrafrecht voll zur Geltung.

Die AV des Reichsjustizministers vom 07. August 1935[1527] betont, „daß nach der Ansicht des Gesetzes keineswegs jede Äußerung, die den Tatbestand des § 2 erfüllt, verfolgt werden soll“. Vielmehr solle „die Verfolgung, um die neue Waffe im Kampf gegen Staatsfeinde nicht abzustumpfen, im allgemeinen nur eintreten, wenn die Straflosigkeit der Tat im Interesse des Gemeinwohls und des Ansehens von Partei und Staat nicht tragbar wäre“. In anderen Fällen sei „der nationalsozialistische Staat stark genug, über törichtes Gerede von Nörglern und Besserwissern hinwegsehen zu können“.

Daraus ergab sich tatsächlich, dass – bis ca. September 1935[1528] – „der Reichsjustizminister in etwa 50% der mitgeteilten Fälle eine Strafverfolgung abgelehnt hat“ und „der Stellvertreter des Führers in weiteren etwa 15% die Zustimmung versagt“ hat.[1529]

Die Verfolgung der meisten im Heimtückegesetz aufgeführten Delikte war abhängig von der Zustimmung des StdF oder einer von ihm bestimmten Stelle. Dies ergab nicht nur eine Beschränkung der Entscheidungsmöglichkeiten der StA, sondern stellte gleichzeitig die Information der Parteistellen über laufende Verfahren sicher.[1530] Es ist also davon auszugehen, dass auch die mit den Fällen aufgrund des Heimtückegesetzes befassten Richter unter besonderer Beobachtung der Partei und ihrer Gliederungen standen.[1531]

[1525] *Kohlrausch/Lange*, S. 747 f.

[1526] In der Kommentierung (*Kohlrausch/Lange*, S. 748) heißt es weiter: „Noch am wenigsten gilt dies von der „gehässigen“ Äußerung, da die hier geforderte besonders feindselige Einstellung nur zur Zeit der Tat vorliegen braucht; „hetzerisch“ ist eine Äußerung mit destruktiver Tendenz, die auf einen Tätertyp, den „Hetzer“ hinweist [...]; ebenso ist „niedrige Gesinnung“ nur unter Wertung der Gesamtpersönlichkeit des Täters, für dessen Einstellung die Äußerung „zeugen“, für die sie also symptomatisch sein muß, zu erschließen“.

[1527] Abgedruckt in DJ 1935, S. 1688.

[1528] Dies ergibt sich aus dem Erscheinungsdatum des zitierten Aufsatzes.

[1529] *Crohne* in DJ 1935, S. 1406. Auch *Kramer* äußert sich in DJ 1936 (S. 644): „Der Typ des Bierbankpolitikers und der Kaffeeklatschbase, die vielfach ohne politische Motive sich zu gehässigen Bemerkungen hinreißen lassen, ist scharf zu unterscheiden vom Typ des ernstzunehmenden Staatsfeindes, des Agitators, der bewußtermaßen eine zersetzende Stimmungsmache gegen den neuen Staat und die ihn tragende Bewegung betreibt. Im Volke, auch bei vielen unteren Partei- und Staatsdienststellen, herrscht hierfür, wie der tägliche Eingang der Anklagebehörden bei den Sondergerichten zeigt, noch nicht das wünschenswerte Verständnis“.

[1530] Siehe *Dörner*, S. 23; *Oehler*, S. 231.

[1531] So auch *Oehler*, S. 231.

Die Rechtsprechung der SG zu Heimtückefällen

In der Praxis war der Anteil von Strafverfahren nach dem Heimtückegesetz, die den Missbrauch von Parteiuniformen oder -abzeichen bzw. die Behauptung der Partei oder ihren Gliederungen anzugehören zum Gegenstand hatten, gering. Der weitaus höhere Anteil betraf die verschiedensten Tatsachenäußerungen und Werturteile.[1532]

Die zu diesen Äußerungsdelikten ergangenen Urteile hatten alle Arten von abschätzigen Bemerkungen über die politische Führung, den Nationalsozialismus oder die gegenwärtige Lage zum Inhalt. Teilweise handelte es sich dabei um politische Witze, oft auch um Äußerungen, die in betrunkenem Zustand getan worden waren.

Wie weit die SG – aber auch andere Gerichte – den Tatbestand des § 2 Abs. 1 Heimtückegesetz auszulegen wussten, zeigt sich daran, dass es auch als „Äußerung" anzusehen war, wenn jemand ein Bild *Hitlers* entfernte, bespuckte, beschädigte oder dessen Zerstörung durch ein Kind zuließ.[1533]

Bei der Aktenanalyse des SG Mannheim kommt *Oehler* zu dem Ergebnis, dass die in § 2 Abs. 1 Heimtückegesetz geforderten Merkmale – gehässige, hetzerische oder von niedriger Gesinnung zeugende Äußerungen – „meistens ohne weitere Erläuterungen bei staats- oder parteikritischen Äußerungen bejaht" wurden.[1534] Zusätzlicher Anhaltspunkt sei aber die politische Vergangenheit der Angeklagten gewesen, die meistens im Anschluss an den Lebenslauf geschildert war und bei der Bejahung der Zuverlässigkeit zur Verneinung einer „Heimtückerede" führen konnte.[1535] Bei der Betrachtung der SG auf dem Gebiet des heutigen Rheinland-Pfalz berichtet *Stein*, dass „höhere Strafen" dann verhängt wurden, „wenn die Sondergerichte eine systematische Kritik zu erkennen glaubten".[1536]

Laut der Untersuchung *Dörners* könne man besonders bei der Betrachtung der ersten Jahre nach der Machtergreifung „bisweilen durchaus den Eindruck" haben, dass einige Richter bestrebt gewesen seien „Schlimmeres zu verhüten".[1537] Freisprüche ergingen vor allem wegen unglaubwürdiger Belastungszeugen oder weil die betreffende Äußerung als nicht tatbestandsmäßig nach § 1 bzw. § 2 Heimtückegesetz angesehen wurde. Selten und nur in „leichten Fällen"

1532 *Dörner*, S. 67 f.

1533 Beispiele nachgewiesen bei *Dörner*, S. 85. Siehe auch *Kohlrausch/Lange*, S. 748. Besonders kurios ist der Fall eines Theologiestudenten, der heimlich eine „Führer-Figur" von einer in einer Kirche stehenden Weihnachtskrippe entfernt hatte und dafür vom Saarbrücker SG wegen § 2 Abs. 1 Heimtückegesetz zu zwei Monaten Gefängnis verurteilt wurde (wiedergegeben bei *E. Müller* , FS 150 Jahre LG Saarbrücken, S. 180).

1534 *Oehler*. S. 230.

1535 *Oehler*. S. 230.

1536 *Stein* in *Düwell/Vormbaum* Band 1, S. 76 (81).

1537 *Dörner*, S. 161.

seien Geld- anstatt von Gefängnisstrafen verhängt worden.[1538] Meistens wurden für „Heimtückeäußerungen" mehrmonatige Gefängnisstrafen verhängt[1539], die Höchststrafe von fünf Jahren Gefängnis sei „selbst in der Kriegszeit nur selten ausgesprochen" worden.[1540] Das Hanseatische SG (Hamburg) hatte sich im Jahr 1943 mit 70 Heimtückesachen im Hauptverfahren zu beschäftigen. In den 16 Verfahren davon, deren Akten der planmäßigen Vernichtung entgangen waren, wurden durchschnittlich sieben Monate und zwei Wochen Gefängnis verhängt.[1541] Das SG Saarbrücken verhängte „im allgemeinen [...] Gefängnisstrafen bis zu eineinhalb Jahren".[1542]

Besonders nach der Niederlage von Stalingrad wurden Fälle von „heimtückischen" Äußerungen häufig als Wehrkraftzersetzung angesehen und weitaus härter bestraft.[1543] Sondergerichte in Polen verhängten unter Hinzuziehung des § 4 VolksschädlingsVO auch Zuchthausstrafen[1544] und Todesurteile.[1545]

b. Die Rechtsprechung zu den §§ 134a und 134b RStGB

Die Vorschrift des § 134a wurde schon kurze Zeit vor der nationalsozialistischen Machtübernahme in das RStGB eingeführt und lautete:

[1538] *Dörner*, S. 165.

[1539] *Dörner*, S. 166; *Oehler*, S. 245. Auch *Weckbecker* stellt bei der Untersuchung des SG Frankfurt a.M. überwiegend Freiheitsstrafen zwischen einem und sechs Monaten fest (S. 134). Für das SG Essen (1942-1945) stellt *Roeser* Strafen zwischen 50 RM Geldstrafe und zwei Jahren Gefängnis fest (S. 113).

[1540] *Dörner*, S. 170.

[1541] *Schmitz* in Grabitz/Sarodnick/Schmitz, S. 353.

[1542] *Ball* in *Paulsen*, S. 242. Zur Höchststrafe von fünf Jahren wurde laut *Paulsen* ein Mann verurteilt, „der seine Lebensgefährtin wegen des Kaufs eines „Führerbildes" mit den Worten getadelt hatte, sie solle ihr Geld nicht für einen solchen „Dreck" ausgeben und darüber hinaus geäußert hatte, es sei bedauerlich, daß Hitler nicht dem Münchner Attentat zum Opfer gefallen sei, am liebsten würde er ihn selbst umbringen".

[1543] *Dörner*, S. 171 Für das SG Frankfurt a.M. sieht *Weckbecker* (S. 138) in den letzten beiden Kriegsjahren einen Rückgang der Höchststrafen, der durch die vermehrte Einstufung „heimtückischer" Äußerungen als Wehrkraftzersetzung erklärlich sei – *Weckbecker* schließt auch eine Ernüchterung der Richter angesichts der Kriegslage nicht aus.

[1544] *Dörner*, S. 171. Für das SG Bromberg auch *Weckbecker*, S. 570. § 4 VolksschädlingsVO (Ausnützung des Kriegszustandes als Strafschärfung) lautete: „Wer vorsätzlich unter Ausnutzung der durch den Kriegszustand verursachten außergewöhnlichen Verhältnisse eine sonstige Straftat begeht, wird unter Überschreitung des regelmäßigen Strafrahmens mit Zuchthaus bis zu 15 Jahren, mit lebenslangem Zuchthaus oder mit dem Tode bestraft, wenn dies das gesunde Volksempfinden wegen der besonderen Verwerflichkeit der Straftat erfordert".

[1545] *Dörner*, S. 175.

> „Wer öffentlich das Reich oder eines der Länder, ihre Verfassung, ihre Farben oder Flaggen oder die deutsche Wehrmacht beschimpft oder böswillig und mit Überlegung verächtlich macht, wird mit Gefängnis bestraft.“[1546]

§ 134b RStGB wurde mit dem Gesetz zur Änderung des Strafgesetzbuchs Ende Juni 1935 geschaffen.[1547] Abs. 1 dieser Norm besagte:

> „Wer öffentlich die NSDAP, ihre Gliederungen, ihre Hoheitszeichen, ihre Standarten oder Fahnen, ihre Abzeichen oder Auszeichnungen beschimpft oder böswillig und mit Überlegung verächtlich macht, wird mit Gefängnis bestraft.“

In der amtlichen Begründung zur Schaffung von § 134b RStGB heißt es:

> „Während der durch § 2 des Heimtückeges[etzes] v[om] 20.12.34 gewährte Schutz sich auf die leitenden Persönlichkeiten der NSDAP. beschränkt, will § 134b die NSDAP. als solche, ihre Gliederungen usw. schützen. Eine solche Vorschrift bringt zusammen mit § 134a die Einheit von Partei und Staat sinnfällig zum Ausdruck.“[1548]

Dass § 134b RStGB nach dem Willen des Gesetzgebers nicht ausufernd angewandt werden sollte, ergibt sich ebenfalls aus der amtlichen Begründung:

> „Die Vorschrift soll nicht dazu dienen, jedes törichte Wirtshausgespräch über die Partei usw. zum Gegenstand strafgerichtlicher Aburteilungen zu machen. Nur wirklich böswilliges und gehässiges Verhalten soll getroffen werden.“[1549]

Auch aus diesem Grunde bestimmte – ähnlich der Regelung des § 2 Abs. 3 Heimtückegesetz – § 134b Abs. 2 RStGB, dass die Tat nur auf Anordnung des Reichsjustizministers verfolgt wurde, welcher seine Anordnung im Einvernehmen mit dem StdF zu treffen hatte.

Weckbecker weist für das SG Frankfurt (Main) 27 Anklagen wegen § 134a RStGB nach. Von den angeklagten Personen wurden sechs frei gesprochen, sieben zu Geld- und 13 zu Gefängnisstrafen verurteilt. Ein Verfahren wurde wegen Unzuständigkeit an das OLG überwiesen. Die durchschnittliche Gefängnisstrafe

---

[1546] § 9 Nr. 3 der VO des Reichspräsidenten zur Erhaltung des inneren Friedens vom 19. Dezember 1932, RGBl. I, S. 549.
[1547] Art. 5 des Gesetzes vom 28. Juni 1935, RGBl. I, S. 841.
[1548] Wiedergegeben bei *Kohlrausch/Lange*, § 134b. Teilweise wiedergegeben bei *Schönke*, § 134b.
[1549] Wiedergegeben bei *Kohlrausch/Lange*, § 134b.

betrug 4,6 Monate.[1550] Dasselbe SG verurteilte sechs von neun Angeklagten nach § 134b RStGB zu Gefängnisstrafen von durchschnittlich 3,8 Monaten.[1551]

Beim Bromberger SG wurden zwölf Personen nach § 134a RStGB angeklagt, während sich keine Verfahren wegen § 134b nachweisen lassen. Vier Deutsche und fünf Polen, die wegen § 134a RStGB angeklagt waren, erhielten Gefängnisstrafen – die Polen im Durchschnitt 7,4 Monate, die Deutschen 11,5 Monate. Zwei Deutsche wurden freigesprochen, einer erhielt eine Geldstrafe.[1552] Einigen dieser Verfahren lagen negative – teilweise eher harmlose – Äußerungen über die Wehrmacht zugrunde.[1553]

Die jüngsten Untersuchungen der Rechtspraxis verschiedener SG belegen, dass ein großer Teil der nach § 134a oder §134b RStGB strafbaren Äußerungen unter erheblichem Alkoholeinfluss getätigt wurde. So verurteilte beispielsweise auch das SG Bremen einen Hilfsschlosser wegen § 330a i.V.m. § 134b RStGB zu einer Gefängnisstrafe von vier Monaten, weil er sich nach dem Genuss von über 14 Gläsern Bier verächtlich über ein Parteiabzeichen geäußert hatte und dieses in den Dreck geworfen hatte.[1554]

c. Die Rechtsprechung zur Wehrkraftzersetzung

Bevor im Januar 1943 der VGH für Delikte des § 5 Abs. 1 Nr. 1 und Nr. 3 KSSVO zuständig geworden war, waren die Anklagebehörden im Mai 1940 durch eine AV[1555] vom RJM ersucht worden, „in allen bedeutsamen Fällen Anklage wegen dieser Straftaten vor dem Sondergericht zu erheben", nachdem zuvor die ausschließliche Zuständigkeit der Kriegsgerichte beseitigt worden war.[1556] In den Fällen einer öffentlichen Zersetzung der Wehrkraft, in denen bei der Wehrmachtsgerichtsbarkeit die Zuständigkeit des RKG bestanden hatte, war nach der besagten AV des Reichsjustizministers „mit Rücksicht auf die besondere Gefährlichkeit derartiger Straftaten und die sich aus ihr ergebende Notwendigkeit einer beschleunigten Aburteilung stets Anklageerhebung vor dem Sondergericht geboten".

Das SG Frankfurt (Main) verhängte in den wenigen angeklagten Fällen von Wehrkraftzersetzung – hauptsächlich durch Wehrdienstentziehung – nur Geld-

[1550] Alle Zahlenangaben dieses Absatzes nach *Weckbecker*, S. 153.
[1551] Zahlenangaben nach *Weckbecker*, S. 154.
[1552] Alle Zahlenangaben dieses Absatzes nach *Weckbecker*, S. 594.
[1553] Beispiele bei *Weckbecker*, S. 595 ff. Ein – wegen fahrlässigen Vollrausches (§ 330a RStGB) – zu einer Geldstrafe verurteilter hatte beispielsweise lediglich geäußert, „daß die Wehrmacht nicht das leisten könne, was 1917/18 geleistet wurde" (S. 596).
[1554] SG Bremen, Urteil vom 06. November 1940, AZ: KMs 21/40, zitiert nach *Wrobel*, Band 1, S. 91 f.
[1555] AV des Reichsjustizministers vom 27. Mai 1940, abgedruckt in DJ 1940, S. 621.
[1556] Art. I der 7. VO zur Durchführung und Ergänzung der VO über das militärische Strafverfahren im Kriege und bei besonderem Einsatz vom 18. Mai 1940, RGBl. I, S. 787.

oder Gefängnisstrafen.[1557] In nur einem Fall hatte es über eine Anklage wegen einer – mit der Todesstrafe bedrohten – Äußerung nach § 5 Abs. 1 Nr. 1 zu entscheiden, wobei es aufgrund der Persönlichkeit des Angeklagten einen minder schwerer Fall annahm und gemäß dem Antrag der StA auf ein Jahr und acht Monate Gefängnis erkannte.[1558] Auch das SG Bromberg verhängte bei der einzigen Verurteilung nach § 5 Abs. 1 Nr. 1 KSSVO durch Einstufung als „minder schweren Fall" und unter Anwendung des Jugendgerichtsgesetzes für die Äußerung eines Siebzehnjährigen fünfzehn Monate Gefängnis.[1559] Ein überliefertes Urteil des SG Bremen vom September 1942 lautete wegen § 5 Abs. 1 Nr. 3 KSSVO auf eine Freiheitsstrafe von sechs Monaten Gefängnis, welche gegen Auferlegung einer Geldbuße gnadenweise ausgesetzt wurde.[1560] *Schimmler* konnte bei der Untersuchung der Berliner SG nur ein Urteil ermitteln, in dem die Todesstrafe angeordnet worden war.[1561] Die Berliner Richter hätten laut *Schimmler* zumeist einen minder schweren Fall nach § 5 Abs. 2 KSSVO angenommen[1562] und konnten somit – statt der Todesstrafe – Freiheitsstrafen verhängen.

Weckbecker hält es für möglich, dass die Rechtsprechung der SG zur öffentlichen Wehrkraftzersetzung und vorsätzlichen Wehrdienstentziehung den Nationalsozialisten zu uneinheitlich oder auch zu milde erschien und dass für diese Fälle deshalb der VGH zuständig gemacht wurde, welcher bedeutend härtere Strafen verhängte.[1563]

d. Die Rechtsprechung zu § 1 der Kriegswirtschaftsverordnung
Die gesetzliche Regelung

Die SG waren gemäß § 13 ZuständigkeitsVO vom Februar 1940[1564] für Verbrechen und Vergehen nach § 1 KriegswirtschaftsVO[1565] ausschließlich zuständig. Strafbar war nach dieser Vorschrift in der Fassung vom 25. März 1942[1566] das Vernichten, Beiseiteschaffen oder Zurückhalten von Rohstoffen oder Erzeugnis-

---

[1557] *Weckbecker*, S. 176.
[1558] In dem Urteil hieß es, der Angeklagte hätte „[...] sich lobend über den Kriegshetzer Churchill und herabsetzend über den Führer und seine Leistungen ausgelassen [...]" (*Weckbecker*, S. 176 f.).
[1559] SG Bromberg, AZ: 6 SdKLs 74/42, wiedergegeben nach *Weckbecker*, S. 599.
[1560] SG Bremen, Urteil vom 02. September 1942, AZ: KLs 33/42, abgedruckt b. *Wrobel*, Band 2, S. 277 f.
[1561] *Schimmler*, S. 76.
[1562] *Schimmler*, S. 76.
[1563] *Weckbecker*, S. 178.
[1564] VO über die Zuständigkeit der Strafgerichte, die SG und sonstige strafverfahrensrechtliche Vorschriften vom 21. Februar 1940, RGBl. I, S. 405-411.
[1565] RGBl. 1939 I, S. 1609.
[1566] VO zur Ergänzung der KriegswirtschaftsVO, RGBl. 1942 I, S. 147.

sen, welche „zum lebenswichtigen Bedarf der Bevölkerung gehören“, wenn „dadurch böswillig die Deckung dieses Bedarfs“ gefährdet wurde (§ 1 Abs. 1 KriegswirtschaftsVO). Als Strafe wurde Zuchthaus oder Gefängnis angedroht, in besonders schweren Fällen konnte jedoch auch auf Todesstrafe erkannt werden. Abs. 2 drohte dieselbe Strafe für denjenigen an, „der Bescheinigungen über eine Bezugsberechtigung oder Vordrucke hierfür beiseite schafft, nachmacht oder nachgemachte Bescheinigungen oder Vordrucke in den Verkehr bringt oder sich verschafft“. Abs. 3 ordnete zusätzlich die Verhängung einer Geldstrafe oder Vermögenseinziehung an, wenn der Täter mit Bereicherungsabsicht gehandelt hatte.

Im Unterschied zu den Vorschriften der Verbrauchsregelungs-StrafVO[1567] enthielt § 1 KriegswirtschaftsVO „Tatbestände, deren Verwirklichung, da gegen das Volksganze gerichtet, ernste Sühne“ erforderten.[1568] Abs. 1 sei deshalb sogar „als Bestandteil des allgemeinen StGB. in Aussicht genommen [worden], für Friedens- wie für Kriegszeiten, für eine freie wie für eine geregelte Wirtschaft“.[1569]

Die politische Bedeutung dieser Strafvorschrift – und damit der Grund, weshalb hierauf bei der Betrachtung „politisch relevanter Delikte“ eingegangen wird – lässt sich schon anhand der Präambel[1570] zur KriegswirtschaftsVO erkennen: Sie stellte es als „selbstverständliche Pflicht jedes Volksgenossen in der Heimat“ heraus, „alle seine Kräfte und Mittel Volk und Reich zur Verfügung zu stellen und dadurch die Fortführung eines geregelten Wirtschaftslebens zu gewährleisten“. Dazu gehöre vor allem auch, „daß jeder Volksgenosse sich die notwendigen Einschränkungen in der Lebensführung und Lebenshaltung auferlegt“. § 1 KriegswirtschaftsVO ist laut *Werner* zusammen mit der RundfunkVO und der VolksschädlingsVO als „Kernstück des Kriegsstrafrechts angesehen worden“, da die Norm auch die Aufgabe hatte, den „völkischen Selbsterhaltungswillen“ zu sichern, „Ansteckungsgefahr“ durch derartiges Verhalten zu verhindern und die „Opferbereitschaft der Bevölkerung zu stärken“.[1571]

Die Rechtsprechung der SG zu dieser Strafnorm

Der Tatbestand des § 1 KriegswirtschaftsVO bot den SG reichlich Spielraum für seine Auslegung. Als „Vernichten“ im Sinne des § 1 Abs. 1 wurde beispielsweise vom SG Frankfurt (Main) auch das Verderbenlassen vor dem Krieg eingekaufter Lebensmittel durch (fahrlässige) unsachgemäße Lagerung eingestuft.[1572]

[1567] Fassung vom 26. November 1941, RGBl. I, S. 734-738.
[1568] *Kohlrausch/Lange*, S. 808.
[1569] *Kohlrausch/Lange*, S. 808.
[1570] RGBl. 1939 I, S. 1609.
[1571] *Werner*, S. 389.
[1572] *Kohlrausch/Lange*, S. 809.

Das SG Koblenz verurteilte einen angeklagten Händler nach § 1, weil er sich geweigert hatte, einem Bombengeschädigten Essbestecke zu verkaufen, obwohl in seinem Laden noch welche vorrätig gewesen wären.[1573]

Über den sich auf alle Umstände des äußeren Tatbestands beziehenden Vorsatz hinaus musste die Gefährdung der Bedarfsdeckung außerdem „böswillig" erfolgen. Die Auslegung dieses subjektiven Tatbestandselements war alles andere als einheitlich und „reichte von der Auslegung des Begriffs als normalem Vorsatz hinsichtlich der Bedarfsgefährdung über das Zweckgerichtete Handeln um der Bedarfgefährdung willen bis zum Handeln aus besonders verwerflicher Gesinnung".[1574] Laut dem Strafrechtskommentar von *Kohlrausch* und *Lange* sei damit eine „über bloßen Tatvorsatz hinausgehende innere Einstellung" bzw. etwas „gesinnungsmäßiges" gemeint gewesen.[1575]

Verurteilungen wegen unerlaubter Schlachtungen („Schwarzschlachtungen") waren bei allen betrachteten SG von besonderer Bedeutung. In seinen Urteilen zu § 1 Abs. 1 KriegswirtschaftsVO erfüllenden Schwarzschlachtungen verhängte das SG Frankfurt (Main) bei 17 von 21 Angeklagten Gefängnisstrafen, bei zwei Zuchthausstrafen und sprach die übrigen beiden Angeklagten frei.[1576] Die höchste wegen eines Wirtschaftsdelikts ausgesprochene Strafe des SG Frankfurt (Main) betrug – bei Anwendung des § 4 VolksschädlingsVO - sieben Jahre Zuchthaus.[1577] Das Saarbrücker SG verurteilte zwei Angeklagte, die über einen längeren Zeitraum hinweg Lebensmittelkarten aus der Druckerei entwendet und verkauft hatten nach „§ 1 Abs. 1 der KriegswirtschaftsVO in einem besonders schweren Fall und fortgesetzten Diebstahls bzw. fortgesetzter Hehlerei zum Tode".[1578]

Das SG Bromberg – wo 76% der wegen Schwarzschlachtungen Angeklagten Polen waren[1579] – scheine laut *Weckbecker* dagegen bei Schwarzschlachtungen der Verurteilung zu „Zuchthaus bzw. verschärftem Straflager[1580] eine klare Priorität eingeräumt zu haben"[1581]: Gefängnis oder einfaches Straflager wurden bei 25 von 115 Verurteilungen verhängt, über dreiviertel der Strafen lauteten dage-

[1573] SG Koblenz in DR 1943, 35 f.
[1574] *Werner*, S. 394.
[1575] *Kohlrausch/Lange*, S. 811.
[1576] Zahlenangaben nach *Weckbecker*, S. 222.
[1577] SG Frankfurt (Main), AZ: 6 SdKLs 36/40, wiedergegeben nach *Weckbecker*, S. 227.
[1578] *Ball* in *Paulsen*, S. 244.
[1579] Zahlenangaben nach *Weckbecker*, S. 609.
[1580] Nach Abschnitt 1 Nr. III Abs. 1 S. 2,3 der VO über die Strafrechtspflege gegen Polen und Juden in den eingegliederten Ostgebieten vom 04. Dezember 1941, RGBl. I, S. 759, war als Freiheitsstrafe gegen Polen und Juden Straflager bzw. in schweren Fällen verschärftes Straflager zu verhängen. 56,6% der zwischen 1942 und 1945 vom SG Bromberg Verurteilten waren Polen (*Weckbecker*, S. 451).
[1581] *Weckbecker*, S. 609.

gen auf Zuchthaus bzw. verschärftes Straflager. In zwei Fällen wurde vom Bromberger SG für Schwarzschlachtungen die Todesstrafe verhängt.[1582]

Das SG in Essen verurteilte zwei von 306 nach der KriegswirtschaftsVO Angeklagte zum Tode – beide hatten über einen längeren Zeitraum hinweg Schwarzschlachtungen vorgenommen.[1583]

Unter den von *Wrobel* aufgelisteten 49 Todesurteilen des SG Bremen findet sich eines mit der Bezeichnung „Gefährl. Gewohnheitsverbrecher und Kriegswirtschaftsverbr." sowie eines mit der Bemerkung „Schwarzschlachtungen, zu Zuchthaus begnadigt".[1584]

Stein weist für den Bereich des SG Koblenz nach, dass die – wenn auch selten und wenn dann zu Propagandazwecken verhängte – Todesstrafe „kleine Leute" traf, während „Leistungsträger" des Systems mit relativer Milde rechnen konnten.[1585] Zwei der elf überlieferten Todesurteile des SG Koblenz ergingen – wegen „Lebensmittelunterschlagung im großen Stil" – aufgrund der KriegswirtschaftsVO.[1586]

e. Die Rechtsprechung zur Volksschädlingsverordnung

Die Verordnung gegen Volksschädlinge vom 05. September 1939 (VolksschädlingsVO)[1587] drohte in erster Linie für die Ausnutzung des Krieges zu bestimmten Verbrechen schwere Strafen an.[1588] § 1 richtete sich als neuer Tatbestand ge-

---

[1582] *Weckbecker*, S. 621.

[1583] *Roeser*, S. 147.

[1584] *Wrobel*, Band 3, S. 332.

[1585] *Stein* in *Düwell/Vormbaum* Band 1, S. 76 (83).

[1586] Zahlenangaben nach *Stein* in *Düwell/Vormbaum* Band 1, S. 76 (90). In den 672 überlieferten Verfahren vor dem SG Koblenz sei elf mal die Todesstrafe verhängt worden, was einer Quote von 1,6% entspricht.

[1587] RGBl. I, S. 1679.

[1588] *Hitler* äußerte sich wiederholt zur Ahndung derartiger Straftaten, so z.B. am 08. Februar 1942 (wiedergegeben nach *Picker*, S. 203): „[...] Wenn Verbrecher darauf kommen, daß man bei Beraubungen von Zügen allenfalls einige Jahre Zuchthaus erhält, sagen sie sich: man bekommt ein geregeltes Leben, wenn es schlecht geht, braucht nicht Soldat zu werden und alles ist schön hygienisch. Kein Mensch wird einem etwas tun, dafür bürgt der Justizminister. Geht der Krieg verloren, hat man Aussicht auf die höchsten Staatsstellen. Wird er gewonnen, kann man mit Amnestierung rechnen. Die Justiz muß in solchen Fällen das Volksschädlingsgesetz anwenden. Aber nur ein Teil der Richter begreift das, die anderen ziehen nicht mit". Am 10. Mai 1942 bemerkte er zu diesem Thema (wiedergegeben nach *Picker*, S. 242): „Man müsse immer auf die Tat sofort die Strafe folgen lassen, wenn die Sache wirken solle. Also den Verdunkelungsverbrecher müsse man sofort nach seiner Festnahme aburteilen und erschießen. Wenn man erst zuschaue, womöglich über mildernde Umstände berate, gleite einem der Zügel aus der Hand und es gebe kein Halten mehr. Im Kriege müsse man rücksichtslos darauf drücken, daß keine asozialen Dinge einreißen. Jeder müsse wissen: Wer draußen an der Front stehe und seine Soldatenpflicht tue, könne fallen, und zwar in Ehre. Wer aber drinnen Schweinereien mache, müsse sterben, und zwar in größter Schande. Wer draußen als armer

gen Plünderungen im freigemachten Gebiet. Die §§ 2 und 4 regelten empfindliche Straferhöhungen für Verbrechen bei Fliegergefahr (§ 2) bzw. – in der Praxis von besonderer Bedeutung – bei Ausnutzung des Kriegszustandes (§ 4) zur Begehung von Straftaten. Es war jedoch umstritten, ob es sich dabei um eigenständige Straftatbestände handelte (*delicta sui generis*) oder ob sie im Anschluss an die verwirklichten Grundtatbestände Straferhöhungsgründe brachten.[1589] § 3 sah die Todesstrafe für denjenigen vor, welcher durch eine Brandstiftung oder ein sonstiges gemeingefährliches Verbrechen „die Widerstandskraft des deutschen Volkes schädigt[e]".

Freisler stellte bereits im Januar 1940 fest, dass die Rechtspflege „den Sprung in ein völlig anderes Strafmaß hinein", den der Gesetzgeber hier von ihr erwarten musste, „im großen und ganzen getan" hatte.[1590]

Dieser VO kam – wie auch anderen Vorschriften des Kriegsstrafrechts – eine politische Bedeutung zu. *Mittelbach* schreibt in seiner Veröffentlichung zur VolksschädlingsVO im Jahr 1941:

> „Das verletzte Rechtsgut ist bei dem spezifischen Kriegsverbrechen nicht in dem vielleicht vorliegenden Eingriff in die private Rechtssphäre eines einzelnen zu erblicken, sondern als verletztes Rechtsgut erscheinen die Belange der Gesamtheit. Die Straftat wird in ihren Rückwirkungen auf die Geschlossenheit der inneren Front und in ihrer Gefahr für den Verteidigungskampf betrachtet. Dies hat nicht in dem Sinn zu geschehen, daß im Einzelfalle die Feststellung solcher Auswirkungen erforderlich wäre. Es genügt, daß die Tat generell ereignet erscheint, solche schädlichen Wirkungen hervorzurufen. Die Einheit der Volksgemeinschaft muß bedroht erscheinen, wer sich an ihr versündigt, fällt dem Reich in den Rücken und besorgt die Geschäfte des Feindes. Der

---

Deubel im Felde stehe und sich totschießen lasse, müsse wissen, daß das Paket, das seine Frau ihm als Gruß aus der Heimat schicke, nicht unterwegs gestohlen werde." Beim Mittagessen in der Reichskanzlei am 22. Mai 1942 sagte *Hitler* zu seinen Tischgenossen (wiedergegeben nach *Picker*, S. 244 f): „Denn wie wolle man ohne barbarische Mittel im Kriege bei der Verdunkelung Vergehen vermeiden, wie Handtaschendiebstähle, Vergewaltigungen von Frauen und – bei offenen Haustüren, Kellerdurchbrüchen usw. – Einbrüche aller Art? Man müsse daher in all diesen Fällen an der Todesstrafe als absoluter Strafe festhalten, egal, ob der Täter 60 oder 17 Jahre alt sei. [...] Es gebe daher nur eine Alternative: der Mann an der Front kann sterben, der Schweinehund in der Heimat muß sterben. Ein Staat, der nicht die Härte aufbringe, diesen Grundsatz zu verwirklichen, habe nicht die Berechtigung, seine Idealisten in den Tod vorm Feinde zu schicken. Weiter führte Hitler darüber Klage, daß das heutige Richtertum seine Aufgaben nicht erkenne. [...] Er sei deshalb gezwungen, durchzugreifen, und werde jeden Richter, der laufend dem Volkswohl und einer nationalen Haltung widersprechende Urteile fälle, rücksichtslos aus der deutschen Richterschaft ausstoßen."

[1589] *Kohlrausch/Lange*, S. 816.

[1590] *Freisler* in DJ 1940, S. 105.

> Gesichtpunkt des Treubruchs kann zur Sinndeutung solcher Taten Verwendung finden, mit dem Landesverräter kann der Täter auf eine Stufe gestellt werden."[1591]

Das RG hatte im Jahr 1940 in mehreren Entscheidungen – für die spätere Rechtsprechung der SG grundlegend – ausgeführt, dass die nach den §§ 2 oder 4 VolksschädlingsVO Angeklagten dem Typ des „Volksschädlings" entsprechen müssen, um nach diesen Vorschriften verurteilt werden zu können.[1592] In der zu § 2 ergangenen Entscheidung heißt es unter anderem:

> „Daß die VO. geg. Volksschädlinge von dieser Auffassung ausgeht, ergibt sich schon aus der Überschrift. Diese Rechtlage macht es dem Tatrichter zur Pflicht, einerseits bei der Feststellung des äußeren und inneren Tatbestandes des § 2 besonders sorgfältig zu verfahren, andererseits aber über die Feststellung der Tatbestandsmerkmale hinaus zu prüfen, ob sich aus dem ganzen Sachverhalt, insbesondere aber aus der Tat selbst, eine Täterpersönlichkeit erkennen lässt, die als Volksschädling angesehen werden muß."[1593]

Die Entscheidung des RG zu § 4 – welche in diesem Fall bei einem Weltkriegsveteranen die Volksschädlingseigenschaft verneinte – enthält unter anderem die Ausführungen:

> „[...] ist der Täter, der eine unter § 4 fallende Tat begangen hat, dann nach dieser Vorschrift zu bestrafen, wenn er ein Volksschädling ist. Ob er unter diesen Begriff fällt, ist danach zu beurteilen, ob die Straftat nach dem gesunden Volksempfinden besonders verwerflich ist. Eine solche besondere Verwerflichkeit der Tat kann sich aus der Tat selbst, der Art ihrer Ausführung oder aus der Person des Täters ergeben."[1594]

Oehler weist zu Recht darauf hin, dass unbestimmte Merkmale wie die Ausnutzung des Kriegszustandes oder die Ausnutzung der Fliegerabwehrmaßnahmen zwar einerseits eine extensive, andererseits aber auch eine restriktive Auslegung durch die SG zugelassen hätten.[1595] „Nicht in allen Fällen, aber in sehr vielen" seien laut *Oehler* die elastischen Tatbestände der Kriegsgesetze wie der VolksschädlingsVO vom SG Mannheim „ohne sichtbare Notwendigkeit extensiv aus-

---

[1591] *Mittelbach*, S. 10.

[1592] RG (II. Strafsenat), Urteil vom 20, Mai 1940, AZ: 2 D 174/40, RGSt 74, S. 199 (202 f.); RG (III. Strafsenat), Urteil vom 27. Juni 1940, AZ: 3 D 347/40, RGSt 74, S. 239 (240); RG (II. Strafsenat), Urteil vom 30. Mai 1940, AZ: 2 D 196/40, RGSt 74, S. 321 (322 f.). Siehe dazu auch die Kommentierung bei *Freisler/Grau/Krug/Rietzsch*, S. 75 ff.

[1593] RG (II. Strafsenat), Urteil vom 20, Mai 1940, AZ: 2 D 174/40, RGSt 74, S. 199 (202 f.).

[1594] RG (III. Strafsenat), Urteil vom 27. Juni 1940, AZ: 3 D 347/40, RGSt 74, S. 239 (240).

[1595] *Oehler*, S. 233.

gelegt" worden, was einen höheren Strafrahmen – meistens die Todesstrafe – eröffnete.[1596]

Das SG Frankfurt (Main) verurteilte 81,8% der nach § 2 VolksschädlingsVO Angeklagten zu Zuchthausstrafen von im Durchschnitt vier Jahren und 13,9% (in 19 Verfahren) zum Tode.[1597] Wegen § 4 VolksschädlingsVO wurden vom SG Frankfurt (Main) in über 90% der Fälle Zuchthausstrafen verhängt, 15 Verfahren (4,9%) endeten mit Todesurteilen.[1598] Wegen Plünderung gemäß § 1 VolksschädlingsVO verurteilte dasselbe SG zehn von elf Angeklagten zum Tode, einer wurde - wegen verminderter Zurechnungsfähigkeit - zu fünf Jahren Zuchthaus verurteilt.[1599]

Das Bromberger SG verurteilte die insgesamt nur vier wegen § 2 VolksschädlingsVO Angeklagten zu Freiheitsstrafen.[1600] Mit insgesamt 48 Verurteilungen nach § 4 VolksschädlingsVO war diese Norm beim Bromberger SG ebenfalls von geringer Bedeutung (3,3% aller Verurteilungen).[1601] Ohne „substantiierte Begründungen zum Tätertyp" wurden 39 Personen zu Zuchthausstrafen sowie neun (davon vier Polen) zum Tode verurteilt.[1602]

Von den sechzehn gegen deutsche Staatsbürger im Jahr 1943 vor dem SG Essen verhandelten Strafsachen wegen Plünderung (§ 1 VolksschädlingsVO[1603]) endeten sämtliche mit der – zwingend vorgeschriebenen – Todesstrafe.[1604] Dem war eine Verfügung des Reichsjustizministers vorangegangen, in der es hieß, dass bei Plünderungen im Anschluss an Luftangriffe nach herrschender Meinung § 1 VolksschädlingsVO anzuwenden sei.[1605] Bei ausländischen Angeklagten sei das SG Essen allerdings noch härter vorgegangen, da bei deutschen Angeklagten „die tatbestandlichen Voraussetzungen von § 1 [...] genauestens geprüft und gegebenenfalls auch abgelehnt" worden seien.[1606] Entsprechend dem Erfordernis, den Tätertyp festzustellen, enthielten sämtliche Akten des SG Essen zu Volksschädlingssachen Schulentlassungszeugnisse sowie Zeugnisse der Arbeitgeber. Lebenslauf und soziales Umfeld wurden umfassend im Urteil gewür-

---

[1596] *Oehler*, S. 237.
[1597] Zahlenangaben nach *Weckbecker*, S. 256 f.
[1598] Zahlenangaben nach *Weckbecker*, S. 262.
[1599] Zahlenangaben nach *Weckbecker*, S. 288 f.
[1600] Zahlenangaben nach *Weckbecker*, S. 652.
[1601] Zahlenangaben nach *Weckbecker*, S. 653.
[1602] Zahlenangaben nach *Weckbecker*, S. 653 f.
[1603] § 1 Abs. 1 der VolksschädlingsVO lautete: „Wer im freigemachten Gebiet oder in freiwillig geräumten Gebäuden oder Räumen plündert, wird mit dem Tode bestraft".
[1604] Zahlenangaben nach *Roeser*, S. 120.
[1605] *Roeser*, S. 120 f.
[1606] *Roeser*, S. 122.

digt.[1607] Von den 93 Todesurteilen des SG Essen ergingen 72 aufgrund der VolksschädlingsVO, nach welcher 618 Personen angeklagt worden waren.[1608]

Das Saarbrücker SG verurteilte im Juli 1942 einen Russen, der bei Aufräumarbeiten aus einem beschädigten Güterwagen „ein beschädigtes Stück Seife und etwas Seifenpulver“ entwendet hatte, zu zehn Jahren Zuchthaus und blieb dabei noch unter dem Antrag der StA, welche die Todesstrafe beantragt hatte.[1609]

Todesurteile wegen Plünderungen wurden allgemein zur Abschreckung propagandistisch genutzt. So berichtet beispielsweise *Ball* von einem Verfahren vor dem SG Kaiserslautern, in dem ein Westwallarbeiter im Oktober 1939 nach § 1 Abs. 1 der VolksschädlingsVO wegen Entwendens von einigen Textilien aus einer freigemachten Wohnung im Saargebiet zum Tode verurteilt worden war.[1610] Schon zwei Tage vor der Hinrichtung des Verurteilten war von der StA der Druck von 3000 Plakaten zur Bekanntmachung der Hinrichtung veranlasst worden.

f. Die Rechtsprechung zur Rundfunkverordnung

Am Tage des Kriegsbeginns war die VO über außerordentliche Rundfunkmaßnahmen (RundfunkVO) ergangen.[1611] Deren Präambel lautete:

> „Im modernen Krieg kämpft der Gegner nicht nur mit militärischen Waffen, sondern auch mit Mitteln, die das Volk seelisch beeinflussen und zermürben sollen. Eines dieser Mittel ist der Rundfunk. Jedes Wort, das der Gegner herübersendet, ist selbstverständlich verlogen und dazu bestimmt, dem deutschen Volke Schaden zuzufügen. Die Reichsregierung weiß, daß das deutsche Volk diese Gefahr kennt, und erwartet daher, daß jeder Deutsche aus Verantwortungsbewußtsein heraus es zur Anstandspflicht erhebt, grundsätzlich das Abhören ausländischer Sender zu unterlassen. Für diejenigen Volksgenossen, denen dieses Verantwortungsbewusstsein fehlt, hat der Ministerrat für die Reichsverteidigung die nachfolgende Verordnung erlassen.“

§ 1 RundfunkVO bedrohte „das absichtliche Abhören ausländischer Sender“ mit Zuchthaus, in leichteren Fällen mit Gefängnis. Dabei wurde nicht zwischen ver-

---

1607 *Roeser*, S. 128.

1608 Zahlenangaben nach *Roeser*, S. 141.

1609 *Ball* in *Paulsen*, S. 247 f. In dem Urteil hieß es: „Von der Verhängung der Todesstrafe ist nur deshalb abgesehen worden, weil es sich nicht um vollwertige, sondern um beschädigte Sachen in geringen Mengen gehandelt hat, die der Täter nicht so sehr aus Gewinnsucht als aus dem Bestreben, einem von ihm als dringlich empfundenen Reinigungsbedürfnis abzuhelfen, an sich genommen hat“.

1610 *Ball* in *Paulsen*, S. 238 f.

1611 VO vom 01. September 1939, RGBl. I, S. 1683.

bündetem, neutralem oder feindlichem Ausland unterschieden.[1612] Nach § 2 war das vorsätzliche Verbreiten von „Nachrichten ausländischer Sender, die geeignet sind, die Widerstandskraft des deutschen Volkes zu gefährden" unter Strafe gestellt. Das „Verbreiten" konnte entweder dadurch geschehen, dass der Täter das Gehörte anderen mitteilte, oder aber auch, indem er andere bewusst mithören ließ.[1613] In besonders schweren Fällen konnte anstelle einer Zuchthausstrafe auch die Todesstrafe verhängt werden. Voraussetzung für die Strafverfolgung nach den §§ 1 und 2 war der Antrag einer Stapo-Stelle.

Freisler hatte bereits im Januar 1940 die Richter davor gewarnt, zu geringe Strafen auszusprechen:

> „Der Gesetzgeber hat bei dem Strafrahmen [...] alle im Leben vorkommenden Fälle umfassen wollen. Der Strafrahmen gilt also auch für die Fälle bei denen ein Antrag der Staatspolizeistelle nicht gestellt wird. Daher muß der Richter [...] stets daran denken, daß er in der Regel nur die schwere Hälfte der Fälle zu Gesicht bekommt. Er darf also das Strafmaß des Einzelfalles nicht dadurch gewinnen, daß er diesen Einzelfall in das Gesamtbild der ihm vorgelegten Fälle der Schwere nach einordnet. Täte er das, so würde er regelmäßig zu tief greifen, weil er dann die untere Grenze des gesetzlichen Strafrahmens auf die leichteren der ihm vorgelegten Fälle anwenden würde, die infolge der Auswahl, die die Polizei bereits getroffen hat, nicht der unteren Grenze der überhaupt vorkommenden und vom Gesetzgeber mit seinem gesetzlichen Strafrahmen bedrohten Fälle entsprechen."[1614]

Im Kommentar von *Freisler, Grau, Krug und Rietzsch* wird darauf hingewiesen, dass die Zuchthausstrafe die Regelstrafe sei und Gefängnisstrafen nur dann ausreichten, „wenn das Abhören mehr eine einmalige Entgleisung darstellt und der Täter bei sonst einwandfreier Beurteilung mehr aus Vorwitz und Wichtigtuerei abgehört hat oder jemand nur mit halbem Willen mitgehört hat [...], vor allem auch, wenn nach Art der Sendung die Gefahr nicht sehr groß war, im ganzen aber immerhin doch eine strafrechtliche Ahndung notwendig erscheint und deshalb auch Strafantrag gestellt ist".[1615]

Vor dem SG in Frankfurt (Main) wurden insgesamt 143 Personen wegen Rundfunkdelikten angeklagt. Gegen etwa zwei Drittel der Angeklagten wurde wegen Abhörens ausländischer Sender, gegen etwa ein Drittel wegen dem vorsätzlichen Verbreiten von Nachrichten verhandelt. Das Frankfurter SG sprach 17,3% der Angeklagten frei, gegen den Rest ergingen nur Freiheitsstrafen, je-

---

[1612] *Kohlrausch/Lange*, S. 804. Ab Ende 1940 bestimmte eine DurchführungsVO jedoch die Ausnahme, dass Italiener italienische Sender abhören durften.

[1613] *Kohlrausch/Lange*, S. 805.

[1614] *Freisler* in DJ 1940, S. 105 (106).

[1615] *Freisler/Grau/Krug/Rietzsch*, S. 176; *Grau/Krug/Rietzsch*, S. 32.

doch keine Todesstrafen.[1616] Von den nach § 1 RundfunkVO angeklagten Personen wurden 41,5% lediglich zu Gefängnisstrafen verurteilt, wobei die mildesten Strafen (zwischen zwei und vier Monaten) für das „Abhören ausländischer Musikdarbietungen“ verhängt wurden.[1617] 8,9% der wegen § 2 RundfunkVO angeklagten Personen wurden von diesem SG freigesprochen, die übrigen zu Zuchthausstrafen von durchschnittlich zwei Jahren und fünf Monaten verurteilt.[1618]

Vor dem Bromberger SG wurden nur insgesamt 18 Personen (davon zwölf Polen) wegen Verstößen gegen die RundfunkVO angeklagt, von denen vier freigesprochen wurden und die übrigen zu Haftstrafen verurteilt wurden.[1619]

Beim Essener SG wurden in den Jahren 1940 bis 1944 insgesamt 62 Personen nach der RundfunkVO angeklagt, von denen 13 freigesprochen wurden und die Übrigen Freiheitsstrafen zwischen einem Monat Gefängnis und acht Jahren Zuchthaus bzw. zwei bis sechs Jahren (teilweise verschärften) Straflagers erhielten.[1620]

Das Saarbrücker SG verhängte wegen Straftaten nach der RundfunkVO „in aller Regel [...] Zuchthausstrafen zwischen eineinhalb und drei Jahren“. In Einzelfällen sind jedoch auch Zuchthausstrafen bis zu sechs Jahren verhängt worden.[1621]

Das SG in Bremen sprach im Mai 1940 einen deutschen Schiffsingenieur frei, der wegen § 1 RundfunkVO angeklagt war, weil er in schwedischen und norwegischen Gewässern den Londoner Rundfunk gehört hatte.[1622] Das SG lehnte auch die von der Anklage geforderte Analogie (§ 2 RStGB) ab, da „das Reich den Männern, die während des Krieges ins Ausland gehen, das Vertrauen schenken muß, daß sie sich dem Gift der feindlichen Propaganda verschließen und kraftvoll genug sind, der Wirkung des Giftes zu widerstehen“. Die Beschränkung der RundfunkVO auf Inlandstaten habe laut dem Bremer SG einen Sinn, da Deutsche schließlich auch im Ausland straflos Presseerzeugnisse lesen dürften. Die sonstigen bei *Wrobel* wiedergegebenen Urteile des SG Bremen enthalten neben Freisprüchen unterschiedliche Strafen von vier Monaten Gefängnis bis zu fünf Jahren Zuchthaus und Ehrverlust.[1623]

1616 Vorangehende Zahlenangaben nach *Weckbecker*, S. 182.
1617 Zahlenangaben nach *Weckbecker*, S. 183; *Weckbecker*, S. 185 f.
1618 Zahlenangaben nach *Weckbecker*, S. 192.
1619 Zahlenangaben nach *Weckbecker*, S. 600 f.
1620 Zahlenangaben nach *Roeser*, S. 112.
1621 *Ball* in *Paulsen*, S. 242 f.
1622 Das Urteil des Bremer SG vom 08. Mai 1940 (AZ: KLs 1/40) ist abgedruckt bei *Wrobel*, Band 1, S. 57 f. Das RG stellte umgekehrt in einem Beschluss vom 07. Januar 1943 (wiedergegeben in DR 1943, S. 446) das absichtliche Abhören eines inländischen Geheimsenders über § 2 RStGB dem Abhören von ausländischen Sendern gleich.
1623 *Wrobel*, Band 1, S. 57-73.

3. Die Rechtsprechung des Reichsgerichts
a. Die Rechtsprechung bis zum Kriegsbeginn

Wie bereits oben erörtert wurde[1624], war das RG nur bis zur Schaffung des VGH für Hoch- und Landesverratssachen zuständig. Die Unzufriedenheit der politischen Führung mit der Praxis des RG – insbesondere im Reichstagsbrandprozess[1625] – führte zur Schaffung des VGH und der Übertragung der Zuständigkeit für bestimmte politische Delikte auf dieses neue Strafgericht.

In der 1971 zunächst in Ost-Berlin von *Kaul*[1626] veröffentlichten Arbeit „Geschichte des Reichsgerichts" vertrat der Autor die Ansicht, dass sich die Rechtsprechung des RG „in der Zeit vom 30. Januar 1933 bis zum Juli 1934 unter dem Einfluß der Naziführung stetig verhärtet" habe.[1627] *Weidenthaler* kritisiert in seiner 1999 erschienenen Dissertation diese Aussage als „viel zu pauschal und einseitig".[1628] Er belegt anhand von einzelnen Urteilen zumindest, dass sich das RG in einigen Fällen den Wünschen der NS-Führung widersetzt hatte, räumt aber ein, dass sich die Senate des RG „nicht immer schützend vor die politischen Gegner des Nationalsozialismus gestellt" hätten.[1629]

Der I. Strafsenat gelangte – als Beispiel für ein den Nationalsozialisten nicht genehmes Urteil – im April 1934 zu der Entscheidung[1630], dass die von dem Angeklagten in einem Friseurgeschäft getätigte Äußerung, „die SA und SS sind lauter Lumpe", nicht unter § 3 Abs. 1 HeimtückeVO falle. Der Angeklagte habe durch seine Äußerung „keine greifbare, des Beweises fähige Tatsache behauptet, sondern ein allgemeines Urteil ausgesprochen". Der Senat führt weiter aus, dass „der Inhalt der Äußerung [...] so unsinnig [sei], daß er den Eindruck des Wirklichen, des Tatsächlichen überhaupt nicht hervorrufen" könne.

Auch die im Oktober 1933 vom II. Strafsenat gefällte Entscheidung[1631] zu § 134a RStGB zeugt von einer anfangs noch recht unabhängigen Haltung des Gerichts: Der Senat wertete die vom LG vertretene Auffassung als rechtsirrig, „daß jede Beschimpfung des Reichskanzlers rechtsnotwendig eine solche des Reiches

---

[1624] Siehe Kapitel C II 1 d.

[1625] Auf den Reichstagsbrandprozess soll hier nicht näher eingegangen werden, da zu dessen Besonderheiten bereits eine Fülle von Literatur veröffentlicht wurde (Siehe beispielsweise *Kaul*, S. 87 ff.; *Weidenthaler*, S. 75 ff.).

[1626] Da *Kaul* einer der prominentesten Juristen der DDR war, der im übrigen selbst lange Zeit in KZ-Haft war, muss man seinen Bewertungen mit Vorsicht begegnen. Wie auch einige andere Werke der ostdeutschen Geschichtsschreibung kommt auch *Kauls* „Geschichte des Reichsgerichts" nicht ohne Propaganda aus.

[1627] *Kaul*, S. 85.

[1628] *Weidenthaler*, S. 65.

[1629] *Weidenthaler*, S. 73.

[1630] RG (I. Strafsenat), Urteil vom 17. April 1934, AZ: 1 D 33/34, RGSt 68, S. 120 (121 ff.).

[1631] RG (II. Strafsenat), Urteil vom 26. Oktober 1933, AZ: 2 D 1096/33, auszugsweise wiedergegeben in JW 1934, S. 904.

in sich schließe". In dem betreffenden Fall gaben nach Ansicht des II. Strafsenats „die festgestellten Begleitumstände [...] einen gewissen Anhalt dafür, daß der Angeklagte nicht das Reich als solches, sondern nur die Persönlichkeit Hitlers in seiner Eigenschaft als Führer der nationalsozialistischen Arbeiterpartei angreifen wollte".

„Bewußt über die wahren Gegebenheiten hinweggesetzt"[1632] habe sich dagegen der IV. Strafsenat in seinem Urteil vom 11. Januar 1934.[1633] Darin wurde das Verbringen einer sozialdemokratischen Schrift nach Deutschland als eine hochverräterische Handlung angesehen und die Ziele der SPD mit denen der KPD gleichgesetzt. Mit der Einstufung der SPD als hochverräterische Organisation habe der IV. Strafsenat „die nationalsozialistischen Interessen und Erwartungen vollends erfüllt".[1634]

Lengemann wandte sich schon 1974 in seiner Dissertation gegen die Vorwürfe *Kauls* und *Richard Schmidts*[1635], das RG „habe durch extensive Auslegung der Normen des politischen Strafrechts den auf der Bevölkerung lastenden Terror verschärft und damit den Zielen der nationalsozialistischen Staatsführung Vorschub geleistet".[1636] Hinsichtlich der Rechtsprechung zum Blutschutzgesetz[1637] räumt *Lengemann* aber ein, dass „die Judikatur [...] kein Ruhmesblatt für das Reichsgericht darstellt", vertritt aber die Ansicht, dass diese „glücklicherweise einen Fremdkörper in der Rechtsprechung des Gerichtshofes dar[stellte]".[1638] Auch *Weidenthaler* ist der Ansicht, dass die „Strafsenate das Blutschutzgesetz mit äußerster Härte und Unmenschlichkeit" angewendet haben und sich auch damit nicht begnügt hätten, sondern in diesen Fällen auch „eifrig Rechtsfortbildungen zu Lasten der Angeklagten betrieben [hätten], welche vom eindeutigen Wortlaut des Gesetzes und wohl auch von den ursprünglichen Absichten der Nationalsozialisten nicht beabsichtigt waren".[1639]

Tatsächlich lässt sich sagen, dass das RG mit Normen des politischen Strafrechts kaum mehr befasst war, als diese in die Zuständigkeit des VGH und der SG gefallen waren. Allein die Tatsache der Schaffung des VGH ist ein starkes Indiz für die – zumindest in der Anfangszeit der Diktatur – eher gemäßigte Rechtsprechung des RG, da es das NS-Regime zunächst nicht für zuverlässig

---

1632 *Weidenthaler*, S. 74.

1633 AZ: 12 J 202/33, Bundesarchiv Berlin, R 3003 (Angabe nach *Weidenthaler*, S. 73).

1634 *Weidenthaler*, S. 75.

1635 *Schmidt* äußerte in „Die Zeit" vom 04. Juni 1965 unter anderem: „Das Reichsgericht selbst hat den Wettbewerb mit dem Volksgerichtshof in politischen Sachen durchaus aufgenommen [...]" (Angabe nach *Lengemann*, S. 94).

1636 *Lengemann*, S. 66 ff. bzw. S. 94.

1637 Gesetz zum Schutze d. Deutschen Blutes u. d. Deutschen Ehre vom 15. September 1935, RGBl. I, S. 1146. Zur Rechtsprechung des RG siehe *Kaul*, S. 113 ff.; *Lengemann*, S. 77 ff.; *Weidenthaler*, S. 91 ff.

1638 *Lengemann*, S. 94. Siehe auch S. 105.

1639 *Weidenthaler*, S. 193.

genug hielt, um ihm bestimmte, gegen das System gerichtete Straftaten zur Aburteilung zu überlassen.

b. Die Rechtsprechung zu bestimmten Delikten des Kriegsstrafrechts Allgemeine Aussage zur Rechtspraxis

Mit Straftaten, welche unter die neugeschaffenen Verordnungen des Kriegsstrafrechts fielen, war das RG entweder als Revisionsinstanz oder aufgrund von eingelegten Nichtigkeitsbeschwerden (AZ: C bzw. D) befasst. Die im folgenden genannten Entscheidungen geben nur einen Ausschnitt aus der Rechtspraxis wieder, zeigen jedoch, dass auch hinsichtlich dieser Delikte kaum eine verallgemeinerungsfähige Aussage gewonnen werden kann.

Rechtsprechung zur VolksschädlingsVO

Erwähnt wurde bereits oben die Rechtsprechung des RG zum Tätertyp des „Volksschädlings" im Sinne der §§ 2 und 4 VolksschädlingsVO.[1640] Erwähnenswert zu diesem Komplex ist über das bereits Gesagte hinaus, dass sich einzelne Strafsenate des RG darin widersprachen, ob das Vorleben eines Angeklagten ein Kriterium für seine Eigenschaft als „Volksschädling" sein kann.[1641] Die Entscheidungen des RG zur VolksschädlingsVO waren nicht immer von Härte gekennzeichnet[1642], in einigen Fällen jedoch wiederum geradezu unbarmherzig.[1643] Ein Pauschalurteil über die Entscheidungspraxis zur VolksschädlingsVO ist somit nicht möglich.

[1640] Siehe Kapitel D II 2 e.

[1641] *Weidenthaler*, S. 129: Während beispielsweise in der oben bereits genannten Entscheidung des III. Strafsenates vom 27. Juni 1940 (AZ: 3 D 347/40, RGSt 74, S. 239 f.) wegen des Vorlebens des Angeklagten aufgrund des gesunden Volksempfindens keine Strafschärfung für notwendig befunden wurde, entschied der I. Strafsenat im September 1944, dass das einwandfreie Vorleben einer Angeklagten „auf den Mangel der Versuchung infolge gesicherter Lebensverhältnisse zurückzuführen sein" könne und deshalb in den Strafzumessungsgründen kein entscheidendes Gewicht haben dürfe (AZ 1 D 207/44, DR 1945, S. 48).

[1642] So wurde beispielsweise vom III. Strafsenat 1943 (Beschluß vom 16. September, AZ: 3 C 259/43, DR 1943, S. 1181) die Nichtigkeitsbeschwerde des Oberreichsanwalts gegen ein SG-Urteil abgewiesen, welches den Diebstahl von Gegenständen während der Hilfe bei einem Umzug nicht als Plünderung im Sinne des § 1 der VolksschädlingsVO angesehen hatte und infolgedessen nicht auf Todesstrafe erkannt hatte.

[1643] In der Revisionsentscheidung des III. Strafsenats vom 05. April 1943 (AZ: 3 C 93/43, DR 1943, S. 759) wurde beispielweise die Entscheidung des LG aufgehoben und die Todesstrafe verhängt, weil die nur unerheblichen Vorstrafen und das Geständnis des Angeklagten nicht ausgereicht hätten, um von der Höchststrafe abzusehen.

Rechtsprechung zur KriegswirtschaftsVO

Zu § 1 KriegswirtschaftsVO fällte der IV. Strafsenat 1940 ein den Anwendungsbereich der Strafnorm einschränkendes Urteil[1644]: Darin stellte er zum einen fest, dass die KriegswirtschaftsVO „vornehmlich den Typ des gewissenlosen Geschäftemachers im Auge [habe], der selbst im Kriege die Belange der Allgemeinheit rücksichtslos seinem Gewinnstreben opfert, und der aus dieser Gesinnung heraus eine besondere Gefahr für die Durchführung der Kriegswirtschaftsbestimmungen bildet". Zum anderen setze die Böswilligkeit – laut dem IV. Strafsenat – im Sinne des § 1 „eine Gesinnung von ausgesprochener Verwerflichkeit voraus", bloße Gewinnsucht genüge nicht, denn auch die Gewinnsucht müsse besonders verwerflich und schädlich sein. Drittens solle die Verhängung von Zuchthausstrafen zwar die Regel bilden, das Gesetz stelle es aber „ohne Einschränkung dem Ermessen des Tatrichters anheim", ob er, um „der Besonderheit des Falles und der sich daraus ergebenden Strafwürdigkeit des Täters" Rechnung zu tragen, Zuchthaus oder Gefängnis wählt.

Im Gegensatz dazu stand die Entscheidung des III. Strafsenats vom 29. Juni 1942[1645], die der Nichtigkeitsbeschwerde gegen das Urteil eines AG stattgab, weil dieses bei einem angeklagten Jäger, „der einen geschossenen Hirsch böswillig verludern" ließ, § 1 KriegswirtschaftsVO nicht anwendete. Der Senat hätte in dem vorliegenden Fall anhand der oben vom IV. Strafsenat aufgestellten Kriterien das Merkmal „böswillig" ablehnen können, erleichterte aber statt dessen für die Zukunft dessen Bejahung.

Rechtsprechung zur RundfunkVO

Auch die Rechtsprechung des RG zu Rundfunkverbrechen war uneinheitlich: Teilweise streng, teilweise aber auch milde. In einer 1940 gefällten Entscheidung des I. Strafsenates[1646] bestätigte dieser die Ansicht des mit der Sache zunächst befassten LG, welches ein angeklagtes Ehepaar nicht nur wegen § 1 RundfunkVO, sondern tateinheitlich auch nach § 2 verurteilt hatte, weil die Eheleute, wenn sie nicht gemeinsam die ausländischen Sender abhören konnten, sich nachträglich vom Inhalt der Sendungen berichtet hatten. Der Senat nahm hier keine teleologische Reduktion des § 2 vor – was der rigorosen Rechtsprechung zu anderen Delikten bezüglich Mitteilungen im engsten Familienkreis entsprach – und setzte die Angeklagten somit einem wesentlich höheren Strafrahmen aus.[1647]

[1644] Urteil vom 27. August 1940, AZ: 4 D 380/40, DJ 1940, S. 1170 f.
[1645] AZ: 3 C 450/42, DR 1943, S. 401.
[1646] AZ: 1 C 96/40 (Bundesarchiv Berlin R 3002, 18 J 96/40, Bl. 1 f.) wiedergegeben nach *Weidenthaler*, S. 168 ff.
[1647] *Weidenthaler*, S. 169 f.

Der III. Strafsenat urteilte dagegen im März 1944:

> „Ein Verbreiten i.S. des § 2 VO. über außerordentliche Rundfunkmaßnahmen [...] liegt in der Regel dann nicht vor, wenn mehrere durch nahe persönliche Beziehungen verbundene Personen im ausdrücklichen oder stillschweigenden gegenseitigen Einverständnisse den übereinstimmenden Willen, ausländische Nachrichten zu hören, in dem Raume, der ihnen zum gemeinsamen Aufenthalte dient, dadurch betätigen, daß einmal der eine, ein anderes Mal ein anderer das dort befindliche Empfangsgerät auf den ausländischen Sender einstellt.“[1648]

Dieser Fall war zwar anders gelagert als die zuvor genannte Entscheidung, da die Beteiligten hier gemeinsam die Rundfunksendungen verfolgt hatten. Dennoch war es zuvor vom RG auch schon als „Verbreiten“ im Sinne des § 2 angesehen worden, wenn man andere beim Empfang der Nachrichten mithören ließ.[1649] In diesem Fall entsprach der III. Strafsenat aber aus den oben genannten Gründen nicht der Nichtigkeitsbeschwerde gegen die Entscheidung des SG.

Dies zeugt in diesem speziellen Fall – wenn man *Hartung* Glauben schenkt – vom besonderem Mut der beteiligten Richter.[1650] Der damalige Stellvertreter des Senatsvorsitzenden[1651] berichtet in seinen autobiographischen Aufzeichnungen, dass „Nichtigkeitsbeschwerden, die mit dem Antrag, entgegen der Ansicht des Vordergerichts auf Todesstrafe zu erkennen, beim Senat vorgelegt wurden, in der Regel abgelehnt“ worden waren[1652] und ihm wegen dieser Haltung des Senats von einem Bekannten im RJM vertraulich mitgeteilt worden war, „der Ministerialdirektor der Strafrechtsabteilung des Ministerium habe geäußert, wenn sich der dritte Senat Nichtigkeitsbeschwerden gegenüber weiterhin so ablehnend wie bisher verhalte, werde er sich wahrscheinlich demnächst im KZ wiederfinden“.[1653]

[1648] RG (III. Strafsenat), Urteil vom 09. März 1944, AZ: 3 C 20/44, RGSt 77, S. 334 ff.

[1649] RG (VI. Strafsenat), Urteil vom 24. Oktober 1941, AZ: 6 C 680/41, Inhalt wiedergegeben in RGSt 77, S. 334 (335).

[1650] Dazu bereits *Weidenthaler*, S. 172.

[1651] Vorsitzender war RG-Präsident *Bumke*.

[1652] *Hartung* berichtet von insgesamt fünf Fällen, in denen der III. Strafsenat auf eine Nichtigkeitsbeschwerde die Todesstrafe verhängt hat (S. 115).

[1653] *Hartung*, S. 115 f. Die Rechtsprechung des III. Strafsenats fasst *Weidenthaler* (S. 207 ff.) zusammen. Danach können auch die Entscheidungen dieses Senats bei weitem nicht durchweg als milde bezeichnet werden. Da auch vom III. Strafsenat das Blutschutzgesetz mit äußerster Härte angewendet worden war, bleibt auch das Bild von ihm – trotz einiger mutiger Entscheidungen – getrübt.

III. Die Rechtsprechung in der SBZ/DDR
1. Die Rechtsprechung zum politischen Strafrecht
a. KRD Nr. 38 Abschn. II Art. III A III
aa. Der Inhalt der KRD Nr. 38

Die Kontrollratsdirektive (KRD) Nr. 38 vom 12. Oktober 1946[1654] war ursprünglich erlassen worden, um Richtlinien für die Entnazifizierung des besetzten Deutschland aufzustellen und je nach Grad der Belastung bestimmte Sühnemaßnahmen zu verhängen[1655]. Lediglich Abschnitt II Art. III (Belastete) A (Aktivisten) III der Direktive betraf Taten nach der Kapitulation. Er lautete:

> „Aktivist ist auch, wer nach dem 8. Mai 1945 durch Propaganda für den Nationalsozialismus oder Militarismus oder durch Erfindung und Verbreitung tendenziöser Gerüchte den Frieden des deutschen Volkes oder den Frieden der Welt gefährdet hat oder möglicherweise noch gefährdet.“[1656]

Abschnitt II Art. IX der KRD Nr. 38[1657] regelte die Möglichkeiten von Sühnemaßnahmen gegen Belastete, welche von der Internierung bis zu zehn Jahren, über die Einziehung des Vermögens bis zum Verlust der verschiedensten Ansprüche und Rechte reichten. Sie stellte jedoch keine Strafvorschrift dar. Als solche wurde sie aber auch nach Gründung der DDR noch von den ostdeutschen Gerichten angewendet. Das OG entschied im Oktober 1950:

> „Verfahren nach KRD Nr. 38 sind keine Entnazifizierungs-, sondern echte Strafverfahren. Verhängung einer Freiheitsstrafe ist gegen Belastete notwendig.“[1658]

Im Jahr 1949 wurde als Schutzobjekt von Abschn. II Art. III A III KRD Nr. 38 nicht nur die „demokratische Ordnung“ als solche[1659], sondern auch das „Vertrauen zur demokratischen Ordnung“ angesehen.[1660] Dieses werde „gegen die Verbreitung böswilliger, zersetzender Gerüchte geschützt [...]. Hierhin gehören besonders alle Gerüchte, die darauf abstellen, Mißtrauen in die Wirtschaftsstabi-

---

[1654] Abgedruckt im Amtsblatt des Alliierten Hohen Kontrollrats in Deutschland (Nr. 1, 1945 – Nr.19, 1948) Nr. 11 vom 31. Oktober 1946, S. 184-211.
[1655] Zur Entstehungsgeschichte der KRD Nr. 38 siehe *Meyer-Seitz*, S. 155 ff.
[1656] Amtsblatt des Alliierten Hohen Kontrollrats in Deutschland Nr. 11 vom 31. Oktober 1946, S. 188.
[1657] Amtsblatt des Alliierten Hohen Kontrollrats in Deutschland Nr. 11 vom 31. Oktober 1946, S. 192.
[1658] OG (3. Strafsenat), Urteil vom 24. Oktober 1950, AZ: 3 Zst. 65/50, OGSt 1, S. 269.
[1659] *Berger*, Probleme eines demokratischen Strafrechts, Ost-Berlin 1949, S. 45.
[1660] *Berger*, Probleme eines demokratischen Strafrechts, Ost-Berlin 1949, S. 46.

lität der Ostzone zu erzeugen".[1661] In der DDR-Literatur des Jahres 1959 heißt es rückblickend zur KRD Nr. 38:

> „Die Kontrollratsdirektive Nr. 38 diente zugleich der Internierung solcher Personen, die aufgrund ihrer Vergangenheit der Demokratisierung hinderlich sein würden, und gab schließlich noch die bedeutungsvolle Möglichkeit, neofaschistische oder neomilitaristische Verbrechen zu bestrafen."[1662]

bb. Die Rechtsprechung zur KRD Nr. 38

Zum Schutzzweck der Norm und zum Verhältnis zu – dem unten behandelten – Art. 6 der Verfassung entschied das OG im August 1951:

> „Diese wichtige Bestimmung schützt wie Art. 6 der Verfassung, gleichfalls unsere frei von jedem Militarismus und Faschismus zu entfaltende, dem Frieden dienende Ordnung und Entwicklung. Auch sie ist ein bedeutungsvolles Verteidigungsmittel unserer antifaschistisch-demokratischen Ordnung. Die Anwendung des Abschn. II Art. III A III KRD Nr. 38 entfällt neben Art. 6 der Verfassung auch nicht etwa deshalb, weil sogenannte Spezialität vorläge. Das ist schon deshalb nicht der Fall, weil manche Verbrechen gegen Art. 6 der Verfassung nicht unter Art. III A III KRD Nr. 38 fallen, und umgekehrt. Es sind also beide Bestimmungen anzuwenden, wenn ihre Tatbestände erfüllt sind."[1663]

Der Tatbestand wurde von den Gerichten sehr weit ausgelegt. In dem vorgenannten Urteil heißt es[1664], dass die Äußerung „Kommunistenschweine" sowie Tätlichkeiten gegenüber FDJ-Mitgliedern zwar nicht die Verbreitung eines tendenziösen Gerüchtes darstellten, aber „als ein Angriff gegen die in Abkehr vom Nationalsozialismus und als Gegensatz zu diesem entfaltete Demokratie anzusehen" sei. Der Strafsenat stellte außerdem fest:

> „[...] ein Vorgehen mit allen Merkmalen des Nationalsozialismus, vor allem mit Schmähungen, Terror und Gewalt, wie sie von den faschistischen Schlägerkolonnen der SA und SS angewandt wurden. Besonders der Ausspruch „...Kommunistenschweine..." ist gerade die von den Nationalsozialisten gebrauchte Ausdrucksweise. Wer derartige Methoden des Nationalsozialismus jetzt aufgreift, setzt sich in klarster und stärkster Art für ihn ein. Propaganda für den Nationalsozialismus

---

[1661] *Berger*, Probleme eines demokratischen Strafrechts, Ost-Berlin 1949, S. 46.
[1662] *Stiller*, S. 19. Von *Weinreich* (S. 304) wird dies – auch der Propagandabegriff „Demokratisierung" – ohne Kennzeichnung als Zitat von *Stiller* übernommen.
[1663] OG (1a Strafsenat), Urteil vom 24. August 1951, AZ: 1a Zst. 24/51, OGSt 2, S. 214 (217) und NJ 1952, S. 129 (130).
[1664] NJ 1952, S. 129 (130) sowie OGSt 2, S. 214 (218).

> bedeutet aber nichts anderes als ein Sicheinsetzen für seine oder ihm verwandte Anschauungen und Taten: Die Schmähungen, den Terror und die Gewalt gegen die Träger der Demokratie."

In dieser Entscheidung verstand es das OG somit, eine bloße Unmutsäußerung gegenüber dem SED-Regime als NS-Propaganda zu klassifizieren. In einem früheren Urteil – vom August 1951 – definierte das Gericht die Bedeutung von „Propaganda für den Nationalsozialismus" dagegen noch als eine Handlung, um „dessen oder diesem verwandte Anschauungen, Taten oder Einrichtungen in irgendeiner Weise, mittelbar oder unmittelbar zu empfehlen".[1665]

Für die Zeit vor Gründung der DDR typisch ist das folgende Urteil des OLG Dresden vom Juli 1948[1666]: Dieses wies die Revision eines Angeklagten zurück, der für Äußerungen in einem Zugabteil gemäß Abschnitt II Art. III A III KRD Nr. 38 zu einer Freiheitsstrafe von einem Jahr und sechs Monaten verurteilt worden war. Er soll zur schlechten Versorgungslage in der SBZ bemerkt haben: „ Den Quatsch erzählen sie uns in 50 Jahren auch noch, daß Hitler daran schuld sei". Außerdem habe er gesagt, „daß in der Ostzone aufgebaut werde, indem man Eisenbahnschienen demontiere". Einem Zeugen, der auf „die Schuld des deutschen Volkes, insbesondere der Naziverbrecher" hingewiesen hatte, soll er erwidert haben: „In Zukunft müssen alle diejenigen mit der gleichen Gesinnung – gemeint war damit [der Zeuge] – solange auf die Fresse gehauen werden, bis sie wieder anderer Gesinnung sind." Die vorgenannten Äußerungen wertete der Senat als „Propaganda für den Nationalsozialismus". Den weiteren Ausspruch des Angeklagten, „er wisse schon, wohin das Fett und Fleisch komme und wer es fresse; die an der Spitze säßen" wurde vom OLG als „Erfindung und Verbreitung eines tendenziösen Gerüchts" und als eine „besonders verwerfliche, unwahre Behauptung tatsächlicher Art" angesehen. Der Senat hatte „keine Bedenken, in der heutigen Zeit, in der ein ganzes Volk zu wenig zu essen hat und in der das Denken von Millionen Menschen vor allem von Ernährungssorgen erfüllt ist, die Erfindung und Verbreitung des hier in Rede stehenden Gerüchts als eine Gefährdung des inneren Friedens des deutschen Volkes zu werten".[1667] Das Urteil des OLG Dresden enthält darüber hinaus die folgende Rechtsansicht:

> „Propaganda für den Nationalsozialismus treibt nicht nur derjenige, der sich für die Verbreitung der sog. Nationalsozialistischen Weltanschauung heute noch einsetzt, der die Irrlehre von der Höherwertigkeit der nordischen Rasse verbreitet oder verteidigt, der die Lüge vom mangelnden Lebensraum des deutschen Volkes benutzt, um die Ideologie unseres Volkes erneut auf eine Politik der Aggression und der Vergewaltigung anderer Völker auszurichten, der die typisch deutschen Eigenschaften der

[1665] OG, Urteil vom 03. August 1951, AZ: 1a Zst 19/51, NJ 1951, S. 565.
[1666] OLG Dresden, Urteil vom 01. Juli 1948, AZ: 21 ERKs 130/48, NJ 1948, S. 169 ff.
[1667] OLG Dresden, NJ 1948, S. 169 (170).

> Knechtseligkeit und des Untertanengeistes im deutschen Volke stärkt, indem er das reaktionäre Preußentum verherrlicht und damit das faschistische Führertum propagiert. Auch wer – wie der Angeklagte – die Methoden der nationalsozialistischen Machthaber heute noch anwendet, um fortschrittlich denkende Menschen zum Schweigen zu bringen, zeigt, daß er diese Methoden heute noch billigt, und treibt Propaganda für den Nationalsozialismus, ebenso wie derjenige, der die Bevölkerung von der Erkenntnis abzulenken versucht, daß der Faschismus die allumfassende Ursache aller Schwierigkeiten ist.
> Diesen Anfängen einer Wiederbelebung der faschistischen Ideologie, die sich nicht auf bessere Argumente, sondern auf Ablenkung von den Erkenntnissen und Terror stützt, gilt es zu wehren im Interesse der Sicherung unseres demokratischen Neuaufbaues. Das ist der Sinn der Direktive 38 des Alliierten Kontrollrats."[1668]

Eine Erfüllung der KRD 38 Abschnitt II Art. III A III durch Propaganda für den Nationalsozialismus, „der den Antisemitismus in Deutschland zum Regierungsprogramm erhoben hatte", wurde vom OG auch in der „Herstellung und dem Vertrieb [von] Masken antisemitischen Charakters in das In- und Ausland" gesehen.[1669]

Bereits eingegangen wurde[1670] auf den Fall eines Strafverteidigers, der „typische Propaganda für den Nationalsozialismus und Militarismus" betrieben haben soll, indem er die Unterstützung der Schwarzen Reichswehr als patriotische Handlung dargestellt bzw. in einem anderen Zusammenhang die Erschießung von sowjetischen Partisanen als rechtens bezeichnet hatte, da diese „Heckenschützen"[1671] gewesen seien.[1672] Diese „faschistische[n] Verteidigungsreden" hätten laut dem OLG Potsdam den Tatbestand von Abschnitt II Art. III A III KRD Nr. 38 erfüllt, so dass die Revision des Angeklagten als offensichtlich unbegründet zurückgewiesen wurde.

Als weiteres Beispiel für angebliche „Propaganda für den Nationalsozialismus" sei ein Beschluß des OLG Dresden genannt.[1673] Danach beinhalte die Aus-

---

1668 OLG Dresden, NJ 1948, S. 169 (170 f.).

1669 OG, Urteil vom 26. September 1950, AZ: 3 Zst 46/50, NJ 1950, S. 499. Ebenfalls als unter KRD 38 Abschnitt II Art. III A III fallend nahm das OG antisemitische Äußerungen in seinem Urteil vom 04. Januar 1952 an (AZ: 1a Zst 31/51, NJ 1952, S. 278 (279)).

1670 Siehe Kapitel C V 2 b.

1671 In dem Beschluss des OLG Potsdam finden sich geradezu kurios anmutende Ausführungen. So habe sich der Angeklagte damit verteidigt, dass die Bezeichnung „Heckenschützen" nur die Übersetzung des Wortes „Partisanen" sei. Das OLG entgegnet dem in der Urteilsbegründung: „Im übrigen wissen die Deutschen, die wirklich guten Willens zum Wohle unserer Gemeinschaft arbeiten, längst, daß der deutsche Ausdruck für jene Partisanen das Wort „Freiheitskämpfer" ist".

1672 Beschluss des OLG Potsdam vom 30. November 1950, AZ: 3 ERKs 45/50, NJ 1951, S. 45 f.

1673 OLG Dresden, Beschluß vom 12. März 1948, AZ: 21 Ws 8/48, NJ 1948, S. 198.

sage, „daß die jetzige Polizei schlimmer sei, als die vorhergehende", eine „positive Einschätzung und Bejahung der nationalsozialistischen Polizei". Das Gericht war der Ansicht, dass diese Äußerung „als eine gewisse Verteidigung dieses Teiles des nationalsozialistischen Unterdrückungsapparates und damit auch als „Propaganda für den Nationalsozialismus zu betrachten" sei.

Schuller weist bereits darauf hin, dass in der Rechtsprechung der SBZ/DDR die bloße Gegnerschaft zum Kommunismus mit Nationalsozialismus gleichgesetzt wurde.[1674] Er weist ein Urteil des Bezirksgerichts Suhl[1675] nach, welches „das unter aus dem Zonengrenzgebiet Zwangsevakuierten umlaufende Gerücht, man werde nach Sibirien deportiert, mit der Begründung als nationalsozialistisches Gedankengut qualifiziert, Berichte von einer Verbannung nach Sibirien seien Bestandteil der nationalsozialistischen Propaganda gewesen".[1676] Ein West-Berliner wurde vom Stadtgericht Berlin[1677] wegen „faschistischer Propaganda" nach KRD 38 Abschnitt II Art. III A III - und wegen eines Verstoßes gegen die Berliner Spekulationsverordnung - zu vier Jahren Gefängnis verurteilt, weil er in einem Ost-Berliner Lokal einem Zeugen geraten hatte, „sich um nicht Politisches zu kümmern und nur seinen Dienst als Eisenbahner zu versehen, da die Ostregierung sowieso bald zusammenbreche und der Zeuge dann einer der ersten wäre, die zu Rechenschaft gezogen würden".

Auch das Tatbestandsmerkmal der „Propaganda für den Militarismus" wurde von der Rechtsprechung stark überdehnt. Ein zuvor in Bundesrepublik geflüchteter und bei seiner Rückkehr verhafteter Angeklagter hatte beispielweise bei seiner Vernehmung durch die westlichen Behörden Angaben über die Produktion in seinem Heimatort und über die dortigen Parteidienststellen gemacht. Dafür hätte der Angeklagte nach Ansicht des OG vom Bezirksgericht nicht nur nach Art. 6 der Verfassung, sondern auch wegen „friedensgefährdender militaristischer Propaganda" im Sinne der KRD Nr. 38 Abschnitt II Art. III A III verurteilt werden müssen.[1678] In der veröffentlichten Entscheidung kann man unter anderem lesen:

> „Der Militarismus als typische Erscheinungsform des Kapitalismus ist ein Mittel für die Eroberungskriege der imperialistischen Staaten. [...] Der Angeklagte hat durch seine Angaben gegenüber der Kommission im Flüchtlingslager in Gießen Kriegshetze betrieben und die von den Kriegstreibern in Westdeutschland mit Hilfe des amerikani-

---

[1674] *Schuller* (1980), S. 28.; *Schuller* (1968), S. 32 ff.

[1675] Bezirksgericht Suhl, Urteil vom 23. September 1952, AZ: 1 KLs 70/52 bzw. I 70/52 (*Schuller* (1980), S. 27).

[1676] *Schuller* (1980), S. 27.

[1677] Stadtgericht Berlin, Strafsenat 1 c, Urteil vom 23. März 1953, AZ: 101 a) I b 24,53 (33,53), abgedruckt in *Untersuchungsausschuß Freiheitlicher Juristen*, Unrecht als System Teil II, S. 117.

[1678] OG, Urteil vom 14. November 1952, AZ: 1a Ust 18/52, NJ 1952, S. 614 f.

> schen Imperialismus getroffenen Vorbereitungen zu einem Kriege unterstützt und damit zugleich den wiedererstehenden aggressiven deutschen Militarismus, der den Frieden Deutschlands und darüber hinaus den Frieden der Welt gefährdet, propagiert und gestärkt."

Schuller erwähnt ein Urteil des LG Dresden[1679], welches die Bezeichnung der Oder-Neiße-Linie als „widerrechtlich" – da eine Änderung nur durch Krieg zu erreichen sei – als militaristische Propaganda qualifizierte.

Auch bei Anwendung der KRD Nr. 38 Abschnitt II Art. III A III wurde der Zeitpunkt der Vollendung weit nach vorn verlegt. So verurteilte das Bezirksgericht Halle[1680] im April 1953 einen 69jährigen Angeklagten zu zwei Jahren Gefängnis, weil er einen kritischen Brief[1681], der für Verwandte in Westdeutschland bestimmt war, in seiner Brusttasche lediglich mit sich trug. Diese Tat sei nicht nur eine „Unterstützung der Bestrebungen der westlichen Kriegstreiber" gewesen, sondern „zugleich eine Propaganda für den Nazismus bzw. für die neofaschistischen Machenschaften der westlichen Kriegstreiber". Der Einwand des Angeklagten, dass der Brief noch nicht abgesendet worden war, sei deshalb unbeachtlich, weil „die KD 38 bereits Gefährdungsdelikte unter Strafe stellt".

Im Zusammenhang mit dem Juni-Aufstand von 1953 „wurde die Teilnahme an Demonstrationen, Streiks und sonstigen Aktionen [...] als Propaganda für den Nationalsozialismus oder den Militarismus bezeichnet".[1682]

Die KRD Nr. 38 trat nach einem Beschluß des sowjetischen Ministerrats für die DDR und Ost-Berlin am 19. September 1955 außer Kraft.[1683] Den Verurteilungen, die aufgrund dieser – eigentlich keine Strafvorschrift darstellenden – vom Wortlaut her schon wenig bestimmten KRD ergangen waren, lag zum allergrößten Teil eine juristisch nicht nachvollziehbare extensive Auslegung zugrunde, die es ermöglichte so gut wie jede negative Meinungsäußerung zu bestrafen.

[1679] LG Dresden, Urteil vom 10. Januar 1951, abgedruckt in *Untersuchungsausschuß Freiheitlicher Juristen*, Unrecht als System Teil I, S. 58 f. (Angabe nach *Schuller* (1980), S. 29 Fn. 35). Siehe auch *Schuller* (1968), S. 42.

[1680] Bezirksgericht Halle/Saale, Urteil vom 02. April 1953, AZ: 1 KS 153/53, abgedruckt in *Untersuchungsausschuß Freiheitlicher Juristen*, Unrecht als System Teil II, S. 114.

[1681] In dem Brief hieß es unter anderem: „Ja, es ist bei uns sehr traurig, alles furchtbar teuer, die Lebensmittel dazu sehr knapp" und „Hier stellt man nur junge, ganz junge Menschen ein. Dumm können sie sein, wenn sie nur Kommunisten sind, dann klappt alles. Die Zuchthäuser sind überfüllt".

[1682] Mit zahlreichen Nachweisen: *Schuller* (1980), S. 107.

[1683] Neues Deutschland vom 21. September 1955. Wiedergegeben nach *Schuller* (1980), S. 107.

b. Die Rechtsprechung zu Art. 6 Abs. 2 der Verfassung
aa. Die Anwendung der Norm als Strafgesetz

In der Verfassung der DDR vom 07. Oktober 1949[1684] war mit Art. 6 Abs. 2 die für die Verfolgung politischer Straftaten wichtigste Bestimmung enthalten. Sie lautete:

> „Boykotthetze gegen demokratische Einrichtungen und Organisationen, Mordhetze gegen demokratische Politiker, Bekundung von Glaubens-, Rassen, Völkerhaß, militaristische Propaganda sowie Kriegshetze und alle sonstigen Handlungen, die sich gegen die Gleichberechtigung richten, sind Verbrechen im Sinne des Strafgesetzbuches. Ausübung demokratischer Rechte im Sinne der Verfassung ist keine Boykotthetze."

Ein konkreter Straftatbestand, der die einzelnen Merkmale näher bestimmt hätte, wurde jedoch niemals geschaffen. Insbesondere fehlte auch in Zukunft die Androhung eines Strafrahmens, welcher die Handlungen erst zu Verbrechen im Sinne des § 1 StGB (Ost)[1685] qualifizieren würde.

Im Oktober 1950 entschied der 1. Strafsenat des OG in einem Verfahren gegen „Zeugen Jehovas"[1686] grundlegend, dass Art. 6 Abs. 2 der Verfassung „ein unmittelbar anzuwendendes Strafgesetz" sei. „Die in ihm selbst nicht enthaltenen Strafbestimmungen [seien] daher dem allgemeinen Strafgesetzbuch zu entnehmen", welches für Verbrechen Todesstrafe, lebenslängliche Zuchthausstrafe und zeitige Zuchthausstrafe androhe. Je nach Schwere der Tat fänden alle diese Strafen für Verstöße gegen Art. 6 Abs. 2 Anwendung.[1687]

Art. 6 Abs. 2 enthalte nur „e i n e n [hervorgehoben] Tatbestand, der durch die aufgezählten verschiedenen Begehungsformen: Boykotthetze gegen demokratische Einrichtungen und Organisationen, Mordhetze gegen demokratische Politiker, Kriegshetze usw. verwirklicht werden" könne.

[1684] GBl. der DDR 1949, S. 5-16.

[1685] § 1 Abs. 1 StGB: „Eine mit dem Tode, mit Zuchthaus oder mit Festungshaft von mehr als fünf Jahren bedrohte Handlung ist ein Verbrechen".

[1686] OG (1. Strafsenat), Urteil vom 04. Oktober 1950, AZ: 1 Zst. (I) 3/50, OGSt 1, S. 33-44 (39 f.), abgedruckt auch in NJ 1950, S. 452-456 (454). Siehe zu diesem Prozess auch *Beckert*, S. 223 ff.

[1687] Zur Frage der Strafzumessung siehe OG, Urteil vom 26. August 1953, AZ: 1 Zst-Pl I 4/53, NJ 1953, S. 593 f.; OG, Plenarentscheidung vom 30. Januar 1954, AZ: Zst-Pl I 1/54, NJ 1954, S. 118-120.

bb. Die Rechtsprechung zu Art. 6 Abs. 2 Weitere Inhalte des Grundsatzurteils gegen die „Zeugen Jehovas“

In dem vorgenannten Urteil im „Zeugen Jehovas“-Prozess wurde auch „Spionage“ unter diesen Tatbestand subsumiert[1688], „ohne daß es in der rechtlichen Beurteilung einer Anlehnung an aufgehobene Bestimmungen des Strafgesetzbuches“ bedürfe.[1689] Für den „amerikanischen Imperialismus“ bedeute alles, was in der DDR vor sich gehe, „wichtiges Informationsmaterial für seine Kriegsvorbereitungen, und deshalb beteilig[e] sich derjenige, der dieses Informationsmaterial liefert, selbst an der Vorbereitung zum Krieg, an der Hetze zum Krieg, treib[e] selbst Kriegshetze“.[1690]

Die „Zeugen Jehovas“ hätten außerdem dadurch „Kriegshetze“ betrieben[1691], dass sie durch die Verweigerung ihrer Unterschriften gegen die Ablehnung der Atombombe ihr Verfassungsrecht der freien Meinungsäußerung missbraucht hätten, um „die Menschen vom Friedenskampf ab[zuhalten]“. Kriegshetze sei außerdem „das Gerede der „Zeugen Jehovas“ vom gerechten Krieg, der kommen werde und müsse“ gewesen. Letzteres würde zugleich gegen Art. III A III KRD Nr. 38 verstoßen, da es ein „böswillig erfundenes Gerücht“ sei, „das den Frieden gefährdet“.

Von den Angeklagten sei außerdem „Boykotthetze“ im Sinne des Art. 6 Abs. 2 durch das Verteilen der Zeitschrift „Wachtturm“ und durch Empfehlungen, der Wahl fern zu bleiben, begangen worden.[1692] Schließlich wurde den Anhängern der pazifistischen Sekte die Verwirklichung des Tatbestandsmerkmals des Völkerhasses durch „die Verbreitung der hetzerischen Artikel der Jahrbücher“ vorgeworfen.[1693]

Entscheidungen zu den einzelnen Tatbestandsmerkmalen

Ein eindrückliches Beispiel für die Anwendung von Art. 6 Abs. 2 der Verfassung ist eine Entscheidung des Bezirkgerichts Leipzig vom April 1953[1694], die belegt, dass praktisch jedes regimekritische Verhalten von einer gewissen Tragweite unter Anwendung dieser Norm geahndet werden konnte: Die Angeklagten

---

1688 Siehe dazu auch OG (AZ: 1 Zst (I) 4/52), NJ 1952, S. 278; OG, Urteil vom 13. Januar 1953, AZ: 1 a Ust 167/52, NJ 1953, S. 82 f.

1689 OGSt 1, S. 33 (40).

1690 Die Anhänger der Religionsgemeinschaft hatten angeblich ihrer Zentrale in Brooklyn über Vorgänge in Ostdeutschland berichtet.

1691 OGSt 1, S. 33 (41).

1692 OGSt 1, S. 33 (41).

1693 OGSt 1, S. 33 (42).

1694 Bezirksgericht Leipzig, Urteil vom 17. April 1953, AZ: 1 a Ks 111/53 bzw. 1 – 153/53, abgedruckt in *Untersuchungsausschuß Freiheitlicher Juristen*, Unrecht als System Teil II, S. 134 f. Siehe auch *Blomeyer/Lange/Rosenthal*, S. 45 f.

hatten „an einem Trauertage über den unersetzlichen Verlust, den die ganze fortschrittliche Menschheit durch den Tod Stalins erlitten hatte" in einer Gaststätte den verstorbenen sowjetischen Diktator mit Schmähungen bedacht und gemeinsam „das gerade auf die Trauertage gemünzte Lied" gesungen: „Nach Regen folgt Sonne, nach Weinen wird gelacht". Einer der Angeklagten soll beim Verlassen des Lokals außerdem einen Volkspolizeiangehörigen als „kleine[n] übriggebliebene[n] Rotarmist[en]" bezeichnet haben. Das Bezirksgericht schenkte dem Vorbringen der Angeklagten, volltrunken gewesen zu sein, keinen Glauben und verurteilte sie zu sechs bzw. vier Jahren Zuchthaus. In dem Urteil heißt es:

> „Die Angeklagten haben durch ihr verbrecherisches Verhalten am 7. März, an einem Tage, an dem jeder anständige Arbeiter von tiefster Trauer über Stalins Tod erfüllt war und alle fortschrittlichen Menschen besonders empfindsam gegen das Hetzen neofaschistischer Elemente reagierten, sich unmittelbar gegen die Grundlagen unserer demokratischen Gesellschaftsordnung gewandt. Sie haben durch das Singen des zweideutigen Schlagers und der Angeklagte [...] durch seine besonders gemeinen Reden über Stalins Tod Völkerhaß bekundet und die Deutsch-Sowjetische Freundschaft in den Schmutz gezogen. Diese Äußerungen und die Worte des Angeklagten [...] zum Volkspolizisten beinhalten ferner eine Boykotthetze gegen unsere demokratischen Einrichtungen und Organisationen, insbesondere gegen die Volkspolizei und die demokratischen Massenorganisationen und die Regierung, die die Anordnungen zur Einhaltung der Trauertage gegeben haben."

Bemerkenswert ist an diesem Urteil nicht nur, dass für den Begriff der „Boykotthetze" wie üblich keine Definition gegeben wurde, sondern auch, dass die Angeklagten als „Neofaschisten" bezeichnet wurden, ohne dass es bei ihrem Verhalten Anzeichen für nationalsozialistisches oder faschistisches Gedankengut gegeben hätte. Dies entspricht der schon behandelten Rechtsprechung zur KRD Nr. 38, in der regelmäßig die Gegnerschaft zum Kommunismus mit Nationalsozialismus gleichgesetzt wurde.[1695]

Eine weitere mögliche Begehungsform der Boykotthetze, die völlig entfernt vom Wortlaut des Tatbestandes war, enthält eine Entscheidung des Bezirksge-

---

[1695] Siehe dazu auch die Anklageschrift des Bezirksstaatsanwalts Chemnitz vom 29. April 1953 (AZ: Abt. I 148/53, abgedruckt in *Untersuchungsausschuß Freiheitlicher Juristen*, Unrecht als System Teil II, S. 135 f.), welche ein angebliches „Zechgelage" zur Feier von *Stalins* Tod zum Gegenstand hatte. Deswegen und weil sie das - in der Anklageschrift als „faschistisch" bezeichnete - Deutschlandlied gesungen hatten, wurden die Angeklagten wegen Verbrechen nach Art. 6 Abs. 2 der Verfassung in Verbindung mit Abschnitt II Art. III A III KRD 38 angeklagt. In der Schilderung von einem der Verurteilten (der in den Westen flüchten konnte), ist zu lesen, dass die sieben Angeklagten zu sechs (ein Angeklagter), fünf (ein Angeklagter), vier (zwei Angeklagte) und zwei (ein Angeklagter) Jahren Zuchthaus verurteilt worden waren und im Steinkohlebergbau Zwangsarbeit verrichten mussten.

richts Potsdam vom Dezember 1952[1696]: Ein achtzehnjähriger West-Berliner wurde nach Art. 6 Abs. 2 der Verfassung in Verbindung mit Abschnitt II Art. III A III KRD Nr. 38 zu drei Jahren Zuchthaus verurteilt. Er hatte in der Untersuchungshaft ein Notizbuch angefertigt, „in welchem er irreführende Berichte“ eingetragen habe, welche die U-Organe der DDR dann tatsächlich irregeführt hätten. In dem Urteil heißt es dazu:

> „Durch die Untersuchungen mußte ein größerer Apparat in Bewegung gesetzt werden, welcher sich dadurch nicht mit den anderen Aufgaben beschäftigen konnte. Dies bedeutet eine Boykottierung der Sicherheitsorgane der Deutschen Demokratischen Republik und ist somit Boykotthetze im Sinne des Artikels 6 der Verfassung der DDR.“

Auch das bereits oben erwähnte, im August 1951 ergangene Urteil des OG zeigt, dass über die Anwendung von Art. 6 Abs. 2 die verschiedensten systemfeindlichen Handlungen erfasst wurden. In der betreffenden Entscheidung, die einen tätlichen Angriff auf FDJ-Angehörige zum Gegenstand hatte, heißt es:

> „Denn Boykotthetze kann nicht nur durch schriftliche oder mündliche Äußerungen, sondern auch durch solche gewalttätigen Maßnahmen begangen werden, wie sie der Angeklagte und die übrigen Beteiligten bewerkstelligt haben, indem sie tätlich auf die FDJ-Angehörigen eindrangen, sie einzeln packten und auf sie einschlugen [...].“[1697]

Bezeichnend ist auch ein Urteil des Bezirksgerichts Cottbus[1698], das gegen einen Angeklagten eine Zuchthausstrafe von 3 Jahren nach Art. 6 Abs. 2 („Zersetzungstätigkeit innerhalb der VP“) und nach KRD Nr. 38 aussprach und damit noch unterhalb des Antrags der StA blieb . Eine Boykotthetze im Sinne von Art. 6 Abs. 2 sei es gewesen, dass der Angehörige der KVP im Geschäftszimmer seiner Einheit mit einem Luftgewehr – nach der Einlassung des Angeklagten „lediglich aus Schießlust“ – „einen Schuß auf den Kopf des großen Stalin [...], ferner zwei Schüsse auf den Kopf des Marschalls der SU [Woroschilow], einen Schuß auf die Spitze des Kremlturmes, zwei Schüsse auf das Wappen der SU und einen Schuß auf das Bild des Philipp Müller“ abgegeben hatte.

In der NJ wird von *Kleine* und *Krutzsch* zu dem Merkmal der „Boykotthetze“ zusammenfassend festgestellt, dass dieses „als eine der Begehungsformen gegen unseren Staat und seine Grundlagen durch die Methoden der staatsfeindlichen

---

[1696] Bezirksgericht Potsdam (1. Strafsenat), Urteil vom 22. Dezember 1952, AZ: St.Ks 285/52, abgedruckt in *Untersuchungsausschuß Freiheitlicher Juristen*, Unrecht als System Teil II, S.25.

[1697] OG (Ia Strafsenat), Urteil vom 24. August 1951, AZ: 1a Zst. 24/51, OGSt 2 S. 214-219. und NJ 1952, S. 129 f.

[1698] Bezirksgericht Cottbus, Urteil vom 10. Juni 1953, AZ: I 205/53, abgedruckt in *Bundesministerium für gesamtdeutsche Fragen*, Partei-Justiz, S. 58-60.

Agitation in Wort und Schrift sowie durch Gewalttaten gegenüber demokratischen Einrichtungen und Organisationen und deren Angehörigen verwirklicht werden kann".[1699]

Als Beispiel für „Kriegshetze" im Sinne des Art 6 Abs. 2 kann ein Kassationsurteil des OG von Ende 1951 dienen.[1700] Hier soll diese Norm deswegen – zugleich mit einer „friedensgefährdenden Gerüchteverbreitung im Sinne Art. III A III KRD Nr. 38" - erfüllt sein, weil der Angeklagte unter anderem die Behauptung aufgestellt habe, „daß sich in der Sowjetunion noch deutsche Kriegsgefangene befänden, die ungerechtfertigt und entgegen den Erklärungen der Sowjetunion, daß sich deutsche Kriegsgefangene – abgesehen von den noch zu erwähnenden Ausnahmen – nicht mehr in der Sowjetunion befinden, dort zurückgehalten würden, die Erklärungen der Sowjetunion also unwahr seien". Es sei laut dem OG „nunmehr aber bekannt, daß die Rückführung der deutschen Kriegsgefangenen aus der Sowjetunion im Jahre 1950 endgültig abgeschlossen worden ist".[1701] Das angebliche „nichtswürdige Gerücht", das auch die Behauptung enthielt, die Kriegsgefangenen seien im Koreakrieg eingesetzt worden, hätte „nach Absicht der Verleumder Haß und die Meinung von der Notwendigkeit eines Kampfes und auch eines Präventivkrieges gegen die Sowjetunion, die Volksdemokratien und die Deutsche Demokratische Republik" hervorrufen sollen. Es verkörpere also „Kriegshetze und Bekundung von Völkerhaß, und dies in einer besonderen Verbrechensschwere".[1702]

Die Begehung von „Terrorhandlungen" wie Brandanschlägen oder Sprengungen war dem OG zufolge „die gefährlichste und unmittelbarste Form der Kriegshetze".[1703]

Laut *Schuller* ist die Begehungsvariante der „militaristischen Propaganda" von den Gerichten „nur selten angewendet worden".[1704] Häufiger kam jedoch

---

[1699] *Kleine/Krutzsch* in NJ 1954, S. 71 (73).

[1700] OG (1a Strafsenat), Urteil vom 07. Dezember 1951, AZ: 1a Zst. 26/51, OGSt 2, S. 282-289 und NJ 1952, S. 130 ff.

[1701] Das Gericht stellt in dem Urteil fest, daß lediglich verurteilte Kriegsverbrecher, in Untersuchungshaft befindliche Kriegsgefangene „und eine geringe Zahl von Kranken" noch in der Sowjetunion gewesen seien. Tatsächlich kamen die letzten Überlebenden erst im Jahr 1956 in ihre Heimat zurück.

[1702] Ein ähnlicher Fall wird von *Schuller* (1968) angeführt (S. 71): Das LG Cottbus (Urteil vom 26. Februar 1951, AZ: St.Ks. 3/51) wertete es als Kriegshetze, dass der Angeklagte behauptet habe, die VP mache ausgesprochenen Kriegsdienst, es fänden Übungen mit schweren Waffen statt usw.

[1703] OG, AZ: 1 Zst (I) 6/52 (Strafsache gegen Burianek und andere), NJ 1952, S. 320 (321). Sie zu dem Begriff der Terrorhandlungen auch *Schuller* (1980), S. 47 f.

[1704] *Schuller* (1968), S. 76.

das Merkmal des „Völkerhasses" in der Rechtsprechung vor. Insbesondere fielen darunter kritische Äußerungen über die Sowjetunion.[1705]

Strafbarkeit von Vorbereitungshandlungen

Auch bloße Vorbereitungshandlungen waren nach Art. 6 Abs. 2 strafbar.[1706] In dem dazu ergangenen Urteil des OG wurde der Eintritt in den „Widerstandskreis der Jugend der Sowjetzone" als einer „Organisation, deren Ziel die Begehung von Verbrechen gegen dieses Gesetz ist" als Vorbereitungshandlung angesehen, die nach diesem Gesetz strafbar sei.[1707] „Ein wichtiges Anwendungsgebiet der Rechtsprechung zur Vorbereitung" sind laut *Schuller* Verfahren gewesen, welche die Einfuhr westlicher Presseerzeugnisse zum Gegenstand hatten.[1708] Beispielsweise wurde es bereits als „Boykotthetze" angesehen, einen Zeitungsartikel („Hetzartikel übelster Prägung") in die DDR eingeführt zu haben[1709]. Der bloße Besitz von Westzeitungen soll jedoch nach Ansicht des OG noch nicht den Tatbestand der Boykotthetze erfüllt haben. Es müssten „Umstände hinzutreten, die erkennen lassen, daß diese Zeitungen zu hetzerischen oder boykottierenden Handlungen benutzt werden oder benutzt werden sollen".[1710]

Der subjektive Tatbestand

Das OG entschied im Mai 1953[1711], dass für die Anwendung von Art. 6 Abs. 2 „ein Handeln vorliegen" müsse, „das sich gegen die Grundlagen unserer staatlichen Ordnung richtet". Diese „Zielrichtung" müsse „festgestellt werden". In dem Urteil, das die auf Art. 6 der Verfassung und KRD Nr. 38 gestützte Entscheidung des Bezirksgerichts aufhob, wurde näher ausgeführt, warum es sich bei dem Verhalten des Angeklagten – Beschimpfungen eines Volkspolizisten bzw. der VP – nicht um ein Staatsverbrechen gehandelt habe:

[1705] Nachweise bei *Schuller* (1968), S. 76. Beispielsweise die Behauptung, „die UdSSR strebe nach Weltherrschaft und beute die DDR aus", „Pieck, Grotewohl und Nuschke erhielten ihre Instruktionen aus Moskau" usw.

[1706] OG (1. Strafsenat), Urteil vom 20. Februar 1952, AZ: 1 Zst. (I) 3/52, OGSt 2 S. 9-14.

[1707] Eine ähnliche Entscheidung, welche die Zugehörigkeit zur „Kampfgruppe gegen Unmenschlichkeit" betraf, ist das Urteil des OG vom 14. Mai 1952 (AZ: 1 Zst. (I) 5/52, NJ 1952, S. 369 f.

[1708] *Schuller* (1968), S. 81.

[1709] LG Magdeburg, Urteil vom 25. April 1952, AZ: I 105/52 bzw. 1 Kls 86/52, abgedruckt in *Untersuchungsausschuß Freiheitlicher Juristen*, Unrecht als System Teil II, S.33 (35). Siehe auch *Blomeyer/Lange/Rosenthal,* S. 44.

[1710] OG, Urteil vom 09. Juni 1953, AZ: 1b Ust 196/53, NJ 1953, S. 411.

[1711] OG, Urteil vom 28. Mai 1953, AZ: 1b Ust 194/53, NJ 1953, S. 411.

„Deshalb ist es notwendig, alle Verbrechen in ihrem [sic!] zeitlichen und räumlichen Zusammenhängen zu betrachten und zu würdigen. Gerade bei Verbrechen gegen den Staat muß mit besonderer Sorgfalt und Genauigkeit der politische Hintergrund erforscht werden. [...] Im vorliegenden Fall ist jedoch kein Anhalt vorhanden, der die Annahme rechtfertigen könnte, daß der Angeklagte aus Gegnerschaft gegen unsere demokratische Ordnung gehandelt hat. Aus dem Akteninhalt ergibt sich vielmehr, daß der Angeklagte nicht nur regelmäßig seiner Arbeit nachging und ein zuverlässiger Arbeiter war, sondern daß er auch durch seine Zugehörigkeit zu mehreren gesellschaftlichen Organisationen mit der Arbeiterklasse eng verbunden war. Darüber hinaus hat er regen Anteil an der gesellschaftlichen Arbeit genommen und selbst in Diskussionen andere über die Richtigkeit unserer Politik aufgeklärt. Es ist auch durch nichts dargetan, daß die fortschrittliche Haltung des Angeklagten und seine positive Betätigung auf gesellschaftlichem Gebiet auf einer Tarnung einer feindlichen Einstellung gegenüber unserem Staat beruht. Danach kann das Verhalten des Angeklagten [...] nur dahingehend beurteilt werden, daß er bestrebt war, pünktlich zu seiner Arbeit zu gelangen und die Äußerungen gegenüber dem Wachtmeister des Strafvollzuges [sic!] nur aufgrund einer Erregung über die unliebsame Unterbrechung der Fahrt getan hatte, aber nicht um die Volkspolizei zu diffamieren."

Damit war den unteren Instanzen vorgegeben, durch Betrachtung der vor Gericht gebrachten Taten in „zeitlichen und räumlichen" – vor allem aber „gesellschaftlichen" – Zusammenhängen die politische Zuverlässigkeit der Angeklagten zu überprüfen und je nach Beurteilung von dem Vorliegen eines Staatsverbrechens auszugehen.

Konkurrenzen und Bewertung

Neben Art. 6 Abs. 2 der Verfassung sollte dann auch die KRD Nr. 38 Abschnitt II Art. III A III anwendbar gewesen sein, „wenn der faschistische Charakter eines Staatsverbrechens herausgestellt und gleichzeitig unterstrichen werden muß[te], daß der Kampf gegen den Faschismus zu den wesentlichsten Aufgaben unserer Staatsmacht gehört".[1712]

Die Rechtsprechung zu Art. 6 Abs. 2 der Verfassung ist ähnlich der zur KRD Nr. 38 zu bewerten. Zum einen nahmen die Gerichte häufig die gleichzeitige Verwirklichung beider „Delikte" an. Außerdem wurden beide Vorschriften, die keine Strafmaßandrohung enthielten und inhaltlich unbestimmt waren, nicht nur überdehnt sondern sogar entgegen ihrem Wortlaut angewendet.[1713]

[1712] So äußern sich die Richterin am OG *Kleine* und der persönliche Referent des Justizministers *Krutzsch* in NJ 1954, S. 71.

[1713] Vgl. die Bewertung von *Schuller* (1980), S. 246 f: Er bezeichnet Art. 6 „nicht nur mangels Tatbestand, sondern vor allen Dingen auch mangels Strafandrohung " als „kein Strafgesetz". Ohne die Androhung der Todesstrafe oder von mehr als fünf Jahren Zuchthausstrafe waren

c. Die Rechtsprechung zum Friedenschutzgesetz

Das Gesetz zum Schutze des Friedens[1714] war zwar bereits im Dezember 1950 in Kraft getreten, wurde aber bis zum Jahr 1962 nur einmal angewendet.[1715] Die ersten fünf Paragraphen der Norm, welche laut der Präambel „in Übereinstimmung mit den Artikeln 5 und 6 der Verfassung" ergangen war, enthielten Strafvorschriften, welchen Tatbestände wie beispielsweise Kriegshetze, Hetze oder Schmähungen gegen andere Völker, Propagierung der „Wiederaufrichtung des aggressiven deutschen Militarismus" und dergleichen zugrunde lagen. § 6 Abs. 1 drohte „in besonders schweren Fällen von Verstößen gegen die §§ 1 bis 5" Zuchthaus nicht unter fünf Jahren oder lebenslängliches Zuchthaus an. In § 6 Abs. 2 wurde die Verhängung der Todesstrafe ermöglicht, „wenn die Tat in direktem Auftrag von Staaten, deren Dienststellen oder Agenturen begangen wird, welche Kriegshetze oder eine aggressive Politik gegen friedliche Völker betreiben".

§ 7 stellte auch die Vorbereitungen und den Versuch von Straftaten im Sinne der §§ 1 bis 5 unter Strafe. Bemerkenswert ist darüber hinaus § 10 Abs. 3, welcher die Zuständigkeit des OG der DDR auch dann als gegeben ansah, „wenn die Tat von deutschen Staatsbürgern nicht im Gebiet der Deutschen Demokratischen Republik begangen worden ist, auch wenn der Täter im Gebiet der Deutschen Demokratischen Republik keinen Wohnsitz oder gewöhnlichen Aufenthalt hat".[1716]

Handlungen im Sinne des Art. 6 Abs. 2 auch keine Verbrechen im Sinne des § 1 Abs. 1 (DDR-)StGB. Dem ist vollkommen zuzustimmen. Geradezu grotesk mutet in Anbetracht dessen an, was die Literatur der DDR der Justiz der Bundesrepublik vorwarf (*Kleine/Krutzsch* in NJ 1954, S. 71 (74): „Hierin [in der ostdeutschen Rechtspraxis zu den „Staatsverbrechen"] zeigt sich ein grundlegender Unterschied zur Gesetzgebung und Rechtsprechung in Westdeutschland. Dort wurden bewußt unklar gefasste Straftatbestände, uferlose Kautschukbestimmungen geschaffen und durch eine entsprechende Rechtspraxis immer mehr ausgeweitet. An Hand des berüchtigten „Fünf-Broschüren-Urteils" versucht man, allen Gerichten eine Praxis aufzuzwingen, die die westdeutschen Friedenskämpfer, die in der Verteidigung der demokratischen Rechte und Freiheiten in Westdeutschland an erster Stelle stehen, bedingungslos der Justizwillkür des Adenauer-Staates ausliefert. – fest umrissene Tatbestände, klare Rechtsprinzipien werden von der Adenauer-Justiz ebenso wie von der Nazijustiz als Fessel in ihrem Kampf gegen Frieden und Fortschritt empfunden".

1714 Gesetz zum Schutze des Friedens (Friedensschutzgesetz) vom 15. Dezember 1950, GBl. der DDR 1950, S. 1199-1200.

1715 *Schuller* (1968), S. 100.

1716 *Weiß* (in NJ 1951, S. 10 (16)) kommentierte den Anspruch dieses Gesetzes, jeden Deutschen strafrechtlich zur Verantwortung zu ziehen: „Die Schockwirkung, die gerade diese Vorschrift [§ 10 Abs. 3] bei den anglo-amerikanischen Imperialisten und ihren deutschen Handlagern hervorgerufen hat, beweist, daß das Gesetz mit der Aufstellung dieses Grundsatzes das Richtige getroffen hat".

Die einzige im behandelten Zeitraum veröffentlichte Entscheidung[1717] zum Friedensschutzgesetz, welche in einem Verfahren gegen Angehörige der westdeutschen „Kampfgruppe gegen Unmenschlichkeit" ergangen war, stützte sich unter anderem auf § 10 Abs. 3 Friedensschutzgesetz, da die „Straftaten" nicht auf dem Territorium der DDR begangen worden waren.[1718] Das Gericht stellte in diesem Urteil fest, dass bei der gleichzeitigen Verwirklichung von Art. 6 Abs. 2 der Verfassung die Vorschrift des § 73 StGB (Tateinheit) nicht anwendbar sei, da das Friedensschutzgesetz „in Übereinstimmung" mit Art. 5 und 6 der Verfassung ergangen sei und daher die Strafe beiden Gesetzen zu entnehmen sei.[1719] Ein näheres Eingehen auf das Friedensschutzgesetz erscheint nicht ergiebig, da es in der Rechtsprechung der fünfziger Jahre keine Bedeutung hatte.

2. Die Rechtsprechung zum Wirtschaftstrafrecht
a. SMAD-Befehl 160
aa. Der ursprüngliche Inhalt der Strafnorm

Der SMAD-Befehl Nr. 160 vom 03. Dezember 1945 drohte für Sabotage und Diversionshandlungen Gefängnis bis zu 15 Jahren und in besonders schweren Fällen die Todesstrafe an. Die Vorschrift bereitete insofern Schwierigkeiten, als sie niemals in der russischen Originalfassung veröffentlicht worden war und die deutschen Übersetzungen teilweise voneinander abwichen.[1720] Auch in der Literatur der SBZ aus dem Jahr 1947 kann man lesen, „daß die Übersetzung der Befehle oft ungenau oder unklar ist, so daß in jedem einzelnen Falle versucht werden muß, den tatsächlichen Willen der SMAD zu erforschen".[1721]
So lautet beispielsweise die für die Provinz Sachsen veröffentlichte Fassung:

> „3. Dezember 1945 Nr. 160 (Auszug) Berlin
>
> Betr.: Verantwortung für Sabotage und Attentate
> Zum Zwecke der Verhinderung von verbrecherischen Handlungen einzelner Personen, die auf die Sprengung des wirtschaftlichen Aufbaues, der von den deutschen Selbstverwaltungsorganen geschaffen worden ist, gerichtet sind, BEFEHLE ICH:

1717 OG, Urteil vom 14. Mai 1962, AZ: 1 Zst (I) 5/52, NJ 1952, S. 369 f.

1718 *Schuller* (1968) sieht in der Möglichkeit, Taten außerhalb der DDR zu bestrafen, die „praktische Bedeutung" dieses Gesetzes (S. 101).

1719 OG, NJ 1952, S. 369 (370). In dem betreffenden Urteil fand § 6 Abs. 2 des Friedensschutzgesetzes Anwendung, der die Anwendung der Todesstrafe ermöglichte. Die ausgesprochenen Strafen sind jedoch an der angegebenen Stelle nicht veröffentlicht.

1720 *Schuller* (1968), S. 5; *Schuller* (1980), S. 8 f. (Einige der in den einzelnen Ländern und Provinzen veröffentlichten Fassungen sind hier wiedergegeben), S. 237; *Weinreich*, S. 300 f.

1721 *Ristow* in NJ 1947, S. 125.

1. Personen, die bei Attentaten, die auf die Sprengung der wirtschaftlichen Maßnahmen der Organe der deutschen Selbstverwaltung oder der deutschen Verwaltungen gerichtet sind, überführt werden, sind mit Gefängnis bis zu 15 Jahren und in besonders schweren Fällen mit dem Tode zu bestrafen;
2. die gleichen Strafen treffen Personen, die an Sabotageakten schuldig sind, die gegen die Arbeit von Unternehmen, auf ihre Beschädigung oder Vernichtung gerichtet sind.“ [1722]

In der NJ wurde im Jahr 1947 ein Artikel veröffentlicht, welcher Gesichtspunkte aufzeigte, die von den Gerichten bei der Auslegung des Befehls zu beachten waren.[1723] Demnach ging beispielweise aus dem Strafrahmen hervor, dass nur „an umfangreiche Schäden gedacht“ sei und dass „die Pflichtverletzung [...] den wirtschaftlichen Aufbau in mehr als geringfügiger Weise beeinträchtigt haben“ musste, und in anderen Fällen nur nach den anderen gesetzlichen Bestimmungen bestraft werden sollte.[1724]

Zu erläutern war auch das subjektive Tatbestandsmerkmal der Böswilligkeit, welches in den meisten Übersetzungen des SMAD-Befehls nicht vorkam.[1725] „Böswilligkeit“ setzte danach „einen auf böser Gesinnung beruhenden Ungehorsam voraus“.[1726] Nicht zur Anwendung kommen sollte die Strafvorschrift, für deren Anwendung schon bedingter Vorsatz des Täters genügte, demnach bei Verstößen, „die aus wirtschaftlicher Not, menschlicher Schwäche, Dummheit oder Unüberlegtheit vorgenommen werden“ oder bei Taten aus „nicht verwerflichen Motiven“, wie etwa dem „Mitleid für Kranke oder Flüchtlinge“.[1727] „Böswilligkeit“ lag dagegen beispielsweise bei demjenigen vor, welcher „aus einer feindlichen Einstellung gegen die Besatzungsmacht oder die demokratische deutsche Regierung handelt[e]“, oder „in Fällen von Gewinnsucht und Habgier“.[1728]

bb. Die Handhabung der Strafnorm seit Gründung der DDR

Das OLG Potsdam erklärte in einem Urteil vom März 1950[1729] auch die Verhängung einer Zuchthausstrafe aufgrund von Befehl Nr. 160 für zulässig, obwohl die Übersetzung bis dahin lediglich von „Gefängnis“ sprach.[1730] Das OLG be-

---

1722 VO-Blatt für die Provinz Sachsen Nr. 8 vom 22.12.1945, S. 4 (zitiert nach *Schuller* (1980), S. 8 f).
1723 *Ristow* in NJ 1947, S. 125-129
1724 *Ristow* in NJ 1947, S. 126.
1725 *Weinreich*, S. 301.
1726 *Ristow* in NJ 1947, S. 126.
1727 *Ristow* in NJ 1947, S. 126.
1728 *Ristow* in NJ 1947, S. 126.
1729 OLG Potsdam, Urteil vom 21. März 1951, AZ: 3. Ss17/50, NJ 1950, S. 177-178.
1730 So schon *Weinreich*, S. 302.

gründet seine Auffassung damit, dass der Gesetzgeber „offensichtlich von dem sowjetischen Strafensystem ausgegangen" sei, welches nur eine Form von Freiheitsstrafe kenne, es jedoch eine Anomalie sei, wenn „für die schwersten Wirtschaftsverbrechen (neben der möglichen Todesstrafe) nicht die schwerste Freiheitsstrafe, sondern nur die mildere Freiheitsstrafe des deutschen Rechts verhängt werden" könne.[1731]

Die Fassung von Befehl Nr. 160, die das OG seinem Urteil vom April 1950[1732] zu Grunde legte und die von nun an – unter Fortfall des Sabotagebegriffs und des Merkmals der Böswilligkeit – als maßgeblich festgelegt war[1733], lautete wie folgt:

> „Personen, die sich Übergriffe zuschulden kommen lassen, die eine Durchkreuzung der wirtschaftlichen Maßnahmen der deutschen Selbstverwaltungsorgane bezwecken, werden zu Freiheitsstrafen bis zu 15 Jahren und in besonders schweren Fällen zum Tode verurteilt."[1734]

Mit der Übersetzung „bezwecken" brachte das OG zum Ausdruck, „daß der erstrebte Erfolg der Tat nicht eingetreten zu sein braucht"[1735]. *Schuller* hält es zu Recht für einen Verstoß gegen den Grundsatz *nulla poena sine lege,* dass ein Strafgesetz erst von dem erkennenden Gericht entwickelt wurde und beklagt die mangelnde Bestimmtheit von Begriffen wie „Übergriffe" oder „Durchkreuzung".[1736]

In einem im Dezember 1950 ergangenen Urteil entschied – wiederum durch den 1. Strafsenat – das OG[1737], dass es zur Erfüllung des subjektiven Tatbestandes nicht der Feststellung eines Moments der Böswilligkeit bedurfte, und es zur Erfüllung des subjektiven Tatbestands genüge, „daß der Täter, sei es auch aus rein persönlichen Gründen, eine objektiv wirtschaftsgefährdende Handlung begeht und hierbei die erkannte Gefährdung des Wirtschaftslebens in Kauf nimmt".

Ein Urteil des Kreisgerichts Pasewalk[1738] vom April 1953 belegt, dass über die Anwendung von Befehl Nr. 160 nicht nur Personen bestraft wurden, die konkrete wirtschaftliche Maßnahmen gefährdet hatten, sondern dass bereits allgemein die Schädigung des wirtschaftlichen Aufbaus genügte. In dem konkreten

---

[1731] OLG Potsdam, NJ 1950, S. 177.
[1732] OG (1. Strafsenat), Urteil vom 29. April 1950, AZ: 1 Zst. (I) 1/50, OGSt 1, S. 7 ff.
[1733] *Schuller* (1980), S. 237. *Schuller* (1968), S. 5.
[1734] OGSt 1, S. 18 f.
[1735] OGSt 1, S. 30.
[1736] *Schuller* (1980), S. 238.
[1737] OG (1. Strafsenat), Urteil vom 08. Dezember 1950, AZ: 1 Zst. (I) 2/50, OGSt 1, S. 44 ff.
[1738] Das Urteil vom 24. April 1953 ist abgedruckt in: *Untersuchungsausschuß Freiheitlicher Juristen*, Unrecht als System Teil II, S. 250-252.

Fall wurde ein Rechtspfleger, „der in einer Zeit von drei Monaten nur eine Arbeitsleistung von einer Woche vollbrachte", als „Arbeitsbummelant" wegen einer „Sabotagehandlung"[1739] zu einer Zuchthausstrafe von zwei Jahren und sechs Monaten verurteilt. In den Gründen heißt es unter anderem:

> „Bei seinen Handlungen hat der Angeklagte vorsätzlich gehandelt. Er war verpflichtet, durch seine Tätigkeit zur Festigung und Entwicklung der gesellschaftlichen Verhältnisse und Einrichtungen unseres Staates beizutragen. Sein passives Verhalten richtete sich gegen die gesellschaftliche Notwendigkeit, aktiv beim Aufbau des Sozialismus als Angestellter des öffentlichen Dienstes tätig zu werden und gefährdet damit unsere volksdemokratische Ordnung. Er wusste, daß er durch die Nichtbeitreibung der Geldstrafen und durch die Nichtvollstreckung der Freiheitsstrafen den wirtschaftlichen Aufbau schädigte. Es liegt somit ein Verbrechen gem. Befehl 160 der SMAD vom 3. Dezember 1945 vor. [...] Der Angeklagte hat [...] durch seine Unterlassungen unserer sozialistischen Wirtschaft einen Schaden zugefügt, indem er etwa 23 000,- DM Geldstrafen nicht beitrieb. [...] Der Kampf um die Wiederherstellung der Einheit unseres Vaterlandes fordert gebieterisch, daß solche Elemente, die unsere Staatsorgane diskriminieren und in Verruf bringen, die ganze Härte des Gesetzes zu spüren bekommen."[1740]

Zur Anwendung kam diese Vorschrift bei weiteren verschiedenen Arten von Verstößen gegen wirtschaftliche Anordnungen, wie beispielweise der planwidrigen Produktion von 2,4 Millionen Pfeifen aus 800 Buchenstämmen[1741] oder der Nichterfüllung des Ablieferungssolls durch einen Landwirt.[1742]

Der Befehl Nr. 160 wurde am 06. August 1954 außer Kraft gesetzt.[1743] *Schuller* kommt in seiner grundlegenden Untersuchung zu dem Ergebnis, dass sich „die Justiz [...] mit ihrer Auslegung einigermaßen in dem durch den Wortlaut gegebenen Rahmen [hielt], wenn man angesichts von dessen Weite überhaupt noch von einem solchen sprechen" könne. Diese Auslegung sei jedoch stets zuungunsten des Täters ausgefallen.[1744]

1739 Kreisgericht Pasewalk, abgedruckt in: *Untersuchungsausschuß Freiheitlicher Juristen*, Unrecht als System Teil II, S. 251.

1740 Kreisgericht Pasewalk, abgedruckt in: *Untersuchungsausschuß Freiheitlicher Juristen*, Unrecht als System Teil II, S. 252.

1741 Bezirksgericht Suhl, Urteil vom 09. Januar 1953, AZ: II Ks 95/52, NJ 1953, S. 87.

1742 Bezirksgericht Rostock, Urteil vom 17. Dezember 1952, AZ: III Ns 148/52, NJ 1953, S. 87 f.

1743 *Schuller* (1980), S. 105.

1744 *Schuller* (1980), S. 238.

b. Die Wirtschaftsstrafverordnung
aa. Der Inhalt der Wirtschaftsstrafverordnung

Nachdem in der SBZ zunächst das Kriegswirtschaftsstrafrecht weitergegolten hatte, wurde im September 1948, „um die Grundlagen der neuen demokratischen Wirtschaftsordnung zu festigen, das Verantwortungsbewusstsein des für die Wiederherstellung und Entwicklung der Friedenswirtschaft tätigen Volkes zu erhöhen und um die bisher bei der Verfolgung von Verstößen gegen die Wirtschaftsordnung noch angewandten Strafgesetze durch einheitliche, dem Geiste der demokratischen Wirtschaft entsprechende Strafgesetzgebung zu ersetzen“[1745], die sogenannte Wirtschaftsstrafverordnung (WStVO) erlassen.[1746]

Ähnlich wie § 1 Abs. 1 KriegswirtschaftsVO[1747] stellte § 1 Abs. 1 WStVO verschiedene vorsätzliche Handlungsweisen unter Strafe durch die der Täter „die Durchführung der Wirtschaftsplanung oder die Versorgung der Bevölkerung“ gefährdete. Das OG entschied 1950, dass die Gefährdung eingetreten sein musste – § 1 Abs. 1 war demnach ein konkretes Gefährdungsdelikt – und dass sich der Vorsatz des Täters auch auf die Gefährdung beziehen musste.[1748]

In der ursprünglichen Fassung der Norm war bei der Erfüllung des § 1 Abs. 1 – als dem mit der höchsten Strafe bewährten Delikt der VO – Zuchthaus und Vermögenseinziehung vorgesehen, in minderschweren Fällen war gem. Abs. 2 die Verhängung von Gefängnis- und Geldstrafen möglich. In der Fassung der WStVO vom Oktober 1953 wurde die Vermögenseinziehung neben der zwingend vorgeschriebenen Zuchthausstrafe fakultativ.[1749]

Besondere Beachtung verdient auch § 10 Abs. 1 WStVO. Danach konnte die Vermögenseinziehung oder Geldstrafen nach den Vorschriften der §§ 1 bis 4 und 6 bis 9 WStVO auch gegen Inhaber oder Leiter von gewerblichen oder land- und forstwirtschaftlichen Betrieben verhängt werden, „wenn diese nicht nachweisen, daß sie die im Verkehr erforderliche Sorgfalt zur Verhütung der strafbaren Handlung angewendet haben“. Damit war der Strafjustiz auch eine Möglichkeit gegeben worden, Privatleute – wie beispielsweise Kleinbauern - zu enteignen, wenn sie im konkreten Fall das vom Gesetz vermutete Verschulden nicht widerlegen konnten.[1750] Gemäß § 16 Abs. 1 WStVO konnten auch „die

[1745] Präambel der WStVO vom 23. September 1948.

[1746] VO über die Bestrafung von Verstößen gegen die Wirtschaftsordnung (Wirtschaftsstrafverordnung), vom 23. September 1948, ZVOBl. 1948, S. 439 (auszugsweise abgedruckt bei *Weinreich*, S. 543-548), geändert durch VO vom 29. Oktober 1953, GBl. der DDR, S. 1077-1078.

[1747] Siehe die Kapitel D II 2 d und D II 3 b.

[1748] OG (2. Strafsenat), Urteil vom 21. September 1950, AZ: 2 Zst. 33/50, OGSt 1, S. 257.

[1749] Art. I Nr. 1 der VO vom 29. Oktober 1953, GBl. der DDR, S. 1077.

[1750] Ein Beispiel für die Anwendung des § 10 WStVO wegen der fahrlässigen Brandstiftung eines Arbeiters ist das Urteil des AG Crimmitschau vom 26. Juli 1950, AZ: Ls. 5/50, NJ 1950, S. 356 (mit Besprechung von *Reinartz*).

Gegenstände, auf die sich die strafbare Handlung bezieht oder die zu einer solchen Handlung benutzt worden sind, ohne Rücksicht auf Eigentumsverhältnisse und sonstige Rechte Dritter eingezogen werden".

bb. Die Rechtsprechung zur Wirtschaftstrafverordnung

Von einem Kreisgericht wurden 1953 beispielsweise zwei Teilhaber einer OHG aufgrund von § 1 Abs. 1 Nr. 3 WStVO zu Zuchthausstrafen von zwei Jahren bzw. einem Jahr und zwei Monaten sowie jeweils zur Einziehung ihres Vermögens verurteilt und darüber hinaus das Betriebsvermögen gemäß § 16 WStVO eingezogen.[1751] Die Angeklagten hatten in dem von ihnen betriebenen Sägewerk in mehreren Fällen über die genehmigte Menge hinaus Holz geschnitten. Durch Annahme und Verarbeitung der nicht genehmigten Menge hätten die Angeklagten nach Ansicht des Kreisgerichts „Rohstoffe entgegen dem ordnungsmäßigen Wirtschaftsablauf beiseite geschafft". Eine Gefährdung der Wirtschaftsplanung sei eingetreten, „weil die Handlung im Zusammenhang mit den augenblicklichen Verhältnissen betrachtet werden" müsse. Die Menge von insgesamt „ca. 30 bis 40 fm Holz" erschien dem Kreisgericht zwar durchaus „gering", aufgrund „der Schwierigkeiten mit Nutzholz" sei sie jedoch erheblich, weshalb das Gericht nicht einen minderschweren Fall annehmen wollte. Die Maßnahme nach § 16 WStVO wurde damit begründet, dass den Angeklagten die Möglichkeit genommen werden müsse, nochmals eine derartige Handlung zu begehen.

Das LG Dresden verurteilte[1752] 1950 einen Landwirt aufgrund der §§ 1, 6 WStVO zu vier Jahren Zuchthaus und Vermögenseinziehung, weil er seinen Hof nicht ordnungsgemäß bewirtschaftet habe. Ein Bäcker wurde vom Kreisgericht Wittenberg 1953 gemäß § 1 Abs. 1 WStVO zu einer Zuchthausstrafe von vier Jahren, einer Geldstrafe von 5000 Mark und Vermögenseinziehung verurteilt, weil er über ein halbes Jahr hinweg monatlich etwa 10 bis 15 Pfund Roggenmehl an Kunden verkauft hatte, das ihm zur Brotherstellung zugewiesen war, und damit „Gegenstände, die wirtschaftlichen Leistungen zu dienen bestimmt sind, ihrem bestimmungsmäßigen Gebrauch" entzogen habe.

Der Zeitpunkt der Vollendung des § 1 Abs. 1 WStVO wurde seit einer Entscheidung des OG[1753] vom Dezember 1950 weit vorverlagert. Bereits das Auf-

---

[1751] Kreisgericht Herzberg/Elster, Urteil vom 19. Mai 1953, AZ: K II 79/ 53 bzw. 2 Ds 54/53, abgedruckt in *Untersuchungsausschuß Freiheitlicher Juristen*, Unrecht als System Teil II, S. 154 f.

[1752] LG Dresden, Urteil vom 17. Mai 1950, AZ: 9 Kls 17/50, NJ 1950, S. 359 ff. Weitere Urteile zur WStVO aus dem Jahr 1950 finden sich in NJ 1950, S. 173 ff.

[1753] OG (2. Strafsenat), Urteil vom 14. Dezember 1950, AZ: 2 Zst 66/50, NJ 1951, S. 130 f. Dazu *Benjamin*, NJ 1951, S. 150 (153).

sammeln von Metall mit der Absicht, dieses später in West-Berlin zu verkaufen wurde als Beiseiteschaffen im Sinne dieser Strafnorm angesehen.[1754]

Schuller kommt zu dem Ergebnis, dass der „Staatsschutzcharakter der WStVO“ durch eine häufigere Anwendung des § 1 Abs. 2 (minderschwerer Fall) später – ab ca. 1953 – entfallen sei.[1755] Dies wird auch in dem im September 1953 erschienenen Aufsatz von Generalstaatsanwalt *Melsheimer* bestätigt, wo dieser eine differenziertere Anwendung der WStVO und die verstärkte Anwendung des „minderschweren Falls“ fordert.[1756] Eine Abmilderung der Vorschrift geschah schließlich auch durch die bereits erwähnte Änderung, welche die Vermögenseinziehung bei Vorliegen des § 1 Abs. 1 nicht mehr zwingend vorschrieb.

c. Das Gesetz zum Schutze des innerdeutschen Handels

aa. Der Inhalt des HSchG

Das Gesetz zum Schutze des innerdeutschen Handels[1757] (HSchG) erging im April 1950. Im November 1951 wurde in der NJ darauf hingewiesen, dass dieses Gesetz „bei den Justizfunktionären [...] noch nicht genügend bekannt ist oder in seiner politischen Bedeutung unterschätzt wird“.[1758] Erlassen wurde das Gesetz seiner Präambel nach, um „den Handel gegen jeden zersetzenden Einfluß zu sichern“. Insbesondere „die politische Lage Berlins“ sei ausgenutzt worden, um von hier den Aufbau der ostdeutschen Wirtschaft zu erschweren. Eine „umfassende Kontrolle der Warenbewegung“ sei notwendig gewesen, „um derartige Sabotageversuche künftig unmöglich zu machen und den innerdeutschen Handel zu fördern“.[1759] *Stegmann* und *Grube* bemerken darüber hinaus 1951 zum politischen Stellenwert des HSchG:

> „Jede Ware, die auf den vorbezeichneten Wegen aus unserem Gebiet abfließt, verursacht einen mehrfachen Schaden. Zunächst entfällt sie für den Aufbau unserer Friedenswirtschaft und fehlt als Rohstoff oder Erzeugnis bei der Erfüllung unseres Volkswirtschaftsplanes. Die weitere Folge, die in ihrer Bedeutung noch längst nicht genügend erkannt ist, besteht darin, daß jede illegal nach dem Westen gehende Ware dort dem Aufbau einer Kriegswirtschaft und damit der unmittelbaren Vorbereitung eines neuen Krieges dient. Jede, auch die kleinste Menge Buntmetall, die illegal nach Westberlin und damit in den Machtbereich der westlichen Kriegstreiber gelangt, soll, so

---

[1754] Zur Bedeutung der vorgenannten Entscheidung bereits *Schuller* (1968), S. 24,.
[1755] *Schuller* (1980), S. 106.
[1756] *Melsheimer* in NJ 1953, S. 576 (577 f.). Siehe zu *Melsheimers* Beitrag, der ca. drei Monate nach dem Beschluss des „Neuen Kurses“ erschien, auch unten Kapitel D III 2 d bb.
[1757] Gesetz vom 21. April 1950, GBl. der DDR, S. 327-328.
[1758] *Grube/Stegmann* in NJ 1951, S. 498.
[1759] Präambel des HSchG, GBl. der DDR 1950, S. 327.

> wollen es jene reaktionären und menschheitsfeindlichen Kräfte, später als Granate o-der als anderes Massenvernichtungswerkzeug auf uns zurückkommen."[1760]

Wenn Waren im Widerspruch zu den vom „Ministerium für innerdeutschen Handel, Außenhandel und Materialversorgung" aufgestellten Bestimmungen befördert wurden, hatte diese Behörde Waren und „die zu ihrer Beförderung benutzten Transportmittel [...] entschädigungslos zu Gunsten der Deutschen Demokratischen Republik einzuziehen" und konnte darüber hinaus Strafen bis zum zehnfachen Wert der eingezogenen Waren verhängen (§ 1 Abs. 3 HSchG).

§ 2 Abs. 1 S. 1 HSchG drohte als Strafvorschrift für „Transporte von Waren entgegen den Bestimmungen des § 1 und den hierzu ergangenen Ausführungsbestimmungen" Gefängnis nicht unter drei Jahren an. Die Strafverfolgung erfolgte nach § 2 Abs. 1 S. 2 auf Antrag des Amtes für Kontrolle des Warenverkehrs. In besonders schweren Fällen (§ 2 Abs. 2 HSchG) war die Strafe Zuchthaus nicht unter fünf Jahren und Vermögenseinziehung. An das Vorliegen eines besonders schweren Falles waren keine besonders hohen Anforderungen gestellt, denn er lag „insbesondere vor" bei: Der ungesetzlichen Beförderung von Waren mit eigens zu diesem Zweck bereitgestellten Fahrzeugen, der Beförderung unter Umgehung der festgelegten Kontrollpunkte, der Unterhaltung von Warenlagern zu diesen ungesetzlichen Zwecken, der Fälschung, Verfälschung oder missbräuchlichen Benutzung von Warenbegleitscheinen, der gewerbsmäßigen Begehung oder „wenn die unerlaubten Transporte Geld, Wertpapiere, Edelsteine, Kunstgegenstände, Schmucksachen oder solche Sachen betreffen, die vom Amt für Kontrolle des Warenverkehrs in einer besonderen Liste unter Hinweis auf dieses Gesetz aufgeführt worden sind".

§ 6 Abs. 1 HSchG verpflichtete jeden, der von Verstößen im Rahmen seiner Berufsausübung Kenntnis erhielt, dies unverzüglich persönlich anzuzeigen. Wer „vorsätzlich oder fahrlässig" eine Anzeige unterließ wurde gemäß § 6 Abs. 2 HSchG mit Gefängnis oder Geldstrafe bestraft.

bb. Die Rechtsprechung zum HSchG

In dem bereits angesprochenen NJ-Artikel[1761] beklagen die Verfasser, dass „das Gesetz trotz Vorliegens eines seiner Tatbestände nicht angewandt wird, und zum anderen [...], daß beim Vorliegen der Tatbestände des § 2 Abs. 2 (besonders schwere Fälle) mit scheinwissenschaftlichen Darlegungen ein Normalfall im Sinne des § 2 Abs. 1 angenommen wird".[1762] Einige Gerichte – genannt werden das OLG Halle[1763] und das OLG Erfurt[1764] – hätten, wie aus Entscheidung des

---

[1760] *Grube/Stegmann* in NJ 1951, S. 498.
[1761] *Grube/Stegmann* in NJ 1951, S. 498-500.
[1762] NJ 1951, S. 498.
[1763] Urteil vom 10. April 1951, AZ: Ss 70/51.

OG hervorgeht, beispielsweise für die Erfüllung von § 2 HSchG das Tatbestandsmerkmal der Gefährdung der Wirtschaft verlangt und damit unter Nichtbeachtung der Präambel – um die in § 2 angedrohten hohen Strafen zu umgehen – den Wirkungskreis des Gesetzes unberechtigt eingeengt.[1765] Bei der Anwendung des HSchG sei – so die Kommentierung in der NJ - nicht nur dessen Sinn und Zweck, sondern auch die „gegenwärtige politische und wirtschaftliche Situation zu berücksichtigen".[1766]

Die bei der Anwendung der WStVO bereits festgestellte Tendenz wird auch beim HSchG sichtbar, da „nicht nur die vollendete Tat, sondern bereits das Unternehmen unter Strafe" gestellt wurde. Ein Unternehmen der Tat soll bereits vorgelegen haben, „wenn mit den ersten Anfängen des Angriffs gegen die Warenbewegung begonnen worden ist".[1767] Das OG entschied, dass „als Unternehmen im Sinne des Gesetzes [...] jedes Verhalten anzusehen [ist], das dazu beiträgt, Waren der Kontrolle durch die dafür zuständige Stelle zu entziehen".[1768] *Schuller* weist zu Recht darauf hin, dass damit „jede Form der Beteiligung begrifflich ausgeschlossen und der Täterschaft gleichgesetzt" wurde.[1769]

Als „Waren" im Sinne des § 2 HSchG seien auch gebrauchte Gegenstände anzusehen gewesen[1770] und ebenso die Produktionsmittel eines Unternehmers, der diese nach Westberlin verlagern möchte, um seinen Betrieb dort neu aufzubauen. Der „Warencharakter" sei, obgleich die Produktionsmittel nicht veräußert werden sollten, „aus ihrer Zweckbestimmung – Instrumente zur Produktion von Waren – abzuleiten.[1771]

Zur Bejahung der Gewerbsmäßigkeit im Sinne des § 2 Abs. 2 Nr. 6 HSchG – die vorliegen sollte, „wenn eine strafbare Handlung mit dem Willen begangen wird, die Handlung zu wiederholen und sich aus der wiederholten Begehung eine Einnahmequelle zu verschaffen" – sollte nach dem OG „unter Umständen [...] auch eine einzelne Handlung aus[reichen], wenn sie von einem in diesem Sinne auf Wiederholung gerichteten Willen getragen ist".[1772]

1764 Urteil vom 02. Februar 1951, AZ: (2) V L Rev 15/51.

1765 So das OG in einer Kassationsentscheidung: Urteil vom 12. Juli 1951, AZ: 2 Zst 21/51, NJ 1951, S. 511 (512). Auf diese Entscheidung bezugnehmend: *Grube/Stegmann* in NJ 1951, S. 498 (499).

1766 *Grube/Stegmann* in NJ 1951, S. 498 (499).

1767 *Grube/Stegmann* in NJ 1951, S. 498 (499). Dazu auch schon das Kammergericht, Urteil vom 11. Juli 1951, AZ: 1 Ss 82/51, NJ 1951, S. 428 ff. Siehe auch *Schuller* (1968), S. 10 f.

1768 OG, Urteil vom 12. Juli 1951, AZ: 2 Zst 18/51, NJ 1951, S. 512 (513).

1769 *Schuller* (1980), S. 15.

1770 *Grube/Stegmann* in NJ 1951, S. 498 (499) mit Verweis auf das Urteil des Kammergerichts vom 11. Juli 1951, AZ: 1 Ss 82/51, NJ 1951, S. 428 ff.

1771 *Grube/Stegmann* in NJ 1951, S. 498 (500).

1772 OG, Urteil vom 29. März 1951, AZ: 2 Zst 5/51, wiedergegeben nach *Grube/Stegmann* in NJ 1951, S. 498 (500).

Weinreich stellt in ihrer Untersuchung ohne Benennung von Quellen fest, dass es nach erneuten Anleitungen durch das OG „vor allem nach den Ereignissen des 17. Juni 1953 zu einer wesentlich restriktiveren Anwendung des Gesetzes" gekommen sei.[1773] Generalstaatsanwalt *Melsheimer* sprach sich jedoch – entgegen der bisherigen harten Linie - bereits im September 1953 dafür aus, dass dieses Gesetz „nur Anwendung finden darf bei schweren Verbrechen gegen den innerdeutschen Handel".[1774] Alle Verstöße, welche die hohe Mindeststrafe dieses Gesetzes nicht rechtfertigen würden, müssten von nun an nach der WStVO oder anderen Vorschriften behandelt werden. Insbesondere sei „mit der Kassationspraxis der Obersten Staatsanwaltschaft Schluß gemacht worden, die früher eifrig bestrebt war, auch in Fällen von geringer Bedeutung die Anwendung des Handelsschutzgesetzes zu erreichen".[1775]

d. Das VESchG
aa. Der Inhalt des VESchG

„Zum Schutze des staatlichen und genossenschaftlichen Eigentums [...] und zum Schutze des Eigentums gesellschaftlicher Organisationen"[1776] wurde im Oktober 1952 das VESchG erlassen.[1777] Die Tatbestände der WStVO seien nämlich „für sich allein nicht geeignet [gewesen], einen Angriff auf das Volkseigentum in seiner ganzen Bedeutung für [die] gesellschaftliche Entwicklung zu erfassen".[1778] *Benjamin* zu Folge standen „Verbrechen gegen das Volkseigentum ihrer Schwere nach neben den Verbrechen gegen [den] Staat".[1779]

Sein § 1 Abs. 1 drohte für Diebstahl, Unterschlagung oder sonstigem Beiseiteschaffen von staatlichem oder genossenschaftlichem Eigentum bzw. dem Eigentum von gesellschaftlichen Organisationen[1780] Zuchthaus von einem bis zu

---

[1773] *Weinreich*, S. 311.
[1774] *Melsheimer* in NJ 1953, S. 576 (577). Siehe zu *Melsheimers* Beitrag auch unten Kapitel D III 2 d bb.
[1775] *Melsheimer* in NJ 1953, S. 576 (577).
[1776] Präambel des VESchG, GBl. der DDR 1952, S. 982.
[1777] Gesetz zum Schutze des Volkseigentums und anderen gesellschaftlichen Eigentums vom 02. Oktober 1952, GBl. der DDR 1952, S. 982.
[1778] *Braune* in StuR 1953, S. 250 (254).
[1779] *Benjamin* zitiert in NJ 1953, S. 61 (62) darüber hinaus *Stalin*, der 1926 gesagt haben soll: „Wenn man einen Spion oder Verräter fängt, dann ist die Empörung der Gesellschaft grenzenlos, und sie verlangt seine Erschießung. Aber wenn ein Dieb unter den Augen aller handelt, das Volksgut stielt, dann beschränkt sich das ihn umgebende Publikum auf ein gutmütiges Lächeln und Schulterklopfen. Aber dabei ist es doch klar, daß der Dieb, der gesellschaftliches Gut stiehlt und die Interessen der Volkswirtschaft untergräbt, genau solch ein wenn gar nicht noch ein schlimmerer Verräter und Spion ist". Zur besonderen Rolle des sozialistischen Eigentums und den Eigentumsformen in der DDR siehe *Weinreich*, S. 321 ff.
[1780] Gesellschaftliche Organisationen waren die Parteien und die sogenannten Massenorganisationen.

fünf Jahren an. Dieselbe Strafe traf denjenigen, der einen Betrug zum Nachteil des oben genannten Eigentums beging (§ 1 Abs. 2 VESchG). Drei bis fünfzehn Jahre Zuchthaus standen auf Urkundenfälschung oder Untreue zum Nachteil des genannten Volkseigentums oder anderen gesellschaftlichen Eigentums (§ 2 Abs. 1 VESchG) bzw. auf bestimmte Fälle der Begehung von Straftaten gem. § 1 (§ 2 Abs. 2 VESchG). In § 3 VESchG war geregelt, dass bei besonders erschwerenden Umständen in den Fällen der §§ 1 und 2 auf Zuchthaus von zehn bis 25 Jahren und Vermögenseinziehung zu erkennen war. § 4 drohte für die unterlassene Anzeige von Straftaten nach den §§ 2 und 3 Gefängnis von sechs Monaten bis zu drei Jahren an.

bb. Die Rechtsprechung zum VESchG

Benjamin, zu diesem Zeitpunkt Vizepräsidentin des OG, kritisierte im Februar 1953 die bisherige Rechtsprechung zum Schutz des Volkseigentums scharf.[1781] So habe beispielsweise das Bezirksgericht Erfurt vier Angeklagte, die durch „Sabotage zum Schaden des Volkseigentums" einen Schaden von viereinhalb Millionen Mark angerichtet hatten, zu Zuchthausstrafen von eineinhalb bis drei Jahren verurteilt. Das Gericht habe „die Verbrechen der Angeklagten zwar richtig als Sabotage und Untreue gegenüber dem Volkseigentum gekennzeichnet"[1782], dazu stehe die Bemessung der Strafe jedoch „in offenem Widerspruch".[1783] Dieses Urteil wurde im Strafausspruch auf Protest des Staatsanwalts durch das OG aufgehoben und an das Bezirksgericht Erfurt zurückverwiesen.[1784]

Überaus hart waren jedoch trotz Verhängung der Mindeststrafe Urteile wie das des Kreisgerichts Wolgast, das gegenüber dem ersten Angeklagten für den Diebstahl von neun leeren Säcken einer bäuerlichen Handelsgenossenschaft und gegenüber dem zweiten Angeklagten wegen „Beiseiteschaffens" von zwei dieser Säcke jeweils die Strafe von einem Jahr Zuchthaus aussprach.[1785] Ebenfalls drakonisch verurteilte das Kreisgericht Greifswald im Februar 1953 einen Vater von sieben Kindern wegen des Dienstahls einer Wurst aus eine HO-Verkaufsstelle zu einem Jahr Zuchthaus.[1786] Dieselbe Strafe verhängte das Stadtbezirksgericht Pankow in einer Entscheidung, die von der HO-Bezirksverwaltung an alle „HO-Kreisbetriebe Lebensmittel, Industriewaren

---

[1781] *Benjamin* in NJ 1953, S. 61 ff.

[1782] Das Bezirksgericht sah in dem Verhalten der Angeklagten „ein fortgesetztes Verbrechen der Sabotage (Befehl Nr. 160) in Tateinheit mit Untreue (§ 266 StGB)", NJ 1953, S. 79.

[1783] *Benjamin* in NJ 1953, S. 61 (62).

[1784] OG, Urteil vom 29. Januar 1953, AZ: 2 Ust II 9/53, NJ 1953, S. 79 f.

[1785] Kreisgericht Wolgast, Urteil vom 13. Januar 1953, AZ: 1 Ds 18/53, in *Untersuchungsausschuß Freiheitlicher Juristen*, Unrecht als System Teil II, S. 175.

[1786] Kreisgericht Greifswald, Urteil vom 24. Februar 1953, AZ: K III 39/53 Grei bzw. 2 Ds 42/53, in *Untersuchungsausschuß Freiheitlicher Juristen*, Unrecht als System Teil II, S. 176.

Gaststätten" übersandt wurde, gegen eine Verkäuferin wegen des Diebstahls von sechs Taschentüchern.[1787]

Die Analyse von Urteilen der Kreis- und Bezirksgerichte zu Verbrechen gegen das Volkseigentum zeige laut *Benjamin*, „daß sich hier genau das gleiche wiederhol[e], was sich bei der Handhabung des Gesetzes zum Schutze des innerdeutschen Handels zeigte und auch [zu diesem Zeitpunkt] noch nicht restlos überwunden [sei]: Die Hemmung das Gesetz in seiner vollen Härte anzuwenden, weil die Schwere des Verbrechens noch nicht erkannt ist".[1788] Dabei weist *Benjamin* auf die „drei [...] typischen Methoden" hin, mit denen die Gerichte den § 2 VESchG verneinen, um die in ihm vorgesehene Mindeststrafe von drei Jahren Zuchthaus zu umgehen[1789]: Zum einen sei dies die Konstruktion eines Fortsetzungszusammenhangs von mehreren Taten, um § 2 Abs. 2 b („mehrfach begangen") zu umgehen, indem das Gericht von einer fortgesetzten Handlung ausgeht.[1790] Zum anderen werde wiederum § 2 Abs. 2 b („durch eine Gruppe von Personen") dadurch umgangen, dass „man offenbare Mittäter zu Gehilfen stempelt, und dann glaubt, annehmen zu können, in diesem Falle sei das Verbrechen nicht von einer Gruppe von Personen begangen".[1791] Drittens werde teilweise nicht berücksichtigt, wenn der Täter im Sinne des § 2 Abs. 2 Nr. a bereits wegen eines Verbrechens gegen gesellschaftliches Eigentum vorbestraft war.

Auch Hauptreferent im MdJ *Reuter* verurteilte im April 1953 die vermeintlich zu milde Praxis einiger Gerichte bei der Anwendung des VESchG.[1792] So zeige es eine bedenkliche Schwäche der Richter, „wenn z.B. das Kreisgericht Erfurt-Ost die Eröffnung des Hauptverfahrens ablehnt, weil es die Tat – es handelt sich um die Entwendung einer Persipanstange durch eine HO-Verkäuferin – als zu „geringfügig" betrachtet". Die Möglichkeit, gemäß den §§ 268 ff. StPO Schadensersatzansprüche gegen die Täter geltend zu machen, sei offenbar eben-

---

[1787] Abgedruckt in *Untersuchungsausschuß Freiheitlicher Juristen*, Unrecht als System Teil II, S. 176.

[1788] *Benjamin* in NJ 1953, S. 61 (63).

[1789] *Benjamin* in NJ 1953, S. 61 (63). Dasselbe kritisiert im April 1953 auch Justizminister *Fechner* in NJ 1953, S. 225 (227).

[1790] Das Vorliegen eines Fortsetzungszusammenhangs wurde z.B. in einem vom Bezirksgericht Schwerin (Urteil vom 16. Dezember 1952, AZ: III 18/52, NJ 1953, S. 58) bejaht. Dies würde aber nach Ansicht des verurteilenden Gericht nicht ausschließen, „daß jede einzelne Handlung ein Verbrechen darstellt, so daß der Angeklagte wegen mehrfach begangenen Diebstahls am Volkseigentum zu bestrafen war".

[1791] Das OG entschied in seinem Urteil vom 12. Februar 1953 (AZ: 2 Ust III 19/53, NJ 1953, S. 144), dass für das Vorliegen einer Gruppe im Sinne des VESchG bereits zwei Personen ausreichen, die in irgendeiner Weise Beteiligte waren, sei es als Mittäter, Anstifter oder Gehilfe.

[1792] *Reuter* in NJ 1953, S. 231. Auch *Böhme* schreibt in NJ 1954 (S. 75), dass die Anwendung des VESchG durch die Gerichte „zunächst in keiner Weise dem Zweck, der mit diesem Gesetz verfolgt wurde" entsprochen hätte. Auch im Jahr 1955 gab die Praxis der Gerichte zum VESchG noch Anlass zur Kritik (*Haid/Rose* in NJ 1955, S. 712 (716 ff.)).

so noch nicht genügend erkannt worden.[1793] *Reuter* kann aber bereits feststellen, dass die Anwendung des VESchG „im allgemeinen [...] auf keine Schwierigkeiten [stoße], wenn auch viele Urteile die Tendenz aufw[iesen], das Gesetz nicht in voller Härte anzuwenden“, was sich „meist in einer ungenügenden Differenzierung des Strafmaßes aus[drücke]“ und darin , dass ein großer Teil der Urteile nur die Mindeststrafe ausspreche.[1794] Dem genannten Aufsatz lassen sich weitere Urteile entnehmen, welche bereits die Anwendung des VESchG im Einzelfall ablehnten.[1795] Schließlich kommt *Reuter* in seinem Artikel auf die Bedeutung der politischen Schulung und der Revision in diesen Fällen zu sprechen:

> „Die gerichtliche Praxis weist allerdings noch Schwächen auf, die in Zukunft vermieden werden müssen. Die wichtigste Voraussetzung dazu ist die Hebung des ideologischen Bewußtseins der Richter, die die neue Qualität des Volkseigentums erkennen und allen opportunistischen Tendenzen bei der Anwendung des Gesetzes [...] entgegentreten müssen. Für die Justizverwaltungsstellen ergibt sich die Aufgabe, bei ihren Revisionen der Rechtsprechung nach dem VESchG besondere Beachtung zu schenken.“[1796]

Zu Kritik an Urteilen der unteren Instanzen kam es nicht immer wegen zu „milder“ Urteile. So hob das OG im Juni einige Urteile von Bezirksgerichten auf, weil diese rechtsirrig die Verurteilung auf Untreue (§ 2 Abs. 1 VESchG) anstatt auf Unterschlagung (§ 1 Abs. 1 VESchG) gestützt hatten.[1797]

In der Septemberausgabe der NJ des Jahres 1953 übt Generalstaatsanwalt *Melsheimer* im Rahmen des seit Juni eingeleiteten „neuen Kurses“[1798] Selbstkritik an der bisherigen Praxis der StA hinsichtlich der Wirtschaftsstrafgesetze wie dem VESchG[1799]. Bei dessen Anwendung „auch auf kleine und kleinste Verstöße“ sei nicht gesehen worden, „daß es in einem Staat der Arbeiter und Bauern unmöglich ist, die Spitze dieses Gesetzes mit seinen schweren Mindeststrafen gerade gegen die Arbeiter zu richten“. Außerdem sei die materiellrechtliche Be-

---

[1793] *Reuter* in NJ 1953, S. 231.

[1794] *Reuter* in NJ 1953, S. 231 (232).

[1795] So habe das Kreisgericht Freiberg den Heizer eines VEB freigesprochen, der – nach seinen Angaben von Fahrzeugen gefallene – Kohlen für sich mit Hilfe seiner Aktentasche entwendet hatte. Das Kreisgericht Borna habe von der Verurteilung des Diebs einer Flasche Abfallbenzin über die Anwendung der Bestimmung des Mundraubes (wonach ein Strafantrag erforderlich gewesen wäre) abgelehnt (*Reuter* in NJ 1953, S. 231 (232)).

[1796] *Reuter* in NJ 1953, S. 231 (233).

[1797] OG, Beschluß vom 23. Juni 1953, AZ: 2 Ust III 260/53; Beschluß vom 24. Juni 1953, AZ: 2 Ust III 245/53; Beschluß vom 23 Juni 1953, AZ: 3 Ust 190/53 (alle in NJ 1953, S. 412 f.).

[1798] Der „Neue Kurs“ wurde vom Politbüro am 09. Juni 1953 beschlossen und am 11. Juni vom Ministerrat konkretisiert, nachdem die Führung der Sowjetunion nach *Stalins* Tod eine Abkehr von der harten Linie in der DDR gefordert hatte.

[1799] *Melsheimer* in NJ 1953, S. 576.

deutung des § 153 der alten StPO nicht erkannt worden, „der es ermöglicht, bei geringer Gesellschaftsgefährlichkeit von der Strafverfolgung abzusehen". Die Staatsanwälte hätten nun „Sinn und Zweck des Gesetzes" erkannt und wüssten nun, „daß dieses Gesetz mit seinen hohen Strafen das gesellschaftliche Eigentum nur vor s c h w e r e n [hervorgehoben] Angriffen schützt".[1800] Die Staatsanwälte würden von nun an „minderschwere Fälle nach dem allgemeinen Strafrecht" anklagen und die Gerichte würden dementsprechend urteilen.[1801]

Im Oktober 1953 wurde vom Plenum des OG eine Richtlinie für die Handhabung des VESchG herausgegeben.[1802] Die Anwendung sollte abhängen von „den gesamten objektiven und subjektiven Umständen der Tat und ihrem gesellschaftlichen Zusammenhang". Es sei „der eingetretene oder mögliche Schaden und die sonst zu erwartenden Folgen, insbesondere die drohende Schmälerung des Vertrauens der Werktätigen zu den staatlichen Einrichtungen und zu ihren gesellschaftlichen Organisationen, sowie die Person des Täters charakterisierende Umstände, namentlich seine gesellschaftliche Stellung und Betätigung zu berücksichtigen".[1803] Bezeichnend ist die folgende, auf die Gesinnung des Täters abzielende, Begründung der Richtlinie:

> „So ist die Handlung eines Feindes unseres Staates, der durch die Schädigung des Volkseigentums unsere wirtschaftliche, staatliche und kulturelle Ordnung zu untergraben sucht, wesentlich gefährlicher und deshalb anders zu werten als die eines Täters, der durch seine bisherige positive Entwicklung und Einstellung zur Arbeit gezeigt hat, daß er nicht aus Feindschaft gegen unseren Staat der Arbeiter und Bauern, sondern aus politischer Zurückgebliebenheit, aus Leichtfertigkeit oder aus Not gehandelt hat."[1804]

Das OG weist in der Richtlinie auch darauf hin, dass bei einer „geringfügigen Gefährdung des Volkseigentums" eine Einstellung gemäß § 153 StPO zu prüfen sei. Als Beispiel dafür wird ein Urteil des Kreisgerichts Worbis[1805] genannt, das wegen des aus eine Notlage heraus begangenen Diebstahls von vier Scheiten Holz zu Unrecht eine einjährige Zuchthausstrafe verhängt habe.[1806] Bei mehreren Beteiligten sei nach der Art der Teilnahme im einzelnen zu bewerten, was zur Folge haben könne, dass nicht alle Beteiligten nach dem VESchG zu bestrafen seien.[1807] Die Anwendung der Lehre vom Fortsetzungszusammenhang wur-

---

1800 *Melsheimer* in NJ 1953, S. 576 (577).
1801 *Melsheimer* in NJ 1953, S. 576 (577).
1802 Richtlinie Nr. 3 vom 28. Oktober 1953, AZ: R PL 6/53, in NJ 1953, S. 686-688.
1803 Nr. 1 der Richtlinie, NJ 1953, S. 688.
1804 Richtlinie Nr. 3, NJ 1953, S. 686.
1805 Kreisgericht Worbis, Urteil vom 19. Februar 1953, AZ: 1 Ds 45/53 VE.
1806 Richtlinie Nr. 3, NJ 1953, S. 687.
1807 Richtlinie Nr. 3, NJ 1953, S. 687.

de für Fälle abgelehnt, in denen „ein Gesetz ausdrücklich eine Regelung über die Bestrafung mehrfach begangener Verbrechen trifft“.[1808]

IV. Vergleichende Bewertung
1. Aufgaben der Justiz

Welche Gratwanderung der Einsatz der Rechtsprechung zur Bekämpfung von Staatsfeinden für eine Regierung bedeutet, beschreibt *Kirchheimer* in seinem Werk „Politische Justiz“:

> „Sind weite Schichten der Bevölkerung mit dem Regime unzufrieden, so wird es sich als politisch wirksam nur dann erweisen, wenn es von der Waffe der Justiz planvoll und überlegt Gebrauch macht: wollte es seinem Justizapparat erlauben, jedem Einzelfall nachzulaufen, der sich zu einem Prozeß aufbauschen ließe, so geriete es bald außer Atem und verlöre Gesicht. Die Gegner zu freiwilliger Zustimmung zu bringen, ist im günstigsten Fall ein schwieriges und langwieriges Unterfangen; potentielle Gegner dazu zu bewegen, daß sie Vorsicht walten lassen und sich fügsam verhalten, ist einfacher, setzt aber voraus, daß man nicht jeden gerade greifbaren Widersacher, sondern nur den wichtigen und gefährlichen Feind stellt. Wahllose Versuche, allseitigen Gehorsam zu erzwingen, führen leicht dazu, daß sich niemand mehr an Gesetze und Vorschriften hält, daß also die bestehende Ordnung nicht gefestigt, sondern untergraben wird.“[1809]

Diese These findet unter anderem darin ihre Bestätigung, dass *Crohne* 1935 gefordert hatte, die Anwendung des Heimtückegesetzes nicht auf alle „Biertischschimpfereien“ zu erstrecken[1810], und ebenso durch die Entscheidung des OG aus dem Jahr 1953, dass unter Art. 6 Abs. 2 der Verfassung nur Taten fallen sollen, die sich gegen die Grundlagen der staatlichen Ordnung richten.[1811]

2. Die Schwierigkeit des Vergleichs

Schuller weist bereits darauf hin, dass ein Vergleich mit der politischen Rechtsprechung im Nationalsozialismus, „bisweilen nicht ohne die Absicht gezogen wird, den jeweils anderen in eine politisch peinliche Nachbarschaft zu bringen“.[1812] Darum geht es hier selbstverständlich nicht, denn verglichen werden nicht politische Inhalte, sondern die Auswirkungen der bereits untersuchten Strukturen auf die Rechtsanwendung.

[1808] Richtlinie Nr. 3, NJ 1953, S. 687.
[1809] *Kirchheimer*, S. 27 f.
[1810] Siehe Kapitel D II 2 a.
[1811] Siehe Kapitel D III 1 b bb.
[1812] *Schuller* (1980), S. 410.

Im Gegensatz zu den bereits gegenübergestellten Gebieten - die Justizjuristen und die Organe der Strafjustiz - bereitet ein Vergleich der Rechtsprechung in den beiden Diktaturen größere Schwierigkeiten.

Zunächst muss erneut darauf hingewiesen werden, dass der Strafjustiz des Dritten Reiches zunehmend vom SS- und Polizeiapparat Kompetenzen streitig gemacht wurden. Dies bedeutet einerseits, dass bei der isolierten Betrachtung der NS-Straf*rechtsprechung* nicht die gesamte Bandbreite staatlicher Sanktionen erfasst wird. Andererseits hatten die Eingriffe der GeStapo – wie bereits erwähnt wurde – zur Folge, dass Richter vereinzelt deshalb hohe Freiheitsstrafen verhängt haben, um Angeklagten die Hölle der KZ zu ersparen.

Ein weiteres Problem liegt darin, dass sich das Deutsche Reich ab September 1939 im Krieg befand, der sich bis zum endgültigen Zusammenbruch nach und nach immer dramatischer entwickelte. Die kriegsbedingte Veränderung der Rechtsprechung ist also mit besonderer Vorsicht zu bewerten, da nicht nur totalitäre Staaten in Zeiten allgemeiner Not mit einer Verschärfung strafrechtlicher Sanktionen reagieren.

Schließlich war die Justiz der SBZ/DDR straffer und einheitlicher organisiert als diejenige im NS-Staat. Die Rechtsprechung der ostdeutschen Gerichte ist daher relativ homogen, während im Dritten Reich die Spruchpraxis von Gericht zu Gericht unterschiedlich ausfallen konnte.

Die Gegenüberstellung der jeweiligen Rechtsanwendung kann aus den genannten Gründen weniger leisten, als dies der Vergleich der Strukturen konnte. Sie soll aber die Analyse der personellen und organisatorischen Veränderungen ergänzen und dem Leser einen Eindruck von deren Auswirkungen auf die tatsächliche Rechtsanwendung vermitteln.

3. Bestrafung von Anhängern der gegensätzlichen Ideologie

Der Kampf gegen die jeweils andere Ideologie hatte sowohl für die Nationalsozialisten als auch für die Machthaber der SBZ/DDR eine besondere Bedeutung. Im Dritten Reich wurden viele Kommunisten nach den Bestimmungen zum Hochverrat verurteilt. In der SBZ und der frühen DDR geschah die Aburteilung wirklicher und vermeintlicher Nationalsozialisten einerseits durch die SMT und andererseits durch die Spruchkammern nach Befehl Nr. 201 unter Anwendung der KRD Nr. 38.

Im Dritten Reich beschäftigte sich zu einem großen Teil der VGH mit dem kommunistischen Widerstand. Das ist ein Indiz dafür, dass die von dieser Seite ausgehende Bedrohung des Systems sehr ernst genommen wurde.

4. Die Rechtsprechung zu Äußerungsdelikten

Die Bestrafung von regimekritischen Bekundungen verschärfte sich im NS-Staat besonders während des Krieges. Während das Heimtückegesetz bei Äußerungsdelikten nur Geld- oder Freiheitsstrafen vorgesehen hatte, wurden durch die spätere Anwendung von § 5 KSSVO auch Todesurteile für Bagatellen verhängt. SG urteilten in Fällen der Wehrkraftzersetzung entgegen der landläufigen Meinung – in Anbetracht der Strafdrohung – teilweise relativ milde. Einige Sonderrichter konstruierten eigens „minder schwere Fälle" um die Verhängung von Todesstrafen zu umgehen oder gelangten, indem sie die Glaubwürdigkeit der Zeugen, d.h. in der Regel der Denunzianten, in Frage stellten, öfters zu Freisprüchen. Der VGH erweiterte dagegen den Anwendungsbereich dieser Norm. Durch seine Handhabung des Merkmals „öffentlich" legte der VGH den Tatbestand in einer juristisch unhaltbaren Weise zuungunsten der Angeklagten aus.

Auch in der DDR konnte man wegen – nicht nur mündlich – geäußerter Kritik bestraft werden. Hier waren jedoch die vom Gesetzgeber festgelegten Tatbestände bereits so unbestimmt, dass es teilweise nicht einmal ihrer Überdehnung bedurfte, um die Taten darunter zu subsumieren. Aber auch wenn die begangenen Äußerungen nicht vom Wortlaut der Strafnormen erfasst wurden, fanden die ostdeutschen Richter Argumente für die Anwendung dieser Gesetze. Besonders die Strafbarkeit von bloßen Vorbereitungshandlungen ist dabei zu nennen. So konnte man bereits für in einem Brief niedergeschriebene Gedanken bestraft werden, wenn das Schriftstück noch gar nicht zur Absendung gelangt war.

Auffällig an der Rechtsprechung in der SBZ/DDR ist auch, dass Unmutsäußerungen über das politische System häufig mit „faschistischer" Propaganda gleichgesetzt wurden und die Angeklagten somit zusätzlich zu den strafrechtlichen Konsequenzen moralisch ins Abseits gestellt wurden.

In beiden Diktaturen war die politische Gesamteinstellung bzw. die Vergangenheit des Angeklagten dafür von Bedeutung, ob eine Äußerung als „heimtückisch" bzw. „hetzerisch" angesehen wurde.

5. Die Rechtsprechung zu Rundfunk- und Pressedelikten

Im Bereich des politischen Strafrechts waren jeweils neben den Gesetzen zur Bekämpfung echter politischer Gegner und den Normen zur Verfolgung von kritischen Äußerungen schließlich noch diejenigen Vorschriften von Bedeutung, welche die Bevölkerung vor dem Einfluss feindlicher, bzw. nicht von den gleichgeschalteten Staatsmedien stammender, Druckerzeugnisse und Rundfunksendungen „schützen" sollten.

Im Dritten Reich, wo man den Rundfunk massiv zu Propagandazwecken einsetzte, wurden schon für das einmalige Abhören ausländischer Sender Gefängnisstrafen verhängt. In schweren Fällen des Verbreitens dieser Nachrichten konnte sogar auf Todesstrafe erkannt werden. Von einem solchen Fall ist jedoch nichts bekannt.

Die DDR-Justiz bestrafte die Einfuhr von westlichen Druckerzeugnissen („Schund- und Schmutzliteratur") als „Boykotthetze" im Sinne des Art. 6 Abs. 2 der Verfassung. Das OG entschied 1953 aber immerhin, dass der bloße Besitz nicht strafbar sein solle, wenn damit keine „hetzerischen" Zwecke verfolgt werden sollte.

6. Die Rechtsprechung zu Wirtschaftsdelikten

Bemerkenswerterweise wurde die aus dem Dritten Reich stammende KriegswirtschaftsVO auch in der SBZ noch angewendet. Auch die 1948 ergangene WStVO beruhte auf der KriegswirtschaftsVO und anderen NS-Vorschriften zum Kriegswirtschaftsrecht.[1813]

Wirtschaftsdelikte spielten in Ostdeutschland – im Unterschied zum Dritten Reich – nicht nur eine Rolle, um die Versorgung der Bevölkerung in Zeiten des Mangels sicherzustellen. Sie waren auch dazu da, den Aufbau der sozialistischen Wirtschaft, insbesondere die Verstaatlichung von Betrieben, zu unterstützen. Dabei wurde ganz offensichtlich das Strafrecht von den Gerichten dazu missbraucht, Personen zu enteignen und den Erlös der volkseigenen Wirtschaft zuzuschlagen.

7. Auslegung der Tatbestände

Wie bereits dargelegt wurde, erlaubten es die weiten und unbestimmten Tatbestände der ostdeutschen Strafvorschriften, beinahe jedes nichtkonforme Verhalten strafrechtlich zu ahnden. Die Gerichte der frühen DDR machten sich darüber hinaus meistens keine besondere Mühe, den festgestellten Sachverhalt genau unter die angewendete Norm zu subsumieren.

Im Dritten Reich waren die Urteile dagegen im allgemeinen juristisch professioneller. Das dürfte auch daran gelegen haben, dass diese Juristen – zum großen Teil vor der Zeit der Diktatur – eine bessere Ausbildung genossen hatten als die Volksrichter der SBZ/DDR. Auch wenn die Normen im NS-Staat meistens bestimmter waren, gab es auch hier die Möglichkeit eigentlich strafloses Verhalten unter Verstoß gegen den Grundsatz *nulla poena sine lege* nachträglich zu kriminalisieren. Dies geschah regelmäßig über die analoge Anwendung von Strafvorschriften über § 2 RStGB.

Nicht alle Richter waren jedoch willfährige Gehilfen der totalitären Staatsmacht. In beiden Diktaturen wurden von Strafgerichten beispielsweise „minder schwere Fälle" konstruiert, um nicht die zwingend vorgeschriebenen (hohen) Mindestfreiheitsstrafen oder gar die Todesstrafe aussprechen zu müssen.

[1813] *Schuller* (1980), S. 416 mit Nachweisen.

8. Höhe der verhängten Strafen

Generell lässt sich sagen, dass die durchschnittlich verhängten Strafen im Dritten Reich besonders während des Krieges anstiegen, während das regelmäßig ausgesprochene Strafmaß im SED-Staat von der jeweiligen politischen Gesamtsituation abhing. Die Strafen waren in Ostdeutschland zunächst drakonisch und wurden mit Einleitung des „Neuen Kurses“ zumindest für Bagatelldelikte geringer. Die effektivere Steuerung in der DDR erlaubte es, die Praxis der Strafjustiz den momentanen Staatsinteressen rasch anzupassen.

9. Die Rolle der obersten Strafgerichte

Schon deshalb, weil es im Dritten Reich mit dem RG, dem RKG und dem VGH drei oberste Strafgerichtshöfe gab, war die Bedeutung des OG der DDR für die Entwicklung der Rechtsprechung im Vergleich zu den drei NS-Gerichten größer. Während die Rolle des RG und des RKG differenzierter beurteilt werden sollte, lässt sich beim VGH und beim OG der DDR in ähnlicher Weise erkennen, wie sie zuverlässig die Wünsche der Führung in ihren Urteilen umsetzten. Auch hier war das in der DDR angewendete System überlegen: Prozesse nach Drehbuch und regelmäßig tagende Kommissionen, welche die auszusprechenden Strafen vorherbestimmten, gab es im Dritten Reich nicht.

Den obersten Strafgerichten fiel auch die Aufgabe zu, politische Gegner in Schauprozessen zu verurteilen. Die hier ergangenen Urteile wurden propagandistisch ausgeschlachtet, um die Angeklagten in der Bevölkerung zu diskreditieren und Gleichgesinnte abzuschrecken.

10. Gemeinsame Merkmale

Den politisch relevanten Gesetzen der beiden Diktaturen war das Voranstellen einer Präambel gemeinsam. Diese, teilweise mit politischer Stimmungsmache angereicherten, einführenden Worte gaben den Richtern wichtige Fingerzeige, worauf es dem Gesetzgeber bei der Schaffung der entsprechenden Norm angekommen war. Eine vergleichbare Auswahl an Gesetzeskommentaren, wie sie den Richtern im NS-Staat zur Verfügung gestanden hatte, gab es für die ostdeutschen Strafrichter nicht. Somit kamen den in der NJ veröffentlichten Beiträgen eine noch größere Bedeutung zu als den halbamtlichen bzw. gleichgeschalteten juristischen Zeitschriften im Dritten Reich, welche auch schon eine wichtige Funktion bei der Anleitung der Justizjuristen erfüllt hatten.

Eine auffällige Gemeinsamkeit ist die in den Urteilen gebrauchte Sprache. Dabei sind die wüsten Beschimpfungen, mit welchen *Freisler* die Angeklagten nicht nur in der Hauptverhandlung sondern auch in der Urteilsschrift, bedachte, sicher nicht die Regel gewesen. Sowohl Entscheidungen aus der NS-Zeit als auch solche, die in der SBZ/DDR ergangen waren, bedienten sich einer Bandbreite wertender Ausdrücke wie „gemein“, „ehrlos“ etc. Nicht nur im NS-Staat wurden bestimmte Täter als „Volksschädlinge“ klassifiziert, auch in der DDR wurde der Begriff des Schädlings für Personen verwendet, die sich in strafrechtlich relevanter Weise gegen das System gestellt hatten.

Auch Ausführungen über die aktuelle politische Lage finden sich in den Urteilen wieder: Im Dritten Reich beispielsweise über das Ringen des deutschen Volkes in dem „ihm aufgezwungenen Kampf“, in der SBZ/DDR zum Beispiel über die Bedrohung des „Weltfriedenslagers“ (gemeint ist der Ostblock) durch den „westlichen Imperialismus“ oder durch „faschistische Provokateure“ (die Aufständischen des 17. Juni).

E. Resümee

Trotz zwangsläufig bei Betrachtung der totalitären Strafjustiz zu Tage tretender, erschütternder Menschenrechtsverletzungen, welche im Dritten Reich ein bei weitem höheres Ausmaß erreicht hatten als in Ostdeutschland, musste – *sine ira et studio* – eine objektive Betrachtung von Strukturen und Zusammenhängen angestellt werden. Die sachliche Art der Darstellung soll jedoch die *Hitler*-Diktatur weder relativieren noch verharmlosen, sondern objektiv die verschiedenen Techniken aufzeigen, mit denen totalitäre Staaten die Justiz für ihre Zwecke nach Belieben einsetzen oder ausschalten konnten.

Bei der Betrachtung der Justizjuristen zeigte sich, dass in beiden Systemen die gleichen Ansatzpunkte zur Kontrolle und Umerziehung des Personals bestanden haben: Säuberungen, Erhöhung des Anteils von Parteimitgliedern, Ideologisierung der Ausbildung, fortlaufende politische Schulung, Abschaffung der unabhängigen Standesorganisationen, ein strenges Disziplinarrecht sowie der Einsatz von linientreuen Laienrichtern. Alle diese Maßnahmen wurden in der DDR weitaus effektiver angewendet als im Dritten Reich.

Auch der Aufbau und die Stellung im Verfahren der einzelnen Strafjustizorgane wurden in beiden Diktaturen im Vergleich zur noch in der Weimarer Republik bestehenden Situation verändert. Die Zentralisierung der Justizverwaltung erfolgte jeweils schnell. In allen Bereichen wurden der Führung Einflussmöglichkeiten konkreter und genereller Art geschaffen. Da der Justizapparat in der DDR völlig neu aufgebaut wurde, waren die Kompetenzen von vorneherein klarer geregelt als in der Justiz des NS-Staates. Während sich im Dritten Reich Polizei und Justiz Kompetenzen streitig machten, hatten alle ostdeutschen Organe nur das Ziel, die Befehle des Politbüros umzusetzen. Die Besonderheit der DDR war die wechselseitige Überwachung zwischen MdJ, dem OG, der Obersten Staatsanwaltschaft, der VP und dem MfS.

Die Analyse der Rechtsprechung hat gezeigt, dass in beiden Diktaturen die Höhe der verhängten Strafen von der jeweiligen politischen Gesamtsituation abhing. Die Auswirkungen der zuvor untersuchten Steuerungsmaßnahmen sind deutlich erkennbar. Aus den bereits genannten Gründen war ein Vergleich der Rechtsprechung nur im Bezug auf bestimmte Einzelaspekte sinnvoll. Allein die ungeheure Zahl an Todesurteilen, die während der NS-Herrschaft ergingen, macht die Anwendung politischer Strafvorschriften im Dritten Reich zur Vernichtung von Systemgegnern auf deutschem Boden einzigartig.

Die Resultate der in den Teilkapiteln angestellten Vergleiche zeigen, welche Steuerungsmaßnahmen unter welchen Voraussetzungen die von der Führung gewünschten Wirkungen erzeugen konnten. Sie zeigen auch, dass bestimmte zuvor bestehende Institutionen größere Hindernisse für die Interessendurchsetzung der Staatsparteien darstellten als andere und somit vorrangig beseitigt werden mussten. Die Kompetenzbeschneidung der Strafjustiz zugunsten einer nahezu schrankenlos operierenden (Geheim-)Polizei ist dabei besonders zu erwähnen.

Die Ergebnisse der in den Kapiteln B bis D durchgeführten Gegenüberstellungen zeigen, wie selbst Diktaturen mit totalem Machtsanspruch ihrem Straf- und Unterdrückungssystem einen Anschein von Ordnung und Gerechtigkeit zu geben versuchten. Insbesondere wird deutlich, welche Errungenschaften des Rechtsstaats unverzichtbar sind, um einen Missbrauch der Judikative durch die Staatsführung zu verhindern.

Quellen- und Literaturverzeichnis
I. Hinweise zur Benutzung

Um die verwendeten zeitgenössischen Quellen und die berücksichtigte später erschienene Literatur für den Leser deutlich zu unterscheiden, ist das Literaturverzeichnis in fünf Teile untergliedert. Ein weiterer Grund für die Unterteilung ist, dass die Veröffentlichungen aus dem Dritten Reich und aus der SBZ/DDR insofern mit Vorsicht zu behandeln sind, als sich Sachlichkeit und Propaganda vermischen. Nicht alle in der DDR erschienenen Werke sind jedoch unter der Rubrik „Quellen“ zu finden, da es sich auch bei den zitierten ostdeutschen Veröffentlichungen teilweise um rückblickende Literatur zur Geschichte eines der beiden Systeme handelt. Zum Auffinden einer bestimmten Schrift im Literaturverzeichnis empfiehlt es sich daher, in den unterschiedlichen Rubriken nach dem gewünschten Verfasser zu suchen.

II. Literatur zu den Themen Diktaturvergleich und Totalitarismus

Arendt, Hannah	Elemente und Ursprünge totaler Herrschaft, Frankfurt a.M. 1955.
Aron, Raymond	Demokratie und Totalitarismus (Deutsche Übersetzung), Hamburg 1970.
Bracher, Karl Dietrich	Die totalitäre Erfahrung, München 1987.
Bundesministerium für gesamtdeutsche Fragen (Hrsg.)	Partei-Justiz; Eine vergleichende Dokumentation über den nationalsozialistischen und kommunistischen Rechtsmissbrauch in Deutschland 1933-1963, Bonn, Berlin 1964.
Cattaneo, Mario A.	Strafrechtstotalitarismus, Baden-Baden 2001.
Friedrich, Carl Joachim	Totalitäre Diktatur, Stuttgart 1957.
Henke, Klaus-Dietmar (Hrsg.)	Totalitarismus, Sechs Vorträge über Gehalt und Reichweite eines klassischen Konzepts der Diktaturforschung, Dresden 1999. Zitiert: *Bearbeiter* in *Henke*
Heydemann, Günther Oberreuther, Heinrich (Hrsg.)	Diktaturen in Deutschland – Vergleichsaspekte, Bonn 2003. Zitiert: *Bearbeiter* in *Heydemann/Oberreuther*
Jesse, Eckhard (Hrsg.)	Totalitarismus im 20. Jahrhundert. Eine Bilanz der internationalen Forschung, Baden-Baden 1999.

Kielmansegg, Peter Graf	Krise der Totalitarismustheorie, Zeitschrift für Politik 1974, S. 311–328.
Kirchheimer, Otto	Politische Justiz. Verwendung juristischer Verfahrensmöglichkeiten zu politischen Zwecken, Berlin, Neuwied 1965.
Rottleuthner, Hubert	Zur Steuerung der Justiz im Nationalsozialismus und in der DDR, in: „Von Gewohnheitsverbrechern, Volksschädlingen und Asozialen...“ Hamburger Justizurteile im Nationalsozialismus, Hamburg 1995, S. 471–478.
Rüthers, Bernd	Die Wende-Experten. Zur Ideologisierung geistiger Berufe am Beispiel der Juristen, München 1995.
Rüthers, Bernd	Recht und Juristen im Wechsel der Systeme und Ideologien, NJ 2003, S. 337–344.
Schlangen, Walter	Die Totalitarismus-Theorie, Stuttgart 1976.
Schneider, Otmar	Rechtsgedanken und Rechtstechniken totalitärer Herrschaft aufgezeigt am Recht des öffentlichen Dienstes im Dritten Reich und der DDR, Berlin 1988.
Seidel, Werner Jenkner, Siegfried (Hrsg.)	Wege der Totalitarismus-Forschung, Darmstadt 1968.
Vormbaum, Thomas	„Politisches“ Strafrecht, ZStW 1995, S. 734-760.

Jürgen Weber
Michael Piazolo (Hrsg.)

Justiz im Zwielicht.
Ihre Rolle in den Diktaturen und die Antwort des Rechtsstaats,
München 1998.
Zitiert: *Bearbeiter* in *Weber/Piazolo*

Wesel, Uwe

Recht, Unrecht und Gerechtigkeit. Von der Weimarer Republik bis heute,
München 2003.

III. Literatur zum Dritten Reich

Angermund, Ralph — Deutsche Richterschaft 1919–1945. Krisenerfahrung, Illusion, politische Rechtsprechung, Frankfurt a.M. 1990.

Bergemann, Hans; Ladwig-Winters, Simone — Richter und Staatsanwälte jüdischer Herkunft in Preußen im Nationalsozialismus, Köln 2004.

Block, Nils — Die Parteigerichtsbarkeit der NSDAP, Frankfurt a.M. 2002, zugleich: Diss. (FU Berlin) 2001.

Boberach, Heinz (Hrsg.) — Meldungen aus dem Reich. Auswahl aus den geheimen Lageberichten des Sicherheitsdienstes der SS 1939-1944, Neuwied, Berlin 1965.

Boberach, Heinz (Hrsg.) — Richterbriefe: Dokumente z. Beeinflussung d. dt. Rechtsprechung: 1942-1944, Boppard 1975. Zitiert: *Boberach*, Richterbriefe

Bonner Anwalt-Verein — Jüdische Rechtsanwälte im Dritten Reich. Dokumentation der Veranstaltungen des Bonner Anwalt-Verein vom 23. Oktober 1992 zum Gedenken an das Schicksal jüdischer Rechtsanwälte, Bonn 1994.

Bracher, Karl Dietrich; Sauer, Wolfgang; Schulz, Gerhard — Die nationalsozialistische Machtergreifung, Köln 1960. Zitiert: *Bracher/Sauer/Schulz*

Broszat, Martin — Der Staat Hitlers, 11. Auflage, München 1986.

Broszat, Martin	Zur Perversion der Strafjustiz im Dritten Reich, Vierteljahreshefte für Zeitgeschichte 1958, S. 390–445.
Bucheit, Gert	Richter in roter Robe. Freisler. Präsident des Volksgerichtshofes, München 1968.
Crankshaw, Edward	Die Gestapo, Berlin 1959.
Diehl-Thiele, Peter	Partei und Staat im Dritten Reich, München1969.
Dölemeyer, Barbara	Die Zulassung von Frauen zur Rechtsanwaltschaft und ihr Ausschluß in der NS-Zeit, in: FS für Knut Wolfgang Nörr, Köln, Weimar, Wien 2003.
Dörner, Bernward	« Heimtücke »: Das Gesetz als Waffe; Kontrolle, Abschreckung und Verfolgung in Deutschland 1933-1945, Paderborn u.a. 1998.
Douma, Eva	Deutsche Anwälte zwischen Demokratie und Diktatur. 1930–1955, Frankfurt a.M. 1998.
Dreher, Franz	Die Veränderungen des Rechtsanwaltsrechts in der Zeit von 1933–1945, Diss. (Tübingen) 1947.
Düwell, Franz-Josef, Vormbaum, Thomas (Hrsg.)	Themen juristischer Zeitgeschichte Band 1 Schwerpunktthema: Recht und Nationalsozialismus, Baden-Baden 1998. Zitiert: *Verfasser* in *Düwell/Vormbaum* Band 1

Eder, Wolfgang	Das italienische Tribunale per la Difesa dello Stato und der deutsche Volksgerichtshof. Ein Vergleich zwischen zwei politischen Gerichtshöfen, Frankfurt a.M. u.a. 2002, zugleich Diss. (Wien) 2000.
Fieberg, Gerhard	Justiz im nationalsozialistischen Deutschland, Köln 1984.
Förster, Michael	Jurist im Dienst des Unrechts. Leben und Werk des ehemaligen Staatssekretärs im Reichsjustizministerium, Franz Schlegelberger (1876-1970), Baden-Baden 1995, zugleich: Diss. (FU Berlin) 1993.
Frassek, Ralf	Steter Tropfen höhlt den Stein – Juristenausbildung im Nationalsozialismus und danach, ZNR Germ. Abt. 2000, S. 294–361.
Friedrich, Jörg	Freispruch für die Nazi-Justiz: die Urteile gegen NS-Richter seit 1948. Eine Dokumentation, überarbeitete und ergänzte Ausgabe, Berlin 1998.
Grabitz/Sarodnick/Schmitz (Hrsg.)	„Von Gewohnheitsverbrechern, Volksschädlingen und Asozialen“: Hamburger Justizurteile im Nationalsozialismus, Hamburg 1995. Zitiert : *Bearbeiter* in *Grabitz/Sarodnick/Schmitz*
Gribbohm, Günter	Das Reichskriegsgericht, Berlin 2004. Zitiert: *Gribbohm,* das Reichskriegsgericht
Gribbohm, Günter	Der Volksgerichtshof, JuS 1969, S. 55-61 und S. 109–112.

Gribbohm, Günter	Führerinformationen des Reichsjustizministeriums, DRiZ 1971, S. 152–155.
Gribbohm, Günter	Hitler und die Justiz. Zur Reichstagsrede vom 26. 04. 1942, DRiZ 1969, S. 393 f.
Gritschneder, Otto	Furchtbare Richter. Verbrecherische Todesurteile deutscher Kriegsgerichte, München 1998.
Gruchmann, Lothar	„Generalangriff gegen die Justiz"? Der Reichstagsbeschluß vom 26. April 1942 und seine Bedeutung für die Maßregelung der deutschen Richter durch Hitler, Vierteljahreshefte für Zeitgeschichte 2003, S. 509-520.
Gruchmann, Lothar	Justiz im Dritten Reich 1933-1940: Anpassung und Unterwerfung in der Ära Gürtner, 3. Auflage, München 2001.
Güstrow, Dietrich	Tödlicher Alltag. Strafverteidiger im Dritten Reich, Berlin 1981.
Hartung, Fritz	Jurist unter vier Reichen, Köln, Berlin, Bonn, München 1971.
Hillermeier, Heinz	„Im Namen des Deutschen Volkes!" Todesurteile des Volksgerichtshofs, 3. Auflage, Darmstadt, Neuwied 1983.
Hirsch, Martin; Majer, Diemut; Meinck, Jürgen (Hrsg.)	Recht, Verwaltung und Justiz im Nationalsozialismus, Köln 1984. Zitiert: *Hirsch/Majer/Meinck*

Höhne, Heinz	Der Orden unter dem Totenkopf. Die Geschichte der SS, Lizenzausgabe, Augsburg 1995 (Originalausgabe: München 1967).
Jahntz, Bernhard Kähne, Volker	Der Volksgerichtshof. Darstellung der Ermittlungen der Staatsanwaltschaft bei dem Landgericht Berlin gegen ehemalige Richter und Staatsanwälte am Volksgerichtshof, 2. Auflage, Berlin 1987.
Johe, Werner	Die gleichgeschaltete Justiz: Organisation d. Rechtswesens u. Politisierung d. Rechtsprechung 1933-1945 dargestellt am Bei- spiel des Oberlandesgerichtsbezirks Hamburg, Hamburg 1983.
Kaul, Friedrich Karl	Geschichte des Reichsgerichts, 1933–1945, (Ost-Berlin) Glashütten 1971,
Keldungs, Karl-Heinz,	Das Duisburger Sondergericht 1942-1945, Baden-Baden 1998.
Klein, Horst	Der Strafverteidiger im nationalsozialistischen Staat unter besonderer Berücksichtigung seines Auftretens in Hoch- und Landesverratsprozes- sen, München 1996.
Koch, Hannsjoachim	Volksgerichtshof. Politische Justiz im 3. Reich, München 1988.
König, Stefan	Vom Dienst am Recht: Rechtsanwälte als Straf- verteidiger im Nationalsozialismus, Berlin, New York 1987.

Königseder, Angelika	Recht und nationalsozialistische Herrschaft: Berliner Anwälte 1933–1945 , Bonn 2001.
Kregel, Volker	Die Personalpolitik der Justiz im Dritten Reich, Diss. (Göttingen) 1986.
Kross Ulrike	Der Laienrichter als Reformprojekt im Nationalsozialismus, Diss. (Würzburg) 1991.
Kuhn, Robert	Deutsche Justizminister 1877–1977, Köln 1977.
Lengemann, Rolf	Höchstrichterliche Strafgerichtsbarkeit unter der Herrschaft des Nationalsozialismus, Diss. (Marburg) 1974.
Löffler, Matthias	Das Diensttagebuch des Reichsjustizministers Gürtner 1934 bis 1938: eine Quelle für die Untersuchung der „Richterdisziplinierung“ während der Anfangsjahre des Nationalsozialismus, Frankfurt a.M. 1997.
Lüken, Erhard-Josef	Der Nationalsozialismus und das materielle Strafrecht, Ein Beitrag zur Strafrechtsgeschichte, Diss. (Göttingen) 1987.
Majer, Diemut	Justiz und NS-Staat, DRiZ 1978, S. 47–51.
Majer, Diemut	Nationalsozialismus im Lichte der juristischen Zeitgeschichte, Baden-Baden 2002.
Marxen, Klaus	Das Volk und sein Gerichtshof. Eine Studie zum nationalsozialistischen Volksgerichtshof, Frankfurt a.M. 1994.

Messerschmidt, Manfred
Wüllner, Fritz
Die Wehrmachtsjustiz im Dienste des Nationalsozialismus. Zerstörung einer Legende, Baden-Baden 1987.
Zitiert : *Messerschmidt/Wüllner*

Michelberger, Hans
Berichte aus der Justiz des Dritten Reiches, Diss. (Tübingen) 1989.

Moll, Martin
„Führer-Erlasse“ 1939–1945, Stuttgart 1997.

Morisse, Heiko
Rechtsanwälte im Nationalsozialismus. Zur Funktion der Ehrengerichtsbarkeit dargestellt am Beispiel des Oberlandesgerichtsbezirks Hamburg, Hamburg 1995.

Moritz, Günther
Gerichtsbarkeit in den von Deutschland besetzten Gebieten 1939-1945, Tübingen 1955.

Mühl-Benninghaus, Sigrun
Das Beamtentum in der NS-Diktatur bis zum Ausbruch des Zweiten Weltkrieges. Zur Entstehung, Inhalt und Durchführung der einschlägigen Beamtengesetze, Düsseldorf 1996.

Müller, Elmar
Die Rechtsprechung des Sondergerichts nach der Saarrückgliederung von 1935, in: 150 Jahre Landgericht Saarbrücken, Festschrift, S. 161-183. Köln, Berlin, Bonn, München 1984.
Zitiert: *E. Müller*

Müller, Ingo
Furchtbare Juristen. Die unbewältigte Vergangenheit unserer Justiz, München 1987.
Zitiert: *I. Müller*

Niermann, Hans-Eckhard — Juristische Zeitgeschichte Band 3; Die Durchsetzung politischer und politisierender Strafjustiz im Dritten Reich; Ihre Entwicklung aufgezeigt am Beispiel des OLG-Bezirks Hamm, Düsseldorf 1995.

Oehler, Christiane — Die Rechtsprechung des Sondergerichts Mannheim 1933-1945, Berlin 1997, zugleich: Diss. (Freiburg) 1993/1994.

Ostler, Fritz — Die deutschen Rechtsanwälte 1871–1971, Essen 1971.

Pauli, Gerhard — Die Rechtsprechung des Reichsgerichts in Strafsachen zwischen 1933 und 1945 und ihre Fortwirkung in der Rechtsprechung des Bundesgerichtshofs, Berlin, New York 1992.

Paulsen, Sven (Hrsg.) — 175 Jahre pfälzisches Oberlandesgericht, Festschrift, Neustadt a.d. Weinstraße 1990 Zitiert : *Bearbeiter* in *Paulsen*

Picker, Henry — Hitlers Tischgespräche im Führerhauptquartier 1941–42, Bonn 1951.

Poliakov, Léon; Wulf, Josef — Das Dritte Reich und seine Diener, Dokumente, Berlin 1956.

Reifner, Udo — Die Zerstörung der freien Advokatur im Nationalsozialismus, KJ 1984, S. 380–393.

Reifner, Udo; Sonnen, Bernd-Rüdeger (Hrsg.) — Strafjustiz und Polizei im Dritten Reich, Franfurt a.M., New York 1984.

Reitter, Ekkehard — Franz Gürtner,
Politische Biographie eines deutschen Juristen,
1881-1941,
Berlin 1976,
zugleich: Diss. (München).

Riehle, Gerhard — Die rechtsstaatliche Bedeutung der Staatsanwaltschaft unter besonderer Berücksichtigung ihrer Rolle in der nationalsozialistischen Zeit,
Diss. (Heidelberg) 1985.

Roeser, Frank — Das Sondergericht Essen 1942-1945,
Baden-Baden 2000.

Rüping, Hinrich — Die Staatsanwaltschaft im Dritten Reich als gegebene Lenkungsbehörde,
Vortrag vom 08. November 2001, gehalten am Landgericht Göttingen,
veröffentlicht im Internet unter:
http://cdl.niedersachsen.de/blob/images/C1221487_L20.pdf (Zugriffsdatum: 19. August 2005).

Rüping, Hinrich — Sondergerichte im Dritten Reich,
in: Recht – Idee – Geschichte: Beiträge zur Rechts- und Ideengeschichte für Rolf Lieberwirth anlässlich seines 80. Geburtstages,
Köln u.a. 2000.
Zitiert: *Rüping* in FS *Lieberwirth*

Rüping, Hinrich — Staatsanwaltschaft und Provinzialjustizverwaltung im Dritten Reich,
Baden-Baden 1990.
Zitiert: *Rüping*, Staatsanwaltschaft und Provinzialjustizverwaltung im Dritten Reich

Rüping, Hinrich — Strafjustiz im Führerstaat,
GA 1984, S. 297–307.

Rüping, Hinrich — „Streng aber gerecht. Schutz der Staatssicherheit durch den Volksgerichtshof."
JZ 1984, S. 815–821.

Scheffler, Wolfgang — Zur Praxis der SS- und Polizeigerichtsbarkeit im Dritten Reich,
in FS für Fraenkel,
Hamburg 1973.

Schimmler, Bernd — Recht ohne Gerechtigkeit,
zur Tätigkeit der Berliner Sondergerichte im Nationalsozialismus,
Berlin 1984.

Schlüter, Holger — Die Urteilspraxis des nationalsozialistischen Volksgerichtshofs,
Münster 1995.

Schmidt, Eberhard — Einführung in die Geschichte der deutschen Strafrechtspflege,
3. Auflage,
Göttingen 1965.

Schorn, Hubert — Der Richter im Dritten Reich,
Geschichte und Dokumente,
Frankfurt a.M. 1959.

Schröder, Friedo — Die anwaltliche Tätigkeit während der nationalsozialistischen Herrschaft,
Diss. (Mainz) 2000.

Schumacher, Ulrich — Staatsanwaltschaft und Gericht im Dritten Reich,
Köln 1985.

Schwarz, Alfons — Rechtsprechung durch Sondergerichte,
Diss. (Augsburg) 1991.

Schweling, Otto Peter — Die deutsche Militärjustiz in der Zeit des Nationalsozialismus,
bearbeitet, eingeleitet und herausgegeben von Erich Schwinge,
Marburg 1977.
zitiert: *Schweling/Schwinge*

Schwinge, Erich | Verfälschung und Wahrheit: Das Bild der Wehrmachtgerichtsbarkeit,
Tübingen u.a. 1988.

Seidler, Franz W. | Die Militärgerichtsbarkeit der Deutschen Wehrmacht 1939-1945. Rechtsprechung und Strafvollzug,
München, Berlin 1991.

Staff, Ilse (Hrsg.) | Justiz im Dritten Reich,
eine Dokumentation,
Frankfurt a.M. 1964.

Steinlechner, Wolfgang | Der Richter im Dritten Reich.
Status – Unabhängigkeit – Persönlichkeit,
Diss. (Mainz) 1974.

Stilz, Eberhard (Hrsg,) | Das Oberlandesgericht Stuttgart. 125 Jahre.
1879-2004,
Villingen-Schwenningen 2004.
Zitiert: *Bearbeiter* in *Stilz*

Stolleis, Michael | Recht im Unrecht: Studien zur Rechtsgeschichte im Nationalsozialismus,
Frankfurt a.M. 1994.

Sunnus, Michael | Der NS-Rechtswahrerbund. 1928-1945. Zur Geschichte der nationalsozialistischen Juristenorganisation,
Frankfurt a.M. u.a. 1989.

Terhorst, Karl-Leo | Polizeiliche planmäßige Überwachung und polizeiliche Vorbeugungshaft im Dritten Reich,
Heidelberg 1985.

Vieregge, Bianca | Die Gerichtsbarkeit eine „Elite“,
Nationalsozialistische Rechtsprechung am Beispiel der SS- und Polizei-Gerichtsbarkeit,
Baden-Baden 2002,
zugleich: Diss. (Halle-Wittenberg) 2001.

Vormbaum, Thomas (Hrsg.) Jahrbuch der Juristischen Zeitgeschichte Band 1 (1999/2000), Baden-Baden 2000. Zitiert: *Bearbeiter* in *Vormbaum*, JJZG 1

Vormbaum, Thomas (Hrsg.) Jahrbuch der Juristischen Zeitgeschichte Band 5 (2003/2004), Baden-Baden 2004. Zitiert: *Bearbeiter* in *Vormbaum*, JJZG 5

Wagner, Albrecht Die Umgestaltung der Gerichtsverfassung und des Verfahrens- und Richterrechts im nationalsozialistischen Staat, Stuttgart 1968. Zitiert: *A. Wagner*

Wagner, Walter Der Volksgerichtshof im nationalsozialistischen Staat, Stuttgart 1974. Zitiert: *W. Wagner*

Wassermann, Rudolf Auch die Justiz kann aus der Geschichte nicht aussteigen: Studien zur Justizgeschichte, Baden-Baden 1990.

Weckbecker, Gerd Zwischen Freispruch und Todesstrafe. Die Rechtsprechung der nationalsozialistischen Sondergerichte Frankfurt/Main und Bromberg, Baden-Baden 1998, zugleich: Diss. (Mainz) 1995.

Weidenthaler, Heiko Die Strafsenate des Reichsgerichts von 1933 bis 1945 – Hüter der Gerechtigkeit oder Handlanger des Terrors? Diss. (Würzburg) 1999.

Weinkauff, Hermann Die deutsche Justiz und der Nationalsozialismus. Ein Überblick, in: Die deutsche Justiz und der Nationalsozialismus Band I S. 19–184. Stuttgart 1968.

Wieland, Günther — Das war der Volksgerichtshof: Ermittlungen – Fakten – Dokumente, Ost-Berlin 1989.

Wieland, Günther — Der Reichstagsbrandprozeß und die Schaffung des Volksgerichtshofs, NJ 1983, S. 394-395.

Wenzel, Alfons — Die Machterweiterung und Machtverminderung der Staatsanwaltschaft in der Zeit von 1933 bis 1945, Diss. (Tübingen) 1949.

Werle, Gerhard — Justiz-Strafrecht und polizeiliche Verbrechensbekämpfung im Dritten Reich, Berlin 1989. Zitiert: *Werle*, Justiz-Strafrecht und polizeiliche Verbrechensbekämpfung im Dritten Reich

Werner, Stefan — Wirtschaftsordnung und Wirtschaftstrafrecht im Nationalsozialismus, Frankfurt a.M., Bern, New York, Paris 1991, zugleich: Diss. (Frankfurt) 1990.

Weyrauch, Walter Otto — Gestapo V-Leute, Frankfurt a.M. 1989.

Wrobel, Hans — Strafjustiz im totalen Krieg. Aus den Akten des Sondergerichts Bremen 1940 bis 1945, 3 Bände, Bremen 1991.

Wulff, Arne — Staatssekretär Prof. Dr. Dr. h.c. Franz Schlegelberger (1876-1970), Frankfurt a.M. u.a. 1991, zugleich: Diss. (Kiel) 1991.

Wüllner, Fritz — Die NS-Militärjustiz und das Elend der Geschichtsschreibung. Ein grundlegender Forschungsbericht, Baden-Baden 1991.

IV. Quellen zum Dritten Reich

Becker, W. — Das Verhältnis der Staatsanwaltschaft zur Kriminalpolizei im neuen Strafverfahren, DStR 1938, S. 167-174.

Best, Werner — „Der Reichsführer SS und Chef der Deutschen Polizei“, DR 1936, S. 257 f.

Best, Werner — Die Schutzstaffel der NSDAP und die Deutsche Polizei, DR 1939, S. 44-48.

Crohne, Wilhelm — Bedeutung und Aufgaben der Sondergerichte, DJ 1933, S. 384 f.

Crohne, Wilhelm — Streitfragen aus dem Heimtücke-Gesetz (HG.) DJ 1935, S. 1406 f.

Daluege, Kurt — Staatsanwaltschaft und Polizei in der Verbrechensbekämpfung, DJ 1935, S. 1846-1850.

Dietze, Kurt — Der Volksgerichtshof nach dem Gesetz zur Änderung von Vorschriften des Strafrechts und des Strafverfahrens vom 24. April 1934, JW 1934, S. 1761–1763.

Eichler, Wolfgang — Die Rechtsstellung des Kriegsgerichtsrats im Militärstrafgerichtsverfahren, Berlin 1935.

Engert, Karl — Stellung und Aufgaben des Volksgerichtshofes, DR 1939, S. 485 f.

Freisler, Roland | „Anklageschriften und gerichtliche Entscheidungen sind in bündiger Kürze unter Beschränkung auf das unbedingt Notwendige abzufassen“, DStR 1942, S. 129 – 138.

Freisler, Roland | Der Volksgerichtshof – das Reichsstrafgericht? ZAkDR 1935, S. 90–94.

Freisler, Roland | Der Volksrichter in der neuen deutschen Strafrechtspflege, Berlin 1937.

Freisler, Roland | Deutsches Rechtsleben 1935 und 1936, DJ 1936, S. 50-54.

Freisler, Roland | Die Einheit von Partei und Staat in der Personalpolitik der Justiz, DJ 1935, S. 1685 f.

Freisler, Roland | Die lebenswichtigen Aufgaben des Volksgerichtshofs, DJ 1936, S. 656 f.

Freisler, Roland | Die Vereinfachungsverordnung als Mittel der Schlagkraftsteigerung der Strafrechtspflege und ihr Stand in der Strafverfahrenserneuerung, DJ 1939, S. 1537–1545.

Freisler, Roland (Hrsg.) | Wehrstrafrecht und allgemeines Strafrecht. Ihre wechselseitigen Beziehungen zueinander, Berlin 1936, zitiert: *Bearbeiter* in Wehrstrafrecht und allgemeines Strafrecht, hrsg. von *Roland Freisler.*

Freisler, Roland | Zur neuen Justizausbildungsordnung, DJ 1939, S. 116–119.

Freisler, Roland | Zur Verordnung über außerordentliche Rundfunkmaßnahmen, DJ 1940, S. 105-108.

Freisler, Roland Grau, Fritz Krug, Karl Rietzsch, Otto	Deutsches Strafrecht Band 1, Berlin 1941. Zitiert: *Freisler/Grau/Krug/Rietzsch*
Gleispach, Wenzel Graf von	Deutsches Strafverfahrensrecht. Ein Grundriss, Berlin 1943.
Grau, Fritz Krug, Karl Rietzsch, Otto	Deutsches Strafrecht Band 1, 2. Auflage, Berlin 1943. Zitiert: *Grau/Krug/Rietzsch*
Haidn, C. Fischer, L. (Hrsg.)	Das Recht der NSDAP. Vorschriftensammlung, München 1937.
Hanssen	Die Stellung des Rechtsanwalts als Organ einer starken nationalsozialistischen Rechtspflege, DR 1944, S. 353-356.
Heuber, Wilhelm	Vortrag über den Aufbau der Deutschen Rechtsfront, DRiZ 1933, S. 272 f.
Heuer, Karl	Die Wehrmachtsstrafgerichtsbarkeit und ihre Grenzen, Diss. (Tübingen) 1943.
Heydrich, Reinhard	Die Bekämpfung der Staatsfeinde, DR 1936, S. 121–123.
Jeschek, Hans-Heinrich	Die juristische Ausbildung in Preußen und im Reich – Vergangenheit und Gegenwart, Berlin 1939.
Jonas, Martin	Die Justizausbildungsordnung von 1934, DJ 1934, S. 995–999.
Kerrl, Hanns	Die Bedeutung des Gemeinschaftslagers der Referendare in Preußen, DJ 1934, S. 237 f.

Kohlrausch, Eduard Lange, Richard	Strafgesetzbuch mit Nebengesetzen und Erläuterungen, Berlin 1944. Zitiert: *Kohlrausch/Lange*
Kramer	Einige Zweifelsfragen aus dem Heimtückegesetz, DJ 1936, S. 644 f.
Lämmle, Paul	Strafgerichtsorganisation und Strafverfahren in politischen Strafsachen, DR 1936, S. 448–452.
Lämmle, Paul	Aus der Rechtsprechung des Volksgerichtshofs zum allgemeinen Teil des Strafgesetzbuchs, DR 1944, S. 505–508.
Lehmann, Rudolf	Die Strafprozeßnovelle vom 28. Juni 1935, DJ 1935, S. 999-1005.
Leipziger Kommentar	Reichs-Strafgesetzbuch, Lieferung 1, hrsg. von Johannes Nagler, 6. Auflage, Berlin 1944 (zitiert: LK-*Bearbeiter*).
Lorenzen	Das Eindringen der Juden in die Justiz vor 1933, DJ 1939, S. 956–966.
Lüders, Bernhard	Die Ehrengerichtsbarkeit der Rechtsanwaltschaft, Diss. (Tübingen) 1937.
Maunz, Theodor	Gestalt und Recht der Polizei, Hamburg 1943.
Mittelbach, Hans	Die Verordnung gegen Volksschädlinge. Das Verbrechen bei Fliegergefahr und die Ausnutzung des Kriegszustandes, Bad Oeynhausen 1941.

Noack, Erwin	Die Entjudung der deutschen Anwaltschaft, JW 1938, S. 2796 f.
Noack, Erwin	Kommentar zur Reichs-Rechtsanwaltsordnung 2. Auflage 1937, Leipzig 1937. Zitiert: *Noack*, RRAO
Pfundtner, Hans Neubert, Reinhard (Hrsg.)	Das neue Deutsche Reichsrecht, Band 5, Berlin, Stand 1941. Zitiert: *Pfundtner-Neubert*
Piepenbrink, Heinz	Die rechtsgrundsätzliche Stellung der Reichs-Rechtsanwaltskammer, Diss. (Münster) 1940.
Reusch, Max	Das Reichsgericht im Ersten, Zweiten und Dritten Reich, DJ 1939, S. 909-913.
Rothenberger, Curt	Der deutsche Richter, Hamburg 1943.
Sack, Alfons Heermann, Kurt	Der Strafverteidiger, Berlin 1943. Zitiert: *Bearbeiter* in *Sack-Heermann*
Sack, Alfons	Der Strafverteidiger und der neue Staat, Berlin 1935.
Sauer, Franz	Das Reichsjustizministerium, Berlin 1939.
Schönke, Adolf	Strafgesetzbuch für das Deutsche Reich, Kommentar, 2. Auflage München, Berlin 1944.
Schulz, Wilhelm	Die Mitwirkung der NSDAP bei der Besetzung der Gerichte, Diss. (Tübingen) 1937.

Spohr, Werner	Das Recht der Schutzhaft, Berlin 1937.
Tesmer, Hans	Die Schutzhaft und ihre rechtlichen Grundlagen, DR 1936, S. 135-137.
Weiß, Wilhelm	Vom Volksgerichtshof des Deutschen Reiches, DJ 1935, S. 1709 f.
Wittland, Hermann	Reichsdienststrafordnung, Berlin 1937.

V. Literatur zur SBZ/DDR

Amos, Heike	Justizverwaltung in der SBZ/DDR, Köln, Weimar, Wien 1996.
Amos, Heike	Kommunistische Personalpolitik in der Justizverwaltung der SBZ/DDR (1945-1953). In: Recht im Sozialismus Band 2, Frankfurt a.M. 1999. Zitiert: *Amos* in Recht im Sozialismus Band 2
Anders, Helmut / Benjamin, Hilde / Görner, Kurt	Zur Geschichte der Rechtspflege der DDR 1945-1949, Ost-Berlin 1976. Zitiert: *Anders/Benjamin/Görner*
Backhaus, Jan Erik	Volksrichterkarrieren in der DDR, Frankfurt a.M. 1999, zugleich Diss. (Kiel) 1998.
Baur, Walter / Toeplitz, Heinrich	Das Wirken der Vereinigung Demokratischer Juristen zur Stärkung und Festigung der DDR, NJ 1969 S. 621–624.
Beckert, Rudi	Die erste und letzte Instanz. Schau- und Geheimprozesse vor dem Obersten Gericht der DDR, Goldbach 1995.
Benjamin, Hilde / Görner, Kurt / Kamin, Hiltrud / Sokolow, Rita	Zur Geschichte der Rechtspflege der DDR 1949-1961, Ost-Berlin 1980. Zitiert: *Benjamin/Görner/Kamin/Sokolow*
Bernhardt, Ulrich	Die Deutsche Akademie für Staats- und Rechtswissenschaft „Walter Ulbricht“ 1948-1971, Frankfurt a.M. u.a. 1997, zugleich: Diss. (Potsdam) 1996.

Blomeyer, Arwed Lange, Richard Rosenthal, Walter	Die Justiz in der Sowjetischen Besatzungszone, Bonn 1954. Zitiert: *Blomeyer/Lange/Rosenthal*
Brand, Peter-Andreas	Der Rechtsanwalt und der Anwaltsnotar in der DDR: ihre Stellung und Funktion im sozialistischen Rechtssystem, Köln, Berlin, Bonn, München 1985.
Broszat, Martin/ Weber, Herrmann (Hrsg.)	SBZ-Handbuch, München 1990. Zitiert: *Bearbeiter* in SBZ-Handbuch, hrsg. von *Broszat/Weber*
Bruhn, Hans-Henning	Die Rechtsanwaltschaft in der DDR. Stellung und Aufgaben, Köln 1972.
Bundesministerium der Justiz (Hrsg.)	Im Namen des Volkes? Über die Justiz im Staat der SED Katalog zur Ausstellung des Bundesministeriums der Justiz, 3 Bände, Leipzig 1994. Zitiert: *Bearbeiter* in Bundesministerium der Justiz, „Im Namen des Volkes?“, Band 3
Bundesministerium der Justiz (Hrsg.)	Steuerung der Justiz in der DDR, Rottleuthner u.a., Köln 1994.
Bundesministerium für gesamtdeutsche Fragen (Hrsg.)	SBZ von 1945 bis 1954, Bonn 1956.
Bundesministerium für gesamtdeutsche Fragen (Hrsg.)	SBZ von A bis Z, Bonn 1966.

Diedrich, Torsten / Ehlert, Hans / Wenzke, Rüdiger (hrsg.) i.A. des militärgeschichtlichen Forschungsamtes) — Handbuch der bewaffneten Organe der DDR, Lizenzausgabe, (Originalausgabe: „Im Dienste der Partei", Berlin 1998), Augsburg 2004. Zitiert: *Bearbeiter* in *Diedrich/Ehlert/Wenzke*

Dreier, Ralf (Hrsg.) — Rechtswissenschaft in der DDR 1949–1971: Dokumente zur politischen Steuerung im Grundlagenbereich, Baden-Baden 1996. Zitiert: *Dreier/Eckert/Mollnau/Rottleuthner*

Eckert, Jörn — Recht und Rechtsgeschichte der SBZ/DDR, ZNR 2000, S. 218–238.

Enquete-Kommission des BT — Materialien der Enquete-Kommission „Aufarbeitung von Geschichte und Folgen der SED-Diktatur in Deutschland", Band IV, Baden-Baden 1995. Zitiert: *Bearbeiter* in Materialien der Enquete-Kommission „Aufarbeitung von Geschichte und Folgen der SED-Diktatur in Deutschland", hrsg. vom Deutschen Bundestag, Band IV

Enquete-Kommission des BT — Materialien der Enquete-Kommission „Aufarbeitung von Geschichte und Folgen der SED-Diktatur in Deutschland", Band VIII, Baden-Baden 1995. Zitiert: *Bearbeiter* in Materialien der Enquete-Kommission „Aufarbeitung von Geschichte und Folgen der SED-Diktatur in Deutschland", hrsg. vom Deutschen Bundestag, Band VIII

Engelmann, Roger/ Vollnhals, Clemens (Hrsg.) — Justiz im Dienste der Parteiherrschaft. Rechtspraxis und Staatssicherheit in der DDR, Berlin 1999. Zitiert: *Bearbeiter* in *Engelmann/Vollnhals*

Feth, Andrea	Hilde Benjamin – Eine Biographie, Berlin 1997, zugleich Diss. (FU Berlin) 1996.
Fricke, Karl Wilhelm	Politik und Justiz in der DDR, Zur Geschichte der politischen Verfolgung 1945-1968, Bericht und Dokumentation, Köln 1979.
Gängel, Andreas	Im Namen der Ideologie. Rechtsprechung in der DDR, in: Recht und Ideologie. FS für Hermann Klenner, Band 1, S. 285–309, Freiburg, Berlin 1996.
Gill, David Schröter, Ulrich	Das Ministerium für Staatssicherheit, Anatomie des Mielke-Imperiums, Berlin 1991.
Hagemann, Frank	Der Untersuchungsausschuß Freiheitlicher Juristen 1949–1969, Frankfurt a.M. 1994, zugleich: Diss. (Kiel) 1994,
Hattenhauer, Hans	Über Volksrichterkarrieren, Hamburg 1995.
Hatzius, Berthold	Grundlagen und Entwicklung der Militärstrafgerichtsbarkeit der DDR in Friedenszeiten, Diss. (Würzburg) 1968.
Hellbeck, Hannspeter	Die Staatsanwaltschaft in der Sowjetischen Besatzungszone Deutschlands, 2. erweiterte und ergänzte Auflage, Bonn 1955.
Heuer, Uwe-Jens (Hrsg.)	Die Rechtsordnung der DDR, Baden-Baden 1995. Zitiert: *Bearbeiter* in *Heuer*

Horstmann, Thomas	Logik der Willkür: die zentrale Kommission für staatliche Kontrolle in der SBZ/DDR von 1948 bis 1958, Köln, Weimar, Wien, 2002, zugleich: Diss. (Bamberg) 2001.
Immisch, Lars	Der sozialistische Richter in der DDR und seine Unabhängigkeit, Frankfurt a.M. 1997, zugleich Diss. (Jena) 1997.
Liwinska, Malgorzata	Die juristische Ausbildung in der DDR, Diss. (FU Berlin) 1997.
Lorenz, Thomas	Die Rechtsanwaltschaft in der SBZ und in der DDR bis 1960, NJ 1991, S. 523–527.
Melzer, Ingetraut u.a.	Staats- und Rechtsgeschichte der DDR, Ost-Berlin 1983.
Meyer-Seitz, Christian	Die Verfolgung von NS-Straftaten in der SBZ, Berlin 1998.
Ministerium des Innern, Kommission zur Erforschung und Ausarbeitung der Geschichte der Deutschen Volkspolizei (Hrsg.)	Geschichte der Deutschen Volkspolizei 1945-1961, - nur für den Dienstgebrauch - Ost-Berlin 1979.
Neidhard	Politisierung der Referendarprüfung in der sowjetischen Zone, JZ 1951, S. 300.
Otterbeck, Franz Norbert	Das Anwaltkollektiv der DDR, Bonn 2000, zugleich: Diss. (Heidelberg) 1998.
Pohl, Dieter	Justiz in Brandenburg 1945-1955. Gleichschaltung und Anpassung, München 2001.

Ramm, Joachim	Eugen Schiffer und die Reform der deutschen Justiz, Neuwied, Darmstadt 1987.
Reuß, Ernst	Berliner Justizgeschichte, Eine rechtstatsächliche Untersuchung zum strafrechtlichen Justizalltag in Berlin von 1945–1952, dargestellt anhand der Strafgerichtsbarkeit des Amtsgerichts Berlin-Mitte, Berlin 2000.
Rössler, Ruth Kristin	Justizpolitik in der SBZ/DDR: 1945–1956, Frankfurt a.M. 2000.
Rottleuthner, Hubert	Steuerung der Justiz in der DDR. Einflussnahme der Politik auf Richter, Staatsanwälte und Rechtsanwälte, Köln 1994. Zitiert: *Bearbeiter* in *Rottleuthner*: Steuerung der Justiz in der DDR.
Sarge, Günter u.a.	Das Oberste Gericht der DDR – Rechtsprechung im Dienste des Volkes, Ost-Berlin 1989.
Schmidt, Eberhard	Berufsjurist und staatliche Rechtspflege, MDR 1948, S. 374–382.
Schöneburg, Karl-Heinz	Geschichte des Staates und des Rechts der DDR, Dokumente 1945-1949, Ost-Berlin 1984.
Schramm, Nils-Eberhard	Die Vereinigung demokratischer Juristen, Frankfurt a.M. 2000, zugleich: Diss. (Kiel) 2000.
Schroeder, Friedrich-Christian	Das Strafrecht des realen Sozialismus: eine Einführung am Beispiel der DDR, Opladen 1983.

Schröder, Steffen — Die Juristenausbildung in der DDR,
in: Recht im Sozialismus Band 2 Justizpolitik,
Frankfurt a.M. 1999,
S. 441–486.

Schuller, Wolfgang — Geschichte und Struktur des politischen Strafrechts der DDR bis 1968,
Ebelsbach 1980.
Zitiert: *Schuller* 1980

Schuller, Wolfgang — Politisches Strafrecht in der DDR 1945-1953,
Diss.(Hamburg) 1968.
Zitiert: *Schuller* 1968

Steiner, Helmut — Zum Sozialprofil der DDR-Richter,
in: FS für Hermann Klenner,
Band 1,
Freiburg, Berlin 1996.

Timmermann, Heiner (Hrsg.) — Die DDR – Recht und Justiz als politisches Instrument,
Berlin 2000.
Zitiert: *Bearbeiter* in *Timmermann*

Untersuchungsausschuß Freiheitlicher Juristen — Der Staatssicherheitsdienst.
Terror als System,
Berlin (ohne Jahresangabe).

Untersuchungsausschuß Freiheitlicher Juristen — Unrecht als System,
Teil II (1952-1954),
Bonn 1955.

VdJ (Hrsg.) — Recht im Dienst des Volkes,
Ost-Berlin 1979.

Vollnhals, Clemens (Hrsg.) — Entnazifizierung. Politische Säuberung und Rehabilitierung in den vier Besatzungszonen 1945-1949,
Nördlingen 1991.

Wassermann, Rudolf — Unrecht durch DDR-Rechtsprechung, in FS für Günter Spendel, Berlin 1992, S. 629–653.

Weber, Petra — Justiz und Diktatur, Justizverwaltung und politische Strafjustiz in Thüringen 1945-1961, Veröffentlichungen zur SBZ-/DDR-Forschung im Institut für Zeitgeschichte, München 2000.

Weinreich, Bettina — Strafjustiz und ihre Politisierung in SBZ und DDR bis 1961. Auswertung von Dokumenten und Urteilen unter Berücksichtigung des historischen Zusammenhangs, Frankfurt a.M. 2005.

Wentker, Hermann — Justiz in der SBZ/DDR 1945-1953, München 2001.

Werkentin, Falco — Politische Strafjustiz in der Ära Ulbricht, Berlin 1995.

VI. Quellen zur SBZ/DDR

Abendroth, Wolfgang — Die Ausbildungs- und Prüfungsordnungen für Referendare und Assessoren in der sowjetischen und britischen Besatzungszone und der Stadt Berlin, NJ 1947, S. 140 f.

Braune, Kurt — Der Schutz des gesellschaftlichen Eigentums in der Deutschen Demokratischen Republik, StuR 1953, S. 250–262.

Benjamin, Hilde — Aufgaben der Justizverwaltungsstellen in den Bezirken, NJ 1953, S. 514 f.

Benjamin, Hilde — Bemerkungen zu der Lehre von der Gerichtsverfassung und ihrer Bedeutung für Theorie und Praxis, StuR 1953, S. 25–48.

Benjamin, Hilde — Das Gerichtsverfassungsgesetz, NJ 1952, S. 434–439.

Benjamin, Hilde — Das Sowjetgericht – ein mächtiges Organ der Staatsmacht, StuR 1953, S. 476–500.

Benjamin, Hilde — Der Instrukteur – Helfer und politischer Berater, NJ 1954, S. 285–290.

Benjamin, Hilde — Der Volksrichter in der Sowjetzone, NJ 1947, S. 13–15.

Benjamin, Hilde — Die Ergebnisse des 21. Plenums des ZK der Sozialistischen Einheitspartei Deutschlands und die Arbeit der Organe der Justiz, NJ 1954, S. 679–681.

Benjamin, Hilde | Die nächsten Aufgaben, NJ 1953, S. 509.

Benjamin, Hilde | Die Schöffenwahlen 1955 – ein wirksamer Hebel zur Verbesserung der Arbeit der Gerichte, NJ 1955, S. 131–133.

Benjamin, Hilde | Die Staatsverbrechen im Zusammenhang mit der wirtschaftlichen und politischen Entwicklung seit 1945, NJ 1954, S. 33–37.

Benjamin, Hilde | Die Zusammenarbeit der drei zentralen Justizorgane bei der Aufsicht über die Rechtsprechung, NJ 1954, S. 716 f.

Benjamin, Hilde | Diskussionsrede von Minister Dr. Hilde Benjamin auf dem IV. Parteitag der Sozialistischen Einheitspartei Deutschlands, NJ 1954, S. 223-224.

Benjamin, Hilde | Fragen der fachlichen Fortbildung der Richter, NJ 1950, S. 388–390.

Benjamin, Hilde | Fragen der Verteidigung und des Verteidigers, NJ 1951, S. 51–54.

Benjamin, Hilde | Grundsätzliches zur Methode und zum Inhalt der Rechtsprechung, NJ 1951, S. 150–156.

Benjamin, Hilde | Unsere Justiz – ein wirksames Instrument bei der Durchführung des neuen Kurses, NJ 1953, S. 477–479.

Benjamin, Hilde | Unsere Justiz schützt die Interessen der Arbeiter und Bauern, NJ 1954, S. 221 f.

Benjamin, Hilde	Volkseigentum ist unantastbar! NJ 1953, S. 61–63.
Benjamin, Hilde	Zehn Jahre demokratischer Justiz in Deutschland, NJ 1955, S. 259–266.
Benjamin, Hilde	Zur Heranbildung des neuen Richters: Zwei aktuelle Probleme, NJ 1949, S. 129–132.
Benjamin, Hilde	Zur Schöffenwahl 1955, NJ 1955, S. 33 f.
Berger, Götz	Probleme eines demokratischen Strafrechts, Ost-Berlin 1949.
Böhme, Fritz	Den neuen Schöffen auf den Weg! NJ 1955, S. 326–328.
Böhme, Fritz	Die Arbeit der Justiz auf dem Lande verstärkt weiterführen! NJ 1954, S. 458 f.
Böhme, Fritz	Welche Mindestanforderungen müssen wir an die Revision eines Kreisgerichts stellen? NJ 1954, S. 291 f.
Böhme, Fritz	Zur Rechtsprechung bei Angriffen auf Volkseigentum, NJ 1954, S. 75–77.
Bunckenburg, Friedrich	Fragen der Zusammenarbeit zwischen Gericht und Rechtsanwalt, NJ 1953, S. 139 f.
Cohn, Kurt	Vom Kassationsverfahren in Strafsachen, NJ 1950, S. 284–286.
Dieckmann, J.	Laienrichter des Volkes (zum neuen Schöffenwahlgesetz), NJ 1949, S. 183 f.

Dillhöfer, Gerhard
Görner, Kurt
Über den bisherigen Verlauf der Schöffenwahlen,
NJ 1955, S. 197–199.

Eberdt, Werner
Über Erfahrungen bei der Bearbeitung von Vorgängen in der Allgemeinen Aufsicht,
NJ 1955, S. 345 f.

Eildermann, Hermann
Aufgaben der Justizverwaltungsstellen in den Bezirken,
NJ 1953, S. 515-516.

Fechner, Max
Über die Schwerpunkte der Rechtsprechung in Strafsachen,
NJ 1953, S. 225–228.

Fechner, Max
Zum Tag der Schöffen,
NJ 1953, S. 191 f.

Feiler, Gustav
Die richterliche Bestätigung von Durchsuchungen,
NJ 1954, S. 51 f.

Fröhbrodt, Käte
Die Aufgaben des Staatsanwalts auf dem Gebiet des Zivilrechts,
NJ 1953, S. 745 f.

Genärsch, Ernst
Stellung und Aufgaben des Kreisgerichts nach dem neuen Gerichtsverfassungsgesetz,
NJ 1952, S. 439–442.

Gerats, Hans
Renneberg, Joachim
Die Lehren Stalins und die Festigung der Gesetzlichkeit in der Deutschen Demokratischen Republik,
NJ 1953, S. 278–280.

Gerats, Hans
Die Lehrmethode in den Ausbildungslehrgängen für Richter und Staatsanwälte,
NJ 1950, S. 111–113.

Görner, Kurt — Die Rolle der Schöffen beim Aufbau der demokratische Justiz und in der Gerichtspraxis der Deutschen Demokratische Republik,
StuR 1955, S. 287–305.

Görner, Kurt — Schöffen als Richter,
NJ 1954, S. 255–259.

Görner, Kurt — Schöffen erwarten eine ständige und gute Anleitung ihrer Arbeit,
NJ 1955, S. 761 f.

Görner, Kurt — Über die Durchführung von Justizaussprachen,
NJ 1954, S. 402–407.

Görner, Kurt — Zur Praxis der Justizaussprachen der Gerichte,
NJ 1955, S. 619 f.

Gottert, Erich — Die Abschlussbesprechung zwischen Richtern und Schöffen,
NJ 1955, S. 153–155.

Graefrath, Bernhard — Das juristische Studium nach dem neuen Studienplan,
NJ 1951, S. 291–294.

Grass, Jakob — Die Rolle der Schöffen in der Deutschen Demokratischen Republik,
NJ 1955, S. 142–144.

Grass, Jakob — Zum juristischen Fernstudium,
NJ 1955, S. 108 f.

Grotewohl, Otto — Der Staatsanwalt – Hüter der demokratischen Gesetzlichkeit,
NJ 1952, S. 241–243.

Grube, Gerda — Das juristische Studium und die Fortbildung der Richter,
NJ 1953, S. 65–69.

Grube, Gerda	Zu einigen Fragen des Fernstudiums, NJ 1955, S. 748–750.
Grube, Otto Stegmann, Maximilian	Zu einigen Fragen bei der Anwendung des Gesetzes zum Schutze des innerdeutschen Handels, NJ 1951, S. 498-500.
Haber, Walter	Die Mitwirkung des Staatsanwalts in Zivilsachen, NJ 1955, S. 116–118.
Haid, Bruno Rose, Horst	Zu einigen aktuellen Fragen des sozialistischen Eigentums, NJ 1955, S. 712–719.
Hartwig, Otto	Die Ausbildung der Volksrichter, NJ 1947, S. 157–159.
Hartwig, Otto	Die weitere Ausgestaltung der Lehrgänge für Richter und Staatsanwälte, NJ 1949, S. 13–15.
Heilborn, Hans-Werner	Zu einigen Fragen des Fernstudiums, NJ 1955, S. 744–746.
Helm, Rolf	Das Recht auf Verteidigung und die prozessuale Stellung des Verteidigers, NJ 1953, S. 769–773.
Helm, Rolf	Die Bildung von Rechtsanwaltskollegien, NJ 1953, S. 317–321.
Helm, Rolf	Einige Lehren aus der Entwicklung der Kollegien der Rechtsanwälte, NJ 1955, S. 363–366.
Helm, Rolf	Stand und Entwicklung der Richterschulen, NJ 1951, S. 308 f.

Helm, Rolf	Über die Aufnahme in das Rechtsanwaltskollegium, NJ 1955, S. 600.
Helm, Rolf	Zum einjährigen Bestehen der Kollegien der Rechtsanwälte, NJ 1954, S. 343 f.
Helm, Rolf	Zum Recht auf Verteidigung und zur Stellung des Verteidigers, StuR 1956, S. 722–731.
Hennig, Walter	Ein neuer Angriff des Klassenfeindes gegen unsere Rechtsanwälte, NJ 1954, S. 505.
Heuer, Klaus	Wissenschaftliche Studentenzirkel an der Juristischen Fakultät der Humboldt-Universität, StR 1953, S. 509–515.
Hölzer, Nathan	Über die Mitwirkung der Schöffen, NJ 1955, S. 147 f.
Hoeniger, Walther	Justiz in Brandenburg – ein Rückblick, NJ 1949, S. 192 f.
Kaiser, Horst	Einige Erfahrungen bei der Durchführung des neuen Studienplans für die juristischen Fakultäten, NJ 1950, S. 391 f.
Kleine, Helene	Das gerichtliche Verfahren erster Instanz, NJ 1952, S. 476–479.
Kleine, Helene Krutzsch, Walter	Die strafrechtliche Beurteilung von Staatsverbrechen, NJ 1954, S. 71–74.
Klitzsch, Heinz	Wie kann die Arbeit auf dem Gebiet der Allgemeinen Aufsicht verbessert werden? NJ 1954, S. 491 f.

Koedel, Hugo	Erste Erfahrungen bei der Bildung von Rechtsanwaltskollegien, NJ 1953, S. 614–616.
Krutzsch, Walter	Zur fachlichen Schulung für Richter und Staatsanwälte, NJ 1955, S. 306.
Liebler, Ralph	Probleme der Rechtsanwaltschaft, NJ 1950, S. 295 f.
Melsheimer, Ernst	Das Ermittlungsverfahren, NJ 1952, S. 472–476.
Melsheimer, Ernst	Der neue Kurs und die Aufgaben der Staatsanwaltschaft, NJ 1953, S. 576–578.
Melsheimer, Ernst	Der Staatsanwalt in der Deutschen Demokratischen Republik, NJ 1950, S. 5–8.
Melsheimer, Ernst	Ein Jahr Oberste Staatsanwaltschaft der Deutschen Demokratischen Republik, NJ 1950, S. 479 f.
Melsheimer, Ernst	Über die Arbeit der Staatsanwälte auf dem Gebiet des Zivil- und Arbeitsrechts, NJ 1955, S. 581–585.
Melsheimer, Ernst	Über die Arbeit der Staatsanwaltschaft in der Deutschen Demokratischen Republik, NJ 1952, S. 204–208.
Meyer, Otto	Zwei Jahre Allgemeine Aufsicht des Staatsanwalts, NJ 1954, S. 489–491.
Ministerium der Justiz der DDR (Hrsg.)	Gerichtsverfassungsgesetz vom 2. Oktober 1952, Textausgabe mit Stichwortverzeichnis, Ost-Berlin 1955.

Mühlberger, Fritz	Zu einigen Fragen des Fernstudiums, NJ 1955, S. 747 f.
Nathan, Hans	Die obersten Rechtspflegeorgane der Deutschen Demokratischen Republik, NJ 1949, S. 303–305.
Nathan, Hans	Zwei Jahre Oberstes Gericht und Oberste Staatsanwaltschaft der Deutschen Demokratischen Republik, NJ 1951, S. 544–548.
Nowack, Hans Rudolph, Peter	Die ersten Zwischenprüfungen des 10-Monate-Studienjahres – ein Beitrag der Hochschulen im Kampf um den Frieden, NJ 1952, S. 359–361.
Ostmann, Helmut	Die Stellung des Staatsanwalts im Ermittlungsverfahren, NJ 1953, S. 11–14.
Ostmann, Helmut	Über die Justizverwaltung, NJ 1954, S. 37–42.
Paul, H.	Zur Tätigkeit der Schöffen und Geschworenen, NJ 1952, S. 363.
Persike, Hans-Günther	Über die Organisation und die Aufgaben von Anwaltskollegien, NJ 1953, S. 243–247.
Pogorschelsky, Fritz	Stellung und Aufgaben des Bezirksgerichts nach dem neuen Gerichtsverfassungsgesetz, NJ 1952, S. 442–444.
Reuter, Heinrich	Das Gesetz zum Schutze des Volkseigentums und die gerichtliche Praxis, NJ 1953, S. 231–233.
Reuter, Heinrich	Der Verzicht auf den Verteidiger, NJ 1952, S. 545 f.

Ristow, Charlotte | Aktuelle Probleme des Wirtschaftsstrafrechts in der sowjetischen Besatzungszone, NJ 1947, S. 125-129.

Röhner, Hertha | Zum juristischen Fernstudium, NJ 1955, S. 109 f.

Scheele, Günther | Neue Methoden des Studiums an den juristischen Fakultäten, NJ 1951, S. 61–65.

Scheele, Günther | Über das Vorlesungsprogramm für das gesellschaftswissenschaftliche Grundstudium an den Universitäten und Hochschulen in der Deutschen Demokratischen Republik, NJ 1951, S. 408–413.

Scheele, Günther | Zur Eröffnung der Zentralen Richterschule der Deutschen Demokratischen Republik, NJ 1950, S. 183–185.

Schindowski, Carlotta | Die Neuregelung des juristischen Studiums an den Universitäten, NJ 1949, S. 280 f.

Schmidt, Kurt | Inhalt und Aufbau des Einspruchs, NJ 1954, S. 234 f.

Schmidt, Kurt | Über einige Fragen des gesellschaftswissenschaftlichen Studiums, NJ 1951, S. 310–312.

Schmidt, Walter | Die Bearbeitung von Beschwerden im Rahmen der Allgemeinen Aufsicht, NJ 1954, S. 487–489.

Schultz, Walter | Die Allgemeine Aufsicht als neue Aufgabe der Staatsanwaltschaft, NJ 1953, S. 673–676.

Schultz, Walter	Einige Grundsätze für die Durchführung der Allgemeinen Aufsicht, NJ 1954, S. 485 f.
Schultz, Walter Wunsch, Rudolf	Fragen der Allgemeinen Aufsicht des Staatsanwalts, NJ 1955, S. 719–722.
Schulze, Gerhard	Unsere Schöffenwahl – eine Volkswahl, NJ 1955, S. 195 f.
Schumann, Kurt	Das Kassationsverfahren – ein Mittel zur Durchführung des neuen Kurses, NJ 1953, S. 733–736.
Schumann, Kurt	Das Oberste Gericht der Deutschen Demokratischen Republik als Kassationsgericht, NJ 1950, S. 240–242.
Schumann, Kurt	Ein Jahr Oberstes Gericht der Deutschen Demokratischen Republik, NJ 1950, S. 477–479.
Schumann, Kurt	Kassation und Wiederaufnahme, NJ 1952, S. 482–484.
Schumann, Kurt	Stellung und Aufgaben des Obersten Gerichts nach dem neuen Gerichtsverfassungsgesetz, NJ 1952, S. 444–446.
Schuster, Erich	Die Anleitung und Kontrolle der Kreisgerichte, NJ 1954, S. 113–115.
Sieber, Walter Hölzer, Nathan	Zur fachlichen Schulung für Richter und Staatsanwälte, NJ 1955, S. 305 f.
Sparschuh	Absolventen der Richterlehrgänge des Landes Sachsen in leitenden Stellungen der Justiz, NJ 1950, S. 19 f.

Stiller, Gerhard	Die Staatsverbrechen, Erfurt 1959.
Streit, Josef	Aus der Arbeit der Fernstudenten, NJ 1955, S. 303–305.
Streit, Josef	Kritische Bemerkungen zur bisherigen Arbeit der Schöffen, NJ 1955, S. 144–147.
Toeplitz, Heinrich	Über die Arbeit mit den Schöffen, NJ 1953, S. 192–194.
Toeplitz, Heinrich	Über die Schulung der Schöffen, NJ 1953, S. 542 f.
Tölg, Gerhard	Zu neuen Erfolgen im juristischen Fernstudium, NJ 1954, S. 395–397.
Ulbricht, Walter u.a.	Staat und Recht im Lichte des großen Oktober. Festschrift zum 40. Jahrestag der großen sozialistischen Oktoberrevolution, Ost-Berlin 1957.
Unikower	Schulung der Schöffen und Geschworenen, NJ 1950, S. 88 f.
Vössing, A.	Die Gerichtsorganisation in der sowjetischen Besatzungszone in Deutschland, NJ 1947, S. 141–143.
Weiß, Wolfgang	Das Gesetz über die Kassation rechtskräftiger Urteile in Strafsachen, NJ 1947, S. 213–215.
Weiß, Wolfgang	Das Gesetz zum Schutze des Friedens, NJ 1951, S. 10–16.
Winkelmann, Paul	Aufgaben der Staatsanwälte und Gerichte in den Verfahren nach dem Befehl Nr. 201, NJ 1947, S. 169–172.

Wirthig, Max	Zur Frage der Rechtsanwaltschaft, NJ 1950, S. 393 f.

RECHTSHISTORISCHE REIHE

Band 1 Studien zu den germanischen Volksrechten. Gedächtnisschrift für Wilhelm Ebel. Vorträge gehalten auf dem Fest-Symposion anläßlich des 70. Geburtstages von Wilhelm Ebel am 16. Juni 1978 in Göttingen. Götz Landwehr (Hrsg.) 1982.

Band 2 Hans Poeschel: Die Statuten der Banken, Sparkassen und Kreditgenossenschaften in Hamburg und Altona von 1710 bis 1889. 1978.

Band 3 Thomas Kolbeck: Juristenschwemmen, Untersuchungen über den juristischen Arbeitsmarkt im 19. und 20. Jahrhundert. 1978.

Band 4 Norbert Hempel: Richterleitbilder in der Weimarer Republik. 1978.

Band 5 Rolf Stratmann: Die Scheinbußen im mittelalterlichen Recht. 1978.

Band 6 Martin C. Lockert: Die niedersächsischen Stadtrechte zwischen Aller und Weser. Vorkommen und Verflechtungen. Eine Bestandsaufnahme. 1979.

Band 7 Joachim Rückert/Wolfgang Friedrich: Betriebliche Arbeiterausschüsse in Deutschland, Großbritannien und Frankreich im späten 19. und frühen 20. Jahrhundert. Eine vergleichende Studie zur Entwicklung des kollektiven Arbeitsrechts. 1979.

Band 8 Peter Bender: Die Rezeption des römischen Rechts im Urteil der deutschen Rechtswissenschaft. 1979.

Band 9 Friedrich Karl Alsdorf: Untersuchungen zur Rechtsgestalt und Teilung deutscher Ganerbenburgen. 1980.

Band 10 Dietmar Willoweit/Winfried Schich (Hrsg.): Studien zur Geschichte des sächsisch-magdeburgischen Rechts in Deutschland und Polen (Sammelband). 1980.

Band 11 Brigitte Hempel: Der Entwurf einer Polizeiordnung für das Herzogtum Sachsen-Lauenburg aus dem Jahre 1591. 1980.

Band 12 Klaus-Detlev Godau-Schüttke: Rechtsverwalter des Reiches. Staatssekretär Dr. Curt Joël. 1981.

Band 13 Rainer Polley: Anton Friedrich Justus Thibaut (AD 1772-1840) in seinen Selbstzeugnissen und Briefen. Teil 1: Abhandlung. Teil 2: Briefwechsel. Teil 3: Register zum Briefwechsel. 1982.

Band 14 Michael Wettengel: Der Streit um die Vogtei Kelkheim 1275-1276. Ein kanonischer Prozeß.1981.

Band 15 Otto Wilhelm Krause: Naturrechtler des sechzehnten Jahrhunderts. Ihre Bedeutung für die Entwicklung eines natürlichen Privatrechts. 1982.

Band 16 Helga Spindler: Von der Genossenschaft zur Betriebsgemeinschaft. Kritische Darstellung der Sozialrechtslehre Otto von Gierkes. 1982.

Band 17 Holger Otte: Gustav Radbruchs Kieler Jahre 1919-1926. 1982.

Band 18 Rüdiger Teuner: Die fuldische Ritterschaft 1510-1656. 1982.

Band 19 Gerhard Dilcher/Rudolf Hoke/Gian Savino Pene Vidari/Hans Winterberg (Hrsg.): Grundrechte im 19. Jahrhundert. 1982.

Band 20 Karl-Hans Schloßstein: Die westfälischen Fabrikengerichtsdeputationen - Vorbilder, Werdegang und Scheitern. 1982.

Band 21 Birger Schulz: Der Republikanische Richterbund (1921-1933). 1982.

Band 22 Engelbert Krause: Die gegenseitigen Unterhaltsansprüche zwischen Eltern und Kindern in der deutschen Privatrechtsgeschichte. 1982.

Band 23 Meent W. Francksen: Staatsrat und Gesetzgebung im Großherzogtum Berg (1806-1813). 1982.

Band 24 Gerd von Sonnleithner: Bearbeitung des Handelsrechts durch Ignaz von Sonnleithner in seinem "Leitfaden über das österreichische Handels- und Wechselrecht". 1982.

Band 25 Rudolf Palme: Rechts-, Wirtschafts- und Sozialgeschichte der inneralpinen Salzwerke bis zu deren Monopolisierung. 1983.

Band 26 Helen Bosshard: Pestalozzis Staats- und Rechtsverständnis und seine Stellung in der Aufklärung. 1983.

Band 27 Jens Jessen: Die Selbstzeugnisse der deutschen Juristen. Erinnerungen, Tagebücher und Briefe. Eine Bibliographie. 1983.

Band 28 Günter Martin Jensen: Das Domanium Waldeck. Die rechtliche Zuordnung eines Fürstenvermögens. 1984.

Band 29 Johann Heinrich Kumpf: Petitionsrecht und öffentliche Meinung im Entstehungsprozeß der Paulskirchenverfassung 1848/49. 1983.

Band 30 Sabine Frey: Rechtsschutz der Juden gegen Ausweisungen im 16. Jahrhundert. 1983.

Band 31 Dietrich Joswig: Die germanische Grundstücksübertragung. 1984.

Band 32 Andreas Baryli: Konzessionssystem contra Gewerbefreiheit. Zur Diskussion der österreichischen Gewerberechtsreform 1835 bis 1860. 1984.

Band 33 Gerhard Oberkofler: Studien zur Geschichte der österreichischen Rechtswissenschaft. 1984.

Band 34 Rudolf Lauda: Kaufmännische Gewohnheit und Burgrecht bei Notker dem Deutschen. Zum Verhältnis von literarischer Tradition und zeitgenössischer Realität in der frühmittelalterlichen Rhetorik. 1984.

Band 35 Jens Jensen: Die Ehescheidung des Bischofs Hans von Lübeck von Prinzessin Julia Felicitas von Württemberg-Weiltingen AD 1648-1653. Ein Beitrag zum protestantischen Ehescheidungsrecht im Zeitalter des beginnenden Absolutismus. 1984.

Band 36 Horst Schröder: Friedrich Karl von Savigny. Geschichte und Rechtsdenken beim Übergang vom Feudalismus zum Kapitalismus in Deutschland. 1984.

Band 37 Andreas Hatzung: Dogmengeschichtliche Grundlagen und Entstehung des zivilrechtlichen Notstands. 1984.

Band 38 Matthias Klasen: Das Billwerder Landrecht. Landrecht und Landgericht in den Hamburger Elbmarschen. 1985.

Band 39 Rainer Jamin: Aufbau, Tätigkeit und Verfahren der Auseinandersetzungsbehörden bei der Durchführung der preußischen Agrarreformen. 1985.

Band 40 Henry Winter: Teilschuld, Gesamtschuld und unechte Gesamtschuld. Zur Konzeption der §§ 420 ff. BGB - Ein Beitrag zur Entstehungsgeschichte des BGB. 1985.

Band 41 Hermann Eichler: Verfassungsbewegung in Amerika und Europa. 1985.

Band 42 Dagmar Bandemer: Heinrich Albert Zachariae. Rechtsdenken zwischen Restauration und Reformation. 1985.

Band 43 Eva-Christine Frentz: Das Hamburgische Admiralitätsgericht (1623-1811). Prozeß und Rechtsprechung. 1985.

Band 44 Karl Lillig: Rechtsetzung im Herzogtum Pfalz-Zweibrücken während des 18. Jahrhunderts. Ein Beitrag zur Geschichte der territorialen Rechtsbildung. 1985.

Band 45 Walter Weber: Die Entwicklung der Sparkassen zu selbständigen Anstalten des öffentlichen Rechts. Ein Beitrag zur Entwicklung des Anstaltsbegriffs im 19. Jahrhundert. 1985.

Band 46 Bärbel Baum: Der Stabreim im Recht. Vorkommen und Bedeutung des Stabreims in Antike und Mittelalter. 1986.

Band 47 Hans Popp: Die nationalsozialistische Sicht einiger Institute des Zivilprozeß- und Gerichtsverfassungsrechts. 1986.

Band 48 John Karl-Heinz Montag: Die Lehrdarstellung des Handelsrechts von Georg Friedrich von Martens bis Meno Pöhls. Die Wissenschaft des Handelsrechts im ersten Drittel des 19. Jahrhunderts. 1986.

Band 49 Volker D. Anhäusser: Das internationale Obligationenrecht in der höchstrichterlichen Rechtsprechung des 19. Jahrhunderts. 1986.

Band 50 Udo Beer: Die Juden, das Recht und die Republik. Verbandswesen und Rechtsschutz 1919-1933. 1986.

Band 51 Herbert Grziwotz: Der moderne Verfassungsbegriff und die "Römische Verfassung" in der deutschen Forschung des 19. und 20. Jahrhunderts. 1986.

Band 52 Ralf Conradi: Karl Friedrich Eichhorn als Staatsrechtslehrer. Seine Göttinger Vorlesung über "Das Staatsrecht der deutschen Bundesstaaten" nach einer Kollegmitschrift aus dem Wintersemester 1821/22. 1987.

Band 53 Dieter Dannreuther: Der Zivilprozeß als Gegenstand der Rechtspolitik im Deutschen Reich 1871-1945. Ein Beitrag zur Geschichte des Zivilprozeßrechts in Deutschland. 1987.

Band 54 Stephan Felix Pauly: Organisation, Geschichte und Praxis der Gesetzesauslegung des (Königlich) Preußischen Oberverwaltungsgerichtes 1875-1933. 1987.

Band 55 Rüdiger Schulz: Die Entstehung des Seerechts des Allgemeinen Deutschen Handelsgesetzbuches unter besonderer Berücksichtigung der Bestimmungen über die Reederei, den Schiffer und die Schiffsmannschaft. 1987.

Band 56 Reinhold Reis: Deutsches Privatrecht in den Weistümern der Zenten Schriesheim und Kirchheim. 1987.

Band 57 Jürgen Christoph: Die politischen Reichsamnestien 1918-1933. 1987.

Band 58 Gerhard Oberkofler/Eduard Rabofsky: Hans Kelsen im Kriegseinsatz der k.u.k.-Wehrmacht. Eine kritische Würdigung seiner militärtheoretischen Angebote. 1988.

Band 59 Arne Wulff: Staatssekretär Prof. Dr. Dr. h.c. Franz Schlegelberger. 1876-1970. 1991.

Band 60 Gerhard Köbler (Hrsg.): Wege europäischer Rechtsgeschichte. Karl Kroeschell zum 60. Geburtstag. 1987.

Band 61 Rüdiger Hütte: Der Gemeinschaftsgedanke in den Erbrechtsreformen des Dritten Reichs. 1988.

Band 62 Markus Göldner: Politische Symbole der europäischen Integration. Fahne, Hymne, Hauptstadt, Paß, Briefmarke, Auszeichnungen. 1988.

Band 63 Wolfgang Kröner: Freiheitsstrafe und Strafvollzug in den Herzogtümern Schleswig, Holstein und Lauenburg von 1700 bis 1864. 1988.

Band 64 Werner Gaile: Die Norder Theelacht. 1988.

Band 65 Karl v. Kempis: Andreas Gaill (1526-1587). Zum Leben und Werk eines Juristen der frühen Neuzeit. 1988.

Band 66 Wolf-Rüdiger Osburg: Die Verwaltung Hamburgs in der Franzosenzeit. 1811-1814. 1988.

Band 67 Christian Schudnagies: Hans Frank. Aufstieg und Fall des NS-Juristen und Generalgouverneurs. 1988.

Band 68 Otmar Jung: Senatspräsident Freymuth. Richter, Sozialdemokrat und Pazifist in der Weimarer Republik. Eine politische Biographie. 1989.

Band 69 Joachim Lohner: Das landeshauptmannschaftliche Gericht in Oberösterreich zu Beginn der Neuzeit. Eine Darstellung des oberösterreichischen Prozeßrechts am obersten Territorialgericht des Landes anhand der oberösterreichischen Landtafel. 1989.

Band 70 Bernd Klemann: Rudolf von Jhering und die Historische Rechtsschule. 1989.

Band 71 Adalbert Langer: Männer um die österreichische Zivilprozeßordnung 1895. Zusammenspiel / Soziales Ziel. 1990.

Band 72 Robert-Dieter Klee: Die Landessuperintendentur Lauenburg. Ursprung und Entwicklung sowie Ende der Sonderstellung des Kirchenkreises Herzogtum Lauenburg durch die nordelbische Kirchenvereinigung. 1989.

Band 73 Heinrich Herrmann: Die Gehöferschaften im Bezirk Trier. 1989.

Band 74 Wilhelm Brauneder, Franz Baltzarek (Hrsg.): Modell einer neuen Wirtschaftsordnung. Wirtschaftsverwaltung in Österreich 1914-1918. 1991.

Band 75 Thomas Dreyer: Die "Assecuranz- und Haverey-Ordnung" der Freien und Hansestadt Hamburg von 1731. 1990.

Band 76 Bernhard Sendler: Die Rechtssprache in den süddeutschen Stadtrechtsreformationen. 1990.

Band 77 Brigitte Lehmann: Ehevereinbarungen im 19. und 20. Jahrhundert. 1990.

Band 78 Michael Sunnus: Der NS-Rechtswahrerbund (1928-1945). Zur Geschichte der nationalsozialistischen Juristenorganisation. 1990.

Band 79 Stefan Schulz: Die historische Entwicklung des Rechts an Bienen. (§§ 961-964 BGB). 1990.

Band 80 Gerhard Lingelbach, Heiner Lück (Hrsg.): Deutsches Recht zwischen Sachsenspiegel und Aufklärung. Rolf Lieberwirth zum 70. Geburtstag dargebracht von Schülern, Freunden und Kollegen, herausgegeben von Gerhard Lingelbach und Heiner Lück. 1991.

Band 81 Manfred Krohn: Die deutsche Justiz im Urteil der Nationalsozialisten 1920-1933. 1991.

Band 82 Angelika Kühn: Privilegierung nationaler Minderheiten im Wahlrecht der Bundesrepublik Deutschland und Schleswig-Holsteins. 1991.

Band 83 Georg Brun: Leben und Werk des Rechtshistorikers Heinrich Mitteis unter besonderer Berücksichtigung seines Verhältnisses zum Nationalsozialismus. 1991.

Band 84 Wolfgang Simon: Claudius Freiherr von Schwerin. Rechtshistoriker während dreier Epochen deutscher Geschichte. 1991.

Band 85 Friedrich-Carl Wachs: Das Verordnungswerk des Reichsdemobilmachungsamtes. Stabilisierender Faktor zu Beginn der Weimarer Republik. 1991.

Band 86 Jens-Uwe Petersen: Die Vorgeschichte und die Entstehung des Mieterschutzgesetzes von 1923 nebst der Anordnung für das Verfahren vor dem Mieteinigungsamt und der Beschwerdestelle. 1991.

Band 87 Ulrike Haibach: Familienrecht in der Rechtssprache. Die historische Entwicklung zentraler Ausdrücke des geltenden Familienrechts. 1991.

Band 88 Joern Christian Nissen: Die Beratungen des Seeversicherungsausschusses der Akademie für Deutsches Recht zu einem neuen Seeversicherungsgesetz (1934-1939). Ein Beitrag zur Entwicklung der allgemeinen Lehren des Seeversicherungsrechts unter besonderer Berücksichtigung des Handelsgesetzbuchs und der Allgemeinen Deutschen Seeversicherungs-Bedingungen 1919. 1991.

Band 89 Diethard Bühler: Die Entstehung der allgemeinen Vertragsschluß-Vorschriften im Allgemeinen Deutschen Handelsgesetzbuch (ADHGB) von 1861. Ein Beitrag zur Kodifikationsgeschichte des Privatrechts im 19. Jahrhundert. 1991.

Band 90 Gerhard Oberkofler: Die Vertreter des Römischen Rechts mit deutscher Unterrichtssprache an der Karls-Universität in Prag. Vom Vormärz bis 1945. 1991.

Band 91 Ulrich Andermann: Ritterliche Gewalt und bürgerliche Selbstbehauptung. Untersuchungen zur Kriminalisierung und Bekämpfung des spätmittelalterlichen Raubrittertums am Beispiel norddeutscher Hansestädte. 1991.

Band 92 Heinz Marcus Hanke: Luftkrieg und Zivilbevölkerung. Der kriegsvölkerrechtliche Schutz der Zivilbevölkerung gegen Luftbombardements von den Anfängen bis zum Ausbruch des Zweiten Weltkrieges. 1991.

Band 93 Kirsten Kraglund: Familien- und Erbrecht. Materielles Recht und Methoden der Rechtsanwendung in der Rechtsprechung des Oberappellationsgerichts der vier Freien Städte Deutschlands zu Lübeck. 1991.

Band 94 Reinhard Lorenz: Die politische und rechtliche Stellung des Proletariats in Preußen in der Zeit zwischen den Reformen und der Revolution 1848/49. 1991.

Band 95 Eric Hilgendorf: Die Entwicklungsgeschichte der parlamentarischen Redefreiheit in Deutschland. 1991.

Band 96 Hans J. Reiter: Die Handelsgesellschaft Villeroy & Boch von der Gründung 1836 bis zum Jahr 1878. 1992.

Band 97 Martin Johannes Heller: Reform der deutschen Rechtssprache im 18. Jahrhundert. 1992.

Band 98 Michael Kotulla: Die Tragweite der Grundrechte der revidierten preußischen Verfassung vom 31.01.1850. 1992.

Band 99 Michael Siefener: Hexerei im Spiegel der Rechtstheorie. Das crimen magiae in der Literatur von 1574 bis 1608. 1992.

Band 100 Andreas Ebert-Weidenfeller: Hamburgisches Kaufmannsrecht im 17. und 18. Jahrhundert. Die Rechtsprechung des Rates und des Reichskammergerichtes. 1992.

Band 101 Enno Bommel: Die Entstehung der Verwirkungslehre in der Krise des Positivismus. 1992.

Band 102 Ralph Steppacher: Die Berücksichtigung der bäuerlichen Postulate bei der Entstehung des ZGB und der Revision des OR. Ein Beitrag zur schweizerischen Kodifikationsgeschichte (1893-1912). 1992.

Band 103 Martin Fleckenstein: Die Todesstrafe im Werk Carl Joseph Anton Mittermaiers (1787-1867). Zur Entwicklungsgeschichte eines Werkbereichs und seiner Bedeutung für Theorie- und Methodenbildung. 1992.

Band 104 Jörn Eckert: Der Kampf um die Familienfideikommisse in Deutschland. Studien zum Absterben eines Rechtsinstitutes. 1992.

Band 105 Jörg Grotkopp: Beamtentum und Staatsformwechsel. Die Auswirkungen der Staatsformwechsel von 1918, 1933 und 1945 auf das Beamtenrecht und die personelle Zusammensetzung der deutschen Beamtenschaft. 1992.

Band 106 Andreas Rohde: Die Garantiehaftung des Vermieters und ihr Verhältnis zum Unmöglichkeitsrecht in dogmengeschichtlicher und modernrechtlicher Sicht. 1992.

Band 107 Tjark Siefke Kunstreich: Gesamtvertretung. Eine historisch-systematische Darstellung. 1992.

Band 108 Jürgen Krüger: Blindheit und Königtum. Die Blindheit des Königs Georg V. von Hannover als verfassungsrechtliches Problem. 1992.

Band 109 Wolfgang Putschek: Ständische Verfassung und autoritäre Verfassungspraxis in Österreich 1933-1938 mit Dokumentenanhang. Verfassung und Verfassungswirklichkeit. Mit einem Anhang: Denkschriften von Rechtsanwalt Dr. Erich Führer 1936/37. 1993.

Band 110 Klaus Hofmann: Die Verdrängung der Juden aus öffentlichem Dienst und selbständigen Berufen in Regensburg 1933-1939. 1993.

Band 111 Franz Kilger: Die Entwicklung des Telegraphenrechts im 19. Jahrhundert mit besonderer Berücksichtigung der technischen Entwicklung. Telegraphenrecht im 19. Jahrhundert. 1993.

Band 112 Wilhelm Brauneder (Hrsg.): Heiliges Römisches Reich und moderne Staatlichkeit. 1993.

Band 113 Thomas Heinrich: Das preußische Nichtehelichenrecht: Von der Aufklärung zur Reaktion. 1993.

Band 114 Gerald Kohl: Jagd und Revolution. Das Jagdrecht in den Jahren 1848 und 1849. 1993.

Band 115 Christian Schudnagies: Der Kriegs- oder Belagerungszustand im Deutschen Reich während des Ersten Weltkrieges. Eine Studie zur Entwicklung und Handhabung des deutschen Ausnahmezustandsrechts bis 1918. 1994.

Band 116 Elisabeth Bellmann: Die Internationale Kriminalistische Vereinigung (1889-1933). 1994.

Band 117 Julia Pfannkuch: Volksrichterausbildung in Sachsen 1945-1950. 1993.

Band 118 Jörg Offen: Von der Verwaltungsgemeinschaft des BGB von 1896 zur Zugewinngemeinschaft des Gleichberechtigungsgesetzes von 1957. 1994.

Band 119 Dorothee Kohlhas-Müller: Untersuchungen zur Rechtsstellung Theoderichs des Großen. 1995.

Band 120 Monika Rose: Das Gerichtswesen des Herzogtums Pfalz-Zweibrücken im 18. Jahrhundert. Ein Beitrag zur territorialen Gerichtsbarkeit im Alten Reich. 1994.

Band 121 Jörn Eckert / Hans Hattenhauer (Hrsg.): Bibel und Recht. Rechtshistorisches Kolloquium 9. - 13. Juni 1992 an der Christian-Albrechts-Universität zu Kiel. 1994.

Band 122 Robert Martin Mizia: Der Rechtsbegriff der Autonomie und die Begründung des Privatfürstenrechts in der deutschen Rechtswissenschaft des 19. Jahrhunderts. 1995.

Band 123 Walther Graf von Plettenberg: Das Fortleben des Liber Iudiciorum in Asturien/León (8.-13. Jh.). 1994.

Band 124 Wolfgang Schulz: Das deutsche Börsengesetz. Die Entstehungsgeschichte und wirtschaftlichen Auswirkungen des Börsengesetzes von 1896. 1994.

Band 125 Frank Hagemann: Der Untersuchungsausschuß Freiheitlicher Juristen. 1949-1969. 1994.

Band 126 Andreas Rethmeier: "Nürnberger Rassegesetze" und Entrechtung der Juden im Zivilrecht. 1995.

Band 127 Edith Grether: Die Poesie der Throne. Die Juristen in der Fruchtbringenden Gesellschaft. 1995.

Band 128 Anna Bartels-Ishikawa: Der Lippische Thronfolgestreit. Eine Studie zu verfassungsrechtlichen Problemen des Deutschen Kaiserreiches im Spiegel der zeitgenössischen Staats. 1995.

Band 129 Jörg Schmidt: Otto Koellreutter 1883-1972. Sein Leben, sein Werk, seine Zeit. 1995.

Band 130 Christian Hattenhauer: Wahl und Krönung Franz II. AD 1792. Das Heilige Reich krönt seinen letzten Kaiser - Das Tagebuch des Reichsquartiermeisters Hieronymus Gottfried von Müller und Anlagen. 1995.

Band 131 Jutta v. der Decken: Das Seearbeitsrecht im Hamburger Stadtrecht von 1301 bis 1603. 1995.

Band 132 Detlev Schmidt: Die Reform des Rechts der Handelsvertreter von 1953. 1995.

Band 133 Gabi Roßdeutscher: Privatautonomie im Scheidungsrecht. Scheidungsbezogene Vereinbarungen in den letzten 200 Jahren. 1995.

Band 134 Harald Kahlenberg: Leben und Werk des Rechtshistorikers Walther Merk. Ein Beispiel für das Verhältnis von Rechtsgeschichte und Nationalsozialismus. 1995.

Band 135 Michael Steitz: Adelbert Düringer am Reichsgericht (1902-1915). Seine aktienrechtlichen Entscheidungen und sein Einfluß auf das Aktienrecht in Deutschland. 1995.

Band 136 Christian Becker: Beata Justorum Translatio. Juristen in schleswig-holsteinischen Leichenpredigten. 1996.

Band 137 Christoph Seiler: Vom Allgemeinen Landrecht zum Bürgerlichen Gesetzbuch. Dargestellt am Beispiel der höchstrichterlichen Judikatur zum kaufrechtlichen Sachmängelgewährleistungsrecht. 1996.

Band 138 Bernd Mayer: Die Vertrauensmännerausschüsse auf den preußischen Steinkohlegruben an der Saar. Entstehung und Wirken. Eine rechtshistorische Untersuchung. 1996.

Band 139 Rochus Scholl: Juden und Judenrecht im Herzogtum Pfalz-Zweibrücken. Ein Beitrag zur Rechtsgeschichte eines deutschen Kleinstaates am Ende des alten Reiches. 1996.

Band 140 Meike Bursch: Judentaufe und frühneuzeitliches Strafrecht. Die Verfahren gegen Christian Treu aus Weener/Ostfriesland 1720-1728. 1996.

Band 141 Markus Hillenbrand: Fürstliche Eheverträge. Gottorfer Hausrecht 1544-1773. 1996.

Band 142 Ulf Häder: Das gemeinschaftliche Oberappellationsgericht thüringischer Staaten in Jena. Ein Beitrag zur Geschichte des Gerichtswesens im 19. Jahrhundert. 1996.

Band 143 Andreas Bauer: Das Gnadenbitten in der Strafrechtspflege des 15. und 16. Jahrhunderts. Dargestellt unter besonderer Berücksichtigung von Quellen der Vorarlberger Gerichtsbezirke Feldkirch und des Hinteren Bregenzerwaldes. 1996.

Band 144 Christian Wirth: Der Jurist Johann Andreas Georg Friedrich Rebmann zwischen Revolution und Restauration. 1996.

Band 145 Stefanie Müller: Die Rechtsprechung des Hanseatischen Oberlandesgerichts zum persönlichen Eherecht in Hamburgischen Gerichtsfällen von 1879-1900. 1996.

Band 146 Jean-Nicolas Morisset: Der Frachtvertrag in der *Ordonnance de la marine* von 1681. 1996.

Band 147 Dirk Lentfer: Die Glogauer Landesprivilegien des Andreas Gryphius von 1653. 1996.

Band 148 Wencke Mull: Die Haftung für Einsturzschäden nach den §§ 836-838 BGB in der Rechtsprechung des Reichsgerichts. 1996.

Band 149 Renate Zelger: Teufelsverträge. Märchen, Sage, Schwank, Legende im Spiegel der Rechtsgeschichte. 1996.

Band 150 Guido Kraß: Das Arrestverfahren in Frankfurt am Main im Spätmittelalter. 1996.

Band 151 F. Benedict Heyn: Die Entwicklung des Eisenbahnfrachtrechts von den Anfängen bis zur Einführung des Allgemeinen Deutschen Handelsgesetzbuches (ADHGB). 1996.

Band 152 Thomas Lang: Die Staats- und Verfassungslehre Carl Salomo Zachariaes. 1996.

Band 153 Michael Hebeis: Karl Anton von Martini (1726-1800). Leben und Werk. 1996.

Band 154 Gerald Hubert: Die Diskussion um die rechtliche Natur der Bizone in den Jahren 1947-1949. 1996.

Band 155 Christof Horn: Die Rechtsprechung des Reichsgerichts in Ehescheidungssachen der Jahre 1900 bis 1905. 1996.

Band 156 Hermann Nehlsen / Georg Brun (Hrsg.): Münchener rechtshistorische Studien zum Nationalsozialismus. 1996.

Band 157 Jan Otto Clemens Kehrberg: Die Entwicklung des Elektrizitätsrechts in Deutschland. Der Weg zum Energiewirtschaftsgesetz von 1935. 1997.

Band 158 Johannes Tradt: Der Religionsprozeß gegen den Zopfschulzen (1791-1799). Ein Beitrag zur protestantischen Lehrpflicht und Lehrzucht in Brandenburg-Preußen gegen Ende des 18. Jahrhunderts. 1997.

Band 159 Dietmar Olsen: Das kaufrechtliche Sachmängelgewährleistungsrecht des Code civil in der Rechtsprechung deutscher Gerichte im 19. Jahrhundert. Ein Beitrag zur Ablösung der Partikularrechte durch das BGB. 1997.

Band 160 Ulrich Bernhardt: Die Deutsche Akademie für Staats- und Rechtswissenschaft „Walter Ulbricht" 1948-1971. 1997.

Band 161 Claudia Susan Hoppe: Die Bürgschaft im Rechtsleben Hamburgs von 1600 bis 1900. 1997.

Band 162 Franz-Rudolf Ecker: Die Entwicklung des Bergrechts im Saarbrücker Steinkohlenrevier bis zum Ende des 18. Jahrhunderts. Ein Vergleich mit dem älteren deutschen Bergrecht. 1997.

Band 163 Anne Katrin Rückert: Politik und Privatrecht in der „konservativen Revolution". 1997.

Band 164 Gisbert Laube: Der Reichskunstwart. Geschichte einer Kulturbehörde 1919-1933. 1997.

Band 165 Nicolas Lührig: Die Diskussion über die Reform der Juristenausbildung von 1945 bis 1995. 1997.

Band 166 Regula Gerber Jenni: Die Emanzipation der mehrjährigen Frauenzimmer. Frauen im bernischen Privatrecht des 19. Jahrhunderts. 1997.

Band 167 Mischa A. Färber: Das gemeinschaftliche Testament in der höchstrichterlichen Rechtsprechung zum Allgemeinen Preußischen Landrecht und zum BGB. Ein Beitrag zur Ablösung der Partikularrechte durch das BGB. 1997.

Band 168 Catherine Antoinette Gasser: Philipp Lotmar 1850-1922. Professor der Universität Bern. Sein Engagement für das Schweizerische Arbeitsrecht. 1997.

Band 169 Lars Immisch: Der sozialistische Richter in der DDR und seine Unabhängigkeit. Der Versuch eines Rechtsvergleiches zum Unabhängigkeitsbegriff in der bundesdeutschen Rechtsordnung. 1997.

Band 170 Jessica Jacobi: Besitzschutz vor dem Reichskammergericht. Die friedenssichernde Funktion der Besitzschutzklagen am Reichskammergericht im 16. Jahrhundert, dargestellt anhand von Kameralisten. 1998.

Band 171 Ewald Hügemann: Die Geschichte des öffentlichen und privaten Mietpreisrechts vom Ersten Weltkrieg bis zum Gesetz zur Regelung der Miethöhe von 1974. 1998.

Band 172 Lutz Rentzow: Die Entstehungs- und Wirkungsgeschichte der Vernewerten Landesordnung für das Königreich Böhmen von 1627. 1998.

Band 173 Sabine Stürmer: Mühlenrecht im Herzogtum Pfalz-Zweibrücken während des 18. Jahrhunderts. Ein Beitrag zum Wirtschaftsrecht eines deutschen Kleinstaates im Alten Reich. 1998.

Band 174 Mario Bogisch: *Nemo testis in re sua*. Das Problem der Zeugnisfähigkeit bei der Anwendung der deutschen Zivilprozeßordnung von 1877. 1998.

Band 175 Rainer Oßwald: Pactane sunt servanda? Freiwilligkeit, Zwang und Unverbindlichkeitserklärungen im islamischen Vertragsrecht malikitischer Schule. 1998.

Band 176 Bettina Kern: Der preußische BGB-Entwurf von 1842. 1998.

Band 177 Inken Fuhrmann: Die Diskussion über die Einführung der fakultativen Zivilehe in Deutschland und Österreich seit Mitte des 19. Jahrhunderts. 1998.

Band 178 Annette Rieck: Der Heilige Ivo von Hélory (1247-1303). Advocatus pauperum und Patron der Juristen. 1998.

Band 179 Frank Bottenberg: Die Hamburgische Strafprozeßordnung von 1869. 1998.

Band 180 Matthias Krauß: Das kursächsische Postrecht von seinen Anfängen bis zum Ende des Alten Reichs. 1998.

Band 181 Torsten Schmidt: Die Entmündigung von den Anfängen des BGB bis zu ihrer Ablösung durch das Institut der Betreuung. 1998.

Band 182 Christian Nunn: Rudolf Müller-Erzbach. 1874-1959. Von der realen Methode über die Interessenjurisprudenz zum kausalen Rechtsdenken (Leben und Werk). 1998.

Band 183 Christian Ortloff: Das staatskirchenrechtliche System Wilhelm Traugott Krugs. Glaubens- und Gewissensfreiheit – eine Forderung der Vernunft. 1998.

Band 184 Christian Hattenhauer: Schuldenregulierung nach dem Westfälischen Frieden. Der sog. § *de indaganda* und seine Umsetzung im Jüngsten Reichsabschied (AD 1648 und 1654). 1998.

Band 185 Werner Schubert: Preußen im Vormärz. Die Verhandlungen der Provinziallandtage von Brandenburg, Pommern, Posen, Sachsen und Schlesien sowie – im Anhang – von Ostpreußen, Westfalen und der Rheinprovinz (1841-1845). 1998.

Band 186 Silvia Schumacher: Das Rechtsverhältnis zwischen Eltern und Kindern in der Privatrechtsgeschichte. 1999.

Band 187 Kai Sommer: Die Strafbarkeit der Homosexualität von der Kaiserzeit bis zum Nationalsozialismus. Eine Analyse der Straftatbestände im Strafgesetzbuch und in den Reformentwürfen (1871-1945). 1998.

Band 188 Jan Erik Backhaus: Volksrichterkarrieren in der DDR. 1999.

Band 189 Ralf Ruhnau: Die Fürstlich Thurn und Taxissche Privatgerichtsbarkeit in Regensburg. Ein Kuriosum der deutschen Rechtsgeschichte. 1999.

Band 190 Antonio Grilli: Die französische Justizorganisation am linken Rheinufer 1797-1803. 1999.

Band 191 Stephanie Kammerloher-Lis: Die Entstehung des Gesetzes über die religiöse Kindererziehung vom 15. Juli 1921. 1999.

Band 192 Jan Telp: Ausmerzung und Verrat. Zur Diskussion um Strafzwecke und Verbrechensbegriffe im Dritten Reich. 1999.

Band 193 Kurt von Pannwitz: Die Entstehung der Allgemeinen Deutschen Wechselordnung. Ein Beitrag zur Geschichte der Vereinheitlichung des deutschen Zivilrechts im 19. Jahrhundert. 1999.

Band 194 Sylvia Busch: Die Entstehung der Allgemeinen Gerichtsordnung für die Preussischen Staaten von 1793/95. Ein Beitrag zur Geschichte der Kodifikationsbewegung und der Reform des Zivilprozesses in Preußen im 18. Jahrhundert. 1999.

Band 195 Dirk Bieresborn: Klage und Klageerwiderung im deutschen und englischen Zivilprozeß. Eine rechtshistorische und rechtsvergleichende Untersuchung unter besonderer Berücksichtigung der Beeinflussung durch das römisch-kanonische Verfahren. 1999.

Band 196 Andreas Thier / Guido Pfeifer / Philipp Grzimek (Hrsg.): Kontinuitäten und Zäsuren in der Europäischen Rechtsgeschichte. Europäisches Forum Junger Rechtshistorikerinnen und Rechtshistoriker München 22.-24. Juli 1998. 1999.

Band 197 Franz Smola: Die Fürstlich Liechtenstein'sche Kunstsammlung. Rechtsfragen zur Verbringung der Sammlung von Wien nach Vaduz in den Jahren 1944/45. 1999.

Band 198 Frank Martin Krauss: Das geteilte Eigentum im 19. und 20. Jahrhundert. Eine Untersuchung zum Fortbestand des Teilungsgedankens. 1999.

Band 199 Matthias Frey: Die spanische Aktiengesellschaft im 18. Jahrhundert und unter dem Código de Comercio von 1829. 1999.

Band 200 Alexandra Gilde: Die Stellung der Frau im Reichsstrafgesetzbuch von 1870/71 und in den Reformentwürfen bis 1919 im Urteil der bürgerlichen Frauenbewegung. Eine Analyse ausgewählter Straftatbestände. 1999.

Band 201 Malte Dießelhorst / Arne Duncker: Hans Kohlhase. Die Geschichte einer Fehde in Sachsen und Brandenburg zur Zeit der Reformation. 1999.

Band 202 Jörg Hillmann: Territorialrechtliche Auseinandersetzungen der Herzöge von Sachsen-Lauenburg vor dem Reichskammergericht im 16. Jahrhundert. 1999.

Band 203 Carsten Engler: Die Kommanditgesellschaft (KG) und die stille Gesellschaft im Allgemeinen Deutschen Handelsgesetzbuch (ADHGB) von 1861. 1999.

Band 204 Vesta Hoffmann-Steudner: Die Rechtsprechung des Reichsgerichts zu dem Scheidungsgrund des § 49 EheG (EheG 1938) in den Jahren 1938-1945. 1999.

Band 205 Michaela Thiele: Die Auflösung von Arbeitsverhältnissen aufgrund Anfechtung und außerordentlicher Kündigung nach der Rechtsprechung des Reichsarbeitsgerichts (1927-1945). 2000.

Band 206 Peter Landau / Hermann Nehlsen / Mathias Schmoeckel (Hrsg.): Karl von Amira zum Gedächtnis. 1999.

Band 207 Marcus Flinder: Die Entstehungsgeschichte des Zivilgesetzbuches der DDR. 1999.

Band 208 Boris Franz Leo Bromm: Die Entstehungsgeschichte des Berufs des Handelsvertreters. Unter besonderer Berücksichtigung der Sozialgesetzgebung in den Jahren von 1871-1933. 2000.

Band 209 Winfried C. J. Eberstein: Das Tierschutzrecht in Deutschland bis zum Erlaß des Reichs-Tierschutzgesetzes vom 24. November 1933. Unter Berücksichtigung der Entwicklung in England. 1999.

Band 210 Patrick Deller: Der „nach dem Vertrage" vorausgesetzte Gebrauch (§ 459 Absatz 1 Satz 1 BGB). Eine kaufrechtliche Untersuchung unter Berücksichtigung rechtshistorischer wie rechtsvergleichender Grundlagen. 2000.

Band 211 Eckard Freiherr von Bodenhausen: Haftung des Geschäftsherrn für Verrichtungsgehilfen im Straßen- und Schienenverkehr. Eine Analyse der Entscheidungen des Reichsgerichts zu § 831 BGB (1900-1945). 2000.

Band 212 Birte Gast: Der Allgemeine Teil und das Schuldrecht des Bürgerlichen Gesetzbuchs im Urteil von Raymond Saleilles (1855-1912). 2000.

Band 213 Hansjörg Michael Huber: Koloniale Selbstverwaltung in Deutsch-Südwestafrika. Entstehung, Kodifizierung und Umsetzung. 2000.

Band 214 Ulf Björner: Die Verfassungsgerichtsbarkeit im Norddeutschen Bund und Deutschen Reich (1867-1918). Eine rechtshistorische Untersuchung über Gerichtsbarkeit im Spannungsfeld von Politik und Recht innerhalb der von Bismarck geschaffenen deutschen Bundesstaaten. 2000.

Band 215 Mathias Freiherr von Rosenberg: Friedrich Carl von Savigny (1779-1861) im Urteil seiner Zeit. 2000.

Band 216 Reinhard Binder-Krieglstein: Österreichisches Adelsrecht 1868-1918/19. Von der Ausgestaltung des Adelsrechts der cisleithanischen Reichshälfte bis zum Adelsaufhebungsgesetz der Republik unter besonderer Berücksichtigung des adeligen Namensrechts. 2000.

Band 217 Claudia-Regine Nerius: Johannes Lehmann-Hohenberg (1851-1925). Eine Studie zur völkischen Rechts- und Justizkritik im Deutschen Kaiserreich. 2000.

Band 218 Ludger Meuten: Die Erbfolgeordnung des Sachsenspiegels und des Magdeburger Rechts. Ein Beitrag zur Geschichte des sächsisch-magdeburgischen Rechts. 2000.

Band 219 Christoph Alexander von Wilcken: Die Reformbestrebungen zum Genossenschaftsgesetz in der Frühzeit der Bundesrepublik. Die Beratungen der Sachverständigenkommission zur Überprüfung des Genossenschaftsrechts 1954 bis 1958 und der Referentenentwurf von 1962. 2000.

Band 220 Verein Junger RechtshistorikerInnen Zürich (Hrsg.): ¿Rechtsgeschichte(n)? ¿Histoire(s) du droit? ¿Storia/storie del diritto? ¿Legal Histori(es)? Europäisches Forum Junger Rechtshistorikerinnen und Rechtshistoriker Zürich 28.-30. Mai 1999. 2000.

Band 221 Hans Christian Schüler: Die Entstehungsgeschichte der Bundesnotarordnung vom 24. Februar 1961. 2000.

Band 222 Nils-Eberhard Schramm: Die Vereinigung demokratischer Juristen (1949-1999). 2000.

Band 223 Silke Anke Torp: Das Rechtsverhältnis zwischen den Eltern und ihren Kindern. Dienstleistungspflicht, Aussteuer und Ausstattung. Eine Analyse der Rechtsprechung des Reichsgerichts und des Reichsarbeitsgerichts zu den Vorschriften der §§ 1616 bis 1625 des Bürgerlichen Gesetzbuches in der Zeit von 1900 bis 1945. 2000.

Band 224 Martin Jürgen Maaß: Die Geschichte des Eigentumsvorbehalts, insbesondere im 18. und 19. Jahrhundert. 2000.

Band 225 Stefanie Langer: Rechtswissenschaftliche Itinerarien. Lebenswege namhafter europäischer Juristen vom 11. bis zum 18. Jahrhundert. 2000.

Band 226 Ulrich Schmitz: Der Unterhaltsanspruch des nichtehelichen Kindes gegen seinen Erzeuger. Die rechtsgeschichtliche und dogmatische Entwicklung im deutschen Recht. 2000.

Band 227 Sebastian Günther: Friedrich Carl von Savigny als Grundherr. 2000.

Band 228 Henning Ibs: Hermann J. Held (1890-1963). Ein Kieler Gelehrtenleben in den Fängen der Zeitläufe. 2000.

Band 229 Matthias Rücker: Wirtschaftswerbung unter dem Nationalsozialismus. Rechtliche Ausgestaltung der Werbung und Tätigkeit des Werberats der deutschen Wirtschaft. 2000.

Band 230 Hendrik Sandmann: Die Entwicklung von Begriff und Inhalt des Wirtschaftchsrechts durch die Rechtswissenschaft in der Weimarer Republik. 2000.

Band 231 Sibylle Müller: Gibt es Menschenrechte bei Samuel Pufendorf? 2000.

Band 232 Karin Olechowski-Hrdlicka: Die gemeinsamen Angelegenheiten der Österreichisch-Ungarischen Monarchie. Vorgeschichte – Ausgleich 1867 – Staatsrechtliche Kontroversen. 2001.

Band 233 Johannes Mierau: Die juristischen Abschluß- und Diplomprüfungen in der SBZ/DDR. Ein Einblick in die Juristenausbildung im Sozialismus. 2001.

Band 234 Jörg Wolff (Hrsg.): Stillstand, Erneuerung und Kontinuität. Einsprüche zur Preußenforschung. 2001.

Band 235 Friedo Schröder: Die anwaltliche Tätigkeit während der nationalsozialistischen Herrschaft. Eine Analyse der anwaltlichen Argumentation in Zivilprozessen anhand der vorhandenen Prozeßakten der Landgerichte Frankenthal, Wiesbaden, Limburg und Frankfurt und der Handakten der *jüdischen Konsulenten* des OLG-Bezirks Frankfurt. 2001.

Band 236 Der Code pénal des Königreichs Westphalen von 1813 mit dem Code pénal von 1810 im Original und in deutscher Übersetzung. Herausgegeben und mit einer Einleitung versehen von Werner Schubert. 2001.

Band 237 Klaus Richter: Deutsches Kolonialrecht in Ostafrika 1885-1891. 2001.

Band 238 Kai von Lewinski: Deutschrechtliche Systembildung im 19. Jahrhundert. 2001.

Band 239 Alexander Herzog: Sittenwidrige Rechtsgeschäfte in der höchstrichterlichen Rechtsprechung aus den Jahren 1948-1965. 2001.

Band 240 Claudia Rönnau: Die Beratungen des Wasserrechtsausschusses der Akademie für Deutsches Recht zu einem Reichswassergesetz (1934-1941). Ein Beitrag zur Dogmatik der Begriffe *Gemeingebrauch* und *Sondergebrauch* in der Zeit des Nationalsozialismus. 2001.

Band 241 Momme Rohlack: Kriegsgesellschaften (1914-1918). Arten, Rechtsformen und Funktionen in der Kriegswirtschaft des Ersten Weltkrieges. 2001.

Band 242 Rolf Geyer: Der Gedanke des Verbraucherschutzes im Reichsrecht des Kaiserreichs und der Weimarer Republik (1871-1933). Eine Studie zur Geschichte des Verbraucherrechts in Deutschland. 2001.

Band 243 Felix Lorenz Benjamin Lehmann: Der Rote Adlerorden. Entstehung und rechtliche Grundlagen (1705-1918). 2002.

Band 244 Marc Ludwig: Der Pfändungsschutz für Lohneinkommen. Die Entstehungs- und Entwicklungsgeschichte der Vorschriften zum Schutz vor Lohnpfändung in Deutschland. 2001.

Band 245 Alexander Wachter: Dorfschule zwischen Pastor und Schulmeister. Zur Säkularisierung des niederhessischen Schulwesens im 19. Jahrhundert. 2001.

Band 246 Richard Scholz: Analyse der Entstehungsbedingungen der reichsgerichtlichen Aufwertungsrechtsprechung. Untersuchung unter besonderer Berücksichtigung der konservativen Geldpolitik der Reichsbank und der Inflationspolitik der Reichsregierung. 2001.

Band 247 Judith Laeverenz: Märchen und Recht. Eine Darstellung verschiedener Ansätze zur Erfassung des rechtlichen Gehalts der Märchen. 2001.

Band 248 Christina Schenk: Bestrebungen zur einheitlichen Regelung des Strafvollzugs in Deutschland von 1870 bis 1923. 2001.

Band 249 Nils Werner: Die Prozesse gegen die Landvolkbewegung in Schleswig-Holstein 1929/32. Ein Beitrag zur Justizkritik in der späten Weimarer Republik. 2001.

Band 250 Wolfgang Walter: Das Duell in Bayern. Ein Beitrag zur bayerischen Strafrechtsgeschichte. 2002.

Band 251 Jörn Eckert / Kjell Å. Modéer (Hrsg.): Geschichte und Perspektiven des Rechts im Ostseeraum. Erster Rechtshistorikertag im Ostseeraum 8.–12. März 2000. 2001.

Band 252 Jan Könighaus: Die Inauguration der Christian-Albrechts-Universität zu Kiel 1665. Symbolgehalt und rechtliche Bedeutung des Universitätszeremoniells. 2002.

Band 253 Andreas Görgen: Rechtssprache in der Frühen Neuzeit. Eine vergleichende Untersuchung der Fremdwortverwendung in Gesetzen des 16. und 17. Jahrhunderts. 2002.

Band 254 Ralf Schäfer: Die Rechtsstellung der Haigerlocher Juden im Fürstentum Hohenzollern-Sigmaringen von 1634-1850. Eine rechtsgeschichtliche Untersuchung. 2002.

Band 255 Regine Schmalhorst: Die Tierhalterhaftung im BGB von 1896. Die Entstehung und Änderung des § 833 BGB sowie eine Analyse der Rechtsprechung des Reichsgerichts bis 1908. 2002.

Band 256 Thomas Hense: Konrad Beyerle. Sein Wirken für Wissenschaft und Politik in Kaiserreich und Weimarer Republik. 2002.

Band 257 Christian Mahlmann: Die Strafrechtswissenschaft der DDR. Klassenkampftheorie und Verbrechenslehre. 2002.

Band 258 Henning Kahmann: Die Bankiers von Jacquier & Securius 1933–1945. Eine rechtshistorische Fallstudie zur "Arisierung" eines Berliner Bankhauses. Mit einem Geleitwort von John Kornblum. 2002.

Band 259 Volker Friedrich Drecktrah: Die Gerichtsbarkeit in den Herzogtümern Bremen und Verden und in der preußischen Landdrostei Stade von 1715 bis 1879. 2002.

Band 260 Andreas Klass: Standes- oder Leistungselite? Eine Untersuchung der Karrieren der Wetzlarer Anwälte des Reichskammergerichts (1693-1806). 2002.

Band 261 Wolfgang Eder: Das italienische Tribunale Speciale per la Difesa dello Stato und der deutsche Volksgerichtshof. Ein Vergleich zwischen zwei politischen Gerichtshöfen. 2002.

Band 262 Albrecht Cordes / Bernd Kannowski (Hrsg.): Rechtsbegriffe im Mittelalter. 2002.

Band 263 Thomas Hildebrandt: Die Brandenburgischen Provinziallandtage von 1841, 1843, und 1845 anhand ausgewählter Verhandlungsgegenstände. 2002.

Band 264 Jan Finzel: Georg Adam Struve (1619-1692) als Zivilrechtler. 2003.

Band 265 Björn Carsten Frenzel: Das Selbstverständis der Justiz nach 1945. Analyse der Rolle der Justiz unter Berücksichtigung der Reden zur *Wiedereröffnung* der Bundes- und Oberlandesgerichte. 2003.

Band 266 Nils Reichhelm: Die marxistisch-leninistische Staats- und Rechtstheorie Karl Polaks. 2003.

Band 267 Raik Schneider: Altrechtliche Personenzusammenschlüsse. Ihre Entwicklung unter besonderer Berücksichtigung des Rechts des Großherzogtums Sachsen-Weimar-Eisenach sowie der Herzogtümer Sachsen-Meiningen und Sachsen-Gotha. 2003.

Band 268 Anke Meier: Die Geschichte des deutschen Konkursrechts, insbesondere die Entstehung der Reichskonkursordnung von 1877. 2003.

Band 269 Stefan Jens Jordan: Leben und Werk des Tübinger Rechtsprofessors Wilhelm Gottlieb Tafinger 1760-1813. 2003.

Band 270 Stefanie Hubig: Die historische Entwicklung des § 23 ZPO. Zum Ursprung und Fortleben des Vermögensgerichtsstandes im deutschen Prozeßrecht des 19. Jahrhunderts. 2003.

Band 271 Michael G. Perband: Der Grundsatz der freien Beweiswürdigung im Zivilprozeß (§ 286 ZPO) in der Rechtsprechung des Reichsgerichts. 2003.

Band 272 Mathias Bouveret: Die Stellung des Staatsoberhauptes in der parlamentarischen Diskussion und Staatsrechtslehre von 1848 bis 1918. 2003.

Band 273 Barbara Széchényi: Rechtliche Grundlagen bayerischer Zensur im 19. Jahrhundert. 2003.

Band 274 Sylvia Scharfenberg: Die Entstehungsgeschichte des Beurkundungsgesetzes vom 28. August 1969. 2003.

Band 275 Urte Nesemann: Die schwedische Familiengesetzgebung von 1734 bis zu den Reformgesetzen von 1915 bis 1920 und deren Einfluss auf die Gesetzgebungsprojekte der Weimarer Republik. Unter besonderer Berücksichtigung der Rechtsstellung der Frau und des unehelichen Kindes. 2003.

Band 276 Alexandra Brück: Die Polizeiordnung Herzog Christians von Braunschweig-Lüneburg vom 6. Oktober 1618. 2003.

Band 277 Torsten Landwehr: Das Kommissionsgeschäft in Rechtswissenschaft, Gesetzgebung und Rechtspraxis vom 16. bis zum Ende des 18. Jahrhunderts. 2003.

Band 278 Tassilo Wilhelm Maria Englert: Deutsche und italienische Zivilrechtsgesetzgebung von 1933–1945. Parallelen in der Rechtsetzung und gegenseitige Beeinflussung unter besonderer Berücksichtigung des Familien- und Erbrechts. 2003.

Band 279 Tobias Prang: Der Schutz der Versicherungsnehmer bei der Auslegung von Versicherungsbedingungen durch das Reichsgericht. 2003.

Band 280 Thorsten Lieb: Privileg und Verwaltungsakt. Handlungsformen der öffentlichen Gewalt im 18. und 19. Jahrhundert. 2004.

Band 281 Michael Rühling: Das Ladenschlussgesetz vom 28. November 1956. Vorgeschichte, Entstehung des Gesetzes und weitere Entwicklung. 2004.

Band 282 Kathrin Nawotki: Die schleswigsche Deichstavengerechtigkeit. Vom 17. Jahrundert bis in die Gegenwart. Eine gewohnheitsrechtliche Superfizies an nordfriesischen Deichgrundstücken und ihre Entwicklung. 2004.

Band 283 Erik Nils Voigt: Die Gesetzgebungsgeschichte der militärischen Ehrenstrafen und der Offiziehrehrengerichtsbarkeit im preußischen und deutschen Heer von 1806 bis 1918. 2004.

Band 284 Dorothea Riedi Hunold: Die Einführung der allgemeinen Wechselfähigkeit in der Schweiz in der zweiten Hälfte des 19. Jahrhunderts. Unter besonderer Berücksichtigung der politischen, wirtschaftlichen und sozialen Verhältnisse. 2004.

Band 285 Thomas Gergen: Pratique juridique de la paix et trêve de Dieu à partir du concile de Charroux (989–1250). Juristische Praxis der Pax und Treuga Dei ausgehend vom Konzil von Charroux (989–1250). 2004.

Band 286 Kathrin Bethkenhagen: Die Entwicklung des Luftrechts bis zum Luftverkehrsgesetz von 1922. 2004.

Band 287 Heiko Lüpkes: Die Verbrechen der Diener des Staats im Allgemeinen Landrecht für die Preußischen Staaten von 1794 und ihre Entwicklung zu den Vergehen und Verbrechen im Amte im Strafgesetzbuch für die Preußischen Staaten von 1851. 2004.

Band 288 Mirco Peter Hirsch: Von der Erbbescheinigung des Preußischen Rechts zum Erbschein des Bürgerlichen Gesetzbuchs. 2004.

Band 289 Bettina Günther: Die Behandlung der Sittlichkeitsdelikte in den Policeyordnungen und der Spruchpraxis der Reichsstädte Frankfurt am Main und Nürnberg im 15. bis 17. Jahrhundert. 2004.

Band 290 Seunghyeon Seong: Der Begriff der *nicht gehörigen Erfüllung* aus dogmengeschichtlicher und rechtsvergleichender Sicht. 2004.

Band 291 Steffen-Werner Meyer: Bemühungen um ein Reichsgesetz gegen den Büchernachdruck. Anläßlich der Wahlkapitulation Leopolds II. aus dem Jahre 1790. 2004.

Band 292 Ulrich Löffler: Instrumentalisierte Vergangenheit? Die nationalsozialistische Vergangenheit als Argumentationsfigur in der Rechtsprechung des Bundesverfassungsgerichts. 2004.

Band 293 Norbert Koch: Die Entwicklung des deutschen privaten Immissionsschutzrechts seit Beginn der Industrialisierung. Unter besonderer Berücksichtigung des Einflusses der höchstrichterlichen Rechtsprechung. 2004.

Band 294 Julius Ludwig Pfeiffer: Das Tierschutzgesetz vom 24. Juli 1972. Die Geschichte des deutschen Tierschutzrechts von 1950 bis 1972. 2004.

Band 295 Bert-Hagen Strodthoff: Die richterliche Frage- und Erörterungspflicht im deutschen Zivilprozeß in historischer Perspektive. 2004.

Band 296 Tim Kannewurf: Die Höfeordnung vom 24. April 1947. Entstehungsgeschichte und Einordnung in die Entwicklung des Anerbenrechts. 2004.

Band 297 Steffi Heine: Die Methodendiskussion nach Inkrafttreten des Bürgerlichen Gesetzbuches und die Gründung des Vereins *Recht und Wirtschaft*. 2004.

Band 298 Anne Marlene Simon-Holtorf: Geschichte des Familienwahlrechts in Frankreich (1871 bis 1945). 2004.

Band 299 Jürgen Busch: Das Germanenbild der deutschen Rechtsgeschichte. Zwischen Wissenschaft und Ideologie. Mit einem Vorwort von Herwig Wolfram. 2004.

Band 300 Jan Kohlmann: Der Marsch zu den Gräbern von Karl und Rosa. Geschichte eines Gedenktages. 2004.

Band 301 Christian Rainer Schlicht: Die kumulative Schuldübernahme in der Rechtsprechung des Reichsgerichts und in der zeitgenössischen Literatur. 2004.

Band 302 Hans Peter Glöckner: Positive Vertragsverletzung. Die Geburt eines Rechtsinstituts. 2006.

Band 303 João Manuel Azevedo Alexandrino Fernandes: Die Theorie der Interpretation des Gesetzes bei Francisco Suárez. 2005.

Band 304 René Funk: Die Wahlprüfung der volksgewählten Abgeordneten der Volksvertretungen im Frühkonstitutionalismus. Eine Untersuchung der Wahlprüfung in den Kammern der Abgeordneten des Großherzogtums Baden, des Königreichs Württemberg und des Großherzogtums Hessen. 2005.

Band 305 Carolin O'Sullivan. Die Ahndung von Rechtsbrüchen der Seeleute im mittelalterlichen hamburgischen und hansischen Seerecht (1301–1482). 2005.

Band 306 Martin Jürgens: Staat und Reich bei Ernst Rudolf Huber. Sein Leben und Werk bis 1945 aus rechtsgeschichtlicher Sicht. 2005.

Band 307 Florian G. Dürselen: Franz Beyerle (1885–1977). Leben, Ära und Werk eines Rechtshistorikers. 2005.

Band 308 Kai Bandilla: Urheberrecht im Kaiserreich. Der Weg zum Gesetz betreffend das Urheberrecht an Werken der Literatur und Tonkunst vom 19. Juni 1901. 2005.

Band 309 Stefan Mieth: Die Entwicklung des Denkmalrechts in Preußen 1701–1947. 2005.

Band 310 Catharina Lodemann: Die Geschichte des französischen *acte de gouvernement*. 2005.

Band 311 Christina Wicke: Kodifikationsbestrebungen und Wissenschaft in Hessen-Darmstadt im vorkonstitutionellen Zeitalter. Zu der Beteiligung der Gießener Rechtsprofessoren an den Gesetzgebungsarbeiten in Hessen-Darmstadt in der Zeit zwischen 1769 und 1820. 2005.

Band 312 Christiane Chlosta: Nur dem Gesetz unterworfen? Eine rechtsgeschichtliche Untersuchung zu Idee und Wirklichkeit richterlicher Gesetzestreue unter besonderer Berücksichtigung der Aufwertungsrechtsprechung und des richterlichen Prüfungsrechts. 2005.

Band 313 Kathrin Dirr: Hoheitsrechtliche Streitigkeiten zwischen den Kölner Erzbischöfen und der Stadt Köln auf Grundlage reichskammergerichtlicher Verfahren des 16. und 17. Jahrhunderts. 2005.

Band 314 Michael Racky: Die Diskussion über Gewaltenteilung und Gewaltentrennung im Vormärz. 2005.

Band 315 Petra Thiemrodt: Die Entstehung des Staatshaftungsgesetzes der DDR. Eine Untersuchung auf der Grundlage von Materialien der DDR-Gesetzgebungsorgane mit zeitgeschichtlichen Bezügen. 2005.

Band 316 Julius F. Reiter: Entstehung und staatsrechtliche Theorie der italienischen *Carta del Lavoro*. 2005.

Band 317 André Book: Die Justizreform in der Frühzeit der Bundesrepublik. Die Beratungen der Kommission zur Vorbereitung einer Reform der Zivilgerichtsbarkeit in den Jahren 1955 bis 1961. 2005.

Band 318 Frank Zentz: Das amerikanische Strafverfahren als Element der Besatzungspolitik in Deutschland. Erziehung zur Demokratie durch den *Court of Appeals* 1948–1955. 2005.

Band 319 Friederike Quaisser: Mietrecht im 19. Jahrhundert. Ein Vergleich der mietrechtlichen Konzeptionen im Allgemeinen Landrecht für die Preußischen Staaten von 1794 und dem gemeinen Recht. 2005.

Band 320 Stefan Burghard: Professor Dr. Wilhelm Kahl – Leben zwischen Wissenschaft und Politik. 2005.

Band 321 Günter Baranowski: Die *Russkaja Pravda* – ein mittelalterliches Rechtsdenkmal. 2005.

Band 322 Christina Schneider: Die SS und „das Recht". Eine Untersuchung anhand ausgewählter Beispiele. 2005.

Band 323 Werner Schubert (Hrsg.): Zivilprozessreform in der Weimarer Zeit. Quellen zur Emminger-Zivilprozessverordnung vom 13.2.1924 und zu den Arbeiten der Zivilprozesskommission des Reichsjustizministeriums (1922–1930). Eingeleitet und herausgegeben von Werner Schubert. 2005.

Band 324 Felix Gaul: Der Jurist Rudolf Isay (1886–1956). Ein verantwortungsbewusster Vermittler im Spannungsfeld zwischen dynamischer Rechtsschöpfung, ökonomischem Wandel und technischem Fortschritt. 2005.

Band 325 Konstanze Braun: Dr. Otto Georg Thierack (1889–1946). 2005.

Band 326 Eckart Klein / Stefan Chr. Saar / Carola Schulze (Hrsg.): Zwischen Rechtsstaat und Diktatur. Deutsche Juristen im 20. Jahrhundert. 2006.

Band 327 Stefan Botor: Das *Berliner Sühneverfahren* – Die letzte Phase der Entnazifizierung. 2006.

Band 328 Andreas Köhler: Die Sorgerechtsregelungen bei Ehescheidung seit 1945. Scheidungsstrafe und verordnete Gemeinsamkeit. 2006

Band 329 Lars Düwel: Die Nichtigkeit und Anfechtbarkeit der Ehe in der Rechtsprechung des Reichsgerichts zwischen 1900 und 1945. 2006.

Band 330 Katalin Polgar: Das Oberappellationsgericht der vier freien Städte Deutschlands (1820–1879) und seine Richterpersönlichkeiten. 2007.

Band 331 Julia Schweitzer: Schiffer und Schiffsmann in den Rôles d'Oléron und im Llibre del Consolat de Mar. Ein Vergleich zweier mittelalterlicher Seerechtsquellen. 2007.

Band 332 Diana-Catharina Kurtz: Das Institut der Adoption im preußischen Allgemeinen Landrecht und im französischen Code civil zwischen Rezeption römisch-rechtlicher Prinzipien und verändertem Familienverständnis. 2006.

Band 333 Dino Joakim Duderstadt: Spiel, Wette und Differenzgeschäft (§§ 762–764 BGB) in der Rechtsprechung des Reichsgerichts und in der zeitgenössischen Literatur. 2007.

Band 334 Ronald Hoffmann: Die Domänenfrage in Thüringen. Über die vermögensrechtlichen Auseinandersetzungen mit den ehemaligen Landesherren in Thüringen nach dem Ersten Weltkrieg. 2006.

Band 335 Joachim Windmüller: *Ohne Zwang kann der Humanismus nicht existieren...* – „Asoziale" in der DDR. 2006.

Band 336 Sven Christian Gläser: Die Mediatisierung der Grafschaft Wertheim. Der juristische Kampf eines kleinen Reichsstandes gegen den Verlust der Landesherrschaft und seine Folgen. 2006.

Band 337 Benjamin Schleyer: Friedrich Wilhelm Bornemann (1798–1864). Eine Juristenkarriere im Preußen des 19. Jahrhunderts. 2006.

Band 338 Die Reform des Ehescheidungsrechts von 1976. Quellen zum Ersten Gesetz vom 14.6.1976 zur Reform des Ehe- und Familienrechts (Parlamentarische Ausschussprotokolle – Anglikanische Denkschrift von 1966 zur Scheidungsrechtsreform – Schlussabstimmung 1969 in der Eherechtskommission des Bundesministeriums der Justiz). Eingeleitet und herausgegeben von Werner Schubert. 2006.

Band 339 Andreas Feld: Das Bayerische Gesetz zum Schutz des Eigentums an Erzeugnissen der Literatur und Kunst gegen Nachdruck vom 15.04.1840. Vorgeschichte und Zustandekommen. 2007.

Band 340 Bernd Wörner: Adelbert Düringers Einfluß als Richter am Reichsgericht in Leipzig auf dem Gebiet des Personengesellschaftsrechts. 2007.

Band 341 Jan Jelle Kähler: Französisches Zivilrecht und französische Justizverfassung in den Hansestädten Hamburg, Lübeck und Bremen (1806–1815). 2007.

Band 342 Jörn Eckert / Pia Letto-Vanamo / Kjell Å. Modéer (Hrsg.): Juristen im Ostseeraum. Dritter Rechtshistorikertag im Ostseeraum 20.–22. Mai 2004. 2007.

Band 343 Ferdinand von Weyhe: A.E. Wassermann. Eine rechtshistorische Fallstudie zur „Arisierung" zweier Privatbanken. 2007.

Band 344 Martin Klaus Römermann: Kündigungen und Kündigungsschutz im Franquismus. 2007.

Band 345 Thomas Hoffmann: Der Landrechtsentwurf David Hilchens von 1599. Ein livländisches Rechtszeugnis polnischer Herrschaft. 2007.

Band 346 Ingo Ullmann: Die rechtliche Behandlung holsteinischer Leibeigener um die Mitte des 18. Jahrhunderts. Dargestellt unter besonderer Berücksichtigung der Schmoeler Leibeigenschaftsprozesse von 1738 bis 1743 sowie von 1767 bis 1777. 2007.

Band 347 Petra Fischer-Langosch: Die Entstehungsgeschichte des Familiengesetzbuches der DDR von 1965. 2007.

Band 348 Lasse O. Johannsen: Die rechtliche Behandlung ausreisewilliger Staatsbürger in der DDR. 2007.

Band 349 Ralf Schlottau: Deutsche Kolonialrechtspflege. Strafrecht und Strafmacht in den deutschen Schutzgebieten 1884 bis 1914. 2007.

Band 350 Hartwig Brandt / Ewald Grothe (Hrsg.): Rheinbündischer Konstitutionalismus. 2007.

Band 351 Nora Lutze: Der Verwandtenunterhalt nach den §§ 1601 bis 1603 und §§ 1610 bis 1612 BGB in der Rechtsprechung des Reichsgerichts. Unter Berücksichtigung der Entstehung des BGB. 2007.

Band 352 Frank Thiäner: Das Verhältnis von Aufsichtsrat und Abschlussprüfern in der rechtshistorischen Entwicklung bis 1937. 2007.

Band 353 Britta Heymann: Ernst Melsheimer (1897–1960). Eine juristische Karriere in verschiedenen staatlichen Systemen. Mitarbeiter im Preußischen Justizministerium in der Weimarer Republik, im Justizministerium Preußens und des Reiches sowie Richter am Kammergericht in der NS-Zeit und Erster Generalstaatsanwalt der Deutschen Demokratischen Republik. 2007.

Band 354 Susanne Adlberger: Wilhelm Kisch – Leben und Wirken (1874–1952). Von der Kaiser-Wilhelms-Universität Straßburg bis zur nationalsozialistischen Akademie für Deutsches Recht. 2007.

Band 355 Moritz Waibel: Josef Berchtold (1833–1894). Ein Leben gegen den Ultramontanismus. 2007.

Band 356 Aline Levin: Erinnerung? Verantwortung? Zukunft? Die Beweggründe für die gemeinsame Entschädigung durch den deutschen Staat und die deutsche Industrie für historisches Unrecht. 2007.

Band 357 Ferdinand Krause: Die hergebrachten Grundsätze des Berufsbeamtentums. Eine rechtshistorische Analyse. 2007.

Band 358 André Tiebel: Die Entstehung der Schutztruppengesetze für die deutschen Schutzgebiete Deutsch-Ostafrika, Deutsch-Südwestafrika und Kamerun (1884–1898). 2007.

Band 359 Holger Ruff: Sittenwidrige Rechtsgeschäfte in der späten Kaiserzeit. Die Entwicklung der reichsgerichtlichen Rechtsprechung zu § 138 BGB von 1900 bis 1914. 2007.

Band 360 Frank Rohrer: Strafjustiz im Dritten Reich und in der SBZ/DDR. Die personelle und organisatorische Neuordnung des Justizapparates in den totalitären Diktaturen (1933–1955) mit ihren Auswirkungen auf die Rechtsprechung zum politischen Strafrecht. 2007.

Kolibri 360 GmbH
Ferdinand-Jühlke-Straße 7
99095 Erfurt, Deutschland
produktsicherheit@kolibri360.de

Druck:
CPI Druckdienstleistungen GmbH
im Auftrag der
Kolibri 360 GmbH
Ferdinand-Jühlke-Str. 7
99095 Erfurt